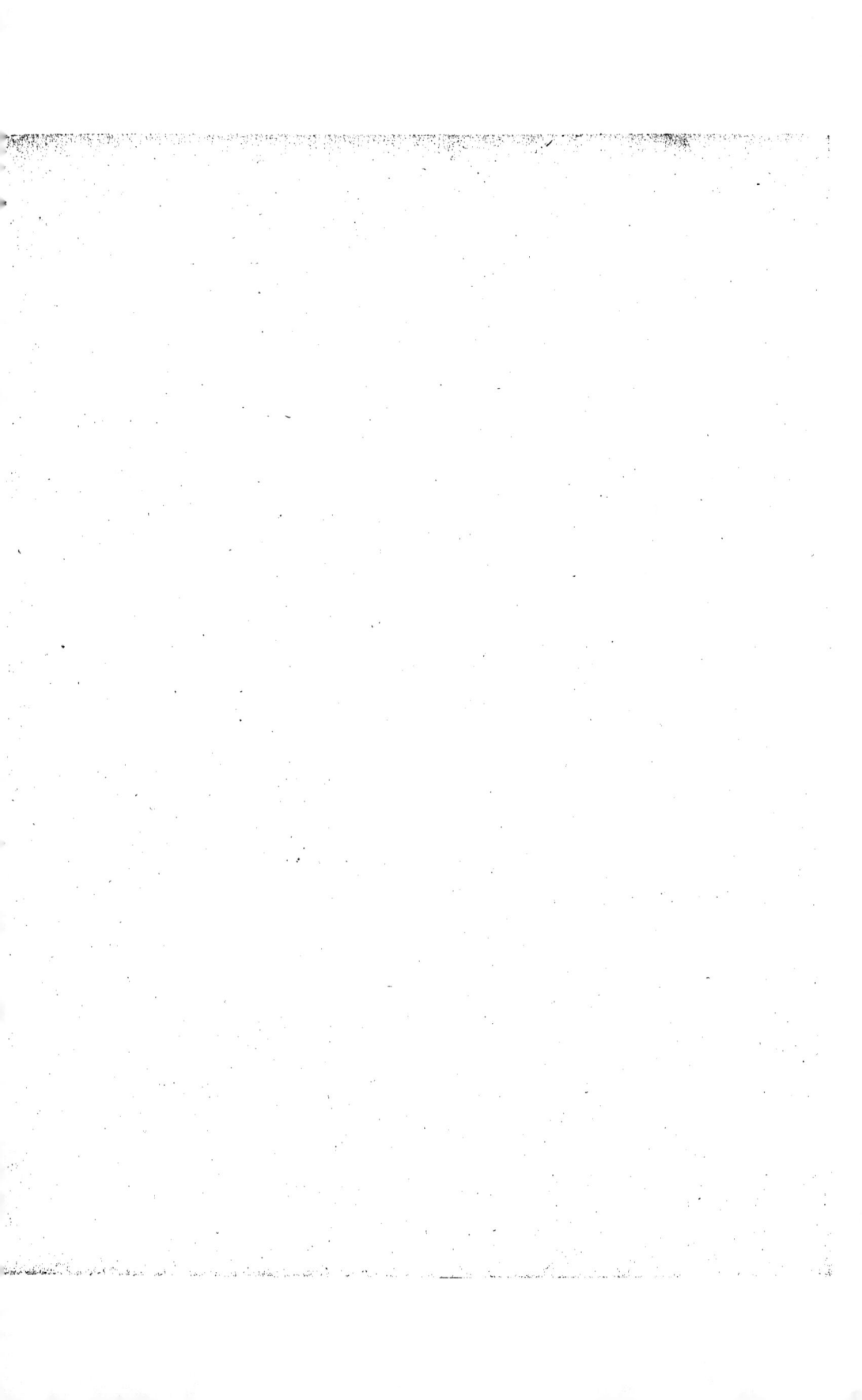

(Conserve la Couverture)

COMMENTAIRE

THÉORIQUE ET PRATIQUE

DES CODES

DE

JUSTICE MARITIME ET MILITAIRE

A L'USAGE DES MEMBRES DES JURIDICTIONS MARITIMES ET MILITAIRES

EN FRANCE, A LA MER ET AUX COLONIES

PAR

A. WILHELM

CHEF DU SERVICE DU CONTENTIEUX AU MINISTÈRE DE LA MARINE

PROFESSEUR A L'ÉCOLE DES HAUTES ÉTUDES DE LA MARINE ET A L'ÉCOLE DES SCIENCES POLITIQUES

PRIX : 10 FR.

Extrait du Répertoire général alphabétique du Droit français

PARIS

LIBRAIRIE DE LA SOCIÉTÉ DU RECUEIL GÉNÉRAL DES LOIS ET DES ARRÊTS ET DU JOURNAL DU PALAIS

Ancienne Maison L. LAROSE & FORCEL

22, RUE SOUFFLOT, 22

L. LAROSE, Directeur de la Librairie

1897

COMMENTAIRE

THÉORIQUE ET PRATIQUE

DES CODES

DE

JUSTICE MARITIME ET MILITAIRE

IMPRIMERIE
CONTANT-LAGUERRE

BAR-LE-DUC

COMMENTAIRE

THÉORIQUE ET PRATIQUE

DES CODES

DE

JUSTICE MARITIME ET MILITAIRE

A L'USAGE DES MEMBRES DES JURIDICTIONS MARITIMES ET MILITAIRES

EN FRANCE, A LA MER ET AUX COLONIES

PAR

A. WILHELM

CHEF DU SERVICE DU CONTENTIEUX AU MINISTÈRE DE LA MARINE

PROFESSEUR A L'ÉCOLE DES HAUTES ÉTUDES DE LA MARINE ET A L'ÉCOLE DES SCIENCES POLITIQUES

Extrait du *Répertoire général alphabétique du Droit français*

PARIS

LIBRAIRIE DE LA SOCIÉTÉ DU RECUEIL GÉNÉRAL DES LOIS ET DES ARRÊTS ET DU JOURNAL DU PALAIS

Ancienne Maison L. LAROSE & FORCEL

22, RUE SOUFFLOT, 22

L. LAROSE, Directeur de la Librairie

1897

EXPLICATION DES PRINCIPALES ABRÉVIATIONS.

B. O. M.   Bulletin officiel de la marine.
Bull. crim.   Bulletin criminel des arrêts de la Cour de cassation.
Cass.   Cour de cassation.
Circ.   Circulaire.
C. civ.   Code civil.
C. comm.   Code de commerce.
C. instr. crim.   Code d'instruction criminelle.
C. pén.   Code pénal.
C. proc. civ.   Code de procédure civile.
Cons. d'Et.   Conseil d'Etat.
D.   Jurisprudence générale de Dalloz; recueil périodique (mêmes observations que pour le recueil Sirey).
Décr.   Décret.
Déc. min.   Décision ministérielle.
L.   Loi.
Leb. chr.   Recueil des arrêts du Conseil d'État (ordre chronologique), fondé par Lebon, continué par MM. Hallays-Dabot et Panhard.
Loc. cit.   Loco citato.
Manuscr.   Dépêche ministérielle manuscrite.
Ord.   Ordonnance.
P.   Journal du Palais. — Lorsque le renvoi comprend trois chiffres, le premier indique l'année; le second (1 ou 2) indique, soit le tome, la collection comprenant deux volumes par année jusqu'en 1856, — soit la partie, chaque volume se trouvant, depuis 1881, divisé en deux parties; le troisième chiffre indique la page; ainsi [P. 53.2. 125] signifie : [**Journal du Palais**, année 1853, tome 2, page 125]; — [P. 83.1.464] signifie : [**Journal du Palais**, année 1883, 1re partie, page 464]. Les renvois aux années n'ayant qu'un volume ne comprennent naturellement que deux chiffres. — Depuis 1892, le *Sirey* et le *Journal du Palais* ont une même pagination; ainsi [S. et P. 92.1.78] veut dire : **Sirey** et **Journal du Palais**, année 1892, 1re partie, page 78.
P. Lois, décr., etc.   Collection des lois du Journal du Palais.
P. adm. chr.   Journal du Palais. — Partie administrative (ordre chronologique).
P. Bull. enreg.   Journal du Palais; Bulletin spécial d'enregistrement, 1851-1864.
P. chr.   Collection *chronologique* du *Journal du Palais*, refondue jusqu'en 1835 inclusivement pour la Jurisprudence des Cours et Tribunaux, et continuée pour la Jurisprudence administrative.
Rev. alg.   Revue algérienne.
Rev. crit.   Revue critique de législation et de jurisprudence.
Rev. gén. d'adm.   Revue générale d'administration.
S.   Recueil général des Lois et des Arrêts fondé par J.-B. Sirey. — Le premier chiffre indique l'année, le second la partie, le troisième la page; ainsi [S. 75.1.477] veut dire : [**Sirey**, année 1875, 1re partie, page 477].
S. chr.   Collection du même recueil, refondue jusqu'en 1830 inclusivement par ordre chronologique; chaque arrêt se trouve donc à sa date.
S. Lois ann.   Collection des lois du même recueil.
Tar. crim.   Tarif criminel.
Trib. confl.   Tribunal des conflits.
Trib. s. pol.   Tribunal de simple police.

Nota : Le présent ouvrage étant extrait du Répertoire alphabétique de droit français contient, sur divers points, des indications que le tirage à part n'a pu faire disparaître et qui renvoient à d'autres mots du même Répertoire où l'on trouvera au besoin le complément de renseignements annoncés.

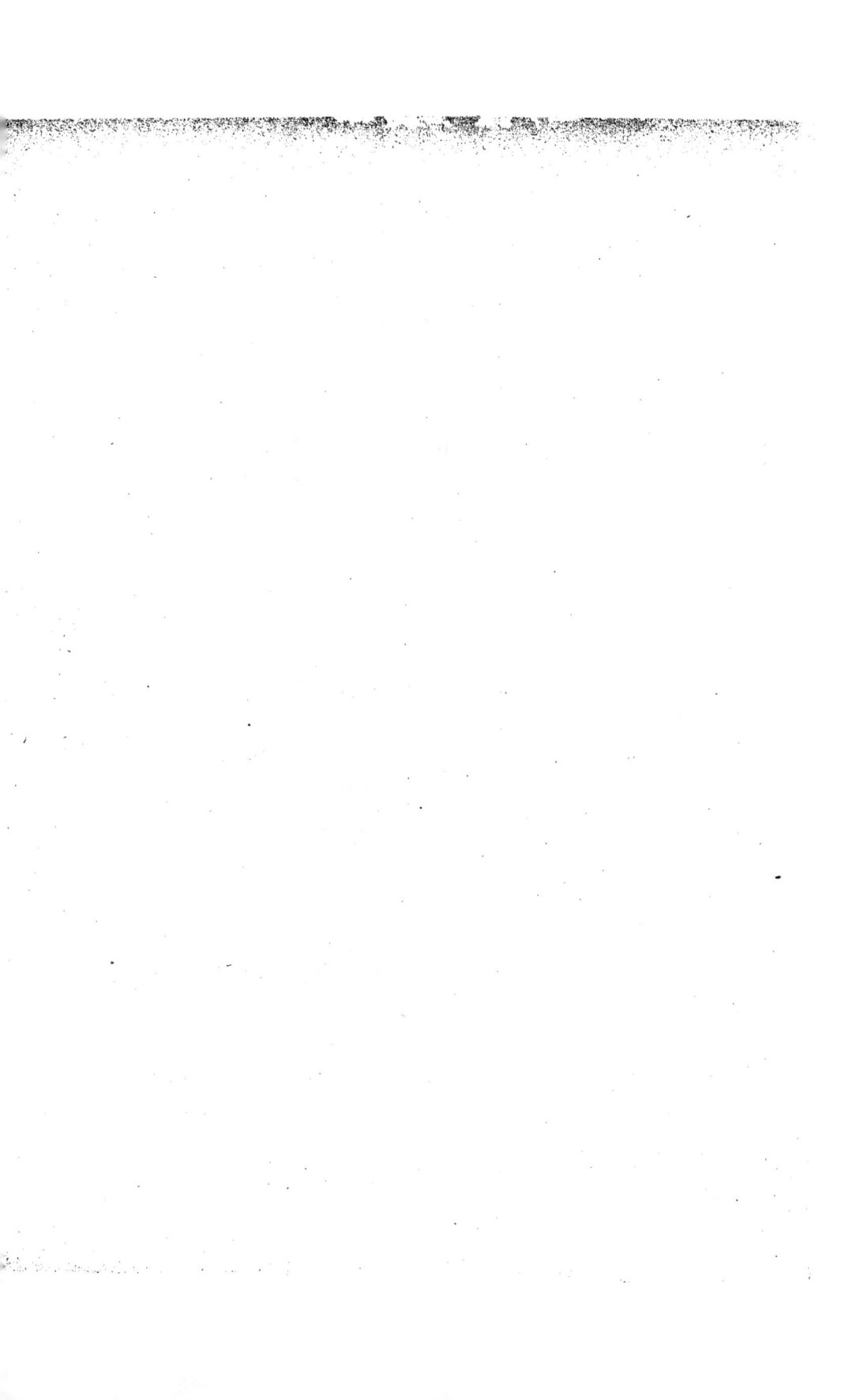

COMMENTAIRE

THÉORIQUE ET PRATIQUE

DES CODES

DE

JUSTICE MARITIME ET MILITAIRE

JUSTICE MARITIME

LÉGISLATION.

MARINE DE L'ÉTAT. — C. just. milit. pour l'armée de mer, 4 juin 1858. — Sén.-cons. 4 juin 1858 (rendant exécutoires à la Martinique, à la Guadeloupe et à la Réunion les dispositions pénales du Code de justice militaire pour l'armée de mer); — Décr. 21 juin 1858 (indiquant, selon le grade, le rang ou l'emploi de l'accusé, la composition des conseils de guerre pour le jugement des divers individus qui, dans les services de la marine, sont assimilés aux marins ou militaires); — Décr. 21 juin 1858 (rendu en exécution de l'art. 369, C. just. milit., pour l'armée de mer); — L. 31 déc. 1875 (rendant applicables à l'armée de mer les dispositions de la loi du 18 mai 1875); — Décr. 23 janv. 1889 (déterminant le ressort des conseils de guerre et des tribunaux maritimes dans toute l'étendue du territoire de la République); — Décr. 23 janv. 1889 (fixant le siège et le ressort du conseil et du tribunal de révision des arrondissements maritimes); — Décr. 4 oct. 1889 (qui modifie celui du 21 juin 1858 portant règlement d'administration publique pour l'application aux colonies du Code de justice militaire pour l'armée de mer); — Décr. 5 oct. 1889 (déterminant la pénalité applicable aux condamnés aux travaux forcés); — L. 9 avr. 1895 (modifiant le Code de justice maritime); — Décr. 7 oct. 1895 (concernant le personnel, les archives et les dépenses de service de la justice maritime).

MARINE DU COMMERCE. — Décr. 24 mars 1832 (sur la marine marchande); — Décr. 19 déc. 1866 (relatif aux fonctions de greffier près les tribunaux maritimes commerciaux réunis à bord des bâtiments de l'État); — Décr. 2 oct. 1881 (qui modifie l'art. 34 du décret disciplinaire et pénal du 24 mars 1852 sur la marine marchande); — Décr. 1er sept. 1884 (concernant les prescriptions à observer pour éviter les abordages), art. 10; — L. 10 mars 1891 (sur les accidents et collisions en mer); — Décr. et règlem. 21 févr. 1897 (ayant pour objet de prévenir les abordages en mer).

BIBLIOGRAPHIE.

MARINE DE L'ÉTAT. — Gay-Lussac, Aide mémoire à l'usage des membres des tribunaux de la marine. — Hautefeuille, Guide des juges marins, 1860, 1 vol. in-8°. — Tripier, Code de justice maritime expliqué par les travaux préparatoires, 1858. — Tripier et Champoudry, Code de justice militaire pour l'armée de mer, 1879, 1 vol. in-8°.

Code de justice militaire pour l'armée de mer. Examen critique de la jurisprudence sur la responsabilité pénale : J. du dr. crim., année 1889, p. 5. — Le Code de justice maritime (Frigolet) : J. Le Droit, 31 janv.-4 févr. 1858.

V. aussi infrá, v° Justice militaire.

MARINE DU COMMERCE. — Derche, Décret-loi disciplinaire et pénal pour la marine marchande. Doctrine et jurisprudence du département de la marine, 1859, in-8°.

DIVISION.

TITRE I. — MARINE DE L'ÉTAT.

CHAP. I. — Notions historiques (n. 1 à 23).

CHAP. II. — Des juridictions militaires de l'armée de mer (n. 24 et 25).

Sect. I. — Justice militaire pour l'armée de mer.

§ 1. — Juridictions permanentes (n. 26).

1° Conseils de guerre permanents (n. 27).

I. — Organisation (n. 28 à 83).

II. — Compétence.

A. — Action publique.

a) — Compétence ratione personæ (n. 84 à 179).

b) — Compétence ratione loci (n. 180 à 183).

———

TITRE I.

MARINE DE L'ÉTAT.

CHAPITRE I.

NOTIONS HISTORIQUES.

1. — Dès les temps les plus reculés, les peuples ont senti le besoin de soumettre l'homme de guerre à des juridictions et à des pénalités spéciales, afin d'assurer, par une réglementation étroite et sévère, le maintien d'une exacte discipline.

2. — Les Romains pouvaient moins que tous autres échapper à cette nécessité. Aussi, trouvons-nous dans leurs auteurs les traces nombreuses de châtiments aussi cruels que variés, parmi lesquels la fustigation, renouvelée jusqu'à ce que la mort s'en-suive, et la décapitation tenaient la première place. Cependant, il n'apparaît pas que le législateur romain ait jamais tenté sur ce point une codification quelconque, du moins jusqu'à Justinien qui promulgua la loi 36, au Code, *De re militari*. Il semble plutôt qu'avant cette époque, la variété des supplices était laissée à l'imagination souvent inventive des chefs militaires; la faute était uniquement spécifiée par la coutume, et la seule garantie du coupable était dans la consultation des légionnaires qui, interrogés sur chaque sentence capitale, l'approuvaient en frappant sur leurs boucliers (V. dans Tite-Live le récit du châtiment infligé aux soldats révoltés de l'armée de Scipion, en Espagne).

3. — Il n'y a pas lieu de s'arrêter au Moyen âge, par la raison que les édits de l'époque se rapportent plutôt au fonctionnement du service féodal qu'à celui du service militaire proprement dit. C'est, d'ailleurs, seulement à l'issue des États généraux d'Orléans, en 1439, que fut créée la première force militaire permanente et, pour toute législation, l'ordonnance de 1439 se bornait à édicter des mesures tendant à prévenir les exactions des gens de guerre. On trouve cependant, en 1356, une ordonnance datée de Paris, qui détermine la juridiction des connétables et des maréchaux de France relativement aux gens de guerre coupa-

bles de désobéissance, de trahison ou de désertion. C'est à proprement parler le premier Code militaire français.

4. — La juridiction du connétable, essentiellement criminelle à l'origine, s'étendit bientôt aux affaires civiles des gens de guerre et même aux procès qui leur étaient intentés par les particuliers. Une ordonnance de 1355 rappela les connétables et maréchaux aux limites de leur compétence et une autre ordonnance de 1356 autorise formellement les particuliers à déférer les gens de guerre aux juges civils, sénéchaux, baillis, prévôts « et autres formant la justice du lieu. »

5. — L'ordonnance cabochienne de 1413 statue sur la police générale du royaume et consacre son dernier titre à la police des gens de guerre. Les nombreuses ordonnances royales rendues depuis cette époque sur ce sujet montrent l'imperfection de la répression des gens de guerre qui, lorsqu'ils n'étaient pas occupés à guerroyer, pillaient et tuaient les habitants, surtout dans les campagnes. L'ordonnance de 1439 par laquelle Charles VII organisa la première force militaire permanente à cheval s'occupe de la répression des vexations des gens de guerre dont il charge les juges criminels du droit commun. Les ordonnances de Montil-lès-Tours de 1467 et d'Amboise de 1470, ne font que confirmer ces dispositions.

6. — François Ier à son tour se préoccupa de la répression des crimes et délits commis par les gens de guerre. En 1514, le règlement portant statut sur le service des gens d'armes et les prévôts des maréchaux de France précisa le rôle des prévôts des maréchaux vis-à-vis de certaines infractions. Quelques années plus tard, en 1535, le même prince rendit une ordonnance datée de Coucy, en vertu de laquelle les juges ordinaires connaissaient des crimes commis par les soldats, à moins qu'ils ne fussent en campagne.

7. — Ses successeurs eurent aussi à s'occuper de cette question. L'ordonnance rendue par Henri II à Anet, en 1547, divisa la France en trois circonscriptions militaires ayant chacune à leur tête un maréchal de France, et fixa leurs attributions au point de vue de la surveillance de la justice militaire et du maintien de la discipline. Catherine de Médicis à son tour confirma ou compléta ces dispositions par l'ordonnance de 1574 sur la police et la discipline des gens de guerre.

8. — Avec Louis XIII (Ord. de 1629), on voit paraître les détails d'une véritable organisation militaire qui sera ensuite continuée par ses successeurs avec des alternatives d'inspirations bonnes ou mauvaises, et qui, après divers tâtonnements, trouvera dans les Codes militaire et maritime, sa forme moderne et complète. L'ordonnance de 1629, plus connue sous le nom de Code Michaud, qui résume les précédentes ordonnances, proclame la compétence des juges de droit commun, les juges militaires n'étant compétents que pour les délits militaires. Une ordonnance de 1635 réprime la désertion par des pénalités sévères.

9. — Sous Louis XIV et ses successeurs, quelques ordonnances ont établi des règles nouvelles qui subsistent encore. L'ordonnance de 1665 substitua aux conseils de guerre aux prévôts, celle de 1666 punit les déserteurs, mais son peu d'efficacité en nécessita plusieurs autres sur la même matière, notamment en 1760, 1775, 1776, 1777, 1779, 1786.

10. — Les Assemblées révolutionnaires apportèrent leur activité dans la réglementation de la justice militaire. La loi du 29 oct. 1790 institua les cours martiales avec un jury d'accusation et un jury de jugement : la compétence de ces tribunaux était nettement limitée à la connaissance des délits militaires même commis par des non-militaires, le jurys de droit commun connaissant des délits civils, alors même que l'auteur était un militaire. La loi du 19 oct. 1791, restreignit cette compétence : pour qu'un délit fût militaire, il fallait considérer sa nature d'abord, et ensuite la qualité de militaire du coupable.

11. — La loi du 16 mai 1792 rendue peu après s'occupe des crimes et délits commis aux armées : les infractions graves étaient jugées par les cours martiales et celles d'une moindre importance par la police correctionnelle militaire qu'elle créait. Cette organisation subsista peu : le 12 mai 1793 la Convention introduisit l'organisation des tribunaux révolutionnaires à l'armée sous le nom de tribunaux criminels militaires. L'accusateur militaire et les juges étaient des fonctionnaires civils. A la même date, du 12 mai 1793, la Convention promulgua un Code pénal militaire pour toutes les troupes de la République en temps de guerre.

12. — Nous passerons rapidement sur la loi du 3 pluv. an II qui, à l'instar des juridictions civiles, institua trois juridictions militaires, les tribunaux de discipline, les tribunaux de police correctionnelle militaire et les tribunaux criminels militaires. La Convention, en présence des inconvénients de ces nouveaux tribunaux, les supprima ainsi que le jury dans les juridictions militaires, par la loi du deuxième jour complémentaire de l'an III, et les remplaça par des conseils militaires. La compétence de ces conseils s'étendait aux délits commis par les militaires ou les individus attachés aux armées. L'abus de cette compétence la fit même restreindre par la loi du 22 mess. an IV aux seuls délits commis par les individus faisant partie de l'armée.

13. — Mais c'est la loi du 13 brum. an V qui créa une institution vraiment durable et qui subsiste même encore aujourd'hui en partie. Elle organisait, dans chaque division d'armée, un conseil de guerre permanent composé de sept juges et compétent pour juger tous les militaires. Le 4 brum. an V le Directoire promulgua un nouveau Code des délits et des peines pour l'armée. Enfin, la loi du 18 vend. an VI compléta cette organisation par la création du Conseil de révision, juge du second degré, et d'un second conseil de guerre par division pour juger les affaires renvoyées par le conseil de révision après annulation du jugement.

14. — Quelle législation s'appliquait à l'armée de mer? La marine était placée sous le coup d'une série d'ordonnances dont les plus célèbres sont celles du 15 avr. 1689 et du 25 mars 1765, lesquelles avaient réglementé le fonctionnement des cours martiales maritimes. Mais le Code pénal des vaisseaux (L. 21 août 1790) et la loi des 20 sept.-12 oct. 1791 transformèrent toute l'organisation antérieure en introduisant le jury dans les juridictions maritimes. La loi de 1790 avait trait au service à bord, et celle de 1791 concernait le service à terre et dans les arsenaux; cette dernière consacrait notamment l'institution encore existante des tribunaux maritimes permanents et de la simple police spéciale des arsenaux.

15. — L'introduction du jury ne tarda pas à donner des résultats si désastreux pour la discipline qu'un arrêté du 16 niv. an II, sans abroger formellement le système du jury, lui enleva cependant la connaissance de la plupart des crimes ou délits. Ce fut le décret du 22 juill. 1806 qui, réformant entièrement toute l'instruction criminelle dans la marine, fit disparaître les derniers vestiges du jury et ne laissa subsister de l'ancien Code pénal des vaisseaux que les dispositions répressives.

16. — La Restauration fit de grands efforts pour parvenir à la refonte de la législation militaire et maritime; mais on était au lendemain de la charte et de l'abrogation des juridictions extraordinaires, dont le précédent gouvernement avait étrangement abusé; les débats parlementaires mettaient sérieusement en question la compétence des conseils de guerre à l'égard des militaires et marins coupables de faits de droit commun; à plus forte raison, l'action des tribunaux maritimes et leur existence même furent-elles contestées très-vivement à cette époque et sous le gouvernement de juillet. La Cour de cassation décida même formellement que l'art. 11 du décret de 1806, concernant la compétence des tribunaux maritimes à l'égard des individus de l'ordre civil, était abrogé par la charte de 1830. — Cass., 12 avr. 1834, Desprès, [S. 34.1.289, P. chr.]

17. — Sur ces entrefaites, un arrêté du gouvernement provisoire, en date du 12 mars 1848, supprima les châtiments corporels (coups de corde, bouline et cale), non sans provoquer de la part de certains officiers des craintes que la suite des faits n'a point justifiées, mais en laissant presque sans répression divers délits, tels que les menus vols et la désertion à l'intérieur, qui jusque-là étaient punis de peines corporelles.

18. — Un décret-loi du 26 mars 1852 vint améliorer cet état de choses en édictant à l'encontre de ces faits des peines correctionnelles.

19. — Mais ce n'était là qu'un palliatif hâtivement apporté par un ministre habile à profiter d'une période dictatoriale pour assurer la marche régulière de son service.

20. — L'œuvre d'ensemble, l'œuvre attendue restait à accomplir : elle n'a pu être entreprise et parachevée qu'en 1858, lors de la promulgation du Code de justice militaire pour l'armée de mer (L. 4 juin 1858). Cette réforme avait d'ailleurs été préparée par les tentatives faites en 1826 et en 1829 de la refonte du Code de justice militaire, qui aboutit enfin en 1857.

21. — Mais les événements ont marché et ont vu transformer bien des choses; la loi de 1858 appelait donc diverses améliorations. La loi du 9 avr. 1895 en a déjà réalisé plusieurs importantes, par exemple, la réduction à cinq du nombre des juges

du conseil de guerre à bord, par imitation de ce qui avait été fait en 1875 pour les armées en campagne. L'admission de la détention préventive dans le calcul de la durée de la peine constitue, d'autre part, un progrès et une mesure équitable. D'autres simplifications pourraient encore être utilement apportées.

22. — Toutefois, sans doute pour ne pas altérer la similitude des textes, on n'a pas tenté d'aborder à ce moment la réforme de la pénalité qui cependant appellerait sur certains points des modifications. Nous nous expliquerons sur cette question à propos de chacun des crimes ou délits dont la répression nous semblerait devoir être modifiée.

23. — Nous serons amenés à des conclusions différentes en étudiant le Code de 1857, par la raison que les transformations subies par l'armée de terre depuis cette époque sont autrement profondes, en raison de l'adoption du service militaire obligatoire, que celles de la flotte. Tandis que les armées ont vu leurs effectifs démesurément agrandis, ceux des bâtiments de guerre sont plutôt inférieurs, et les escadres elles-mêmes se composent d'un nombre moindre de navires. Il n'y a donc, de ce chef, aucune raison pour que l'instrument de combat de 1858 ne puisse pas, sauf rectification de détail, être maintenu tel quel aujourd'hui, au moins dans ses grandes lignes.

CHAPITRE II.

DES JURIDICTIONS MILITAIRES DE L'ARMÉE DE MER.

24. — La justice militaire pour l'armée de mer est rendue par des conseils de guerre, par des conseils de révision et par des conseils de justice.

25. — Les conseils de guerre et les conseils de révision sont permanents lorsqu'ils siègent à terre, c'est-à-dire dans les arrondissements maritimes, aux colonies et dans les corps expéditionnaires; à bord, ils sont éphémères, c'est-à-dire, s'évanouissent dès qu'est jugée l'affaire pour laquelle ils ont été constitués. Les conseils de justice ne siègent qu'à bord et, par suite, ne sont jamais permanents. Il convient d'étudier successivement chacun de ces groupes de juridictions. On trouvera *infrà*, n. 819 et s., tout ce qui concerne les tribunaux maritimes permanents, juridiction mixte où l'élément militaire n'entre que pour partie.

Section I.

Justice militaire pour l'armée de mer.

§ 1. *Juridictions permanentes.*

26. — On nomme permanentes les juridictions des arrondissements maritimes (conseils de guerre ou de révision), parce que ces tribunaux se composent de membres désignés pour une période plus ou moins longue, suivant qu'ils font partie des juges, du parquet ou du greffe. Ces membres, hormis le cas où ils seraient appelés à siéger en raison du rang élevé de l'accusé, ne sont jamais nommés en vue d'une affaire, mais bien en vue de toutes les affaires susceptibles d'être instruites et jugées dans un certain temps, durant lequel ils jouissent d'une inamovibilité relative que les nécessités de service peuvent seules modifier.

1° *Conseils de guerre permanents.*

27. — Les conseils de guerre permanents des arrondissements maritimes constituent pour l'armée de mer le type du tribunal militaire le plus complet; ils ont tout à la fois plénitude d'organisation et plénitude de juridiction, et sont, pour le marin, le juge toujours compétent dans le cas où un autre tribunal n'est pas expressément indiqué. C'est donc au conseil de guerre que doit être renvoyée la connaissance des affaires que la loi n'a pas réservée à un autre juge.

28. — I. *Organisation.* — Il y a deux conseils de guerre permanents au chef-lieu de chaque arrondissement maritime (C. just. marit., art. 2). Un décret du 23 janv. 1889 a déterminé, dans toute l'étendue du territoire national, le ressort de ces conseils; cet acte, institué au décret du 24 juin 1858 qui avait été promulgué en exécution du Code maritime, a eu pour objet de remanier le ressort des conseils de guerre de façon à le faire coïncider avec les circonscriptions maritimes de réserve. Toutefois, des nécessités de mobilisation ont conduit à changer de nouveau ces dernières, de telle sorte qu'elles ont encore cessé de correspondre avec les ressorts juridictionnels, ceux-ci ne pouvant être soumis à une perpétuelle instabilité.

29. — L'instruction ministérielle du 25 juin 1858, portant envoi du Code maritime, prescrivait aux préfets maritimes, dans son § 2, d'envoyer autant que possible les marins devant le premier conseil de guerre composé en majorité d'officiers de marine, et les militaires devant le deuxième conseil comprenant plutôt des officiers des troupes de la marine. Mais des considérations budgétaires ont conduit le ministre de la Marine (Instr. 24 févr. 1885 : *Bulletin officiel de la marine*, p. 344) à dessaisir les seconds conseils de guerre de chaque port qui, depuis cette époque, ne sont plus chargés de juger qu'en cas d'annulation de la sentence du premier conseil de guerre.

30. — Les conseils de guerre permanents sont composés d'un capitaine de vaisseau ou de frégate, ou d'un colonel ou lieutenant-colonel, président, et de six juges, savoir : un capitaine de frégate, ou un chef d'escadron ou major; deux lieutenants de vaisseau ou capitaines; deux enseignes de vaisseau, ou deux lieutenants, ou un lieutenant et un sous-lieutenant; un officier marinier ou un sous-officier (art. 3 modifié par L. 9 avr. 1895). La modification apportée par cette loi au texte primitif du Code a consisté uniquement dans le remplacement éventuel du sous-lieutenant par un second lieutenant, parce que, depuis que les sous-lieutenants sont promus au bout de deux années au grade supérieur, les officiers de ce grade âgés de plus de vingt-cinq ans, minimum d'âge des juges (V. *infrà*, n. 73) sont en petit nombre et peuvent faire défaut.

31. — Il y a près de chaque conseil de guerre un commissaire du gouvernement, un rapporteur et un greffier. Il peut être nommé un ou plusieurs substituts du commissaire du gouvernement et du rapporteur et un ou plusieurs commis-greffiers (art. 4).

32. — Les commissaires du gouvernement et leurs substituts remplissent près les conseils de guerre les fonctions du ministère public; les rapporteurs celles des juges d'instruction.

33. — Le Code ne contient aucune prescription formelle concernant l'ancienneté respective du commissaire du gouvernement et du rapporteur. Mais les convenances du service exigent que le commissaire du gouvernement soit toujours d'un grade plus élevé ou plus ancien de grade que le rapporteur attaché au même conseil (Instr. 25 juin 1858, § 4).

34. — Les commissaires du gouvernement et les rapporteurs sont assistés de substituts qui ont pour mission de les suppléer en cas de besoin. Mais leur création tend de plus à fournir aux officiers le moyen de s'initier aux détails du service de la justice maritime. Les substituts doivent être pris parmi les lieutenants de vaisseau et les capitaines en activité dans le port; ils doivent autant que possible être changés tous les trois mois et même plus fréquemment, afin de répandre à bord des bâtiments et dans les colonies des connaissances pratiques qu'il importe de vulgariser (Instr. 25 juin 1858, § 5).

35. — Les greffiers et les commis-greffiers sont chargés des écritures (art. 5). Les uns et les autres doivent non seulement exécuter les divers travaux intérieurs de classement et autres que comporte un greffe, mais encore obtempérer aux ordres des rapporteurs et leur prêter concours pour les interrogatoires ou autres opérations de justice. — V. *infrà*, n. 261 et s.

36. — Les greffiers constituent par la force des choses l'élément le plus stable du personnel des conseils de guerre maritimes; et, bien que le petit nombre de ces tribunaux n'ait pas permis de créer pour ces fonctions un personnel spécial, comme au département de la guerre, les titulaires doivent être maintenus le plus longtemps possible à leur poste. Ils ont, en effet, à assurer non seulement l'ordre et la bonne tenue des archives, mais surtout la régularité des pièces de procédure, parfois si nombreuses dans certaines instructions.

37. — Au contraire, les commis-greffiers, simples auxiliaires, peuvent être changés fréquemment, afin de permettre à un plus grand nombre de personnes d'acquérir les connaissances indispensables en cette matière. Le § 5 de l'instruction précitée du 25 juin 1858 prescrivait de les choisir parmi les commis de marine placés en tête de la liste d'embarquement; ces agents ne participant plus à la navigation, leur rôle échoit aux officiers-mariniers, qui sont le plus souvent les greffiers des juridictions

de bord. Ce sont donc des officiers-mariniers auxquels doivent de préférence être attribués les postes de commis-greffiers.

38. — Les présidents et les juges sont pris parmi les officiers, officiers mariniers et sous-officiers appartenant au corps de la marine ou aux corps organisés de la marine, en activité dans le chef-lieu de l'arrondissement; ils peuvent être remplacés tous les six mois et même dans un délai moindre s'ils cessent d'être employés dans le chef-lieu (art. 6). On doit considérer qu'ils sont dans ce cas lorsqu'ils reçoivent l'ordre d'embarquer, fût-ce sur un bâtiment en armement dans le port et encore laissé sous l'autorité du préfet maritime, parce qu'ils ne sont plus employés pour le service du chef-lieu.

39. — Les commissaires du gouvernement et les rapporteurs, dit l'art. 7, sont pris parmi les officiers supérieurs ou les officiers du grade de lieutenant de vaisseau, appartenant au corps de la marine, aux corps organisés de la marine, à celui du commissariat, ou à celui de l'inspection, soit en activité, soit en retraite. Les substituts sont pris parmi les officiers du corps de la marine et des corps organisés de la marine, en activité dans le chef-lieu de l'arrondissement. Les greffiers et commis-greffiers sont pris parmi les officiers, officiers-mariniers, sous-officiers et employés des différents corps de la marine, soit en activité, soit en retraite (art. 7).

40. — Il importe d'abord de définir les termes de l'art. 6 que l'on retrouve dans les art. 7, et autres : le corps de la marine est celui des officiers de vaisseau, comprenant tous les grades de la hiérarchie depuis l'aspirant jusqu'au vice-amiral.

41. — Les corps organisés de la marine sont ceux qui, divisés en formations régulières telles que bataillons, escadrons, compagnies, batteries, etc., sont constitués en unités militaires. Ce sont les divisions (aujourd'hui *dépôts*) des équipages de la flotte, les régiments d'artillerie et d'infanterie de marine, la gendarmerie maritime, la compagnie de discipline et le corps des disciplinaires coloniaux ; en un mot, cette dénomination ne s'applique qu'aux corps militaires proprement dits, à l'exclusion de tous les corps assimilés. Elle laisse également de côté les équipages des bâtiments de guerre qui, en raison de la diversité des types de navires, ne forment pas des groupes d'importance assimilable et qui sont d'ailleurs autrement dénommés dans la loi maritime. S'il y avait besoin de démontrer cette assertion, il suffirait de rappeler que, dans un grand nombre d'articles du Code, l'expression de corps organisés est opposée à celle de corps assimilés.

42. — Ensuite, l'art. 7 énumère les corps du commissariat et celui de l'inspection. Cette indication étant limitative, il en résulte que les ingénieurs du génie maritime, les ingénieurs hydrographes, les médecins et pharmaciens de la marine, agents de manutention et ceux des directions de travaux ne peuvent, bien qu'ayant l'état d'officier, être nommés commissaires du gouvernement ni rapporteurs des conseils de guerre. Il est à remarquer d'ailleurs, à titre général, que les ingénieurs hydrographes, les médecins et pharmaciens et les agents de manutention ne peuvent remplir, dans les diverses juridictions de la marine, aucune fonction que celle de greffier; les agents des directions de travaux ne pourraient jouer un rôle que devant les tribunaux maritimes des sous-arrondissements ou des établissements hors des ports, s'il en était établi.

43. — De plus, par un ostracisme qu'explique seule la date de leur création (Décr. 24 sept. 1860), les officiers-mécaniciens n'ont aucune place dans les juridictions maritimes de quelque espèce que ce soit; une circulaire du 1er févr. 1867 a décidé qu'ils ne pouvaient faire partie d'un conseil de guerre. Seuls les seconds-maîtres, maîtres et premiers-maîtres mécaniciens, peuvent en qualité d'officiers-mariniers siéger comme juges au dernier degré dans les conseils de guerre et de justice. C'est là une mesure sur laquelle il serait équitable de revenir, en donnant aux officiers-mécaniciens, qui naviguent autant que les officiers de vaisseau, une place non d'assimilés, mais de combattants dans les corps de la marine.

44. — Un décret du 21 juin 1858, concernant le personnel, les archives et les dépenses du service de la justice maritime, avait spécifié dans son art. 1 que la moitié au plus des emplois de ce service serait confiée à des retraités; mais un décret du 25 janv. 1882 a fait disparaître cette limitation. Ces deux décrets ont d'ailleurs été remplacés par un décret du 7 oct. 1895.

45. — Au surplus, des raisons d'économie et une juste appréciation du rôle de chacun ont conduit le ministre de la Marine à poser dans une circulaire du 21 avr. 1871, complétée le 24 févr. 1885, les règles suivantes qui ont toujours été appliquées depuis lors : 1° la stabilité de fonctions étant indispensable pour le commissaire du gouvernement près le conseil et le tribunal de révision, pour les commissaires rapporteurs près les premiers tribunaux maritimes, ainsi que pour les greffiers de toutes les juridictions, ces divers postes doivent être confiés à des titulaires en retraite; 2° le sentiment des nécessités de la discipline devant prédominer chez les commissaires du gouvernement et les rapporteurs près les conseils de guerre, des officiers en activité de service seront affectés à ces emplois; 3° les seconds conseils de guerre et les seconds tribunaux maritimes ne devant siéger qu'en cas d'annulation d'un premier jugement, reçoivent exclusivement des titulaires de l'activité, lesquels ne sont, en raison de cette affectation presque fictive, dispensés d'aucune des occupations de leur grade.

46. — Les officiers en retraite ne doivent pas être nommés dans la justice maritime après soixante-deux ans, et ne peuvent y être maintenus après soixante-cinq ans (Décr. 7 oct. 1895, art. 4). Ils reçoivent une indemnité qui, aux termes d'un avis de la section des finances, etc., du Conseil d'Etat rendu le 10 mai 1892 sur les instances du ministre de la Marine, est cumulable avec la pension de retraite sans qu'il y ait lieu de leur opposer l'art. 31, L. fin. 26 déc. 1890. Le même décret détermine l'uniforme des officiers, officiers-mariniers et agents affectés au service de la justice maritime. Aucun titulaire n'existe plus dans les conseils de guerre en dehors des greffiers et d'un commis-greffier en service au premier conseil de guerre de Toulon.

47. — Les officiers en activité, placés dans les parquets, devant y demeurer un certain temps afin d'acquérir l'expérience nécessaire, sont nommés en principe pour deux années (Arr. 18 juill. 1892) durant lesquelles ils sont distraits de la liste d'embarquement. Ils peuvent, sur demande spéciale et par une nouvelle décision du ministre, être maintenus dans leur poste pour une seconde période de deux années. La même situation avait été faite tout d'abord aux officiers des corps de troupes de la marine; mais, en raison des nécessités du service colonial, le délai de deux années inscrit dans la circulaire du 25 nov. 1871 fut abaissé d'une année par l'instruction du 23 mai 1872; puis, en présence de la difficulté qu'il y avait à distraire, ne fût-ce qu'un an, les titulaires de la liste de départ, le ministre décida, le 28 déc. 1872, que les commissaires du gouvernement et les rapporteurs près les conseils de guerre seraient exclusivement pris dans le corps de la marine.

48. — L'indemnité judiciaire, fixée tout d'abord à un taux moindre par le décret du 21 juin 1858, a été fixée aux chiffres suivants (Décr. 24 sept. 1896, et L. fin. 16 déc. 1896) :

Commissaires du gouvernement	1,800 fr.
Rapporteurs	1,440 —
Greffiers	1,080 —
Commis-greffiers	576 —

49. — Les présidents et les juges sont investis par le préfet maritime, à moins qu'il ne s'agisse du jugement d'un capitaine de vaisseau ou d'un colonel, d'un officier général de la marine ou des troupes de la marine, ou d'un amiral, cas auquel la nomination est faite par le ministre. Le Code maritime ne parle pas ici des assimilés; mais les raisons qui ont déterminé l'intervention du ministre, à savoir l'impossibilité pour un préfet maritime de pouvoir disposer des officiers généraux dont la réunion est nécessaire pour le jugement d'un capitaine de vaisseau, existe au même titre pour les assimilés. L'art. 8, § 2, doit leur être appliqué.

50. — Les commissaires du gouvernement et les rapporteurs sont nommés par le préfet maritime. Lorsqu'ils sont choisis parmi les officiers en activité, ils sont nommés sur une liste de présentation dressée par le préfet maritime de l'arrondissement où siège le conseil de guerre. Les substituts sont nommés par le préfet maritime. Les greffiers sont nommés par le ministre et les commis-greffiers par le préfet maritime (art. 9).

51. — La composition normale des conseils de guerre, telle qu'elle est déterminée par l'art. 3, C. just. marit., est maintenue ou modifiée, suivant le grade de l'accusé, conformément aux énonciations d'un tableau inséré à l'art. 10. — Les prescriptions de ce tableau sont d'ailleurs calculées de telle sorte que dans la composition normale, l'accusé ayant rang d'officier ait toujours pour juges deux officiers de son grade, les quatre autres juges étant pris dans les grades supérieurs et le président dans un grade plus élevé que celui des juges. Ce tableau a été d'autre part modifié par la loi du 9 avr. 1895, en vue de permettre de remplacer les sous-lieutenants par des lieutenants, les premiers étant rarement âgés de plus de vingt-cinq ans depuis que les officiers ne restent plus que deux ans dans ce premier grade.

GRADE DE L'ACCUSÉ.	GRADE DU PRÉSIDENT.	GRADE DES JUGES.
Officier-marinier ou sous-officier... Quartier-maître, caporal ou brigadier... Matelot, ouvrier mécanicien ou soldat.. Apprenti-marin ou novice, mousse...	Capitaine de vaisseau ou de frégate. Colonel ou lieutenant-colonel.	1 capitaine de frégate ou 1 chef de bataillon, chef d'escadron ou major : 2 lieutenants de vaisseau ou capitaines; 2 enseignes de vaisseau, ou 2 lieutenants, ou 1 lieutenant et 1 sous-lieutenant ; 1 officier-marinier ou sous-officier.
Aspirant de 1re classe. Aspirant de 2e classe. Volontaire... Sous-lieutenant...	Capitaine de vaisseau ou de frégate... Colonel ou lieutenant-colonel.	1 capitaine de frégate ou 1 chef de bataillon, chef d'escadron ou major : 2 lieutenants de vaisseau ou capitaines ; 2 enseignes de vaisseau ou lieutenants, ou 2 lieutenants et 1 sous-lieutenant, ou 1 lieutenant et 2 sous-lieutenants.
Enseigne de vaisseau. Lieutenant...	Capitaine de vaisseau ou de frégate... Colonel ou lieutenant-colonel.	1 capitaine de frégate ou 1 chef de bataillon, chef d'escadron ou major : 3 lieutenants de vaisseau ou capitaines; 2 enseignes de vaisseau ou lieutenants.
Lieutenant de vaisseau. Capitaine...	Capitaine de vaisseau ou Colonel...	4 capitaines de frégate ou { 1 lieutenant-colonel, 3 chefs de bataillon, chefs d'escadron ou majors : 2 lieutenants de vaisseau ou capitaines.
Chef de bataillon ou chef d'escadron, ou major...	Contre-amiral ou Général de brigade...	2 capitaines de vaisseau ou colonels; 4 capitaines de frégate { 2 lieutenants-colonels, 2 chefs de bataillon, chefs d'escadron ou majors.
Capitaine de frégate. Lieutenant-colonel...	Contre-amiral.. Général de brigade...	4 capitaines de vaisseau ou colonels; 2 capitaines de frégate ou lieutenants-colonels.
Capitaine de vaisseau. Colonel...	Vice-amiral.. Général de division...	4 contre-amiraux ou généraux de brigade; 2 capitaines de vaisseau ou colonels.
Contre-amiral... Général de brigade...	Amiral... Maréchal de France...	4 vice-amiraux ou généraux de division; 2 contre-amiraux ou généraux de brigade.
Vice-amiral... Général de division...	Amiral... Maréchal de France...	6 vice-amiraux ou généraux de division.
Amiral...	Amiral...	3 amiraux ou maréchaux de France; 3 vice-amiraux.

52. — En cas d'insuffisance, dans l'arrondissement maritime, d'officiers ayant le grade exigé pour la composition du conseil de guerre, le préfet maritime appelle à siéger des officiers d'un grade égal à celui de l'accusé ou d'un grade immédiatement inférieur. Toutefois, cette dernière facilité doit être considérée comme une suprême ressource : avant d'y recourir, le préfet maritime devra épuiser non seulement les officiers du corps de la marine et ceux des corps organisés employés au chef-lieu, mais aussi ceux qui y sont accidentellement présents, tels que les officiers embarqués. Enfin, ce serait, nonobstant la largeur des termes de l'art. 10, contrevenir à l'esprit de la loi que de faire juger un officier par cinq officiers de son grade et deux de ses inférieurs. Il semble que les facilités ouvertes par l'art. 10 ne doivent abaisser généralement que d'un grade les désignations du tableau.

53. — Lorsque, hors le cas prévu à l'art. 12, c'est-à-dire hors le cas où il s'agit de juger un amiral, un officier de marine, un capitaine du commerce ou un pilote est mis en jugement pour un fait maritime, les juges appartenant aux corps de troupes de la marine sont remplacés dans le conseil de guerre par des juges pris exclusivement dans le corps de la marine ou dans celui des équipages de la flotte (art. 10).

54. — La loi ne définit d'ailleurs pas ce qu'elle entend par « fait maritime » ; mais il est aisé de comprendre qu'il s'agit ici des faits prévus aux art. 267 et s. : perte de bâtiments, échouage, séparation du chef, etc., ainsi que des art. 360, 361 et 362, concernant les capitaines du commerce, c'est-à-dire, en général, de toutes les inculpations dont l'appréciation présuppose chez le juge la connaissance des nécessités, des hasards et des dangers de la navigation.

55. — Le remplacement des juges militaires par des juges marins n'est prévu que pour juger un officier de marine, un capitaine du commerce ou un pilote ; il s'ensuit que, strictement, il n'est dû aucune modification non seulement à un assimilé, inculpé d'un fait maritime, ce qui peut être rare, mais à un officier-marinier, ce qui peut se produire, par exemple, dans le cas où un officier-marinier aurait, par une fausse transmission ou une fausse exécution d'ordre, occasionné un abordage ou un échouage. Le fait maritime par excellence étant la perte de bâtiment, on doit voir dans cette lacune une preuve que le législateur de 1858 ne supposait pas qu'un officier-marinier pût être mis en jugement à titre obligatoire comme commandant d'un bâtiment de l'Etat naufragé. — V. infrà, n. 1265 et s.

56. — Pour juger un vice-amiral ou un général de division, les amiraux sont appelés suivant l'ordre de l'ancienneté à présider le conseil de guerre, à moins d'empêchement admis par le ministre de la Marine (art. 11).

57. — Pour juger un amiral, les amiraux et les maréchaux de France sont appelés, suivant l'ordre de l'ancienneté, à siéger dans le conseil de guerre, à moins d'empêchement admis par les ministres de la Marine et de la Guerre. Le président est choisi parmi les amiraux et, à défaut, parmi les maréchaux de France. Les fonctions de commissaire du gouvernement peuvent être remplies par un vice-amiral, et celles de rapporteur sont exercées par un vice-amiral ou par un contre-amiral (art. 12). On sait que la disposition similaire du Code de justice militaire a été modifiée par une loi du 16 mai 1872, en vue de permettre le jugement du maréchal Bazaine. Bien qu'il n'ait plus été nommé d'amiraux, l'application de cette nouvelle réglementation au Code maritime devrait être faite par voie législative, s'il s'agissait de juger un vice-amiral.

58. — Pour juger un officier des corps du génie maritime, et des ingénieurs hydrographes, du commissariat et de l'inspection, du service des directions de travaux, du service de santé et de celui des manutentions, ou tout autre individu assimilé aux marins et militaires, le conseil de guerre est composé conformément à l'art. 10 suivant le grade auquel le rang de l'officier correspond (art. 13). Le décret du 21 juin 1858, successivement modifié ou complété par les décrets des 9 août 1878, 23 févr., 5 et 9 oct. 1889, 7 janv. 1890 et 29 avr. 1893, a indiqué pour chacun des assimilés la composition des conseils de guerre ; la portée de ces assimilations judiciaires est devenue considérable depuis que la Cour de cassation a reconnu dans le fait d'être mentionné dans ces décrets la base de la compétence des conseils de guerre — Cass., 20 juill. 1876, [Bull. crim., n. 169] — tandis que le Conseil d'Etat y a attaché le droit au transport à prix réduit sur les voies ferrées. — Cons. d'Ét., 19 janv. 1883, Chemin de fer d'Orléans, [D. 84.3.87] — V. infrà, n. 126 et s., 133.

59. — Quoi qu'il en soit, il importe de faire remarquer à propos de cet art. 13, que l'énumération qui y est contenue n'est nullement limitative et qu'elle n'indique même pas tous ceux qui jouissent de l'état d'officiers. Mais, en revanche, elle sépare nettement le sort des assimilés de ceux des assimilants, c'est-à-dire des corps combattants : ces derniers sont seuls compris à l'art. 10, parce que, suivant la terminologie de l'art. 13, ils ont seuls un grade ; les autres n'ont qu'un rang correspondant à ce grade. Du reste, sur ce point, l'art. 13, C. just. milit., va plus loin encore, puisqu'il qualifie les assimilés de membres de l'intendance, etc., et non pas d'officiers ; cependant ils en ont l'état.

60. — S'il y a plusieurs accusés de différents grades ou rangs, la composition du conseil de guerre est déterminée par le grade ou le rang le plus élevé (art. 14).

61. — Lorsque, à raison du grade ou du rang de l'accusé, un ou plusieurs membres du conseil de guerre sont remplacés, les rapporteurs et les greffiers continuent de droit leurs fonctions, sauf, en ce qui concerne les rapporteurs, le cas où il s'agirait de juger un amiral (art. 15).

62. — Les fonctions de commissaire du gouvernement sont remplies par un officier d'un grade ou d'un rang au moins égal à celui de l'accusé, sauf dans le cas où il s'agit du jugement d'un amiral (art. 12, § 3). Elles sont toujours remplies par un officier de marine lorsqu'il s'agit de statuer sur un fait maritime (art. 16, § 1).

63. — Lorsqu'un commissaire du gouvernement est spécialement nommé pour le jugement d'une affaire, il est assisté du commissaire ordinaire près le conseil de guerre ou de l'un de ses substituts (art. 16, § 2). Cette collaboration obligatoire tend à assurer au représentant accidentel du ministère public le bénéfice de l'expérience du titulaire de l'emploi.

64. — Les conseils de guerre appelés à juger des prisonniers de guerre sont composés, comme pour le jugement des marins ou militaires français, d'après les assimilations de grade (art. 17).

65. — Lorsque, dans les cas prévus par les lois, il y a lieu de traduire devant un conseil de guerre, soit comme auteur principal, soit comme complice, un individu qui n'est ni marin, ni militaire, ni assimilé aux marins ou militaires, le conseil reste composé comme il est dit en l'art. 3, à moins que le grade ou le rang d'un coaccusé marin ou militaire n'exige une autre composition (art. 18). Les situations auxquelles fait allusion cet article consistent notamment dans celles qui résultent de l'état de siège ou de guerre.

66. — Le préfet maritime de chaque arrondissement dresse, sur la présentation des chefs de corps, un tableau, par grade et par ancienneté, des officiers, officiers-mariniers et sous-officiers, appartenant au corps de la marine, ou aux corps organisés de la marine, présents au chef-lieu de l'arrondissement, qui peuvent être appelés à siéger comme juges dans les conseils de guerre. Ce tableau est rectifié au fur et à mesure des mutations. Une expédition en est déposée au greffe de chaque conseil de guerre. Les officiers, officiers-mariniers et sous-officiers sont appelés, successivement et dans l'ordre de leur inscription, à siéger dans les conseils de guerre, à moins d'empêchement admis par une décision du préfet maritime (art. 19).

67. — En cas d'empêchement accidentel d'un président ou d'un juge, le préfet maritime le remplace provisoirement, selon les cas, par un officier du même grade ou par un officier-marinier ou sous-officier, dans l'ordre du tableau dressé en exécution de l'art. 19.

68. — Dans le cas d'empêchement du commissaire du gouvernement, du rapporteur et de leurs substituts, du greffier et du commis-greffier, il est provisoirement pourvu au remplacement par le préfet maritime (art. 20).

69. — Il a été décidé que l'autorité chargée de la désignation des membres du conseil est seule juge de l'opportunité du remplacement des membres empêchés et n'est pas tenue d'en indiquer les motifs dans l'ordre de nomination du nouveau juge. — Cons. rév. Alger, 6 sept. 1884, Leclerc et Coupois, u. 202] — Mais dans cette décision, le conseil de révision semble infirmer sa propre doctrine, pourtant conforme à la jurisprudence, puisque, après avoir proclamé le principe, il examine les causes du remplacement de trois juges, ce qui est contradictoire.

70. — S'il ne se trouve pas dans le chef-lieu de l'arrondissement des officiers généraux ou supérieurs en nombre suffisant pour compléter le conseil de guerre, le ministre de la Marine y pourvoit, en appelant, par rang d'ancienneté, des officiers généraux ou supérieurs en activité dans les ports les plus voisins, et, à défaut, à Paris. A défaut d'officiers généraux en activité de service ou en disponibilité, le ministre désigne des officiers généraux appartenant au cadre de réserve (art. 21).

71. — Les prescriptions qui précèdent découlent de la nature des choses ; le préfet maritime, n'ayant pas d'autorité hors de son arrondissement, ne pourrait que demander le concours de ses collègues ; or, ce n'est pas une mise à la disposition qu'il faut en l'espèce, mais une investiture d'office ; elle ne pouvait donc résulter que d'une autorité supérieure à tous les arrondissements maritimes, c'est-à-dire du ministre. Ce dernier est juge des circonstances d'empêchement ou de service, et sa désignation, quelle qu'elle soit, ne nous paraît pas susceptible d'être critiquée devant un conseil de révision.

72. — Quant aux officiers généraux qui, dans la marine, sont bien moins nombreux que dans l'armée de terre, il était indispensable de prévoir la possibilité de les suppléer par des officiers généraux du cadre de réserve, surtout en temps de guerre.

73. — Nul ne peut faire partie d'un conseil de guerre, à un titre quelconque, s'il n'est Français ou naturalisé français et âgé de vingt-cinq ans accomplis (art. 22). C'est en vue de l'exécution de cet article qu'a été votée la loi du 9 avr. 1895 en vertu de laquelle, à défaut de sous-lieutenant âgé de vingt-cinq ans révolus, on peut appeler à siéger un lieutenant. — V. suprà, n. 51.

74. — Les parents et alliés, jusqu'au degré d'oncle et de neveu inclusivement, ne peuvent être membres du même conseil de guerre, ni remplir près de ces conseils les fonctions de commissaire de gouvernement, de rapporteur ou de greffier (art. 23). Ces dispositions sont empruntées au fonctionnement des tribunaux ordinaires (L. 20 avr. 1810, art. 63). Toutefois, aucune dispense ne peut être accordée devant les conseils de guerre. — V. suprà, v° Jugement et arrêt (mat. civ.), n. 1094.

75. — Nul ne peut siéger comme président ou juge, ni remplir les fonctions de rapporteur dans une affaire soumise au conseil de guerre : 1° s'il est parent ou allié de l'accusé jusqu'au degré de cousin issu de germain inclusivement; 2° s'il a porté plainte ou déposé comme témoin; 3° s'il a donné l'ordre d'informer; 4° si, dans les cinq ans, qui ont précédé la mise en jugement, il a été engagé comme plaignant, partie civile ou prévenu dans un procès criminel contre l'accusé; 5° s'il a précédemment connu de l'affaire comme administrateur ou membre d'un tribunal de la marine (art. 24).

76. — Ces incapacités sont encore les mêmes qu'en droit commun (V. suprà, v° Jury, n. 193 et s.); il n'y a lieu de s'y arrêter que pour rappeler les recommandations contenues dans l'instruction du 5 août 1838, tendant à enjoindre aux supérieurs hiérarchiques de viser sans les apprécier les plaintes qu'ils ont à transmettre à l'autorité supérieure. C'est seulement en matière de désertion que l'art. 124, C. just. marit., oblige le chef de corps à signer la plainte.

77. — Il est bon de faire remarquer en passant que l'impossibilité de siéger du n. 3°, résultant de la signature de l'ordre d'informer, n'existe pas devant les conseils de justice; l'art. 73 ne renvoie qu'aux n. 1°, 2°, 4° et 5°, art. 24.

78. — La disposition du n. 5 de l'art. 24, comme celle identique du n. 4 de l'art. 24 du Code militaire, ont donné lieu à un certain nombre de décisions des conseils de révision pour préciser ce qu'il fallait entendre par juge ayant précédemment connu de l'affaire. Il a été jugé, à cet égard, que l'officier de police judiciaire ne peut être juge dans la même affaire. — Cons. rév. Alger, 10 août 1882, [Leclerc et Coupois, n. 137]; — 20 août 1885, [Ibid., n. 223]

79. — ... Qu'il en est de même du sous-officier qui a assisté, en qualité de greffier, un officier de police judiciaire chargé de l'enquête préalable. — Cons. rév. Paris, 27 juill. 1882, [Leclerc et Coupois, n. 134] — V. suprà, v° Jury, n. 198.

80. — ... Que le chef de corps qui a délégué un officier comme officier de police judiciaire est réputé avoir connu de l'affaire et ne peut siéger devant le conseil de guerre. — Cons. rév. Paris, 13 août 1880, [Leclerc et Coupois, n. 27]

81. — ... Que les juges qui ont ordonné l'arrestation et le renvoi d'un inculpé devant l'autorité compétente pour y être l'objet d'une information pour un autre fait, doivent être considérés comme ayant connu de l'affaire, et ne peuvent siéger dans le conseil appelé à la juger. — Cons. rév. Paris, 11 déc. 1884, [Leclerc et Coupois, n. 211]

82. — ... Que le président du conseil de guerre qui procède lui-même, à l'audience, à une information contre des témoins suspects de faux témoignage, ne peut ultérieurement siéger dans un conseil chargé de les juger. — Cons. rév. Alger, 24 avr. 1884, [Leclerc et Coupois, n. 188]

83. — L'art. 25 astreignait au serment politique les commissaires du gouvernement et les rapporteurs pris en dehors de l'activité; ce serment ayant été aboli par le décret-loi du 5 sept. 1870 (V. infra, v° Ministère public), et n'ayant pas été remplacé par un serment professionnel, aucune formalité de ce genre n'est plus exigée des nouveaux installés.

84. — II. Compétence. — A. Action publique. — a) Compétence ratione personæ. — On doit poser, en règle générale, qu'à la différence des tribunaux ordinaires qui ont la plénitude de juridiction, les tribunaux militaires ou maritimes connaissent

exclusivement des affaires qui leur ont été dévolues par la loi.

85. — En principe, la compétence des conseils de guerre maritimes ou militaires se détermine ratione personæ. En d'autres termes, c'est la qualité du coupable et non la nature de la faute qui permet de les investir de la connaissance de l'affaire. — Laloë, p. 42.

86. — De là une double conséquence : 1° Ces tribunaux connaissent, en principe, de tous les crimes et délits, même non militaires, commis par des individus appartenant à l'armée de terre ou de mer, à quelque titre que ce soit. 2° Un particulier, non militaire ni marin, ne doit pas être traduit devant un conseil de guerre (Laloë, loc. cit.; Taillefer, n. 139). Nous verrons ultérieurement quelles exceptions doivent être apportées à cette double règle.

87. — Ainsi, les tribunaux ordinaires ne peuvent connaître ni d'un délit de diffamation, ni d'une contravention d'injures publiques, imputés à un militaire en activité de service. — Cass., 11 janv. 1873, Julien, [S. 73.1.191, P. 73.431, D. 73.1.92]

88. — De même, en termes plus généraux, le tribunal de simple police est incompétent pour connaître d'une simple contravention poursuivie contre un militaire. — Cass., 23 août 1860, Théron, [D. 60.5.236]

89. — Les juridictions militaires ou maritimes connaissent, en principe, disons-nous, de tous les crimes, délits et contraventions commis par les militaires ou marins, et de ceux-là seulement. La première question à poser est donc celle de savoir qui est militaire ou marin, et notamment, en ce qui concerne la justice maritime, qui doit être considéré comme appartenant à l'armée de mer.

90. — L'art. 76, C. just. marit, porte : tout individu appartenant à l'armée de mer en vertu, soit de la loi de l'inscription maritime ou de celle du recrutement, soit d'un brevet, d'une commission ou d'un engagement, est justiciable des conseils de guerre permanents des arrondissements maritimes, selon les distinctions établies aux art. 77 et s., c'est-à-dire suivant qu'il est en activité de service, ou en congé, ou dans telle ou telle autre situation.

91. — Deux conditions essentielles sont nécessaires pour justifier la compétence normale des conseils de guerre. Il faut appartenir à l'armée de mer et figurer sur les contrôles.

92. — La première condition requise pour être justiciable des conseils de guerre est qu'il appartienne à l'armée de mer. L'art. 76 énumère les liens qui y rattachent : ils consistent, soit dans la qualité d'inscrit maritime (L. 3 brum. an IV), soit dans celle de jeune soldat ou d'engagé volontaire (L. 15 juill. 1889 sur le recrutement, L. 30 juill. 1893 sur l'armée coloniale), soit dans la possession d'un brevet impliquant la qualité d'officier, soit enfin dans celle d'une commission.

93. — Faisons tout d'abord remarquer, et cette observation est commune à la justice militaire et à la justice maritime, que l'irrégularité du lien au service, d'un marin ou militaire, n'infirme pas la compétence des tribunaux à son égard. — Cass., 23 janv. 1829, Nicolet, [S. et P. chr.]; — 6 avr. 1832, Raynal, [S. 32.1.708, P. chr.]; — 9 mai 1833, Cordier, [S. 35.1.868, P. chr.]; — 28 avr. 1838, Pujol, [S. 38.1.838, P. 38.2.421]; — 26 janv. 1872, [Bull. crim., n. 24] — Sic, Laloë, p. 47.

94. — ... Alors même que l'irrégularité proviendrait de ce qu'à raison de son âge, l'individu ne pourrait être légalement incorporé. — Cass., 12 déc. 1817, Bernard, [S. et P. chr.]

95. — Jugé que tout individu appartenant à l'armée, en vertu, soit de la loi du recrutement, soit d'un brevet ou d'une commission, est justiciable du conseil de guerre dès l'instant où il est présent au corps, en service effectif, et quelle que soit d'ailleurs la régularité ou l'irrégularité de son incorporation. — Cass., 9 avr. 1887, Karsenty, [S. 88.1.236, P. 88.1.554, D. 87.1.363] — Cons. rév. Paris, 13 janv. 1887, Karsenty.

96. — ... Que les conseils de guerre, incompétents pour examiner si le titre en vertu duquel un individu figure sur les contrôles de l'armée est ou non régulier, ne doivent même pas, sauf le cas de désertion, surseoir jusqu'à la décision de l'autorité compétente pour statuer sur l'exception tirée de la nullité de ce titre; et que le militaire condamné dans ces conditions n'est recevable à se pourvoir en cassation ni contre le jugement du conseil de guerre qui l'a condamné à raison de crimes ou délits par lui commis au moment où il faisait le service effectif de soldat, ni contre la sentence du conseil de révision qui a rejeté son recours. — Même arrêt.

97. — Toutefois, s'il suffit qu'un individu soit, sans réclamation, incorporé et présent de fait sous les drapeaux pour être, en général, assujetti à la loi militaire et aux peines qu'elle prononce à raison des crimes et des délits par lui commis, lors même qu'il aurait été admis à un titre irrégulier, cette règle souffre exception, en ce qui concerne la pénalité, à l'égard du délit de désertion, qui a un caractère spécial et ne peut exister qu'autant que l'incorporation est légale et obligatoire, ce qu'il appartient aux juges de vérifier. — Cass., 23 déc. 1858, Blanke, [S. 59.1.85, P. 59.104, D. 59.1.187] — Sic, Laloë, p. 47 et 48.

98. — Par suite, le militaire ou marin qui, traduit pour crime de désertion devant un conseil de guerre, a contesté que la qualité de militaire dût lui être attribuée, en excipant notamment de la nullité de l'acte de remplacement par suite duquel il a été incorporé dans un régiment (antérieurement à la loi de 1872), est recevable à se pourvoir en cassation contre le jugement qui l'a condamné. — Cass., 24 juill. 1856, Devèze, [S. 56.1.758, P. 57.1184]

99. — Spécialement, lorsque le militaire ou marin inculpé de désertion excipe de la nullité de l'acte par suite duquel il a été incorporé dans un régiment, et lorsqu'il soutient, par exemple, que, bien que né en France, il avait perdu la qualité de Français, en contractant un engagement volontaire dans une armée étrangère sans l'autorisation du gouvernement, il élève alors une exception préjudicielle qui doit être jugée préalablement au délit de désertion, et qui oblige le conseil de guerre à surseoir jusqu'à la décision de cette exception par les tribunaux civils, seuls compétents à cet égard. — Cass., 24 juill. 1856, précité; — 25 juin 1885, Fivel, [S. 85.1.325, P. 85.1.781]

100. — Il a été jugé aussi que lorsque le prévenu, devant le conseil de guerre, ou le condamné, devant le conseil de révision, excipe de son extranéité pour nier la validité de son enrôlement, la juridiction militaire doit surseoir à statuer jusqu'à ce que la question préjudicielle de nationalité ait été résolue par les tribunaux civils, seuls compétents pour en connaître. — Cons. rév. Paris, 9 juill. 1885, Steffen, [Leclerc et Coupois, n. 221] — ... Que la règle d'après laquelle les artistes civils, commissionnés et attachés à un régiment comme musiciens sont soumis, à raison des crimes et délits par eux commis, aux peines prononcées par la loi militaire, quelle que puisse être l'irrégularité de leur incorporation, souffre exception à l'égard du délit de désertion, dont l'élément essentiel et indispensable est la légalité de l'incorporation et son caractère obligatoire; que, par suite, les peines de la désertion ne sont pas applicables à l'étranger non naturalisé qui a été attaché à un régiment comme musicien, en ce qu'à raison de sa qualité d'étranger, il ne pouvait légalement être admis à servir dans les troupes françaises, si ce n'est à titre purement provisoire. — Cass., 23 déc. 1858, Blancke, [S. 59.1.85, P. 59.104, D. 59.1.187]

101. — ... Qu'aux termes de l'art. 7, L. 27 juill. 1872 (art. 3, L. 15 juill. 1889), l'extranéité constitue un obstacle légal à l'incorporation régulière dans les troupes françaises; qu'en conséquence, lorsqu'un individu, traduit devant le conseil de guerre pour insoumission se déclare étranger comme étant né d'un père étranger et n'ayant personnellement rien fait pour acquérir la nationalité française, le conseil de guerre, incompétent sur une question d'état, doit surseoir au jugement du fond jusqu'à ce qu'il ait été statué par la juridiction civile. — Cons. rév. Paris, 26 mai 1887, Affaire Canali.

102. — Le conseil de révision ne dit pas, mais cela résulte implicitement des motifs de sa décision, que les raisons alléguées doivent avoir au moins une certaine vraisemblance; car il est évident qu'un conseil de guerre devant lequel un militaire ou marin, poursuivi pour désertion ou insoumission, opposerait une prétendue nationalité étrangère que rien ne justifierait et qui serait contredite par les énonciations d'état civil inscrites sur la matricule du corps, devrait considérer cette exception comme une simple tentative d'obstruction et la rejeter de plano par un jugement motivé.

103. — La compétence se détermine au jour du délit et le juge doit rester saisi malgré les changements de condition des parties. Il en résulte, en premier lieu, qu'on ne pourrait traduire un militaire ou un marin devant le conseil de guerre pour un crime ou un délit commis par lui avant son incorporation. — Laloë, p. 45 et 46; Taillefer, n. 143.

104. — A l'inverse, tout crime ou délit commis par un militaire ou marin, alors qu'il était sous les drapeaux, doit être poursuivi devant les conseils de guerre, alors même que la poursuite n'est exercée qu'après le retour du militaire ou marin à la vie civile. — Cass., 18 juin 1824, Renaudin, [S. et P. chr.]; — 14 juin 1877, Thoreau, [S. 78.1.235, P. 78.568, D. 78.1.96]; — 14 mai 1892, [Gaz. des Trib., 21 mai 1892] — Sic, Laloë, loc. cit.

105. — Jugé, en ce sens, qu'est justiciable du conseil de guerre, bien qu'il ait été libéré du service lorsqu'a été délivré l'ordre d'informer, l'individu inculpé d'avoir, lorsqu'il était en activité de service, commis le fait de désertion à l'intérieur, en emportant des effets militaires. — Cass., 14 mai 1892, précité.

106. — ... Qu'un militaire, bien que congédié, peut être poursuivi devant le conseil de guerre pour un délit commis au corps. Toutefois sa qualité nouvelle de non-militaire lui donne le droit de se pourvoir en cassation. — Cass., 14 juin 1877, précité.

107. — ... Que les voies de fait commises envers l'un de ses supérieurs par un militaire en congé de libération provisoire, même après délivrance à lui faite de sa feuille de route, et alors surtout qu'il n'a pas encore cessé de résider et de vivre à la caserne de son corps, sont de la compétence de la juridiction militaire et non de celle des tribunaux ordinaires. — Cass., 17 juin 1854, Drouvin, [S. 54.1.584, P. 55.2.299]

108. — ... Que la compétence des conseils de guerre demeure entière à l'égard d'un officier démissionnaire le jour même du délit, si la démission n'a pas encore été acceptée. — Cass., 12 nov. 1885, [Bull. crim., n. 308]

109. — ... Que la démission qu'un militaire, détaché de son corps et investi d'une fonction dans une administration militaire, a donnée de cette fonction, antérieurement et après lui commis, ne le soustrait pas à la juridiction militaire, si l'acceptation de sa démission et l'ordre de rejoindre son corps ne lui avaient pas encore été notifiés lors de la perpétration du délit. — Cass., 30 août 1855, Ordioni, [S. 56.1.384, P. 56.2.138, D. 55.1.415]

110. — Ces principes généraux étant posés, quels sont ceux qui doivent être considérés comme liés au service? Aucune difficulté ne saurait s'élever au sujet des hommes qui sont incorporés en qualité de jeunes soldats, d'engagés volontaires ou de rengagés, par application de la loi sur le recrutement de l'armée (15 juill. 1889); il en est de même à l'égard des inscrits maritimes levés ou réadmis en vertu de la loi du 24 déc. 1896 sur l'inscription maritime : les uns et les autres sont attachés à l'armée de mer par un lien précis, de durée temporaire, mais fixe, et, en conséquence, nettement limitée. Pour les officiers, la situation est déjà plus délicate, en ce sens que le brevet qui leur est conféré par le chef de l'Etat leur donne une qualité indéfinie qui peut subitement prendre fin, tant de la part de l'officier que de celle de l'Etat, dans certaines conditions déterminées. L'Etat dispose à l'encontre de l'officier de mesures disciplinaires ou pénales et de la retraite d'office; l'officier peut démissionner ou demander sa retraite. Or, en raison de la nature quasi-synallagmatique du lien, l'offre de démission ou la demande de retraite ne produisent effet qu'à partir du jour où elles ont été accueillies; jusque-là l'officier conserve sa qualité et ses obligations; à ce moment seul cesse l'action de la justice militaire. Mais, en ce qui touche les commissionnés, il peut naître des doutes sur leur situation et il est nécessaire d'envisager la nature même de la commission qui leur est délivrée. L'expression de commissionné, en effet, ne peut être exactement définie par elle-même : on peut dire seulement qu'alors que le brevet est délivré au nom du chef de l'Etat par l'application de l'art. 1, L. 19 mai 1834, la commission peut émaner soit de l'autorité du ministre, soit de toute autre autorité maritime.

111. — Il a été jugé, à cet égard, d'une façon générale, qu'une commission du ministre, acceptée par celui qui en est l'objet, ne suffit pas pour attribuer le caractère militaire à l'emploi civil auquel elle s'applique, et pour rendre par suite le commissionné justiciable du conseil de guerre : celui-ci ne peut être assimilé aux militaires qu'en vertu d'un texte réglementaire. — Cass., 24 févr. 1860, Collignon, [S. 60.1.292, P. 60.895, D. 60.1.197] — Leclerc et Coupois, n. 8.

112. — Toutefois, comme de nombreux employés et agents civils reçoivent eux aussi des commissions, il est, en principe, nécessaire de rechercher, pour chaque hypothèse, si la commission délivrée est de nature à constituer un lien rattachant le titulaire à l'armée de mer.

113. — Jugé, à cet égard, que les artistes civils, commissionnés et attachés à un régiment comme musiciens, sont, en cette qualité, justiciables des conseils de guerre à raison des crimes et délits par eux commis, et soumis, en général, aux peines prononcées par la loi militaire, quelle que puisse être l'irrégularité de leur incorporation. — Cass., 23 déc. 1858, Blanke, [S. 59.1.85, P. 59.1.104, D. 59.1.187]

114. — ... Que le militaire en retraite, commissionné comme portier-consigne, est, à titre d'assimilé, justiciable des conseils de guerre pour tous crimes ou délits. — Cass., 24 févr. 1860, précité.

115. — Il a été jugé, par contre, que la commission délivrée à un garde maritime ne lui confère qu'un emploi civil. Il demeure donc justiciable des tribunaux ordinaires. — Cass., 7 févr. 1862, Gaborit, [S. 62.1.911, P. 63.289, D. 62.1.231]

116. — Qu'il en est de même des syndics des gens de mer bien qu'ils soient commissionnés par le ministre de la Marine. — Cass., 8 mai 1873, Godfroy, [D. 73.1.271]

117. — Ces notions, d'ailleurs, doivent être complétées par deux observations pratiques; d'une part, la commission militaire qui, au temps de la promulgation du Code, n'avait guère d'application que dans le corps de la gendarmerie (Décr. 1er mars 1854), a été généralisée dans l'armée de terre par les lois des 13 mars et 15 déc. 1875 sur les cadres; elle a également été appliquée à divers corps de la marine (surveillants des prisons maritimes, pompiers, marins-vétérans); d'autre part, les musiciens commissionnés d'autrefois, ceux que l'on appelait couramment des gagistes et qui, artistes civils, louaient leurs services pour les musiques militaires, ont disparu pour faire place à des matelots et à des soldats liés au service comme tous autres.

118. — En ce qui concerne la portée des commissions, lorsqu'elles ont ce caractère, il a été jugé que l'individu commissionné est en principe justiciable des conseils de guerre pour tous crimes ou délits. — Cass., 23 déc. 1858, précité.

119. — L'art. 77, développant la règle tracée à l'art. 76, énumère ceux qui sont justiciables des conseils de guerre permanents *pour tous crimes et délits*; exception est faite toutefois à cette prescription générale en vue de réserver l'application des art. 88, 103 à 107 et 108, c'est-à-dire des faits susceptibles d'être déférés aux tribunaux maritimes permanents, des cas de complicité et de celui où les marins sont détachés comme auxiliaires de l'armée de terre.

120. — L'énumération de l'art. 77 comprend les officiers de tous grades de la marine, les aspirants, les officiers auxiliaires, les officiers-mariniers, quartiers-maîtres, matelots, ouvriers chauffeurs(1), novices, apprentis-marins et mousses; autrement dit le corps de la marine et celui des équipages de la flotte, du haut en bas de la hiérarchie navale (L. 10 juin 1896); les officiers de tous grades, les employés et les agents des différents corps de la marine; les officiers de tous grades, les sous-officiers, caporaux et brigadiers, les soldats, musiciens et enfants de troupe des corps organisés de la marine; autrement dit, la gendarmerie maritime, l'artillerie et l'infanterie de la marine, la compagnie de discipline et les disciplinaires coloniaux; les individus assimilés aux marins ou militaires de l'armée de mer par les ordonnances ou décrets d'organisation.

121. — Par dérogation aux règles ci-dessus, les officiers de gendarmerie maritime, les sous-officiers, les brigadiers et les gendarmes ne sont pas justiciables des conseils de guerre pour les crimes et délits commis dans l'exercice de leurs fonctions relatives à la police judiciaire et à la constatation des contraventions en matière administrative. Cette dérogation s'explique d'elle-même, en ce sens que les conseils de guerre seraient mal qualifiés pour apprécier les questions délicates que soulève devant les tribunaux de droit commun l'action des officiers de police judiciaire : assurément, la mesure est plutôt nécessaire pour la gendarmerie départementale que pour la gendarmerie maritime, puisque cette dernière ne concourt à la police judiciaire qu'en matière maritime; mais les questions de contravention de pêche et de police de la navigation sont cependant dues à fait extérieures au service militaire; elles motivent l'extension aux gendarmes maritimes des règles édictées pour la gendarmerie départementale.

122. — Faut-il appliquer cette dérogation aux contraventions de police commises par les gendarmes à l'occasion de leurs fonctions de police judiciaires? La Cour de cassation s'y est refusée en se fondant sur ce que les art. 59, C. just. milit., et 81, C. just. marit., ne créent cette exception que pour les crimes et délits. C'est ainsi qu'elle a décidé que l'art. 59, C. just. milit.

(C. just. marit., art. 81), est inapplicable aux contraventions de simple police ; par suite, le tribunal de police saisi d'une contravention à l'art. 471, n. 13, C. pén., imputée à un gendarme présent à son corps, doit se déclarer incompétent et refuser d'entendre les témoins requis par le ministère public. —Cass., 21 nov. 1873, Confoulins et Bonnery, [S. 74.1.137, P. 74.308, D. 74.1.321]

123. — Cette décision n'est pas exempte de tout reproche: en effet, l'art. 59, C. just. milit., et 81, C. just. marit., que les termes desquels s'appuie la Cour de cassation ne sont que la reproduction de l'art. 231, Ord. 29 oct. 1820, qui, lui aussi, ne parlait que des crimes et des délits, et sous l'empire duquel, néanmoins, la Cour de cassation avait attribué la compétence des tribunaux ordinaires aux contraventions de police, commises par les gendarmes dans l'exercice de leurs fonctions relatives à la police judiciaire. — Cass., 26 févr. 1825, Jouffreau et autres, [S. et P. chr.]; — 6 mai 1830, Groste et autres, [P. chr.] — L'Exposé des motifs de l'art. 59 montre que le législateur n'a pas entendu modifier cette jurisprudence ; il en résulte, en effet, que les cas exceptionnels dans lesquels la gendarmerie n'est pas justiciable des conseils de guerre sont tous ceux qui se produisent « dans l'accomplissement des fonctions de police judiciaire qui s'exercent, aux termes de l'art. 9, C. instr. crim., sous l'autorité des cours impériales ». Quelles raisons, d'ailleurs, aurait-on de traiter différemment les crimes ou délits et les contraventions?

124. — Les élèves de l'école navale étant soumis à la discipline maritime sont considérés comme incorporés et justiciables comme tels des conseils de guerre maritimes. Ceux des autres écoles de la marine ont fait l'objet de décrets d'assimilation qui les soumettent également aux juridictions maritimes. — V. *infra*, n. 134.

125. — Il en est tout autrement des pupilles de la marine qui ne constituent qu'un orphelinat maritime ayant ses ressources propres et ne se rattachant à la marine que par les subventions qu'il en reçoit (Décr. 2 août 1884).

126. — Ainsi qu'on l'a vu *suprà*, n. 120, l'art. 77 désigne, comme étant justiciables des conseils de guerre, en dehors des officiers, sous-officiers, officiers-mariniers, marins et soldats faisant partie des corps naviguant et combattant : 1° les officiers de tous grades, les employés et agents des différents corps de la marine; 2° les assimilés. Il convient de revenir sur ces deux groupes pour en délimiter les caractères : officiers, employés et agents des différents corps de la marine, et individus assimilés, etc... La différence entre ces deux catégories est une simple question de dénomination, car, ainsi qu'on va le voir, il y avait dans ces deux catégories, lors de la promulgation du Code, des personnes jouissant de l'état d'officier et des individualités d'un rang inférieur.

127. — Le premier de ces deux groupes comprend les corps du génie maritime, des ingénieurs hydrographes, du commissariat, de l'inspection et de santé ; il existait en 1858 des agents inférieurs dans l'inspection et dans le commissariat qui prenaient à leur base des écrivains et des commis; ce sont ceux-là que le Code avait en vue lorsqu'il parlait des employés et agents des différents corps de la marine; leur disparition a eu pour conséquence de ne laisser subsister dans cette catégorie que des personnes ayant l'état d'officier.

128. — Le second groupe comprend tout le surplus des assimilés parmi lesquels figurent encore des officiers. On y voit le personnel administratif des directions de travaux, celui des manutentions; les comptables des matières; les examinateurs et professeurs de l'École navale et des écoles d'hydrographie, le personnel des agents du commissariat, les trésoriers des Invalides, et les aumôniers de la flotte(1). Parmi ceux-là, les agents principaux, agents et sous-agents des directions de travaux et des manutentions, les examinateurs et professeurs des écoles navale et d'hydrographie ont la propriété de leur grade ; tous les autres sont des fonctionnaires ou agents civils.

129. — Dans la pensée des rédacteurs du Code maritime, il était bien entendu que, pour chaque personnel, on devait se demander si son rôle dans le département de la marine intéressait bien le fonctionnement de l'armée de mer. Toutefois, comme les conseils de guerre pouvaient être appelés, dans certains cas exceptionnels, à juger toute personne au service de la marine,

---

(1) Depuis le décret du 5 juin 1883, les ouvriers chauffeurs portent le titre d'ouvriers mécaniciens (Décr. 5 juin 1894).

(1) Le décret du 21 juin 1858 et l'Exposé des motifs disent : « les aumôniers *embarqués* ». Hautefeuille conclut avec raison qu'il faut lire *embarquants*, car ceux qui sont embarqués sont justiciables des conseils de guerre à bord et non des conseils de guerre permanents.

on avait trouvé bon de fixer dans un décret général la composition que devrait présenter le conseil de guerre appelé à les juger.

130. — Tel a été l'objet du décret du 21 juin 1858, qui contient dans son tableau annexe l'énoncé de tous les individus militaires ou civils, officiers ou non officiers, auxquels on supposait que le Code serait quelque jour appliqué. C'est ce qu'a voulu énoncer le rédacteur du décret en disant dans l'art. 2 : « La correspondance de grades et de rangs résultant du tableau mentionné dans l'article précédent est toute spéciale à l'action judiciaire devant les tribunaux de la marine et ne modifie en rien les situations telles qu'elles sont respectivement réglées sous les autres rapports, pour ces divers assimilés, par les ordonnances, décrets et règlements en vigueur. »

131. — Mais, les espèces succédant aux espèces, on vit bientôt comparaître devant les conseils de guerre, non plus des assimilés dont la qualité résultait évidemment de l'état d'officier qui leur était acquis d'autre part, mais divers agents de caractère mixte, civils par définition, semi-marins par la provenance, par la vie quotidienne et par la discipline. Ce fut bientôt devant toutes les juridictions une série de discussions sur la nature de chacun des corps et personnels.

132. — C'est alors que la Cour de cassation, saisie en 1876 d'un pourvoi formé par un trésorier des Invalides de la marine et ne trouvant pas concluants les arguments développés par le ministre pour établir le rôle nécessaire que remplissaient dans l'armée de mer les fonctionnaires de cette catégorie, posa sagement dans les termes ci-après, les bases de la jurisprudence qui a prévalu depuis lors sans conteste : « Attendu que le décret fixe ainsi le sort des trésoriers de la marine pris avec cette seule qualité, et qu'en les rangeant parmi les assimilés aux marins ou militaires, que ce soit à titre de reconnaissance et de constatation d'un fait préexistant ou de disposition nouvelle, ce décret, qui émane du pouvoir auquel appartient le droit de réglementer l'organisation de l'armée, a statué complètement et doit recevoir son application devant les conseils de guerre... ». — Cass., 20 juill. 1876, [*Bull. crim.*, n. 169*

133. — Depuis cet arrêt, dont les dispositions ont été maintes fois invoquées, notamment au cours de l'instance suivie devant le Conseil d'Etat contre les compagnies de chemins de fer pour le droit au transport à prix réduits sur les voies ferrées, il a été reconnu qu'un simple décret déterminant la composition des conseils de guerre pour le jugement d'un personnel quelconque, suffit à lui conférer l'assimilation nécessaire pour qu'il devienne justiciable des conseils de guerre, pour tous crimes et délits, dans les termes de l'art. 77, C. just. marit.

134. — En vertu de cette jurisprudence, on doit tenir pour justiciables des conseils de guerre non seulement les personnes comprises dans le tableau annexé au décret du 21 juin 1858, mais toutes celles que les décrets postérieurs ont rendu l'objet d'une assimilation complémentaire. Ce sont : les élèves commissaires de la marine (Décr. 9 août 1878), les comptables des matières aux colonies (Décr. 23 févr. 1880), les officiers du commissariat colonial (Décr. 5 oct. 1889), les élèves du service de santé de la marine (Décr. 9 oct. 1889), les membres du corps de santé des colonies (Décr. 7 janv. 1890, art. 31), le personnel des corps administratifs secondaires de la marine (Décr. 29 avr. 1893).

135. — Pourtant les doutes les plus sérieux peuvent être émis à l'endroit de la situation faite aux divers corps coloniaux par suite de leur séparation de la marine (Décr. 14 mars 1889). Il est difficile d'admettre qu'ils appartiennent encore à l'armée de mer suivant le vœu de l'art. 76, puisqu'ils n'ont plus aucun lien avec le ministre de la Marine, seul chef de cette armée. Par suite, on est conduit à reconnaître que les actes qui ont déclaré ces corps justiciables des conseils de guerre sont ou abrogés, s'ils sont antérieurs à la séparation, ou illégaux s'ils sont postérieurs. Cependant, on doit envisager à part la situation de ceux des membres de ces corps qui, titulaires de l'état d'officier au département de la marine, sont passés dans celui des colonies sans avoir perdu ce grade par l'un des moyens prévus à l'art. 1, L. 19 mai 1834; ceux-là doivent être considérés comme détachés de la marine; ils restent justiciables des conseils de guerre de l'armée de mer pour crimes et délits militaires seulement (art. 79-1°) et relèvent du ministre de la Marine pour ce qui concerne le grade; mais sans qu'il y ait lieu de leur tenir compte pour la composition des conseils de guerre ou d'enquête appelés à les juger, des avancements qu'ils ont pu obtenir dans les corps coloniaux.

136. — Antérieurement, il avait été jugé que les distributeurs

et commis aux vivres attachés au service de la marine en vertu de commissions spéciales étaient assimilés aux marins ou militaires de l'armée de mer, et, comme tels, justiciables des conseils de guerre maritimes. — Cass., 31 juill. 1857, [*Bull. crim.*, n. 291]; — 9 août 1873 (règlem. de juges), Proc. gén. à la Cour de cass., [D. 74.1.276] — Mais ces agents faisant, depuis le décret du 5 juin 1883, partie intégrante du corps des équipages de la flotte, cette décision n'a plus de portée directe.

137. — Pour être justiciable des conseils de guerre, il ne suffit pas d'être lié au service, il faut encore, quand il s'agit de crimes et délits exclusivement militaires, être présent au corps. Ceux qui en sont régulièrement absents n'ont à répondre devant les tribunaux militaires ou maritimes que de l'observation de leurs devoirs militaires (Laloë, p. 51). Il est fait exception pour ceux qui sont internés dans des hôpitaux ou prisons maritimes ou militaires.

138. — L'art. 79 s'occupe des hommes qui sont en congé ou en permission, et de ceux qui, sans être employés, reçoivent un traitement et restent à la disposition du gouvernement. Les uns et les autres sont laissés aux juges ordinaires pour tous crimes et délits de droit commun; mais, pour les crimes et délits prévus par le Code maritime, ils demeurent soumis à l'action des conseils de guerre permanents. Le législateur a pensé que le lien qui les rattache au service, tout en étant assez relâché pour qu'on doive les remettre aux cours d'assises et aux tribunaux correctionnels, subsiste encore entièrement dans toute sa force, quand il s'agit de l'accomplissement de leurs devoirs militaires. — En d'autres termes, le conseil de guerre a une compétence tantôt étendue, tantôt restreinte : étendue à l'égard des individus tout à la fois liés au service et présents au corps, qui l'investit du droit de juger en ce qui les concerne, les crimes et délits militaires ou non militaires indistinctement; restreinte à l'égard des individus liés au service, mais non présents au corps, qui l'investit du droit de juger les crimes et délits relatifs aux obligations militaires à l'exclusion des crimes ou délits du droit commun. — Taillefer, n. 141.

139. — Jugé, à cet égard, que le militaire envoyé en congé en attendant son passage dans la réserve doit être considéré comme un militaire de l'armée active en position de congé. Il est donc justiciable des conseils de guerre pour outrages envers un supérieur, même s'il n'était pas revêtu d'effets d'uniforme, au moment où il a commis le délit. — Cons. rév. Paris, 29 avr. 1886, [Leclerc et Coupois, n. 243]

140. — Mais depuis comme avant le Code de justice militaire, c'est aux tribunaux ordinaires, à l'exclusion des tribunaux militaires, qu'il appartient de connaître des crimes et délits de droit commun commis par des militaires en congé ou en permission (tels que vols dans une église ou sur un chemin public) : les conseils de guerre n'ont compétence, à l'égard de ces militaires, qu'autant qu'il s'agit des crimes et délits prévus par le titre 2 du livre IV du Code de justice maritime et militaire. — Cass., 6 févr. 1838, Bolzé, [S. 58.1.366, P. 58.360, D. 58.5.83]

141. — Les délits de droit commun commis par un militaire en permission ressortissent à la juridiction des tribunaux ordinaires. Le jugement rendu sur ce fait par un conseil de guerre doit être annulé avec renvoi de l'inculpé devant l'autorité compétente. — Cons. rév. Paris, 11 déc. 1893, Midy, [*J. off.*, 5 janv. 1894]

142. — La position de présence est celle de tout militaire (ou marin) présent au corps ou au poste qui lui est assigné, ou en route pour s'y rendre (Décr. 19 mai 1890, art. 6). — V. Décr. 24 sept. 1896.

143. — En ce qui concerne spécialement les officiers, ils peuvent être, au point de vue militaire, dans l'une des quatre positions suivantes : en activité, en disponibilité, en non-activité, en retraite. Dans les deux premières situations, si l'officier n'est pas en congé ou en permission, il est justiciable d'une façon complète des conseils de guerre. — Taillefer, n. 149.

144. — Au contraire, un officier en non-activité soit par retrait d'emploi, soit pour toute autre cause, est placé, au point de vue de la compétence, dans la position prévue à l'art. 79, C. just. marit., c'est-à-dire justiciable des conseils de guerre seulement pour faits militaires (V. Foucher, *Commentaire sur l'art. 57, C. milit.*). Il en est de même de l'officier hors cadres servant à l'industrie ou auprès d'un gouvernement étranger et de l'officier passé dans les corps coloniaux. — V. *suprà*, n. 135.

145. — Quant à l'officier en retraite, il échappe entièrement en tant que tel à la compétence des conseils de guerre. Décidé, par suite, que le greffier d'un conseil de guerre qui n'est plus en activité de service au moment où il a commis un délit, et qui est suspendu momentanément de son emploi de greffier n'est plus justiciable de la juridiction militaire. — Cass., 17 juill. 1886, [*Bull. crim.*, n. 265] — Cependant la loi du 3 août 1879, sur les pensions de l'armée de mer, a décidé dans son art. 12 que, par dérogation à la loi du 19 mai 1834, les officiers resteraient désormais, pendant cinq années, à compter de leur mise en retraite, à la disposition du ministre de la Marine qui pourrait leur conférer d'office un emploi de leur grade dans la réserve de l'armée de mer. Pendant ces cinq années, ces officiers sont soumis aux lois et règlements sur la réserve. .

146. — Quelle est, au point de vue qui nous occupe, la situation de l'officier en mission? S'il s'est fait mettre en congé afin de pouvoir, sans sortir des cadres de l'armée de terre ou de mer, se livrer, à ses risques et périls, à des recherches scientifiques ou à des explorations, nul doute qu'il ne soit traité comme marin ou militaire en congé. Si, au contraire, la mission lui a été officiellement confiée pour le compte du gouvernement, il doit être considéré suivant la nature de sa mission, tantôt comme présent au corps, tantôt comme se trouvant dans le cas de l'art. 79-1º. — V. *supra*, n. 138.

147. — Sont considérés comme n'étant pas présents au corps les officiers ou marins en congé ou permission, cette permission fût-elle de vingt-quatre heures. — Cons. rév. Paris, 11 déc. 1893, précité.

148. — Mais on ne doit pas considérer comme permissionnaire le marin ou militaire à qui est donné par ses chefs directs l'autorisation valable de descendre à terre ou de se dispenser des exercices et des manœuvres de la journée. — Taillefer, n. 152.

149. — Tout militaire ou marin est réputé présent au corps à dater de l'heure précise à laquelle expire sa permission; il est en service actif, soumis aux ordres de ses chefs et à la discipline. — Cass., 17 juin 1887, [*Bull. crim.*, n. 228] — *Contrà*, Laloë, p. 64.

150. — Un militaire ou un marin réellement présent au corps est justiciable des conseils de guerre, alors même qu'il pourrait être régulièrement absent. Tel serait l'homme qui aurait renoncé à profiter d'une permission accordée et serait demeuré à son bord ou à la caserne. — Laloë, p. 52.

151. — Par application du même principe, l'homme qui, sans être encore libéré du service, est renvoyé dans ses foyers et rayé des contrôles, devient justiciable des tribunaux ordinaires, alors même que la libération aurait été ultérieurement reconnue prématurée et annulée. — Cass., 20 févr. 1873, [*Bull. crim.*, n. 54]

152. — A l'inverse, les tribunaux militaires sont compétents pour connaître d'un délit commis par un militaire libéré qui n'a pas cessé de vivre militairement à la caserne. — Cons. rév. Alger, 24 nov. 1881, [Leclerc et Coupois, n. 104]

153. — Est considéré comme présent au corps celui qui y est incorporé, bien qu'il n'ait pas encore rallié et soit en subsistance dans un autre corps. Tel est le cas où un jeune soldat antérieurement condamné est destiné, comme tel, aux pénitenciers d'Algérie, en attendant qu'il y soit dirigé. — Cons. guerre Rouen, 10 mars 1893, [cité par Laloë, p. 56, *ad notam*] — *Sic*, Laloë, p. 56.

154. — La juridiction ordinaire est compétente, à l'exclusion de la juridiction militaire, pour connaître des crimes ou délits commis par un jeune soldat, engagé volontaire, avant son arrivée au corps. — Cass., 5 janv. 1846, Mayer, [D. 46.1.43]; — 22 nov. 1861, Aulagne, [D. 65.5.266]

155. — Mais il en est autrement des hommes qui se rendent en détachements à leur régiment. Dès lors, ils sont justiciables des conseils de guerre à raison des crimes ou délits qu'ils commettent en route. — Cass., 19 mars 1853, Donis, [S. 53.1.665, P. 54.1.439, D. 54.1.47]

156. — Les inscrits maritimes depuis l'instant où ils ont reçu leur feuille de route jusqu'à celui de leur arrivée au corps (l'art. 80 ajoutant : « et dans les arsenaux, et les ouvriers de l'inscription maritime employés dans les établissements de la marine ») ne sont justiciables des conseils de guerre permanents que pour les faits d'insoumission ou dans les cas prévus au n. 2 de l'art. 77, c'est-à-dire lorsqu'ils sont détenus ou hospitalisés. C'est l'application des principes qui règlent la compétence à l'égard des hommes nouveaux venus au service : obligés d'obtempérer à leur ordre de route, ils ne tombent définitivement sous l'action des conseils de guerre que lorsqu'ils ont été incorporés. Jusque-là, ils ne sont justiciables que pour insoumission, à moins qu'ils ne soient

admis dans un établissement maritime. — V. *infrà*, n. 175.

157. — Sont encore considérés comme présents au corps et, comme tels, justiciables des conseils de guerre, les marins ou militaires de l'armée de mer et les individus assimilés aux marins ou militaires, placés dans les hôpitaux civils et maritimes, ou voyageant sous la conduite de la force publique, ou détenus dans les établissements, prisons et pénitenciers maritimes (C. just. marit., art. 77-2º, § 1). — Laloë, p. 68.

158. — La similitude des art. 56, C. just. milit., et 77, C. just. marit., a donné lieu à une difficulté dans les circonstances suivantes : un marin, reconduit sous escorte à son poste, avait été déposé pour une nuit à la prison militaire de la ville où il passait ; il y commit un délit. Etait-il justiciable du conseil de guerre militaire comme détenu dans un établissement pénitentiaire militaire, ou du conseil de guerre maritime comme marin voyageant sous escorte de la gendarmerie?

159. — Il a été décidé que la compétence *ratione loci* résultant de la présence dans un établissement pénitentiaire, le cède à la compétence *ratione personæ* qui atteint le marin voyageant sous la conduite de la force publique et déposé momentanément, en cette qualité, dans une prison militaire où il n'est pas détenu dans le sens de l'art. 56, C. just. milit. (Déc. min. 3 févr. 1869, manuscr.).

160. — Alors que le texte parle des militaires ou marins placés dans les hôpitaux *militaires ou civils*, il ne mentionne que des hommes détenus dans les pénitenciers *militaires* comme présents au corps. Doit-on en conclure que le militaire ou marin provisoirement interné dans une prison civile en attendant son transport n'est pas à considérer comme présent? L'affirmative a été consacrée antérieurement au Code. — Cass., 10 juin 1843, Defournel, [S. 43.1.828, P. 43.2.527] — Mais une semblable distinction n'aurait aujourd'hui aucune base et doit être rejetée. — Laloë, p. 69.

161. — Les marins et militaires écroués dans les pénitenciers militaires, sont fictivement maintenus, pendant leur détention, sur les matricules de leur corps, afin de pouvoir, en cas d'évasion, être déclarés déserteurs au titre de ces corps. Cette jurisprudence est applicable aux prisons maritimes (Décr. 7 avr. 1873).

162. — Enfin le dernier alinéa de l'art. 77 déclare aussi justiciables des conseils de guerre les prisonniers de guerre placés sous l'autorité maritime. Jugé que les insurgés de la commune de Paris écroués sur les pontons ne pouvaient être qualifiés de « prisonniers de guerre » dans le sens de l'art. 77, C. just. marit., et, par suite, échappaient à la compétence des conseils de guerre permanents. — Cons. rév. Toulon, 14 oct. 1871.

163. — On sait que le déserteur cesse d'être porté présent sur les matricules de son corps le jour de l'expiration des délais de grâce; jusque-là, bien que signalé à la gendarmerie comme en état d'absence illégale, il n'est l'objet d'aucune mention spéciale sur la matricule. Il reste donc justiciable des conseils de guerre pour tous les crimes et délits qu'il peut commettre, alors même que ces actes seraient perpétrés dans les conditions du droit commun. Au contraire, dès que les délais sont expirés, l'homme est porté absent et devient justiciable des tribunaux de droit commun pour tous les crimes et délits qu'il peut commettre, hormis celui de désertion pour lequel l'action du conseil de guerre reste ouverte. Plusieurs arrêts de cassation confirment cette interprétation.

164. — Jugé, en ce sens, que les conseils de guerre sont seuls compétents pour connaître des délits commis par des militaires évadés d'un pénitencier militaire avant l'expiration du délai de grâce. — Cass., 4 déc. 1879, Bergier, [S. 80.1.440, P. 80.1087, D. 80.1.356]

165. — ... Que le militaire détenu dans un pénitencier, restant inscrit sur les contrôles de l'armée, conserve sa qualité de militaire pleine et entière, et ne la perd, même lorsqu'il est parvenu à s'évader, que par l'expiration du délai de grâce après lequel il doit être considéré comme déserteur; que, dès lors, il est justiciable du conseil de guerre pour tous les crimes et délits, spécialement pour le crime de faux, par lui commis avant l'expiration du ce délai. — Cass., 3 juill. 1858, Bourgoing, [S. 58. 1.837, P. 59.413, D. 58.5.239]

166. — ... Que le militaire qui s'est absenté sans congé ni permission, mais dont l'absence n'a pas été assez prolongée pour le constituer en état de désertion, doit être considéré comme présent à son corps, et, par suite, reste justiciable des tribunaux militaires à raison des crimes ou délits qu'il a commis durant son absence... surtout si le délit a été commis dans un lieu où partie du régiment de l'inculpé tenait garnison. — Cass., 4 sept. 1851, Plée, [S. 51.1.714, P. 52.1.215, D. 51.1.263]

167. — ... Qu'un militaire absent illégalement de son corps doit néanmoins être considéré comme continuant à en faire partie pendant le cours du délai de grâce que la loi militaire lui accorde avant de le réputer déserteur. — Cass., 18 nov. 1882, Colev, [S. 85.1.143, P. 85.1.303]

168. — ... Qu'en conséquence, la juridiction militaire est seule compétente pour connaître d'un délit de vol commis par un réserviste pendant la durée du service de vingt-huit jours à lui imposé, si, au moment où il a commis ce délit, il était en état d'absence illégale et non de désertion, le délai de grâce fixé par l'art. 235, C. just. milit. (C. just. marit., art. 313), n'étant pas expiré. — Même arrêt.

169. — Jugé de même que le militaire qui, au moment où il s'est mis en état d'absence illégale en ne rejoignant pas son corps au jour fixé par sa feuille de route, avait moins de six mois de services (aujourd'hui trois mois, L. 18 mai 1875), ne peut être considéré comme déserteur qu'un mois, et non pas seulement quinze jours après celui de l'absence constatée. — En conséquence, il est justiciable des conseils de guerre et non des tribunaux ordinaires pour les délits par lui commis pendant ce délai d'un mois, le militaire illégalement absent de son corps n'étant soumis à la juridiction de ces derniers tribunaux que pour les délits dont il se rend coupable depuis l'expiration du délai de grâce pendant lequel il pouvait se représenter. — Cass., 24 févr. 1860, Mignard, [S. 60.1.386, P. 60.910, D. 62.1.396]

170. — ... Et qu'un jeune soldat, n'ayant pas trois mois de services, qui commet un délit au cours d'une absence illégale inférieure à un mois, n'est pas déserteur et reste justiciable des conseils de guerre pour crimes et délits. — Cass., 1er févr. 1877, [Bull. crim., n. 40]

171. — Dès l'expiration des délais de grâce, le marin ou le militaire deviennent justiciables des tribunaux ordinaires pour les crimes et délits commis par eux postérieurement à cette date. — Cass., 28 avr. 1859, Molonais, [S. 59.1.539, P. 59.1123]; — 13 déc. 1860, Pichon, [D. 62.1.396]; — 22 nov. 1861, Parlet, [S. 62.1.331, P. 62.1151, D. 62.1.396]; — 28 juill. 1864, Lotin, [S. 64.1.471, P. 64.1236, D. 65.1.404]; — 11 sept. 1873, Darownat; — 31 août 1876 (règl. de juges), [Bull. crim., n. 200]; — 15 févr. 1877, [Bull. crim., n. 50]; — 18 sept. 1884 (règl. de juges), El-Hamon-ben-El-Haoussin, [D. 84.1.476]

172. — Ainsi jugé que le jeune soldat même n'ayant pas six mois de services (trois mois, L. 18 mai 1875), qui passe à l'étranger et est absent de son corps depuis plus de trois jours, est justiciable des tribunaux ordinaires pour les faits commis après l'expiration de ce délai de grâce. — Cass., 22 mai 1874 (règl. de juges), [Bull. crim., n. 140] — ... Que lorsqu'un délit a été commis par un marin alors que celui-ci était déclaré déserteur et n'était plus porté présent sur les contrôles du bâtiment auquel il appartenait, la juridiction correctionnelle est compétente pour en connaître. — Cass. (règl. de juges), 29 mars 1884, [Bull. crim., n. 118] — ... Que la disposition finale de l'art. 231, C. just. milit., qui porte de six jours à un mois, en faveur des militaires n'ayant pas six mois (trois mois) de services, le délai passé par lequel le soldat absent de son corps doit être réputé déserteur, est inapplicable au soldat rengagé qui quitte son corps avant l'expiration du délai de six mois depuis sa nouvelle incorporation. En conséquence, les délits commis par ce soldat, plus de six jours, quoique moins d'un mois, depuis qu'il a manqué à l'appel, sont de la compétence des tribunaux ordinaires. — Cass., 9 août 1860, Lecomte, [S. 61.1.101, P. 61.106, D. 60.1.423]

173. — Les officiers de la réserve de l'armée de mer ne sont pas présents au corps, et conséquemment ne sont pas justiciables des juridictions maritimes, sauf en cas d'appel sous les drapeaux. Même lorsqu'ils sont en uniforme, s'ils sont dans leurs foyers, ils sont considérés comme officiers en congé, et traités comme tels au point de vue de la compétence. — Laloë, p. 97; Taillefer, p. 207. — V. suprà, n. 147.

174. — Mais les juridictions maritimes sont compétentes à l'égard des réservistes de l'armée de mer insoumis (Circ. min. 17 juill. et 19 août 1879).

175. — Aux termes de l'art. 56, L. 24 déc. 1896, sur l'inscription maritime, les inscrits maritimes sont justiciables des tribunaux militaires de l'armée de mer, lorsqu'ils sont mobilisés, appelés, rappelés ou convoqués pour accomplir une période d'exercices, depuis

l'instant de leur réunion en détachement pour rejoindre, ou de leur arrivée à destination s'ils se rejoignent isolément, jusqu'au jour où ils sont congédiés; lorsqu'ils sont placés dans les hôpitaux civils, militaires ou maritimes, lorsqu'ils voyagent comme marins appartenant au service, sous la conduite de la force publique, qu'ils se trouvent détenus dans les établissements, prisons et pénitenciers maritimes ou qu'ils subissent à leur corps une peine disciplinaire. Et l'art. 73 de la même loi les déclare également justiciables des conseils de guerre pour insoumission.

176. — Les inscrits maritimes qui ne sont pas en activité de service sont aussi justiciables des juridictions militaires pour certains crimes et délits prévus et punis par les articles du Code de justice militaire annexé à la loi du 24 déc. 1896, lorsque, après avoir été appelés sous les drapeaux et renvoyés dans leurs foyers, en disponibilité, ou qu'étant dans la période de réserve, ils ont quitté le service depuis moins de six mois. L'application de ces articles est faite aux inculpés sous la réserve des dispositions spéciales indiquées audit tableau (L. 24 déc. 1896, art. 58).

177. — Ces règles ont été empruntées à la loi du 15 juill. 1889, sur le recrutement, laquelle, abrogeant la législation antérieure et notamment la loi du 18 nov. 1875, a statué comme suit sur la situation des hommes de la réserve et de l'armée territoriale : sous les drapeaux les uns et les autres sont justiciables des conseils de guerre pour tous crimes et délits, avec cette différence qu'en cas de mobilisation la compétence leur est acquise dès le jour de leur appel, tandis qu'en cas d'appel pour manœuvres, exercices, etc., elle n'existe qu'à compter de la réunion en détachement ou de l'arrivée au corps s'ils rejoignent isolément. De plus, hors le cas de mobilisation, des circonstances atténuantes peuvent leur être accordées, s'ils n'ont pas trois mois de présence (L. 15 juill. 1889, art. 52). Dans leurs foyers, les réservistes et territoriaux revêtus d'effets d'uniforme doivent les marques extérieures de respect prescrites par les règlements à tous supérieurs hiérarchiques en uniforme. Ils sont en outre passibles de l'application de certains articles des Codes militaire ou maritime énumérés au tableau D annexé à la loi du 15 juill. 1889 (trahison, espionnage, embauchage, violation de consigne, violence envers une sentinelle, voie de fait et outrages envers un supérieur, rébellion, abus d'autorité, etc.), lorsqu'au moment du fait ils sont revêtus d'uniforme, ou si leur renvoi dans leurs foyers remonte à moins de six mois (art. 53, 54 et 57).

178. — Les lois de compétence saisissent tous les faits qu'elles embrassent, que ces faits soient antérieurs ou postérieurs à leur publication, et l'on ne saurait y appliquer les principes de non-rétroactivité concernant la pénalité. La jurisprudence a fait de nombreuses applications de ce principe aux faits qui ont motivé une déclaration d'état de siège. — V. à cet égard infrà, vo Lois et décrets. — V. aussi suprà, vo État de siège.

179. — Les dispositions du chap. 5 du tit. 7 du liv. 2 du Code d'instruction criminelle, relatives à la prescription, sont applicables à l'action publique résultant d'un crime ou délit de la compétence des juridictions militaires (ou maritimes, C. just. marit., art. 236), ainsi qu'aux peines résultant des jugements rendus par ces tribunaux (C. just. milit., art. 184).

180. — b) Compétence ratione loci (1). — La nature de la juridiction compétente étant ainsi établie, il reste à déterminer entre les conseils de guerre quel est celui qui peut être saisi. On sait que, suivant le Code d'instruction criminelle (art. 23 et 63), le ministère public a le choix entre le tribunal du lieu du délit, celui de la résidence du prévenu ou celui du lieu de l'arrestation. En matière maritime, l'art. 82 remplace le tribunal de la résidence par le conseil de guerre duquel se trouve le point d'attache militaire de l'inculpé.

181. — Le prévenu est traduit, dit l'art. 82, soit devant le conseil de guerre dans le ressort duquel le crime ou le délit a été commis, soit devant celui dans le ressort duquel ce prévenu a débarqué ou a été arrêté, soit devant celui de l'arrondissement dans lequel se trouvent son corps, son détachement ou son bâtiment, soit enfin devant celui du port auquel il appartient, s'il est officier sans troupes.

182. — Dans les cas prévus par les art. 267, 268 et 269, c'est-à-dire s'il s'agit de la perte ou de la prise d'un bâtiment

---

(1) Il n'est pas ici question de la compétence ratione loci qui appartient aux tribunaux maritimes permanents en vertu de l'art. 88 et qui est étudiée infrà, n. 840 et s.

de l'Etat, c'est au ministre qu'il appartient de désigner le conseil de guerre devant lequel sera traduit le prévenu, et ce conseil doit toujours être l'un des conseils de guerre permanents des arrondissements maritimes.

183. — Cette désignation, aussi bien que le choix du conseil à saisir dans les poursuites ordinaires tendent à faciliter le cours de la justice : le lieu du crime, c'est la célérité de la répression et la proximité des témoins; le lieu de l'arrestation ou du débarquement, c'est l'économie des frais de transport de l'inculpé; le siège du corps ou le port d'attache, c'est la proximité des pièces, dossiers et souvent des témoins. Il convient donc de s'inspirer des circonstances de chaque espèce pour effectuer ce choix.

184. — B. *Action civile.* — L'action publique est celle qui est exercée par le ministère public en vue d'obtenir la répression des crimes et délits. Elle tend uniquement à l'application de la peine et ne se préoccupe en rien de la réparation du préjudice qui a pu être causé par le délit. Elle s'éteint avec la vie de l'inculpé. Au contraire, l'action civile tend à une indemnité et est poursuivie uniquement par la partie lésée; elle survit à la mort de l'inculpé (C. instr. crim., art. 1, 2 et 3).

185. — En principe et suivant le droit commun, l'action civile peut être intentée devant le tribunal de répression et exercée parallèlement à l'action publique; la partie lésée possède même, mais en matière de délit seulement, le droit de citation directe, c'est-à-dire le droit de mettre en mouvement l'action publique.

186. — L'action civile peut également être exercée séparément devant les juges civils, à la condition pour les juges civils de surseoir à statuer jusqu'après la décision du juge criminel, s'il a été saisi. C'est l'application de la maxime : « le criminel tient le civil en état ». — V. sur tous ces points, *suprà*, vᵒ *Action civile, Action publique.*

187. — Ces principes reçoivent en matière maritime deux dérogations importantes : en premier lieu, les juridictions militaires, quelles qu'elles soient, ne connaissent que de l'action publique; l'action civile ne peut donc être introduite devant elles, et doit être soumise aux tribunaux civils. L'art. 370 fait de ce principe une application positive en matière de contravention (V. *infrà*, n. 1227). — Laloë, p. 43 et 44; Taillefer, n. 135.

188. — Il a été jugé en ce sens que les conseils de guerre sont essentiellement incompétents pour statuer sur des intérêts civils ou réparations pécuniaires; que, spécialement, ils sont incompétents pour connaître de l'action intentée contre un militaire, même en activité de service, à raison du refus par lui fait d'acquitter un droit de péage sur un pont ou une route. — Cass., 8 mai 1857, Faucompré, [S. 57.1.869, P. 58.486, D. 57. 1.271] — Sic, Merlin, *Rép.*, vᵒ *Conseil de guerre*, n. 3; de Chenier, t. 2, p. 122.

189. — ... Que les conseils de guerre ne peuvent admettre devant eux l'intervention de parties civiles et statuer sur leurs demandes en dommages-intérêts. — Cass., 19 mars 1852, Youda, [S. 52.1.753, P. 53.2.193, D. 52.1.328] — Sic, Merlin, *loc. cit.*; Rauter, *Dr. crim.*, t. 2, n. 870; Le Sellyer, *Dr. crim.*, t. 4, n. 1750.

190. — ... Que les tribunaux civils sont seuls compétents pour connaître de l'action civile résultant d'un délit, dont la connaissance appartient aux tribunaux maritimes ou militaires, spécialement pour ordonner la réparation du préjudice que cause à l'Etat la perte d'une embarcation illicitement enlevée et ayant péri par la faute des marins qui s'en étaient emparés; qu'en conséquence, commet un excès de pouvoir le conseil de justice qui, après avoir reconnu les prévenus coupables du délit d'enlèvement d'embarcation, les condamne, non seulement aux peines portées par le Code maritime, mais, en outre, au remboursement de la valeur de l'embarcation et de son matériel. Cette sentence doit être cassée pour partie, dans l'intérêt de la loi et des condamnés, sans renvoi. — Cass., 10 avr. 1884, Intérêt de la loi, [*Bull. crim.*, n. 132]

191. — En second lieu, le droit de citation directe n'existe jamais devant les conseils de guerre, où un prévenu ne peut être traduit que sur l'ordre formel de l'autorité armée du pouvoir juridictionnel. Lors donc qu'un délit a été commis par un individu justiciable des conseils de guerre, la victime de ce délit ne peut que s'adresser au chef maritime du lieu, sauf à recourir au ministre si l'inaction de son subordonné paraissait tendre à paralyser systématiquement toute répression.

192. — Il va de soi que l'intéressé aurait, d'ailleurs, la ressource de saisir le tribunal civil pour en obtenir la réparation civile du fait délictueux.

193. — Quoi qu'il en soit de ces règles spéciales, les tribunaux de la marine peuvent néanmoins ordonner, au profit des propriétaires, la restitution des objets saisis ou des pièces de conviction, lorsqu'il n'y a pas lieu d'en prononcer la confiscation (art. 74). Il s'agit ici, en effet, non d'une réparation civile, mais d'une mesure d'ordre matériel tendant à rendre au légitime propriétaire un objet dont la justice est détenteur (Taillefer, p. 155 et 156). Mais, en ordonnant cette restitution, ils ne peuvent, sans excès de pouvoir, répartir nominativement les objets entre les propriétaires. — Cons. rév. marine, 18 sept. 1896.

194. — III. *Procédure devant les conseils de guerre maritimes permanents.* — La procédure devant les conseils de guerre permanents comprend trois parties bien distinctes : 1° l'enquête préliminaire faite par les officiers de police judiciaire lorsque l'autorité maritime a reçu une plainte ou une dénonciation, enquête qui aboutit à un ordre d'informer ou à un refus d'informer; 2° l'instruction par le rapporteur près le conseil de guerre, qui a pour but d'examiner l'inculpation et de recueillir les charges de la prévention pour aboutir à une ordonnance de non-lieu ou à un ordre de mise en jugement; 3° le jugement. Nous étudierons encore dans une quatrième et une cinquième partie l'exécution du jugement et les voies de recours.

195. — A. *Police judiciaire et enquête préliminaire.* — La police judiciaire maritime recherche les crimes ou les délits, en rassemble les preuves et en livre les auteurs à l'autorité chargée d'en poursuivre la répression devant les tribunaux de la marine (art. 113).

196. — En cela, son rôle est le même que celui de la police judiciaire générale; toutefois, il existe entre leur mode d'action deux différences fondamentales : en premier lieu, toutes les fois que l'on se trouve en face d'un inculpé marin ou militaire, et c'est la grande majorité des cas, les pouvoirs d'instruction de l'autorité supérieure se doublent du pouvoir disciplinaire, de telle sorte que la question de savoir si une arrestation a été légalement faite et à quel moment elle doit être opérée ne se pose pas, l'inculpé pouvant toujours être privé de sa liberté pour une infraction encore mal définie.

197. — En second lieu, les commissaires du gouvernement et leurs substituts remplissant les fonctions du ministère public, les principes qui régissent le rôle des membres des parquets leur sont, en principe, applicables; cependant, il existe une différence fondamentale résultant de ce qu'ils n'ont pas l'initiative légale des poursuites. Ils ne peuvent que signaler au commandant en chef les crimes et délits dont ils ont connaissance et, après avoir pris seulement les mesures que comporte un flagrant délit, ils doivent attendre l'ordre d'informer avant de saisir le magistrat instructeur.

198. — Il résulte de cette différence de procédure que l'initiative et la responsabilité des commissaires du gouvernement sont moindres que celles des procureurs de la République. En effet, si l'indépendance du ministère public leur est acquise lorsqu'ils formulent leurs réquisitions devant les juges ou leurs conclusions en cours d'instruction, ils ne sauraient se refuser à transmettre au rapporteur l'ordre d'informer qui leur est adressé par le préfet maritime, commandant en chef, titulaire du pouvoir juridictionnel. Cette situation spéciale découle de la subordination hiérarchique du magistrat militaire envers le commandement.

199. — Il en est de même après qu'un ordre de mise en jugement est intervenu, puisqu'en rendant cette décision le préfet maritime commandant en chef fait réellement fonctions de chambre des mises en accusation, et émet un véritable arrêt de renvoi auquel l'organe du ministère public est tenu de se conformer.

200. — Le rapporteur est un véritable juge d'instruction ; ses pouvoirs, généralement empruntés au Code d'instruction criminelle, sont déterminés par les art. 131 et s., C. just. marit. De même que le juge d'instruction, il ne peut agir spontanément comme officier de police judiciaire qu'en cas de flagrant délit.

201. — Seulement le rapporteur ne dispose d'aucune fraction du pouvoir juridictionnel, il ne lui appartient donc que de préparer la solution de l'instruction, mais jamais de la clore, tandis que le juge d'instruction peut rendre une ordonnance de non-lieu ou une ordonnance de renvoi soit devant le tribunal correctionnel, soit devant la chambre des mises en accusation. D'où une série de conséquences dans les faits.

202. — Sous le bénéfice de ces observations, la police judiciaire maritime s'inspire dans ses procédés du Code d'instruction criminelle, dont la loi de 1858 s'est souvent bornée à adapter les prescriptions aux affaires maritimes, ainsi qu'en témoignent les nombreux renvois au Code d'instruction criminelle contenus dans les articles de cette section. — V. *suprà*, v° *Instruction criminelle.*

203. — La police judiciaire maritime, dans les arrondissements, est exercée, sous l'autorité du préfet maritime : 1° par les sous-aides majors de la marine ; 2° par les officiers, sous-officiers et commandants de brigades de la gendarmerie maritime ; 3° par les chefs de poste ; 4° par les gardes de l'artillerie de marine ; 5° par les rapporteurs près les conseils de guerre en cas de flagrant délit (art. 114).

204. — Par cette dernière disposition, conséquence du principe posé ci-dessus, le Code maritime n'entend limiter les pouvoirs des rapporteurs au cas de flagrant délit que lorsqu'ils agissent spontanément, c'est-à-dire en l'absence d'un ordre d'informer. Au contraire, dès que cet acte est intervenu le rapporteur devient, comme le juge d'instruction du droit commun, l'officier de police judiciaire par excellence.

205. — Les majors généraux, majors et aides-majors de la marine, les chefs de corps, de dépôt et de détachement, les chefs de service et de détail, peuvent faire personnellement et requérir les officiers de police judiciaire, chacun en ce qui le concerne, de faire tous les actes nécessaires à l'effet de constater les crimes et les délits et d'en livrer les auteurs aux tribunaux chargés de les punir (art. 115).

206. — De même que les fonctionnaires inscrits à l'art. 10, C. instr. crim., les fonctionnaires désignés à l'art. 115 doivent, en fait, considérer leur compétence comme exceptionnelle et procéder par voie de réquisition, à moins de circonstances particulières : « Il convient, d'ailleurs, que celui qui est revêtu du grade le plus élevé s'abstienne d'agir personnellement, s'il peut requérir l'intervention d'un officier de police judiciaire maritime plus propre à constater l'infraction, soit par l'habitude qu'il a de ce genre de travail, soit d'après la nature de l'infraction » (Instr. min. 6 févr. 1860 : B. O. M., p. 93). La loi du 31 déc. 1875 n'ayant pas appliqué à l'armée de mer les modifications de procédure introduites dans le Code militaire par la loi du 18 mai 1875, un colonel des troupes de la marine ne peut déléguer à l'un des officiers placés sous les ordres le rôle d'officier de police judiciaire. Il doit agir personnellement ou requérir l'intervention d'un des officiers de police judiciaire prévus à l'art. 115. — Cons. rév. marine, 3 oct. 1894 et 8 mai 1896.

207. — Les officiers de police judiciaire reçoivent, en cette qualité, les dénonciations et les plaintes qui leur sont adressées ; ils rédigent les procès-verbaux nécessaires pour constater le corps du délit et l'état des lieux ; ils reçoivent les déclarations des personnes présentes ou qui auraient des renseignements à donner ; ils se saisissent des armes, papiers et pièces, tant à charge qu'à décharge, et, en général, de tout ce qui peut servir à la manifestation de la vérité, et en se conformant aux art. 31, 33, 36, 37, 38, 39 et 55, C. instr. crim. (art. 116). — V. *suprà*, v° *Instruction criminelle.*

208. — Le Code maritime, sauf en cas de désertion, ne prescrit aucune formalité pour l'établissement de la plainte ; elle émane donc soit de la partie lésée, soit du supérieur direct à qui il a été rendu compte du délit d'un inculpé.

209. — Lorsque la plainte émane de toute personne autre que le supérieur, et qui n'est pas directement victime du délit, elle prend le nom de dénonciation. Dans ce cas, elle doit être signée du dénonciateur, en vue des responsabilités qui peuvent lui incomber ultérieurement (C. pén., art. 358), et, si elle est faite verbalement, elle doit être reçue avec procès-verbal.

210. — Une circulaire du 5 août 1858 (B. O. M., p. 757), rappelle que c'est seulement en matière de désertion que les chefs de corps sont tenus de signer la plainte ; en toute autre matière, ils doivent se borner à la viser pour transmission, sans exprimer leur avis, afin de ne pas se placer sans nécessité dans le cas d'incompatibilité prévu à l'art. 24-5°, C. just. marit. — V. *suprà*, n. 25 et s.

211. — Dans le cas de désertion, la plainte est dressée, dans les vingt-quatre heures qui suivent le moment où la désertion est déclarée (V. *infrà*, n. 1401 et s.), par le chef du service, le chef du corps ou du commandant du bâtiment auquel le déserteur appartient. Si le bâtiment ne se trouve plus sur les lieux, ou a été désarmé, la plainte est dressée par le commissaire aux armements. L'art. 124 ajoutait : « ou par le commissaire des hôpitaux suivant les cas » ; cette fonction a été

supprimée par décret du 31 mars 1890 (Circ. 2 mai 1894 : B. O. M., p. 506).

212. — Sont annexés à la plainte, si le déserteur est marin : 1° une copie de la feuille matricule du livre de compagnie ; 2° un extrait du registre des punitions ; 3° un état indicatif des armes et objets d'équipement qui auraient été emportés par l'inculpé ; 4° la situation financière de l'inculpé ; 5° un inventaire des effets de l'inculpé ; 6° l'exposé des circonstances qui ont accompagné la désertion ; 7° un procès-verbal d'arrestation, s'il y a lieu.

213. — Si le déserteur est militaire : 1° un extrait du registre-matricule du corps ; 2° un extrait du registre des punitions ; 3° un état indicatif des armes et des objets qui auraient été emportés par l'inculpé ; 4° l'exposé des circonstances qui ont accompagné la désertion (art. 124).

214. — L'art. 124 ajoutait pour les ouvriers inscrits des prescriptions analogues qui sont devenues sans objet par suite de l'abolition de l'inscription des ouvriers des arsenaux (L. 4 juin 1864).

215. — Ces dispositions sont très-importantes, en ce sens que les déserteurs étant souvent repris dans un endroit fort éloigné du théâtre de leur désertion, et quelquefois après un temps assez long, il est indispensable de pouvoir reconstituer les bases de l'inculpation, alors que les témoins du fait se sont dispersés.

216. — Ces considérations ont conduit le ministre de la Marine à compléter par des mesures réglementaires les dispositions de la loi, et à décider que les dossiers dressés à bord des bâtiments de l'État, en exécution de l'art. 124, C. just. marit., seraient désormais transmis, semestriellement, à l'un des greffes centraux de Brest et de Toulon, suivant les parages de la désertion, pour y être classés et conservés. On n'a fait d'ailleurs en cela qu'appliquer aux dossiers de désertion le régime de classement adopté par le décret du 21 juin 1858 (art. 5) pour les dossiers des jugements de conseils de guerre ou de justice rendus à bord des bâtiments de l'État (Circ. 22 mai 1876 : B. O. M., p. 842). Ces prescriptions ont été consacrées par le décret du 7 oct. 1895, qui, toutefois, modifie sur ce points le ressort des deux greffes centraux.

217. — Dans le cas de désertion d'un inscrit maritime levé pour le service de l'État, la plainte était dressée, dans les vingt-quatre heures qui suivaient l'époque où il était réputé déserteur, par le commissaire aux armements devant lequel l'inscrit devait se présenter à son arrivée au port (art. 125). La loi du 24 déc. 1896, art. 73, a créé le délit d'insoumission des marins inscrits levés pour le service. Cette loi ne dit pas par qui doit être dressée la plainte en insoumission ; il semble que la qualification du délit ayant seule changé, l'art. 125 doit continuer à recevoir son application ; c'est donc le commissaire aux armements qui doit établir la plainte comme par le passé.

218. — Indépendamment du dossier dressé en vertu de l'art. 124, le signalement du déserteur est envoyé au ministre de la Marine, au préfet de police, au préfet du département, au commandant de la gendarmerie et à toute personne susceptible de procurer l'arrestation du délinquant. Ces signalements sont en outre récapitulés dans des feuilles de recherche périodiques remises à la gendarmerie, à la police et aux parquets (Circ. 23 nov. 1877 : B. O. M., p. 692).

219. — Dans le cas de flagrant délit, tout officier de police judiciaire maritime, militaire ou ordinaire, peut faire saisir les marins ou militaires de l'armée de mer, ou autres individus justiciables des conseils de guerre, inculpés d'un crime ou d'un délit. Il les fait conduire immédiatement devant l'autorité maritime, et dresse procès-verbal de l'arrestation, en consignant leurs noms, qualités et signalements (art. 117).

220. — Le flagrant délit est le délit qui se commet ou qui vient de se commettre ; il y a délit flagrant, par exemple, tant que le délinquant est poursuivi par la clameur publique, ou s'il est arrêté dans un lieu voisin du délit et encore nanti des objets en provenant ou ayant servi à le commettre. — V. *suprà*, v° *Flagrant délit.*

221. — Hors le cas de flagrant délit, tout marin, tout militaire ou autre individu justiciable des conseils de guerre, en activité de service, inculpé d'un crime ou d'un délit, ne peut être arrêté qu'en vertu de l'ordre de ses supérieurs (art. 118).

222. — Ce sont là de nouvelles conséquences des principes qui viennent d'être posés. Le pouvoir disciplinaire entre ici en contact, sinon en conflit, avec le pouvoir judiciaire, et c'est au premier des deux, c'est-à-dire au plus étendu que le législateur donne la préférence. Il est inutile d'insister sur les raisons de haute convenance qui limitent ici les pouvoirs de l'officier de police judiciaire en face de l'autorité hiérarchique ; celle-ci, hors le cas de flagrant délit, ne doit être dessaisie que par ses propres mains de la personne de l'inculpé.

223. — En raison de ces prémisses, les règles du droit commun, touchant l'obligation d'interroger dans les vingt-quatre heures l'inculpé mis en état d'arrestation, ne sont pas rappelées par le Code maritime ; il n'est pas davantage question des dispositions concernant la mise en liberté provisoire, lesquelles ne sont pas applicables devant les conseils de guerre maritimes, non plus que la procédure sommaire des flagrants délits.

224. — Est-ce à dire qu'un inculpé qui solliciterait sa mise en liberté provisoire ne pourrait l'obtenir ? La réponse à cette question nous paraît motiver une distinction : pour l'inculpé marin, militaire ou assimilé, c'est-à-dire saisi par le pouvoir disciplinaire en même temps que par le pouvoir de police judiciaire, l'état de détention nous paraît devoir être maintenu sans rémission.

225. — Mais à l'égard de tout autre inculpé, et cette réserve pourra surtout trouver sa place devant les tribunaux maritimes permanents où le justiciable est souvent un civil, la solution doit être différente. A coup sûr, la mise en liberté ne peut jamais être un droit puisque le Code ne renferme aucune prescription reproduite des art. 113 et s., C. instr. crim. (L. 14 juill. 1865), ou s'y référant. Mais nous ne voyons pas en quoi il serait interdit à un rapporteur près les conseils de guerre d'ordonner la mise en liberté provisoire de l'inculpé, avec ou sans caution, à charge de n'user de cette faculté, évidemment placée en dehors de l'application normale du Code maritime, qu'avec la plus grande réserve.

226. — Lorsque l'autorité maritime est appelée, hors le cas de flagrant délit, à constater, dans un établissement, un crime ou un délit de la compétence des conseils de guerre, ou à y faire arrêter un de ses justiciables, elle adresse à l'autorité civile ou judiciaire compétente ses réquisitions, tendant soit à obtenir l'entrée de cet établissement, soit à assurer l'arrestation de l'inculpé. — Lorsqu'il s'agit d'un établissement militaire, la réquisition est adressée à l'autorité militaire. — L'autorité judiciaire ordinaire ou l'autorité militaire est tenue de déférer à ces réquisitions, et, dans le cas de conflit, de s'assurer de la personne de l'inculpé (art. 119).

227. — Les mêmes réquisitions sont adressées à l'autorité maritime par l'autorité civile ou par l'autorité militaire, lorsqu'il y a lieu de constater un crime ou un délit de la compétence des tribunaux ordinaires ou des tribunaux militaires dans un établissement maritime, soit d'arrêter dans cet établissement ou à bord d'un bâtiment de l'Etat un individu justiciable de ces tribunaux. — L'autorité maritime est tenue de déférer à ces réquisitions, et, dans le cas de conflit, de s'assurer de la personne de l'inculpé (art. 120).

228. — Ces prescriptions se justifient d'elles-mêmes : il eût été inadmissible de permettre aux officiers de police judiciaire civile, militaire ou maritime d'instrumenter respectivement dans des établissements relevant d'une autorité différente de celle à laquelle ils ressortissent eux-mêmes. Le législateur a donc pris toutes précautions pour prévenir les froissements et les conflits d'attribution. Il est même convenable et conforme aux usages, quoique non indispensable, que le chef de l'établissement ou une personne déléguée par lui à cet effet accompagne l'officier de police judiciaire dans le cours de ses opérations.

229. — Mais toutes ces formalités disparaissent, en cas de flagrant délit, devant la nécessité de saisir immédiatement le coupable, d'empêcher la disparition des preuves et d'assurer la découverte de la vérité.

230. — Les officiers de police judiciaire maritime ne peuvent s'introduire dans une maison particulière, si ce n'est avec l'assistance soit du juge de paix, soit de son suppléant, soit du maire, soit de son adjoint, soit du commissaire de police (art. 121).

231. — En cas d'inobservation de cette règle, l'officier de police judiciaire engage sa responsabilité personnelle et est susceptible d'être pris à partie ; il est donc très-intéressant de délimiter nettement ici ses pouvoirs.

232. — En premier lieu, la visite domiciliaire dont il est ici question ne peut s'appliquer qu'au domicile du prévenu ; l'art. 116, C. just. marit., se borne en effet à renvoyer à l'art. 36, C. inst. crim., qui apporte la même limitation aux pouvoirs du procureur de la République.

233. — Cependant, les officiers de police judiciaire peuvent procéder librement dans les lieux publics et établissements ouverts à tout venant tels que théâtres, cafés, etc. — V. infrà, v° *Police judiciaire.*

234. — En second lieu, la visite domiciliaire ne peut jamais avoir lieu durant la nuit légale telle qu'elle est déterminée par les actes en vigueur (C. proc. civ., art. 1037; Décr. 4 août 1806, art. 1 ; Décr. 1er mars 1854, art. 291). Pendant cette durée, il peut être procédé seulement à des mesures d'investissement. Mais la perquisition commencée pendant le jour peut être poursuivie pendant la nuit (V. art. 76 de la Const. du 22 frim. an VIII, et l'art. 3 de la Const. du 3 nov. 1848).

235. — Enfin, tout autre officier de police judiciaire qu'un commissaire doit, pour pénétrer dans un domicile privé, être assisté d'une des personnes dénommées à l'art. 121, C. just. marit.

236. — Toutefois, on admet que ces diverses règles peuvent être éludées dans deux cas : 1° lorsque l'officier de police s'introduit dans le domicile d'un citoyen avec son consentement exprès, lequel doit alors être mentionné dans le procès-verbal; 2° lorsqu'il y a crime flagrant et appel de l'intérieur. — V. à ce sujet : F. Hélie, Instruction criminelle, t. 4, p. 721 et s.; Massabiau, Manuel du ministère public, t. 2, n. 1577 et s. — V. aussi suprà, v° Instruction criminelle, n. 233 et s., et infrà, v° Police judiciaire.

237. — On trouvera plus loin, infrà, n. 886 et s. (procédure devant les tribunaux maritimes permanents) ce qui concerne le rôle du commissaire de police maritime institué par décret du 9 juin 1877 et celui de son succédané actuel, le surveillant général de l'arsenal (Décr. 27 mars 1882).

238. — Chaque feuillet du procès-verbal dressé par un officier de police judiciaire maritime est signé par lui et par les personnes qui ont assisté au procès-verbal. En cas de refus ou d'impossibilité de signer de la part de celles-ci, il en est fait mention (art. 122).

239. — A défaut d'officier de police judiciaire maritime présent sur les lieux, les officiers de police judiciaire militaire ou ordinaire, recherchent et constatent les crimes et les délits soumis à la juridiction des conseils de guerre maritimes (art. 123).

240. — Il n'est pas dérogé par les dispositions qui précèdent aux lois, décrets et règlements relatifs aux devoirs imposés à la gendarmerie, aux chefs de poste et autres marins et militaires dans l'exercice de leurs fonctions ou pendant le service (art. 126).

241. — Les actes et procès-verbaux dressés par les officiers de police judiciaire maritime, sont transmis sans délai, avec les pièces et documents au préfet maritime. Les actes et procès-verbaux émanés des officiers de police judiciaire militaire ou ordinaire sont transmis directement et suivant les cas, au général commandant la circonscription, ou au procureur de la République qui les adresse sans délai au préfet maritime (art. 127).

242. — S'il s'agit d'un individu justiciable des tribunaux ordinaires ou militaires, le préfet maritime, suivant les cas, envoie les pièces au procureur de la République près le tribunal du chef-lieu de l'arrondissement ou au général commandant la circonscription, et, si l'inculpé est arrêté, il le met à leur disposition et en informe le ministre de la Marine. S'il s'agit d'un individu justiciable d'un tribunal de la marine autre que le conseil de guerre permanent, le préfet maritime, dans le cas où il lui appartient de donner l'ordre d'informer, retient l'affaire, et, dans le cas contraire, renvoie les pièces au commandant des forces navales compétent, et, si l'inculpé est arrêté, le met à sa disposition (art. 128).

243. — B. *Information.* — Nous arrivons à la phase principale de la procédure : jusqu'ici, il n'y a eu que l'enquête préliminaire sur des faits encore vaguement qualifiés ; mais cette enquête une fois terminée, les actes se précisent et il s'agit de commencer une véritable information. Si donc les charges recueillies sont nulles, le préfet maritime éteint la plainte par une décision appelée *refus d'informer*, qui clôt la procédure. Si, au contraire, il y a présomption de culpabilité, le préfet maritime émet un ordre d'informer qui, remplaçant le réquisitoire du ministère public au juge d'instruction du droit commun, ouvre l'information régulière.

244. — La poursuite des crimes et des délits, dit l'art. 129, ne peut avoir lieu, à peine de nullité, que sur un ordre d'informer donné par le préfet maritime, soit d'office, soit d'après les rapports, actes ou procès-verbaux dressés conformément aux articles précédents.

245. — Il y a nullité si l'instruction est ouverte sur des faits non relevés par l'ordre d'informer. — Cons. rév. Paris, 13 août 1880, [Leclerc et Coupois, n. 26]

246. — Ainsi un jugement serait nul s'il condamnait l'accusé pour des faits autres que celui visé dans la plainte du chef de corps, base de l'ordre d'informer, alors surtout que ces faits n'ont été perpétrés que postérieurement audit ordre d'informer et ne pouvaient, dès lors, y être compris. — Cons. rév. Paris, 18 févr. 1881, [Leclerc et Coupois, n. 56]

247. — Cet ordre d'informer ne peut émaner que du commandant en chef (préfet maritime ou général commandant la circonscription) et celui-ci ne peut, à peine de nullité, déléguer ses pouvoirs à un autre pour la signature de cet ordre. — Cons. rév. Alger, 13 sept. 1883, [Leclerc et Coupois, n. 173]

248. — C'est là une importante manifestation de l'autorité du commandement. Elle consiste dans l'exercice de ce que l'on appelle le pouvoir juridictionnel du préfet maritime, pouvoir d'autant plus grave qu'il en dispose de l'action publique sans aucune réserve, sans aucun recours et sans autre contrôle que celui, purement administratif et disciplinaire, du ministre. Et ici, le ministère public, non plus que la partie lésée, n'a aucune action : seul, le commandant en chef peut mettre en mouvement l'action publique. — V. *suprà*, n. 191.

249. — Pour faire toucher du doigt le caractère exceptionnel de ce pouvoir, il suffit de faire remarquer que, dans le droit commun, l'inaction du parquet a deux correctifs : l'initiative que peut toujours prendre le procureur général près la cour d'appel à l'encontre d'une ordonnance de non-lieu du juge d'instruction (C. instr. crim., art. 135), et le droit de citation directe ou d'opposition de la partie lésée par le délit (C. instr. crim., art. 63, 64 et 135).

250. — Devant les conseils de guerre, rien de semblable : une personne est-elle lésée par un délit commis par un marin ou par un militaire, elle ne peut que porter plainte à l'autorité maritime, et celle-ci est souveraine maîtresse d'ordonner ou de refuser l'information. Dans cette situation, un préfet maritime agit toujours sagement en faisant procéder à une information, dès que la plainte présente quelque vraisemblance, afin de donner tout au moins au plaignant la preuve que sa plainte a été examinée avec attention.

251. — L'ordre d'informer est donné par le ministre de la Marine lorsque l'inculpé est capitaine de vaisseau, colonel, officier général de la marine ou des troupes de la marine, amiral, ou dans les cas prévus aux art. 267, 268 et 269 concernant la perte ou la prise d'un bâtiment de l'Etat. L'ordre d'informer est toujours donné lorsqu'il s'agit de la perte ou de la prise d'un bâtiment de l'Etat (art. 129).

252. — La première question qui se pose à propos de ce texte est celle de savoir si la nécessité de l'intervention du ministre existe pour les assimilés comme pour les capitaines de vaisseau et colonels; le texte semble à première vue avoir une portée limitative; mais, si l'on se reporte à l'art. 13 et aux décrets d'assimilation judiciaire, dont l'objet est précisément d'accorder aux officiers des corps assimilés les mêmes garanties qu'aux officiers des corps combattants pour l'administration de la justice, on reconnaît qu'il n'y a aucune raison de leur refuser la garantie spéciale que l'art. 129, § 2, attache au grade de capitaine de vaisseau, de colonel ou d'officier général.

253. — La seconde observation a trait aux faits de perte ou de prise d'un bâtiment de l'Etat, lesquels établissent une dérogation à la règle générale consistant en ce que l'ordre d'informer est toujours donné quand il y a eu perte ou prise de bâtiment, et que cet ordre est toujours donné par le ministre, quel que soit le grade de l'inculpé.

254. — On sait que le système en vigueur dans l'armée de terre, relativement à la perte d'une place forte, diffère de celui qui régit la perte de bâtiment. Alors que le commandant qui perd son bâtiment est obligatoirement l'objet d'un ordre d'informer, puis d'un ordre de mise en jugement, tous deux décernés par le ministre de la Marine, quel que soit le grade de l'officier, le gouverneur ou le commandant d'une place forte qui capitule ne comparaît pas obligatoirement devant un conseil de guerre : aux termes des art. 315 et s., Décr. 4 oct. 1891, sur le service des places de guerre, c'est devant un conseil d'enquête que doit obligatoirement être traduit l'officier de terre, et non devant un conseil de guerre. Ce dernier n'est saisi que si les conclusions du conseil d'enquête tendent à une mise en jugement.

255. — La différence des deux solutions mérite d'être signalée. Elle résulte d'abord de la différence des situations : la question de la perte d'une place forte ne se pose qu'en temps de

guerre, et l'appréciation de la conduite du commandant ne porte que sur le devoir militaire de la défense. Au contraire, la perte d'un bâtiment de l'Etat se produit souvent en temps de paix, et elle est presque toujours occasionnée par la force majeure. Les conséquences de cette diversité de traitement pour les officiers de l'armée de terre et ceux de l'armée de mer sont très-importantes : il arrive quelquefois que la perte d'un bâtiment a pour cause une faute professionnelle; malgré cela, le conseil de guerre est conduit à acquitter le commandant pour ne pas proclamer officiellement son impéritie. Il acquitte et comme la formule d'acquittement doit être pure et simple (V. *infrà*, n. 459 et s.), l'autorité supérieure, bien que conservant le droit de punir disciplinairement une faute que la décision du conseil de guerre paraît écarter, hésite à prononcer une punition qui semblerait sévère. On ne peut donc que regretter que les pratiques de la guerre ne soient pas en usage dans la marine : le conseil d'enquête, en effet, au cas de capitulation, doit motiver son avis et n'est aucunement limité quant à la forme à donner à sa pensée, ou à ses conclusions; il peut exactement approprier sa décision aux circonstances. Ajoutons que les officiers de marine ne pourraient qu'y gagner le bénéfice de la publicité, donné à ceux de l'armée de terre par la publication des décisions du conseil d'enquête dans le *Journal officiel*.

256. — Pour qu'il y ait lieu à une mise en jugement obligatoire, il faut qu'il y ait perte totale du bâtiment, c'est-à-dire que ce dernier soit rayé des listes de la flotte. Autrement, par exemple, au cas de renflouement d'un navire échoué, fût-ce après un temps assez long, il n'y a pas perte du navire, conséquemment l'information n'est pas obligatoire.

257. — C'est ainsi qu'il a été procédé notamment, à l'occasion de l'échouage de la canonnière *le Carreau* ensablée dans le Fleuve Rouge, en 1888, et qui put être renflouée après plusieurs semaines de travail. Le ministre, considérant que l'épave avait pu être sauvée, rendit dans l'affaire un refus d'informer que le sauvetage d'un débris n'aurait pas justifié.

258. — En la forme, le refus d'informer doit être motivé et il doit en être rendu compte au ministre par un état mensuel. Mais cette décision n'a que partiellement, comme d'ailleurs l'ordonnance de non-lieu, l'autorité de la chose jugée, en ce sens que, sur de nouveaux faits, témoignages ou preuves, le préfet maritime peut toujours reprendre l'affaire et redonner cours à l'information (Instr. min. 25 juin 1858, § 38). — V. *suprà*, v^o *Chose jugée*, n. 823 et s., *Instruction criminelle*, n. 378 et s.

259. — Une punition disciplinaire n'ayant pas le caractère d'une décision judiciaire, ne peut donner naissance à la chose jugée; elle ne fait donc pas légalement obstacle à une poursuite pour le même objet. — Cons. rév. Alger, 8 juin 1882, [Leclerc et Coupois, n. 127]

260. — L'ordre d'informer, pour chaque affaire, est adressé au commissaire du gouvernement près le conseil de guerre qui doit en connaître, avec les rapports, procès-verbaux, pièces, objets saisis et autres documents à l'appui. Le commissaire du gouvernement transmet immédiatement toutes les pièces au rapporteur (art. 130).

261. — Le rapporteur procède à l'interrogatoire du prévenu. Il l'interroge sur ses nom, prénoms, âge, lieu de naissance, profession, domicile et sur les circonstances du délit; il lui fait représenter toutes les pièces pouvant servir à conviction et à l'interpelle pour qu'il ait à déclarer s'il les reconnaît. S'il y a plusieurs prévenus du même délit, chacun d'eux est interrogé séparément, sauf à les confronter s'il y a lieu. L'interrogatoire fini, il en est donné lecture au prévenu, afin qu'il déclare si ses réponses ont été fidèlement transcrites, si elles contiennent la vérité et s'il y persiste. L'interrogatoire est signé par le prévenu et clos par la signature du rapporteur et celle du greffier. Si le prévenu refuse de signer, mention est faite de son refus (art. 131).

262. — L'interrogatoire est une des phases les plus importantes de l'instruction, puisque de la manière dont il est conduit dépend le plus souvent la manifestation de la vérité. Les règles du Code d'instruction criminelle (art. 73, 74, 75, 76, 78, 79, 82, 83 et 85) visées à l'art. 132, C. just. marit., concernant l'audition des témoins, sont applicables aux interrogatoires de prévenus, qui doivent, par suite, être rédigés sans blanc, ni ratures, ou du moins dont les corrections doivent être approuvées. Chaque page doit être paraphée par le prévenu, le rapporteur et le greffier. — V. *suprà*, v^o *Interrogatoire*.

263. — Le rapporteur, après avoir entendu les réponses du prévenu, comme d'ailleurs dans la suite cell·s des témoins, en dicte le résumé au greffier à qui ne doit pas être laissé le soin de les reproduire. « Il est de rigueur, écrit Duverger (*Manuel des juges d'instruction*, t. 2. p. 357), que la déposition soit reçue par le juge, *qui dicte*, et par le greffier qui écrit : chacun de ces officiers doit remplir sa mission et s'y renfermer. Il y aurait de la part du juge une négligence répréhensible.à ce qu'il abandonnât la rédaction au greffier quelqu'habile que fût celui-ci; et il y aurait également abus à ce que le juge écrivît les réponses des témoins; aucune préoccupation ne doit détourner son attention de ce qui fait l'objet de l'information à laquelle il se livre. Le juge d'instruction ne peut d'ailleurs, sous aucun prétexte, se dispenser d'employer son greffier; la loi est formelle; c'est une garantie de plus, qu'elle a voulu donner au prévenu, de l'exactitude, de la droiture et de l'impartialité de la procédure. »

264. — Il est donné lecture au prévenu des procès-verbaux de l'information (art. 131). Le rapporteur reste seul juge du moment où cette communication doit avoir lieu. Mais la lecture au prévenu des procès-verbaux d'information est obligatoire aux termes des art. 101, C. just. milit., et 131, C. just. marit. L'omission de cette formalité substantielle serait de nature à motiver l'annulation du jugement. — Cons. rév. Paris, 15 janv. 1885, [Leclerc et Coupois, n. 212]; — 27 mai 1886, [*Ibid.*, n. 244]

265. — De même, il y a nullité si on n'a pas donné lecture à l'accusé du supplément d'instruction ordonné par un jugement de plus ample informé. — Cons. rév. Paris, 17 nov. 1882, [Leclerc et Coupois, n. 145] — *Contrà*, Cons. rév. Paris, 3 sept. 1880, [*Ibid.*, n. 32]

266. — Le rapporteur cite les témoins par le ministère des agents de la force publique, et les entend; il décerne les commissions rogatoires et fait les autres actes d'instruction que l'affaire peut exiger, en se conformant aux art. 73, 74, 75, 76, 78, 79, 82, 83 et 85, C. instr. crim. Si les témoins résident hors du chef-lieu où est faite l'information, le rapporteur peut requérir, par commission rogatoire, soit le rapporteur près le conseil de guerre ou près le tribunal maritime, soit le juge d'instruction, soit le juge de paix du lieu dans lequel ces témoins sont résidents, à l'effet de recevoir leur déposition. Le rapporteur saisi de l'affaire peut également adresser des commissions rogatoires aux fonctionnaires ci-dessus mentionnés, lorsqu'il faut procéder, hors du lieu où se fait l'information, soit aux recherches prévues par l'art. 116, C. just. marit., soit à tout autre acte d'instruction (art. 132).

267. — L'art. 132, C. just. marit., de même que l'art. 102, C. just. milit., est énonciatif et non limitatif et restrictif. Les commissions rogatoires peuvent donc être exécutées par les officiers de police judiciaire mentionnés en l'art. 84 dudit Code (C. just. marit., art. 114). Le décret du 1er mars 1834 et la décision impériale du 24 avr. 1838 donnent, du reste, aux commandants de brigades de gendarmerie compétence pour entendre, par commission rogatoire, des témoins et accomplir tous les actes inhérents à leur qualité d'officiers de police judiciaire. — Cons. rév. Paris, 25 sept. 1884, [Leclerc et Coupois, n. 203]

268. — Les témoins appartenant au service de la marine reçoivent, s'il y a lieu, les indemnités de route et de séjour prévues par les règlements. Quant aux témoins de l'ordre civil et aux experts, ils sont taxés conformément aux art. 11 à 14, Déc. 7 oct. 1895, et au décret du 22 juin 1895, ce dernier modifiant le décret du 18 juin 1811 sur les frais de justice criminelle. — V. *supra*, v° *Expertise*, et *infrà*, v° *Témoins*.

269. — Toutefois, lorsque les commissions rogatoires doivent être exécutées hors du territoire continental de la France, par exemple aux colonies ou à l'étranger, il est de convenance, bien que la loi ne s'en soit pas expliquée, que lesdites commissions soient transmises par la voie hiérarchique au ministre de la Marine qui les achemine à destination par l'intermédiaire du ministre compétent (colonies ou affaires étrangères). — V. *supra*, v° *Commission rogatoire*, n. 217.

270. — Toutes assignations, citations et notifications aux témoins, inculpés ou accusés, sont faites sans frais par la gendarmerie ou par tous autres agents de la force publique (art. 235). C'est l'application du principe en vertu duquel le gendarme remplace l'huissier dans la procédure des conseils de guerre. Il paraît inutile d'insister sur l'intérêt qui s'attache à cette mesure, aussi bien pour la justice maritime que pour les justiciables. La signification doit être justifiée par la rédaction

d'un procès-verbal dont la teneur doit être établie avec le plus grand soin, afin d'éviter des causes de nullité. Ces actes sont d'ailleurs dressés d'après des modèles spéciaux et réglementaires. — V. *infrà*, n. 310.

271. — Toute personne citée pour être entendue en témoignage est tenue de comparaître et de satisfaire à la citation. Si elle ne comparaît pas, le rapporteur peut, sur les conclusions du commissaire du gouvernement, sans autre formalité ni délai, prononcer une amende qui n'excède pas 100 fr., et peut ordonner que la personne citée sera contrainte par corps à venir donner son témoignage. Le témoin ainsi condamné à l'amende sur le premier défaut, et qui, sur la seconde citation, produit devant le rapporteur des excuses légitimes. peut, sur les conclusions du commissaire du gouvernement, être déchargé de l'amende (art. 133). — V. *infrà*, v° *Témoins*.

272. — C'est là l'application des règles du droit commun, sous la seule réserve que l'application de la peine a ici pour base, non pas l'acte d'un huissier, mais le procès-verbal d'un gendarme chargé de remettre la citation à témoin, en qualité d'agent de la force publique.

273. — Il y a lieu de tenir compte pour la citation des témoins des règles inscrites à ce sujet dans le Code d'instruction criminelle. En ce qui touche les officiers généraux qui exercent un commandement, ils peuvent se dispenser de répondre à la citation hors de leur résidence. Quant aux témoins relevant d'autres départements ministériels, il résulte des règles adoptées après concert entre le Garde des sceaux et les ministres de la Guerre et de la Marine qu'avis de la citation doit être donné vingt-quatre heures à l'avance au chef hiérarchique du témoin cité (Circ. garde des sceaux, 1er août 1881 ; Circ. min. marit., 28 juill. 1885).

274. — Si les déclarations ont été recueillies par un magistrat ou un officier de police judiciaire avant l'ordre d'informer, le rapporteur peut se dispenser d'entendre ou de faire entendre les témoins qui auraient déjà déposé (art. 134). — Cons. rév. Paris, 17 déc. 1885, [Leclerc et Coupois, n. 235]

275. — La décision sur ce point est laissée au rapporteur qui doit avoir égard aux circonstances. Mais il lui convient de ne pas perdre de vue que la déposition faite devant l'officier de police judiciaire du flagrant délit ou de l'enquête préliminaire ne comporte généralement pas le serment du témoin, tandis que cette mesure est obligatoire dans l'instruction. Si donc le témoin doit comparaître sûrement dans la procédure orale et y déposer sous la foi du serment, la lacune sera comblée; mais si la déposition devait être simplement lue à l'audience, elle n'aurait pas la valeur légale d'un véritable témoignage.

276. — Le rapporteur peut également, afin de s'éclairer, commettre des experts : ceux-ci sont tenus de prêter serment, comme en matière criminelle ordinaire (V. *supra*, v° *Cour d'assises*, n. 5539 et s.). Il a été jugé à cet égard que les dispositions de l'art. 44, C. instr. crim., ne sont prescrites à peine de nullité que lorsque l'expert est commis par le rapporteur ou le prévenu. — Cons. rév. Paris, 20 juill. 1882, [Leclerc et Coupois, n. 132]; — 10 août 1882, [*Ibid.*, n. 136]

277. — ... Qu'il y a nullité si les experts n'ont pas prêté serment lorsqu'ils sont commis en vertu d'un jugement de plus ample informé. — Cons. rév. Paris, 20 juill. 1882, précité; — 17 nov. 1882, [Leclerc et Coupois, n. 145] — Cons. rév. Alger, 10 août 1882, [*Ibid.*, n. 136]

278. — ... Qu'un médecin dont l'avis a été demandé au cours de l'enquête préliminaire et avant l'ordre d'informer, a pu légalement fournir son rapport sans la prestation préalable du serment, puisqu'il n'a pas été commis expressément comme expert. Toutefois, son rapport n'a que la valeur d'un simple renseignement. — Cons. rév. Paris, 20 juill. 1882, précité.

279. — Mais la formule de serment prescrite par l'art. 44, C. instr. crim., n'est pas sacramentelle. — Cons. rév. Alger, 12 avr. 1881, [Leclerc et Coupois, n. 65] — V. *supra*, v° *Cour d'assises*, n. 5595.

280. — Si le prévenu n'est pas arrêté, le rapporteur peut décerner contre lui soit un mandat de comparution, soit un mandat d'amener. Le mandat est adressé par le commissaire du gouvernement au chef maritime du lieu, qui le fait exécuter. Après l'interrogatoire du prévenu, le mandat de comparution ou d'amener peut être converti en mandat de dépôt. Le mandat de dépôt est exécuté par l'exhibition qui en est faite au concierge de la prison. Le commissaire du gouvernement rend compte au préfet maritime des mandats de comparution, d'amener ou de dépôt, qui ont été décernés par le rapporteur (art. 135).

281. — Les mêmes distinctions que dans le droit commun doivent être faites ici entre les divers mandats, leur libellé, leur portée et l'opportunité de les employer (V. *infrà, v° Mandats de justice*); une seule réserve est à faire concernant la non-applicabilité des règles de la liberté provisoire devant les juridictions maritimes (V. *suprà*, n. 223 et s.). Les prisons maritimes instituées par le décret du 7 avr. 1873, sont dirigées par un surveillant principal, responsable de la détention et à qui doit être exhibé le mandat de dépôt.

282. — Le rapporteur peut, comme dans le droit commun, requérir la mise au secret dans les conditions prévues à l'art. 613, C. instr. crim., modifié par la loi du 14 juill. 1865, c'est-à-dire, pour une période de dix jours pouvant être renouvelée une fois (art. 69, Décr. 7 avr. 1873, sur les prisons maritimes). Dans ce cas, il en est rendu compte au préfet maritime.

283. — Du reste, le rapporteur ne doit pas perdre de vue que la mise au secret n'est pas une peine; c'est un moyen d'instruction, une mesure qui place le prévenu dans un état d'isolement complet, afin de l'empêcher de communiquer avec des complices et de recevoir des avis du dehors. Cette interdiction doit donc être limitée au temps strictement nécessaire.

284. — S'il résulte de l'instruction que le prévenu a des complices justiciables des conseils de guerre, le rapporteur en réfère, par l'intermédiaire du commissaire du gouvernement, au préfet maritime, et il est procédé à l'égard des prévenus de complicité conformément à l'art. 129. Si les complices ou l'un d'eux ne sont pas justiciables des conseils de guerre, le commissaire du gouvernement en donne avis sur-le-champ au préfet maritime, qui renvoie l'affaire à l'autorité compétente (art. 136).

285. — C'est l'application pure et simple des principes posés aux art. 103 à 107 sur la compétence en cas de complicité (V. *infrà*, n. 1020 et s.). Il y a lieu de s'y conformer, excepté lorsque, dans un intérêt supérieur, la loi maritime y a dérogé en ordonnant la disjonction de procédure entre les complices, notamment entre l'acheteur et le vendeur d'effets militaires, ou entre le déserteur et celui qui a favorisé la désertion (V. *infrà*, n. 1026 et s.). Si, au contraire, tous les complices sont justiciables des conseils de guerre, le préfet maritime délivre à leur égard un nouvel ordre d'informer sans lequel l'instruction serait entachée de nullité. — V. *suprà*, n. 251 et s.

286. — Pendant le cours de l'instruction, le commissaire du gouvernement peut prendre connaissance des pièces de la procédure et faire toutes les réquisitions qu'il juge convenables (art. 137). Ces règles sont conformes à celles qui déterminent dans le Code d'instruction criminelle les pouvoirs du ministère public. — V. *infrà, v° Ministère public*.

287. — Si de nouveaux faits sont révélés au cours de l'instruction, le rapporteur ne peut instruire, relativement à ces faits, que sur un nouvel ordre d'informer donné par le préfet maritime (ou le général commandant la circonscription). A défaut de cette formalité substantielle l'instruction dépourvue de toute force légale ne saurait justifier un ordre de mise en jugement formulant une accusation. — Cons. rév. Paris, 6 mai 1881, [Leclerc et Coupois, n. 70]; — 13 déc. 1883, [*Ibid.*, n. 179]; — 27 mars 1884, [*Ibid.*, n. 180]

288. — L'instruction terminée, le rapporteur transmet les pièces, avec son rapport et son avis; au commissaire du gouvernement, lequel les adresse, avec ses conclusions, au préfet maritime, qui prononce sur la mise en jugement. Lorsque c'est le ministre de la Marine qui a donné l'ordre d'informer (art. 129, § 2), les pièces lui sont adressées par le préfet maritime, et il statue directement sur la mise en jugement (art. 138).

289. — Est nul le rapport du rapporteur qui a pris pour base de son avis des procès-verbaux d'information dressés par un officier de police judiciaire, lorsque les procès-verbaux ne sont pas revêtus des formes légales. — Cons. rév. Paris, 1er oct. 1880, [Leclerc et Coupois, n. 35] — V. *suprà*, n. 275.

290. — Le commissaire du gouvernement ne peut, sans excès de pouvoir, faire un acte d'instruction après la remise du rapport du rapporteur. Cette irrégularité entraîne l'annulation de l'acte et de ce qui a suivi. — Cons. rév. Paris, 16 août 1884, Lescure.

291. — Le commissaire du gouvernement et le rapporteur peuvent être d'avis différent sur le point de savoir s'il convient de donner à l'information. C'est donc au préfet maritime à décider après examen, et il peut rendre une ordonnance de non-lieu, donner un ordre de mise en jugement ou prescrire une information nou-

velle (Taillefer, p. 269). Mais, lorsque le commissaire du gouvernement et le rapporteur concluent l'un et l'autre à un renvoi des fins de la plainte, l'ordre de mise en jugement paraîtrait excessif.

292. — La mise en jugement est toujours ordonnée lorsqu'il s'agit de la perte ou de la prise d'un bâtiment de l'État (art. 138, al. 3). — Sur l'étendue des pouvoirs du ministre pour la question de la perte de bâtiment, V. *suprà*, n. 253 et s.

293. — En dehors de cette hypothèse spéciale, le préfet maritime peut clore l'instruction par une ordonnance de non-lieu qui a le même effet qu'en matière criminelle ordinaire : elle éteint l'action publique.

294. — Ainsi à défaut de charges nouvelles, un fait, même autrement qualifié, ne peut être déféré au conseil de guerre après une ordonnance de non-lieu. — Cass., 24 juill. 1874, [*Bull. crim.*, n. 212; Leclerc et Coupois, n. 12]

295. — De même un conseil de guerre saisi d'une poursuite contre un militaire ne peut, sans excès de pouvoir, ordonner la mise en jugement de deux autres militaires qu'il estime complices et en faveur desquels le commandant en chef a rendu une ordonnance de non-lieu. — Cass., 18 juin 1874, [*Bull. crim.*, n. 169; Leclerc et Coupois, n. 11]

296. — En résumé, par l'ordonnance de non-lieu, on peut clore légalement une instruction de telle manière qu'elle ne puisse être reprise que sur faits nouveaux. C'est donc un droit redoutable, qui engage la conscience et la responsabilité de celui qui l'exerce; aussi convient-il spécialement de laisser la poursuite se dérouler au grand jour de l'audience, lorsqu'il y a des doutes sur la culpabilité et qu'on se trouve en face de plaignants de l'ordre civil, dépouillés par la loi maritime du droit d'opposition dont ils jouiraient dans le droit commun. — V. *suprà*, n. 191.

297. — Mais l'ordonnance de non-lieu, tout en éteignant en l'état l'action publique à l'égard du prévenu, laisse intacte l'action disciplinaire : en effet, excepté dans l'hypothèse où la non-participation du prévenu aux faits incriminés est établie par l'instruction, le renvoi des fins de la plainte a le plus souvent pour motifs le défaut de caractérisation du délit ou l'absence de tel ou tel des éléments constitutifs. On conçoit que, dans beaucoup de cas, la disparition de la criminalité proprement dite puisse laisser subsister une faute, une infraction aux règlements, susceptible d'être punie par voie disciplinaire. Tel serait le cas d'un comptable militaire inculpé de vol et à la charge duquel ne serait établi qu'un acte de négligence professionnelle.

298. — Si le préfet maritime trouve dans les pièces de l'instruction des charges suffisantes contre le prévenu, il rend un ordre de mise en jugement. Comme l'ordre d'informer, l'ordre de mise en jugement doit émaner du préfet maritime (ou du général commandant) lui-même : serait nul l'ordre signé par le chef d'état-major. — Cons. rév. Paris, 26 avr. 1881, [Leclerc et Coupois, n. 69]

299. — L'ordre de mise en jugement est entaché de nullité lorsqu'il ne précise ni ne limite les faits qui font l'objet de l'accusation. — Cons. rév. Paris, 5 avr. 1881, [Leclerc et Coupois, n. 64]; — 10 août 1881, [*Ibid.*, n. 92]; — 24 févr. 1882, [*Ibid.*, n. 114]; — 26 juin 1884, [*Ibid.*, n. 195]

300. — De même, est nul l'ordre de mise en jugement qui se borne à une qualification vague de la poursuite, sans préciser le crime ou le délit ni indiquer l'article de loi qui le réprime. L'omission de cette formalité substantielle met le commissaire du gouvernement dans l'impossibilité de satisfaire légalement aux prescriptions de l'art. 139, C. just. marit. (109, C. just. milit.). — Cons. rév. Paris, 23 juin 1887, aff. Guiraud.

301. — Décidé, d'autre part, que l'ordre de mise en jugement ne doit pas nécessairement viser les articles de loi qui, n'étant qu'énonciatifs de la qualification du fait reproché et des circonstances de ce fait, ne prononcent aucune pénalité. — Cons. rév. Alger, 5 juin 1884, [Leclerc et Coupois, n. 193]

302. — L'ordre de mise en jugement doit être motivé : on doit y mentionner l'avis du rapporteur et les conclusions du commissaire du gouvernement. On doit également y spécifier les faits incriminés, mais il ne peut y être relevé aucun fait qui ne se trouverait pas dans l'ordre d'informer, cet ordre constituant la base légale des poursuites (V. *suprà*, n. 244 et s.). — Cons. rév. Paris, 1er oct. 1880, [Leclerc et Coupois, n. 35]; — 6 mai 1881, [*Ibid.*, n. 70]; — 8 juin 1882, [*Ibid.*, n. 126]; — 13 déc. 1883, [*Ibid.*, n. 179]; — 27 mars 1884, [*Ibid.*, n. 186] — *Sic*, Taillefer, p. 270.

303. — Mais le préfet maritime (ou le général commandant la circonscription) peut, dans son ordre de mise en jugement,

comprendre des circonstances aggravantes qui n'étaient pas formellement visées dans l'ordre d'informer, mais qui, se rattachant
directement au fait primitif, ont été révélées par l'instruction.
— Cons. rév. Paris, 6 juill. 1882, [Leclerc et Coupois, n. 130]

304. — Il va de soi que l'ordre de mise en jugement est
vicié dans son essence lorsqu'il a été rendu sur le vu d'une procédure radicalement nulle elle-même. — Cons. rév. Paris, 1er
oct. 1880, [Leclerc et Coupois, n. 36]

305. — Dans le cas où une procédure régulièrement ouverte
a abouti à un ordre de mise en jugement portant renvoi du prévenu devant un conseil de guerre, si des faits nouveaux sont
révélés, le rapporteur, qui a été dessaisi par suite du renvoi, ne
peut instruire, relativement à ces faits, qu'à la suite d'un nouvel
ordre d'informer donné par le préfet maritime ou le général commandant la circonscription ; à défaut de cette formalité substantielle, l'instruction, dépourvue de toute force légale, ne saurait justifier un ordre de mise en jugement formulant une nouvelle accusation, et encore moins autoriser ce général à modifier
l'accusation présente. — Cass., 15 mars 1872, Lisbonne, [S. 72.
1.398, P. 72.1036. D. 72.1.379]

306. — L'ordre de mise en jugement est adressé au commissaire du gouvernement avec les pièces de la procédure. Trois
jours avant la réunion du conseil de guerre, le commissaire du
gouvernement notifie cet ordre à l'accusé, en lui faisant connaître le crime ou le délit pour lequel il est mis en jugement,
le texte de la loi applicable et les noms des témoins qu'il se propose de faire citer (art. 139).

307. — Dans le cas de mise en jugement pour perte ou prise
d'un bâtiment de l'État, il n'est pas nécessaire de qualifier
autrement le fait ni de mentionner le texte de la loi applicable
(Ibid.). En effet, du moment où la mise en jugement est obligatoire (V. supra, n. 292), quelque claire que soit l'innocence
d'un officier, il n'est plus possible d'écrire à son égard qu'il y
a présomption suffisante de tel ou tel crime. L'ordre n'articule
donc aucun crime et ne vise aucun texte ; mais ce mode de procéder a pour conséquence que le conseil de guerre doit être interrogé sur cinq questions, afin d'écarter toutes les sources de
culpabilité possibles, à savoir : perte volontaire, perte par négligence, perte par impéritie (art. 267); abandon du bâtiment par
le commandant avant l'évacuation totale (art. 270); absence des
mesures propres à sauver le bâtiment (art. 274).

308. — La notification doit consister dans la remise d'une
copie de l'ordre de mise en jugement, et d'une liste des témoins
qui doivent être entendus. D'ailleurs, les imprimés réglementaires établis en 1838 et complétés à plusieurs reprises par divers actes sont libellés de manière à assurer l'exécution littérale
de toutes les formalités exigées par la loi.

309. — Il y a nullité lorsque l'original de notification ne contient pas de date et ne renferme pas le nom et
la qualité de celui qui a été chargé de faire cette notification.
— Cons. rév. Paris, 4 févr. 1881, [Leclerc et Coupois, n. 55];
— 22 juill. 1881, [Ibid., n. 89]

310. — Il a été jugé que le ministère public est juge de la
question de savoir si un témoin doit ou non être cité. — Cons.
rév. Paris, 12 nov. 1888, Lacroix. — ... Sauf le droit qu'a dans
ce cas l'accusé de faire citer les témoins non convoqués par le
ministère public, si cette comparution est jugée utile aux intérêts
de la défense.

311. — Lorsqu'un témoin a été désigné par sa qualité seulement, l'absence de son nom sur la liste notifiée à l'accusé ne
peut motiver l'annulation du jugement lorsque la désignation
était suffisamment claire et que la défense ne s'est pas opposée
à l'audition de ce témoin. — Cons. rév. Paris, 24 août 1882,
[Leclerc et Coupois, n. 138]

312. — Il a été jugé que l'observation du délai de trois jours
accordé par les art. 139, C. just. marit., et 109, C. just. milit.,
pour les notifications à faire par le commissaire du gouvernement, est une formalité substantielle prescrite à peine de nullité. — Cons. rév. Paris, 4 févr. 1881, précité.

313. — Nous pensons cependant, comme le ministre de la
Guerre dans sa circulaire du 5 avr. 1860, qu'aucune de ces formalités n'est prescrite à peine de nullité, la loi n'ayant dans
l'art. 139, C. just. marit., et 109, C. just. milit., sanctionné de
la nullité que la formalité du paragraphe 3 de l'art. 139, C. just.
marit., et paragraphe 2 de l'art. 109, C. just. milit., concernant
le choix du défenseur. — V. infrà, n. 316.

314. — Il s'agit ici d'un délai franc, c'est-à-dire calculé sans

tenir compte du jour de la notification ni de celui de la réunion
du conseil. Ainsi, il a été décidé que le délai légal n'a pas été
observé lorsque l'ordre de mise en jugement est daté du 27 et
que le jugement a été prononcé le 30. — Cons. rév. Paris, 15
avr. 1881, précité.

315. — Mais il importerait peu que la notification eût été
faite un dimanche : ainsi serait régulière une notification faite
le 8, bien que ce jour fût un dimanche, si le conseil s'est réuni le
12. — Cons. rév. Paris, 7 déc. 1883, [Leclerc et Coupois, n.
234]

316. — Le commissaire du gouvernement avertit, en outre,
le prévenu, à peine de nullité, que s'il n'a pas fait choix d'un
défenseur, il lui en sera nommé un d'office par le président (art.
139). — Cons. rév. Alger, 22 sept. 1881, [Leclerc et Coupois,
n. 95]

317. — La substitution à l'audience d'un autre défenseur au
défenseur désigné par le président n'emporte aucune nullité
lorsqu'il est constaté que ce défenseur a assisté l'accusé pendant
les débats, sans réclamation de sa part, a plaidé pour lui et fait
tout ce que la défense exigeait. — Cons. rév. Alger, 13 déc.
1894. [Rev. algér., 95.2.179]

318. — L'apposition de la signature de l'accusé sur le procès-
verbal relatif à l'avertissement pour le choix d'un défenseur n'est
pas une forme substantielle ni prescrite à peine de nullité par
aucune disposition de loi. — Cons. rév. Alger, 15 mars 1883,
[Leclerc et Coupois, n. 157]

319. — D'autre part, l'art. 140 dispose : le défenseur doit
être pris soit parmi les marins et les militaires, soit parmi les
avocats et les avoués, à moins que l'accusé n'obtienne du président la permission de prendre pour défenseur un de ses parents
ou amis.

320. — L'application de ces dispositions a donné lieu dans
la pratique à certaines difficultés qu'une instruction ministérielle du 23 mai 1885 (B. O. M., p. 848) a signalées et résolues
dans des termes qui méritent d'être cités : « L'art. 139, § 3. C.
just. marit., prescrit, à peine de nullité, au ministère public
d'avertir l'intéressé, trois jours avant l'audience, qu'il ait à choisir lui-même un défenseur, faute de quoi faire, il lui en sera
désigné un d'office par le président. Devant les cours d'assises,
cette désignation peut et doit être faite sur-le-champ, grâce à la
faculté qui appartient au président d'assises d'imposer le rôle
de défenseur à un avocat stagiaire (V. supra, vo Accusation,
n. 113 et s.), tandis que cette ressource n'existe pas devant le
conseil de guerre. On est donc trop souvent conduit dans la
pratique à laisser en suspens la création du défenseur jusqu'à
l'appel de la cause, qui se trouve alors confiée au brigadier de
gendarmerie de service ou à telle personne présente à l'audience. Or, bien que la loi maritime n'ait pas attaché une nullité
expresse à cette façon de procéder, il ne vous échappera pas
que la défense ainsi présentée se borne le plus souvent à un
appel à l'indulgence du conseil, ce qui ne saurait satisfaire à
l'esprit de la loi. Notre législation criminelle veut qu'un prévenu ne soit pas livré seul, sous le coup d'une émotion souvent
profonde, aux accusations du ministère public, quelque justifiées qu'elles puissent être. Ce dernier, tout en faisant ressortir les éléments de la culpabilité, a pour mission de faire ressortir les éléments de la culpabilité, a pour mission de faire ressortir les éléments de la culpabilité et même appelle une
contre-partie que l'intéressé n'est guère à même de présenter avec sang-froid. L'assistance d'un défenseur s'impose
donc ; sans doute le Code maritime, tenant compte de la simpli-
cité des faits généralement déférés au conseil de guerre, a prévu,
à défaut d'avocat de profession, l'intervention d'un marin, d'un
militaire qui souvent puiseront dans ce qu'ils savent des choses
de l'armée des arguments susceptibles de toucher les juges. Mais
encore faut-il que ces défenseurs improvisés aient eu le temps
de connaître le dossier de l'information et de se concerter avec
l'accusé ; autrement leur assistance devient purement illusoire et
cesse de répondre au vœu du législateur. Pour remédier à cet
inconvénient, j'ai décidé qu'il y aurait lieu désormais de se conformer aux règles suivantes : Vous voudrez bien tout d'abord
faire une démarche auprès du bâtonnier des avocats, s'il existe
un barreau dans le ressort ; à défaut d'entente régulière, ou si
les avocats ne sont pas en nombre suffisant, MM. les présidents
de conseils de guerre désigneront pour chaque affaire, après
concert avec le commissaire du gouvernement et quarante-huit
heures à l'avance, un marin ou militaire de bonne volonté, gradé
ou non, qui sera chargé de présenter la défense du prévenu et

qui devra voir ce dernier à la prison, après avoir pris au greffe connaissance du dossier de procédure. Je ne doute pas que les inculpés ne rencontrent parmi leurs camarades ou leurs supérieurs l'assistance nécessaire pour l'accomplissement de cette tâche. »

321. — La nullité résultant du défaut d'avertissement pour le choix d'un défenseur est la même que dans le droit commun; elle peut être couverte par le fait que le prévenu s'est procuré un défenseur (C. instr. crim., art. 294). — V. *supra*, v° *Accusation*, n. 125.

322. — Jugé, à cet égard, que les prescriptions du paragraphe dernier de l'art. 109, C. just. milit. (C. just. marit., art. 139, § 3), relatives au choix du défenseur, sont remplies lorsque le procès-verbal établi à cet effet constate que l'avertissement a été donné et que le défenseur d'office a été désigné plus de trois jours avant l'ouverture des débats. Le défenseur est mal fondé à se plaindre qu'il n'a eu qu'un délai moindre, lorsqu'il est constant que les notifications ont été faites en temps utile, que le défenseur a accepté la défense, et qu'il n'a pas demandé la remise de l'affaire pour insuffisance de délai. — Cons. rév. Paris, 27 sept. 1886, [Leclerc et Coupois, n. 252]

323. — Le défenseur de l'accusé peut communiquer avec lui aussitôt après l'accomplissement des formalités prescrites par l'art. 139 (V. *supra*, v° *Accusation*, n. 165 et s.); il peut aussi prendre communication sans déplacement, ou obtenir copie à ses frais, de tout ou partie des pièces de la procédure (art. 142). — V. *supra*, v° *Accusation*, n. 170 et s.

324. — L'art. 142 ajoute : sans néanmoins que la réunion du conseil puisse être retardée. Il y a dans cette dernière disposition une mesure draconienne tendant à assurer la rapidité du fonctionnement de la justice maritime. Toutefois, dans la fixation du jour de l'audience (V. *infrà*, n. 327), il appartient au préfet maritime d'avoir égard aux nécessités de la défense et de laisser équitablement au défenseur le temps matériel d'étudier le dossier si la cause présente une complication particulière. Ajoutons que les conseils de guerre sont investis d'un pouvoir souverain et discrétionnaire pour admettre ou refuser la remise d'une affaire. — Cons. rév. Paris, 20 juill. 1882, [Leclerc et Coupois, n. 132]

325. — Il a été décidé que le visa donné par l'agent principal d'une prison militaire, en conformité de l'art. 75, Règl. 20 juin 1863, sur la correspondance adressée par un prévenu à son défenseur ne peut être considéré comme portant atteinte aux droits de la défense. Subsidiairement, ce grief, non relevé devant le conseil de guerre, est produit tardivement devant le conseil de révision. — Cons. rév. Alger, 18 août 1887, aff. Clément.

326. — Cette décision nous paraît critiquable, attendu que l'intrusion d'un agent de l'administration entre l'accusé et son défenseur empêche entre eux tout échange de secret. Or, c'est là un droit primordial de la défense; c'est pour en assurer l'exercice que l'avocat peut entretenir son client détenu sans aucun témoin. L'art. 68, Décr. 7 avr. 1873, sur les prisons maritimes, consacre formellement la doctrine contraire en disposant que « les lettres reçues ou écrites par les détenus, sauf celles qui sont adressées à l'autorité supérieure ou à leurs défenseurs, sont remises au magistrat instructeur qui a la faculté de les ouvrir ». La doctrine du conseil de révision d'Alger semble donc devoir être écartée, ainsi que la pratique que ce tribunal a entendu consacrer.

327. — Le préfet maritime, en adressant l'ordre de mise en jugement, ordonne de convoquer le conseil de guerre, et fixe le jour et l'heure de sa réunion; il en donne avis au président et au commissaire du gouvernement qui fait les convocations nécessaires (art. 141).

328. — Les conseils de guerre ne sont investis du pouvoir juridictionnel qu'à partir du jour fixé par le général commandant la circonscription (ou le préfet maritime). En conséquence, est nul le jugement rendu sans qu'un ordre préalable de convocation ait été émis par le général (ou le préfet). — Cons. rév. Paris, 19 janv. 1883, [Leclerc et Coupois, n. 152]; — 27 mars 1884, [*Ibid.*, n. 183]

329. — Les interlignes et les ratures non approuvés sont considérés comme non-avenus; par suite, les interlignes non approuvés sur l'ordre de convocation du conseil de guerre entraînent la nullité des débats et du jugement. — Cons. rév. Paris, 16 oct. 1884, [Leclerc et Coupois, n. 207]

330. — C. *Jugement*. — Le conseil de guerre présente comme juridiction une particularité remarquable : ses membres sont revêtus de la double qualité de juges et de jurés : les questions de fait et les questions de droit sont soumises à l'appréciation des membres du conseil, au lieu d'être, comme devant la cour d'assises, soumises à deux pouvoirs différents, l'un appréciant la culpabilité, l'autre prononçant la peine. Cette dualité d'attributions est un des caractères les plus saillants de la juridiction militaire. — Taillefer, p. 274. — V. *infrà*, n. 475, 504 et s.

331. — a) *Police de l'audience*. — Le conseil de guerre se réunit au jour et à l'heure fixés par l'ordre de convocation. Des exemplaires du Code maritime, du Code d'instruction criminelle, du Code de justice militaire pour l'armée de terre et du Code pénal ordinaire sont déposés sur le bureau. Les séances sont publiques, à peine de nullité; néanmoins, si cette publicité paraît dangereuse pour l'ordre ou pour les mœurs, le conseil ordonne que les débats aient lieu à huis-clos. Dans tous les cas, le jugement est prononcé publiquement. Le conseil peut interdire le compte-rendu de l'affaire; cette interdiction ne peut s'appliquer au jugement (art. 143).

332. — Cet article se borne à appliquer aux juridictions de la marine les règles du droit commun concernant le huis-clos; la jurisprudence qui a prévalu en cette matière devant les tribunaux ordinaires a donc toute sa valeur devant les conseils de guerre (Const. 4 nov. 1848, art. 81). — V. *supra*, v° *Cour d'assises*, n. 5266 et s., *Huis-clos*.

333. — Comme pour les juridictions ordinaires, bien que les débats aient eu lieu à huis-clos, le jugement doit être prononcé en audience publique. — V. *supra*, v° *Cour d'assises*, n. 5295 et s.

334. — Ainsi, lorsque le conseil de guerre a ordonné le huis-clos, le procès-verbal des débats doit mentionner, à peine de nullité, que la séance est redevenue publique, et que le jugement a été prononcé publiquement. — Cons. rév. Alger, 7 juill. 1881, [Leclerc et Coupois, n. 86]

335. — Le président a la police de l'audience (art. 144). A cet égard, il importe de remarquer qu'il a pleins pouvoirs sur la force armée pour assurer l'ordre non seulement dans l'enceinte du conseil, mais encore à ses abords. — Taillefer, p. 272.

336. — Les assistants sont sans armes; ils se tiennent découverts, dans le respect et le silence. Lorsque des assistants donnent des signes d'approbation ou d'improbation, le président les fait expulser. S'ils résistent à ses ordres, le président ordonne leur arrestation et leur détention pendant un temps qui ne peut excéder quinze jours. Les individus appartenant au service de la marine sont conduits dans la prison maritime; ceux qui appartiennent à l'armée de terre sont conduits dans la prison militaire, et les autres individus à la maison d'arrêt civile. Il est fait mention dans le procès-verbal de l'ordre du président; et, sur l'exhibition qui est faite de cet ordre au gardien de la prison, les perturbateurs y sont reçus (art. 145).

337. — L'article similaire du Code d'instruction criminelle (art. 504) accorde au président d'une cour ou d'un tribunal le même droit d'arrestation, mais dans des conditions bien plus faibles, c'est-à-dire pour vingt-quatre heures seulement (V. *supra*, v° *Audience* [police de l'], n. 22 et s.). La loi maritime, au contraire, investit le président du conseil de guerre d'une sorte de pouvoir disciplinaire qu'il exerce seul, sans l'assistance du conseil, et qui peut aller jusqu'à quinze jours de prison à l'égard de toutes personnes, fussent-elles de l'ordre civil. C'est là une disposition exceptionnelle; l'art. 145 en contient deux autres.

338. — Si le trouble ou le tumulte a pour but de mettre obstacle au cours de la justice, les perturbateurs, quels qu'ils soient, sont, audience tenante, déclarés coupables de rébellion par le conseil de guerre, et punis d'un emprisonnement qui ne peut excéder deux ans (art. 145).

339. — La loi maritime crée là un délit et une peine qui ne sont, ni l'un ni l'autre, empruntés au livre 4 de ce Code; c'est une disposition spéciale et d'autant plus exceptionnelle qu'elle est édictée contre toute personne.

340. — Lorsque les assistants ou les témoins se rendent coupables, envers le conseil de guerre ou l'un de ses membres, de voies de fait ou d'outrages ou menaces par propos ou gestes, ils sont condamnés séance tenante : 1° s'ils sont justiciables des conseils de guerre de la marine, s'ils sont militaires ou assimilés aux militaires, quels que soient leurs grades et leurs rangs, aux peines prononcées par le Code maritime contre ces crimes ou délits lorsqu'ils ont été commis envers des supérieurs pendant le service; 2° s'ils ne sont dans aucune des catégories du paragraphe précédent, aux peines portées par le Code pénal ordinaire (art. 145).

341. — On s'est demandé si le commissaire du gouvernement et le greffier doivent être considérés comme membres du conseil. Pour le commissaire du gouvernement, on admettait sans hésiter l'affirmative, mais pour le greffier il y avait des dissidences. La Cour de cassation a tranché la question en faisant application aux conseils de guerre de la jurisprudence d'après laquelle les greffiers font partie de la juridiction à laquelle ils sont attachés. Elle a, en effet, décidé que le greffier d'un conseil de guerre est membre de ce conseil. Par suite, les outrages qui lui sont adressés à l'audience tombent sous l'application de l'art. 119, C. just. milit. (art. 149, C. just. marit.), qui réprime spécialement les outrages adressés au conseil ou à l'un de ses membres. — Cass., 7 juill. 1881, Obreïeld, [S. 82.1.282, P. 82. 1.662, D. 81.1.441]

342. — L'art. 145 apporte une double dérogation aux règles ordinaires : d'abord en ce sens que, quel que soit le grade ou le rang de l'inculpé, le conseil de guerre est compétent sans que sa composition doive être modifiée conformément à l'art. 10, de telle sorte qu'un officier supérieur coupable d'outrages envers le conseil pourrait être jugé avec l'assistance d'un officier-marinier. Tout est sacrifié à l'instantanéité de la répression. — Taillefer, p. 277.

343. — La seconde dérogation consiste dans la pénalité qui est encourue sans avoir égard au grade du prévenu ni à celui de la victime de l'attentat; cette victime n'est plus seulement un officier, c'est un juge, un membre du conseil de guerre et, à ce titre, il est, dans l'exercice de sa fonction, le supérieur de tout marin ou de tout militaire, et même de tout justiciable des conseils de guerre de la marine, quel que soit son grade ou son rang personnel. Il s'ensuit qu'un justiciable du conseil de guerre maritime par voie d'assimilation judiciaire, qui, en temps normal, ne serait pas vis-à-vis d'un officier membre du conseil dans la situation d'inférieur à supérieur militaire, serait passible exceptionnellement des peines portées aux art. 302 et s., C. just. marit., sa qualité de justiciable le faisant l'inférieur militaire du juge. — V. infrà, n. 1328 et s.

344. — La situation des autres inculpés purement civils reste, en matière de crime ou de délit, ce qu'elle serait devant un tribunal de droit commun; on leur fait application des dispositions du Code pénal ordinaire (art. 222 et s.). — V. infrà, v° Outrage.

345. — Lorsque les crimes ou des délits autres que ceux prévus par l'article précédent sont commis dans le lieu des séances, il est procédé de la manière suivante : 1° si l'auteur du crime ou du délit est justiciable des conseils de guerre de la marine, il est jugé immédiatement; 2° si l'auteur du crime ou du délit n'est pas justiciable des conseils de guerre de la marine, le président, après avoir fait dresser procès-verbal des faits et des dépositions des témoins, renvoie les pièces et l'inculpé devant l'autorité compétente (art. 146).

346. — A noter l'expression « justiciable des conseils de guerre de la marine » qui comprend les conseils de guerre permanents et les conseils de guerre à bord, mais non les conseils de justice ni les tribunaux maritimes permanents. Le langage de l'art. 145 est, comme on vient de le voir, bien plus compréhensif. Les faits suffisent à expliquer cette différence.

347. — b) Instruction à l'audience. — Le président fait amener l'accusé, lequel comparaît, sous garde suffisante, libre et sans fers, assisté de son défenseur; il lui demande ses nom et prénoms, son âge, sa profession, sa demeure et le lieu de sa naissance; si l'accusé refuse de répondre, il est passé outre (art. 147).

348. — La profession et le domicile dont il est ici question sont ceux qu'avait le prévenu avant son entrée au service; on y ajoute l'énoncé du grade et du corps.

349. — Cette première formalité d'audience constitue le début de l'interrogatoire; mais l'interrogatoire proprement dit, c'est-à-dire, ce qui se rattache aux faits poursuivis n'a cours qu'après la lecture du rapport qui, devant les conseils de guerre tient lieu d'acte d'accusation. L'art. 147 ne prévoit donc qu'une simple constatation d'identité. C'est à l'art. 160 qu'il faut chercher l'interrogatoire.

350. — Si l'accusé refuse de comparaître, sommation d'obéir à la loi lui est faite, au nom de la loi, par un agent de la force publique commis à cet effet par le président. Cet agent dresse procès-verbal de la sommation et de la réponse de l'accusé. Si l'accusé n'obtempère pas à la sommation, le président peut ordonner qu'il soit amené par la force devant le conseil; il peut également, après lecture faite à l'audience du procès-verbal constatant sa résistance, et il lui est signifié copie des réquisitions du commissaire du gouvernement, ainsi que des jugements rendus qui sont tous réputés contradictoires (art. 148).

351. — Après chaque audience, il est, par le greffier du conseil de guerre, donné lecture à l'accusé qui n'a pas comparu, du procès-verbal des débats, et il lui est signifié copie des réquisitions du commissaire du gouvernement, ainsi que des jugements rendus qui sont tous réputés contradictoires (art. 148).

352. — Si l'accusé comparaît volontairement aux audiences ultérieures, on ne doit pas recommencer les interrogatoires, ni rien de ce qui s'est passé en son absence, puisqu'il est réputé y avoir été présent. Cependant, la survenance de l'accusé peut conduire le président à certaines confrontations de témoins ou d'experts, etc...

353. — La loi offre au président, lorsque l'accusé refuse de comparaître, deux modes de procéder : faire amener de force l'accusé ou passer outre à son absence. Ce dernier parti est de beaucoup préférable et, à moins qu'une confrontation ou une scène quelconque d'audience ne soit nécessaire à la manifestation de la vérité, notamment s'il y a plusieurs coaccusés, on agit sagement en se passant de la présence du rebelle. Il ne faut pas oublier, en effet, que cette résistance, tout exceptionnelle, présuppose un état d'esprit susceptible de pousser l'accusé à des violences publiques qu'il est bon d'éviter. Au surplus, le choix entre ces deux modes de procéder rentre dans les attributions personnelles du président, qui n'a pas à consulter le conseil sur ce point.

354. — Cet art. 148 soulève une difficulté : il y est parlé d'un procès-verbal des débats à lire à l'accusé après chaque audience; or, ce procès-verbal n'est mentionné dans aucun autre article et la tenue n'en est pas prescrite devant les conseils de guerre maritimes (V. infrà, n. 515); une disposition de ce genre n'est exigée que pour les conseils de justice (art. 225). On s'est donc demandé s'il n'y aurait pas lieu de dresser un document de cette nature, spécialement dans le cas de refus de comparution d'un accusé. Hautefeuille, dans son « Guide des juges marins », adopte la négative pour deux raisons : d'abord, il semble que ces mots ne soient à l'art. 148 qu'une réminiscence du texte du Code d'instruction criminelle; de plus, l'absence de procès-verbal est largement suppléée par la manière dont sont rédigés les jugements des conseils de guerre maritimes, établis sur des imprimés très-complets, dans lesquels figurent presque forcément toutes les indications substantielles (Instr. marit. 25 juin 1858, n. 120).

355. — Malgré l'autorité qui s'attache à l'opinion d'un des rédacteurs du Code maritime, nous croyons que c'est à dessein qu'on a parlé en cette matière d'un procès-verbal des débats. Le jugement dont il serait donné lecture se borne à mentionner qu'il a été procédé à l'audition des témoins tant à charge qu'à décharge et ne donne aucune indication sur la teneur de leurs dépositions; or, c'est là ce qu'il importe à l'accusé de connaître; si, dans la succession des débats, la consistance des témoignages lui est cachée, ou ne remplit pas le vœu de la loi, qui est de décider l'accusé à comparaître en l'informant de la gravité des témoignages qui pèsent sur lui.

356. — Cette solution n'a rien de contradictoire avec le procédé des conseils de guerre maritimes qui, n'ayant au-dessus d'eux qu'une juridiction de droit, le conseil de révision, peuvent laisser disparaître les bases de leur verdict, sans appel sur le terrain du fait. Mais, en présence d'une texte formel, et d'une application exceptionnelle, que l'esprit de la loi explique et que le bon sens justifie, il semble que l'omission de cette formalité porterait atteinte aux droits de la défense et pourrait être critiquée. — V. suprà, v° Cour d'assises, n. 5648 et s.

357. — Le président peut faire retirer de l'audience et reconduire en prison tout accusé qui, par des clameurs ou par tout autre moyen propre à causer du tumulte, met obstacle au libre cours de la justice, et il est procédé aux débats et au jugement comme si l'accusé était présent. L'accusé peut être condamné, séance tenante, pour ce seul fait, à un emprisonnement qui ne peut excéder deux ans (art. 149). Cette disposition est la reproduction de l'art. 10, L. 9 sept. 1835. — V. suprà, v° Cour d'assises, n. 5650 et s.

358. — Lorsque l'accusé est expulsé de l'audience, son défenseur n'en conserve pas moins le droit d'être entendu et cette circonstance doit être expressément constatée comme substantielle. — Cons. rév. Paris, 10 juin 1886, [Leclerc et Coupois, n. 246]

359. — Si l'accusé, marin, militaire ou assimilé aux marins ou aux militaires, se rend coupable de voies de fait ou d'outrages ou menaces par propos ou gestes envers le conseil ou l'un de ses membres, il est condamné, séance tenante, aux peines prononcées par le présent Code contre ces crimes ou délits lorsqu'ils ont été commis envers des supérieurs pendant le service. Dans le cas prévu par le paragraphe précédent, si l'accusé n'appartient à aucune des catégories ci-dessus, il est condamné aux peines portées par le Code pénal ordinaire (art. 149).

360. — Ces dispositions sont à rapprocher de celles qu'édictent les art. 145 et 146, à l'encontre des assistants et des témoins (V. suprà, n. 338 et s.). Le retrait de l'audience est ordonné par le président seul, mais les peines ne peuvent être prononcées que par le conseil. Si l'accusé est reconduit à la prison, il y a lieu de procéder à son égard comme il est dit à l'art. 148 pour le cas de refus de comparaître. — V. suprà, n. 351.

361. — Dans les cas prévus par les art. 145, 146 et 149, C. just. marit., le jugement rendu, le greffier en donne lecture à l'accusé et l'avertit du droit qu'il a de former un recours en révision dans les vingt-quatre heures. Il en dresse procès-verbal; le tout à peine de nullité (art. 150).

362. — A cet égard, il a été décidé que c'est le greffier seul qui doit dresser et signer le procès-verbal de lecture du jugement au condamné expulsé de l'audience. — Cons. rév. Paris, 11 nov. 1881, [Leclerc et Coupois, n. 103]

363. — Ainsi, dans tous les cas où les faits de l'audience motivent une sentence immédiate, on procède par voie de notification verbale à l'audience même. Or, il en est différemment devant les conseils de guerre pour la sentence principale qui est signifiée devant la garde assemblée sous les armes et en dehors de l'audience. Ici, le crime ou le délit ayant causé un scandale public appelle une répression notifiée sous les yeux des assistants eux-mêmes. Mais cette dérogation n'enlève pas au condamné le droit de se pourvoir en révision.

364. — La nullité édictée dans l'art. 150 est rigoureuse, mais elle a sa source dans le caractère exceptionnel de la condamnation et dans ce fait qu'elle peut atteindre même un civil pour qui le recours en révision pourrait être chose inconnue.

365. — Les formalités à remplir pour arriver au jugement de l'accusé se rapprochant sensiblement de celles prescrites par le Code d'instruction criminelle devant la cour d'assises, elles sont mentionnées dans les art. 151 et s., C. just. marit. Le président fait lire par le greffier l'ordre de convocation, les rapport prescrit par l'art. 138, C. just. marit., et les pièces dont il lui paraît nécessaire de donner connaissance au conseil; il fait connaître à l'accusé le crime ou le délit pour lequel il est poursuivi; il l'avertit que la loi lui donne le droit de dire tout ce qui est utile à sa défense; il avertit aussi le défenseur de l'accusé qu'il ne peut rien dire contre sa conscience ou contre le respect qui est dû aux lois, et qu'il doit s'exprimer avec décence et modération (art. 151). — V. suprà, v° Cour d'assises, n. 1692 et s., 1736 et s.

366. — Le rapport du rapporteur remplace ici l'acte d'accusation, mais aucun grief ne peut être tiré de ce que le rapport reproduit tout ou partie de la déposition écrite d'un témoin. Cette circonstance ne peut être assimilée au cas où il serait donné lecture de cette même déposition avant que le témoin, légalement acquis aux débats et présent, n'ait déposé oralement devant le conseil. — Cons. rév. Alger, 28 oct. 1893, Richaud et consorts.

367. — Aucune exception tirée de la composition du conseil, aucune récusation ne peut être proposée contre les membres du conseil de guerre, sans préjudice du droit pour l'accusé de former un recours en révision dans les cas prévus par l'art. 87, n. 1 (art. 152).

368. — On a voulu arrêter ainsi une source féconde d'incidents de procédure susceptibles de retarder la solution de l'affaire; les recours incidents doivent donc, sur ce point comme sur les autres, être joints aux recours sur le fond; mais l'accusé, conservant tous ses droits, les fait valoir pour la première fois devant la juridiction supérieure. Il en est différemment, et la raison en est évidente, en ce qui touche l'exception d'incompétence. Il est préférable que la juridiction de révision se trouve

en face d'un jugement formel statuant pour ou contre la compétence; cependant, si le prévenu a laissé commencer les débats, le conseil passe outre, mais l'intéressé a toujours le droit d'opposer l'incompétence devant le conseil de révision.

369. — Si l'accusé a des moyens d'incompétence à faire valoir, il ne peut les proposer devant le conseil de guerre qu'avant l'audition des témoins. Cette exception est jugée sur-le-champ. Si l'exception est rejetée, le conseil passe au jugement de l'affaire, sauf à l'accusé à se pourvoir contre le jugement sur la compétence en même temps que contre la décision rendue sur le fond. Il en est de même pour le jugement de toute autre exception ou de tout incident soulevé dans le cours des débats (art. 153).

370. — Mais le conseil de guerre, régulièrement saisi, n'est pas tenu de statuer sur sa propre compétence lorsqu'il n'a été déposé aucune conclusion tendant à contester cette compétence. — Cass., 9 mai 1878, [Bull. crim, n. 107]

371. — En la forme, l'instruction ministérielle du 25 juin 1858 prescrit de se borner, dans le jugement principal, à une simple référence conçue en ces termes : à ce moment, tel incident se produit; il y a été statué par jugement séparé, lequel est join et annexé au présent.

372. — Les jugements sur les exceptions, les moyens d'incompétence et les incidents sont rendus à la majorité des voix (art. 154). C'est-à-dire que, contrairement à ce qui se passera pour la déclaration de culpabilité et pour la peine, la simple majorité suffit.

373. — Le président est investi d'un pouvoir discrétionnaire pour la direction des débats et la découverte de la vérité. Il peut, dans le cours des débats, appeler, même par mandat de comparution et d'amener, toute personne dont l'audition lui paraît nécessaire; il peut aussi faire apporter toute pièce qui lui paraîtrait utile à la manifestation de la vérité. Les personnes ainsi appelées ne prêtent pas serment, et leurs déclarations ne sont considérées que comme renseignements (art. 155). — V. suprà, v° Cour d'assises, n. 2503 et s.

374. — En vertu de son pouvoir discrétionnaire, le président a seul le droit de faire faire un supplément d'information après l'ordre de mise en jugement. — Cons. rév. Paris, 17 sept. 1880, [Leclerc et Coupois, n. 33]

375. — C'est l'application pure et simple du droit commun et des règles du Code d'instruction criminelle concernant les pouvoirs des présidents de cours d'assises. — V. suprà, v° Cour d'assises, n. 1384 et s.

376. — Le président doit s'abstenir de laisser apercevoir son opinion dans ses interpellations aux témoins ou à l'accusé; ces mots prononcés par le président : « Pour moi il y a eu préméditation » renferment une manifestation d'opinion qui doit entraîner la nullité des débats. — Cons. rév. Paris, 11 déc. 1884, [Leclerc et Coupois, n. 210]

377. — Mais au contraire ces paroles adressées par le président à un témoin : « Vous auriez dû le dénoncer; des gens pareils ne méritent aucun intérêt; nous ne les ménageons pas », bien que regrettables, ne contiennent pas une manifestation d'opinion de nature à entraîner la nullité des débats. — Cons. rév. Paris, 24 août 1882, [Leclerc et Coupois, n. 139]

378. — Le président procède à l'interrogatoire de l'accusé et reçoit les dépositions des témoins (art. 160, al. 1). — Pour l'interrogatoire, on suit les mêmes règles que devant la cour d'assises. — V. suprà, v° Cour d'assises, n. 1843 et s.

379. — Il faut remarquer qu'il y a lieu d'appliquer les art. 332 et 333, C. instr. crim. (art. 158, C. just. marit.), c'est-à-dire que si l'accusé ou quelque témoin ne parle pas la langue française, le président du conseil nomme d'office un interprète dans les mêmes conditions que devant la cour d'assises. — V. suprà, v° Cour d'assises, n. 5367 et s. Il en est de même si l'accusé est sourd-muet. — V. suprà, v° Cour d'assises, n. 5503 et s.

380. — L'application devant le conseil de guerre des art. 332 et 333, C. instr. crim., rend obligatoire devant cette juridiction les formalités prescrites par ces articles à peine de nullité. Ainsi l'interprète doit, à peine de nullité, prêter le serment prescrit par l'art. 332, C. instr. crim. — Cons. rév. Paris, 6 mai 1881, [Leclerc et Coupois, n. 71] — Cons. rév. Alger, 17 juill. 1884, [Ibid., n. 198] — V. suprà, v° Cour d'assises, n. 5447 et s.

381. — Mais comme aucun texte de loi n'oblige le président à faire traduire aux accusés les pièces dont il est donné lecture à l'audience, lorsque ces pièces font partie du dossier, le défenseur des accusés n'est pas fondé à se plaindre devant le conseil de révision du défaut de traduction des rapports dont lecture a été donnée à l'audience, s'il est constaté qu'il n'a pas réclamé la traduction de cette pièce. — Cons. rév. Alger, 6 oct. 1881, [Leclerc et Coupois, n. 97]

382. — S'il y a plusieurs accusés, le président détermine celui qui sera soumis le premier aux débats (art. 334, C. instr. crim., auquel renvoie l'art. 158, C. just. marit.). — V. suprà, v° *Cour d'assises*, n. 1876 et s.

383. — Après l'interrogatoire de l'accusé, il est procédé à l'audition des témoins. Il a été jugé que le débat oral est une formalité substantielle aussi bien devant un conseil de guerre que devant une cour d'assises; que, par suite, il y a nullité du jugement lorsqu'aucun témoin n'a été cité aux débats. — Cons. rév. Paris, 13 août 1880, [Leclerc et Coupois, n. 28] ; — 27 déc 1880, [*Ibid.*, n. 47]; — 11 nov. 1881, [*Ibid.*, n. 102] — Cons. rév. Alger, 24 juin 1886, [*Ibid.*, n. 247] — V. suprà, v° *Cour d'assises*, n. 1901.

384. — ... Que si devant la juridiction ordinaire il peut être dérogé à la formalité du débat oral, mais en matières correctionnelle et contraventionnelle seulement, il n'en est pas de même devant les tribunaux militaires qui, en toutes matières doivent observer la formalité substantielle et d'ordre public du débat oral, et ce, en conformité des art. 109, 125 à 130, C. just. milit. (139, 155 à 160, C. just. marit.), 315 à 355, C. instr. crim., qui n'admettent aucune exception à ce principe absolu. — Cons. rév. Alger, 27 juin 1889, aff. Rigault.

385. — La règle, ainsi formulée, nous paraît trop générale et, tout en la posant, le conseil de révision d'Alger a été conduit à en atténuer lui-même la rigueur dans un considérant ainsi conçu : « Attendu que, s'il a été admis, pour la désertion simple et l'insoumission, qu'on pouvait ne pas citer de témoins, parfois impossibles à retrouver, cette exception ne saurait légalement s'étendre à toutes matières criminelle, correctionnelle ou contraventionnelle ;... ». La nature même de l'exception formulée révèle la raison qui l'a dictée : c'est que la désertion et l'insoumission se prouvent bien plutôt par la production des pièces constatant l'absence prolongée ou le non-ralliement que par des témoins qui, sur le fond même, seraient, en admettant qu'on en trouvât, toujours bien moins affirmatifs que la plainte en désertion ou en insoumission et le dossier qui y est légalement joint en vertu des art. 124 et 123, C. just. marit., au jour même où les délais de grâce viennent à être dépassés. On se trouve alors précisément dans le cas qui, devant les tribunaux correctionnels et de police, a motivé la dérogation au principe du débat oral, à savoir : celui où la poursuite a lieu sur procès-verbal d'officier de police judiciaire. Il ne faut donc accepter qu'avec réserve le principe général posé dans la décision susvisée et ne pas en conclure, par exemple, qu'il serait impossible de juger légalement un déserteur à l'ennemi, sous le prétexte que le ministère public ne retrouverait plus aucun témoin de son crime.

386. — C'est ce qu'a reconnu, semble-t-il, en entente avec le Garde des sceaux, le ministre de la Guerre dans une circulaire du 14 oct. 1880 (Leclerc et Coupois, t. 2, p. 621), où il est dit que la nécessité du débat oral n'est absolue qu'en matière criminelle. Nous pensons qu'il est possible d'aller plus loin et de dire que le fait de la désertion, même devenu crime parce qu'il a été commis en présence de l'ennemi, ne saurait échapper à toute répression, bien qu'établi par des pièces indéniables, si le ministère public ne pouvait en retrouver les témoins.

387. — Dans le cas où l'un des témoins ne se présente pas, le conseil de guerre peut passer outre aux débats, et lecture est donnée de la déposition du témoin absent (art. 156). Ceci suppose qu'il a été entendu dans l'instruction ; dans le cas contraire (C. instr. crim., art. 324), le conseil aurait à opter entre une suspension des débats (C. just. marit., art. 159) ou l'abandon du témoignage. — V. *infrà*, n. 407.

388. — La formalité de la lecture à l'audience de la déposition d'un témoin absent est prescrite, à peine de nullité, si le conseil passe outre aux débats. — Cons. rév. Paris, 19 janv. 1881, [Leclerc et Coupois, n. 52]; — 7 avr. 1882, [*Ibid.*, n. 122] — Alger, 13 janv. 1881, [*Ibid.*, n. 50]; — 21 juin 1883, [*Ibid.*, n. 165]; — 25 oct. 1883, [*Ibid.*, n. 178]; — 24 sept. 1885, [*Ibid.*, n. 226]; — 26 août 1886, [*Ibid.*, n. 250]; — 30 déc. 1886, [*Ibid.*, n. 260]

389. — Mais la lecture de la déposition d'un témoin absent, ainsi intercalée dans le débat oral, présuppose que le témoin a

régulièrement prêté serment devant le rapporteur; sinon il y a violation de l'art. 73, C. instr. crim., et, conséquemment, nullité. — Cons. rév. Paris, 30 déc. 1886, [Leclerc et Coupois, n. 259] — V. suprà, n. 275.

390. — Il est à remarquer, au surplus, que l'art. 128, C. just. milit. (C. just. marit., art. 158), en se référant aux articles du Code d'instruction criminelle qui ont réglementé l'audition des témoins et tracé les règles du débat oral, a rendu communes à la juridiction militaire les formes que ces articles prescrivent, à peine de nullité, pour les juridictions ordinaires. — Cass., 2 août 1872, Jollet, [S. 72.1.347, P. 72.890, D. 72.1.281]

391. — Ne déroge point d'ailleurs à cette règle l'art. 126, C. just. milit. (C. just. marit., art. 156), qui autorise à donner lecture de la déposition d'un témoin absent, au cas où il a été régulièrement reçue. — Même arrêt.

392. — ... Ni l'art. 131 du même Code qui, à la différence de l'art. 341, C. instr. crim. (C. just. marit, art. 161), permet de mettre sous les yeux des juges, dans la chambre de leurs délibérations, les déclarations écrites des témoins. — Même arrêt.

393. — Mais l'application des art. 156 et 158, C. just. marit., ne saurait faire échec au principe du débat oral ; on ne pourrait, par exemple, procéder à l'égard de l'ensemble des témoins comme il est dit à l'art. 156, et cela même du consentement de la défense.

394. — Par suite, est frappée de nullité la décision d'un conseil de guerre rendue sans qu'aucun des témoins qui auraient pu être entendus oralement aient été cités à comparaître et sur simple lecture de dépositions recueillies en dehors de toute instruction régulière. Et une telle nullité, étant d'ordre public, ne saurait être couverte par le consentement de l'accusé. — Cass., 2 août 1872, précité.

395. — Quant aux formes de l'audition des témoins l'art. 158, C. just. marit., se réfère aux art. 315 à 329, C. instr. crim. Les mêmes règles que devant la cour d'assises sont donc suivies devant le conseil de guerre. Les témoins appelés par l'accusation et la défense doivent être entendus sous la foi du serment. Lorsqu'ils sont régulièrement cités et notifiés, ou même lorsqu'ils comparaissent sans être cités, mais étant cependant notifiés, les témoins appartiennent aux débats. Si, au contraire, ils sont cités mais non notifiés, le défaut de notification a pour effet de donner à la partie adverse le droit de s'opposer à leur audition. — V. suprà, v° *Cour d'assises*, n. 1904 et s.

396. — Les témoins entendus à l'audience peuvent ne pas avoir déposé à l'instruction. — Cons. rév. Paris, 6 oct. 1884, [Leclerc et Coupois, n. 205]

397. — Le témoignage de certaines personnes peut être reçu en justice sans la foi du serment pour des causes diverses : il en est ainsi pour incapacité résultant de condamnations, minorité, infirmités physiques et intellectuelles, parenté et alliance, dénonciation lorsque le dénonciateur est récompensé par la loi, incompatibilité résultant des fonctions de membre du conseil. D'autre part, certaines personnes sont dispensées par la loi de déposer sous serment en vertu du secret professionnel. — V. suprà, v° *Cour d'assises*, n. 1903 et s., 2210 et s.

398. — Ce n'est que lorsque le ministère public ou l'accusé se sont opposés à l'audition du témoin dénonciateur que ce témoin n'est pas entendu aux débats. — Cons. rév. Paris, 4 nov. 1886, [Leclerc et Coupois, n. 253]

399. — Lorsque la défense dépose des conclusions tendant à ce qu'un témoin régulièrement cité ne soit pas entendu sous serment en raison de son état mental, le conseil, statuant sur l'incident par un jugement motivé, apprécie souverainement l'état mental du témoin, et sa décision, quelle qu'elle soit, échappe au contrôle du conseil de révision. — Cons. rév. Paris, 13 janv. 1887, aff. Karsenty.

400. — D'autre part, en vertu de l'incompatibilité entre les fonctions de témoins et celles d'interprète, un témoin ne peut, même du consentement de la défense et du ministère public, être pris comme interprète puisqu'il est déjà partie aux débats. — Cons. rév. Paris, 6 mai 1881, [Leclerc et Coupois, n. 71] — V. suprà, v° *Cour d'assises*, n. 2203 et s.

401. — Mais les officiers de police judiciaire peuvent être entendus comme témoins dans l'affaire qu'ils ont instruite. — Cons. rév. Paris, 6 oct. 1884, [Leclerc et Coupois, n. 205] — V. de même suprà, v° *Cour d'assises*, n. 2191 et s.

402. — Aux termes de l'art. 316, C. instr. crim., les témoins doivent se retirer dans la chambre qui leur est destinée et n'en sortir que pour déposer (V. *suprà*, v° *Cour d'assises*, n. 1822 et s.). Il a été décidé, cependant, qu'il n'y a pas nullité si les témoins sont restés dans l'auditoire avant de déposer. — Cons. rév. Paris, 20 août 1880, [Leclerc et Coupois, n. 29]; — 10 sept. 1885, [*Ibid.*, n. 224]

403. — Les témoins doivent être entendus dans l'ordre établi par le commissaire du gouvernement; ils doivent prêter serment dans la forme prescrite par la loi, puis déposer oralement, spontanément et sans interruptions. Ensuite, le président doit leur faire certaines interpellations ainsi qu'à l'accusé, il doit les confronter entre eux, si c'est nécessaire. Enfin, le président doit faire représenter les titres et pièces à conviction et maintenir les témoins à l'audience après leur déposition. — V. *suprà*, v° *Cour d'assises*, n. 2260 et s.

404. — Si, d'après les débats, la déposition d'un témoin paraît fausse, le président peut, sur la réquisition, soit du commissaire du gouvernement, soit de l'accusé, et même d'office, faire sur-le-champ mettre le témoin en état d'arrestation. Si le témoin est justiciable des conseils de guerre de la marine, le président ou l'un des juges nommé par lui procède à l'instruction. Quand elle est terminée, elle est envoyée au préfet maritime. Si le témoin n'est pas justiciable des conseils de guerre de la marine, le président, après avoir fait arrêter l'inculpé, s'il y a lieu, le renvoie, avec le procès-verbal, devant le procureur de la République du lieu où siège le conseil de guerre ou devant le général commandant la division (art. 157). Règles analogues à celles du Code d'instruction criminelle, sauf la question de compétence. — V. *suprà*, v° *Cour d'assises*, n. 5611 et s.

405. — En autorisant le président d'un conseil de guerre à procéder lui-même, séance tenante, à l'instruction d'une affaire de faux témoignage, l'art. 127, C. just. milit. (art. 157, C. just. marit.) a entendu déroger à l'art. 99 (art. 129), et dispenser de l'ordre d'informer. — Cons. rév. Alger, 24 avr. 1884, [Leclerc et Coupois, n. 188]

406. — On fait ici l'application des art. 361 à 364, C. pén. ordinaire, qui édictent contre le faux témoin des peines graduées suivant la gravité du fait. Toutefois, les présidents de conseils de guerre ne doivent pas perdre de vue que la jurisprudence interprète la loi avec une extrême bienveillance et que, spécialement, il est toujours permis au témoin d'échapper à la répression en se rétractant à l'audience. D'autre part, les présidents ne doivent attacher qu'une importance relative au détail des faits et réserver les sévérités de l'art. 157 à la mauvaise foi avérée.

407. — L'examen et les débats sont continués sans interruption, et le président ne peut les suspendre que pendant les intervalles nécessaires pour le repos des juges, des témoins et des accusés (V. *suprà*, v° *Cour d'assises*, n. 2591 et s.). Les débats peuvent encore être suspendus si un témoin dont la déposition est essentielle ne s'est pas présenté, ou si, la déclaration d'un témoin ayant paru fausse, son arrestation a été ordonnée, ou lorsqu'un fait important reste à éclaircir. Le conseil prononce sur la suspension des débats à la majorité des voix, et, dans le cas où la suspension dure plus de quarante-huit heures, les débats sont recommencés en entier (art. 159).

408. — Il ne faut pas confondre la suspension des débats normale, pour le repos nécessaire, laquelle est ordonnée par le président à titre de mesure de police d'audience, et la suspension des débats pour fait anomal; cette dernière revêt un caractère contentieux et il y est statué par le conseil, à la majorité des voix, dans un jugement séparé.

409. — Lorsque les débats sont renvoyés au lendemain, le président et le greffier doivent signer à chaque renvoi la minute du jugement.

410. — Le commissaire du gouvernement est entendu dans ses réquisitions et développe les moyens qui appuient l'accusation (art. 160, al. 2). Le commissaire du gouvernement peut être entendu dans tous les incidents qui s'élèvent et sur toutes les demandes de l'accusé; prendre des réquisitions toutes les fois qu'il le juge utile; interpeller l'accusé et les témoins sans toutefois empiéter sur les attributions du président. — Taillefer, p. 281. — V. *suprà*, v° *Cour d'assises*, n. 1855, 2421.

411. — Les réquisitions du commissaire du gouvernement sur lesquelles doit statuer à peine de nullité le conseil, peuvent être orales : l'art. 277, C. instr. crim., aux termes duquel les conclusions du ministère public doivent être signées de lui n'est pas applicable devant les conseils de guerre. Il n'y a que les conclusions du défenseur qui doivent être rédigées par écrit. — Taillefer, *loc. cit.*

412. — Les conclusions du ministère public, quelles qu'elles soient, ne lient pas les juges saisis et ne les dispensent pas d'apprécier personnellement la cause soumise à leur examen. En conséquence, l'abandon de la poursuite par le commissaire du gouvernement ne peut servir de fondement à l'acquittement de l'accusé, qui peut être condamné nonobstant cet abandon. — Cons. rév. Alger, 10 sept. 1885, [Leclerc et Coupois, n. 225]

413. — L'accusé et son défenseur sont entendus dans leur défense. Le commissaire du gouvernement réplique s'il le juge convenable; mais l'accusé et son défenseur ont toujours la parole les derniers. Le président demande à l'accusé s'il n'a rien à ajouter à sa défense, et déclare ensuite que les débats sont terminés (art. 160). C'est la reproduction à peu près textuelle de l'art. 335, C. instr. crim.

414. — Lorsque, sur un incident soulevé par la défense, l'accusé a été entendu, puis le ministère public, il n'y a pas nullité en ce que l'accusé n'a pas eu la parole le dernier, s'il n'a pas demandé à répliquer. — Cons. rév. Alger, 24 mars 1881, [Leclerc et Coupois, n. 61]

415. — Le président du conseil de guerre puise dans son droit de police de l'audience le droit de maintenir, de retirer ou de refuser la parole au ministère public aussi bien qu'à l'accusé et à son défenseur. Ce droit a cependant pour limites celui qu'ont le commissaire du gouvernement et la défense de poser des conclusions sur lesquelles le conseil serait alors obligé de statuer. — Circ. min. Guerre, 16 juin 1859, [Leclerc et Coupois, t. 2, p. 510]. — V. *infrà*, n. 592.

416. — Le résumé des débats par le président, qui était pratiqué devant les cours d'assises avant la loi du 19 juin 1881, laquelle a aboli ce procédé, n'a jamais été applicable devant les conseils de guerre. — Sur la faculté accordée au président de poser, avant de clore les débats, une question nouvelle comme résultant des débats, V. *infrà*, n. 455 et s.

417. — *c) Délibération et prononcé de la sentence.* — Le président fait retirer l'accusé. Les juges se rendent dans la chambre du conseil, ou, si les localités ne le permettent pas, le président fait retirer l'auditoire. Les juges ne peuvent plus communiquer avec personne ni se séparer avant que le jugement ait été rendu. Ils délibèrent hors la présence du commissaire du gouvernement et du greffier (art. 161, al. 1 et 2).

418. — Une difficulté assez délicate est née de l'interdiction de la présence du greffier dans la salle des délibérations du conseil. D'une part, la loi est formelle, et d'autre part, le dispositif du jugement doit être rédigé et écrit avant le retour en séance publique, puisque le président doit en donner lecture. Aussi l'usage s'est-il établi de faire venir le greffier dans la chambre du conseil, pour la passation matérielle des écritures indispensables.

419. — Il serait assurément plus correct que le président ou l'un des juges prît la peine d'écrire lui-même le verdict et le dispositif sur une feuille que le greffier recopierait ensuite après lecture. Pourtant, en raison de l'usage qui a prévalu, de nombreuses décisions du conseil de révision de la marine ont sanctionné ce mode de procéder, à la condition toutefois que le greffier ne soit introduit dans la salle qu'après que la délibération est terminée, que les votes ont été recueillis et qu'ainsi la sentence est irrévocablement acquise.

420. — Une décision du conseil de révision de Paris du 13 mai 1881 (Leclerc et Coupois, n. 74) semble indiquer la doctrine contraire, puisqu'elle prononce l'annulation d'un jugement par le motif que le commis-greffier avait pénétré dans la salle des délibérations pendant que les juges délibéraient sur un incident; cette contradiction est plus apparente que réelle, en ce sens que dans l'espèce visée, le greffier avait, dit la décision, communiqué avec le conseil; tandis que, dans l'interprétation contraire, on ne permet l'entrée du greffier qu'après la fin du délibéré et uniquement pour en écrire la teneur.

421. — Les juges ont sous les yeux les pièces de la procédure (art. 161, al. 3). L'art. 160 déroge au droit commun qui interdit de remettre au jury les déclarations écrites des témoins, afin de ne laisser subsister que l'impression des dépositions orales (V. *suprà*, v° *Cour d'assises*, n. 3877 et s.). Le conseil de guerre reçoit, au contraire, communication des procès-verbaux d'information.

422. — Le président recueille les voix, en commençant par le grade inférieur; il émet son opinion le dernier (art. 161, dern. al.). Il est inutile d'insister sur les motifs qui ont inspiré cette dernière prescription; le législateur, sachant combien est puissante dans l'armée l'autorité du supérieur, n'a pas voulu que la conviction des membres les moins élevés en grade pût être influencée par celle de leurs chefs; on vote donc en remontant le degré de la hiérarchie. L'esprit de la loi veut même que non seulement au moment du vote, mais dans le cours de la discussion confidentielle qui peut précéder, le président se montre, non seulement impartial, comme dans le cours des débats, mais même discret dans la manifestation de sa pensée; c'est de sa part une affaire de conscience, puisqu'il ne resterait aucune trace d'une pression intempestive.

423. — On remarquera que l'accusé disparaît dès la clôture des débats et qu'on ne le ramène pas, comme devant la cour d'assises, pour entendre la lecture du verdict et être interpellé sur l'application de la peine (V. *suprà*, v° *Cour d'assises*, n. 4719 et s.). Tout est dit pour la défense, devant le conseil de guerre, au moment où les juges se retirent pour rendre leur verdict (art. 171). — V. *infrà*, n. 538.

424. — Les questions sont posées par le président dans l'ordre suivant pour chacun des accusés : 1° l'accusé est-il coupable du fait qui lui est imputé; 2° le fait a-t-il été commis avec telle ou telle circonstance aggravante; 3° ce fait a-t-il été commis dans telle ou telle circonstance qui le rend excusable d'après la loi? — Si l'accusé est âgé de moins de seize ans, le président pose cette question : « l'accusé a-t-il agi avec discernement » (art. 162).

425. — Nul article du Code maritime n'a donné lieu à plus de difficultés ni à plus d'instructions ministérielles que celui-là (V. notamment Circ. min. Mar. des 11 déc. 1858, 23 et 25 juin 1859, 22 nov. 1860 et 11 sept. 1871). — Des difficultés de même nature s'étant produites devant les juridictions de l'armée de terre, un auteur, M. Champoudry, en a fait l'objet d'un volume spécial intitulé : *Formulaire de questions à l'usage des présidents des conseils de guerre*. Nous ne pouvons que renvoyer à cette consciencieuse étude pour la solution des questions de détail; cependant voici un court résumé des règles à suivre.

426. — En premier lieu, les phrases insérées dans l'art. 162 ne sont qu'indicatives et ne doivent pas être recopiées telles quelles; on doit y remplacer les mentions vagues qu'elles contiennent par les éléments précis de l'accusation. — Instr. min., 11 déc. 1858, 23 et 25 juin 1859, [B. O. M., p. 294, 367 et 369]

427. — En second lieu, il ne doit être question de circonstances aggravantes ou d'excuses que si la cause les comporte; sinon elles seraient illusoires et sans portée puisque la solution affirmative ou négative qui interviendrait à cet égard serait sans portée sur la pénalité. — Instr. min., 11 sept. 1871, [B. O. M., p. 191]

428. — La question principale, et que le président doit poser la première, est celle qui porte sur la culpabilité. Les autres, comme nous l'avons vu, ne doivent pas toujours être posées, car elles ont trait à des circonstances accessoires qui, il est vrai, peuvent modifier la culpabilité de l'inculpé, mais qui ne se rencontrent pas nécessairement. Il peut donc se trouver des cas où la question sur la culpabilité soit la seule à poser par le président.

429. — La question principale doit comprendre les éléments constitutifs du crime ou du délit. Par suite, est nulle celle qui indique un bris volontaire d'effets sans spécifier que ces effets appartenaient à l'Etat. — Cons. rév. Paris, 20 août 1880, Caplain, [Leclerc et Coupois, n. 30] — V. *infrà*, n. 442.

430. — Il a été jugé que, dans une affaire d'outrages envers un supérieur, il est plus régulier de mentionner dans la question, les expressions outrageantes prononcées par le prévenu; mais qu'il suffit que la question posée résume dans sa teneur tous les éléments constitutifs du délit. — Cons. rév. Paris, 17 déc. 1885, [Leclerc et Coupois, n. 235] — Il n'est pas nécessaire de préciser le genre de paroles et le genre de gestes qui constituent les outrages. — Cons. rév. marine, 15 janv. 1896. — La reproduction textuelle des outrages ne présente de l'intérêt que lorsque leur caractère peut être douteux et susceptible de motiver une critique de la part des juges du droit. Mais lorsqu'il s'agit d'une expression ordurière, il est préférable de la remplacer dans le verdict par une énonciation différente, quoique caractéristique.

431. — Il doit être posé autant de questions distinctes qu'il

y a d'accusés (V. *suprà*, v° *Cour d'assises*, n. 3307 et s.). D'autre part, le sort des complices est lié à celui de l'auteur principal; conséquemment, les juges peuvent être interrogés par une question unique sur le point de savoir s'ils s'étaient rendus complices, par l'un des moyens énoncés au Code pénal, du crime spécifié et qualifié dans les questions relatives à l'auteur principal. — Cons. rév. Alger, 26 nov. 1885, [Leclerc et Coupois, n. 233]

432. — Il en est autrement pour le complice pour recel, les peines perpétuelles ne pouvant lui être appliquées, d'après l'art. 63, C. pén., que lorsque ce complice a eu connaissance des circonstances aggravantes entraînant la peine capitale, les travaux forcés à perpétuité ou la déportation. Les juges doivent donc être interrogés distinctement sur ce point. — V. *suprà*, v^ls *Complicité*, n. 116 et s., 571 et s., 666 et s., *Cour d'assises*, n. 3342.

433. — La question posée ne peut laisser dans le doute le point de savoir si l'accusé est poursuivi comme auteur principal ou comme complice (V. *suprà*, v° *Cour d'assises*, n. 3277 et s.). De plus, au cas de poursuite pour complicité, il est nécessaire de faire connaître sur quels faits constitutifs de la complicité l'accusation se fonde (V. *suprà*, v^ls *Complicité*, n. 94 et s., *Cour d'assises*, n. 2802). Il en résulte que le président ne peut interroger le conseil sur la culpabilité de l'accusé, soit comme auteur principal, soit comme complice, par une seule question ne déterminant pas même les caractères du fait de complicité imputé à l'accusé; il doit poser, à l'égard de la complicité, une question distincte portant sur un ou plusieurs des caractères énoncés en l'art. 60, C. pén. — Cass., 7 avr. 1865, Robbe, [S. 65.1.365, P. 65.912; Leclerc et Coupois, n. 9]

434. — La seconde question à poser dans l'ordre fixé par la loi est celle qui porte sur les circonstances aggravantes. On sait ce qui constitue les circonstances aggravantes (V. *suprà*, v° *Circonstances aggravantes et atténuantes*). Le président ne peut poser une question aggravante qu'autant qu'elle résulte de l'ordre de mise en jugement ou des débats. — Cons. rév. Paris, 13 août 1880, [Leclerc et Coupois, n. 24]

435. — C'est au conseil et non au président qu'il appartient de statuer lorsque l'accusé s'oppose à la position d'une question aggravante demandée par le ministère public. — Cons. rév. Paris, 20 août 1880, Mathian, [Leclerc et Coupois, n. 29]

436. — Mais il doit être posé à peine de nullité une question distincte sur les circonstances aggravantes (V. *suprà*, v° *Cour d'assises*, n. 3321 et s.). La jurisprudence de la Cour de cassation et des conseils de révision a eu souvent à se prononcer sur ce point. Ainsi il a été décidé qu'il y a nullité lorsque la question principale contient en même temps les circonstances aggravantes : le président est tenu de poser des questions distinctes pour chacun de ces divers éléments de criminalité. — Cass., 7 avr. 1865, précité; — 28 févr. 1878, [*Bull. crim.*, n. 61]; — 25 juin 1885, Intérêt de la loi, [S. 87.1.445, P. 87.1.1084] — Cons. rév. Paris, 20 déc. 1880, [Leclerc et Coupois, n. 43]; — 10 nov. 1882, [*Ibid.*, n. 144]; — 22 févr. 1883, [*Ibid.*, n. 155]

437. — ... Qu'il en est ainsi, spécialement, lorsqu'un militaire a exercé des voies de fait envers son supérieur : la circonstance que le militaire était sous les armes au moment où les voies de fait ont eu lieu est aggravante du crime des voies de fait envers un supérieur. — Cass., 28 févr. 1878, précité; — 25 juin 1885, précité.

438. — ... Que les voies de fait envers un agent de la force publique dans l'exercice de ses fonctions doivent faire l'objet de deux questions à peine de nullité. — Cons. rév. Paris, 22 juill. 1886, [Leclerc et Coupois, n. 248]

439. — ... Que la préméditation et le guet-apens étant des circonstances aggravantes de la voie de fait, doivent faire l'objet de questions distinctes. — Cass., 28 févr. 1878, précité.

440. — ... Qu'ainsi il y a nullité du jugement rendu par un conseil de guerre lorsqu'une seule et même question lui est posée sur le crime de voies de fait envers un supérieur et sur la circonstance aggravante de la préméditation. — Même arrêt.

441. — ... Qu'est nulle la question qui comprend à la fois l'abandon de poste et la circonstance que le coupable était chef de poste. — Cons. rév. Paris, 22 févr. 1883, [Leclerc et Coupois, n. 155]

442. — Au contraire, les circonstances constitutives doivent être réunies dans la question (V. *suprà*, v° *Cour d'assises*, n. 3411 et s.). Ainsi la voie de fait de la part d'un militaire envers un supérieur étant un crime *sui generis* qui se constitue des deux éléments de voie de fait et de la qualité de supérieur de la personne frappée, ces deux éléments doivent, au cas d'accusation devant le conseil de guerre, être réunis dans une même question posée à ce conseil. — Cass., 28 avr. 1864, Bergeon, [S. 64.1.425, P. 64.1104, D. 64.1.401; Leclerc et Coupois, n. 8]

443. — De même, la circonstance que des effets appartenant à l'Etat ont été volés par un militaire qui n'en était pas comptable est un élément constitutif et non pas une circonstance aggravante du délit prévu par l'art. 248, C. just. milit. (art. 331, C. just. marit.). Cette particularité ne doit donc faire l'objet d'une question spéciale ni à l'égard de l'accusé principal, ni à l'égard du complice non-militaire. — Cass., 22 août 1872, [Bull. crim., n. 225]

444. — Enfin la troisième question à poser est celle qui a trait aux excuses. Mais il va de soi que cette question d'excuse ne doit être posée qu'autant que la question principale est résolue affirmativement. — Cons. rév. Alger, 23 déc. 1880, [Leclerc et Coupois, n. 46]; — 20 juin 1885, Ibid., n. 218] — Sur ce qui constitue les excuses, V. suprà, v° Excuses.

445. — L'excuse tirée de la provocation suppose l'existence du crime; par suite, est nul le jugement qui déclare l'accusé excusable et qui le condamne, bien que l'ayant acquitté du fait principal. — Cons. rév. Alger, 27 déc. 1880, [Leclerc et Coupois, n. 46]; — 30 juin 1885, [Ibid., n. 218]

446. — Mais il y a nullité si le conseil a omis de statuer sur une question d'excuse légale demandée par l'accusé. — Cons. rév. Alger, 24 mars 1881, [Leclerc et Coupois, n. 61] — V. suprà, v° Cour d'assises, n. 3104 et s.

447. — Enfin s'il y a lieu, c'est-à-dire si l'accusé est mineur de seize ans, le président pose une question de discernement. — V., à ce sujet, suprà, v° Discernement.

448. — Les juges ne doivent pas être interrogés par une question sur la récidive légale. Elle résulte uniquement de la production d'un extrait de jugement (Circ. 19 févr. 1858). Une instruction du ministre de la Guerre, du 27 janv. 1868, détermine la formule suivant laquelle doit être effectuée cette constatation dans le jugement. — Leclerc et Coupois, t. 2, p. 520.

449. — Le président ne doit poser aucune question étrangère à l'inculpation. Spécialement, en cas de perte de bâtiment, l'instruction du 25 juin 1858, n. 43, recommande de n'ajouter au verdict aucune question accessoire, telle que celle de l'acquittement honorable dont l'usage s'était établi avant 1858, et qui avait pour conséquence de diminuer la valeur de l'acquittement pur et simple.

450. — L'instruction autorise seulement le président à faire rentrer le commandant du bâtiment pour lui adresser, s'il y a lieu, des félicitations sur sa conduite, mais sans qu'il y ait jamais lieu de lui rendre son épée. Cette dernière recommandation est parfois mise en oubli devant les conseils de guerre, et l'on comprend très-bien le regret que saurait éprouver les juges de n'avoir aucun moyen légal de différencier des sentences, dont la déterminante peut aller depuis l'indulgence jusqu'à l'admiration. Cette circonstance vient encore à l'appui des considérations exposées aux n. 254 et s.

451. — Lorsqu'un militaire poursuivi pour°désertion à l'étranger vient à être acquitté, le président du conseil peut poser, à titre subsidiaire, la question de désertion à l'intérieur (Circ. min. Guerre, 4 juill. 1867 : Leclerc et Coupois, t. 2, p. 520). Cette règle, toutefois, n'est pas absolue ; elle suppose qu'une incertitude existait seulement sur le lieu où le déserteur se serait réfugié pendant son absence. De plus le président doit au préalable avoir dûment averti la défense et le ministère public de son intention de poser la question subsidiaire comme résultant des débats ; sans cela il y aurait une cause de nullité.

452. — Une circulaire du ministre de la Guerre du 24 juin 1869 a voulu aller plus loin, et a déclaré qu'en cas d'acquittement du fait de désertion à l'étranger, la question de désertion à l'intérieur devait toujours être posée à titre subsidiaire.

453. — Cette doctrine a été formellement 'contredite par la décision ci-après relatée, qui nous paraît bien plus justifiée, par le motif que le verdict négatif des juges, intervenant sur une question de désertion à l'étranger, peut tout aussi bien englober le fait matériel de la désertion elle-même que celui du passage à l'étranger ; en conséquence, si rien dans les débats n'est venu faire supposer le contraire, la prévention est bien purgée et l'acquittement, légalement acquis, est irrévocable.

454. — Il a été jugé, en ce sens, que, dans le silence du jugement, il y a présomption que la prévention a été entièrement

purgée ; que spécialement, dans une affaire de désertion à l'étranger avec dissipation d'effets, l'accusé acquitté sur ces deux chefs, ne peut voir cette sentence annulée sous le prétexte qu'une question subsidiaire de désertion à l'intérieur n'aurait pas été posée aux juges. — Cons. rév. Alger, 7 nov. 1895, aff. Caïtucoli.

455. — Il arrive fréquemment qu'au cours de l'interrogatoire et des dépositions des témoins, les faits prennent un aspect différent, sur lequel l'accusation doit se modeler sous peine d'aboutir à un acquittement. On rencontre ainsi une application de la faculté accordée au président des assises, en vertu de son pouvoir propre, de poser les questions résultant des débats.

456. — Pour en indiquer un exemple de réalisation courante, l'homicide peut, suivant les circonstances qui l'accompagnent soit en l'aggravant, soit en l'atténuant, être qualifié : assassinat, meurtre, coups et blessures ayant occasionné la mort sans intention de la donner ou homicide par imprudence; et si l'on suppose la victime revêtue d'un caractère militaire ou public : voie de fait envers un supérieur, voie de fait envers un magistrat, un agent de la force publique, un citoyen chargé d'un ministère de service public. De même une accusation de voie de fait envers un supérieur peut dégénérer en simple outrage (Circ. 21 août 1858).

457. — Si, maintenant, on veut bien réfléchir que, devant le conseil de guerre comme devant un jury, la criminalité du fait, c'est-à-dire l'élément intentionnel dont il se compose, joue un rôle primordial et nécessaire, on comprend que la même inculpation peut se transformer en une incrimination différemment qualifiée.

458. — Dans ces circonstances, pourvu qu'il ne s'agisse pas d'un fait nouveau, c'est-à-dire, que l'acte sur lequel reposent les poursuites soit bien le même, quoique diversement qualifié, il est du devoir du président, lors de la position des questions, de consulter le conseil, non seulement sur l'accusation telle qu'elle découlait de l'ordre de mise en jugement, mais encore et subsidiairement telle qu'elle peut résulter des débats. — V. suprà, v° Cour d'assises, n. 2990 et s. — V. aussi infrà, v° 542.

459. — Il a été jugé, en ce sens, que l'ordre du général commandant la circonscription militaire (ou du préfet maritime) qui, en convoquant le conseil de guerre, attribue une qualification déterminée aux faits relevés dans cet ordre, ne fait nul obstacle à ce que le conseil de guerre assigne aux faits dont il est saisi, et selon l'événement des débats, une tout autre qualification. — Cass., 13 nov. 1852, Bucaille, [S. 53.1.59, P. 54.2.166, D. 52.1.332]

460. — Le président du conseil de guerre, en l'absence de réquisition spéciale du ministère public ou de demande de l'accusé, susceptibles de donner naissance à un incident contentieux, a seul qualité pour apprécier s'il convient de poser une question subsidiaire comme résultant des débats.

461. — Devant la juridiction militaire, où les questions ne sont posées que dans la chambre des délibérations, le président est tenu, plus étroitement encore que devant une cour d'assises, d'avertir la défense de son intention de poser une question comme résultant des débats. L'omission de cette formalité porte atteinte aux droits de l'accusé et doit motiver l'annulation du jugement. — V. suprà, v° Cour d'assises, n. 2955, 3684, 3693.

462. — Ainsi, il y a nullité si le président pose au conseil une question subsidiaire sans avertir le ministère public et l'accusé. — Cons. rév. Paris, 13 août 1880, [Leclerc et Coupois, n. 26] ; — 21 oct. 1881, [Ibid., n. 99]; — 17 déc. 1885, [Ibid., n. 230]; — 2 déc. 1886, [Ibid., n. 257]; — 30 déc. 1886, [Ibid., n. 259] — Cons. rév. Alger, 30 août 1883, [Ibid., n. 173]

463. — Lorsqu'une question subsidiaire a été posée et que la question principale vient à être résolue affirmativement, la question subsidiaire n'a plus d'intérêt et doit être laissée sans solution. — Cons. rév. Alger, 1er déc. 1880, [Leclerc et Coupois, n. 41]; — 26 nov. 1885, [Ibid., n. 233]; — 24 déc. 1885, [Ibid., n. 237]

464. — Enfin la plus grande difficulté dans le libellé du verdict, dont la rédaction incombe au président du conseil de guerre, consiste dans la nécessité d'éviter toute question complexe, c'est-à-dire embrassant simultanément deux faits ou deux circonstances à chacune desquelles un membre du conseil pourrait être amené à faire une réponse différente, affirmative sur un point, négative sur l'autre. Ce vice, dit de complexité, entache le verdict d'une nullité radicale. La loi du 13 mai 1836, sur le mode de votation du jury, doit être considérée comme applicable devant les conseils de guerre. — V. *suprà*, v° *Cour d'assises*, n. 3167 et s.

465. — Il a été jugé, en ce sens, qu'est nulle comme complexe : la question unique comprenant deux délits distincts commis à des dates différentes; et cette nullité entraîne celle du verdict et du jugement. — Cons. rév. Paris, 20 août 1880, [Leclerc et Coupois, n. 30]; — 11 nov. 1881, [*Ibid.*, n. 103]

466. — ... La question subsidiaire unique d'excuse légale tirée de la provocation, lorsqu'elle se rattache à trois chefs d'accusation distincts. — Cons. rév. Alger, 11 nov. 1886, [Leclerc et Coupois, n. 254]

467. — ... La question qui a trait simultanément à un vol commis au préjudice d'un tiers et à la circonstance que le coupable était présent chez la victime du vol en vertu d'un billet de logement. — Cons. rév. Paris, 20 déc. 1880, [Leclerc et Coupois, n. 43]; — 10 nov. 1882, [*Ibid.*, n. 144] — Mais cette décision ne paraît pas devoir être adoptée, la circonstance de présence en vertu d'un billet de logement étant un élément constitutif et caractéristique du délit spécial prévu par l'art. 331 (V. *infrà*, n. 1543). — Sur la nécessité de poser une question distincte sur le fait principal et chacune des circonstances aggravantes, V. encore *suprà*, n. 436 et s.

468. — La forme préférable à adopter, parce qu'elle conduit plus sûrement à satisfaire à toutes les exigences, est celle-ci : « un tel, prévenu (ou accusé) de ... (qualification légale du délit ou du crime), pour avoir, le (date du fait) à (lieu du délit) commis (éléments constitutifs du délit ou du crime), est-il coupable? » Cette dernière expression est substantielle parce qu'elle marque la criminalité, autrement dit l'intention criminelle (V. *suprà*, v° *Cour d'assises*, n. 3488 et s.); les autres, qui ont trait à la matérialité du fait, peuvent être suppléées par des expressions équivalentes.

469. — Voici, à titre d'exemple, deux modèles de verdict l'un pour un délit, l'autre pour un crime : « Le nommé Jacques, prévenu de vol au préjudice d'un de ses camarades pour avoir, le 15 janv. 1895, à la caserne des équipages de la flotte de Cherbourg, frauduleusement soustrait une vareuse en toile au préjudice du matelot Pierre, est-il coupable? » « La valeur de l'objet volé excède-t-elle 40 fr.? » « Le nommé Paul, accusé de voie de fait envers son supérieur, pour avoir, le 10 févr. 1895, sur la place du champ de bataille à Brest, porté un coup de poing au quartier-maître Simon, son supérieur, est-il coupable? » « Ladite voie de fait a-t-elle eu lieu pendant le service? »

470. — Si les circonstances de temps et de lieu ne sont pas exactement connues, on les indique en termes vagues; mais si la date du délit ou du crime ne peut être aucunement précisée, on met tout au moins « depuis moins de trois ans », s'il s'agit d'un délit, ou « depuis moins de dix ans », s'il s'agit d'un crime, afin de constater ainsi que la prescription n'est pas acquise. — V. *suprà*, v° *Cour d'assises*, n. 3512 et s.

471. — L'erreur de date contenue dans les questions posées au conseil ne peut motiver une annulation lorsqu'elle ne laisse planer aucun doute sur l'existence des faits soumis aux juges. — Cons. rév. Paris, 5 nov. 1885, [Leclerc et Coupois, n. 231] — V. *suprà*, v° *Cour d'assises*, n. 3517.

472. — Les questions indiquées à l'art. 162 ne peuvent être résolues contre l'accusé qu'à la majorité de cinq voix contre deux (art. 163); un verdict où quatre membres se sont prononcés pour la culpabilité et trois pour la non-culpabilité entraîne donc l'acquittement de l'accusé à *la minorité de faveur*. Cette même règle est applicable pour la solution de toutes les questions relatives aux circonstances aggravantes, mais non pas à celles d'excuse, où la simple majorité suffit en faveur de l'accusé.

473. — Une réponse ainsi formulée : « à la majorité, oui l'accusé est coupable » est insuffisante, en ce qu'elle ne constate pas que cinq voix au moins se sont prononcées pour la culpabilité. Il y a lieu à annulation du jugement pour violation de l'art. 133, C. just. milit. (C. just. marit., art. 163). — Cons. rév. Paris, 24 janv. 1884, [Leclerc et Coupois, n. 182]

474. — Le nouvel art. 163, C. just. marit., modifié par la loi du 9 avr. 1895, ajoute qu'une majorité de trois voix contre deux suffit contre l'accusé si le conseil de guerre n'est composé que de cinq juges; mais cette addition, sans portée devant les conseils de guerre permanents qui comprennent toujours sept membres, a été introduite en vue du fonctionnement des conseils de guerre à bord, lesquels, depuis la loi précitée, ne comportent plus que cinq membres, comme les conseils de guerre aux armées.

475. — Si l'accusé est déclaré coupable, le conseil de guerre délibère sur l'application de la peine (art. 164, al. 1).

476. — Les membres du conseil de guerre qui, tout d'abord, ont statué comme les jurés, par oui ou par non, sur la culpabilité de l'accusé, ont ensuite, en cas de solution affirmative sur la question de culpabilité, à faire fonctions de juges, et à prononcer la peine. Il y a donc de leur part deux délibérations successives, mais nées d'idées très-distinctes : durant la première, ils font connaître leur conviction sur la culpabilité; dans la seconde, ils doivent tenir cette culpabilité pour avérée, quel qu'ait été leur premier vote, et n'ont plus à débattre que sur l'étendue de la peine.

477. — La délibération sur l'application de la peine a lieu immédiatement après la déclaration de culpabilité; mais c'est une délibération. En d'autres termes, les membres du conseil peuvent délibérer secrètement entre eux et ne voter qu'après cette discussion. Toutefois, il importe qu'ils se pénètrent bien de leur double rôle. Conséquemment, ceux-là mêmes qui ont voté contre la culpabilité ne peuvent pas persister dans leur vote négatif dès lors qu'ils ont été battus, et leur conviction d'indulgence ne peut plus se traduire que par un vote du minimum de la peine.

478. — La question qui leur est posée, laquelle d'ailleurs ne se formule plus par écrit, est de savoir, étant donné que l'accusé est coupable et légalement déclaré tel aux yeux de tous, quelle peine doit lui être appliquée. La solution est donc double : d'un côté, en droit, quelle est la peine applicable aux faits déclarés constants? de l'autre, en fait, quelle quotité de peine faut-il choisir entre le maximum et le minimum établi par la loi?

479. — La peine est prononcée à la majorité de cinq voix contre deux, ou de trois voix contre deux, selon les distinctions de l'art. 163. Si aucune peine ne réunit cette majorité, l'avis le plus favorable sur l'application de la peine est adopté (art. 164, modifié par la loi du 9 avr. 1895).

480. — Ainsi, il y a nullité d'un jugement ayant prononcé à la majorité de quatre voix contre trois le maximum de la peine encourue, puisque les trois juges de la minorité avaient certainement opiné pour une pénalité inférieure. — Cons. rév. Paris, 22 juin 1882, [Leclerc et Coupois, n. 129]

481. — Lorsque le dispositif du jugement est ainsi conçu « ledit conseil condamne par quatre voix contre deux ayant voté une peine plus faible et une ayant voté une peine plus forte », il résulte de ces constatations que la peine appliquée n'ayant pas réuni la majorité de cinq voix exigée à peine de nullité, a été illégalement prononcée. Cette irrégularité constitue non seulement une fausse application de la peine, mais un vice de forme entraîne annulation entière et renvoi à de nouveaux débats. — Cons. rév. Paris, 23 juin 1887, aff. Guiraud.

482. — Cette sentence repose sur la stricte interprétation de la loi; mais la jurisprudence maritime a depuis longtemps éclairci les doutes qui se sont élevés, à propos du dernier paragraphe de l'art. 164, sur la manière dont le conseil devait voter. Quelques personnes, prenant à la lettre le texte du Code, voulaient accepter l'avis minimum dès que cinq voix ne se prononçaient pas pour une pénalité supérieure. Une instruction ministérielle du 11 mai 1874 (B. O. M., p. 624) a fait justice de cette erreur, en constatant qu'elle conduirait à faire prévaloir l'avis de la minorité. Si donc, au premier tour de scrutin, aucune quotité de peine ne réunit la majorité légale, le président doit procéder à un second et, s'il est nécessaire, à un troisième tour, pour permettre à ceux qui ont voté pour la peine la plus forte de se rallier aux partisans d'une pénalité moyenne. Cette méthode a l'avantage de faire prévaloir un avis également éloigné de l'extrême indulgence comme de l'extrême sévérité.

483. — Ces règles doivent être suivies quelle que soit la peine prononcée par le conseil, même pour l'amende. En conséquence, les juges doivent en délibérer spécialement et le jugement doit mentionner le nombre des voix qui y ont statué. — Cons. rév. Paris, 26 oct. 1880, [Leclerc et Coupois, n. 38]

484. — De même, l'interdiction de séjour (qui a remplacé la surveillance de la haute police) est classée au nombre des peines; par conséquent, il faut une majorité de cinq voix pour en faire application. — Cons. rév. Paris, 10 juin 1886, [Leclerc et Coupois, n. 246]

485. — Dans le cas où la loi autorise l'admission de circonstances atténuantes, si le conseil de guerre reconnaît qu'il en existe en faveur de l'accusé, il le déclare à la majorité absolue des voix (art. 164, al. 2).

486. — Les circonstances atténuantes ne peuvent être admises en matière militaire qu'autant que la loi en autorise l'admission par une disposition spéciale de l'article applicable. — Cons. rév. Paris, 13 janv. 1881, [Leclerc et Coupois, n. 49] — Cons. rév. Alger, 5 avr. 1882, [*Ibid.*, n. 121]

487. — Au cas où la peine est mitigée, il n'y a pas de nullité si le jugement n'énonce pas que c'est à la majorité que les circonstances atténuantes ont été admises. — Cons. rév. Paris, 10 déc. 1880, [Leclerc et Coupois, n. 42]

488. — Si les circonstances atténuantes sont calculées d'après la loi maritime, elles ont un effet précis ne laissant place à aucun doute; mais, si elles sont empruntées au Code pénal parce que le conseil de guerre est saisi d'une inculpation de droit commun, elles doivent être calculées suivant l'échelle établie par l'art. 463, C. pén. ordinaire. — V. *suprà*, v° *Circonstances aggravantes et atténuantes*, n. 55.

489. — D'ailleurs, devant un conseil de guerre maritime, les circonstances atténuantes ne peuvent être accordées que dans les cas suivants : 1° en ce qui concerne les militaires, marins et assimilés : lorsque la loi maritime les prévoit (C. just. marit., art. 331, 335, 336, 337, 343, 344, 346, 349, 354, 356 et 358) ou lorsque le fait incriminé est prévu et puni par le Code pénal ou par des lois spéciales qui en admettent l'application (C. just. marit., art. 364); 2° en ce qui concerne les inculpés qui n'appartiennent ni à l'armée ni à l'armée de terre conformément aux prescriptions de l'art. 256, C. just. marit.; 3° à l'égard des inculpés qui appartiennent à la réserve de l'armée de mer en cas de mobilisation, dans les mêmes conditions que les militaires, marins et assimilés; dans les cas prévus par les §§ 2 et 3 de l'art. 32, L. 15 juill. 1889, alors même que le Code de justice militaire n'en prévoit pas s'ils n'ont pas encore trois mois de présence sous les drapeaux, et en dehors de ces cas lorsqu'ils sont dans leurs foyers dans les hypothèses prévues et sous les distinctions faites par les art. 77, 79 et 80, C. just. marit. (L. 15 juill. 1889, art. 32, 79 et 80); 4° en ce qui concerne les inscrits maritimes rappelés pour exercices, selon les distinctions qui résultent de l'application des art. 56, 80 et 82, L. 24 déc. 1896. Hors de ces cas, les circonstances atténuantes ne peuvent être admises.

490. — L'instruction ministérielle du 25 juin 1858 s'inspirant en cela du Code d'instruction criminelle (V. *suprà*, v° *Cour d'assises*, n. 3044), insiste sur ce fait que le conseil ne doit pas être interrogé sous forme de question libellée; sur les circonstances atténuantes, là où elles peuvent être admises, mais qu'elles ne doivent figurer au verdict que si le conseil en a, à la majorité, voté la concession (Instr. min. 25 juin 1858, n. 42). Disons en passant que le rédacteur de cette instruction aurait pu, sans inconvénient, s'abstenir de ces subtilités, puisque les jurés et les juges ne font qu'un et que les délibérations des uns ne sont pas, comme en cour d'assises, cachées les unes pour les autres. Quoi qu'il en soit, cette règle doit être observée.

491. — En dehors des cas où la loi permet l'application des circonstances atténuantes, le seul moyen à la disposition des membres du conseil de guerre est le recours en grâce, dont la loi ne fait pas mention, mais qu'une longue tradition leur a reconnu. Il arrive, en effet, parfois, devant les conseils de guerre, que les juges, après avoir appliqué dans sa rigueur une disposition légale, ont le sentiment que, par suite de circonstances particulières, la peine est hors de proportion avec la faute commise; il en est ainsi, spécialement, en cas de voie de fait envers un supérieur et quelquefois en matière de désertion.

492. — On ja donc reconnu que les membres du conseil, agissant non plus comme juges, mais comme jurés, pouvaient user de la liberté qui est laissée sur ce point aux jurés de la cour d'assises et recommander à la clémence du Chef de l'État celui qu'ils viennent de condamner, en faisant valoir en quelques lignes les raisons qui leur paraissent susceptibles d'appeler sur lui l'indulgence du Président de la République. Mais ce recours doit être transmis au ministre par voie hiérarchique. — Circ. 15 déc. 1879, [B. O. M., p. 894].

493. — Ce procédé extra-légal, mais que diverses instructions ministérielles ont formellement admis et qui a reçu de nombreuses applications, permet tout à la fois d'éviter des acquittements qui risqueraient d'énerver l'action de l'autorité, et d'épargner à un coupable digne d'intérêt l'accablement d'une pénalité écrasante résultant des peines fixes ou à minimum irréductible que contient

la loi maritime. Il est entendu, cependant, que les conseils de guerre ne doivent faire usage de cette faculté qu'avec modération.

494. — L'art. 165 reproduisant, d'ailleurs, les termes de l'art. 365, C. instr. crim., dispose qu'en cas de conviction de plusieurs crimes ou délits la peine la plus forte est seule prononcée. C'est une application de la règle du non-cumul des peines. — V. *suprà*, v° *Cumul des peines*.

495. — Il a été jugé, par application de ce principe, qu'un militaire prévenu d'outrages envers un supérieur et qui, en séance, outrage par paroles et par gestes les membres du conseil ne peut être condamné à deux peines de dix ans de travaux publics, avec mention que ces deux peines ne se confondront pas. Cette sentence est contraire à l'art. 135, C. just. milit. (C. just. marit., art. 165), aux termes duquel, en cas de conviction de plusieurs crimes et délits, la peine la plus forte est seule prononcée. La condamnation d'un accusé au maximum de la peine la plus forte satisfait la vindicte publique pour tous les crimes qu'il a antérieurement commis. — Cons. rév. Paris, 31 mai 1878, [Leclerc et Coupois, n. 20]

496. — La règle du non-cumul des peines n'offre guère de difficultés dans l'application, lorsque le même accusé est poursuivi simultanément pour plusieurs crimes ou délits; mais il en est différemment lorsque les poursuites ont eu lieu à des dates successives ou devant des tribunaux différents. Or, ce cas est relativement fréquent devant les conseils de guerre maritimes surtout en raison de la double compétence qui saisit les déserteurs. En effet, il a été établi (V. *suprà*, n. 162 et s.) que, dans la période dite d'absence illégale, l'homme restait justiciable des juridictions maritimes, mais qu'après l'expiration des délais de grâce, il devient justiciable des tribunaux ordinaires. Par suite, toutes les fois qu'un déserteur est arrêté après avoir commis un délit en cours de désertion, il est jugé successivement par le tribunal correctionnel pour le délit de droit commun et par le conseil de guerre pour la désertion, l'ordre entre les juridictions à saisir étant déterminé par la gravité de chaque fait (art. 109). — V. *infrà*, n. 205 et s.

497. — Le tribunal qui statue le second et qui a connaissance de la première sentence se trouve alors dans la nécessité de concilier son jugement avec celui qui a précédemment frappé le prévenu. Cette conciliation doit se faire d'après les règles ordinaires. — V. *suprà*, v° *Cumul des peines*, n. 113 et s.

498. — Il en résulte que tous les faits de la période envisagée ne doivent être punis que d'une seule disposition pénale, à savoir : la plus lourde. Celle-ci se détermine d'après la place qu'occupe dans l'échelle pénale la peine encourue (V. *suprà*, v° *Cumul des peines*, n. 129 et s.), et, au cas où elle serait de même nature, par la plus longue en durée. Mais il est bien entendu que le second tribunal saisi a le droit d'ajouter à la première sentence jusqu'à concurrence du maximum de l'article applicable. — V. *suprà*, v° *Cumul des peines*, n. 141.

499. — Si donc un déserteur a été arrêté et condamné par un tribunal correctionnel à deux ans de prison pour vol, le conseil de guerre peut : soit le condamner à trois ans de prison en décidant que cette peine ne se confonda pas avec celle antérieurement prononcée, le maximum de la peine prononcée pour vol pouvant s'élever jusqu'à cinq ans de prison (art. 401, C. pén.); soit le condamner à cinq ans de prison en ordonnant que cette peine absorbera celle du tribunal correctionnel, dont le point de départ restera maintenu pour le tout. Dans l'un et l'autre cas, on reste dans les termes de la loi, puisque le maximum de cinq années n'est pas dépassé.

500. — Toutefois, au point de vue pénitentiaire et administratif, la seconde méthode est de beaucoup préférable à la première, en ce sens qu'elle a le mérite de ne laisser à la charge de l'homme qu'une seule peine à subir, dont la remise ou la réduction ne relève que d'un seul département ministériel et qui ne peut donner prise à contestation.

501. — Si le second tribunal qui statue ignore la première sentence et l'autre délit, comme cela arrive si l'homme a été d'abord arrêté sous un faux nom, il ne peut évidemment tenir compte de cette situation; mais les deux jugements une fois rendus et la situation éclaircie, il appartient au ministère public d'examiner si, par leur date, les faits rentrent dans les prévisions de l'art. 165, c'est-à-dire sont concomitants. Il est statué alors sur le cumul ou la confusion totale ou partielle des deux peines par voie administrative ou, en cas de réclamation de l'intéressé, par voie judiciaire dans les conditions exposées *infrà*, n. 1188.

502. — Il est fait exception pour certains crimes ou délits à l'encontre desquels la loi a posé le principe du cumul, notamment pour l'évasion du prévenu par violence et bris de prison (C. pén., art. 245) ; la peine prononcée est alors distincte et se subit à part.

503. — L'art. 258, modifié par la loi du 9 avr. 1895, a ordonné l'imputation de la détention préventive sur la durée de la peine, tout en laissant aux juges le droit d'en délibérer et d'exclure le condamné en tout ou en partie de cette faveur de la loi. Cette considération doit donc entrer en ligne de compte dans les prévisions du conseil de guerre, que le dossier de l'affaire doit exactement renseigner sur la date de l'arrestation du prévenu. Le silence du jugement emporte de droit l'imputation de la détention préventive en déduction de la peine. — V. *suprà*, v° *Détention préventive*.

504. — Le jugement est prononcé en séance publique. Le président donne lecture des motifs et du dispositif (art. 166, al. 1 et 2). On sait que le jugement principal d'un conseil de guerre ne comporte pas de motifs au sens judiciaire du mot, c'est-à-dire qu'il n'est précédé ni d'attendus ni de considérants. Quand donc l'art. 166 parle de lire les motifs, il ne peut avoir en vue que la teneur du verdict même, c'est-à-dire les questions posées et les réponses faites, lesquelles constituent bien, en réalité les motifs du dispositif, autrement dit, de la condamnation. Mais, il n'y a de motifs, au sens propre du mot, que dans certains jugements incidents, notamment sur la compétence.

505. — Le jugement doit statuer sur tous les chefs, tant des réquisitions du ministère public que des conclusions de la défense, et il ne peut statuer au delà (V. sur ce point *suprà*, v° *Jugement et arrêt* [mat. crim.], n. 670 et s.). Par suite, est nul le jugement, rendu sur les conclusions du défenseur, qui ne répond pas expressément qu'il n'est précédé d'attendus ni de considérants. — Cons. rév. Paris, 11 déc. 1884, [Leclerc et Coupois, n. 210]

505 bis. — Jugé de même que les conclusions formelles de la défense ne peuvent, à peine de nullité, être rejetées sans que le jugement incident soit motivé. — Cons. rév. Paris, 1er oct. 1880, [Leclerc et Coupois, n. 34]

506. — Par la prononciation du jugement, le conseil de guerre est dessaisi de l'affaire par application d'un principe de droit commun. — V. à ce sujet, *suprà*, v° *Jugement et arrêt* (mat. crim.), n. 813 et s. — Par suite, il a été jugé que les attributions du président, déterminées et limitées par les art. 125 et s., C. just. milit. (135 et s., C. just. marit.), ne lui permettent pas, après lecture en audience publique du verdict de culpabilité, d'annuler une partie du jugement et de renvoyer les juges dans la chambre des délibérations pour réparer une omission ou statuer sur une question préalable à la défense. — Cons. rév. Alger, 24 mars 1881, [Leclerc et Coupois, n. 61] — Cons. rév. Paris, 16 août 1894, Falcon. — On sait qu'il en est autrement devant les cours d'assises dont le président peut renvoyer le jury pour compléter son verdict (V. *suprà*, v° *Cour d'assises*, n. 4646 et s.) ; mais cette faculté ne s'explique que par la dualité existant entre la cour et le jury, tandis que les membres du conseil et leur président cumulent les doubles attributions de jurés et de juges.

507. — De même, il a été jugé qu'un conseil de guerre ne peut revenir, même d'après les observations du ministère public, sur un jugement régulièrement prononcé ; il lui est donc impossible de réparer une erreur commise. — Cons. rév. Paris, 12 nov. 1888, aff. Lacroix.

508. — ... Qu'après qu'un tribunal maritime a prononcé l'acquittement d'un accusé à raison du crime de piraterie qui lui était déféré, tout en constatant que le résultat des débats l'indice de faits criminels nouveaux relativement auxquels il a renvoyé la procédure au préfet maritime, le conseil de révision appelé à statuer, dans ces circonstances, sur le recours du commissaire du gouvernement, est incompétent pour décider que les faits nouveaux dont il s'agit constituent le crime de piraterie et pour renvoyer de nouveau l'inculpé devant le tribunal maritime, sous l'accusation soit de ce crime, légalement purgé par l'acquittement, soit de ceux de meurtre et de vol sur lesquels les tribunaux ordinaires pourraient seuls prononcer, après ordonnance de dessaisissement du préfet maritime. — Cass., 5 févr. 1876, Joly et Van-der-Noot, [S. 76.1.140, P. 76.314]

509. — Si l'accusé n'est pas reconnu coupable, le conseil prononce son acquittement, et le président ordonne qu'il soit mis en liberté, s'il n'est retenu pour autre cause. Si le conseil de guerre déclare que le fait commis par l'accusé ne donne lieu à l'application d'aucune peine, il prononce son absolution ; et le président ordonne qu'il sera mis en liberté à l'expiration du délai fixé pour le recours en révision (art. 166).

510. — L'art. 166 reproduit, en ce qui touche l'acquittement et l'absolution, les règles du droit commun (V. *suprà*, v° *Acquittement*) : l'acquittement est immédiatement définitif ; l'absolution reste susceptible d'être annulée sur le recours du ministère public, et cette annulation est opposable à l'absous. C'est pourquoi la mise en liberté est suspendue jusqu'à l'expiration du délai de recours et même, quoique l'article ne le dise pas, jusqu'à solution du recours s'il vient à être introduit.

511. — Tout individu acquitté ou absous ne peut être repris ni accusé à raison du même fait (art. 167). C'est la reproduction de l'art. 303, C. instr. crim., autrement dit l'application de la règle « *non bis in idem* ». — V. *suprà*, v° *Chose jugée*, n. 1041 et s.

512. — Mais l'art. 137, C. just. milit. (C. just. marit., art. 167), ne s'applique qu'au cas où la décision prononçant l'acquittement ou l'absolution a acquis l'autorité de la chose jugée. — Cass., 28 avr. 1864, Bergeon, [S. 64.1.425, P. 64.1194]

513. — C'est ici le lieu de rappeler que la maxime « *non bis in idem* » est sans application dans l'ordre disciplinaire. En d'autres termes, de ce qu'un quartier-maître est acquitté, par exemple, il ne s'ensuit pas que l'autorité supérieure ne conserve le droit de lui retirer son grade dans les conditions prévues par les règlements, si le fait imputé, alors même qu'il est dégagé de son caractère délictueux, demeure subsidiairement une faute contre l'honneur ou contre la discipline.

514. — C'est cette doctrine, conforme d'ailleurs à celle qui a prévalu devant les tribunaux en ce qui touche la discipline des officiers ministériels, matière analogue, que le ministre de la Marine a très-nettement formulée dans une instruction du 6 janv. 1873 (B. O. M., p. 5), où on lit : « Il demeure constant, d'après ces citations, qu'un marin ou un militaire acquitté d'une prévention de crime ou de délit peut être légalement soumis à l'action du pouvoir disciplinaire, investi du droit de rechercher si les faits qui lui sont reprochés, dégagés de la qualification légale de laquelle ils ont été purgés, laissent à sa charge des agissements susceptibles d'attirer sur lui la rigueur de ses chefs. »

515. — Le jugement fait mention de l'accomplissement de toutes les formalités prescrites par la présente section. — Il ne reproduit ni les réponses de l'accusé ni les dépositions des témoins. — Il contient les décisions rendues sur les moyens d'incompétence, les exceptions et les incidents. — Il énonce, à peine de nullité : 1° les noms et grades des juges ; 2° les nom, prénoms, âge, profession et domicile de l'accusé ; 3° le crime ou le délit pour lequel l'accusé a été traduit devant le conseil de guerre ; 4° la prestation de serment des témoins ; 5° les réquisitions du commissaire du gouvernement ; 6° les questions posées, les décisions et le nombre des voix ; 7° le texte de la loi appliquée ; 8° la publicité des séances ou la décision qui a ordonné le huis-clos ; 9° la publicité de la lecture du jugement faite par le président. Le jugement, écrit par le greffier, est signé sans désemparer par le président, les juges et le greffier (art. 170). Il n'est pas dressé de procès-verbal des débats ; c'est le libellé même du jugement qui en tient lieu, en relatant l'accomplissement de toutes les formalités prescrites par la loi, sauf dans le cas spécial dont nous avons parlé *suprà*, n. 354 et s.

516. — Le jugement qui se borne à énoncer la qualification légale du fait incriminé, sans en préciser les éléments constitutifs, doit être annulé comme dépourvu de base légale. — Cons. rév. Paris, 15 oct. 1880, [Leclerc et Coupois, n. 37]

517. — Les différentes énonciations prescrites par l'art. 170 n'ont donné lieu à aucune difficulté. Une seule, celle relative à l'insertion du texte de la loi pénale, a nécessité l'intervention des conseils de révision.

518. — C'est ainsi qu'il a été jugé qu'il y a lieu à annulation lorsqu'aucun des textes de loi appliqués n'a été transcrit dans le jugement et que, par suite, le président n'a pu en donner lecture. Cette omission, de l'art. 140, C. just. milit. (C. just. marit., art. 170), est substantielle. — Cons. rév. Alger, 9 déc. 1888, aff. Hachani. — V. *suprà*, v° *Jugement et arrêt* (mat. crim.), n. 230 et s.

519. — Mais l'art. 140 (C. just. marit., art. 170) n'oblige à transcrire que le texte ou la partie de texte effectivement appliqué. En conséquence, lorsqu'un paragraphe seulement a été appliqué, on peut se dispenser de transcrire les autres ; de même, lorsque l'accusé a été déclaré coupable de plusieurs crimes ou délits, on peut se borner à transcrire l'article qui édicte la peine la plus forte, seule appliquée. — Cass., 4 août 1843, [*Bull. crim.*, n. 196] — V. *suprà*, v° *Jugement et arrêt* (mat. crim.), n. 269 et s.

520. — Jugé, d'autre part, que lorsque les conseils de guerre prononcent une peine afflictive et infamante, ils ne sont pas obligés d'insérer le texte de loi qui vise les effets que cette peine emporte de plein droit. Spécialement la dégradation militaire est encourue, même lorsqu'il n'y a pas été statué. — Cass., 7 avr. 1865, Robbe, [S. 65.1.365, P. 65.912] — V. suprà, v° Jugement et arrêt (mat. civ.), n. 281 et s.

521. — Mais un jugement qui inflige la réclusion par application de l'art. 248, C. just. milit. (C. just. marit., art. 331), doit citer le texte de l'art. 21, C. pén., qui seul donne la durée légale de la peine. — Cons. rév. Paris, 27 déc. 1880, [Leclerc et Coupois, n. 48]

522. — L'erreur dans la citation de la loi pénale n'entraîne pas nécessairement l'annulation du jugement. C'est ainsi qu'il a été jugé que la peine prononcée des art. 386, C. pén. ordinaire, et 248, C. just. milit. (C. just. marit., art. 331) étant la même, il n'y a pas lieu d'annuler la décision qui a prononcé la peine portée par ces deux articles, alors même que, par erreur, elle viserait celui de ces articles qui n'est point applicable. C'est le cas de faire application de l'art. 411, C. instr. crim., aux termes duquel l'erreur dans la citation du texte de la loi applicable ne vicie pas la décision. — Cass., 15 juill. 1858, Teissier, [S. 58.1. 840, P. 59.336, D. 58.1.430] — V. à cet égard, suprà, v° Jugement et arrêt (mat. crim.), n. 287 et s.

523. — Le jugement, en matière maritime (comme le procès-verbal des débats devant les conseils de guerre militaires) doit, à peine de nullité, énoncer la publicité des séances et la publicité de la lecture du jugement. — Cons. rév. Paris, 17 juin 1881, [Leclerc et Coupois, n. 81] — Cons. rév. Alger, 5 avr. 1882, [Ibid., n. 121]

524. — Il doit également, à peine de nullité, énoncer le délit pour lequel l'accusé est mis en jugement. — Cons. rév. Paris, 13 août 1880, [Leclerc et Coupois, n. 28]; — 12 nov. 1885, [Ibid., n. 232]

525. — Il fait foi de ce qu'il relate jusqu'à inscription de faux. — Cons. rév. Paris, 3 août 1885, [Leclerc et Coupois, n. 222]; — 10 sept. 1885, [Ibid., n. 224]

526. — Le jugement qui prononce une peine contre l'accusé le condamne aux frais envers l'Etat. Il ordonne, en outre, dans les cas prévus par la loi, la confiscation des objets saisis, et la restitution, au profit de l'Etat ou des propriétaires, de tous objets saisis ou produits au procès comme pièces à conviction (art. 169).

527. — Nous nous sommes déjà expliqués au sujet de la restitution des objets saisis (V. suprà, n. 193). En ce qui touche la confiscation elle est d'application rare devant les conseils de guerre excepté pour les cas de désertion, où l'art. 322 dispose que le jugement doit prononcer la confiscation des sommes ou parts de prises dues au déserteur. Il est bon de rapprocher ces règles de l'art. 371, C. just. marit., en exécution duquel les confiscations et amendes prononcées en vertu de la loi maritime sont attribuées à la caisse des invalides de la marine. Cette disposition est d'ailleurs reproduite de l'art. 4-6°, L. 13 mai 1791, organique de cet établissement. — V. suprà, v° Caisse des invalides de la marine, n. 46-8°.

528. — Les frais de sauvetage d'un marin tombé à la mer au moment où il s'absentait illégalement du bord et ne pouvait, par suite, être encore déserteur, ne constituent pas des frais de capture, dans le sens de l'art. 15, Décr. 21 juin 1858, et ne peuvent dès lors être compris dans la liquidation des frais de justice effectuée conformément à l'art. 169, C. just. marit. — Cass., 10 avr. 1884, [Bull. crim., n. 132]

529. — Les frais sont fixés, par le décret du 7 oct. 1895, à la somme de 12 fr., pour les dépens d'écritures. Toutefois, la différence du décret du 21 juin 1858, qui exigeait cette somme par jugement de conseil de guerre, ce qui avait pour conséquence d'alléger la charge individuelle des frais lorsque plusieurs coauteurs ou complices étaient jugés à la fois, le nouveau texte (art. 21) parle de 12 fr. par condamné. Dès lors, l'art. 22 du même décret, reproduit de l'art. 55, C. pén., édicte la solidarité à l'encontre des coauteurs et complices. — V. suprà, v° Dépens.

530. — Si de deux accusés, l'un n'a été reconnu coupable que sur un chef d'accusation, il ne peut être condamné solidairement qu'aux frais spéciaux relatifs à ce chef d'accusation. — Cons. rév. Paris, 7 oct. 1881, [Leclerc et Coupois, n. 98]

531. — Le recouvrement de ces frais de justice, auxquels s'ajoutent, bien entendu, les dépenses effectivement faites pour expertises, taxes à témoins, etc., était jadis effectué par les agents des domaines. Depuis une loi de finances du 29 déc. 1873 (art. 25), ce rôle est passé aux percepteurs.

532. — L'exécutoire du jugement portant liquidation des frais par le président du conseil de guerre est transmis, par l'intermédiaire du ministre de la Marine et du ministre des Finances, au receveur central de la Seine, avec indication du lieu de détention du condamné. Ce fonctionnaire prend en charge la somme et en poursuit le recouvrement par les mains du percepteur de la localité où se trouve l'homme. L'administration de la prison doit alors prêter son concours au percepteur et lui verser les sommes dues, en les prélevant sur le pécule du condamné et sur ses salaires. — Instr. min., 5 nov. 1879, [B. O. M., p. 723]

533. — Les tribunaux maritimes et militaires peuvent prononcer contre les condamnés la contrainte par corps. On suit à cet égard les règles du droit commun ; ainsi, on ne peut la prononcer contre des individus condamnés à une peine perpétuelle. — Cons. rév. Alger, 8 déc. 1881, [Leclerc et Coupois, n. 105] — V. suprà, v° Contrainte par corps, n. 112. — ... ou contre des mineurs de seize ans, etc. — Cons. rév. Alger, 11 juin 1885, [Leclerc et Coupois, n. 217] — V. suprà, v° Contrainte par corps, n. 76.

534. — Si le condamné est membre de l'ordre national de la Légion d'honneur ou décoré de la médaille militaire, le jugement déclare, dans les cas prévus par les lois, qu'il cesse de faire partie de la Légion d'honneur ou d'être décoré de la médaille militaire (art. 168). — V. infrà, v° Légion d'honneur, n. 198 et 199.

535. — Cette déclaration est, bien entendu, susceptible de tomber à néant, si le jugement vient à être ultérieurement annulé. Pour le cas où la peine serait commuée avant ou après exécution de la sentence (V. d'ailleurs infrà, n. 1134 et s.), les peines susceptibles d'entraîner de plein droit la déchéance de la qualité de légionnaire ou de médaillé sont au surplus exclusivement les peines criminelles, c'est-à-dire, afflictives et infamantes ou simplement infamantes. Pour assurer l'effet de cette partie de la sentence, il doit être adressé au grand Chancelier de la Légion d'honneur, par l'intermédiaire du ministre de la Marine, une ampliation du jugement.

536. — Mais, en dehors de cette déchéance absolue et de plein droit, les décrets organiques des 16 mars et 24 nov. 1852, 14 avr. et 9 mai 1874, confèrent au conseil de l'ordre de la Légion d'honneur le droit de prononcer contre les individus frappés de condamnations correctionnelles ou de punitions disciplinaires graves la suspension ou la radiation des contrôles (V. infrà, v° Légion d'honneur, n. 202 et s.). En vue de faciliter l'exercice de cette juridiction disciplinaire, les autorités judiciaires, maritimes, militaires ou administratives sont tenues d'informer le grand Chancelier des condamnations et punitions dont il s'agit, et de lui communiquer, avec le dossier de la procédure, une copie du jugement ou de la décision. — V. infrà, v° Légion d'honneur, n. 222 et s.

537. — Aux termes de divers décrets successivement intervenus, ces mêmes règles sont applicables aux titulaires des médailles commémoratives, savoir : Baltique et Crimée : Décr. 26 févr. 1858; — Italie : Décr. 24 oct. 1859; — Chine : Décr. 25 mars 1861; — Mexique : Décr. 15 mars 1864; — Expédition de Rome : Décr. 22 févr. 1868; — Tonkin : Décr. 30 déc. 1885; — Madagascar : Décr. 9 oct. 1886; — Médaille coloniale : Décr. 12 mai 1894.

538. — Le commissaire du gouvernement fait donner lecture du jugement à l'accusé par le greffier, en sa présence et devant la garde rassemblée sous les armes. Aussitôt après cette lecture, il avertit le condamné que la loi lui accorde vingt-quatre heures pour exercer son recours en révision. Le greffier dresse du tout un procès-verbal signé par lui et par le commissaire du gouvernement (art. 171).

539. — L'accusé n'est pas présent à la lecture du jugement. On a craint l'exaspération du moment et les événements graves qui pourraient en découler (Rapport au Corps législatif). — V. suprà, n. 423.

540. — Lorsqu'il résulte, soit des pièces produites, soit des dépositions des témoins entendus dans les débats, que l'accusé peut être poursuivi pour d'autres crimes ou délits que ceux qui ont fait l'objet de l'accusation, le conseil de guerre, après le prononcé du jugement, renvoie, sur les réquisitions du commissaire du gouvernement, ou même d'office, le condamné au préfet maritime qui a donné l'ordre de mise en jugement, pour être procédé, s'il y a lieu, à l'instruction. S'il y a eu condamnation, il est sursis à l'exécution du jugement. S'il y a eu acquittement ou absolution, le conseil de guerre ordonne que l'accusé demeure en état d'arrestation jusqu'à ce qu'il ait été statué sur les faits nouvellement découverts (art. 172).

541. — L'art. 172 prévoit l'hypothèse où les faits relevés au cours des débats ne se rattachent pas aux faits poursuivis; car s'ils en étaient les modalités ou les accidents, on se trouverait dans les cas exposés sous l'art. 162 ci-dessus, à l'occasion desquels le président a le droit, moyennant avis à la défense, de les comprendre dans le verdict sous forme de question additionnelle ou subsidiaire (V. *suprà*, n. 455 et s.). Ici, au contraire, il s'agit de faits nouveaux, c'est-à-dire non relevés dans l'ordre de mise en jugement.

542. — La distinction entre ces deux sortes de faits est parfois délicate; toutefois, on peut considérer comme ne nécessitant pas un renvoi et pouvant être joint au verdict tout ce qui a pour base le même fait matériel, dût-il être, en raison des circonstances, revêtu d'une autre qualification légale; on statuera également sur toute circonstance aggravante, comme aussi sur toute dégénérescence du fait principal en un fait moins grave. Au contraire, on renverra à l'autorité investie du pouvoir juridictionnel tout ce qui repose sur un fait matériel non accessoire, que l'ordre de mise en jugement ne contenait pas. — Sur les applications de la distinction fondamentale entre le fait nouveau et la qualification nouvelle; V. *suprà*, vº *Cour d'assises*, n. 2990 et s.

543. — D. *Exécution du jugement.* — S'il n'y a pas de recours en révision et si, aux termes de l'art. 110, C. just. marit., le pourvoi en cassation est interdit, le jugement est exécutoire dans les vingt-quatre heures après l'expiration des délais fixés pour le recours. S'il y a recours en révision, il est sursis à l'exécution du jugement (art. 175). Si le recours est formé après les délais, l'autorité maritime ne doit pas moins saisir le conseil de révision qui peut seul le rejeter. — V. Circ. 10 avr. 1860 sur l'exercice du recours en révision.

544. — Si le recours en révision est rejeté et si, aux termes de l'art. 110, C. just. marit., le pourvoi en cassation est interdit, le jugement de condamnation est exécuté dans les vingt-quatre heures après la réception du jugement qui a rejeté le recours (art. 176).

545. — Dans le cas où le pourvoi en cassation est autorisé par l'art. 111, C. just. marit., s'il n'y a pas de pourvoi, le jugement de condamnation est exécuté dans les vingt-quatre heures après l'expiration du délai fixé pour le pourvoi, et s'il y a eu pourvoi, dans les vingt-quatre heures après la réception de l'arrêt qui l'a rejeté (art. 178).

546. — Le commissaire du gouvernement rend compte au préfet maritime, suivant les cas, soit du jugement de rejet du conseil de révision, soit de l'arrêt de rejet de la Cour de cassation, soit du jugement du conseil de guerre, s'il n'y a eu, dans les délais, ni recours en révision, ni pourvoi en cassation. Il requiert l'exécution de guerre (art. 179).

547. — Une circulaire du 26 août 1858 règle la marche à suivre lorsque l'exécution du jugement ne peut plus être requise par le commissaire du gouvernement, comme au cas où il s'agit d'un conseil de guerre réuni à bord d'un bâtiment qui a quitté le port. Le soin de pourvoir à l'exécution incombe au commissaire du gouvernement près l'un des conseils de guerre permanents de l'arrondissement maritime. Celui-ci doit, s'il y a commutation, remplir les formalités exigées par l'art. 2, Décr. 14 juin 1813.

548. — Les jugements des conseils de guerre sont exécutés sur les ordres du préfet maritime et à la diligence du commissaire du gouvernement, en présence du greffier, qui dresse procès-verbal. La minute de ce procès-verbal est annexée à la minute du jugement, en marge de laquelle il est fait mention de l'exécution. Dans les trois jours de l'exécution, le commissaire du gouvernement est tenu de transmettre au ministre de la Marine une expédition et un extrait du jugement; une expédition est, en outre, envoyée au chef du corps dont le condamné faisait partie, au commandant du bâtiment, pour les individus embarqués, et au quartier d'immatriculation pour ceux qui appartiennent à l'inscription maritime. Les expéditions et les extraits de jugement de condamnation font mention de l'exécution (art. 181). — V. *infrà*, n. 1125 et s., pour l'exécution des sentences capitales.

549. — Indépendamment des documents dont la transmission est prescrite par l'art. 181 et de l'extrait exécutoire des frais de justice mentionné *suprà*, n. 532, les instructions ministérielles

obligent les parquets maritimes à faire établir : 1º un bulletin n. 1 du casier judiciaire (Circ. 23 nov. 1850), ledit bulletin devant être établi en double expédition lorsqu'il est destiné au casier central du ministère de la justice, c'est-à-dire toutes les fois qu'il concerne un individu d'origine étrangère, coloniale ou inconnue (Circ. des 3 nov. 1875 : B. O. M., p. 489, et 20 juin 1877 : B. O. M., p. 1000); 2º un bulletin du casier administratif électoral (Circ. 2 mars 1876 : B. O. M., p. 650); 3º un second extrait de jugement qui est envoyé au ministre ou, à défaut, au préfet de police pour le service des sommiers judiciaires (Circ. 24 oct. 1854 : B. O. M., p. 650). — V. *suprà*, vº *Casier judiciaire*.

550. — De plus, en vue d'assurer la reconnaissance de l'identité des hommes, une instruction du 11 août 1871 a prescrit aux ports de faire exécuter la photographie de chaque condamné par les soins de l'atelier des constructions navales, et d'apposer l'un des exemplaires sur la minute du jugement, l'autre sur l'ampliation expédiée au ministre. — Circ. 21 mars 1884, [B. O. M., p. 455]

551. — Enfin, la mise en vigueur de la loi du 9 avr. 1895, autorisant l'imputation de la détention préventive sur la durée de la peine, a pour conséquence d'obliger les greffiers à mentionner désormais la date de l'arrestation qui doit servir de point de départ à l'exécution de la sentence. — V. *infrà*, n. 1195 et s.

552. — Le préfet maritime peut suspendre l'exécution du jugement, à la charge d'en informer sur-le-champ le ministre de la Marine (art. 180).

553. — Ce droit de sursis laissé à la discrétion et à l'initiative du préfet maritime peut être exercé par lui, soit parce qu'il aurait des raisons de penser qu'une erreur aurait été commise par les juges, soit parce que le condamné lui paraîtrait digne d'une indulgence exceptionnelle, ou lui aurait été signalé comme tel dans un recours en grâce du conseil.

554. — Bien que le Code maritime ne s'en soit pas expliqué, le sursis est de droit pour toute sentence capitale prononcée dans un port de France. L'instruction du 25 juin 1858 (n. 48) rappelle, en effet, qu'aux termes d'une ordonnance du 15 sept. 1831 encore en vigueur, il doit être rendu compte au chef de l'État de toute condamnation à mort prononcée en France, en vue de l'exercice éventuel du droit de grâce. Par suite, dans tous les cas de l'espèce, le préfet maritime doit ordonner le sursis et transmettre, avec son avis, le dossier complet de la procédure au ministre de la Marine qui, après s'être concerté avec le Garde des sceaux, prend les ordres du Président de la République (Décr. 10 juill. 1852). — V. *suprà*, vº *Grâce*.

555. — E. *Voies de recours.* — Les jugements des conseils de guerre sont susceptibles de deux voies de recours, le recours en révision devant le conseil de révision et, à titre exceptionnel, le pourvoi devant la Cour de cassation. Le premier moyen est plus général; il appartient à tous les individus condamnés par les conseils de guerre et, dans certains cas, au commissaire du gouvernement. Le pourvoi en cassation, au contraire, n'appartient qu'à une certaine catégorie de condamnés et l'organe du ministère public auprès des juridictions maritimes et militaires ne peut jamais l'employer.

556. — a) *Recours en révision.* — Un délai de vingt-quatre heures est accordé au condamné pour se pourvoir en révision. Ce délai court à partir de l'expiration du jour où le jugement lui a été lu. La déclaration du recours est reçue par le greffier ou par le directeur de l'établissement où est détenu le condamné. La déclaration peut être faite par le défenseur du condamné (art. 173).

557. — Le délai est de rigueur en ce sens que, si le recours n'est pas formé dans les vingt-quatre heures, il doit être déclaré non-recevable. Il a d'ailleurs été jugé qu'il n'est pas susceptible d'extension. — Cons. rév. Paris, 13 juin 1882, [Leclerc et Coupois, n. 128]; — 24 janv. 1884, [Leclerc et Coupois, n. 183] — Toutefois, le délai de vingt-quatre heures s'il expirait un dimanche ou un jour férié légal, devrait être reporté au lendemain (V. L. 13 avr. 1895).

558. — Cependant, il est arrivé que des conseils de révision ont accepté des recours tardifs, lorsqu'il était prouvé que, dans le délai fixé, le condamné avait manifesté la volonté de se pourvoir et qu'il était étranger au retard apporté à la rédaction du procès-verbal de recours. C'est là d'ailleurs une application de la doctrine qui a prévalu devant la Cour de cassation. — V. *suprà*, vº *Cassation* (mat. crim.), n. 568 et s.

559. — Un condamné qui a formé un recours en révision a

le droit incontestable de se désister de ce recours tant que le tribunal n'a pas statué. — Cons. rév. Alger, 10 mars 1881, [Leclerc et Coupois, n. 59] — Cons. rév. Paris, 12 juill. 1894, aff. Roblin; — 2 juin 1884, [Ibid., n. 78] — L'intérêt de ce désistement est dans l'application de l'art. 24, C. pén., qui, combiné avec l'art. 200, C. just. milit. (C. just. marit., 258), permet de faire courir l'emprisonnement à dater du jugement, lorsque le condamné est détenu et accepte son jugement.

560. — Le commissaire du gouvernement peut aussi se pourvoir en révision dans certains cas, et son recours doit alors être formé au greffe dans le même délai de vingt-quatre heures (art. 174).

561. — Pour les moyens de révision qui appartiennent respectivement au condamné et au ministère public, V. infrà, n. 582 et s.

562. — b) Pourvoi en cassation. — Le pourvoi en cassation contre les décisions des tribunaux maritimes et militaires ne peut s'exercer que dans des limites très-restreintes. Il est interdit à tous les marins, militaires et assimilés et aux individus justiciables des conseils de guerre. Il n'est donc permis qu'aux condamnés qui ne rentrent dans aucune de ces catégories, mais pour incompétence seulement. Nous étudierons ces questions infrà, n. 942 et s., pour le moment il nous faut examiner dans quel délai peut être formé un pourvoi en cassation.

563. — Le délai du pourvoi en cassation est de trois jours. La Cour de cassation admet en matière ordinaire que le pourvoi peut être utilement effectué non seulement pendant les trois jours qui suivent le point de départ, mais encore dans toute la journée du quatrième, échéance du délai. — V. suprà, v° Cassation (mat. crim.), n. 533 et s.

564. — Il a été jugé, au contraire, que le délai du pourvoi en cassation contre les jugements des tribunaux maritimes n'est pas un délai franc. Ce pourvoi doit être formé, à peine de déchéance, dans les trois jours qui suivent la notification de la décision du conseil de révision, et, s'il n'y a pas eu recours devant ce conseil, dans les trois jours qui suivent le délai accordé pour l'exercer. — Cass., 3 août 1877, Badin, [S. 78.1.328, P. 78.803, D. 78.5.77] — V. cep. V. Foucher, Comment. du Code de justice militaire, p. 460; F. Hélie, Instr. crim., t. 8, n. 3915.

565. — Cette solution a pour cause la différence de rédaction de l'art. 373, C. instr. crim., et des art. 177, C. just. marit., et 147, C. just. milit. Tandis que le premier de ces articles dispose expressément que le condamné aura pour se pourvoir trois jours francs après celui où l'arrêt lui aura été prononcé, les articles correspondants des Codes maritime et militaire fixent le délai du pourvoi dans les termes suivants : « Le condamné doit former son pourvoi dans les trois jours qui suivent la notification de la décision du conseil de révision, et, s'il n'y a pas eu recours devant ce conseil, dans les trois jours qui suivent le délai accordé pour l'exercer. »

566. — Hors cette différence, on suit les règles du droit commun pour tout ce qui concerne les délais du pourvoi, notamment le pourvoi admis bien que formé hors des délais, s'il est reconnu que le retard ne peut être imputé au condamné. — V. suprà, v° Cassation (mat. crim.), n. 568 et s.

2° Conseils de révision permanents.

567. — Les conseils de révision sont des tribunaux supérieurs dont la mission est toute d'ordre juridique et qui remplacent, pour le marin et le militaire, la Cour de cassation dont l'accès leur est interdit.

568. — I. Organisation. — L'art. 26, C. just. marit., prévoyait l'existence de plusieurs conseils de révision ; en effet, l'un des décrets du 21 juin 1858, ayant pour objet de régler le ressort des conseils de révision, en avait institué deux : l'un pour statuer sur les recours dirigés contre les jugements rendus par les conseils de guerre de Cherbourg, Brest et Lorient ; l'autre pour ceux de Rochefort et de Toulon. Mais un décret du 23 janv. 1889 a supprimé purement et simplement le conseil de révision de Toulon, en n'en laissant subsister qu'un seul siégeant à Brest, qui porte désormais le titre de conseil de révision de la marine.

569. — Le remplacement des deux conseils de révision créés en 1858 par un seul tribunal a eu pour conséquence que ce conseil prononce désormais sur les recours introduits contre les jugements de tous les conseils de guerre maritimes permanents des arrondissements maritimes.

570. — Le conseil de révision est composé du major général de la marine, président, et de quatre juges pris parmi les capi-

taines de vaisseau ou de frégate; les colonels ou lieutenants-colonels; les chefs de bataillon, chefs d'escadron ou majors. Il y a près le conseil de révision un commissaire du gouvernement et un greffier. Les fonctions de commissaire du gouvernement sont remplies par un officier supérieur du corps de la marine, des corps organisés de la marine, de celui du commissariat ou de celui de l'inspection. Il peut être nommé un substitut du commissaire du gouvernement appartenant au même corps, et un commis-greffier, si les besoins du service l'exigent (art. 27).

571. — Une certaine indécision s'étant produite, en 1891, lors de la modification apportée à l'ordonnance du 14 juin 1844 et de la création du chef d'état-major général de l'arrondissement maritime (Décr. 21 oct. 1891), le titre de major général de la marine, d'abord supprimé, a été rendu expressément au major de la flotte par décret du 31 déc. 1892. Quant à la portée des mots : corps de la marine, corps organisés de la marine, nous ne pouvons que nous référer aux explications données à propos des art. 6, 7, etc. — V. suprà, n. 120 et s.

572. — Les juges du conseil de révision sont pris parmi les officiers du corps de la marine et des corps organisés de la marine, en activité dans le chef-lieu de l'arrondissement où siège le conseil; ils sont nommés par le préfet maritime. Ils peuvent être remplacés tous les six mois, et même dans un délai moindre, s'ils cessent d'être employés dans le chef-lieu. Un tableau est dressé pour ces juges, conformément à l'art. 19, C. just. marit. Les art. 20 et 21 sont applicables au conseil de révision pour le remplacement ou l'insuffisance d'officiers. Toutefois, en cas d'empêchement accidentel du major général, le préfet maritime désigne, pour le remplacer provisoirement dans ses fonctions de président, le plus ancien des capitaines de vaisseau ou des colonels en service au port (art. 28).

573. — Le commissaire du gouvernement est pris parmi les officiers supérieurs en activité ou en retraite; il est nommé par le ministre de la Marine. En fait, et pour les raisons exposées suprà, n. 45, le titulaire de ce poste est toujours pris parmi les officiers retraités ou tout au moins sur le point de l'être.

574. — Le substitut est pris parmi les officiers en activité; il est nommé par le préfet maritime. Le greffier et, s'il y a lieu, le commis-greffier, sont nommés dans les conditions et les formes indiquées aux art. 7 et 9, C. just. marit. (art. 29). — V. suprà, n. 39.

575. — Lorsque le conseil de guerre dont le jugement est attaqué a été présidé par un officier général ou par un amiral, le conseil de révision est présidé par un officier général du même grade ou par un amiral ou maréchal de France; le major général, s'il n'a pas le grade requis pour présider, siège alors comme juge, et le juge le moins élevé en grade ou le moins ancien de grade, ou, à égalité d'ancienneté, le moins âgé, ne prend point part au jugement de l'affaire (art. 30).

576. — Nul ne peut faire partie d'un conseil de révision, s'il n'est français ou naturalisé français et âgé de trente ans accomplis (art. 31, al. 1).

577. — Les art. 23 et 24, C. just. marit., concernant les causes de récusation ou d'exclusion, sont applicables aux membres du conseil de révision (art. 31, al. 2). Mais, il est à remarquer que les juges de révision devant lesquels, à la suite d'une première annulation, revient la même affaire ne tombent pas sous le coup de la récusation ou de l'exclusion prévue à l'art. 24-5°, C. just. marit. En effet, les faits étrangers au conseil de révision, le retour de la même affaire y amène des actes nouveaux de procédure et des points de droit nouvellement posés, sinon nouveaux en eux-mêmes. Ce n'est donc pas le même procès qui se juge et les mêmes membres peuvent en connaître. Le Code prévoit, d'ailleurs, expressément, cette hypothèse lorsqu'il envisage dans l'art. 233 la suite à donner à la deuxième annulation prononcée par le conseil de révision, dans le même procès, pour le même motif.

578. — Par les considérations énoncées à propos de l'art. 25 (V. suprà, n. 83), aucun serment n'est exigé depuis 1870 des commissaires du gouvernement près les conseils de révision (art. 32).

578 bis. — L'indemnité judiciaire pour les membres du conseil de révision a été fixée ainsi qu'il suit (Décr. 24 sept. 1896; L. fin. 16 déc. 1896) :

Commissaire du gouvernement	2,160 fr.
Greffier	1,080 —
Commis-greffier	576 —

579. — II. *Compétence.* — Les jugements des conseils de guerre, émanant d'une véritable cour criminelle, ne sont jamais susceptibles d'appel ; le conseil de révision permanent de la marine, devant lequel seulement ils peuvent être attaqués, constitue une sorte de tribunal de cassation ne connaissant pas du fait, ne statuant que sur pièces et ne jugeant que les questions de droit.

580. — Le rôle du conseil de révision ainsi que l'a défini un auteur spécialement compétent, est de « rechercher si on a fidèlement observé les règles prescrites pour maintenir l'ordre des juridictions, assurer les droits de la défense, la régularité de la procédure et des débats, la véritable qualification des faits reconnus constants, et la légalité de la condamnation » (Foucher, p. 202). Aussi l'art. 86, C. just. marit., dispose-t-il : « Les conseils de révision ne connaissent pas du fond des affaires ». Et une jurisprudence nombreuse a dû en faire l'application. — Cons. rév. Paris, 15 avr. 1881, [Leclerc et Coupois, n. 66] ; — 15 avr. 1881, [*Ibid.*, n. 68] ; — 10 août 1882, [*Ibid.*, n. 135] ; — 15 mars 1883, [*Ibid.*, n. 157] ; — 25 sept. 1884, [*Ibid.*, n. 204] — Cons. rév. Alger, 10 nov. 1880, [*Ibid.*, n. 100] ; — 12 avr. 1883, [*Ibid.*, n. 160]

581. — Les jugements du conseil de révision sont rendus en dernier ressort. Le ministre seul peut se pourvoir contre eux devant la Cour de cassation dans l'intérêt de la loi. — V. *infrà*, n. 1001 et s.

582. — Le conseil de révision ne peut annuler les jugements que dans les cas suivants : 1° lorsque le conseil de guerre n'a pas été composé conformément aux dispositions légales ; 2° lorsque les règles de la compétence ont été violées ; 3° lorsque la peine prononcée par la loi n'a pas été appliquée aux faits déclarés constants par le conseil de guerre, ou lorsqu'une peine a été prononcée en dehors de cas prévus par la loi ; 4° lorsqu'il y a eu violation ou omission des formes prescrites à peine de nullité ; 5° lorsque le conseil de guerre a omis de statuer sur une demande de l'accusé ou sur une réquisition du commissaire du gouvernement, tendant à user d'une faculté ou d'un droit accordé par la loi (art. 87).

583. — Chacun de ces cas d'annulation mérite qu'on s'y arrête un instant : 1° *Erreur dans la composition du conseil de guerre.* — Ce cas de nullité est d'une application peu vraisemblable, attendu qu'il existe toujours au chef-lieu d'un arrondissement maritime des officiers en nombre suffisant. Il faut donc supposer une erreur que la simple consultation des tableaux suffirait à éviter. Quant à l'ordre dans lequel les officiers sont appelés à siéger comme juges, il ne peut guère motiver de réclamation, puisque le préfet maritime a seul le droit de décider si l'officier inscrit sur la liste est ou non empêché. — V. *suprà*, n. 51 et 52.

584. — 2° *Incompétence.* — L'incompétence est devant toutes les juridictions considérée comme d'ordre public et, par suite, susceptible d'être invoquée à n'importe quel moment de l'instance. On peut donc la soulever pour la première fois devant le conseil de révision, alors même qu'il n'en aurait pas été question devant le conseil de guerre. De plus, l'allégation d'incompétence étant dans la plupart des cas basée sur la dénégation de la qualité de marin ou de militaire, cette question entraîne dans ce cas l'admissibilité du pourvoi en cassation sur ce même point.

585. — Il n'y a pas incompétence, mais erreur dans la composition du conseil de guerre si, au moment de juger un accusé, le conseil constate qu'un de ses membres a déjà connu de l'affaire ; par suite il doit, non se déclarer incompétent, mais déclarer ne pouvoir statuer en l'état de sa composition. — Cons. rév. Lyon, 11 janv. 1868, [cité par Taillefer, p. 248, note 1]

586. — 3° *Fausse application de la peine.* — Cette cause de nullité, qui contient dans la discussion des termes du verdict pris pour base, a pour conséquence de n'entraîner qu'une nullité partielle de la sentence. Le principe de toute nullité étant le maintien de ce qui n'est pas vicié, il en résulte que, dans cette hypothèse, le verdict est maintenu et le renvoi prononcé devant un autre conseil de guerre dont la mission consiste alors exclusivement à statuer sur l'application de la peine. C'est ce qu'on appelle une annulation *parte in quâ* ou plus complètement *parte in quâ fallitur.* — V. *infrà*, n. 646.

586 bis. — Lorsque la juridiction militaire a reconnu, à tort, être en état de récidive l'accusé qu'elle déclare coupable d'un crime, elle ne fait pas seulement une fausse application de la peine, elle fait encore une déclaration de culpabilité viciée dans ses éléments par une erreur de droit et de fait qui entraîne une annulation complète et entière de sa décision, et non pas seulement une annulation partielle avec renvoi pour une simple application régulière de la peine. — Cass., 6 févr. 1858, Guyot, [S. 58.1.699, P. 59.180, D. 58.1.187]

587. — 4° *Violation des formes.* — C'est là une nullité de pure procédure, laquelle ne peut résulter que de l'omission d'une des formes prescrites à peine de nullité par le Code maritime puisque les nullités ne se suppléent pas. En voici l'énumération empruntée à l'instruction du 23 juin 1858, mais complétée d'une indication omise dans cette instruction : C. just. marit., art. 129, § 1, 139, § 3, 143, § 3, 150, 158 (à cause des art. 317, 322 et 332, C. instr. crim. qui y sont visés), 170, § 4, 208, § 1, 211, § 3 (à cause de l'art. 139 qui y est visé), 213, § 1 (à cause des art. 143, 150 et 170 qui y sont visés) et 232, § 4 ; C. instr. crim., art. 317, 322 et 332.

588. — Il faut remarquer que l'accusé n'a pas, devant les conseils de guerre le droit de se pourvoir en nullité contre l'ordre de mise en jugement du préfet maritime qui le renvoie devant le conseil de guerre, comme l'art. 296, C. instr. crim., l'accorde à l'accusé contre l'arrêt de renvoi devant la cour d'assises. — Taillefer, p. 249.

589. — L'annulation d'un jugement de conseil de guerre pour vice de procédure à l'égard d'un condamné, ne profite pas aux autres condamnés à l'égard desquels ce vice ne se rencontrait pas : il n'y a pas indivisibilité dans ce cas. — Cass., 17 nov. 1851, Gent, [S. 51.1.707, P. 52.1.176]

590. — 5° *Omission de statuer sur une demande de l'accusé ou sur une réquisition du commissaire du gouvernement tendant à user d'une faculté ou d'un droit accordé par la loi.* — Nous avons rencontré de nombreux exemples de nullités prononcées pour omission de statuer dans l'intérêt de la défense comme de l'accusation (V. notamment *suprà*, n. 411, 415, etc...). Ce moyen étant emprunté à l'art. 408, C. instr. crim., il faut se servir ici de l'interprétation que lui a donnée la Cour de cassation. On remarquera donc à ce sujet que, s'il n'est pas indispensable que les conclusions ou réquisitions soient écrites et signées pour que le conseil de guerre soit obligé de statuer à leur égard, ce sera cependant le seul moyen d'en constater l'existence. — V. *suprà*, v° *Cassation* (mat. crim.), n. 959 et s.

591. — Jugé, à cet égard, que lorsque la déposition d'un témoin paraît fausse, la défense a le droit, comme le ministère public, de requérir sa mise en état d'arrestation ; mais, pour que le conseil soit obligé d'y statuer, il est nécessaire que des conclusions expresses soient formulées. S'il n'y a eu que de simples observations au cours des plaidoiries, la défense ne peut voir dans le silence du conseil un refus de statuer sur une demande de l'accusé. — Cons. rév. Alger, 26 mai 1887, Mohammed et consorts.

592. — Mais il y a nullité en vertu de l'art. 74, C. just. milit. (C. just. marit., art. 87) lorsque, la défense ayant déposé des conclusions pour s'opposer à la position d'une question de circonstance aggravante demandée par le ministère public, le conseil de guerre n'a pas statué et que le président seul a pris une décision. — Cons. rév. Paris, 20 août 1880, [Leclerc et Coupois, n. 29]

593. — Pour que la cause de révision dont nous parlons puisse motiver l'admission du recours, il est nécessaire que l'accusé se soit prévalu, devant le premier juge, de ce droit ou de cette faculté, et que le juge du fond lui en ait refusé l'exercice ou ait omis de statuer.

594. — Spécialement, est irrecevable devant le conseil de révision le moyen tiré de ce que l'accusé n'a pas été mis à même de faire entendre des témoins à décharge, lorsque ce moyen n'a pas été produit devant les juges du fond. — Cons. rév. Alger, 27 déc. 1894, [*Rev. alg.*, 95.2.170]

595. — Par application du principe général « pas d'intérêt, pas d'action », le condamné n'est pas recevable à se pourvoir contre son propre intérêt, soit que la peine prononcée ait été fixée par erreur à un taux moindre que le minimum légal, soit que l'erreur provienne d'une simple confusion dans la citation du texte de loi appliqué, si, d'ailleurs, le condamné n'en a pas souffert.

596. — En cas d'annulation partielle, tout ce qui est maintenu est acquis au condamné. Par suite, un conseil de guerre devant lequel un marin condamné à la réclusion a été renvoyé, par une décision d'ailleurs surérogatoire, pour simple prononciation de la dégradation militaire omise par les premiers juges, ne peut changer la peine et prononcer les travaux forcés. — Cass., 7 avr. 1865, Robbe, [S. 65.1.365, P. 65.912]

597. — Mais ceci ne veut pas dire que la situation d'un accusé ne puisse être aggravée indirectement par les conséquences de son recours. On déclare non-recevable faute d'intérêt un condamné qui fait remarquer qu'il encourait une peine supérieure à celle qu'on a prononcée contre lui. Mais si un condamné obtient pour un vice de forme, par exemple, l'annulation intégrale de son jugement, tout est remis en question et des nouveaux débats peuvent sortir un verdict plus sévère et une condamnation plus lourde. Sur ce point, la position des justiciables de la cour d'assises et des conseils de guerre est identique.

598. — Il ne faudrait pas confondre cette situation avec celle du prévenu correctionnel dont la peine ne peut, aux termes de nombreux arrêts, être aggravée sur son seul appel devant les tribunaux ordinaires (V. *suprà*, v° *Appel* [mat. répress.], n. 822 et s.). En cas d'annulation du jugement du conseil de guerre ou de l'arrêt de la cour d'assises, tout le passé disparaît et la procédure nouvelle replace l'accusé en face de tous les aléas que comporte l'incrimination dont il est l'objet.

599. — Il a été jugé, en ce sens, qu'un conseil de guerre saisi d'une affaire après annulation par le conseil de révision, sur le recours du condamné, du jugement de condamnation rendu par un premier conseil de guerre, qui, toutefois, avait reconnu l'existence de circonstances atténuantes, peut, en condamnant de nouveau, ne pas reconnaître l'existence de telles circonstances, et appliquer au prévenu une peine plus forte que celle qu'avait infligée le premier conseil de guerre. — Cass., 19 janv. 1844, Oléro, [S. 44.1.160, P. 45.2.285]

600. — Le commissaire du gouvernement, de même que l'accusé, peut se pourvoir devant le conseil de révision contre les jugements des conseils de guerre. Aux termes de l'art. 174, al. 1, « dans le cas d'acquittement ou d'absolution de l'accusé, l'annulation du jugement ne pourra être poursuivie par le commissaire du gouvernement que conformément aux art. 409 et 410, C. instr. crim. »

601. — Ainsi, il n'existe pas devant les conseils de guerre d'appel *a minima*, même en matière correctionnelle. Les membres du conseil sont des jurés et leur verdict est acquis définitivement à l'accusé, sans que celui-ci puisse être recherché de nouveau pour le même fait.

602. — Au cas d'acquittement, le recours n'est exercé que dans l'intérêt de la loi, et sans que l'annulation puisse avoir aucun effet à l'encontre de l'acquitté. — Cons. rév. Paris, 9 déc. 1881, [Leclerc et Coupois, n. 106] — Cons. rév. Alger, 27 mai 1886, [*Ibid.*, n. 247]

603. — Les conseils de révision militaires ou maritimes n'ont le droit d'annuler les jugements des conseils de guerre dans l'intérêt de la loi qu'au cas d'acquittement de l'accusé : hors ce cas, un tel droit n'appartient qu'à la Cour de cassation, sur la réquisition du procureur général près cette cour. — Cass., 12 juill. 1860, Rastel, [S. 60.1.677, P. 61.155, D. 60.1.282]

604. — Et ces conseils de révision ne peuvent d'ailleurs, quand ils sont compétents, prononcer l'annulation dont il s'agit que sur le pourvoi du commissaire du gouvernement formé suivant les conditions et dans le délai prescrits par les art. 144, C. just. milit., et 174, C. just. marit. : il ne leur appartient pas de la prononcer d'office. — Même arrêt.

605. — Jugé encore que, si, aux termes de l'art. 409, C. instr. crim., rendu applicable aux tribunaux militaires par l'art. 144, C. just. milit. (C. just. marit., art. 174), l'annulation d'un acquittement et de ce qui l'a précédé ne peut être poursuivie par le ministère public que dans l'intérêt de la loi et sans préjudicier à la partie acquittée, cette règle ne peut recevoir son application que dans le cas où l'acquittement a été prononcé conformément aux art. 358 et 360, C. instr. crim., et 132, 136, 140, C. just. milit., c'est-à-dire sur le vu d'une déclaration régulière de non-culpabilité sur tous les chefs d'accusation. — Cass., 27 juill. 1888, Freha-ben-Daoud, [S. 90.1.93, P. 90.1.88]

606. — Par suite, si un conseil de guerre, après avoir statué sur une accusation principale, a négligé de répondre aux questions concernant le complice, sous le prétexte que l'acquittement de l'auteur principal entraîne nécessairement celui du complice, il y a excès de pouvoir et fausse interprétation de l'art. 409, C. instr. crim., dans le jugement du conseil de révision qui, tout en annulant la décision du conseil de guerre, à l'effet de purger le complice devant un autre conseil de guerre, à l'effet de purger l'accusation, en affirmant, par une erreur évidente de droit, que l'acquittement est acquis au prévenu et que le ministère public

ne peut se pourvoir que dans l'intérêt de la loi. — Même arrêt. — V. *suprà*, v° *Complicité*, n. 157.

607. — Au cas d'absolution, le recours appartient au commissaire du gouvernement si l'absolution a été prononcée sur le fondement de la non-existence d'une loi pénale, qui pourtant aurait existé. Ici, contrairement à ce qui se produit s'il y a eu acquittement, le conseil de révision, saisi sur annulation, peut prononcer une condamnation opposable à l'absous, puisque cette seconde sentence est précisément basée sur la déclaration de culpabilité rendue par les premiers juges dans un verdict dont ils n'avaient pas tiré les conséquences légales. C'est ce qui explique la différence des situations entre l'acquitté et l'absous.

608. — Malgré la rédaction défectueuse de l'art. 174, C. just. marit., qui semble limiter aux cas d'acquittement ou d'absolution, le droit de recours du ministère public, il n'est pas douteux que le commissaire du gouvernement ne puisse poursuivre l'annulation d'un jugement de condamnation, et que cette annulation ne doive profiter au condamné. En effet, les art. 409 et 410, C. instr. crim., auxquels il est fait renvoi, prévoient expressément les trois cas de recours : acquittement, absolution et condamnation; mais, dans ce dernier cas, le recours ne peut être motivé que sur une fausse application de la peine.

609. — Le recours du commissaire du gouvernement est non-recevable, s'il y a eu condamnation, pour tout autre motif que la fausse application de la peine : il en est ainsi spécialement du recours formé pour omission d'une formalité. — Cons. rév. Paris, 13 août 1880, [Leclerc et Coupois, n. 26]; — 5 avr. 1881, [*Ibid.*, n. 63] — Cons. rév. Alger, 5 juin 1884, [*Ibid.*, n. 192]

610. — D'autre part, le ministère public, contrairement à ce qui se passe dans le droit commun, ne peut, devant les juridictions militaires, se pourvoir contre un jugement incident, avant qu'il ait été statué au fond. — Cons. rév. Paris, 5 nov. 1880, [Leclerc et Coupois, n. 30]; — 22 févr. 1883, [*Ibid.*, n. 154] — Cons. rév. Alger, 12 janv. 1882, [*Ibid.*, n. 109]; — 14 juin 1894, Bachier et consorts.

611. — Le commissaire du gouvernement est donc non-recevable à attaquer un jugement ordonnant un plus ample informé. — Cons. rév. Paris, 22 févr. 1883, précité. — Cons. rév. Alger, 12 janv. 1882, précité.

612. — Pour les formes du recours en révision et le délai dans lequel il doit être formé, V. *suprà*, n. 556 et s.

613. — III. *Procédure.* — Après la déclaration de recours, le commissaire du gouvernement près le conseil de guerre adresse sans retard au commissaire du gouvernement près le conseil de révision, une expédition du jugement et de l'acte de recours. Il y joint les pièces de la procédure et la requête de l'accusé si elle a été déposée (art. 183).

614. — Le commissaire du gouvernement près le conseil de révision envoie sur-le-champ les pièces de la procédure au greffe du conseil, où elles restent déposées vingt-quatre heures. Le défenseur de l'accusé peut en prendre communication sans déplacement, et produire, avant le jugement, les requêtes, mémoires et pièces qu'il juge utiles. Le greffier tient un registre sur lequel il mentionne, à leur date, les productions faites par le commissaire du gouvernement et par le condamné (art. 184).

615. — Aucune disposition n'est prise par la loi maritime pour assurer un défenseur à l'auteur du recours. Il est question, dans divers articles, de ce défenseur, mais il n'apparaît pas que le président ait le devoir, ni de s'assurer que l'accusé en a choisi un, ni de lui en désigner un d'office; seul l'art. 188 fait allusion à l'existence d'un défenseur d'office et l'art. 196, qui déclare divers articles applicables aux conseils de guerre, entre autres l'art. 140, s'abstient de viser l'art. 139 qui concerne la désignation du défenseur d'office à peine de nullité.

616. — On peut en conclure avec juste raison que le Code maritime n'a pas attaché à la représentation de l'inculpé par un défenseur devant le conseil de révision une nullité quelconque. La raison en est que le commissaire du gouvernement, qui est le véritable guide des décisions intervenues, a la faculté de rechercher et de relever d'office toutes les causes de nullité susceptibles de vicier la sentence du premier juge (V. *infrà*, n. 628 et 629). Néanmoins, il nous semble que si le condamné en manifestait le désir, le président devrait lui désigner un défenseur, choisi de préférence parmi les légistes. En effet, les questions soumises au conseil de révision sont des questions de pur droit, souvent délicates, pour lesquelles une connaissance approfondie de notre législation criminelle sera nécessaire et à l'examen desquelles la carrière des armes ne peut sembler qu'une préparation insuffisante.

617. — Quoi qu'il en soit, si l'accusé est pourvu d'un défenseur, ce défenseur peut être pris parmi les mêmes personnes que devant le conseil de guerre (art. 196 renvoyant à l'art. 140). — V. *suprà*, n. 319.

618. — A l'expiration du délai de vingt-quatre heures, les pièces de l'affaire sont renvoyées par le président à l'un des juges pour en faire le rapport (art. 185).

619. — Le rapport doit contenir l'examen succinct des faits ayant motivé la condamnation, et exposer les moyens d'annulation fournis à l'appui du recours. Le rapporteur examine aussi d'office si la procédure suivie est régulière. — Taillefer, p. 297.

620. — Des mesures sont prises, dès que le recours est formé, pour que la sentence de révision intervienne dans le plus bref délai. Pourtant, si tel est le vœu de la loi, les limites indiquées pour l'accomplissement de chacun des actes ne peuvent être considérées comme emportant nullité; leur inobservation, qui peut souvent résulter des circonstances, ne saurait entraîner aucune conséquence ni avoir aucun effet sur la légalité de la sentence.

621. — Aux termes de l'art. 186, le conseil de révision prononce dans les trois jours à dater du dépôt des pièces. Ce délai de trois jours n'est qu'une indication. Quelques auteurs y voient un minimum, ce qui semble peu conforme au texte de l'article; mais, à la vérité, toute controverse sur ce point est bien superflue, car avec la nécessité de communiquer le dossier au président, au commissaire du gouvernement et au défenseur, il est matériellement impossible de réunir le conseil dans le délai indiqué qui est couramment dépassé.

622. — Les règles concernant la réunion du conseil de révision, la publicité des séances ou le huis-clos, le droit de police de l'audience qui appartient au président et par suite les droits respectifs du président et du conseil au cas de trouble à l'audience par les assistants sont les mêmes que devant le conseil de guerre (art. 196 combiné avec les art. 143 à 145). — V. *suprà*, n. 331 et s.

623. — Au cas de crime ou délit commis à l'audience, le président du conseil de révision, après avoir fait dresser procès-verbal des faits et des dépositions des témoins, renvoie les pièces et l'inculpé devant l'autorité compétente, sans qu'il y ait à distinguer comme dans l'art. 146 si l'auteur du crime ou du délit est ou non justiciable des tribunaux maritimes. La raison en est que le conseil de révision ne prononce jamais sur les faits. Dans tous les cas, ajoute l'art. 196, les décisions sont prises à la majorité des voix.

624. — Si le condamné veut soulever une exception fondée sur l'incapacité de l'un des membres du conseil, par exemple sur ce qu'il n'a pas l'âge requis pour siéger ou la qualité de Français, ou sur une cause de récusation, comme la parenté ou l'alliance au degré prohibé, cette exception doit être proposée avant l'ouverture des débats et elle est jugée par le conseil de révision par un jugement incident dûment motivé et sans recours (art. 187).

625. — A l'audience, le rapporteur expose les moyens de recours; il présente ses observations, sans toutefois faire connaître son opinion. Après le rapport, le défenseur choisi ou nommé d'office (s'il y en a un) est entendu; il ne peut plaider sur le fond de l'affaire. Le commissaire du gouvernement discute les moyens présentés dans la requête ou à l'audience, ainsi que ceux qu'il croit devoir proposer d'office, et il donne ses conclusions, sur lesquelles le défenseur est admis à présenter des observations (art. 188).

626. — Le condamné n'est pas obligé de présenter des moyens de nullité, le rapporteur et le commissaire du gouvernement peuvent en soulever d'office. Conséquemment, un conseil de révision ne pourrait se borner à donner comme motif de rejet que le condamné n'a présenté aucun moyen d'annulation à l'appui de son recours; il est nécessaire, pour être complet, d'ajouter que le rapporteur ni le commissaire du gouvernement n'en ont pas soulevé d'office.

627. — L'indication, par le ministère public qui se pourvoit en révision contre la décision d'un conseil de guerre, d'un motif à l'appui de son recours, n'a pas pour effet de restreindre la portée de ce pourvoi et d'emporter renonciation à tous autres motifs d'annulation, alors qu'il résulte de ses termes qu'il est formé

contre l'ensemble de la décision et non pas uniquement contre une seule de ses dispositions. Le conseil de révision demeure donc compétent pour examiner les moyens relevés d'office contre la décision attaquée, et pour en apprécier la valeur légale. — Cass., 2 déc. 1870, Prévost, [S. 70.1.413, P. 70.1053, D. 71.1.257]

628. — Le commissaire du gouvernement peut proposer d'office des moyens de recours, mais il faut remarquer que le conseil de révision ne peut statuer que sur le recours du condamné et du commissaire du gouvernement près le conseil de guerre. Par suite, le commissaire du gouvernement près le conseil de révision ne peut étendre l'annulation à d'autres points que ceux qui sont visés.

629. — Cependant, il ne faut pas confondre le fond même du recours avec les moyens sur lesquels il s'appuie. Il est évident que si, sur deux condamnés, un seul s'est pourvu, le ministère public ne pourra étendre son intervention au second; mais si, comme cela arrive dans la plupart des cas, le condamné s'est pourvu sans autre indication précise, contre sa condamnation, le commissaire du gouvernement a parfaitement le droit de soulever d'office des moyens d'annulation.

630. — Les juges se retirent dans la chambre du conseil; si les localités ne le permettent pas, ils font retirer l'auditoire; ils délibèrent hors de la présence du commissaire du gouvernement et du greffier.

631. — Ils statuent, sans désemparer, et à la majorité des voix, sur chacun des moyens proposés. Le président recueille les voix en commençant par le grade inférieur. Toutefois, le rapporteur opine toujours le premier (art. 189, al. 1 à 3).

632. — Le jugement, qui est prononcé par le président en audience publique, doit être motivé. La minute est signée par le président et le greffier. En outre, en cas d'annulation, le texte de la loi violée ou faussement appliquée est transcrit dans le jugement (art. 189, al. 4 à 6).

633. — Si le recours est rejeté, le commissaire du gouvernement transmet le jugement du conseil en révision et les pièces au commissaire du gouvernement près le conseil de guerre qui a rendu le jugement, et il donne avis à l'autorité qui a ordonné l'information (art. 190).

634. — La meilleure formule à adopter pour les rejets de recours sans moyens précis, les plus fréquents dans la pratique, paraît être la suivante, abstraction faite des visas : « Considérant que le condamné n'a produit par lui-même ou par son défenseur aucun moyen de recours, que le rapporteur, ni le commissaire du gouvernement n'en ont pas soulevé d'office; considérant au surplus que la procédure est régulière, que toutes les formalités exigées par la loi à peine de nullité ont été accomplies et que la peine prononcée est légalement applicable aux faits déclarés constants dans le verdict; rejette le recours. »

635. — Si, au contraire, des moyens d'annulation ont été proposés de quelque part que ce soit, chacun d'eux doit faire l'objet d'une argumentation distincte et d'un vote spécial, et le nombre des voix est mentionné dans le jugement. Dans le cas où les moyens invoqués seraient incomplets, le conseil ferait sagement de compléter sa décision par le dernier paragraphe de la formule ci-dessus.

636. — Lorsqu'un jugement est attaqué sur un seul chef, alors que la peine prononcée est dûment justifiée par un autre fait, le conseil de révision peut se dispenser de statuer sur un motif d'annulation sans intérêt pour l'accusé. — Cons. rév. Paris, 13 janv. 1887, Karsenty.

637. — S'il y a annulation, le commissaire du gouvernement près le conseil de révision envoie au commissaire du gouvernement près le conseil de guerre dont le jugement est annulé une expédition du jugement d'annulation. Ce jugement est, à la diligence du commissaire du gouvernement, transcrit sur les registres du conseil de guerre. Il en est fait mention en marge du jugement annulé (art. 192).

638. — Si le conseil de révision annule le jugement pour incompétence, il prononce le renvoi devant la juridiction compétente (art. 191). Le conseil de révision ne peut désigner la juridiction devant laquelle il y a lieu à renvoi, par la raison qu'il n'a pas qualité pour s'interposer dans la procédure d'une juridiction non militaire et la saisir *de plano*. Mais le renvoi doit être fait dans les formes indiquées à l'art. 193, c'est-à-dire à la disposition du procureur de la République.

639. — Si l'annulation est prononcée pour tout autre motif que l'incompétence, le conseil de révision renvoie l'affaire devant le conseil de guerre de l'arrondissement qui n'en a pas connu (art. 191, in fine).

640. — Le conseil de révision jugeant en droit et non en fait, doit toujours renvoyer devant une juridiction et ne peut statuer lui-même sur le fonds. Il ne peut, par exemple, prononcer l'absolution d'un condamné à l'égard duquel il reconnaîtrait l'absence de crime ou de délit; il doit se borner à annuler et à renvoyer devant d'autres juges. Pourtant, il est admis que les juges de révision peuvent annuler sans renvoi lorsque leur décision ne tend qu'à un retranchement; il en est ainsi lorsqu'une peine accessoire a été illégalement ajoutée, mais que la peine principale subsiste; tout renvoi est inutile et on casse par voie de retranchement. Ce procédé est imité de celui qu'emploie, dans les cas analogues, la Cour de cassation (V. supra, v° Cassation [mat. crim.], n. 1643 et s.). Pradier-Fodéré enseigne l'opinion contraire. mais celle qui est indiquée ci-dessus a été maintes fois suivie par les conseils de révision, et l'est notamment, par le conseil de révision de Paris. L'annulation a encore lieu sans renvoi lorsqu'elle est prononcée dans l'intérêt de la loi.

641. — Le commissaire du gouvernement près le conseil de révision transmet sans délai les pièces du procès, avec une expédition du jugement d'annulation, au commissaire du gouvernement près le conseil de guerre ou près le tribunal maritime devant lequel l'affaire est renvoyée. Si l'affaire est renvoyée devant un conseil de guerre à bord des bâtiments de l'État ou devant un conseil de justice, les pièces sont transmises à l'autorité qui avait donné l'ordre d'informer (art. 193, al. 1 et 2).

642. — Ainsi, dans le cas du premier paragraphe, c'est-à-dire, si le renvoi est prononcé en faveur d'une juridiction permanente, elle est saisie directement par le conseil de révision et doit procéder sans attendre aucun ordre d'informer. Cependant le préfet maritime doit être mis à même, sur les diligences du commissaire du gouvernement près la juridiction de renvoi, de donner l'ordre de convocation.

643. — Si, au contraire, le conseil à saisir appartient à l'ordre des juridictions de bord, le dossier doit être renvoyé à l'autorité qui dispose du pouvoir juridictionnel à cet égard, laquelle a seule qualité pour donner naissance à ces tribunaux éphémères.

644. — Si le jugement a été annulé pour cause d'incompétence des juridictions maritimes, les pièces sont transmises, suivant les cas, au commissaire du gouvernement près le conseil de guerre de l'armée de terre ou au procureur de la République près le tribunal du lieu où siège le conseil de révision. L'autorité maritime qui croit devoir se dessaisir doit, en outre, rendre compte au ministre de la Marine (art. 193, in fine).

645. — Si l'annulation a été prononcée pour inobservation des formes, la procédure est recommencée à partir du premier acte nul. Il est procédé à de nouveaux débats (art. 194, al. 1).

646. — Si, au contraire, l'annulation n'est prononcée que pour fausse application de la peine aux faits dont l'accusé a été déclaré coupable, la déclaration de la culpabilité est maintenue, et l'affaire n'est renvoyée devant le nouveau conseil de guerre que pour l'application de la peine (art. 194, al. 2). C'est l'annulation parte in quâ dont nous avons déjà parlé, supra, n. 586. Bien que le Code ne s'en explique pas expressément, il est indispensable de faire comparaître l'accusé assisté de son défenseur, de constater l'identité et de lui donner la parole ainsi qu'au ministère public, sur l'application de la peine seulement. Il y a donc un nouveau débat oral, mais d'une portée restreinte; les choses se passent alors comme devant les cours d'assises, lorsque l'accusé est ramené pour entendre la lecture du verdict et pour discuter devant la cour la question de pénalité.

647. — L'annulation partielle, avec maintien du verdict, n'est possible que si l'erreur commise par les premiers juges n'était pas de nature à influer sur leur premier vote. Dans le cas contraire, le jugement doit être annulé en entier. Pradier-Fodéré cite comme exemple de ce cas l'hypothèse où les juges ont reconnu à tort un état de récidive qui n'existait pas; cette constatation, en effet, a pu vicier l'appréciation qu'ils ont faite de la criminalité des actes de l'accusé.

648. — C'est en ce sens qu'il a été jugé que lorsque l'annulation d'un jugement de conseil de guerre n'est prononcée que pour fausse application de la peine, si, d'après l'art. 170, § 2, C. just. milit. (art. 194, § 2, C. just. marit.), il n'y a lieu, en maintenant la déclaration de culpabilité, de renvoyer devant

un autre conseil de guerre que pour une nouvelle application de la peine, cette restriction ne peut être faite qu'autant que la déclaration de culpabilité ne se trouve pas elle-même viciée dans un de ses éléments par l'erreur de droit ou de fait qui motive l'annulation du jugement. — Cass., 6 févr. 1858, Guyot, [S. 58. 1.699, P. 59.180]; — 4 mars 1892, [Bull. crim., n. 61]

649. — On s'est demandé ce qu'il fallait décider lorsque, contrairement aux dispositions de l'art. 170, le nombre de voix sur l'application de la peine n'est pas mentionné dans le jugement. Est-ce là une fausse application de la peine pour laquelle le renvoi ne doit être prononcé que parte in quâ, et pour une nouvelle application de la peine seulement, ou une nullité de forme, emportant la nécessité de recommencer la procédure?

650. — Il a été jugé, à cet égard, que l'omission, dans le jugement de condamnation rendu par un conseil de guerre, de l'indication du nombre de voix auquel la peine a été appliquée, entraîne non seulement l'annulation de la condamnation, mais encore celle de la déclaration de culpabilité, avec renvoi devant d'autres juges pour un nouveau débat. — Cass., 26 sept. 1867, Gérard, [S. 68.1.277, P. 68.670, D. 68.1.91]

651. — Cette solution peut paraître critiquable. De deux choses l'une, en effet : ou l'annulation est prononcée par application de l'art. 194, § 1 ou elle l'est en vertu de l'art. 194, § 2. Si elle est prononcée par application de l'art. 194, § 2, il est hors de doute que la déclaration de culpabilité doit être maintenue. Si, au contraire, l'annulation dont il s'agit se trouve réglée quant à ses effets par le premier paragraphe de l'art. 194, C. just. marit. (170, C. just. milit.), relatif aux vices de formes, s'ensuit-il, pour cela, que cette annulation doive embrasser non seulement la condamnation, mais encore la déclaration de culpabilité? Il est permis d'en douter. Que dit, en effet, la disposition du premier paragraphe de l'art. 194? Il dit, comme on l'a vu (supra, n. 645), que, dans le cas prévu d'inobservation des formes, « la procédure est recommencée à partir du premier acte nul ». Or, ici, l'acte nul, c'est uniquement la décision prononçant la peine; donc, d'après le texte même de la loi, ce n'est que cette décision et ce qui a pu la suivre qui doit être annulé. Il est vrai que la loi ajoute qu'il sera procédé à de nouveaux débats; mais cette prescription, faite pour les cas ordinaires, c'est-à-dire pour ceux où l'irrégularité a été commise dans l'instruction ou dans le cours des débats, ne saurait avoir l'effet de détruire la disposition qui la précède et qui limite l'étendue de l'annulation; d'ailleurs, dans notre hypothèse, il pourra y avoir lieu à des explications ou observations sur la nature de la peine encourue, sur son étendue, etc. : rigoureusement on peut dire que c'est là un débat, le seul que comporte l'état des choses. Pour décider que l'annulation s'étend à la déclaration de culpabilité, on se prévaut d'une prétendue indivisibilité entre cette déclaration de culpabilité et l'application de la peine. Mais pourquoi cette indivisibilité existerait-elle pour les membres des conseils de guerre investis à la fois des fonctions de jurés (appréciateurs des faits) et de celles de juges (chargés d'appliquer la loi), alors qu'en matière criminelle on repousse cette prétendue indivisibilité de la déclaration du jury et de l'arrêt de la cour d'assises portant condamnation? En matière criminelle, quand le vice de la condamnation ne se trouve que dans l'arrêt ou ne résulte que d'irrégularités postérieures à la décision du jury, cet arrêt seul est annulé et le verdict du jury maintenu; preuve qu'il n'y a pas indivisibilité entre la déclaration de culpabilité et la condamnation; que l'une peut continuer de subsister, tandis que l'autre est anéantie. Or, si cette indivisibilité n'a pas lieu dans les affaires portées devant la juridiction criminelle ordinaire, on ne voit pas pourquoi elle aurait lieu dans celles de la compétence des conseils de guerre.

652. — Le conseil de guerre auquel l'affaire est renvoyée après annulation exerce sur les actes qui lui sont déférés, une complète juridiction. Il peut donc, notamment, reconnaître l'existence d'une circonstance aggravante primitivement écartée, ou refuser aux coupables le bénéfice des circonstances atténuantes que les premiers juges avaient concédées, dût la peine encourue se trouver aggravée. On sait que l'on n'en est pas même sur ce point devant les cours d'assises. — V. supra, v° Cassation (mat. crim.), n. 1664 et s.

653. — Cependant, si le jugement annulé comportait plusieurs chefs de prévention, dont quelques-uns avaient été écartés par un verdict de non-culpabilité, le bénéfice en demeure entièrement acquis à l'homme, qui n'a à répondre devant le conseil de renvoi que des faits dont il n'a pas été déchargé par les premiers juges.

654. — Lorsqu'après l'annulation d'un jugement, un second jugement rendu contre le même accusé est annulé pour les mêmes motifs que le premier, l'affaire est renvoyée, suivant les cas, devant un conseil de guerre ou un tribunal maritime d'un des arrondissements voisins; devant un nouveau conseil de guerre dans un corps expéditionnaire; devant un nouveau conseil de guerre à bord d'un bâtiment de l'Etat, sauf application, s'il y a lieu, du deuxième paragraphe de l'art. 67, c'est-à-dire sauf renvoi à un commandant en chef, à un préfet maritime ou à un gouverneur de colonie pour qu'il soit donné suite à l'affaire (art. 233).

655. — Ces diverses prescriptions tendent à faciliter l'application du n. 5 de l'art. 24, en vertu duquel nul ne peut siéger comme juge s'il a connu de l'affaire comme membre d'un tribunal de la marine (V. suprà, n. 75 et s.). Rappelons à ce propos que, là où il ne s'agit pas de juridiction permanente à laquelle l'exclusion s'appliquerait en bloc, elle ne frapperait que le président et les juges, laissant ainsi de côté l'organe du ministère public et le greffier.

656. — Dans tous les cas, le troisième tribunal saisi doit se conformer à la décision du conseil ou du tribunal de révision sur le point de droit (art. 233). C'est l'application pure et simple de la loi du 1ᵉʳ avr. 1837, concernant la force interprétative des arrêts de la Cour de cassation, dont le conseil de révision joue le rôle dans l'organisation maritime. — V. suprà, vᵒ Cassation (mat. crim.), n. 1744 et s.

657. — Toutefois, s'il s'agit de l'application de la peine, le troisième conseil doit adopter l'interprétation la plus favorable à l'accusé (art. 233, al. 6).

658. — Le troisième jugement ne peut plus être attaqué par les mêmes moyens, si ce n'est par la voie de cassation dans l'intérêt de la loi, aux termes des art. 441 et 442, C. instr. crim. (V. infrà, n. 991 et s.). Toutefois, ce mode de recours extraordinaire ne peut être employé que sur l'initiative conjointe du ministre de la Marine et du garde des sceaux (art. 233).

§ 2. Juridictions de bord.

659. — Les juridictions de bord qui sont au nombre de trois, savoir : les conseils de guerre, les conseils de révision et les conseils de justice, ont deux caractères communs : à la différence des juridictions séant à terre, lesquelles sont qualifiées de permanentes, les juridictions de bord sont essentiellement éphémères dans toutes leurs parties ; de telle sorte que, pour chaque affaire, l'autorité investie du pouvoir juridictionnel doit nommer tous les membres du conseil, depuis le président jusqu'au greffier, et que cette investiture cesse d'avoir effet dès que le jugement a été rendu.

660. — En second lieu, elles saisissent leurs justiciables *ratione loci*, c'est-à-dire, sans acception de qualité et par le fait seul de leur présence à bord, fût-ce à titre de passage accidentel. La seule condition exigée est que l'inculpé figure au rôle d'équipage.

661. — L'art. 367 fait une application de ce principe en décidant que tous les individus embarqués sur un bâtiment de l'Etat restent soumis, en cas de perte du bâtiment, aux dispositions du Code maritime jusqu'à ce qu'ils aient pu être régulièrement débarqués. Cet article vise spécialement toutes les personnes qui, sans faire partie du corps de la marine, ni des équipages de la flotte, se trouvent à bord au moment du naufrage ; il s'agit donc surtout des militaires embarqués et des passagers civils, lesquels sont tenus de concourir au sauvetage du bâtiment et de se soumettre à la discipline maritime, jusqu'à ce qu'ils aient été relevés de leurs obligations temporaires par un débarquement régulier. Ces règles se rattachent aux nécessités de la vie maritime et ont pour but de fortifier l'autorité du commandement.

1ᵒ Conseils de guerre à bord.

662. — I. *Organisation.* — Lorsqu'il a été commis un crime ou un délit de la compétence des conseils de guerre à bord des bâtiments de l'Etat, un conseil de guerre est formé pour juger les auteurs de ce crime ou de ce délit (art. 57).

663. — A part l'art. 57, précité, et l'art. 61 qui contient une

disposition d'ordre spécial, les divers articles du Code maritime concernant l'organisation des conseils de guerre à bord ont été complètement remaniés par la loi du 9 avr. 1895, à l'occasion de la réduction à cinq juges du nombre des membres de ces juridictions.

664. — Sur le fond même de cette réforme, qui a consisté à appliquer aux juridictions maritimes la simplification introduite dans le Code de justice militaire par la loi du 18 mai 1875, il est inutile d'insister. Ainsi que cela a été dit au nom du ministre de la Marine dans les travaux préparatoires de la loi de 1895, un bâtiment de guerre qui quitte le port pour une croisière lointaine est bien assimilable à un corps de troupe en campagne, puisqu'il emporte avec lui tout ce qu'il lui faut pour combattre et qu'il ne sait pas si, en un point quelconque du globe, il ne se trouvera pas en face de l'ennemi. Il n'y avait donc aucune raison pour refuser aux chefs maritimes des moyens d'action qu'on accordait aux chefs militaires, ni pour accorder aux justiciables marins des garanties supérieures à celles qu'on jugeait suffisantes pour leurs camarades de l'armée de terre.

665. — A l'occasion de cette réforme, les textes assez ambigus et mal conçus de toute cette section du Code de 1858 ont été remaniés de façon à prévenir le retour des hésitations qui s'étaient produites.

666. — Aux termes du nouvel art. 58 : « Le conseil de guerre, à bord des bâtiments de l'Etat, est composé de cinq juges seulement, conformément au tableau ci-après, suivant le grade de l'accusé jusqu'à celui de capitaine de frégate, lieutenant-colonel ou assimilé inclusivement :

GRADE DE L'ACCUSÉ.	GRADE DU PRÉSIDENT	GRADES DES JUGES.
Officier-marinier ou sous-officier .... Quartier-maître, caporal ou brigadier .... Matelot, ouvrier mécanicien ou soldat ..... Apprenti marin ou novice, mousse	Capitaine de vaisseau ou de frégate, colonel ou lieutenant-colonel.	1 capitaine de frégate, ou 1 chef de bataillon, chef d'escadron ou major ; 1 lieutenant de vaisseau ou capitaine ; 1 enseigne de vaisseau, ou lieutenant, ou sous-lieutenant ; 1 officier-marinier ou sous-officier
Aspirant de 1ʳᵉ classe et assimilé .... Aspirant de 2ᵉ classe ... Volontaire .... Sous-lieutenant et assimilé	Capitaine de vaisseau ou de frégate, colonel ou lieutenant-colonel.	1 capitaine de frégate ou chef de bataillon, chef d'escadron ou major ; 1 lieutenant de vaisseau ou capitaine ; 1 enseigne de vaisseau ou lieutenant ; 1 enseigne de vaisseau ou lieutenant, ou sous-lieutenant.
Enseigne de vaisseau.. Lieutenant ou assimilé..	Capitaine de vaisseau ou de frégate, colonel ou lieutenant-colonel.	1 capitaine de frégate ou chef de bataillon, chef d'escadron ou major ; 1 lieutenant de vaisseau ou capitaine ; 2 enseignes de vaisseau ou lieutenants.
Lieutenant de vaisseau.. Capitaine ou assimilé...	Capitaine de vaisseau ou colonel.	1 capitaine de frégate ou lieutenant-colonel ; 1 capitaine de frégate ou 1 chef de bataillon, chef d'escadron ou major ; 2 lieutenants de vaisseau ou capitaines.
Chef de bataillon .... Chef d'escadron .... Major ou assimilé	Contre-amiral ou général de brigade.	1 capitaine de vaisseau ou colonel ; 1 capitaine de frégate ou lieutenant-colonel ; 2 capitaines de frégate ou chefs de bataillon, chefs d'escadron ou majors.
Capitaine de frégate, lieutenant-colonel ou assimilé	Contre-amiral ou général de brigade	2 capitaines de vaisseau ou colonels ; 2 capitaines de frégate ou lieutenants-colonels.

667. — Pour les officiers généraux et les capitaines de vaisseau, colonels, ou assimilés, le conseil de guerre est composé de sept membres et de la même façon que les conseils de guerre maritimes permanents. — V. suprà, n. 51.

668. — Il y a près des conseils de guerre à bord un commissaire du gouvernement, rapporteur, remplissant à la fois les fonctions de magistrat instructeur et celles du ministère public, et un greffier.

669. — La réunion sur une seule tête de la qualité de rapporteur et d'organe du ministère public existait déjà devant les tribunaux maritimes permanents ; elle avait été mise en pratique devant les conseils de guerre aux armées et l'expérience qui en avait été faite en Tunisie et au Tonkin avait démontré que ce cumul ne présentait aucun inconvénient (V. *infrà*, n. 823 et s.). Il est bon d'ajouter que l'intervention supérieure du commandement dans l'exercice du pouvoir juridictionnel permet de ne pas regretter l'abandon de l'espèce de contrôle qu'exercent ordinairement, l'un à l'égard de l'autre, l'organe de l'instruction et celui du ministère public.

670. — Les membres du conseil de guerre sont pris parmi les officiers de marine et les officiers-mariniers des bâtiments de l'État présents sur les lieux. S'il ne se trouve pas, à bord des bâtiments présents, un nombre suffisant d'officiers de marine du grade requis pour la composition du conseil de guerre, les officiers de troupe embarqués ou employés à terre sont appelés à siéger dans ce conseil. Si, nonobstant la disposition du paragraphe précédent, il y a insuffisance d'officiers du grade requis, les membres du conseil de guerre sont pris dans les grades inférieurs. Néanmoins, ne peuvent siéger dans le conseil de guerre, plus de deux juges d'un grade au-dessous de celui de l'accusé, ni plus de deux officiers-mariniers ou sous-officiers. Pour juger un officier ou un assimilé, aucun officier-marinier ou sous-officier ne peut entrer dans la composition du conseil de guerre (art. 59).

671. — Les fonctions de commissaire-rapporteur sont remplies par un officier ou assimilé ayant au moins le grade de lieutenant de vaisseau (art. 59, § 4). Notons en passant que cette expression d'assimilé est générale et ne se réfère plus aux spécifications des art. 7 et 9. Il semble donc que tout assimilé embarqué, par exemple un mécanicien principal de première classe, puisse désormais être commissaire-rapporteur près d'un conseil de guerre du bord (LL. 3 août 1892 et 9 avr. 1895). Nous pensons toutefois qu'il serait contraire à l'esprit de la loi maritime, comme à la réalité des choses, d'investir de ces fonctions un officier du corps de santé, bien qu'il soit légalement un assimilé. D'autre part, le commissaire-rapporteur doit avoir, en principe, un grade ou un rang au moins égal à celui de l'accusé (art. 16, § 1, applicable en vertu de l'art. 62). — V. *supra*, n. 62.

672. — Les fonctions de greffier sont confiées à un officier du commissariat de la marine ou à un officier marinier (art. 59, *in fine*). Cette disposition met un terme à la difficulté qui était née du fait de la disparition des commis de marine naviguants, dont l'ancien texte prévoyait l'utilisation comme greffiers et qui, à bord des bâtiments comportant un capitaine comptable, sans officier d'administration, n'avaient plus de similaires, ce qui rendait impossible la formation d'un conseil de guerre sans un concours extérieur. Cependant, il est bien entendu que, si un officier du commissariat est présent à bord et n'est pas nécessaire pour les fonctions de commissaire-rapporteur, ses connaissances juridiques seront utiles au conseil dans le rôle de greffier qui, rempli le plus souvent à terre par des officiers à trois galons, n'est nullement un emploi inférieur au grade d'aide-commissaire, ni même de sous-commissaire (Instr. min. 21 sept. 1809).

673. — Une observation générale doit être faite à propos des facilités ouvertes par l'art. 59 : bien que cet article parle de prendre subsidiairement les membres du conseil parmi les grades inférieurs, il est conforme à l'esprit de la loi de ne pas descendre de plus d'un degré pour le représentant de chaque échelon ; la composition minima, au-dessous de laquelle la formation du conseil deviendrait sujette à critique, nous paraît donc être la suivante : un lieutenant de vaisseau, président, un second lieutenant de vaisseau, un enseigne de vaisseau et deux officiers-mariniers, juges. Le lieutenant de vaisseau, président, devrait être plus ancien de grade, non seulement que le juge, mais à bord commissaire-rapporteur s'il était lieutenant de vaisseau, l'ancienneté n'ayant pas d'intérêt à l'égard des assimilés. — V. n. 1333 et s.

674. — Pour la composition du conseil de guerre, s'il y a des accusés de différents grades ou lorsqu'il s'agit de juger des prisonniers de guerre, ou des individus qui ne sont ni marins, ni militaires, ni assimilés aux marins ou militaires (V. *supra*, n. 660 et 661), on applique les art. 14, 17 et 18, C. just. marit., qui fixent dans ces hypothèses la composition des conseils de guerre permanents. — V. *supra*, n. 60, 64 et 66.

675. — Les membres du conseil de guerre sont nommés, savoir : si le bâtiment fait partie d'une armée navale, d'une escadre ou d'une division, par le commandant de cette force navale ; si le bâtiment est soumis à l'autorité d'un préfet maritime ou d'un gouverneur de colonie, par ce préfet maritime ou par ce gouverneur ; dans les autres cas, si plusieurs bâtiments sont réunis, par le commandant supérieur ; et si le bâtiment est isolé, par le commandant (art. 60).

676. — La première hypothèse ne donne lieu à aucune difficulté : la situation du commandant d'une force navale est assez nettement définie pour que nul doute ne puisse s'élever. La deuxième est plus délicate en ce sens que certains bâtiments passent alternativement et suivant les circonstances sous les ordres de préfets maritimes ou de gouverneurs, pour s'affranchir quelques jours plus tard de leur autorité.

677. — La règle à adopter est, à notre avis, la suivante : tant qu'un bâtiment ne faisant pas partie d'une force navale indépendante est présent dans un port, c'est un préfet maritime ou au gouverneur qu'appartient le pouvoir juridictionnel et, par suite, le droit de nomination des membres du conseil de guerre. A moins de nécessités, l'action de ces autorités peut même être réservée par le commandant de bâtiment qui sait que, dans un espace de vingt-quatre heures, par exemple, il sera au port ; autrement, une procédure commencée sur l'ordre du commandant s'achèverait sous ceux du préfet maritime, ce qui n'est pas impossible, mais ce qu'il faut éviter autant que faire se peut.

678. — Du jour où le bâtiment prend la mer, non pas pour vingt-quatre heures, mais pour une traversée d'une certaine durée, il acquiert son indépendance judiciaire et son commandant peut en user sous sa responsabilité.

679. — C'est en conformité de ces idées que les commandants des transports du littoral, affectés à de courtes navigations, assemblent eux-mêmes en cours de route les conseils de justice dont l'action est immédiate et sans procédure écrite préalable, mais réservent généralement aux préfets maritimes sous les ordres desquels ils passent successivement la mise en œuvre des conseils de guerre. Cette méthode peut avoir pour conséquence, si le transport doit repartir de suite, et si l'homme a été écroué à la prison maritime, de le rendre justiciable du conseil de guerre permanent (art. 78, § 2).

680. — La troisième hypothèse a été commentée par l'instruction du 25 juin 1858, n. 17, en ce qui touche l'expression de commandant supérieur : « l'officier commandant le plus élevé en grade, ou, à grade égal, le plus ancien dans une réunion fortuite de bâtiments ». Cette définition est d'ailleurs empruntée à celle que donne le décret sur le service à bord de l'expression « commandant supérieur de la rade » (Décr. 20 mai 1885). L'expression de commandant n'a pas besoin d'être commentée ; elle comprend, bien entendu, l'intérimaire comme le titulaire.

681. — Si un officier, ayant commandé une portion quelconque des forces navales de la République, est mis en jugement à raison d'un fait commis pendant la durée de son commandement, aucun des officiers ayant été sous ses ordres dans cette force navale ne peut faire partie du conseil de guerre (art. 61).

682. — Aux termes de l'art. 62 : les art. 14, 16, § 1, 17, 18, 22, 23 et 24, C. just. marit., sont applicables aux conseils de guerre siégeant à bord des bâtiments de l'État. Il en résulte que les conditions requises pour pouvoir être membre d'un conseil de guerre à bord, l'âge et la qualité de Français, les causes d'exclusion ou de récusation résultant de la parenté ou de l'alliance, ou de la connaissance qu'un membre du conseil pourrait déjà avoir eue de l'affaire, telles qu'elles sont réglées par les art. 22 à 24, C. just. marit., sont les mêmes que pour les conseils de guerre permanents (art. 62). — V. *supra*, n. 73 et s.

683. — Les visas de l'ancien texte ont été ainsi réunis en un seul article, complétés et rectifiés suivant les nécessités du nouveau mode de formation à cinq juges (Instr. min. 17 avr. 1895).

684. — II. *Compétence*. — Sont justiciables des conseils de guerre à bord des bâtiments de l'État, pour tous crimes ou délits commis, soit à bord, soit à terre, sauf les cas prévus aux art. 78, § 2 et 3, 88, 102 et 108, § 1, et tit. 3, livr. 2, tous individus portés présents, à quelque titre que ce soit, sur les rôles d'équipages des bâtiments de l'État, ou détachés pour un service spécial, lorsque ces bâtiments ne se trouvent pas dans l'enceinte d'un arsenal maritime (art. 94).

685. — Les exceptions ainsi prévues se rattachent : art. 78, § 1, à la présence du bâtiment dans l'enceinte d'un arsenal ; art. 78, § 2, au départ du bâtiment, le délinquant se trouvant à terre ; art. 88, au cas où le délit, commis dans l'arsenal, se rattache à la police de cet établissement ; art. 102, aux cas où le fait, n'entraînant pas une peine supérieure à deux années d'emprisonnement, tombe sous l'action du conseil de justice ; art. 108, au cas où des marins sont détachés soit en corps, soit isolément, comme auxiliaires des troupes de l'armée de terre; tit. 3, liv. 2, au cas de complicité. De plus, ce sont les conseils de guerre permanents qui doivent connaître de tous crimes ou délits commis, soit à bord, soit à terre, par des individus justiciables des juridictions de bord comme portés présents, à quelque titre que ce soit, sur le rôle d'équipage. lorsqu'il s'agit de la perte ou de la prise d'un bâtiment de l'Etat (art. 267-269). — V. *suprà*, n. 253.

686. — On sait que l'expression « portés présents, à quelque titre que ce soit, sur les rôles d'équipage des bâtiments de l'Etat », est bien plus compréhensive que celle de « individus faisant partie de l'équipage d'un bâtiment » que le Code maritime emploie à d'autres endroits. Tandis que la seconde ne comprend que ceux qui remplissent à bord une fonction quelconque (Instr. du 25 juin 1858, n. 89), la première s'étend à toute personne régulièrement embarquée, c'est-à-dire inscrite au rôle au moment de son arrivée à bord.

687. — C'est une des raisons pour lesquelles de nombreuses instructions ministérielles ont enjoint aux commandants de bâtiments de l'Etat, de ne jamais admettre à leur bord de passagers sans que, leur identité préalablement établie par un ordre d'embarquement ou par quelque autre pièce administrative, ils n'aient été inscrits sur le rôle d'équipage du bâtiment.

688. — Cette inscription dont l'utilité est éventuellement considérable au point de vue de l'établissement des actes de décès, est justificative de la compétence du conseil de guerre à bord et, à ce titre, doit être énoncée au jugement, avec les indications se rattachant à l'identité du prévenu. — Instr. 11 sept. 1871, [B. O. M., p. 160]

689. — Si cependant l'inscription au rôle avait été omise, l'inculpé pourrait encore être saisi par le conseil de guerre à bord, mais alors exclusivement pour les faits commis à bord ou dans le rayon de deux encâblures (art. 98). — Instr. du 18 janv. 1865, [B. O. M., p. 25]

690. — La compétence des conseils de guerre à bord des bâtiments de l'Etat s'applique encore : 1° à tous individus embarqués sur des navires convoyés, prévenus, soit comme auteurs, soit comme complices d'un des crimes et délits prévus aux art. 262, 263, 264, 265 (trahison, espionnage, embauchage), 288 (usage illicite d'embarcation), 316 (désertion à l'ennemi), 331 (vol), 336, 337, 338 (destruction du matériel naval), 342 (introduction à bord de spiritueux ou de matières inflammables), 343 (jet à la mer d'armes, d'agrès, etc.), 361 (perte d'un navire convoyé), 362 (refus de secours) et 363 (complicité d'évasion de marins) (art. 95).

691. — 2° Hors de France ou des colonies françaises, à tous individus embarqués sur des navires de commerce français, prévenus d'un des crimes ou délits prévus par les art. 265 (embauchage), 321 (complicité de désertion), 362 (refus de secours) et 363 (complicité d'évasion de marins) (art. 96).

692. — 3° Aux pilotes et autres gens de mer prévenus d'un des crimes ou délits prévus par les art. 263, n. 2 (pilotage d'un navire ennemi) et 360 (perte de bâtiment par un pilote) du Code maritime (art. 97).

693. — Ces trois articles consacrent une deuxième source de compétence des conseils de guerre à bord, celle qui tient à la nature de certains crimes ou délits dont la plupart sont inhérents à la vie maritime ou concernent les rapports des marine de commerce avec la marine de l'Etat. Toutefois, il n'est pas nécessaire que ces faits aient été commis dans un lieu déterminé. Il en est différemment, comme on va le voir, des deux articles suivants.

694. — Sont justiciables des mêmes conseils de guerre, tant sur les rades françaises que sur les rades étrangères occupées militairement, tous individus prévenus, soit comme auteurs, soit comme complices, d'un des crimes ou délits prévus par les art. 262, 263, 264, 265 (trahison, espionnage, embauchage), 321 (complicité de désertion), 331 (vol), 336, 337, 338 (destruction du matériel naval), 342 (introduction à bord de spiritueux ou de matières inflammables), 343 (jet à la mer d'agrès, d'armes, etc.) et 363 (complicité d'évasion de marins) du Code maritime, lorsque le fait a eu lieu sur un bâtiment de l'Etat, ou dans un rayon de quatre cents mètres (deux encâblures) en temps de paix, ou dans toute l'étendue de la rade en temps de guerre, pourvu que, dans ces derniers cas, les prévenus aient été arrêtés dans l'intérieur des mêmes périmètres (art. 98).

695. — Cette troisième source de compétence est donc double ; elle présuppose qu'il s'agit de certains crimes ou délits spécialement énumérés et que le fait a eu lieu dans des condi-

tions de lieu données, c'est-à-dire, soit à bord, soit dans un certain périmètre, pourvu dans ce dernier cas que l'arrestation ait été effectuée dans le même périmètre. Il est inutile d'insister sur l'esprit qui a inspiré ces dispositions, qui créent autour du navire de guerre une zône de protection plus ou moins étendue suivant qu'on se trouve en temps de guerre ou en temps de paix.

696. — Il est donc indispensable, pour qu'un conseil de guerre de bord soit compétent à l'égard d'un vol commis par un individu de l'ordre civil non embarqué, de pouvoir établir que le fait a été commis à bord. Cette preuve est à la charge du ministère public.

697. — Il a été jugé, par application de l'art. 98, que tous les individus marins ou civils, prévenus d'avoir participé comme auteurs et comme complices, à des vols qualifiés commis sur un bâtiment de l'Etat, sont justiciables des conseils de guerre de bord. — Cass., 12 juill. 1872, [*Bull. crim.*, n. 172]

698. — Enfin, l'art. 99 déclare justiciables des mêmes conseils de guerre de bord, si les bâtiments ne se trouvent point dans l'enceinte d'un arsenal, les étrangers prévenus des crimes et délits prévus par le tit. 2, liv. 4, C. just. marit., de tous les crimes et délits inscrits dans le Code, lorsque ces crimes et délits ont eu lieu à bord desdits bâtiments. Ici, la qualité d'étranger est non pas précisément source de compétence, mais cause de l'élargissement de la compétence : cette disposition rappelle d'ailleurs celles de l'art. 64-1°, C. just. milit., réglant la compétence de conseils de guerre des corps expéditionnaires.

699. — Il faut assimiler, au point de vue de la compétence, les bâtiments pris et amarinés aux bâtiments français. En effet, aux termes de l'art. 368, tout crime ou délit commis à bord d'un bâtiment pris et amariné est considéré et puni comme s'il avait été commis à bord d'un bâtiment de l'Etat.

700. — La compétence étant fixée au jour du délit, l'action des conseils de guerre de bord saisit un militaire de l'armée de terre même débarqué, dès que le fait dont il est inculpé a été commis pendant l'embarquement.

701. — La compétence des conseils de guerre de bord n'est qu'une compétence exceptionnelle, la plénitude de juridiction appartenant aux conseils de guerre permanents (V. *suprà*, n. 27). Par suite, quand bien même il y a un conseil de guerre à bord soit compétent, il y aura une impossibilité quelconque à le saisir, l'affaire devra être renvoyée devant le conseil de guerre maritime permanent.

702. — Ainsi, lorsque le bâtiment de l'inculpé n'est plus sur les lieux, celui-ci devient justiciable du conseil de guerre permanent et échappe aux juridictions de bord (art. 78, Déc. min. 25 déc. 1859, manuscr.).

703. — Lorsqu'il est impossible de constituer un conseil de guerre de bord à raison du défaut d'officiers réunissant les conditions requises, ce qui peut arriver, notamment aux colonies ou dans les stations navales, il y a lieu de renvoyer les accusés devant un conseil de guerre maritime permanent. — Cass., 12 juill. 1872, précité.

704. — Lorsqu'un bâtiment entre en désarmement, les affaires de la compétence des conseils de guerre, dont l'information est commencée, sont portées devant un conseil de guerre de l'arrondissement maritime dans le ressort duquel désarme le bâtiment (art. 234, § 2).

705. — Ainsi jugé que les conseils de guerre permanents des arrondissements maritimes sont seuls compétents, à l'exclusion des conseils de guerre de bord, dans l'enceinte des arsenaux maritimes pour connaître des crimes et délits appartenant à la juridiction de ces derniers conseils, lorsque les bâtiments se trouvent hors de l'enceinte d'un arsenal. — Cass., 30 nov. 1860, Simoni, [S. 61.1.102, P. 61.524, D. 61.1.92]

706. — En conséquence, dès l'instant où un bâtiment rentre dans cette enceinte, soit pour être désarmé, soit seulement pour être mis en réserve, les affaires en cours d'instruction devant le conseil de guerre de bord, cessent d'être dans les attributions de ce conseil et doivent être portées devant le conseil de guerre permanent de l'arrondissement maritime. — Même arrêt.

707. — Le dessaisissement de la juridiction de bord est irrévocable, alors même que le bâtiment entré dans l'arsenal viendrait à reprendre la mer.

708. — De même, au cas où un navire sur lequel un crime a été commis est désarmé avant que l'instruction soit achevée et le jugement rendu, le conseil de guerre à bord cesse d'être compétent pour statuer sur ce crime, et l'accusé doit être traduit devant un conseil de guerre permanent. — Cass., 9 juill. 1863, Micaëli, [S. 63.1.554, P. 64.273]

709. — Si le désarmement a lieu dans une colonie, l'accusé doit être mis à la disposition du gouverneur de cette colonie, qui a le droit, soit de le faire traduire devant un conseil de guerre de la colonie, soit de le renvoyer en France, selon les besoins de l'administration de la justice. Et, dans ce dernier cas, le conseil de guerre auquel l'affaire doit être soumise est celui du port dans lequel l'accusé a été débarqué. — Même arrêt.

710. — D'une manière générale, à l'égard des juridictions de bord, les conseils de guerre permanents des colonies institués par le règlement d'administration publique du 21 juin 1838, refondu le 4 oct. 1889, remplissent exactement le même rôle que les conseils de guerre des arrondissements maritimes, sauf les deux exceptions ci-après : les conseils de guerre coloniaux ne peuvent être saisis de l'inculpation de perte de bâtiment (V. suprà, n. 685); le gouverneur a toujours le droit de renvoyer l'inculpé en France pour être jugé par les conseils de guerre permanents des arrondissements maritimes. Il doit le faire, dès que l'inculpé est du grade ou du rang de capitaine de vaisseau.

711. — Les jugements rendus par les conseils de guerre à bord des bâtiments de l'Etat peuvent être attaqués par la voie du recours en révision (art. 100).

712. — III. *Procédure.* — Lorsqu'un crime ou un délit de la compétence des conseils de guerre a été commis à bord d'un bâtiment de l'Etat, le commandant désigne un officier pour procéder à l'enquête préliminaire et aux différents actes de la police judiciaire, recevoir les plaintes et dénonciations, constater les crimes et délits, saisir les pièces à conviction, procéder à des visites domiciliaires et à des perquisitions dans les mêmes formes que les officiers de police judiciaire chargés de l'enquête préliminaire par les conseils de guerre permanents (art. 204, al. 1). — V. suprà, n. 195 et s.

713. — La désignation de cet officier appartient au commandant supérieur dans les cas prévus aux art. 95 à 98, lorsque le fait n'a pas eu lieu à bord d'un bâtiment de l'Etat (art. 204, al. 2).

714. — Le caractère éphémère des juridictions de bord fait qu'aucun officier n'est normalement investi des fonctions de police judiciaire; il faut donc que le commandement intervienne pour en désigner un dans chaque affaire. L'intervention du commandant du bâtiment suffit lorsqu'il s'agit d'un inculpé porté présent sur le rôle d'équipage, alors même que, par sa situation subordonnée, ce commandant n'aurait pas le pouvoir juridictionnel. Mais s'il s'agit de tout autre justiciable, à l'égard duquel l'action disciplinaire ne donne pas l'action judiciaire, l'intervention du commandant supérieur (cette dernière expression comprenant le commandant en chef s'il y en a un) devient nécessaire dès le début de la procédure.

715. — Dans les cas de désertion d'individus embarqués sur les bâtiments de l'Etat, le commandant dresse la plainte en se conformant aux dispositions de l'art. 124, c'est-à-dire dans les mêmes formes que devant les conseils de guerre permanents (art. 204, *in fine*). — V. suprà, n. 210 et s.

716. — La procédure se poursuit d'ailleurs à peu de chose près comme à terre, sauf deux exceptions importantes que nous consacrent les art. 205 et 212 : l'une a trait aux visites domiciliaires à l'étranger, et l'autre à la possibilité de supprimer toute la procédure écrite dans un but de célérité. — V. infrà, n. 733 et s.

717. — Lorsque, hors de France, sur un territoire étranger occupé militairement, et dans les cas prévus aux art. 119 et 121, C. just. marit., l'officier chargé de la police judiciaire doit pénétrer dans un établissement civil ou dans une habitation particulière, et qu'il ne se trouve sur les lieux aucune autorité civile chargée de l'assister, il peut passer outre, et mention en est faite dans le procès-verbal. Si ce territoire étranger n'est pas occupé militairement, il en est rendu compte au commandant supérieur, qui avise, de concert avec le consul français, s'il y en a un sur les lieux (art. 205).

718. — L'officier chargé de la police judiciaire remet sans délai au commandant ou au commandant supérieur qui l'a commis les actes et procès-verbaux qu'il a dressés, avec les pièces et documents à l'appui (art. 206).

719. — Si le bâtiment se trouve dans l'enceinte d'un arsenal maritime, l'inculpé est immédiatement renvoyé, avec toutes les pièces, à la disposition du préfet maritime, pour que, si l'inculpé

n'est pas justiciable des tribunaux maritimes, celui-ci le mette à la disposition des autorités civiles ou militaires suivant les cas et leur envoie les pièces : si les juridictions maritimes sont compétentes, le préfet maritime donne l'ordre d'informer et l'inculpé est renvoyé devant un conseil de guerre permanent (art. 207, al. 1). — V. suprà, n. 243 et s.

720. — Si le bâtiment ne se trouve pas dans l'enceinte d'un arsenal maritime, l'inculpé est renvoyé, avec toutes les pièces et les témoins, à la disposition du ministre de la Marine, au cas de perte ou de prise de bâtiment (V. suprà, n. 253, 685, 710) et, dans les autres cas, à la disposition de l'autorité qui est appelée à donner l'ordre d'informer (art. 207, al. 2). — V. infrà, n. 722.

721. — En deux mots, l'enquête préalable effectuée par les soins de l'autorité du bord ayant déterminé les faits, les qualités et la compétence, il appartient au commandant de saisir l'organe du pouvoir juridictionnel; il ne conserve l'affaire que si, naviguant isolément, il est lui-même investi de ce pouvoir.

722. — La poursuite des crimes et des délits ne peut avoir lieu, à peine de nullité, que sur un ordre d'informer donné soit d'office, soit d'après les rapports, actes ou procès-verbaux dressés conformément aux articles précédents. — L'ordre d'informer est donné, savoir : si le bâtiment fait partie d'une armée navale, d'une escadre ou d'une division, par le commandant de cette force navale ; — s'il est soumis à l'autorité d'un préfet maritime ou d'un gouverneur de colonie, par ce préfet maritime ou ce gouverneur; — dans tous les autres cas, si plusieurs bâtiments sont réunis, par le commandant supérieur, et si le bâtiment est isolé, par le commandant (art. 208).

723. — C'est l'application des principes déjà exposés à propos de l'organisation des conseils de guerre à bord, quant à l'intervention de l'autorité chargée de former le conseil (V. suprà, n. 673), et la reproduction des dispositions de l'art. 129 concernant l'ordre d'informer.

724. — L'autorité qui a ordonné l'information nomme immédiatement le commissaire-rapporteur et le greffier près le conseil de guerre. — Les fonctions de commissaire-rapporteur peuvent être confiées à l'officier chargé de la police judiciaire. L'instruction est faite de la même manière que devant les conseils de guerre permanents (art. 209). — V. suprà, n. 260 et s.

725. — La désignation comme commissaire-rapporteur, *personnage toujours unique* depuis la loi du 9 avr. 1895, de l'officier chargé de l'enquête préalable a deux causes : d'abord, il est déjà au courant de l'affaire; ensuite, en ayant connu une première fois, il ne pourrait siéger comme juge, ni au conseil de guerre, ni au conseil de révision. Il y a donc tout intérêt à l'utiliser dans le rôle de commissaire-rapporteur pour lequel n'existe pas la même cause d'exclusion.

726. — Les mandats de comparution ou d'amener et les citations de témoins, lorsqu'il s'agit d'individus résidant en pays étranger, sont remis au commandant supérieur, qui s'adresse aux autorités compétentes, par l'intermédiaire du consul, s'il en existe un sur les lieux, ou directement, dans le cas contraire (art. 210).

727. — On ne saurait, à ce propos, conseiller trop de prudence aux officiers instructeurs : grâce à son privilège d'exterritorialité, le navire de guerre conserve, même sur rade étrangère, son droit de juridiction sur son équipage et même sur les tiers qui mettent le pied à bord et y commettent un délit ou un crime. Mais, lorsque l'exercice de cette juridiction doit mettre en cause des témoins étrangers, la citation qui leur est adressée ne saurait plus avoir le caractère impératif qu'elle possède sur le sol national. C'est, pour ainsi dire, un service qu'on leur demande; c'est pourquoi l'intervention du consul devient nécessaire afin d'assurer le respect des règles de la courtoisie internationale.

728. — Ce serait donc à tort qu'un officier instructeur se permettrait de prononcer des condamnations à l'amende contre un témoin défaillant, à moins que ce témoin ne fût un sujet français ou qu'on ne se trouvât en pays de capitulations.

729. — A plus forte raison, doit-on user de grands ménagements quand il s'agit d'interpeller les consuls eux-mêmes ou leurs agents. L'oubli de ces principes a motivé en 1866, sur l'intervention du ministre des Affaires étrangères, un blâme du ministre de la Marine à un officier de la division navale du Levant qui s'était permis de citer à son bord le consul général français et de le condamner à 100 fr. d'amende pour n'avoir pas comparu.

730. — La réunion, jadis facultative, aujourd'hui obligatoire des fonctions de commissaire du gouvernement et de rapporteur sur une seule tête (V. suprà, n. 668 et 669), a pour conséquence que cet officier doit à la fois émettre son avis comme magistrat instructeur, et conclure comme organe du ministère public. Nous expliquons plus loin que ce cumul n'a aucun inconvénient. — V. *infrà*, n. 823 et s.

731. — L'instruction terminée, le commissaire-rapporteur transmet les pièces avec son rapport, son avis et ses conclusions, à l'autorité qui a donné l'ordre d'informer. L'autorité qui a ordonné l'information prononce sur la mise en jugement, nomme, s'il y a lieu, le président et les juges du conseil de guerre, et fixe le lieu de la réunion. Il est procédé pour la réunion du conseil de guerre et le choix du défenseur comme aux art. 139 à 142 (art. 211). — V. *suprà*, n. 306 et s.

732. — Tout ce qui a été dit à propos des principes qui doivent guider lors de l'émission des ordres d'informer et de mise en jugement devant les conseils de guerre permanents est applicable aux juridictions de bord. La présence du bâtiment sur une rade étrangère peut incontestablement donner naissance à certaines questions de fait, dont le tact des commandants doit faciliter la solution.

733. — L'accusé peut être traduit directement et sans instruction préalable devant le conseil de guerre à bord des bâtiments de l'État (art. 212).

734. — C'est la deuxième exception déjà mentionnée; elle est créée dans un but de célérité, mais elle doit être, autant que possible, restreinte dans l'application aux faits simples, évidents et avoués, pour lesquels le rôle de l'instruction écrite serait vraiment superflu et dont l'examen peut se faire complètement sous la forme du débat oral de l'audience. Dans ces limites, cette procédure très-rapide peut, surtout en temps de guerre, rendre de réels services en rapprochant le très-près la sentence de la faute commise.

735. — L'examen et le jugement devant le conseil de guerre à bord des bâtiments de l'État, ont lieu comme pour les conseils de guerre permanents, d'après les art. 143 et s. (V. *suprà*, n. 336 et s.), sauf les modifications suivantes : 1° les attributions conférées au préfet maritime sont dévolues à l'autorité qui a donné l'ordre d'informer; 2° il est statué, séance tenante, sur tous les crimes et les délits commis à l'audience, alors même que le coupable ne serait pas justiciable des conseils de guerre de la marine; 3° l'exécution du jugement a lieu à bord du bâtiment auquel appartient le condamné, et, en cas d'empêchement, à bord de tout autre bâtiment de l'État (art. 213).

736. — L'extension de compétence accordée aux conseils de guerre à bord par le 2° de l'art. 213, leur est commune avec les conseils de guerre aux armées; c'est une analogie de plus entre ces deux ordres de juridiction. Ici, la mesure est d'autant plus justifiée que l'acte commis à bord tombe normalement sous l'action du conseil de guerre.

737. — Pour toute cette matière, il convient de ne considérer les règles qui viennent d'être posées que comme de légères dérogations à la procédure normale des conseils de guerre permanents, à laquelle on doit se référer pour tout ce qui n'a pas été expressément modifié. — V. *suprà*, n. 194 et s.

2° Conseils de révision à bord.

738. — I. *Organisation.* — Le conseil de révision, comme toutes les juridictions de bord, n'est pas un tribunal permanent. On forme un conseil de révision à bord des bâtiments de l'État dans le cas prévu à l'art. 57, C. just. marit., c'est-à-dire lorsqu'il y a lieu de réunir un conseil de guerre à bord (art. 63).

739. — Le conseil de guerre et le conseil de révision, à bord des bâtiments de l'État, doivent être formés simultanément, d'après l'art. 67, al. 1, C. just. marit. La raison d'être de cette mesure est que le législateur a tenu à assurer dans tous les cas au justiciable l'exercice du son droit de recours; on a craint que, sans le caractère obligatoire de cette simultanéité, on ne convoquât le conseil de guerre en se fiant à quelque ressource éventuelle pour la constitution du conseil de révision dans le cas où le condamné n'accepterait pas son jugement. Cette formation simultanée est exigible à peine de nullité. — Circ. 19 avr. 1859, [B. O. M., p. 249]

740. — En cas d'impossibilité absolue de composer les conseils de guerre et de révision à bord, l'affaire est renvoyée, soit à un commandant de force navale, soit à un préfet maritime ou à un gouverneur de colonie pour qu'il y soit donné suite. Il en est de même dans le cas où, un jugement ayant été annulé,

il y aurait impossibilité absolue de composer un nouveau conseil de guerre (art. 67).

741. — Le texte de la loi de 1895 ne parle plus, comme celui de 1858, d'un nouveau conseil de révision. En effet, cette exigence de la loi n'avait aucune raison d'être et pouvait induire en erreur les autorités maritimes en leur laissant supposer que dans tous les cas un second conseil de révision composé d'autres juges était nécessaire. En fait, même avec l'ancien texte, on se bornait à réinvestir le premier conseil de révision, et le libellé de 1895 sanctionne cette interprétation.

742. — C'est à tort que l'on pourrait induire quoi que ce soit contre ce procédé en se basant sur l'art. 24-5° applicable aux conseils de révision. L'incompatibilité qui y est prévue consiste à avoir connu de l'affaire à juger; or, le juge de révision étant étranger au fait, l'affaire qui revient devant lui n'est pas celle dont il a connu; on lui déférait l'examen d'une procédure et d'un jugement; on lui soumet un autre procédure et un autre jugement, il n'y a donc pas cause d'incompatibilité. C'est en ce sens que le ministre avait tranché la difficulté dans une décision du 20 juill. 1883.

743. — Si le commandant de force navale ou le gouverneur, à qui une affaire est renvoyée, faute d'officiers pour composer le conseil, ne dispose pas lui-même d'effectifs suffisants, il lui reste la ressource de renvoyer l'inculpé en France. Le condamné devant presque toujours y subir sa peine, la mesure n'a plus aucun inconvénient depuis que la loi du 9 avr. 1895 a permis de faire entrer la détention préventive en ligne de compte dans l'application de la peine (V. n. 1194 et s.), et il est toujours préférable de rapatrier le prévenu, plutôt que d'atteindre les extrêmes limites de la légalité.

744. — Dans le texte primitif du Code, le conseil de révision à bord était composé normalement de cinq membres, avec faculté de le réduire à trois juges en cas d'insuffisance d'officiers. L'exception étant en fait devenue la règle, la loi du 9 avr. 1895 a définitivement fixé à trois le chiffre des membres.

745. — Le conseil de révision est donc composé de trois juges, savoir : un officier général ou supérieur, président; deux officiers supérieurs, ou, à défaut, deux lieutenants de vaisseau ou capitaines, juges. Les fonctions de commissaire du gouvernement sont remplies par un lieutenant de vaisseau, un capitaine ou un sous-commissaire. Celles de greffier sont confiées à un officier du commissariat ou à un officier-marinier (art. 64, al. 1 à 3).

746. — Les membres du conseil de révision sont pris parmi les officiers de marine embarqués à bord des bâtiments de l'État présents sur les lieux, ou à défaut, parmi les officiers de troupe embarqués ou employés à terre (art. 64, al. 4).

747. — Le président du conseil de révision doit être d'un grade au moins égal à celui du président du conseil de guerre qui a jugé l'accusé (art. 64, al. 5).

748. — Les membres du conseil de révision sont nommés par le commandant des forces navales, le préfet maritime, le gouverneur de colonie, le commandant supérieur ou le commandant du bâtiment, suivant les mêmes distinctions que pour la nomination des membres des conseils de guerre à bord (art. 65). — V. *suprà*, n. 673.

749. — Les membres des conseils de révision doivent être Français et naturalisés Français et âgés de trente ans. Les causes d'exclusion et de récusation sont les mêmes que pour les conseils de guerre et les conseils de révision permanents. — V. *suprà*, n. 73 et s.

750. — II. *Compétence.* — Les conseils de révision, à bord des bâtiments de l'État, prononcent sur les formes formés contre les jugements des conseils de guerre à bord, avec la même compétence et les mêmes causes de recours que les conseils de révision permanents. — V. *suprà*, n. 578 et s.

751. — Aucune explication spéciale n'est nécessaire à l'égard du fonctionnement de ces conseils qui s'accomplit dans les mêmes conditions qu'à terre. Toutefois, comme les conseils de guerre de bord, les conseils de révision à bord sont légalement dessaisis dès que le bâtiment pénètre dans un arsenal; leur compétence passe alors de plein droit au conseil de révision de la marine séant à Brest.

752. — III. *Procédure.* — La procédure établie pour les conseils de révision des arrondissements maritimes et des corps expéditionnaires est suivie dans les conseils de révision à bord des bâtiments de l'État (art. 215, al. 1).

753. — Si le jugement du conseil de guerre est annulé pour tout autre motif que l'incompétence, l'affaire est renvoyée devant un autre conseil de guerre, et les pièces mentionnées à l'art. 193 sont transmises immédiatement à l'autorité qui a donné l'ordre d'informer, pour qu'il soit donné suite au renvoi (art. 215, al. 2). — V. *suprà*, n. 639 et s.

3º *Conseils de justice.*

754. — I. *Organisation.* — Lorsqu'un délit de la compétence des conseils de justice (V. *infrà*, n. 767) a été commis par un individu porté au rôle d'équipage d'un bâtiment de l'État, un conseil de justice est formé pour juger l'auteur de ce délit (art. 68).

755. — Le conseil de justice est composé du commandant du bâtiment ou, en cas d'empêchement, de l'officier en second, président, et de quatre juges, savoir : trois officiers de marine, un officier-marinier; un officier d'administration, ou, à défaut, tout autre individu faisant partie de l'équipage, remplit les fonctions de greffier (art. 69).

756. — Depuis la réduction du nombre des membres du conseil de guerre (L. 9 avr. 1895), le conseil de justice peut être mis sur ce point en parallèle; il reste cependant en sa faveur, au point de vue de la sûreté de la répression, l'absence de toute procédure écrite préalable, l'impossibilité de tout moyen de recours et surtout son caractère de tribunal domestique, toujours présidé par le commandant ou, à son défaut, par l'officier en second. Il n'y a pas d'organe du ministère public.

757. — A ce point de vue spécial, le Code a dû relever expressément le commandant de la cause d'exclusion inscrite à l'art. 24-3º, contre celui qui a donné l'ordre d'informer (V. *suprà*, n. 75). Le commandant d'un bâtiment isolé peut donc légalement donner l'ordre de mise en jugement d'un marin devant un conseil de justice, et présider lui-même ce conseil. Le vœu de la loi est même qu'il le préside, à moins d'empêchement.

758. — On remarque que les grades des juges ne sont pas désignés; on prend les officiers présents à bord, et le grade du commandant, qui est forcément le plus élevé, sert de régulateur pour le choix des autres juges.

759. — Les membres du conseil de justice et le greffier sont pris à bord du bâtiment sur lequel est embarqué le prévenu. En cas de complicité entre plusieurs individus qui ne sont pas embarqués sur le même bâtiment, les membres du conseil de justice et le greffier sont pris à bord du bâtiment auquel appartient le prévenu le plus élevé en grade, et, à grade égal, le plus ancien (art. 70).

760. — Les membres du conseil de justice sont nommés, comme les membres du conseil de guerre, par le commandant d'une force navale, le préfet maritime, le gouverneur de la colonie, le commandant supérieur, le commandant du bâtiment, suivant les cas (art. 71, al. 1). — V. *suprà*, n. 675.

761. — S'il ne se trouve pas, à bord du bâtiment sur lequel le prévenu est embarqué, un nombre suffisant d'officiers pour la composition du conseil de justice, les aspirants de première classe faisant partie de l'état-major de ce bâtiment peuvent être appelés à siéger; à défaut, le conseil est complété par des officiers ou des aspirants de première classe pris à bord des autres bâtiments ou à terre; en cas d'insuffisance, un deuxième officier-marinier peut être admis comme juge dans le conseil (art. 71).

762. — A noter, d'abord, que l'art. 73 ci-après ne déclare pas l'art. 22 applicable devant les conseils de justice, alors qu'il en recopie la première partie relative à la nationalité; le minimum d'âge de vingt-cinq ans n'est pas applicable devant ces juridictions. Sans cette facilité, les aspirants de première classe qui, normalement, n'ont pas cet âge ne pourraient siéger. Quant aux aspirants de deuxième classe, ils sont formellement exclus de la composition du conseil de justice en raison de leur situation spéciale qui n'est ni celle d'officiers, ni celle d'officiers-mariniers.

763. — On voit que les facilités ouvertes par l'art. 70 sont assez grandes; mais il convient de n'en user que dans l'ordre indiqué par la loi. En d'autres termes, on ne peut appeler un deuxième officier-marinier que si les ressources du bâtiment et des bâtiments voisins, ainsi que des services à terre, n'ont pas suffi.

764. — Dans ces circonstances, la composition minima doit être la suivante : un enseigne de vaisseau, second du bâtiment, président, deux aspirants de première classe et deux officiers-mariniers juges. Il est entendu que l'officier-marinier, fût-il premier

maître et capitaine du bâtiment ou second, ne peut jamais présider un conseil de justice. Cette juridiction ne peut donc être assemblée que sur les bâtiments commandés par des officiers.

765. — Nul ne peut faire partie d'un conseil de justice, à un titre quelconque, s'il n'est Français ou naturalisé Français (art. 72). Cette disposition a pour but d'exclure les rares officiers qui peuvent être admis à servir au titre étranger.

766. — Les art. 23 et 24 (n. 1, 2. 4 et 5º, C. just. marit., relatifs aux conseils de guerre, sont applicables aux conseils de justice (art. 73). Les différences portent donc sur l'âge et sur l'exclusion résultant de l'émission de l'ordre d'informer, laquelle n'existe pas devant les conseils de justice (V. *suprà*, n. 757, 762). En revanche, l'officier qui a porté la plainte ne peut, pas plus que devant un conseil de guerre à bord, siéger dans un conseil de justice.

767. — II. *Compétence.* — Sont justiciables des conseils de justice, pour tous délits n'emportant pas une peine supérieure à celle de deux années d'emprisonnement, et sauf les cas prévus aux art. 78, § 2, 88 et 108, § 1, tit. 3, liv. 2, tous individus qui, n'ayant ni le grade, ni le rang d'officier ou d'aspirant, ni un ordre d'embarquement qui les place à bord au rang d'officier ou d'aspirant, sont portés présents, à quelque titre que ce soit, sur les rôles d'équipage des bâtiments de l'État, ou détachés du bord pour un service spécial (art. 102).

768. — La disposition de l'art. 102 donne à la juridiction des conseils de justice un caractère tout particulier : celui d'une sorte de tribunal correctionnel, on a même dit, dans le rapport au Corps législatif de la loi du 4 juin 1858, un tribunal de famille. Son action ne s'étend qu'aux petites peines, et ne peut saisir comme prévenu aucun officier ou assimilé.

769. — Mais le conseil de justice n'est pas une juridiction disciplinaire et ne peut sans excès de pouvoir appliquer une peine de discipline à un fait qui n'est qualifié ni crime, ni délit. — Cass., 10 juin 1859, de Fontenay, [D. 59.5.254] — V. *infrà*, n. 1217 et s.

770. — En ce qui concerne le personnel atteint, il est, sauf la question de grade, exactement le même que celui que saisit normalement le conseil de guerre à bord, c'est-à-dire, toute personne figurant sur le rôle d'équipage, sans qu'il puisse être question d'autres personnes, même coupables de délits commis à bord; ceux-là ne vont que devant le conseil de guerre.

771. — L'inscription au rôle d'équipage d'un bâtiment de l'État est une condition sans laquelle nul individu ne peut être jugé par un conseil de justice. Par suite, les conseils de justice sont incompétents pour juger un vol commis au préjudice d'un passager par un autre passager de quatrième classe, sans droit aux vivres, non assimilé par son ordre d'embarquement et ne figurant à aucun titre sur les listes de l'équipage. — Cass., 1er déc. 1864, Griseri, [S. 65.1.296, P. 65.687, D. 65.1.146] — V. Hautefeuille, *Guide des juges marins*, sur l'art. 102, C. just. marit.

772. — Le bâtiment central de la réserve étant pourvu d'un rôle d'équipage est un bâtiment de l'État au sens de l'art. 102, C. just. marit. — Cass., 13 janv. 1874, Duroisel, [S. 74.1.234, P. 74.566, D. 75.1.140]

773. — Par suite, sont de la compétence du conseil de justice assemblé à bord dudit bâtiment, à l'exclusion du conseil de guerre maritime permanent, les infractions commises par un marin embarqué sur ce bâtiment et inscrit sur son rôle d'équipage, lorsque ce prévenu d'ailleurs réunies les autres conditions exigées par l'art. 102. — Même arrêt.

774. — Il en est différemment d'un bateau de servitude sans rôle d'équipage et qui ne saurait être assimilé à un bâtiment de l'État. Le simple ouvrier civil, monté sur un bâtiment de servitude attaché au service intérieur d'un arsenal maritime, reste justiciable du tribunal correctionnel pour coups portés à un marin et qui n'ont compromis ni la police ou la sûreté de l'arsenal, ni le service maritime. — Cass., 13 juill. 1866, [*Bull. crim.*, n. 179]

775. — Les exceptions prévues à l'art. 102 ont trait : celle de l'art. 78, § 2, au cas où le bâtiment ne se trouve plus sur les lieux, tandis que l'inculpé a été débarqué; celle de l'art. 88 au cas de fait commis dans l'arsenal et de nature à en compromettre la police; celle de l'art. 108, § 1, au cas où le marin est détaché au service de l'armée de terre; et celle du cas 3, liv. 2, au cas de complicité.

776. — Il est bon de noter que, contrairement aux prescriptions de l'art. 94, il n'est pas fait de réserve pour le cas où le bâtiment se trouve dans l'enceinte d'un arsenal (art. 78, § 3). Il s'ensuit qu'alors que le conseil de guerre de bord cesse de fonctionner dans ce cas et est définitivement dessaisi au profit du conseil de guerre permanent, le conseil de justice peut continuer son œuvre et siéger à bord jusque dans l'arsenal. On pourrait se demander pourquoi le législateur a maintenu le conseil de justice, alors qu'il croit bon de dessaisir le conseil de guerre du bord; simple désir, sans doute, de bien préciser que le bâtiment en pénétrant dans l'arsenal conservait sa discipline propre dont le conseil de justice n'est guère que le prolongement.

777. — La compétence des juridictions ne s'établit ni par la déclaration de culpabilité, ni par la peine appliquée, mais bien par la peine que peut faire encourir le fait incriminé d'après sa qualification légale. Dès lors, les conseils de justice qui, aux termes de l'art. 102 ne sont compétents que pour connaître des délits n'emportant pas une peine supérieure à deux années d'emprisonnement, sont incompétents pour statuer sur un délit d'injures et de menaces envers un supérieur, commis ou non à bord, ce délit important la peine soit de cinq à dix ans de travaux publics, soit d'un à cinq ans d'emprisonnement. Le conseil de guerre est seul compétent. — Cass., 10 juin 1859, Pâté, [S. 59. 1.542, P. 59.1134, D. 59.5.254]

778. — De même, la Cour de cassation doit renvoyer devant un conseil de guerre le marin qui reste prévenu d'un délit pouvant entraîner un emprisonnement de trois mois à cinq ans; cette peine, en effet, excède la compétence des conseils de justice, qui ne peuvent prononcer un emprisonnement supérieur à deux ans. — Cass., 20 juill. 1860, [Bull. crim., n. 168]

779. — Lorsqu'un conseil de justice trouve, dans l'examen du fait qui lui est déféré, des circonstances qui n'ont point apparu à l'autorité qui l'a saisi, il doit se déclarer incompétent si ces circonstances donnent à la poursuite une gravité exclusive de sa compétence : le simple doute sur une circonstance de l'espèce doit déterminer le conseil à se dessaisir. — V. Cass., 12 févr. 1864, Beauvais, [S. 64.1.196, P. 64.750, D. 64.1.97]

780. — En ce qui touche le délit de vol prévu à l'art. 331, § 7, C. just. marit., le conseil de justice n'est compétent qu'à la condition que la valeur de l'objet volé n'excède pas 40 fr. L'estimation doit donc régulièrement précéder la mise en jugement; le n. 108 de l'instruction du 25 juin 1858 détermine d'ailleurs en ces termes de quelle manière il doit y être procédé : « Lorsque l'inculpé ne sera pas un homme embarqué, et que, par conséquent, la compétence des juridictions siégeant à terre ne sera point douteuse, le rapporteur chargé de l'instruction nommera d'office deux experts qu'il aura choisis parmi les personnes présumées, par leur art ou profession, capables d'apprécier la valeur des objets soustraits. Les experts prêteront le serment de donner leur avis en leur honneur et conscience et leurs déclarations seront reproduites par le rapporteur dans son procès-verbal, auquel ils signeront, après qu'il leur en aura été donné lecture. Lorsque un vol paraissant être de l'espèce mentionnée au dernier paragraphe de l'art. 331, mais ne rentrant point dans la compétence générale de l'art. 88, sera imputé à un individu porté au rôle d'équipage d'un bâtiment se trouvant dans l'enceinte d'un arsenal maritime, il y aura incertitude sur la juridiction à saisir, puisque, aux termes de l'art. 78, le renvoi devra être fait soit au conseil de justice, soit à un conseil de guerre permanent, suivant que la valeur de l'objet volé n'excédera pas ou excédera 40 fr. Il faudra donc que, dans ce cas, le préfet maritime ajourne, au besoin, la poursuite, jusqu'à ce qu'il lui ait été donné une évaluation permettant de statuer sur la question de compétence; il est bien entendu que cette évaluation administrative ne saurait tenir lieu de l'expertise judiciaire à soumettre à l'appréciation du tribunal, et que le conseil de justice saisi aurait le droit et le devoir de se déclarer incompétent si, à la suite de l'instruction orale, l'objet volé lui semblait valoir plus de 40 fr. Quant au conseil de guerre devant lequel l'affaire serait portée. il serait tenu de statuer sur la prévention, sans qu'il eût été le mérite de la décision du conseil de justice, dont la juridiction se trouverait épuisée. J'ajoute que le conseil de guerre ne devrait point se refuser à juger, lors même qu'il résulterait des débats que le vol n'aurait point le caractère de gravité qui, sur les premiers indices, en avait soustrait la connaissance au conseil de justice; il devrait, dans ce cas, faire application de la pénalité inscrite au dernier paragraphe de l'art. 331. »

781. — Mais, après avoir statué sur le fait principal de vol par une réponse affirmative, le conseil de justice ne peut voter sur la question de savoir si la valeur des objets volés excède ou non 40 fr., puisque cette question équivaudrait à examiner sa propre compétence après s'être prononcé sur le fond. Un conseil de justice qui a des doutes sur ce point doit se prononcer avant toute décision au fond. — Instr. min., 11 sept. 1871, [B. O. M., p. 194]

782. — Lorsqu'un marin traduit devant un conseil de justice s'y rend coupable d'outrages envers les membres du conseil (art. 220 et 221), le conseil de justice doit renvoyer le fait d'outrages et statuer sur la prévention qui lui était soumise. S'il renvoie sur les deux chefs, il a épuisé sa juridiction et la compétence passe au conseil de guerre pour les deux délits (Déc. min. manuscr., 18 déc. 1889).

783. — Les conseils de justice sont incompétents pour connaître des délits de : coups et blessures, — Circ., 25 janv. 1867, [B. O. M., p. 37] — ... outrage public à la pudeur, — Note, 15 déc. 1868, [B. O. M., p. 690] — ... vol simple, détournement, abus de confiance, — Circ., 13 févr. 1861, [B. O. M., p. 61] — ... outrages envers un supérieur, — V. supra, n. 777. — ... rébellion par plus de deux personnes; faux; vol d'une somme inférieure à 40 fr. avec circonstances aggravantes.

784. — Il est bon de noter que, pour certains de ces délits, celui de coups et blessures par exemple, la peine principale n'excède pas deux ans de prison; mais à cette pénalité peut s'ajouter une amende facultative qui, pouvant être remplacée par l'emprisonnement (C. just. marit., art. 231), surélève par suite le total au delà de deux ans de prison.

785. — Les jugements des conseils de justice ne sont susceptibles d'aucun recours (art. 102, in fine).

786. — III. Procédure. — Lorsqu'un délit de la compétence des conseils de justice a été commis par un individu embarqué sur un bâtiment de l'État, le commandant transmet la plainte, avec toutes les pièces à l'appui, soit au commandant de force navale, soit au préfet maritime ou au gouverneur de colonie, soit au commandant supérieur, selon les distinctions établies à l'art. 208 pour les conseils de guerre à bord (art. 216). — V. supra, n. 722.

787. — Le commandant transmet la plainte sans l'approuver ni émettre son avis; faute de cette précaution (V. supra, n. 75), il lui serait impossible de présider le conseil de justice. Ce que l'article n'ajoute pas, mais ce qui résulte de l'art. 208 auquel il est fait renvoi, c'est que, si le bâtiment est isolé, le commandant statue lui-même sur la plainte, puisqu'il est investi du pouvoir juridictionnel.

788. — Si l'autorité à qui la plainte a été transmise estime qu'il y a lieu d'y donner suite, elle nomme les membres et le greffier du conseil de justice; elle désigne le lieu, le jour et l'heure de la réunion. Le conseil est saisi par le renvoi qui lui est fait de la plainte et des pièces à l'appui (art. 217).

789. — Comme on le voit, il n'y a, à proprement parler, devant le conseil de justice, ni ordre d'informer, ni ordre de mise en jugement, mais plutôt un ordre de renvoi à la suite duquel l'affaire est jugée directement sur le rapport d'un juge.

790. — Le président du conseil de justice envoie les pièces à l'un des juges pour faire le rapport de l'affaire. Le rapporteur fait citer, pour le jour indiqué, les témoins tant à charge qu'à décharge (art. 218).

791. — Dès que la séance est déclarée ouverte, le président fait introduire l'inculpé. Le rapporteur donne lecture de la plainte et des pièces à l'appui; il présente ses observations, sans toutefois faire connaître son opinion. L'instruction est orale. Le président interroge l'inculpé. Si celui-ci décline la compétence, le conseil statue par une décision motivée. Le conseil peut aussi déclarer d'office son incompétence et renvoyer devant qui de droit, avec un procès-verbal de la séance. Les témoins, tant à charge qu'à décharge, sont introduits séparément, et font leur déposition après avoir prêté serment. L'inculpé peut demander qu'il soit posé aux témoins les questions qu'il juge utiles à sa défense; il peut se faire assister d'un défenseur. Après l'audition des témoins, l'inculpé ou son défenseur présente la défense. Le président demande à l'inculpé s'il n'a rien à ajouter pour sa défense et ordonne qu'il en soit délibéré (art. 219).

792. — Comme on le voit par cette énumération, la procédure est des plus simplifiées : une instruction orale faite à l'audience même, un simple rapport qui, pour répondre au vœu de la loi, doit être de la plus grande impartialité et éviter les allures d'un réquisitoire, pas d'organe du ministère public et pas d'avocat;

un défenseur si le prévenu le désire, mais dont la présence n'est pas indispensable.

793. — L'exception d'incompétence est, il est vrai, fréquemment soulevée devant les conseils de justice; il doit y être statué par jugement motivé; nous avons établi à propos de la position des questions qu'un conseil de justice ne saurait, sans commettre un excès de pouvoir, examiner la prévention d'abord, sauf à se demander ensuite s'il est compétent; par exemple, dans une affaire de vol militaire, si la valeur de l'objet volé excède 40 fr. — V. *suprà*, n. 781.

794. — Si un assistant, un témoin ou un accusé se rend coupable de voies de fait ou d'outrages ou de menaces par paroles ou gestes envers le conseil ou l'un de ses membres, il est possible des peines indiquées aux art. 145, §§ 5 et 6, et 149, §§ 2 et 3, C. just. marit. Le président, après avoir fait dresser procès-verbal des faits et des dépositions des témoins, renvoie les pièces et l'auteur du crime ou du délit à l'autorité qui a nommé le conseil de justice, pour qu'il soit statué par un conseil de guerre (art. 220).

795. — L'insuffisance juridictionnelle du conseil de justice ne permettant pas de lui donner le droit de juger lui-même à l'audience tous les délinquants, on accorde aux juges la même protection qu'à ceux du conseil de guerre; mais le président doit, dans la plupart des cas, se borner à la rédaction d'un procès-verbal et à un renvoi devant l'autorité compétente.

796. — Le président procède de la même manière lorsque, d'après les débats, la déposition d'un témoin paraît fausse (art. 220, *in fine*). — V. *suprà*, n. 404.

797. — Dans le cas prévu à l'art. 146, il est procédé de la manière suivante: 1° s'il s'agit d'un délit dont la peine n'excède pas la compétence du conseil de justice, l'auteur de ce délit est jugé immédiatement; 2° s'il s'agit de tout autre crime ou délit, le président, après avoir fait dresser procès-verbal des faits et des dépositions des témoins, renvoie les pièces et l'auteur du crime ou du délit devant l'autorité qui a nommé le conseil de justice (art. 221). — V. *suprà*, n. 760.

798. — Le conseil délibère à huis-clos, hors la présence du greffier. Le président recueille les voix, en commençant par le grade inférieur; il émet son opinion le dernier. Après la délibération, le conseil rentre en séance publique, où, en présence de l'inculpé, le président fait connaître la décision. Si le prévenu est acquitté ou absous, le président le déclare renvoyé de la plainte et ordonne qu'il soit mis en liberté, s'il n'est détenu pour autre cause. Si le prévenu est condamné, le président donne lecture du jugement qui énonce le délit et ses circonstances, la peine prononcée, le nombre des voix et le texte de la loi appliquée. Le jugement est écrit séance tenante, sur un registre spécial; il est signé par le président, par tous les juges et par le greffier (art. 222).

799. — Toutes les décisions des conseils de justice sont prises à la majorité des voix (art. 223).

800. — On voit en se reportant aux n. 417 et s., les différences qui existent à ce point de vue entre les conseils de justice et les conseils de guerre: prononciation de la sentence en face du prévenu et non pas hors le conseil, devant la garde; majorité simple, pas de minorité de faveur; enfin pas de recours possible, ni en cas de condamnation, par le condamné, puisqu'il n'y a pas de révision possible, ni en cas d'absolution, par le ministère public, puisqu'il n'a pas d'organe auprès du conseil de justice.

801. — L'autorité qui a saisi le conseil peut, dans les limites posées en l'art. 366, commuer la peine prononcée par le conseil de justice; sa décision est écrite au bas de la minute du jugement (art. 224). — Sur la portée et l'étendue de ce pouvoir spécial de commutation, V. *infrà*, n. 1214 et s.

802. — Les jugements des conseils de justice sont exécutoires, dans les vingt-quatre heures, sur les ordres de l'autorité qui a saisi le conseil et à la diligence du commandant du bâtiment, en présence du greffier, qui mentionne l'exécution au bas de la minute. Dans les trois jours de l'exécution, une expédition et un extrait du jugement sont transmis au ministre de la Marine par les soins du président: il y est joint un procès-verbal de la séance, lorsque le jugement a prononcé la peine de l'emprisonnement. Une expédition est, en outre, transmise au port d'immatriculation ou au quartier d'inscription du condamné. Ces expéditions et extraits font mention de la commutation, si elle a été prononcée, et de l'exécution (art. 225).

803. — Le commandant du bâtiment est chargé de l'exécution et des envois de pièces, aux lieu et place du ministère public qui n'est pas représenté. En ce qui touche l'exécution, elle se borne le plus souvent à certaines mentions sur le rôle d'équipage et sur diverses pièces administratives, et à l'indication du point de départ de la peine sur les minutes, copies et extraits de jugements. A ce propos, il peut être utile de rappeler que par application de la loi du 9 avr. 1895, modifiant l'art. 258, C. just. marit., on impute la détention préventive sur la durée de la peine. — V. *suprà*, n. 500.

804. — Bien que, en raison de l'absence de procédure écrite, la portée de la législation nouvelle soit forcément restreinte devant les conseils de justice, cependant la difficulté de réunir le conseil peut entraîner certains délais dont la considération n'est pas à négliger, étant donnée la faible durée de l'emprisonnement que prononcent ces juridictions. Ces circonstances ne doivent pas être perdues de vue par les membres des conseils de justice et en particulier des présidents, au moment de leur délibération sur l'application de la peine, puisqu'elles doivent légalement entrer en ligne de compte.

805. — Le procès-verbal des débats est exigé par le Code toutes les fois que la peine d'emprisonnement est prononcée; la raison d'être de cette mesure, qui n'a pas de similaire devant les conseils de guerre (V. *suprà*, n. 515), tient à l'absence d'instruction écrite et, par suite, de toute trace des dépositions des témoins. Or, il peut être très-utile de savoir plus tard pour quelle nature de faits le condamné a été frappé; le détail de ces faits entre, notamment, en ligne de compte lorsqu'il s'agit de grâce, de réduction de peine et, s'il y a lieu, de réhabilitation. Sans le procès-verbal, la consultation du dossier n'irait pas plus que celle d'un extrait de jugement. C'est pour prévenir toute omission de cette nature que l'imprimé en service comporte une feuille spéciale pour le procès-verbal, lequel fait ainsi corps avec le jugement lui-même. — V. Instr. 9 nov. 1858, sur la rédaction des procès-verbaux et les renseignements qu'ils comportent, B. O. M., p. 933.

806. — Les dispositions des art. 140 (choix du défenseur), 143 (convocation et séance du conseil), 144 (police de l'audience au président), 145, §§ 1 et 3 (tenue et rébellion des assistants), 147 (comparution et identité du prévenu), 148, § 1 (refus de comparaître), 149, § 1 (expulsion du prévenu), 153 (pouvoir discrétionnaire du président), 159 (cours et suspension des débats), 164, § 2 (concession des circonstances atténuantes), 167 (application de la règle *non bis in idem*), 169 (condamnation aux frais et restitution des objets saisis), 213, § 4 (exécution du jugement à bord du bâtiment auquel appartient le condamné), relatifs aux conseils de guerre sont applicables aux conseils de justice (art. 226). On remarquera que les paragraphes laissés de côté seraient sans application, soit par suite de l'incompétence du conseil de justice pour juger les délits excédant ses pouvoirs, soit par suite de l'absence du ministère public. — V. *suprà*, n. 319 et s.

807. — La condamnation aux frais envers l'État ne doit comprendre que les frais réellement faits, par suite d'expertises, de taxes à témoins, ou d'autre cause; mais, en raison de l'absence de toute instruction écrite, la taxe fixe de 12 fr. n'est pas exigible devant le conseil de justice (Décr. 7 sept. 1895). — V. *suprà*, n. 529.

§ 3. *Juridictions militaires des corps expéditionnaires.*

808. — L'organisation des conseils de guerre dans les corps expéditionnaires est réglée par l'art. 33 dans les termes suivants: « Lorsque des marins ou militaires ont été réunis en corps pour une expédition d'outre-mer, les dispositions des chap. 1 et 2, tit. 2, et celles du tit. 3, liv. 1, C. just. milit., pour l'armée de terre deviennent applicables au corps expéditionnaire, du jour de sa mise à terre, sauf les modifications suivantes: 1° les officiers de marine et les officiers-mariniers faisant partie du corps expéditionnaire concourent, pour la formation des conseils de guerre et de révision, avec les officiers de toutes armes et les sous-officiers, d'après les règles établies aux art. 3, 10 et 27 du présent Code; 2° les officiers du commissariat attachés au corps expéditionnaire peuvent être appelés à exercer les fonctions de commissaires du gouvernement, de rapporteurs et de substituts, conformément aux art. 7 et 27 du présent Code; 3° dans le cas d'impossibilité absolue de composer les conseils de guerre et de révision dans le corps expéditionnaire, les officiers nécessaires sont pris à bord des bâtiments de l'État présents sur les lieux. »

809. — D'autre part, les dispositions des chap. 2 et 4, tit. 1 (art. 62 à 69 et 71), et celles du tit. 3 (art. 75), liv. 2, C. just. milit., pour l'armée de terre, sont applicables dans les corps expéditionnaires. Les art. 62 à 69 ont trait à la compétence des conseils de guerre aux armées; l'art. 71, modifié par la loi du 18 mai 1875, concerne les recours en révision et les conditions dans lesquelles ils peuvent être exercés ou interdits; l'art. 75 a trait au fonctionnement des prévôtés.

810. — La procédure établie pour les conseils de guerre dans les arrondissements maritimes est suivie dans les corps expéditionnaires, sauf les modifications suivantes : 1° sont applicables les dispositions contenues aux art. 153, 154, 155, 156, 158, 173 et 174, C. just. milit., pour l'armée de terre; 2° le commandant en chef du corps expéditionnaire a, dans l'étendue de son commandement, toutes les attributions dévolues au préfet maritime, dans son arrondissement, et celles qui sont réservées au ministre de la Marine (art. 182).

811. — Ces divers articles, de pur renvoi, ne comportent ici aucune observation spéciale. — V. infrà, v° Justice militaire, n. 181 et s.

812. — Lorsque les conseils de guerre ou de révision, dans les corps expéditionnaires, cessent leurs fonctions, les affaires dont l'information est commencée sont portées devant les conseils de guerre des arrondissements maritimes désignés par le ministre de la Marine (art. 234, § 1). C'est là une application du principe déjà posé de la plénitude de juridiction appartenant aux conseils de guerre permanents. — V. suprà, n. 27.

Section II.

Justice des arsenaux.

813. — Aussi loin que remonte l'organisation maritime et spécialement celle des arsenaux, on rencontre une juridiction spéciale dotée d'une compétence toute particulière et ayant pour objet de sauvegarder l'intégrité du matériel naval contre toute espèce de déprédation. Dès le règne d'Henri IV, c'est-à-dire avec la première tentative de création d'un arsenal régulier, nous trouvons l'embryon de l'institution fonctionnant à Rouen, au Clos des Galées (1). Sous Richelieu et sous Colbert, la juridiction se précise pour prendre son véritable caractère avec la loi des 20 sept.-12 oct. 1791.

814. — A l'envisager dans son fonctionnement, la justice des arsenaux constitue une anomalie dans l'ensemble de notre système répressif. Alors que la Constituante avait, en effet, aboli en principe les tribunaux d'exception, et que la charte de 1814 avait définitivement détruit toutes les juridictions extraordinaires, ne laissant subsister que les conseils de guerre, les tribunaux maritimes et le pouvoir de simple police qui en forme la continuation ont eu la fortune singulière de survivre aux juridictions disparues : revivifiés d'abord par le décret-loi du 12 nov. 1806, contestés sous la Restauration et le gouvernement de Juillet (Cass., 12 avr. 1834, Desprès et autres, S. 34.1.289, P. chr.), confirmés par le décret-loi du 26 mars 1852, ils ont été définitivement reconstitués par le Code de 1858.

815. — A première vue, il peut sembler singulier que le département de la marine ait besoin d'une juridiction spéciale et d'une organisation particulière pour la défense de ses arsenaux, alors que celle de la guerre se contente pour les siens des conseils de guerre et du droit commun. Mais la situation est bien différente : dans les arsenaux militaires la présence d'un individu de l'ordre civil est une exception, puisque tout le personnel de l'armée de terre est militaire sauf certains ouvriers; dans un arsenal maritime, la grande majorité de ceux qui vont et viennent est civile : maîtres entretenus, contremaîtres, ouvriers, entrepreneurs et leur personnel.

816. — Dans l'arsenal militaire, on transforme, on approprie, on modifie, mais on fabrique peu; l'arsenal maritime est une vaste usine dans laquelle on construit les navires de toute dimension, on fabrique des ancres, des poulies, des cordages, etc. L'arsenal militaire est entièrement clos; l'arsenal maritime a pour prolongement un port, une rivière, une rade ou la mer,

(1) Galées mis pour galères.

c'est-à-dire qu'il est forcément ouvert par un côté dans des conditions qui rendent particulièrement difficile la surveillance des issues. On comprend donc que des conditions si différentes justifient une organisation plus complète et plus compréhensive.

817. — Pour répondre à ces besoins et pour offrir à des justiciables occasionnels toutes les garanties compatibles avec la sauvegarde des intérêts en cause, les tribunaux maritimes constituent une juridiction mixte comprenant côte à côte des représentants du commandement, de la magistrature et de l'administration. On obtient ainsi un tribunal criminel d'exception qui juge, dans certaines circonstances de lieu et de matière, les marins, les agents, les ouvriers et même les personnes étrangères à la marine, toutes les fois que leurs agissements sont de nature à compromettre la police ou la sûreté de l'arsenal que le rapporteur du Code de 1858 au Corps législatif appelait « le sanctuaire de la force maritime du pays! »

818. — Cette juridiction comporte, d'ailleurs, elle-même deux degrés : le tribunal maritime proprement dit, juge absolu et sans appel des crimes et des délits, pouvant, dans les limites de sa compétence spéciale, prononcer toutes peines, y compris la mort; le tribunal de simple police de l'arsenal, composé du préfet maritime, du commissaire-rapporteur près le premier tribunal maritime et du greffier, et statuant sur les contraventions commises contre la police spéciale de l'arsenal.

§ 1. Tribunaux maritimes.

819. — Les tribunaux maritimes sont permanents et ils sont formés au siège des arrondissements maritimes. Mais il peut en être créé, suivant les besoins du service, dans les sous-arrondissements maritimes et dans les établissements de la marine hors des ports.

1° Organisation.

820. — I. Tribunaux maritimes permanents dans les arrondissements maritimes. — Il y a deux tribunaux maritimes permanents au chef-lieu de chaque arrondissement maritime. Leur ressort est le même que celui des conseils de guerre permanents tel qu'il est déterminé, en vertu de l'art. 2, par le décret du 23 janv. 1889 (art. 84). De même que pour les conseils de guerre, les affaires déférées aux tribunaux maritimes permanents sont réparties de telle sorte que le premier tribunal saisi de toutes les poursuites; le second, réduit dans un but d'économie à l'état de rouage éventuel, n'est appelé à juger que comme tribunal de renvoi, en cas d'annulation d'un jugement rendu par le premier tribunal.

821. — Les tribunaux maritimes permanents sont composés d'un capitaine de vaisseau ou de frégate, président, et de six juges, savoir : un juge du tribunal de première instance; un juge suppléant du même tribunal ou, à défaut, un avocat attaché au barreau ou un avoué; un commissaire-adjoint ou sous-commissaire de la marine; deux lieutenants de vaisseau; un sous-ingénieur de première ou de deuxième classe (art. 35).

822. — Il y a près chaque tribunal maritime un commissaire du gouvernement rapporteur auquel peuvent être adjoints un ou plusieurs substituts. Les commissaires du gouvernement rapporteurs et leurs substituts sont chargés de l'instruction et remplissent les fonctions du ministère public (art. 36 et 37).

823. — La réunion sur une seule tête des fonctions d'organe du ministère public et de celles de juge d'instruction, quelque singulière qu'elle puisse paraître, n'est pas une exception dans la législation militaire : elle se retrouve non seulement devant les tribunaux maritimes permanents, mais devant les conseils de guerre à bord (L. 9 avr. 1895) et devant les conseils de guerre aux armées (L. 18 mai 1875). D'ailleurs, ce cumul de deux rôles par le même personnage apparaît ici comme tout différent de ce qu'il serait dans le droit commun, où le ministère public et le juge d'instruction, le premier en requérant, le second en ordonnant, statuent en réalité aux seuls sur le sort du prévenu, en matière correctionnelle du moins.

824. — Il ne faut pas perdre de vue que, suivant le Code maritime, un pouvoir supérieur intervient comme une sorte de chambre des mises en accusation, s'agit-il d'un simple délit, et que, vis-à-vis de ce pouvoir remis aux mains du commandant en chef, le rôle du ministère public n'est guère, jusqu'à l'audience, qu'un rôle de transmission entre le pouvoir juridictionnel et le rapporteur. La suppression de l'intermédiaire ou plutôt sa fusion avec l'autre personnage ne présente donc pas d'inconvénient.

825. — En revanche, dans le fonctionnement déjà indiqué de la justice de l'arsenal, le commissaire-rapporteur près le premier tribunal maritime joue un rôle tout spécial, en ce sens que, chargé en première ligne de la police de l'arsenal et collaborateur direct du préfet maritime ou même son délégué dans la répression des contraventions de simple police, il dispose à lui seul d'un ensemble de pouvoirs d'instruction, de réquisition, de condamnation et d'exécution qui rappellent par leur diversité et par leur étendue la *jurisdictio* du préteur romain. — V. *infrà*, n. 884 et s.

826. — Enfin le tribunal est complété par un greffier chargé des écritures. Il peut être nommé un ou plusieurs commis-greffiers (art. 36 et 37).

827. — Le greffier du premier tribunal maritime est, en outre, chargé de la conservation des archives judiciaires de l'arrondissement maritime ; à ce point de vue, il a autorité sur les autres greffiers des juridictions maritimes. A Brest et à Toulon, le greffier du premier tribunal maritime est de plus chargé de recueillir les minutes et dossiers des juridictions de bord. Le décret du 7 oct. 1893, remplaçant celui du 21 juin 1858, détermine ces règles dans son art. 6, et assure la répartition des dossiers entre les deux greffes centraux suivant les parages où le jugement a été rendu ; la rectification apportée sur ce point au décret de 1858 consiste à tenir compte du percement de l'isthme de Suez. Les mêmes greffes centraux collectionnent également les dossiers des déserteurs. — V. *suprà*, n. 216.

828. — Les présidents et les juges sont pris parmi les officiers en activité dans le chef-lieu de l'arrondissement maritime et parmi les membres du tribunal de première instance de ce chef-lieu d'arrondissement ; ils peuvent être remplacés tous les six mois, et même dans un délai moindre, s'ils cessent d'être employés dans le chef-lieu (art. 38). En ce qui touche la portée du délai de six mois, il convient de se reporter aux observations consignées à propos de l'organisation des conseils de guerre permanents (V. *suprà*, n. 26). Les magistrats doivent siéger en robe. — Circ. 14 avr. 1859, [B. O. M., p. 232]

829. — Les commissaires-rapporteurs sont pris parmi les officiers supérieurs du corps de la marine, de celui du commissariat ou de celui de l'inspection, et les lieutenants de vaisseau ou les sous-commissaires, soit en activité, soit en retraite. Les substituts sont pris parmi les officiers des mêmes corps en activité dans le lieu où siège le tribunal (art. 39). On remarque dans cette énumération, comme dans toutes celles qui concernent la composition des tribunaux maritimes, qu'il n'est pas question des officiers des corps organisés de la marine, non plus que des assimilés autres que les fonctionnaires du commissariat, de l'inspection ou du génie maritime. Exception est faite cependant, pour la composition des tribunaux maritimes des sous-arrondissements, en faveur des agents administratifs des directions de travaux.

830. — Le président et les juges appartiennent à la marine sont nommés par le préfet maritime. Les juges de l'ordre civil sont désignés par le président du tribunal de première instance (art. 40). Il est bien entendu qu'en raison de la fixité de leurs fonctions normales les magistrats civils sont toujours maintenus en fait au delà des six mois qui constituent, pour eux comme pour les officiers, un minimum de durée toujours renouvelable.

831. — La nomination des commissaires-rapporteurs et de leurs substituts a lieu dans la forme déterminée à l'art. 9, C. just. marit. pour les conseils de guerre, à savoir : pour les premiers, par le ministre, sur une liste de présentation dressée par le préfet maritime ; pour les seconds, directement par le préfet maritime (art. 41, al. 1).

832. — La nomination des greffiers et commis-greffiers est faite dans les conditions et formes indiquées aux art. 7 et 9 ; c'est-à-dire, qu'ils sont pris parmi les officiers, officiers-mariniers, sous-officiers et employés des différents corps de la marine, soit en activité, soit en retraite. Les greffiers sont nommés par le ministre, sur la proposition du préfet maritime, et les commis-greffiers directement par le préfet maritime (art. 41, al. 2).

833. — Pour juger un officier ou un assimilé, la composition du tribunal maritime est modifiée, s'il y a lieu, de manière que les juges appartenant à la marine et le commissaire-rapporteur soient d'un grade ou d'un rang au moins égal à celui de l'accusé (art. 42). Le législateur s'est abstenu de spécifier, grade par grade, les changements susceptibles de se produire dans

la composition du tribunal, ainsi qu'il l'a fait dans l'art. 10 pour les conseils de guerre ; mais il est évident qu'il y aurait lieu, le cas échéant, de demander à l'art. 10 les analogies nécessaires. — V. *suprà*, n. 51.

834. — Le préfet maritime de chaque arrondissement dresse, sur la présentation des chefs de service, un tableau, par grade et par ancienneté, des officiers de marine, des officiers du génie maritime et du commissariat, présents au chef-lieu de l'arrondissement, qui peuvent être appelés à siéger comme juges dans les tribunaux maritimes. Ce tableau est rectifié au fur et à mesure des mutations. Une expédition est déposée au greffe des tribunaux maritimes de l'arrondissement, où est également déposé le tableau, par ordre d'ancienneté, des juges, juges suppléants, avocats et avoués du tribunal de première instance. Les officiers, les juges, les juges suppléants, les avocats et les avoués sont appelés successivement, et dans l'ordre de leur inscription, à siéger dans les tribunaux maritimes, à moins d'empêchement admis par une décision du préfet maritime ou du président du tribunal de première instance, chacun en ce qui le concerne (art. 43). — V. *suprà*, n. 51.

835. — En cas d'empêchement accidentel d'un président ou d'un juge, il est provisoirement pourvu à son remplacement, soit par le préfet maritime, soit par le président du tribunal de première instance, dans l'ordre du tableau mentionné à l'article précédent, et conformément à l'art. 40. Dans le cas d'empêchement du commissaire-rapporteur et de ses substituts, du greffier et du commis-greffier, il est provisoirement pourvu au remplacement par le préfet maritime (art. 44).

836. — Sont applicables aux tribunaux maritimes permanents dans les arrondissements maritimes, les articles suivants relatifs aux conseils de guerre : 16, § 2 (assistance par le titulaire du commissaire du gouvernement spécialement désigné pour une affaire) ; 21 (désignation par le ministre des officiers généraux appelés à compléter le tribunal et pris en dehors du chef-lieu) ; 22 (incapacités) ; 23 (récusations) ; 24 (incompatibilités) ; 25, serment politique (aboli par le décret-loi du 7 sept. 1870) (art. 45). — V. *suprà*, n. 63, 70 et s.

837. — II. *Tribunaux maritimes dans les sous-arrondissements maritimes et les établissements de la marine hors des ports.* — La sect. 3, chap. 2, prévoit, en outre des tribunaux maritimes permanents des arrondissements maritimes, la possibilité d'instituer d'autres tribunaux maritimes dans les chefs-lieux de sous-arrondissements et dans les établissements de la marine hors des ports. On trouvera plus loin, avec l'explication de l'art. 88, le sens et la portée de l'expression : « établissements de la marine ». Quant à l'institution prévue à la sect. 3, elle n'a jamais été effectuée et le besoin s'en est d'autant moins fait sentir que les tribunaux maritimes actuellement existants étendent leur juridiction sur l'ensemble du territoire français et que le nombre des affaires ainsi déférées est infime. Toutefois, il a été fait application des art. 52 et s. en Cochinchine où ont été établis en vue de la protection de l'arsenal maritime de Saïgon, deux tribunaux maritimes et un tribunal de révision permanents (Décr. 31 mars 1874; Décr. 4 oct. 1889, art. 20).

838. — Quoi qu'il en soit, voici quelles sont sur ce point les prescriptions du Code maritime : aux termes de l'art. 52, si les besoins du service l'exigent, des tribunaux maritimes peuvent être établis dans les sous-arrondissements maritimes et les établissements de la marine hors des ports par un décret qui fixe le siège de ces tribunaux et en détermine le ressort. Ces tribunaux sont composés ainsi qu'il est dit aux art. 35, 36, 39 et 42.

839. — Le président et les juges appartenant à la marine sont pris parmi les officiers en activité dans le ressort du sous-arrondissement ou dans l'établissement. Les juges de l'ordre civil sont pris dans le tribunal de première instance de l'arrondissement judiciaire. Ils peuvent être remplacés tous les six mois et même dans un délai moindre, s'ils cessent d'être employés dans le ressort (art. 53).

840. — Les art. 16, § 2, 21 à 25, relatifs aux conseils de guerre, 37, 40, 41, 43 et 44, relatifs aux tribunaux maritimes des arrondissements, sont applicables aux tribunaux maritimes des sous-arrondissements et des établissements hors des ports ; le chef du service ou le directeur exerce les attributions dévolues au préfet maritime (art. 54).

841. — S'il ne se trouve sur les lieux ni capitaine de vaisseau, ni capitaine de frégate, le tribunal est présidé par le chef de service ou par le directeur. Dans le cas où il n'existe pas dans le ressort du sous-arrondissement ou de l'établissement un nombre suffisant d'officiers des grades et des corps requis pour la composition du tribunal, les officiers de marine, du génie maritime et du commissariat peuvent se suppléer réciproquement, à grade égal; ils peuvent même être remplacés par des officiers du rang correspondant, appartenant à l'artillerie de marine et au service des directions de travaux. S'il est impossible au chef du service ou directeur de composer le tribunal, il y est pourvu par le ministre de la Marine, conformément aux dispositions de l'art. 21, C. just. marit., relatif aux conseils de guerre (art. 55).

2° Compétence.

842. — Les tribunaux maritimes présentent, avons-nous dit (V. suprà, n. 817), tous les caractères d'une juridiction d'exception; leur compétence, comme leur composition, répond à cette idée générale. Pour bien apprécier cette compétence et pour la contenir dans ses limites légales, limites qui ne sauraient être étendues par aucun argument d'analogie, précisément parce qu'il s'agit d'exception, il convient de se reporter au but poursuivi par le législateur, aux raisons mêmes qui ont fait créer et maintenir l'institution. Ces raisons ressortent clairement de l'Exposé des motifs du Code de 1858 au Corps législatif; il y est dit que l'institution des tribunaux maritimes permet seule d'atteindre non seulement les ouvriers civils des arsenaux, mais encore tous les citoyens, auteurs ou complices des crimes et délits commis dans les arsenaux.

843. — L'exposé ajoute : « nous nous sommes déjà expliqués sur l'utilité des tribunaux maritimes. Cette utilité découle surtout de la compétence attribuée à ces tribunaux et de la qualité des justiciables. Ce qui qualifie ici le crime ou le délit, c'est le lieu où il a été commis, et ce lieu, c'est l'enceinte de l'arsenal, du port ou de l'établissement maritime. Les justiciables ne sont pas seulement des marins ou des militaires, c'est encore toute cette population libre des ouvriers de l'arsenal, au nombre de douze à quinze mille individus dans les temps ordinaires, dont les délits les plus fréquents sont les vols, et que l'État a tant d'intérêt à réprimer pour maintenir de l'ordre dans ses riches approvisionnements; c'est enfin la population civile tout entière des ports, dans laquelle les ouvriers ne trouvent que trop souvent des complices, et iraient les y chercher au besoin s'ils croyaient échapper par ce moyen, à la juridiction maritime, et n'avoir à paraître que devant les tribunaux ordinaires ». — Tripier, Code de justice maritime, n. 205.

844. — Ainsi, le but est clairement désigné : la protection du matériel naval et des établissements qui le renferment. Il ne s'agit pas ici de discipline militaire ni de lien au service; on entend protéger le matériel naval sous toutes les formes qu'il peut revêtir, contre toute personne, quelle que soit sa qualité, et contre tout danger susceptible de menacer cette richesse de la défense maritime, aussi bien contre les dilapidations que contre les incendies.

845. — En vue d'assurer cette protection, le Code maritime a prévu une série d'incriminations spéciales lesquelles sont plus sévèrement réprimées que dans le droit commun, ou même n'y ont pas de similaires. Mais la liste de ces crimes et délits ne pouvait sans excéder toute équité être étendue à l'observation de toutes les précautions matérielles qu'il peut y avoir lieu de prendre dans un arsenal. Celles-là, que le Code n'énumère pas, sont du domaine du préfet maritime qui édicte des consignes générales et particulières, dont la méconnaissance entraîne pour les auteurs de l'infraction l'application des peines de simple police maritime. — V. infrà, n. 916 et s.

846. — Ce sont ces principes que résume l'art. 88, C. just. marit., en posant, dans des termes identiques à ceux du décret du 12 nov. 1806 et de la législation antérieure, les bases de la compétence des tribunaux maritimes permanents : « sont justiciables des tribunaux maritimes, encore qu'ils ne soient ni marins, ni militaires, tous individus auteurs ou complices de crimes et délits commis dans l'intérieur des ports, arsenaux et établissements de la marine, lorsque ces crimes et délits sont de nature à compromettre soit la police ou la sûreté de ces établissements, soit le service maritime » (art. 88).

847. — A ce propos, l'instruction du 25 juin 1858 s'exprime ainsi : « Ces expressions du décret du 12 nov. 1806 ont dû être préférées à toute définition nouvelle, qui aurait pu avoir pour effet d'anéantir la jurisprudence établie par la Cour de cassation

depuis le 26 mars 1832 », date à laquelle un décret-loi avait devancé, par suite de nécessités impérieuses, l'œuvre de reconstitution sanctionnée par le législateur de 1858.

848. — C'est encore pour affirmer cette pensée d'un retour au passé que le rapporteur du Code maritime au Corps législatif s'exprimait ainsi : « c'est au décret du 12 nov. 1806 et à la jurisprudence qui en découle qu'il faut remonter pour déterminer l'étendue de la compétence des tribunaux maritimes permanents. »

849. — Il résulte de l'art. 88 que deux ordres de conditions doivent se rencontrer dans une poursuite pour que le tribunal maritime soit compétent : une condition de lieu et une condition de matière; quant à la qualité de la personne qui joue un rôle prépondérant pour l'action des conseils de guerre, elle devient ici indifférente, du moins quant à la compétence, sauf à entrer en ligne de compte, en ce qui touche la pénalité, dans la répression de certaines infractions. Ces deux conditions de lieu et de matière méritent l'une et l'autre une étude complète et séparée.

850. — I. Condition de lieu. — Pour justifier la compétence du tribunal maritime, le théâtre d'un délit dont on veut poursuivre les auteurs ou les complices doit avoir été « l'intérieur des ports, arsenaux et établissements de la marine ». L'intérieur, c'est-à-dire, une portion quelconque d'une enceinte nettement délimitée, comme un arsenal dont les contours sont indiqués et fermés par des murs et des grilles. On conçoit, en effet, que, pour enlever un individu de l'ordre civil à ses juges naturels, il faut au moins qu'il soit prévenu par des signes apparents de ce à quoi il s'expose en pénétrant sur le terrain maritime.

851. — Mais cette délimitation, très-facile lorsqu'il s'agit d'un arsenal ou d'un établissement, tout au moins quant à ses frontières terrestres, est quelquefois moins aisée sur les fronts de mer. Ici nous entrons dans des questions de pur fait; ce qui est vrai à Brest peut ne pas l'être à Toulon et réciproquement. Ainsi à Brest où le port de guerre et l'arsenal, situés en rivière, ne font qu'un et sont nettement délimités par des portes et des chaînes de fermeture, aucun doute n'est possible. Tout autre est la situation à Toulon où les établissements de la marine et les parties de l'arsenal sont disposés sur les bords du rivage de la rade.

852. — Il est donc difficile de tracer en cette matière une règle générale quelconque : c'est une question de fait et de localité, dont la solution appartient exclusivement, dès qu'il y a doute, aux juges du fait; à eux seuls de décider dans leur verdict si le fait a été commis dans le port ou hors du port. Leur sentence sur ce point nous paraît échapper à la censure juridique du tribunal de révision. Maintenant, pour répondre au vœu de la loi, les juges du fait devront, pour se déterminer, tenir compte soit d'une limite infranchissable, soit de ce que l'accès de tel point est interdit par un fonctionnaire, ou enfin que des signes, bouées, pannes flottantes ou chaînes servent de démarcation permanente entre la zône libre et la zône protégée.

853. — Quant aux trois expressions de l'art. 88, les deux premières s'expliquent d'elles-mêmes : l'arsenal maritime est une portion fermée du domaine militaire de l'État affectée au département de la marine ; le port, de limites parfois plus indécises, est du moins très-certain dans son identité, puisqu'il ne peut s'agir dans l'art. 88 que de l'un de nos cinq ports de guerre. Au contraire, la portée des mots « établissements de la marine » a donné lieu à de nombreuses hésitations résultant, à notre avis, de ce qu'on a trop souvent perdu de vue le sens absolument restrictif qu'il convient d'attribuer à cette expression.

854. — Le législateur de 1858, lorsqu'il a parlé d'établissements de la marine a eu surtout en vue ces diminutifs d'arsenaux qui portent dans la pratique maritime la dénomination d' « établissements de la marine hors des ports », ceux-là mêmes pour lesquels les art. 52 et s., prévoient la création éventuelle de tribunaux maritimes supplémentaires. Ce sont, en effet, de véritables succursales de nos grands arsenaux, et ils ont droit au même régime et à la même protection ; ce sont l'atelier de fabrication de machines d'Indret, la fonderie de Ruelle; c'étaient avant leur suppression les forges de Guérigny (la Chaussade).

855. — Mais, depuis la promulgation du Code, la marine a été conduite à créer ou à développer, même dans les chefs-lieux d'arrondissements maritimes, un certain nombre d'ateliers qui, constituant un tout spécial et situé parfois en dehors de l'enceinte des anciens arsenaux, remplissent, eux aussi, toutes les conditions requises pour être considérés comme établissements de la marine dans le sens de l'art. 88. On peut citer comme exemple l'école de pyrotechnie créée à Lagoubran, près Toulon et le polygone de Gâvre, près Lorient qui, placés hors de l'enceinte de l'arsenal, n'en remplissent pas moins la condition de lieu qui justifie la compétence du tribunal maritime. Il en serait de même à notre avis, du laboratoire central de l'artillerie de marine à Paris, où se font tant d'expériences précieuses pour la défense nationale et dont la sécurité importe grandement à la puissance navale du pays.

856. — On peut donc et on doit considérer comme établissement de la marine, au sens de l'art. 88, tout lieu de fabrication ou de conservation d'une fraction de matériel destiné à l'armement de la flotte ou à l'équipement des marins. Tout établissement créé en vue du matériel tombe sous le coup du tribunal maritime ; là où cet élément n'existe pas, ou n'existe qu'à titre accessoire, l'action de cette juridiction n'est pas justifiée.

857. — Jugé qu'un vol de débris de projectiles commis dans l'enceinte du polygone de Gâvre, doit être considéré comme commis dans un établissement de la marine, et comme intéressant la police et la sûreté de cet établissement et le service maritime. — Cass., 15 juill. 1875 (régl. de juges), Gourvellec, [D. 76.1.286]

858. — A la clarté de ces principes on voit de suite qu'il n'est pas possible, à moins de jouer sur les mots, de considérer comme établissement de la marine tout immeuble appartenant à la marine, spécialement une caserne. Cette dernière, bien qu'elle puisse accidentellement renfermer un peu de matériel militaire ou naval, n'est pas destinée au matériel, mais bien au personnel ; ce qui s'y passe intéresse la discipline militaire et non la police de l'arsenal, alors même que la caserne serait dans l'enceinte de l'arsenal. Il suffit de réfléchir, d'ailleurs, pour comprendre que si l'on déférait au tribunal maritime tous les faits qui se passent dans les casernes et à bord des bâtiments amarrés dans le port ou dans l'arsenal, on enlèverait du coup aux conseils de guerre la plus grosse part de leurs attributions, au détriment de la discipline militaire et sans profit pour l'intérêt spécial auquel répond l'institution du tribunal maritime. C'est ce que le ministre de la Marine a établi dans une dépêche du 13 mars 1869, manuscrite, à l'occasion d'un fait commis à Cherbourg dans une caserne isolée ; c'est ce qu'a consacré un jugement du deuxième conseil de guerre de Cherbourg du 15 janv. 1870, à l'occasion d'un fait commis dans une caserne sise dans l'arsenal.

859. — Il est vrai qu'un arrêt de cassation du 10 mai 1865, Bénédit (inédit) a déclaré que le tribunal maritime était compétent à l'égard d'un vol commis dans un hôpital de la marine au préjudice de malades : ce vol intéresse la police et la sûreté de cet établissement maritime. Cet arrêt contient une décision de fait qui est en contradiction apparente avec la théorie susénoncée. Mais il y a lieu de faire remarquer tout d'abord qu'il n'est pas motivé. Le rédacteur s'est borné à l'affirmation suivante : « que ce vol, *ainsi commis dans un établissement de la marine...* », aussi l'arrêt n'a-t-il pas été inséré au *Bulletin criminel* ; non plus de ces arrêts dont on cite la date et non pas le texte D'autre part, l'arrêt de 1865 est contraire au texte formel de l'art. 77-2°, C. just. marit., qui déclare expressément justiciable du conseil de guerre le marin et le militaire détenus dans un hôpital ou dans une prison maritime. — V. *supra*, n. 156.

860. — L'art. 75, Décr. 7 avr. 1873, sur les prisons maritimes, contient une nouvelle application de l'idée que nous combattons, puisqu'il semble voir dans l'intervention du tribunal maritime, une sorte de ressource facultative destinée à suppléer l'action du conseil de guerre lorsqu'elle vient à faire défaut. Mais cette énonciation, dans un décret, d'une compétence accidentelle, n'est pas de nature à prévaloir contre la saine doctrine.

861. — Un autre arrêt de la Cour de cassation confirme cette manière de voir en décidant que le bureau d'un commissaire de l'inscription maritime, surtout dans un lieu où il n'existe ni port de guerre, ni arsenal, ne peut être considéré comme un établissement de la marine dans le sens de l'art. 88, C. just. marit. : cette dénomination ne saurait se rapporter qu'à ceux de ces établissements qui se trouveraient dans l'enceinte commune, ou qui, du moins, par leur importance, leurs aménagements et leur personnel, seraient dans des conditions identiques aux arsenaux et justifieraient le même régime. Il en résulte que les crimes et délits, spécialement le crime de faux, commis dans les bureaux d'un commissaire de la marine par un inculpé qui n'est ni marin,

ni militaire, ne rentrent pas dans la compétence des tribunaux maritimes. — Cass., 8 mai 1873, Godfroy, [D. 73.1.271]

862. — Jugé, dans le même sens, qu'il y a incompétence du tribunal maritime à l'égard d'un vol commis à bord d'un bâtiment rentré dans l'enceinte d'un arsenal, dès que ce délit, étranger au service de l'arsenal, ne concerne que la police intérieure du bâtiment : le délit doit être déféré, suivant son importance, au conseil de justice ou au conseil de guerre permanent. — Cass., 23 août 1855, Havez, [S. 56.1.89, P. 56.1.280, D. 55.1.366]

863. — III. *Nature du fait.* — En supposant remplie la condition de lieu, il reste à s'occuper du deuxième élément de la compétence : « crime ou délit de nature à compromettre soit la police ou la sûreté de ces établissements, soit le service maritime. »

864. — Quoique rédigé d'une manière assez vague, ce texte, reproduit de la législation antérieure et en particulier du décret du 12 nov. 1806, a été maintenu tel quel dans le Code de 1858, parce que, commenté par une pratique de longues années, il avait fini par acquérir une portée déterminée. Cette portée n'a fait que se préciser depuis cette époque.

865. — Dans la première catégorie, il faut ranger les pillages, dévastations d'édifices et de matériaux, les incendies et explosions, les vols et détournements de matières et d'objets au préjudice de l'Etat, lesquels crimes ou délits portent une atteinte directe à l'intégrité du matériel naval. On y comprend aussi les faux de toute nature susceptibles de faciliter ou de masquer les détournements ou soustractions de matériel ou de main-d'œuvre, cette dernière constituant un capital en voie d'incorporation dans le susdit matériel. On y admet, enfin, les rixes, rébellions, coups et crimes contre les personnes, toutes les fois que ces faits intéressent les principes d'ordre et de respect pour l'autorité qui doivent présider au fonctionnement du travail dans un arsenal.

866. — Dans la seconde catégorie, on fait rentrer tous actes qui pourraient paralyser ou gêner le service maritime d'un port ou d'un arsenal, tel que la destruction de phares, signaux, bouées, etc. ; ainsi que les crimes ou délits des fournisseurs et autres individus qui, par leur négligence ou leurs fraudes, ont compromis ou failli compromettre la bonne marche du service maritime. Mais il est bien entendu que ces diverses incriminations doivent être liées à la question de lieu, en ce sens que le fait doit avoir été perpétré dans l'arsenal.

867. — On remarquera que la loi n'exige pas que le fait poursuivi ait compromis la police ou la sûreté de l'arsenal, mais seulement qu'il *soit de nature à les compromettre*. Il n'est donc pas nécessaire d'apporter aucune preuve du dommage qui a pu être causé au service maritime.

868. — Ainsi en s'appuyant sur ces principes que la jurisprudence a exclu de la compétence des tribunaux maritimes un délit commis dans l'arsenal au préjudice d'un tiers et non de l'Etat. — Cass., 10 avr. 1863, Rio, [D. 63.5.245] — V. le réquisitoire dans le *Bulletin officiel de la marine*, 1er sem. 1863, p. 233.

869. — Ainsi, à moins de circonstances spéciales, le vol commis entre marins, dans l'arsenal même, est de la compétence du conseil de guerre maritime et non de celle du tribunal maritime. — Trib. marit. Toulon, 13 juin 1855, Rio, [D. 63.5.245]

870. — Jugé, dans le même sens, que l'abus de confiance commis par un sergent-major au détriment de son capitaine et portant sur la solde des hommes de la compagnie n'intéresse pas le service maritime et ne saurait justifier la compétence du tribunal maritime. — Cons. rév. Brest, 13 juin 1868.

871. — ... Que les délits militaires d'insubordination commis dans les arsenaux ne peuvent être jugés par les tribunaux maritimes. C'est aux conseils de guerre qu'il appartient d'y statuer. Ces délits ne sont pas relatifs au service maritime dans le sens de la loi. — Cass., 10 août 1826, [Bull. crim., n. 159]

872. — Au contraire, le meurtre commis par un chef ouvrier des constructions navales sur son contremaître à bord d'un bâtiment se trouvant en réparation dans l'enceinte d'un port, est de nature à compromettre la police et la sûreté de ce port et le service maritime. Conséquemment et aux termes de l'art. 88, C. just. marit., les tribunaux maritimes sont compétents pour en connaître. — Cass., 18 janv. 1877, [Bull. crim., n. 15]

873. — Une dépêche ministérielle manuscrite du 23 oct. 1888 reconnaît la compétence du tribunal maritime à l'encontre des auteurs d'infractions aux règlements sur la navigation dans l'arsenal de Rochefort.

873 *bis.* — En résumé, lorsqu'on se trouve en présence d'un crime ou d'un délit commis à bord d'un bâtiment présent dans l'enceinte de l'arsenal, s'agit-il d'un crime ou d'un délit où la discipline militaire est seule en cause, par exemple une voie de fait envers un supérieur à bord? Le conseil de guerre sera saisi. Au contraire, un matelot a-t-il profité de sa participation, à une corvée transportant du matériel dans l'arsenal, pour en dérober une portion, la police de l'arsenal est troublée et le tribunal maritime est compétent. En s'inspirant de cette idée, c'est-à-dire en recherchant dans chaque fait quelle est la loi violée, loi de l'arsenal ou loi militaire, on trouvera la solution des difficultés soulevées par la pratique.

874. — La compétence du tribunal maritime atteint non seulement les auteurs mais aussi les complices du fait, alors même que les circonstances qui caractérisent la complicité se seraient produites extérieurement à l'arsenal. Il suffit que le crime ou le délit ait eu lieu dans l'arsenal.

875. — On est même allé plus loin : on a jugé que le complice pourrait être poursuivi devant le tribunal maritime sans l'auteur principal et sur la simple présomption que le délit aurait été perpétré dans l'arsenal. Spécialement, un individu de l'ordre civil ayant été arrêté par une ronde au moment où il venait de recevoir dans ses bras un paquet lancé par une main inconnue par dessus le mur de l'arsenal, on a décidé que l'objet était présumé provenir d'un vol commis dans l'arsenal et on a condamné le complice par recel.

876. — C'est d'ailleurs à l'encontre des recéleurs que l'action du tribunal maritime paraît la plus utile, en ce sens que les mille débris de métaux enlevés chaque jour des arsenaux y demeureraient pour la plupart s'il n'existait pas des recéleurs pour les acheter à vil prix, les fondre et les transformer.

877. — Jugé que le fait d'achat et de recel d'objets soustraits frauduleusement dans un arsenal, au préjudice de la marine, constitue la complicité de vol et non le délit spécial d'achat d'effets militaires; par suite, il n'y a pas lieu à disjonction, mais bien à la compétence du tribunal maritime. — Cass., 15 juill. 1875, Gourvellec, [D. 76.1.286]

878. — ... Qu'une chiffonnière, complice d'un vol de cuivre commis dans un arsenal maritime, est légalement déférée au tribunal maritime en vertu des art. 88 et 331, § 7, C. just. marit.; que son pourvoi en cassation, recevable pour incompétence seulement, doit donc être rejeté. — Cass., 6 avr. 1889, [Bull. crim., n. 147]

879. — L'art. 89, C. just. marit., ajoutait à cette compétence spéciale des tribunaux maritimes permanents, la connaissance de tous les crimes et délits commis par les condamnés aux travaux forcés subissant leur peine en France, dans les ports, arsenaux et établissements de la marine. Cette catégorie de condamnés n'existant plus, depuis la suppression des bagnes (V. suprà, v° Bagne) les tribunaux maritimes permanents des ports n'ont plus à juger les forçats. Ce rôle incombe aux tribunaux maritimes spéciaux créés le 4 oct. 1889 aux colonies. — V. infrà, n. 1277.

880. — Il en est différemment de la compétence continuée aux tribunaux maritimes par l'art. 90, C. just. marit., pour le jugement des faits de piraterie prévus par la loi du 10 avr. 1825. Cette compétence est demeurée entière et a reçu diverses applications depuis la promulgation de la loi du 4 juin 1858. — V. infrà, v° Piraterie.

881. — Le prévenu est traduit, soit devant le tribunal maritime dans le ressort duquel le crime ou le délit a été commis, soit devant celui dans le ressort duquel il a été arrêté (Décr. 23 janv. 1889, déterminant le ressort des juridictions maritimes), sans préjudice des dispositions contenues dans l'art. 17, L. 10 avr. 1825 (art. 91).

3° Procédure.

882. — Les dispositions des art. 113 à 181, C. just. marit., relatives à la procédure devant les conseils de guerre des arrondissements maritimes, sont applicables aux tribunaux maritimes de ces arrondissements, sauf quelques modifications que nous allons étudier (art. 197).

883. — Les commissaires-rapporteurs près les tribunaux maritimes, les maîtres entretenus et les conducteurs de travaux procèdent, comme officiers de police judiciaire, concurremment avec les fonctionnaires désignés en l'art. 114, C. just. marit. (art. 198).

884. — Cet art. 198 n'exprime que très-imparfaitement le rôle des commissaires-rapporteurs. En effet, en vertu d'une longue tradition qui remonte à la vieille législation des tribunaux maritimes, et en particulier à la loi des 20 sept.-12 oct. 1791, celui de ces magistrats qui est attaché au premier tribunal maritime permanent de chaque port est chargé en première ligne de la police judiciaire de l'arsenal. Le Code de 1858 n'a pas dérogé à cette règle, puisque l'Exposé des motifs et le rapport au Corps législatif le constatent également.

885. — De plus, une instruction du 6 févr. 1860 a eu soin de préciser qu'en ce qui touche les faits de la compétence du tribunal maritime, le commissaire-rapporteur doit être considéré comme ayant le droit d'instrumenter par préférence à tout autre officier de police judiciaire. Il doit donc être informé de suite de tout crime ou délit perpétré dans l'arsenal; dans ce nombre, il faut comprendre tout accident grave, mort violente ou suicide, à l'occasion desquels ce magistrat remplit le rôle prévu par la loi, puisque l'officier de police judiciaire du droit commun n'a pas normalement accès dans l'arsenal (Instr. min. 3 sept. 1890, manuscr.).

886. — Mais, à côté du commissaire-rapporteur près le premier tribunal maritime permanent, et placé directement sous ses ordres, figure depuis quelques années un fonctionnaire dont la situation, assez mal définie, mérite quelque attention. C'est le surveillant général de l'arsenal.

887. — Créé par décret du 27 janv. 1882 sur l'initiative de M. Gougeard, alors ministre de la Marine, et confirmé par un second décret du 27 mars suivant, le surveillant général avait au fond, dans la pensée de ceux qui l'ont institué, que le succédané du commissaire de police maritime, créé par décret du 9 juin 1877, et dont la disparition avait tenu à des circonstances politiques : les commissaires de police maritimes qui avaient été, malgré les ordres de l'administration centrale, mêlés par certains préfets maritimes à quelques investigations politiques, furent vivement attaqués au Parlement, et la commission du budget supprima le crédit afférent à leur traitement, sans que le décret qui les instituait eût jamais été abrogé.

888. — En 1877 et 1878, la légalité des pouvoirs des commissaires de police maritimes avait été déjà vivement contestée : on avait allégué, à l'encontre de cette création, que le Code maritime n'en parlait ni à l'art. 114, pour les conseils de guerre, ni à l'art. 198, pour les tribunaux maritimes, et qu'une loi était nécessaire pour conférer à un fonctionnaire la qualité d'officier de police judiciaire. Le ministre répondait, non sans raison, que les fonctionnaires en question, détachés du ministère de l'intérieur, portaient le nom de commissaires de police et tenaient de ce chef leurs pouvoirs du Code d'instruction criminelle et de la constitution de l'an III. Il ajoutait que, si des lois spéciales étaient intervenues pour régler la situation et les attributions des commissaires de police spéciaux des chemins de fer, c'était plutôt pour délimiter l'étendue de leur juridiction que pour préciser leurs pouvoirs; tandis que le rôle du commissaire de police maritime, auxiliaire du commissaire-rapporteur, était déterminé par l'art. 88, C. just. marit., relatif à la compétence des tribunaux maritimes permanents.

889. — Grâce à ces arguments, les actes et procès-verbaux des commissaires de police maritimes, bien que discutés dans les assemblées politiques, n'ont jamais été contestés dans la pratique judiciaire. Mais la position des surveillants généraux est loin d'être aussi nettement établie.

890. — On a abandonné en partie le recrutement primitif parmi les commissaires de police de l'intérieur, pour donner quelques-uns de ces emplois à d'anciens agents de la marine en retraite (Décr. 31 oct. 1884), et on leur a ainsi fait perdre leur dernier point de contact avec le Code d'instruction criminelle. On a bien essayé de remédier à cette insuffisance en assermentant les surveillants généraux; et, ne pouvant leur faire prêter serment, comme les commissaires de police maritimes, devant le premier tribunal maritime permanent en qualité d'auxiliaires du commissaire-rapporteur, on a obtenu du département de la justice l'autorisation de les assermenter devant le tribunal de première instance, en vertu de décrets individuels, comme auxiliaires du procureur de la République (Décr. 23 avr. 1882, et Circ. min. 28 avr. 1882); on les a ainsi placés dans une situation contradictoire avec leur rôle effectif, puisqu'ils n'ont aucun rapport hiérarchique avec le parquet civil.

891. — A la vérité, ce ne sont que des fonctionnaires quelconques de la marine, auxquels certaines attributions ont été administrativement conférées, et qui les remplissent de leur mieux, sans que qui que ce soit réclame parce qu'ils n'agissent le plus souvent qu'à l'égard de subordonnés du ministre. D'ailleurs, leurs actes sont bien vite, en cas de poursuites, doublés par ceux des commissaires-rapporteurs.

892. — Mais à l'égard des individus de l'ordre civil, étrangers à la marine, tels que les recéleurs de profession, que l'art. 88, C. just. marit., soumet pourtant bien à l'action des tribunaux maritimes, le surveillant général n'a aucun pouvoir légal et doit se borner à s'entendre avec le commissaire de police de la localité et à invoquer son concours.

893. — Tel a été d'ailleurs l'avis émis par le comité du contentieux de la marine dans sa séance du 13 mai 1895, où, ayant à statuer sur des poursuites dirigées contre un entrepreneur pour résistance à un ordre préfectoral, cette assemblée a pensé que, valable dans une certaine mesure en matière maritime, le procès-verbal dressé par le surveillant général n'avait, hors de ce domaine spécial, qu'une valeur de renseignement administratif et ne pouvait servir de base légale à la répression d'une contravention.

894. — Et cependant, l'idée de 1877 est juste : sans exagérer l'importance des détournements commis au préjudice de l'État dans les arsenaux maritimes, il est certain que, journellement, des matières sortent grâce à l'intervention, non pas tant des ouvriers de la marine, que de ceux des nombreux entrepreneurs dont les travaux s'exécutent dans l'arsenal. Il est également avéré que parfois des objets plus ou moins importants sont irrégulièrement fabriqués, avec les matériaux et la main-d'œuvre de l'État, pour le compte de tiers.

895. — Ces fraudes ne peuvent être découvertes et réprimées que par deux moyens : les investigations d'une police occulte et l'intervention rapide d'un officier de police judiciaire pouvant seul et instantanément pénétrer chez le recéleur, pour y saisir les preuves matérielles du délit signalé. Le commissaire de police était apte à recruter et à diriger des agents secrets, comme à s'introduire seul dans un domicile privé; le surveillant général, surtout s'il est choisi parmi d'anciens officiers ou agents de la marine en retraite, n'est apte ni à l'un, ni à l'autre de ces rôles. L'organisation actuelle appelle donc une modification et, pour prévenir toute hésitation comme toute critique, le pouvoir législatif la sanctionnerait utilement.

896. — Aux termes de l'art. 199, « si l'inculpé n'est pas justiciable des tribunaux maritimes, il est procédé comme il est dit à l'art. 128 ». C'est-à-dire que le préfet maritime retient l'affaire pour les conseils de guerre, ou la renvoie soit au général commandant en chef la région de corps d'armée, soit au procureur de la République, en donnant, dans ces deux derniers cas, avis de son dessaisissement au ministre de la Marine.

897. — Les jugements des tribunaux maritimes sont rendus à la majorité absolue des voix (art. 200). Il n'est donc jamais question de minorité de faveur devant cette juridiction.

898. — La chaîne du forçat ne lui est pas enlevée lorsqu'il comparaît devant les tribunaux de la marine (art. 201). Désormais sans application dans la métropole, cette prescription n'a d'objet aux colonies qu'à l'égard du transporté subissant la peine de la double chaîne.

899. — La procédure établie pour les tribunaux maritimes dans les arrondissements est suivie dans les tribunaux maritimes des sous-arrondissements et des établissements de la marine hors des ports (art. 202, al. 1).

900. — Les attributions dévolues au préfet maritime sont exercées par le chef du service ou le directeur, sauf en ce qui concerne les ordres d'informer, de mise en jugement et de convocation du tribunal (art. 202, *in fine*).

§ 2. *Tribunaux de révision.*

901. — Les jugements rendus par les tribunaux maritimes permanents et par les tribunaux des sous-arrondissements maritimes et des établissements hors des ports peuvent être attaqués par recours devant les tribunaux de révision permanents (art. 56 et 92). Ils sont susceptibles de recours dans les mêmes conditions que ceux des conseils de guerre.

902. — I. *Organisation.* — Le Code de 1858 prévoyait la possibilité de créer plusieurs tribunaux de révision; mais le petit nombre des affaires a conduit à le principe (Instr. 25 juin 1858) à instituer un parquet et un greffe communs pour les conseils de guerre et de révision, et plus tard (Décr. 23 janv. 1889)

à ne laisser subsister qu'un seul tribunal de révision qui porte le nom de tribunal de révision de la marine et qui, séant à Brest, a pour ressort l'étendue des cinq arrondissements maritimes. Le parquet et le greffe y sont communs avec le conseil de révision.

903. — Le tribunal de révision de la marine se compose du major général de la marine, président, et de quatre juges, savoir : le président du tribunal de première instance; le procureur de la République près le même tribunal; un capitaine de vaisseau; un commissaire de la marine (art. 47).

904. — Il y a près du tribunal de révision un commissaire du gouvernement et un greffier; l'un et l'autre sont également chargés des mêmes fonctions au conseil de révision. Les fonctions de commissaire du gouvernement sont remplies par un officier supérieur du corps de la marine, de celui du commissariat ou de celui de l'inspection.

905. — Il peut être nommé un substitut du commissaire du gouvernement appartenant aux mêmes corps et un commis-greffier si les besoins du service l'exigent (art. 47, *in fine*). En fait, ce dernier paragraphe n'a jamais été exécuté, par la raison que le tribunal de révision rend à peine, faute de recours, un jugement tous les deux ou trois ans.

906. — Il n'existe pas de rapporteur devant cette juridiction qui ne connaît pas du fait. Le rapport sur les points de droit soulevés est fait par un des juges. — V. *suprà*, n. 625.

907. — Le capitaine de vaisseau et le commissaire de la marine, juges du tribunal de révision, sont pris parmi les officiers en activité dans le chef-lieu de l'arrondissement où siège le tribunal; ils sont nommés par le préfet maritime. Ils peuvent être remplacés tous les six mois et même dans un délai moindre, s'ils cessent d'être employés au chef-lieu. Un tableau est dressé pour les juges, conformément à l'art. 43 du présent Code (art. 48, al. 1 et 2).

908. — En cas d'empêchement accidentel du président ou d'un juge appartenant à la marine, le préfet maritime remplace provisoirement le major général par le plus ancien des capitaines de vaisseau en service au chef-lieu, le capitaine de vaisseau et le commissaire de la marine par un officier du même grade et du même corps, dans l'ordre du tableau mentionné au paragraphe précédent (art. 48, al. 3).

909. — En cas d'empêchement accidentel, le président du tribunal de première instance est remplacé provisoirement par le vice-président ou par le plus ancien juge de ce tribunal, et le procureur de la République par son substitut (art. 48, *in fine*).

910. — Le commissaire du gouvernement est pris parmi les officiers supérieurs en activité ou en retraite; il est nommé par le ministre de la Marine. Les substituts sont pris parmi les officiers en activité; ils sont nommés par le préfet maritime (art. 49, al. 1 et 2).

911. — Le greffier et, s'il y a lieu, le commis-greffier sont nommés dans les conditions et les formes indiquées aux art. 7 et 9, C. just. marit. (art. 49, *in fine*). — V. *suprà*, n. 39, 50.

912. — Lorsque le tribunal maritime dont le jugement est attaqué a été présidé par un officier général, le tribunal de révision est présidé par un officier général du même grade; le major général, s'il n'a pas le grade requis pour présider, siège alors comme juge, et le capitaine de vaisseau ne prend point part au jugement de l'affaire (art. 50). L'éventualité ainsi prévue est celle où, par application de l'art. 42, la composition du tribunal maritime aurait dû être modifiée en vue du grade de l'un des prévenus.

913. — Sont applicables au tribunal de révision les art. 21, 23 et 24 relatifs aux conseils de guerre (V. *suprà*, n. 70, 74 et s.), et les art. 31 et 32 relatifs aux conseils de révision (sous réserve de l'abolition de l'âge minimum et du serment préalable) (art. 51). Le Code, par suite d'un lapsus, dit « art. 30 et 31 », mais l'erreur est évidente puisque l'art. 30 est reproduit textuellement dans l'art. 50 tandis que l'art. 32 édictant la nécessité du serment politique devait évidemment être applicable et a toujours été en fait considéré comme applicable aux membres du parquet des tribunaux de révision.

914. — II. *Compétence.* — Au sujet de la compétence des tribunaux de révision, l'art. 93 dispose : « Les tribunaux de révision prononcent sur les recours formés contre les jugements des tribunaux maritimes dans leur ressort, en se conformant aux dispositions des art. 86 et 87 du présent Code ». Rappelons à cet égard qu'il n'y a qu'un tribunal de révision dont la compétence s'étend aux jugements des tribunaux maritimes des cinq arrondissements.

915. — III. *Procédure.* — Les dispositions des art. 183 à 196, C. just. marit., relatives à la procédure devant les conseils de révision des arrondissements maritimes, sont applicables aux tribunaux de révision (art. 203). — V. *suprà*, n. 613 et s.

§ 3. *Pouvoir de simple police.*

916. — Nous avons établi, en étudiant la compétence des tribunaux maritimes permanents, que les rédacteurs du Code de 1858 avaient entendu et formellement déclaré faire, en ce qui touche ces juridictions, une œuvre de restitution et vouloir restaurer et confirmer toute l'ancienne jurisprudence née des décrets des 12 nov. 1806 et 26 mars 1852.

917. — Ces actes eux-mêmes n'étaient que la confirmation de toute une suite d'actes anciens remontant à l'ordonnance du 15 avr. 1689 et au régime des intendants de finances, police et justice, pour arriver par les étapes successives de 1731, 1776 et 1785, jusqu'à la loi des 20 sept.-12 oct. 1791.

918. — Cette dernière loi, après avoir réglé d'autres dispositions le fonctionnement des cours martiales maritimes, aujourd'hui disparues et remplacées par les conseils de guerre, statue, dans son tit. 2, sur le régime des arsenaux et spécialement sur ce qu'elle appelle, dans le langage de l'époque, les délits de police. Elle indique en outre les peines applicables et le tribunal qui doit en connaître. Sur ce dernier point, le préfet maritime (alors ordonnateur) et le commissaire-rapporteur (alors commissaire-auditeur) y sont constitués en tribunal de simple police, dont l'action doit s'étendre à toute personne, quelle que soit sa qualité, ayant commis un fait de nature à compromettre la police ou la sûreté de l'arsenal ou le service maritime.

919. — Que sont devenues ces dispositions sous l'empire de la nouvelle législation? Ont-elles été remplacées ou simplement détruites? Le Code de 1858 est muet sur ce point : l'art. 88, qui reproduit scrupuleusement les conditions de lieu et de nature du fait de la législation antérieure, ne parle que de crimes et de délits ; il laisse de côté la question des contraventions; la seule fois qu'il y soit question de cette sorte d'inculpation, c'est dans l'art. 369 qui, reproduit textuellement l'art. 271 similaire du Code de justice militaire, ne saurait avoir d'autre portée que cet article, c'est-à-dire, la substitution du pouvoir disciplinaire au pouvoir judiciaire pour la répression des contraventions de police générale commises par des marins ou des militaires.

920. — Le but du législateur sur ce point n'est pas douteux; il est ainsi expliqué dans l'Exposé des motifs du Code militaire : « il importe de ne pas faire figurer sans nécessité, au sein des tribunaux de police, un habit qui a besoin d'être honoré ; il importe de ne pas enlever légèrement un soldat à son drapeau ». Aucune de ces raisons ne porte quand il s'agit des contraventions à la police de l'arsenal. Il est donc évident que le Code maritime a laissé de côté cette matière sans y statuer, et tout doute disparaît quand on sait qu'un cinquième livre, préparé par la commission pour réglementer cette question du pouvoir de simple police dans l'arsenal, a été au dernier moment détaché du projet de loi comme devant être ultérieurement déposé, puis a été finalement laissé sans suite.

921. — D'autre part, les dispositions abrogatives de l'art. 374 ne s'appliquent formellement qu'aux dispositions édictées en matière de crimes et délits maritimes ou militaires ; elles ont donc respecté le régime des contraventions à la police de l'arsenal. Toute autre solution eût d'ailleurs été singulièrement illogique, puisque, sans cela, la justice ordinaire, dessaisie par l'art. 88 de la connaissance des crimes et délits commis dans l'arsenal par de simples citoyens, aurait dû y instrumenter pour de simples infractions.

922. — La marine a toujours été, depuis Colbert, seule maîtresse dans ses arsenaux ; elle y a toujours pourvu elle-même à la répression des crimes, délits et contraventions, et les travaux préparatoires de la loi de 1858 témoignent à chaque pas de la volonté bien arrêtée de maintenir cet état de choses. On n'eût pu y porter de modification, spécialement pour les contraventions, qu'en ouvrant à la justice ordinaire les portes de l'arsenal, en l'admettant à discuter, à contester la nature du fait ou l'intérêt de la répression ; c'eût été créer une source incessante de conflits.

923. — Il nous paraît donc certain que le Code de justice ma-

ritime a laissé subsister dans son principe le tit. 2 de la loi précitée des 20 sept.-12 oct. 1791, et tel a bien été l'avis des rédacteurs du Code, puisque l'instruction du 25 juin 1858, émanée, on le sait, du principal d'entre eux, s'exprime ainsi dans son n. 115 : « MM. les préfets maritimes voudront bien remarquer que, la police et la discipline des ports et arsenaux leur appartenant, ils ont, par suite, la faculté de prendre telle mesure d'application que cette attribution générale leur semblera comporter. Ils peuvent, par exemple, lorsqu'ils ne croient pas devoir donner l'ordre d'informer, centraliser, comme par le passé, l'examen des affaires de simple police, en transmettant les rapports des chefs de service ou de détail au commissaire-rapporteur près le premier tribunal maritime. »

924. — Telle a été, au surplus, l'interprétation qui a prévalu dans la pratique, car depuis 1858, aucune contestation n'a été soulevée contre le pouvoir de simple police du préfet maritime.

925. — D'un autre côté, un règlement d'administration publique du 21 juin 1858, rendu en exécution de l'art. 369, C. just. marit., concernant la police et la discipline dans les ports, arsenaux et autres établissements de la marine, dans les colonies et à bord des bâtiments de l'Etat, est encore venu affirmer le maintien de la législation antérieure des arsenaux.

926. — Cet acte, qui constitue tout ce qui reste du projet du liv. 5 mentionné ci-dessus, a le tort d'être rédigé d'une manière confuse, en ce sens qu'il dispose, dans les mêmes articles, sur deux ordres de choses bien distincts, à savoir : la police des arsenaux et la discipline militaire des corps et bâtiments. Quoi qu'il en soit de cette confusion qui a conduit les rédacteurs du décret à placer sur le même pied, dans l'art. 1, les chefs de corps ou de service et le commissaire-rapporteur près le premier tribunal maritime, alors que le champ d'application des pouvoirs de chacun d'eux est tout différent, il est aisé d'extraire du décret du 21 juin 1858 les deux seules dispositions qui concernent réellement la simple police de l'arsenal.

927. — Nous nous expliquons *infrà*, n. 1217 et s., sur la portée disciplinaire du décret ; en ce qui touche l'arsenal, deux articles seulement sont à retenir et même pour partie : les art. 1 et 8, d'où nous extrayons les lignes suivantes, après déduction de ce qui a trait au régime disciplinaire : « Art. 1. Dans les ports, arsenaux et autres établissements de la marine, la police... appartient au chef maritime du lieu. Elle s'exerce, sous son autorité, ... par les commissaires-rapporteurs près les tribunaux maritimes ». — « Art. 8. Le préfet maritime... peut infliger : ... 2° à tous autres individus au service de la marine la prison pendant deux mois... Le préfet maritime, ... le chef de service dans un port secondaire et le directeur d'un établissement hors des ports peuvent, à l'égard des individus qui ne tiennent pas leur nomination du ministre, prononcer le renvoi définitif du service. Le préfet maritime, le chef de service dans un port secondaire et le directeur d'un établissement hors des ports peuvent infliger la prison, pendant huit jours au plus, à tout individu n'appartenant pas au service de la marine qui, dans l'intérieur des ports, arsenaux et autres établissements soumis à leur autorité, commettrait une infraction portant atteinte, soit à la police ou à la sûreté de ces établissements, soit au service maritime. »

928. — Quelle est la portée exacte de ces deux articles? Seraient-ils à eux seuls une raison suffisante des pouvoirs et des peines qu'ils édictent, non pas seulement à l'égard des marins, militaires et assimilés pour lesquels les bases de la répression sont directement tirées de l'art. 369, c'est-à-dire d'un texte de loi, mais à l'encontre des individus de l'ordre civil appartenant ou même n'appartenant à aucun titre au service de la marine? Nous ne saurions le penser.

929. — Assurément, il a été admis par la jurisprudence, en matière fiscale par exemple, que le règlement d'administration publique, précisément parce qu'il est rendu en vertu d'une sorte de délégation spéciale du législateur, peut être considéré comme un prolongement de la loi et édicter des pénalités secondaires; mais ici, nous avons établi que cette délégation, spéciale au régime disciplinaire, ne peut avoir trait à la simple police des arsenaux à laquelle l'art. 369, calqué sur l'art. 271, C. just. milit., ne fait aucune allusion.

930. — Il n'est d'ailleurs pas besoin de discuter longuement pour démontrer que, s'il ne pouvait se rattacher à un texte législatif, le décret du 21 juin 1858 ne saurait suffire pour justifier contre des individus qu'aucun lien ne rattache à l'autorité maritime, un pouvoir aussi exorbitant du droit commun que celui qui consiste à leur infliger, sans recours ni publicité, un emprisonnement pouvant s'élever à huit jours, c'est-à-dire dépassant la limite légale des peines de simple police.

931. — Mais, ainsi que nous l'avons établi dans les paragraphes précédents, le législateur de 1858 a entendu et déclaré laisser intacte la législation antérieure, et aucune disposition n'a porté atteinte sur ce point à la loi des 20 sept.-12 oct. 1791. C'est donc ce dernier texte qui a consacré législativement les droits du préfet maritime à l'égard de tout individu, même civil, pénétrant dans un établissement de la marine. Or l'art. 5, tit. 2, de la loi de 1791, est ainsi conçu : « Les arrêts et la prison pendant huit jours au plus pourront être prononcés en simple police par l'ordonnateur et le commissaire-auditeur. »

932. — Il résulte de ce texte et de l'ensemble du tit. 2 qu'il existait dès 1791 un tribunal de simple police de l'arsenal, composé de deux fonctionnaires qui sont devenus avec les transformations administratives le préfet maritime et le commissaire-rapporteur, et qui pouvaient infliger à toute personne ayant agi dans l'arsenal un emprisonnement de huit jours. Dès lors, la légalité du règlement d'administration publique du 21 juin 1858, qui ne fait que reproduire ces dispositions, devient inattaquable.

933. — Telle est l'explication de ces textes qui, bien que n'ayant pas été libellés avec toute la clarté désirable, n'en portent pas moins la trace évidente de l'intention qu'avaient les rédacteurs de maintenir sur ce point le régime de 1791.

934. — Au surplus, une instruction ministérielle du 1er févr. 1860 a donné de cet ensemble de dispositions un commentaire fort net. Le commissaire-rapporteur, collaborateur direct du préfet maritime dans cette œuvre judiciaire, y reçoit une délégation en vertu de laquelle il peut statuer toutes les fois qu'il s'agit d'un inculpé au service de la marine et que la gravité relative du fait ne motive pas une peine supérieure à huit jours de prison; au delà de ce taux, ou lorsque l'inculpé n'est pas au service de la marine, l'intervention du préfet maritime est nécessaire, et ce haut fonctionnaire statue sur le rapport du commissaire-rapporteur.

935. — Nous avons bien alors, par la réunion du préfet maritime, du commissaire-rapporteur et du greffier, le tribunal de la loi de 1791, et la sentence qui intervient offre tous les caractères d'un jugement de simple police. Elle peut, par suite, servir de base à l'application des peines de la récidive, notamment, en matière d'ivresse manifeste, laquelle peut ainsi devenir un délit, en deuxième récidive, et entraîner son auteur devant le tribunal maritime permanent. — Instr., 3 mai 1873, [B. O. M., p. 533] — V. *suprà*, v° *Ivresse*, n. 59 et s., 94 et s.

936. — Tous ces principes ont été consacrés dans le décret du 9 juin 1877 portant organisation de la police maritime et non abrogé, ainsi que dans l'arrêté ministériel du 12 du même mois rendu sur le même objet.

937. — A l'occasion de l'exercice des pouvoirs de simple police du préfet maritime et du commissaire-rapporteur, des difficultés naissent parfois de ce que le marin inculpé fait partie de l'équipage d'un bâtiment armé; on se demande alors à qui il appartient de statuer.

938. — Tout d'abord, c'est une erreur, et elle est même assez répandue, de s'attacher uniquement à la qualité de l'homme pour résoudre la question. Beaucoup de commandants de bâtiments tiennent à revendiquer pour eux seuls le droit de punir leurs hommes, quelles que soient les circonstances de l'infraction qu'ils ont commise. Or, cette prétention est précisément la négation du principe de l'art. 88, constitutif d'une compétence agissant *ratione materiæ et loci*. La condition de lieu étant ici remplie puisque le bâtiment est, par hypothèse, momentanément placé dans l'enceinte de l'arsenal, il n'y a plus à examiner que la matière même de l'infraction.

939. — Si l'on envisage la question à ce point de vue, les difficultés s'aplanissent : le marin a-t-il manqué aux prescriptions du décret ou du règlement sur le service à bord? La discipline du bâtiment est seule en cause et doit seule intervenir. A-t-il au contraire manqué à l'une des consignes de l'arsenal? C'est la police de l'arsenal qui intervient pour constater l'infraction et aussi pour la punir. Une rixe a-t-elle lieu entre matelots, sur le pont du bâtiment? discipline du bord. La rixe est-elle passée à terre dans un des magasins de l'arsenal? police de l'arsenal. En d'autres termes il y a deux idées déterminantes :

le théâtre du délit et la nature de l'infraction ou du règlement violé.

940. — Ceci conduit donc à protester contre l'usage qui s'est introduit dans certains ports, usage que les commandants à la mer tendent à généraliser, et qui consiste, de la part du commissaire-rapporteur près le tribunal maritime permanent, à se dessaisir de l'affaire et à renvoyer le matelot inculpé à la discipline du bord; et cela, sans distinction, alors même qu'il s'agirait, par exemple, du fait d'avoir fumé dans l'arsenal hors du bord, fait non punissable en dehors d'un arsenal.

941. — Ces procédés, pour la continuation desquels on invoque l'intérêt que peut avoir un commandant à faire sentir à ses hommes qu'il est leur seul maître, sont contraires à la loi comme le conseil de guerre, dès que la police et la sûreté de l'arsenal sont en jeu.

Section III.

Pouvoirs de la Cour de cassation.

942. — Le pourvoi en cassation est, comme on le sait, une garantie suprême donnée au justiciable qui peut, en matière criminelle, faire contrôler par la plus haute autorité judiciaire la légalité de sa peine et la régularité de sa condamnation.

§ 1. Qui peut se pourvoir en cassation et dans quels cas est reçu le pourvoi.

943. — Dans le but d'assurer la célérité de la répression et de rapprocher autant que faire se peut le châtiment de la faute, cette voie de recours a été, dès l'origine, refusée au marin et au militaire en raison des retards qu'elle ne manquerait pas d'apporter à l'exécution des sentences. Mais, si l'on veut bien réfléchir que le législateur a mis à la portée du même condamné un rouage rapide et indépendant, chargé de remplir exactement le même rôle que la Cour de cassation et qui est le conseil de révision, on voit que, sans prétendre comparer les juges de révision et les magistrats de la Cour suprême au point de vue de l'autorité, la lacune est plus apparente que réelle, et que des mesures efficaces sont prises pour sauvegarder les droits de l'accusé.

944. — Toutefois, dès qu'au nombre des accusés se trouve un individu de l'ordre civil ou du moins qui se prétend tel, à celui-là est due une garantie spéciale, consistant à faire, non pas réviser entièrement la légalité de sa sentence, à la voir pour ce faire le conseil de révision, mais à examiner si les juridictions maritimes avaient qualité pour statuer à son égard. En d'autres termes, le grand principe de notre législation criminelle, à savoir : le jugement par les pairs, doit être autant que possible respecté, ce qui est vrai du marin jugé par des marins et des militaires, mais ce qui ne le serait pas pour le civil enlevé, sans une permission expresse de la loi, au jugement des juridictions de droit commun.

945. — Tel est l'objet des prescriptions des art. 110 et 111, C. just. marit., qui classent les justiciables en deux groupes, ceux qui peuvent et ceux qui ne peuvent pas se pourvoir en cassation; l'art. 112 contient les renvois nécessaires pour ouvrir dans des conditions que nous allons indiquer, le pourvoi dans l'intérêt de la loi et la révision des sentences criminelles.

946. — Aux termes de l'art. 110, ne peuvent en aucun cas se pourvoir en cassation contre les jugements des conseils de guerre et des conseils de révision, des tribunaux maritimes et des tribunaux de révision : 1° les marins ou militaires de l'armée de mer, les assimilés aux marins ou militaires et tous autres individus désignés dans les art. 76, 77, 78, 79, 89 et 94, C. just. marit.; 2° les individus soumis, à raison de leur position, aux lois et règlements maritimes ou militaires; 3° les justiciables des conseils de guerre, aux termes des art. 62, 63 et 64, C. just. milit., pour l'armée de terre, dans le cas prévu par l'art. 84, C. just. marit.

947. — La première catégorie comprend tout d'abord les justiciables normaux du conseil de guerre permanent, ceux à l'encontre desquels la compétence est établie par la qualité de la personne. — V. *suprà*, n. 90 et s.

948. — Nous avons vu (*suprà*, n. 93 et s.), que lorsque les deux conditions de lien au service et de présence au corps sont réunies, les juridictions militaires ou maritimes sont compétentes sans que l'irrégularité du lien au service (sauf le cas de désertion qui exige pour être réprimé une incorporation régulière) ait pour effet de les dessaisir. Par suite, cette exception faite, le pourvoi en cassation est irrecevable à l'égard des individus incorporés et présents au corps, c'est-à-dire de tous ceux que nous avons considérés comme militaires, marins ou assimilés au chapitre de la compétence.

949. — Aussi la Cour de cassation a-t-elle eu fréquemment l'occasion de décider que les marins, les militaires et les assimilés condamnés par les conseils de guerre ou de révision, ou les tribunaux maritimes ou de révision, ne sont pas recevables à se pourvoir devant elle contre les décisions de ces juridictions, lorsqu'ils étaient en activité de service au moment de la perpétration des faits. — Cass., 31 juill. 1857, [*Bull. crim.*, n. 291]; — 8 oct. 1863, [*Ibid.*, n. 250]; — 4 juill. 1867, [*Ibid.*, n. 152]; — 14 mai 1868, [*Ibid.*, n. 131]; — 27 déc. 1873, [*Ibid.*, n. 319]; — 10 févr. 1876, [*Ibid.*, n. 42]; — 7 juill. 1876, [*Ibid.*, n. 163]; — 18 janv. 1877, [*Ibid.*, n. 15]; — 10 mars 1881, [*Ibid.*, n. 70]; — 23 févr. 1888, [*Ibid.*, n. 79]; — 19 avr. 1888, [*Ibid.*, n. 152]; — 27 déc. 1888, [*Ibid.*, n. 386]

950. — Jugé, spécialement, en ce sens, qu'un individu ayant accepté le brevet de lieutenant dans un corps de miliciens volontaires formé à la Réunion en vue de concourir à l'expédition de Madagascar, et assimilé aux troupes d'infanterie de marine par décret du 6 déc. 1883, n'est pas recevable à se pourvoir en cassation contre le jugement du conseil de guerre du corps expéditionnaire qui l'a condamné à mort pour désertion à l'ennemi. — Cass., 11 août 1887, [*Bull. crim.*, n. 313]

951. — ... Qu'un premier-maître de manœuvre déféré au tribunal maritime et condamné à cinq ans de prison pour vol commis dans l'arsenal au préjudice de l'Etat, est non-recevable à se pourvoir en cassation. — Cass., 27 déc. 1873, [*Bull. crim.*, n. 319]

952. — ... Que le musicien commissionné faisant partie de l'armée, son pourvoi en cassation contre le jugement d'un conseil de guerre est irrecevable. — Cass., 29 juin 1876, [*Bull. crim.*, n. 131]

953. — ... Qu'il en serait ainsi alors même que ce militaire exciperait de la nullité de son engagement, la Cour de cassation n'ayant aucune qualité pour se prononcer sur la régularité ou l'irrégularité de son incorporation. — Cass., 19 avr. 1888, précité.

954. — ... Que le mariage contracté par un militaire après son entrée au service, même sans le consentement de ses chefs, ne vicie ni son incorporation dans l'armée, ni son rengagement ultérieur; que, dès lors, il n'est pas admis à se pourvoir en cassation contre un jugement du conseil de guerre qui l'a condamné pour un délit en qualité de militaire. — Cass., 12 mai 1864, Martin, [S. 64.1.471, P. 64.1232, D. 64.1.319]

955. — ... Que le pourvoi en cassation d'un militaire ou d'un marin est irrecevable, alors même qu'un militaire de l'armée de terre aurait été incompétemment poursuivi devant un conseil de guerre maritime, ou un marin devant un conseil de guerre de l'armée de terre; qu'à l'égard des militaires, ce n'est qu'aux conseils de révision qu'il appartient de faire respecter l'ordre des juridictions. — Cass., 14 mars 1856, Samba-Malado, [S. 56. 1.757, P. 57.130, D. 56.1.228]

956. — ... Que les militaires détenus dans les établissements, prisons et pénitenciers militaires étant expressément justiciables des conseils de guerre, ne peuvent se pourvoir en cassation contre les décisions des conseils de guerre ou des conseils de révision. — Cass., 27 nov. 1879, [*Bull. crim.*, n. 209]

957. — ... Que le soldat condamné par un conseil de guerre pour un crime commis dans un atelier militaire, où il se trouvait détenu en exécution d'une précédente condamnation aux travaux publics, est non-recevable à se pourvoir en cassation. — Cass., 4 nov. 1871, Boucher, [D. 71.5.49]

958. — ... Qu'il en est de même d'un soldat réserviste, alors même que le condamné invoque, pour échapper à la juridiction militaire, cette circonstance qu'il n'aurait pas dû être appelé sous les drapeaux comme réserviste, parce qu'il faisait partie de l'armée territoriale. — Cass., 17 avr. 1885, [*Bull. crim.*, n. 111]

959. — La première catégorie comprend, en second lieu, les individus visés dans l'art. 89, c'est-à-dire forçats subissant leur peine de travaux forcés en France, dans les ports, arsenaux et établissements de la marine, catégorie disparue avec l'institution des bagnes métropolitains, dont le dernier, le bagne-dépôt de Toulon, a été fermé en 1874. Une législation analogue, consacrée dès le décret du 21 juin 1858 à l'égard des transportés, a été maintenue expressément par l'art. 7 du règlement d'administration publique du 4 oct. 1889, rendu en exécution de l'art. 10, L. 30 mai 1854, sur l'exécution de la peine des travaux forcés et portant organisation des tribunaux maritimes spéciaux pour le jugement des crimes et délits commis par les condamnés aux travaux forcés.

960. — Le visa de l'art. 94 est plus rigoureux et, en apparence, moins logique, en ce sens qu'à côté des marins et de ceux qui font partie de l'équipage d'un bâtiment, cet article rend, en troisième lieu, justiciable des conseils de guerre de bord tout individu porté sur le rôle d'équipage à quelque titre que ce soit, notamment un simple passager civil (V. *suprà*, n. 684 et s.). Cependant la solution à laquelle s'est arrêté le législateur est justifiée par deux raisons : la première, c'est que nul n'ignore les conséquences qu'entraîne la présence à bord d'un bâtiment soit de l'Etat, soit du commerce ; dans un cas comme dans l'autre, le passager est saisi par une juridiction d'exception dont l'intervention a pour but d'assurer la sécurité du navire ; la seconde c'est que le fait de l'inscription au rôle, justificatif de la compétence, ne prête pas au doute et que, par suite, le pourvoi en cassation pour incompétence n'eût été qu'un retard sans aucun avantage pour le justiciable.

961. — Notons que l'art. 80-4°, C. just. milit. (modifié par la loi du 18 mai 1875) interdit également tout pourvoi en cassation aux personnes de l'ordre civil enfermées dans une place de guerre en état de siège, situation qui présente la plus grande analogie avec celle d'un passager embarqué sur un bâtiment de l'Etat en cours de navigation.

962. — Le second groupe : « individus soumis, à raison de leur position, aux lois et règlements maritimes ou militaires » est plus malaisé à définir. Hautefeuille dans son *Guide des juges marins*, reconnaît que ni l'Exposé des motifs, ni le rapport, ni l'instruction ministérielle du 25 juin 1858, ne donnent d'éclaircissements sur ce paragraphe. Cet auteur en indique une explication ingénieuse d'après laquelle le 2° de l'art. 110 s'appliquerait aux personnes désignées aux art. 95, 96 et 97, c'est-à-dire aux marins du commerce, pilotes et autres que ces articles rendent, dans certains cas et pour certains faits, justiciables des conseils de guerre à bord.

963. — La thèse est assurément soutenable et l'idée est même logique, puisque déjà les individus justiciables des mêmes conseils en vertu de l'art. 94 sont exclus par le 1° de l'art. 110. Toutefois, le même auteur va trop loin, lorsqu'il prétend étendre le même régime aux pirates; les divers arrêts de cassation qui ont rejeté, mais déclaré recevables, les pourvois des pirates du « Fœderis-arca » et du « H. L. », prouvent que la Cour de cassation n'a pas partagé cette manière de voir. — Cass., 27 sept. 1866, Fœderis-arca, [D. 66.1.507]; — 10 déc. 1875, Vander-Noot et autres, [S. 76.1.90, P. 76.182, D. 76.1.287]

964. — Il faut ajouter que la Cour suprême a également refusé de suivre le ministre de la Marine dans la voie qui consistait à soutenir qu'un syndic des gens de mer, pris en cette qualité, était non-recevable à se pourvoir comme tombant sous le coup du 2° de l'art. 110. — Cass., 8 mai 1873, Godfroy, [D. 73.1.271] — La cour a, par cet arrêt, exclu de la portée de ce paragraphe tous ceux qui sont au service du département de la marine et qui comparaîtraient accidentellement devant un conseil de guerre ou un tribunal maritime, sans avoir été l'objet d'une assimilation judiciaire.

964 bis. — L'art. 110, C. just. marit., qui interdit tout recours en cassation contre les décisions des tribunaux maritimes et de révision de la part des individus soumis, à raison de leur position, aux lois et règlements maritimes ou militaires, est inapplicable aux matelots formant l'équipage d'un navire de commerce, bien qu'ils soient soumis aux règlements maritimes régissant la police de la navigation : les mots « règlements maritimes », dans le sens de ce Code, ne s'entendant que de ceux qui ont pour objet l'ordre, la police et la discipline dans l'armée navale. En conséquence, ces matelots sont recevables à se pourvoir en cassation pour cause d'incompétence. — Cass., 27 sept. 1866, Lénard, [S. 67.1.139, P. 67.311, D. 66.1.507] — En admettant qu'un matelot de commerce, recevable à se pourvoir contre une décision d'un tribunal maritime, mais seulement pour cause d'incompétence, puisse exciper de ce que l'arrêt de la Cour de cassation qui l'a renvoyé devant ce tribunal ne lui aurait pas été notifié, toujours est-il que ce moyen n'est pas recevable devant la Cour de cassation, s'il n'a pas été proposé devant le tribunal de renvoi. — Même arrêt.

965. — Mais tout autre est la situation des ouvriers des arsenaux. Ceux-là sont soumis, à raison de leur position, aux lois et règlements maritimes, puisque les consignes de l'arsenal les astreignent chaque jour à de multiples observances, et qu'ils sont sous l'action incessante de la police spéciale des arsenaux. Telle n'a pas été cependant l'interprétation qui a prévalu devant la Cour de cassation.

966. — Jugé qu'un chef ouvrier des constructions navales n'est pas compris dans la désignation de l'art. 110 et peut se pourvoir en cassation, mais pour cause d'incompétence seulement. — Cass., 18 janv. 1877, [*Bull. crim.*, n. 15]

967. — Sans contredire en quoi que ce soit l'application trouvée par Hautefeuille, il est vraisemblable que les rédacteurs du Code de justice maritime se sont laissés aller à copier l'article similaire du Code de justice militaire (art. 80), sans voir que ces termes se référaient à une organisation différente. Cette partie du texte est donc d'application rare.

968. — Enfin le troisième groupe comprend tous les justiciables des conseils de guerre des corps expéditionnaires, lorsque, l'autorité maritime étant chargée d'une expédition d'outre-mer, les conseils de guerre y fonctionnent en empruntant les règles spéciales du Code de justice militaire.

969. — Ainsi, les habitants d'un pays ennemi occupé par une armée française sont non-recevables à se pourvoir en cassation contre les jugements des tribunaux militaires de cette armée. — Cass., 14 août 1851, Moretti, [S. 52.1.283, P. 53.2.633, D. 51.5.68]

970. — Il en est ainsi spécialement des étrangers condamnés par un conseil de guerre de la division française d'occupation à Rome pour des crimes ou délits portant atteinte à la sûreté de l'armée, tels que le crime d'association de malfaiteurs ou celui de rébellion en bande armée de plus de huit personnes ou pour voie commis sur un militaire français. — Cass., 19 janv. 1865, Graziani-Luca, [S. 65.1.53, P. 65.186, D. 65.1.500]; — 23 juin 1865, Mariani, [S. 65.1.428, P. 65.1089, D. 65.1.501]; — 24 août 1865, Gonzalès, [D. 65.1.501]; — 30 nov. 1865, [*Bull. crim.*, n. 214]; — 14 déc. 1865, Tribuzio, [S. 66.1.84, P. 66.185, D. 66.1.46]; — 28 déc. 1865, Giovani, [*Ibid.*]; — 11 janv. 1866, [*Bull. crim.*, n. 12]; — 31 mars 1866, [*Ibid.*, n. 89]; — 13 sept. 1866, [*Ibid.*, n. 220]; — 25 nov. 1869, [*Ibid.*, n. 239]

971. — Ainsi encore les individus, même non militaires ni assimilés aux militaires, étant, à raison des crimes de trahison, d'espionnage commis sur un territoire déclaré en état de guerre, justiciables soit des conseils de guerre aux armées, soit des conseils de guerre de la division territoriale ayant même compétence, sont, en pareil cas, non-recevables à se pourvoir en cassation pour quelque cause que ce soit. — Cass., 11 oct. 1872, [*Bull. crim.*, n. 254]

972. — La loi du 18 mai 1875, portant modification du Code de justice militaire, a prévu qu'à titre exceptionnel et par un décret rendu en conseil des ministres, le pourvoi en cassation et même le recours en révision pourrait être interdit en cas de mobilisation et de guerre. Aucun changement de cette nature n'a été apporté au Code maritime et, étant données les nombreuses catégories de personnes auxquelles le pourvoi en cassation est interdit, il ne semble pas, au moins en ce qui touche le pourvoi en cassation, qu'il y ait lieu de le regretter. Cependant ce régime pourrait être appliqué dans les expéditions d'outre-mer dont la direction est confiée à la marine, puisque les conseils de guerre y fonctionnent dans les termes du Code militaire. — V. suprà, n. 968 et s. — V. également infrà, v° *Justice militaire.*

973. — Les accusés ou condamnés qui ne sont pas compris dans les désignations de l'art. 110 peuvent attaquer les jugements des conseils de guerre et des conseils de révision, des tribunaux maritimes et des tribunaux de révision devant la Cour de cassation, mais pour cause d'incompétence seulement (art. 111, al. 1).

974. — La Cour de cassation n'a donc pas en cette matière, comme pour les cours d'assises, à vérifier si la procédure est régulière. Elle n'a même pas à examiner si le conseil de guerre ou du conseil de révision est entaché d'excès de pouvoirs : cette ouverture à cassation était admise par la législation antérieure (L. 27 vent. an VIII, art. 77); elle est exclue

aujourd'hui par l'art. 81, C. just. milit., et par l'art. 111, C. just. marit.

975. — Il résulte de cet article que la Cour de cassation ne pourrait accueillir les moyens tirés d'une violation évidente de la loi pénale formulés par un condamné dont le pourvoi serait cependant recevable. Quiconque est compétemment traduit devant une juridiction maritime ne peut discuter légalement sa sentence que devant le conseil de révision. La Cour de cassation paraît avoir elle-même oublié ce principe dans un arrêt, d'ailleurs sans importance, où on lit : « Attendu que la procédure est régulière et que la peine a été légalement appliquée au fait déclaré constant par le premier tribunal maritime permanent, Rejette... ». — Cass., 6 juin 1867, aff. Monnereau.

976. — Ainsi, les individus non militaires ni assimilés aux militaires, et non compris dans la désignation de l'art. 80, C. just. milit. (art. 110, C. just. marit.) ne sont pas recevables à se pourvoir en cassation, pour des irrégularités de forme de procédure ne touchant en rien à la compétence. — Cass., 12 oct. 1871, Ferré et autres, [S. 71.1.232, P. 71.762, D. 71.1.178]

977. — ... Ni pour excès de pouvoirs, comme sous la loi du 27 vent. an VIII. — Même arrêt.

978. — Dès lors, le moyen de cassation contre le jugement de condamnation émané d'un conseil de guerre, pris de ce que les articles de journaux renfermant une provocation aux crimes d'attentat à la sûreté de l'État et contre l'ordre et la paix publique, n'auraient pu, comme publiés postérieurement à la réalisation de ces crimes, en amener la perpétration, est non-recevable, en ce qu'il se rattache à l'appréciation des éléments de conviction qui ont motivé la condamnation attaquée et non à la compétence de la juridiction saisie. — Cass., 9 nov. 1871, Maroteau, [S. 71.1.254, P. 71.765, D. 71.1.270]

979. — De ce que le pourvoi en cassation n'est admis, quand il est possible, que pour incompétence seulement, et dans le seul but d'empêcher les tribunaux militaires de se saisir d'autres causes ou d'autres citoyens que ceux que la loi leur a déférés, il suit que la Cour de cassation, saisie d'un pourvoi doit d'abord examiner si le condamné est militaire ou justiciable à un titre quelconque des tribunaux militaires : dans ce cas, le pourvoi n'est pas admis et le seul recours possible a lieu devant le conseil de révision. Le condamné est-il un non-militaire; en déférant à la Cour de cassation pour incompétence le jugement qui l'a condamné, il obtiendra d'être renvoyé devant ses juges naturels lorsque la cour aura reconnu le bien-fondé de l'exception.

980. — Il est important de faire remarquer que les non-militaires ont le choix de déférer le jugement du conseil de guerre au conseil de révision ou à la Cour de cassation. En laissant expirer le court délai assigné par la loi pour recours en révision, ils ont le droit de saisir directement la Cour de cassation pour incompétence. C'est pourquoi l'art. 111, al. 2, dispose que le pourvoi en cassation ne peut être formé avant l'expiration du délai imparti pour recours en révision. Au contraire, le condamné peut former un recours en révision fondé sur l'incompétence du conseil de guerre, et, en cas de confirmation de la sentence, il peut alors demander à la Cour de cassation l'annulation de deux décisions, en établissant l'incompétence des juridictions militaires.

981. — La Cour de cassation a eu fréquemment l'occasion de faire l'application des art. 81 et 111 des Codes just. milit. et marit., en accueillant les pourvois de condamnés non compris dans les énumérations des art. 80, C. just. milit., et 110, C. just. marit., alors que ces pourvois étaient introduits pour cause d'incompétence seulement. — Cass., 14 juill. 1871, [*Bull. crim.*, n. 65]; — 4 août 1871, [*Ibid.*, n. 81]; — 15 sept. 1871, [*Ibid.*, n. 145]; — 12 oct. 1871, précité; — 9 nov. 1871, précité; — 10 mai 1872, [*Bull. crim.*, n. 107]; — 10 mai 1872, [*Ibid.*, n. 108]; — 10 mai 1872, [*Ibid.*, n. 109]; — 16 mai 1872, [*Ibid.*, n. 116]; — 30 mai 1872, [*Ibid.*, n. 125]; — 30 mai 1872, [*Ibid.*, n. 126]; — 22 juin 1872, [*Ibid.*, n. 151]; — 6 juill. 1872, [*Ibid.*, n. 168]; — 18 juill. 1872, [*Ibid.*, n. 179]; — 26 sept. 1872, [*Ibid.*, n. 245]; — 14 nov. 1872, [*Ibid.*, n. 271]; — 28 nov. 1872, [*Ibid.*, n. 291]; — 10 avr. 1873, [*Ibid.*, n. 96]; — 17 avr. 1873, [*Ibid.*, n. 104]; — 5 févr. 1874, [*Ibid.*, n. 37]; — 26 mars 1874, [*Ibid.*, n. 96]; — 9 avr. 1874, [*Ibid.*, n. 109]; — 22 mai 1874, [*Ibid.*, n. 142]; — 18 juin 1874, [*Ibid.*, n. 175]; — 16 juill. 1874, [*Ibid.*, n. 201]; — 24 juill. 1874, [*Ibid.*, n. 216]; — 3 sept. 1874, [*Ibid.*, n. 254]; — 6 nov. 1874, Chaix et Frizol, [S. 75.1.44, P. 75.71,

D. 75.5.223]; — 30 avr. 1875, Brisson, [S. 76.1.288, P. 76.
671]; — 27 juill. 1876, [*Bull. crim.*, n. 177]; — 18 janv. 1877,
[*Ibid.*, n. 15]; — 14 févr. 1878, [*Ibid.*, n. 46]

982. — Ainsi, elle a jugé que le pourvoi formé contre un
jugement de conseil de guerre par un ex-militaire définitivement
libéré du service au moment où les poursuites ont été intentées
contre lui, est recevable, mais seulement pour cause d'incompétence. — Cass., 14 juin 1877, Thoreau, [S. 78.1.235, P. 78.568,
D. 78.1.96]

983. — ... Mais que le pourvoi doit être déclaré mal fondé si
le prévenu était militaire au moment de la perpétration du crime
ou délit poursuivi, et alors même que ces faits constitueraient
un crime ou un délit de droit commun. — Même arrêt.

984. — ... Qu'un officier réformé, mais chargé d'un service
spécial (en l'espèce, des fonctions de commissaire du gouvernement près d'un conseil de guerre), est recevable à se pourvoir en
cassation, mais pour cause d'incompétence seulement; que son
recours doit être rejeté parce que la compétence est établie à son
égard. — Cass., 12 oct. 1876, Grimal, [D. 77.1.143]

985. — ... Qu'un militaire déserteur, condamné à la fois
pour désertion et pour participation à l'insurrection, n'est pas
recevable à se pourvoir en cassation sur le premier chef, mais
l'est sur le second, crime de droit commun perpétré alors qu'il
avait cessé d'être militaire présent au corps; que toutefois, le
pourvoi n'est recevable que sur la compétence, laquelle est incontestable en l'espèce. — Cass., 16 juin 1876, Viano, [D. 76.
1.462]

986. — ... Qu'une chiffonnière traduite devant un tribunal
maritime permanent, comme complice d'un vol commis dans un
arsenal, est recevable à se pourvoir en cassation, mais pour cause
d'incompétence seulement; qu'au fond, son recours doit être
rejeté. — Cass., 6 avr. 1889, [*Bull. crim.*, n. 147]

987. — ... Qu'un déporté arabe, envoyé à l'île des Pins et
non compris dans l'amnistie du 10 juill. 1880, reste justiciable
des conseils de guerre des colonies en vertu de l'art. 2, L. 28
mars 1873, alors même qu'une liberté plus ou moins complète de
résidence lui aurait été laissée par l'autorité locale qui, bien que
recevable à se pourvoir en cassation, son recours doit être rejeté
alors qu'il a été déféré à bon droit au conseil de guerre; mais qu'il
n'échet d'examiner les autres moyens soulevés par son pourvoi.
— Cass., 27 avr. 1883, [*Bull. crim.*, n. 107]

988. — Jugé encore qu'est recevable à raison de la qualité,
mais mal fondé au point de vue de l'incompétence, le pourvoi
en cassation formé contre un jugement du conseil de guerre par
un employé au service de sûreté des résidences impériales au
Mexique, non militaire ni assimilé, quoiqu'il ait aidé, conformément à l'art. 77, n. 3, C. just. milit. (C. just. marit., art. 104,
n. 3), pour faux commis aux armées en pays étranger et conjointement avec un soldat. — Cass., 2 août 1866, [*Bull. crim.*, n. 197]

989. — Le ministère public n'a jamais le droit de se pourvoir en cassation, l'art. 111 n'accordant ce droit qu'aux accusés
ou condamnés non désignés par l'art. 110. Aussi a-t-il été jugé
que les commissaires du gouvernement près les conseils de révision ne sont pas recevables à se pourvoir en cassation contre
les jugements de ces conseils, fût-ce pour incompétence ou excès
de pouvoirs. — Cass., 4 janv. 1851, Hippolyte, [S. 51.1.360, P.
53.1.472, D. 51.5.72]

§ 2. Procédure.

990. — Le pourvoi en cassation est reçu par le greffier ou
par le directeur de l'établissement où est détenu le condamné
(art. 177).

991. — Aux termes de la jurisprudence de la Cour de cassation, alors même qu'un pourvoi viendrait à être formé, l'autorité
maritime a le droit de faire procéder, sous sa responsabilité, à
l'exécution du jugement; mais le pourvoi doit être, ce nonobstant, transmis au greffier en chef de la cour, qui a seul qualité
pour le recevoir, et soumis à la cour qui a seule qualité pour en
déclarer la non-recevabilité. Sous réserve de l'accomplissement
de cette formalité, on peut passer outre, lorsqu'il n'existe aucun
doute sur la qualité du justiciable, ni par suite sur l'applicabilité de l'art. 110.

992. — Jugé, en ce sens, que le droit de se pourvoir en cassation contre les décisions des tribunaux militaires n'étant pas
interdit d'une manière absolue, les greffiers ne peuvent se refuser à recevoir la déclaration de pourvoi faite par un condamné
militaire; qu'à la Cour de cassation seule il appartient de statuer

sur la forme comme sur la recevabilité de pourvoi. — Cass., 6
nov. 1862, [*Bull. crim.*, n. 244] — V. *suprà*, v° *Cassation* (mat.
crim.), n. 95.

993. — ... Qu'à la Cour de cassation seule il appartient de
décider si le pourvoi formé contre un jugement de conseil de
guerre ou du conseil de révision est ou non-recevable; et, que dès
lors, la transmission de ce pourvoi doit être faite, conformément
aux art. 423 et 424, C. instr. crim., par l'autorité militaire : que
le droit conféré à cette autorité de passer outre à l'exécution du
jugement de condamnation dans les cas déterminés par l'art. 80,
C. just. milit. (C. just. marit., art. 110), ne porte aucune atteinte
à l'effet dévolutif du pourvoi. — Cass., 4 août 1859, Carlier, [S.
59.1.879, P. 60.724, D. 59.1.431]

994. — Toutefois, l'autorité maritime ne doit pas perdre de
vue que toute contestation sur la validité du lien au service,
fondée sur une nullité d'engagement ou sur l'absence de la qualité de Français, par exemple, donnerait à celui qui en établirait
la justesse le droit de se pourvoir en cassation. Il est vrai que
ce droit serait quelque peu platonique, puisque ce pourvoi ne
serait recevable que pour incompétence, et que l'irrégularité du
lien au service n'infirme pas la compétence à l'égard de celui
qui était, au temps du fait, présent sous les drapeaux sans réclamation de sa part. — V. *suprà*, n. 93 et s.

995. — La Cour de cassation ne peut connaître que des jugements définitifs. Le Code de justice militaire a fait une application de ce principe dans l'art. 111, § 2, qui dispose que « le
pourvoi en cassation ne peut être formé avant qu'il ait été statué sur le recours en révision ou avant l'expiration du délai fixé
pour ce recours. »

996. — Il a été jugé par application de cet article que, lors
même que le pourvoi en cassation est admissible, il est préma-
turé et partant non-recevable, s'il a été formé avant le jugement
du recours en révision autorisé en cette matière, ou pendant le
délai fixé pour l'exercice de ce recours, lequel est de vingt-
quatre heures après l'expiration du jour où le jugement a été
au condamné (V. *suprà*, n. 556). — Cass., 9 nov. 1871, [*Bull.
crim.*, n. 145]; — 26 mai 1876, [*Ibid.*, n. 123]; — 19 avr. 1888,
[*Ibid.*, n. 152] — V. *suprà*, v° *Cassation* (mat. crim.), n. 93
et 94.

997. — D'ailleurs, les individus de l'ordre civil, justiciables
des conseils de guerre maritimes, recevables en principe à se
pourvoir en cassation, cessent de pouvoir exercer leur droit
lorsqu'ils ont laissé le jugement du conseil de guerre acquérir
l'autorité de la chose jugée; spécialement, ils sont non-recevables à déférer à la Cour de cassation la décision d'un conseil de
révision rendu que le pourvoi de leurs coïnculpés seuls. — Cass.,
12 juill. 1872, [*Bull. crim.*, n. 172]

998. — La procédure à suivre devant la Cour de cassation,
le jugement du pourvoi, les effets de l'arrêt sont les mêmes qu'en droit commun. — V. *suprà*, v° *Cassation* (mat. crim.).
— Quant au délai du pourvoi, V. *suprà*, n. 563. — Pour la consignation de l'amende, V. *suprà*, v° *Cassation* (mat. crim.), n.
356.

999. — On ne peut présenter devant la Cour de cassation,
en matière militaire comme en matière criminelle ordinaire, aucun moyen nouveau. Par suite, il a été jugé que les dispositions
de l'art. 60, C. just. milit. (C. just. marit., art. 109), n'étant
pas prescrites à peine de nullité, le moyen tiré de la violation de
cet article est, dès lors, irrecevable devant la Cour de cassation,
lorsque l'accusé, traduit d'abord devant la cour d'assises, pour
y purger l'accusation la moins grave, n'a posé devant cette cour
aucunes conclusions, tendant à sursis jusqu'à la décision du conseil de guerre, sur les crimes et délits militaires qui lui étaient
imputés, et que même, dans l'interrogatoire préalable du président des assises, il a demandé à être jugé devant la session. —
Cass., 20 sept. 1888, Margotat, [S. 89.1.89, P. 89.1.180, D.
89.1.122]

1000. — De même, n'est pas proposable devant la Cour de
cassation, de la part d'un engagé volontaire condamné par un
conseil de guerre pour désertion, le moyen tiré de la nullité de
son engagement pour défaut d'autorisation préalable de son conseil de famille. — Cass , 14 mars 1873, Sélincourt, [D. 74.5.66]

§ 3. Pourvoi dans l'intérêt de la loi.

1001. — L'art. 112, C. just. marit., déclare applicable aux juridictions maritimes les art. 441 et 442, C. instr. crim., relatifs au

pourvoi dans l'intérêt de la loi. L'art. 441, C. instr. crim., a trait au pourvoi dans l'intérêt de la loi formé par le procureur général près la Cour de cassation, d'ordre du Garde des sceaux. Ses dispositions sont déclarées applicables en matière maritime, parce qu'il était indispensable qu'au-dessus de toutes les juridictions pût intervenir une autorité appelée à les départager et à fixer par voie d'interprétation le sens et la portée de la loi maritime. — Cass., 4 janv. 1895, Hénin, [S. et P. 96.1. 254]

1002. — On s'est demandé quels étaient les effets de l'annulation dans l'intérêt de la loi. Il est admis que cette annulation ne peut en aucun cas préjudicier au condamné. Mais peut-elle lui profiter?

1003. — Après diverses fluctuations, la jurisprudence de la Cour de cassation reconnaît aujourd'hui au Garde des sceaux le droit de se pourvoir, tant dans l'intérêt de la loi que du condamné. C'est l'application de l'ancien adage : « tam pro rege quam pro reo. »

1004. — C'est ce qu'a décidé un arrêt statuant sur un pourvoi formé contre une décision de la juridiction militaire et aux termes duquel le pourvoi formé par le procureur général près la Cour de cassation, d'ordre du Garde des sceaux, contre les jugements des conseils de guerre, en vertu de l'art. 441, C. instr. crim., est recevable dans l'intérêt de la loi et des condamnés. — Cass., 4 janv. 1895, précité.

1005. — Si le pourvoi du ministre est ainsi formé tant dans l'intérêt de la loi que du condamné, on admet le droit d'intervention de ce dernier en le restreignant aux chefs dénoncés par le procureur général, d'ordre du Garde des sceaux, et dans ce cas, l'arrêt peut lui profiter, sans qu'on puisse lui opposer l'exception de chose jugée, le pourvoi introduit en vertu de l'art. 441 échappant à toutes les règles au point de vue des délais du recours. — V. suprà, v° Cassation (mat. crim.), n. 1838 et s.

1006. — A cet égard, dans une espèce où les mêmes faits avaient été soumis tout à la fois à la juridiction militaire et à la juridiction civile (coups et blessures commis par des militaires, de complicité avec des non-militaires), et où une double condamnation était intervenue le Garde des sceaux avait déféré à la Cour de cassation, tant dans l'intérêt de la loi que du condamné, les deux jugements rendus. La cour a annulé le jugement du conseil de guerre dans l'intérêt de la loi seulement pour ce motif « que le jugement rendu par le conseil de guerre n'ayant point été attaqué dans les délais par les recours autorisés par la loi a, malgré l'incompétence de la juridiction militaire, acquis l'autorité de la chose jugée et que G... s'est ainsi trouvé irrévocablement condamné à six jours d'emprisonnement ». Elle a, au contraire, annulé tant dans l'intérêt de la loi que du condamné, le jugement du tribunal correctionnel (qui était cependant la juridiction compétente) pour avoir violé la règle non bis in idem. — Cass., 15 juill. 1882, Genet, [S. 84. 1.249, P. 84.1.581, D. 83.1.362]

1007. — Dans l'espèce dont il s'agit, la juridiction militaire et la juridiction civile avaient l'une et l'autre infligé la même peine, telle qu'elle résultait du seul article applicable, l'art. 311, C. pén. Les condamnés n'avaient donc souffert que d'une chose, d'avoir été frappés deux fois pour le même fait, c'est-à-dire de la violation de la règle non bis in idem. La Cour de cassation a ainsi cassé dans l'intérêt des condamnés la décision qui leur avait préjudicié, c'est-à-dire celle de la juridiction civile, en maintenant, par application du principe de la chose jugée, celle qui ne leur avait causé aucun grief, c'est-à-dire celle du conseil de guerre.

1008. — Jugé encore que dans le cas où, de deux accusés condamnés par un conseil de guerre, un seul s'est pourvu contre le jugement, le conseil de révision ne peut, sans excès de pouvoir, annuler ce jugement à l'égard de l'autre. — Cass., 20 juin 1844, Doulbeau, [S. 51.1.542, P. 51.2.619, D. 51.1.213]; — 15 juill. 1858, Teissier, [S. 58.1.840, P. 59.336, D. 58.1. 430]

1009. — ... Que si cette annulation a été prononcée sur le motif que la peine appliquée au second condamné était inférieure à celle qu'il avait encourue, et si, par suite, il a été renvoyé devant un autre conseil de guerre, le recours formé dans l'intérêt de la loi par le procureur général à la Cour de cassation, sur l'ordre du Garde des sceaux, doit profiter à ce condamné. — Cass., 20 juin 1851, précité.

1010. — Toutefois, le recours de l'art. 441, C. instr. crim.,

ne saurait intervenir qu'exceptionnellement, lorsque la violation de la loi paraît de nature à entraîner de graves conséquences et que l'expiration des délais ne permet plus au conseil de révision de redresser l'erreur commise.

1011. — C'est en ce sens que se sont exprimés à plusieurs reprises les Gardes des sceaux, en répondant par un refus à des demandes de pourvoi émanées des ministres de la Marine ou de la Guerre, chacun pour la législation propre à son département.

1012. — Il est bien entendu qu'un commissaire du gouvernement dont les réquisitions auraient été méconnues a toujours la faculté, parfois même le devoir, de signaler au ministre, par la voie hiérarchique, c'est-à-dire par l'intermédiaire de l'autorité qui a donné l'ordre de mise en jugement, l'erreur qu'il croit avoir été commise. Mais en aucun cas il ne peut appartenir à l'organe du ministère public de saisir directement le procureur général près la Cour de cassation ou le ministre de la Justice; ce rôle n'appartient qu'aux ministres de la Marine et de la Guerre; de tradition constante, c'est exclusivement à leur requête que le ministre de la Justice fait usage de l'art. 441 en matière maritime ou militaire.

1013. — L'art. 442, C. instr. crim., accorde aussi au procureur général près la Cour de cassation le droit de se pourvoir d'office contre les jugements ou arrêts en dernier ressort contre lesquels aucune des parties n'a réclamé dans le délai déterminé. Mais il faut remarquer, qu'à la différence du pourvoi sur l'ordre du ministre, le pourvoi du procureur général par application de l'art. 442 ne peut avoir lieu que contre les arrêts et jugements sujets à cassation. Par suite, l'application de l'art. 441 est seul possible pour l'annulation dans l'intérêt de la loi de jugements rendus contre des militaires ou marins. — Cass., 19 mars 1852, Nègre, [S. 52.1.378, P. 36.1.234, D. 52.1.302]; — Même date, Roullé, [Ibid.]—V. suprà, v° Cassation (mat. crim.), n. 1847 et s.

1014. — En fait, les procureurs généraux près la Cour de cassation, n'ayant aucun moyen d'être renseignés sur les sentences maritimes, n'ont jamais essayé d'user du droit d'intervention directe qui pourrait résulter pour eux du visa de l'art. 442 dans les rares hypothèses où les sentences des juridictions maritimes sont sujettes à cassation.

§ 4. Révision, suspicion légitime, règlement de juges.

1015. — Les art. 443 à 447, C. instr. crim., que l'art. 112, C. just. marit., déclare applicables aux jugements de juridictions maritimes, ont trait à la révision des sentences criminelles en vue de la réparation des erreurs judiciaires. Ces articles ont été élargis et complétés par la loi du 8 juin 1895, en vue de faciliter des actions de cette nature; leurs dispositions sont entièrement applicables aux jugements des juridictions maritimes. — V. infrà, v° Révision.

1016. — L'art. 542, § 1, a trait au renvoi pour cause de suspicion légitime ou de sûreté publique; cette mesure ne peut émaner que de la Cour de cassation. Il n'en a pas été fait usage depuis la promulgation du Code de 1858; mais, sous l'empire de la législation antérieure, elle a reçu une application par le renvoi de vingt-cinq accusés, du tribunal maritime de Toulon devant celui de Brest. — Cass., 7 avr. 1855, Turrel, [S. 55.1.467, P. 55.2.593, D. 55.1.221]

1017. — Enfin, l'art. 527, C. instr. crim., concerne les règlements de juges qu'il peut y avoir lieu de demander à la Cour de cassation en vue de faire cesser les conflits positifs ou négatifs survenant, soit entre les juridictions maritimes (conseils de guerre et tribunaux maritimes)... — Cass., 26 avr. 1866, affaire du « Fœderis-arca », [S. 66.1.369, P. 66.1001, D. 66.1.403]; — ... soit entre juridictions maritimes et tribunaux militaires ou de droit commun. — V. infrà, v° Règlement de juges.

1018. — Il a été jugé sur ce point qu'il y a conflit négatif du côté des juridictions maritimes dès qu'un préfet maritime s'est dessaisi en refusant l'ordre d'informer. — Cass., 11 sept. 1873.

1019. — Par ces divers modes d'action, la Cour de cassation a été mise à même d'exercer fréquemment son pouvoir régulateur, et elle en a fait, sur l'initiative du ministre de la Marine, un usage assez pondéré pour que la jurisprudence maritime soit maintenant convenablement assise.

Section IV.
Conflits de compétence. Complicité.

1020. — Lorsque la poursuite d'un crime, d'un délit ou d'une contravention comprend des individus justiciables des tribunaux de la marine et des individus justiciables de ces tribunaux, tous les prévenus indistinctement sont traduits devant les tribunaux ordinaires, sauf les cas exceptés par l'article suivant ou par toute autre disposition expresse de la loi (art. 103). — V. *suprà*, v° *Compétence criminelle*, n. 278 et s.

1021. — Nous avons dit au n. 27 que le conseil de guerre était le juge normal du marin et du militaire; mais, dès qu'un individu de l'ordre civil est en cause, le droit commun général reprend son rôle et les deux coprévenus comparaissent devant le tribunal ordinaire. En effet, si l'on a pu hésiter, lors de l'élaboration de la loi, sur la question de savoir si le marin pouvait être jugé par le conseil de guerre pour un fait de droit commun, l'hésitation ne pouvait pas naître lorsque ce fait avait été commis de complicité entre un marin et un civil, ce dernier ne pouvant être distrait de ses juges naturels. — V. Taillefer, n. 167.

1022. — Jugé, par application de ce principe, que lorsqu'un militaire a été prévenu d'un délit de coups et blessures commis par lui en participation avec des coauteurs non-militaires, la juridiction militaire est incompétente pour le juger, et doit se dessaisir au profit des tribunaux de droit commun. — Cass., 15 juill. 1882, Genet, [S. 84.1.249, P. 84.1.581, D. 83.1.362]

1023. — ... Et que les tribunaux de droit commun sont compétents pour statuer sur une inculpation d'abus de confiance dirigée contre un militaire, si d'autres coprévenus non-militaires sont compris dans la même poursuite. — Cass., 10 juill. 1875, [*Bull. crim.*, n. 224]

1024. — D'autre part, c'est à la cour d'assises seule qu'il appartient de connaître de la prévention contre les deux prévenus, si le fait a le caractère de crime à l'égard du militaire, bien qu'il ne constitue qu'un simple délit à l'égard du non-militaire. — Cass., 19 janv. 1856, Vovart, [S. 56.1.459, P. 56.2.93, D. 56.1.125]; — 19 janv. 1856, Christophe, [S. et P. *Ibid.*, D. 56.1.128] — V. Taillefer, n. 203; Laloë, p. 89.

1025. — En ce qui concerne les crimes et délits de droit commun, si les faits imputables aux prévenus peuvent être considérés comme constituant deux délits distincts, corrélatifs mais non connexes, des poursuites peuvent être engagées séparément, contre le premier prévenu militaire devant les tribunaux militaires, contre l'autre prévenu devant la juridiction de droit commun.

1026. — C'est ce que la Cour de cassation a décidé à plusieurs reprises au cas de détournement d'effets et de munitions commis par un militaire, et de recel ou d'achat de ces mêmes effets et munitions commis par un non-militaire. — Cass., 16 févr. 1860, Augé, [D. 60.5.523]; — 11 avr. 1867, Brouillot, [S. 67.1.362, P. 67.973, D. 67.1.364]; — 8 avr. 1869, Decagny, [S. 70.1.231, P. 70.559, D. 70.1.140]

1027. — Ainsi jugé que la juridiction militaire est seule compétente pour connaître du délit de vente ou mise en gage d'effets d'équipement par un militaire : c'est là un délit distinct de celui commis par l'individu qui achète ou reçoit en gage ces objets, lequel délit doit être déféré séparément à la juridiction correctionnelle, et sans que le non-militaire attire le militaire devant cette dernière juridiction. — Cass., 11 avr. 1867, précité.

1028. — ... Et que le militaire qui détourne et vend des munitions appartenant à l'État et l'individu non-militaire qui achète les munitions ainsi détournées, commettent deux délits distincts, le premier justiciable des tribunaux militaires, et le second de la juridiction de droit commun. — Cass., 8 avr. 1869, précité.

1029. — De même en est-il au cas de corruption. — Cass., 16 nov. 1844, Perrin, [S. 45.1.399, P. 45.2.66] — *Sic*, Taillefer, p. 202.

1030. — ... Et de complicité de désertion sans embauchage. — Cass., 11 déc. 1812, Jean Legros, [S. et P. chr.]; — 28 oct. 1813, Pierre Joubert, [S. et P. chr.]; — 21 mars 1823, Mathurin Adelis, [S. et P. chr.] — Lyon, 25 août 1872, Boissard, [D. 74.5.336]

1031. — Mais, si le non-militaire a été considéré, non comme ayant commis un délit distinct du délit commis par le militaire, mais comme ayant été le complice de celui-ci, les deux prévenus doivent être l'un et l'autre renvoyés devant la juridiction de droit commun, en vertu des art. 76, C. just. milit., et 103, C. just. marit.

1032. — Ainsi en est-il du cas de recel d'effets militaires, non plus cette fois *confiés* à une maison militaire et détournés au préjudice de l'État, mais *volés à une maison militaire.* — Cass., 25 oct. 1890, [*Bull. crim.*, n. 207]

1033. — Si, d'ailleurs, le recel d'effets militaires dérobés au préjudice de l'État peut être considéré comme un délit distinct, il n'en est pas ainsi de la complicité par aide et assistance, qui est toujours indissolublement liée au fait principal. — Laloë, p. 87 et 88.

1034. — Ajoutons que l'infraction, ainsi déférée à la juridiction de droit commun, n'en conserve pas moins, au regard de chaque inculpé, son caractère originaire, sans que la jonction des deux poursuites puisse influer, soit sur la qualification de l'infraction, soit sur la peine dont elle doit être frappée.

1035. — La dévolution de compétence prévue aux art. 76, C. just. milit., et 103, C. just. marit., pour le cas de complicité est applicable même en état de siège. — Cass., 10 juill. 1875, [*Bull. crim.*, n. 221] — V. *suprà*, v° *Etat de siège*.

1036. — Mais, dès que, par une circonstance quelconque, la disjonction s'est produite en fait, et que celui des inculpés dont la présence entraînait un déplacement de juridiction a été jugé séparément, est décédé ou a bénéficié d'une ordonnance de non-lieu, le juge naturel reprend ses droits. — Cass., 8 sept. 1859, Ali-ben-Dahaman, [S. 59.1.969, P. 60.216, D. 59.1.516]; — 16 févr. 1860, Augé, [S. et P. chr.]; — 30 avr. 1863, [*Bull. crim.*, n. 132]; — 11 juin 1863 (règl. de juges), Leplanquais, [D. 66.5.301]; — 15 nov. 1884, [*Bull. crim.*, n. 308] — *Sic*, Taillefer, p. 200; Laloë, p. 84.

1037. — Jugé, en ce sens, qu'au cas de crime commis par un militaire avec la participation d'un non-militaire, crime entraînant contre ce dernier de simples condamnations correctionnelles, le non-militaire, qui aurait dû comparaître avec le militaire devant la cour d'assises appelée, à raison de la peine encourue par celui-ci, à statuer sur l'accusation, si les poursuites avaient été exercées simultanément contre le non-militaire et le militaire, ne peut plus être traduit que devant la juridiction correctionnelle lorsque, la participation au crime n'ayant été connue qu'après la condamnation du militaire par le conseil de guerre, la poursuite est exercée contre lui séparément. — Bourges, 6 juill. 1871, Besson, [S. 71.2.240, P. 71.803, D. 71.2.35]

1038. — ... Que le militaire impliqué dans une prévention élevée contre des marins pour vol d'effets à bord et vente d'objets de leur sac de marin, ne peut plus être traduit devant la juridiction maritime lorsque, ses coprévenus ayant été jugés par un jugement définitif, il demeure seul poursuivi; qu'en pareil cas, ce prévenu doit être renvoyé devant l'autorité militaire, même dans le cas où il se trouverait en congé à l'époque de la perpétration du délit, le vol d'effets d'équipement d'un marin d'un bâtiment de l'État étant au nombre des délits qui portent atteinte à la propriété de l'armée et qui sont, à ce titre, réservés à la compétence des tribunaux militaires quand ils ont pour auteurs des militaires. — Cass., 11 juin 1863, précité.

1039. — ... Que le militaire qui a été renvoyé devant la chambre d'accusation avec un inculpé non-militaire, pour un crime dont ils étaient prévenus l'un et l'autre, cesse d'être soumis à la juridiction ordinaire et rentre sous l'autorité de la juridiction militaire, lorsqu'un arrêt de non-lieu est rendu en faveur de l'inculpé non-militaire : la chambre d'accusation ne peut donc, en un tel cas, le renvoyer devant la cour d'assises. — Cass., 8 sept. 1859, précité.

1040. — ... Que les contraventions de voirie poursuivies concurremment contre des militaires et des civils sont de la compétence des tribunaux ordinaires; mais, si les civils sont tous renvoyés de la prévention, les tribunaux deviennent incompétents pour statuer sur la prévention relative aux militaires, et il y a lieu de renvoyer ces derniers devant l'autorité militaire. — Cass., 30 avr. 1863, précité.

1041. — ... Qu'il en est de même si les prévenus non-militaires ont été traduits séparément devant le tribunal de simple police et condamnés par un jugement ayant acquis l'autorité de la chose jugée. — Cass., 15 nov. 1884, précité.

1042. — Jugé encore que le principe qui veut qu'en cas de complicité de crime ou de délit entre un militaire et un non-militaire la juridiction ordinaire soit seule compétente pour statuer, cesse d'être applicable lorsque, la poursuite ayant été, même à tort, mais par jugement passé en force de chose jugée, vidée à l'égard du non-militaire isolément, il ne peut plus être procédé simultanément contre l'auteur principal et contre le complice; qu'en pareil cas, la juridiction militaire est seule compétente pour statuer à l'égard du prévenu militaire. — Cass., 23 août 1855, Novart, [D. 55.1.349] — Cette interprétation n'a pas été contredite par le Code de 1857.

1043. — ... Et que si, le militaire ayant fait défaut, les civils ont été définitivement jugés, le militaire doit être renvoyé devant le conseil de guerre pour annulation du jugement par défaut rendu contre lui. — Cass., 28 nov. 1893, [*Bull. crim.*, n. 328]

1044. — Si, à l'inverse, le juge militaire a déjà statué à l'égard des militaires, les complices civils devront seuls comparaître devant les tribunaux ordinaires.

1045. — Enfin, lorsqu'un militaire est poursuivi conjointement avec des individus de l'ordre civil devant un tribunal correctionnel et qu'en même temps il est cité pour le même fait devant le rapporteur près un conseil de guerre agissant en vertu d'un ordre d'informer décerné par un général commandant en chef (préfet maritime), il y a conflit positif de juridictions et lieu à règlement de juges par la Cour de cassation. — Cass., 28 nov. 1893, précité.

1046. — Il est de principe que ce qui est incompétemment jugé, de même que ce qui est mal jugé, acquiert, néanmoins, à défaut de recours, l'autorité de la chose jugée. Il en résulte que, si la juridiction militaire, bien qu'incompétente pour juger les complices civils d'un militaire ou marin, a statué cependant par une décision passée en force de chose jugée, la juridiction de droit commun ne peut plus, sans violer la règle *non bis in idem* prononcer ultérieurement une nouvelle condamnation à raison du même délit. — Cass., 15 juill. 1882, Genet, [S. 84.1.249, P. 84. 1.581, et la note de Villey, D. 83.1.362]

1047. — Nous avons posé le principe général de l'attribution de compétence au n. 120. Ce principe toutefois ne s'applique rigoureusement qu'en matière de crimes et délits de droit commun. En matière de délits et crimes militaires, au contraire, le Code fait une distinction : il a mis à part certains crimes intéressant la sûreté maritime ou militaire soit à raison de leur nature intrinsèque, soit à raison du lieu où ils auraient été commis, et a déféré leurs auteurs aux juridictions maritimes, bien que civils; puis il a scindé d'autres faits d'importance moindre, mais de fréquence extrême, en faisant de l'acte de complicité un délit distinct; cette disjonction de procédure laisse chacun des inculpés à ses juges naturels.

1048. — Dans le premier groupe, il faut ranger les cas réservés à la compétence exceptionnelle des conseils de guerre de corps expéditionnaires ou des conseils de guerre à bord des bâtiments de l'Etat; dans le second groupe, il faut placer la complicité de vente d'effets et la complicité de désertion, dont le Code maritime a fait deux délits spéciaux : l'achat d'effets (art. 320) et la provocation à la désertion (art. 321) qui tous deux laissent leurs auteurs civils devant les tribunaux correctionnels. C'est donc surtout en matière de vol et de coups ou de rébellion que se produisent les déplacements de compétence au profit du non-militaire.

1049. — Indépendamment de ces règles, diverses exceptions sont encore tirées du concours de compétence de diverses juridictions maritimes et militaires entre elles. Tel est l'objet des prescriptions suivantes : tous les prévenus indistinctement sont traduits devant les conseils de guerre ou de justice : 1° lorsqu'ils sont tous marins ou militaires de l'armée de mer ou assimilés aux marins ou militaires, alors même qu'un ou plusieurs d'entre eux ne seraient pas justiciables de ces tribunaux à raison de leur position au moment du crime ou du délit (art. 104, § 1).

1050. — Il en résulte que les conseils de guerre maritimes sont compétents pour juger des marins en activité de service, pour crimes ou délits commis de complicité avec des marins en congé ou en permission, qui, s'ils eussent été seuls coupables, auraient été traduits devant la justice civile. — Taillefer, p. 195; Laloë, p. 83.

1051. — 2° S'il s'agit de crimes ou de délits commis par des justiciables des conseils de guerre ou de justice ou par des étrangers, soit sur le territoire français, soit sur un territoire étranger occupé militairement (art. 104, § 2). — Cass., 25 oct. 1890, [*Bull. crim.*, n. 207]

1052. — 3° S'il s'agit de crimes ou de délits commis en pays étranger, dans l'arrondissement d'un corps expéditionnaire (art. 104, § 3).

1053. — Lorsqu'un crime ou un délit a été commis de complicité par des individus justiciables des conseils de guerre ou de justice et par des individus justiciables des tribunaux de l'armée de terre, la connaissance en est attribuée aux juridictions maritimes, si le fait a été commis sur les bâtiments de l'Etat ou dans l'enceinte des ports militaires, arsenaux et autres établissements maritimes (art. 105).

1054. — Si le crime ou le délit a été commis en tous autres lieux que ceux qui sont indiqués dans l'article précédent, les tribunaux de l'armée de terre sont seuls compétents. Il en est de même si les bâtiments de l'Etat, ports, arsenaux ou autres établissements maritimes où le fait a été commis se trouvent dans une circonscription en état de siège (art. 106).

1055. — Il est à noter à propos de cette dernière réserve que, pendant la guerre de 1870-71 et en vertu du décret du 17 août 1870, les préfets maritimes avaient été investis du commandement de l'état de siège et qu'à ce titre les juridictions maritimes ont fonctionné dans certains ports jusqu'en 1873 comme juridictions d'état de siège. C'est ainsi que des officiers de l'armée de terre étaient admis à en faire partie, qu'elles jugeaient les soldats des régiments de la garnison et qu'un conseil de révision spécial avait été établi à Cherbourg, par ordre du préfet maritime, en vertu de l'art. 48, C. just. milit. (ancien texte). Le même fait se reproduirait éventuellement avec l'organisation actuelle de la défense des côtes (Décr. 17 févr. et 11 nov. 1894).

1056. — Lorsque la poursuite d'un délit comprend des individus justiciables d'un conseil de justice et des individus justiciables d'un conseil de guerre, tous les prévenus indistinctement sont traduits devant les conseils de guerre. Lorsque la poursuite d'un crime ou d'un délit comprend des individus justiciables d'un conseil de guerre à bord des bâtiments de l'Etat, et des individus justiciables d'un conseil de guerre siégeant à terre, tous les prévenus indistinctement sont traduits devant ce dernier conseil (art. 107).

1057. — Les individus appartenant au service de la marine, détachés, soit en corps, soit isolément, comme auxiliaires de l'armée de terre, sont justiciables des tribunaux militaires, et soumis aux lois pénales militaires. Les militaires ou les assimilés aux militaires, appartenant à l'armée de terre, mis à la disposition de la marine, soit pour une expédition ou un service d'outre-mer, soit pour la garnison des bâtiments de l'Etat, sont soumis aux juridictions maritimes. Les militaires ou les assimilés aux militaires, appartenant à l'armée de terre, embarqués comme passagers sur les bâtiments de l'Etat, sont également soumis aux juridictions maritimes, depuis le moment de leur embarquement jusqu'à celui de leur débarquement à destination (art. 108).

1058. — C'est en vertu de ces prescriptions que les militaires de l'armée de terre ont été jugés par les conseils de guerre de la flotte pendant le cours de la première expédition de Chine (1858), de celle de Cochinchine (1858), de celle de Madagascar (1885) et de celle du Dahomey (1892). Au contraire, les marins et les militaires de la marine ont comparu devant les conseils de guerre de l'armée de terre à la seconde campagne de Chine (1859-60), au Mexique (1864-65) et dans la campagne de Madagascar (1895). Enfin, au Tonkin où le commandement et la direction des opérations ont oscillé entre la marine et la guerre, les juridictions maritimes et militaires ont fonctionné tour à tour dans des conditions successives qui ont nécessité un accord spécial entre les deux départements ministériels intéressés quant au point de départ des pouvoirs judiciaires.

1059. — Lorsqu'un justiciable des conseils de guerre ou de justice est poursuivi en même temps pour un crime ou un délit de la compétence d'un de ces conseils et pour un autre crime ou délit de la compétence des tribunaux maritimes ou des tribunaux ordinaires, il est traduit d'abord devant le tribunal auquel appartient la connaissance du fait emportant la peine la plus grave, et renvoyé ensuite, s'il y a lieu, pour l'autre part, devant le tribunal compétent. En cas de double condamnation, la peine la plus forte est seule subie. Si les deux crimes ou délits emportent la même peine, la priorité appartient aux juridictions maritimes, et, entre ces juridictions, aux conseils de guerre et de justice (art. 109).

1060. — M. Taillefer (*loc. cit.*), émet l'avis que cette règle ne doit pas recevoir son application lorsque le militaire est poursuivi en même temps pour désertion et pour crime emportant une peine plus grave. Si devant la juridiction ordinaire, l'état de désertion est contesté, il y a là une question préjudicielle qui doit être préalablement tranchée par la juridiction militaire, seule compétente pour la juger. Cette opinion ne nous paraît pas justifiée. L'état de désertion résulte de l'expiration des délais légaux et porte effet sur la compétence, abstraction faite de la question de savoir si la culpabilité du déserteur sera ultérieurement jugée punissable. C'est ce qu'a pensé la Cour de cassation, notamment dans un arrêt du 11 sept. 1873, Daronnat (règlement de juges).

1061. — Plusieurs fois, à l'occasion de demandes en règlement de juges, la Cour suprême a appliqué le principe posé dans l'art. 109; elle a recherché quel était le crime ou le délit entraînant la peine la plus grave, et elle a renvoyé l'affaire, soit devant le conseil de guerre, soit devant le juge du droit commun. — Cass., 13 déc. 1860, Pichon, [D. 62.1.396]; — 22 nov. 1861, Parlet, [S. 62.1.331, P. 62.1151, D. 62.1.396]

1062. — Ainsi il a été jugé que, lorsqu'un marin en congé est poursuivi simultanément pour divers délits entraînant des peines d'emprisonnement et pour la rébellion qui n'est punie dans le Code maritime que de la réduction de grade ou de classe, les tribunaux ordinaires auxquels appartient la connaissance du fait emportant la peine la plus grave doivent être saisis les premiers. — Cass., 10 juin 1859, Chasset, [S. 59.1.967, P. 60.1158, D. 59.1.383]

1063. — Il est entendu que, pour l'application de cet article, on doit avoir égard, comme toutes les fois que la compétence d'une juridiction criminelle est en cause, au maximum de la pénalité encourue. Nous nous sommes expliqués, d'autre part, sur les conditions dans lesquelles devait se régler le cumul ou la confusion des sentences, et nous avons déterminé quelles autorités avaient compétence pour y statuer. — V. supra, n. 494 et s.

1064. — Lorsque l'ordre dans lequel la juridiction militaire et la juridiction ordinaire devaient être saisies n'a pas été observé, en résulte-t-il une nullité? L'art. 109 ne nous paraît pas avoir tracé une règle se rapportant à la bonne administration de la justice; il n'édicte pas que cette règle sera suivie à peine de nullité, et, d'autre part, nous ne voyons pas là une de ces irrégularités graves qu'on doive considérer comme une cause de nullité substantielle. Ajoutons que la mise en jugement du prévenu en premier lieu devant la justice ordinaire au lieu de l'être devant la justice militaire, ou réciproquement, ne lui cause aucun préjudice; il ne peut s'en faire aucun grief. « S'il est condamné, disait le conseiller-rapporteur (sous Cass., 20 sept. 1888, infrà), pour les faits militaires, à une peine plus sévère que celle prononcée contre lui par la cour d'assises, la nouvelle peine absorbera la première; si la peine militaire est moindre, elle sera confondue avec celle résultant de l'arrêt de la cour d'assises. Donc, au point de vue du demandeur, l'inobservation de la règle posée dans l'art. 109, C. just. marit., est sans intérêt; or, il est de principe qu'un pourvoi est non-recevable lorsque le demandeur n'a aucun intérêt à le former. »

1065. — Jugé, en ce sens, que l'art. 60, C. just. milit. (C. just. marit., art. 109), aux termes duquel l'individu justiciable des conseils de guerre, et poursuivi en même temps pour un crime ou un délit de la compétence des tribunaux ordinaires, doit être traduit d'abord devant le tribunal auquel appartient la connaissance du fait emportant la peine la plus grave, ne dispose pas à peine de nullité. — Cass., 20 sept. 1888, Margolat, [S. 89.1.89, P. 89.1.480, D. 89.1.122] — Sic, Taillefer, n. 176.

1066. — Le moyen tiré de la violation de cet article est d'ailleurs irrecevable devant la Cour de cassation, lorsque l'accusé, traduit d'abord devant la cour d'assises pour y purger l'accusation la moins grave, n'a posé devant cette cour aucunes conclusions tendant à sursis jusqu'à la décision du conseil de guerre sur les crimes et délits militaires qui lui étaient imputés, et que même, dans l'interrogatoire préalable du président des assises, il a demandé à être jugé pendant la session. — Même arrêt.

1067. — Ne sont pas soumises à la juridiction des tribunaux de la marine les infractions commises par des marins ou militaires aux lois sur la chasse, la pêche, les douanes, les contributions indirectes, les octrois, les forêts et la grande voirie (art. 372). On a jugé bon d'introduire dans la loi maritime cette exception au principe qui veut que le conseil de guerre soit pour le marin le juge normal de tous crimes et délits : on a voulu ainsi épargner aux juges d'épée l'étude, sans utilité pour eux, de matières spéciales, généralement compliquées, et on en a renvoyé la connaissance aux tribunaux de droit commun.

1068. — La Cour de cassation a même ajouté, par voie d'interprétation, à l'art. 372 en décidant que le Code de justice militaire pour l'armée de mer n'ayant pas dérogé, en ce qui concerne la compétence, aux dispositions de la loi spéciale du 3 mars 1822 sur la police sanitaire, il en résulte que les contraventions à cette loi, commises par des officiers de marine, sont de la compétence exclusive des tribunaux ordinaires. — Cass., 15 nov. 1860, Gautier, [S. 61.1.291, P. 61.464, D. 61.1.138]

1069. — Mais les conseils de guerre maritimes conservent leur compétence en matière de contrefaçon, adultère, poste, petite voirie, etc., bien que ces poursuites supposent une plainte de l'administration ou de la partie lésée. — Taillefer, n. 171, p. 204.

CHAPITRE III.

DE LA CONTUMACE ET DES JUGEMENTS PAR DÉFAUT.

Section I.

Procédure.

1070. — Les règles de la contumace sont en grande partie empruntées au Code d'instruction criminelle, sauf les divergences motivées par l'application de ces règles aux conseils de guerre. C'est ainsi qu'il est fait un renvoi par un simple aux art. 471, 474 à 478, C. instr. crim. Mais il en est tout autrement en matière de jugements par défaut. — V. infrà, n. 1089 et 1090.

1071. — La procédure par contumace, lorsque l'instruction a pu établir que l'accusé était réfugié à l'étranger, peut parfois se compliquer d'une demande d'extradition; mais l'extradition n'étant accordée dans aucun pays pour faits purement militaires, cette question ne peut se poser que lorsque le militaire est poursuivi devant le conseil de guerre pour un crime de droit commun. La difficulté doit alors être résolue suivant les règles de la matière et les stipulations conventionnelles intervenues entre la France et la terre de refuge. — V. supra, v° Extradition.

1072. — Lorsqu'après l'ordre de mise en jugement, l'accusé d'un fait qualifié crime n'a pu être saisi, ou lorsqu'après avoir été saisi il s'est évadé, le président du conseil de guerre ou du tribunal maritime rend une ordonnance indiquant le crime pour lequel l'accusé est poursuivi et portant qu'il sera tenu de se présenter dans un délai de dix jours. Cette ordonnance est mise à l'ordre du jour, pour les hommes casernés ou embarqués; pour ceux qui ne sont ni casernés, ni embarqués, l'ordonnance est affichée à la porte de leur domicile et à celle de l'établissement maritime auquel ils appartiennent (art. 227).

1073. — Si, au cas de crime, le conseil de guerre appliquait la procédure par défaut que les articles suivants organisent au cas de délit, le conseil de guerre commettrait ainsi une irrégularité; mais cette irrégularité serait-elle de nature à vicier la décision du conseil de guerre? L'affirmative paraît vraisemblable. On objecte que l'hypothèse ne rentre pas dans les formes prescrites à peine de nullité par le Code de justice maritime, et en particulier par l'art. 170 de ce Code. Il est vrai que les formalités omises ne sont pas expressément prescrites à peine de nullité; mais elles n'en sont pas moins substantielles, en ce qu'elles intéressent le principe supérieur de la liberté de la défense. L'ordonnance de se représenter est une deuxième et solennelle sommation faite à l'accusé, une nouvelle invitation d'avoir à obéir aux mandats de justice; c'est tout à la fois un avertissement et un sursis établis en faveur du contumax, une protection assurée à sa défense, une formalité substantielle, par conséquent, puisque toute entrave apportée au libre exercice du droit de défense constitue une cause absolue de nullité. Telle est l'interprétation que donnent la doctrine et la jurisprudence de l'art. 465, C. instr. crim., rédigé dans les mêmes termes. — V. supra, v° Contumace, n. 53 et s.

1074. — Il a été jugé, dans le même sens, que l'ordonnance de se représenter que doit rendre le président du conseil de guerre au cas de crime, constitue une formalité substantielle, dont le non-accomplissement entraîne la nullité du jugement par défaut qui a été rendu. — Cass., 16 janv. 1892, Ringai, [S. et P. 92.1.216]

1075. — Après l'expiration du délai de dix jours à partir de la mise à l'ordre du jour de l'ordonnance du président ou de l'apposition des affiches, il est procédé au jugement par contumace, sur l'ordre de l'autorité à laquelle il appartient de prononcer la mise en jugement (art. 228, § 1).

1076. — Nul défenseur ne peut se présenter pour l'accusé contumax. Les rapports et procès-verbaux, la déposition des témoins et les autres pièces de l'instruction sont lus en entier à l'audience (art. 228, § 2 et 3). Toutefois, il n'est rien changé au mode de procéder des juges, puisque ceux-ci cumulent en temps normal les fonctions de jurés et de juges.

1077. — On sait que, bien que la loi interdise la présence d'aucun défenseur pour l'accusé contumax, cette interdiction ne doit s'entendre que d'une défense au fond. Rien n'empêcherait un président de conseil de guerre d'admettre un parent ou un ami de l'accusé à venir faire connaître les motifs légitimes qui pourraient expliquer l'absence du contumax et motiver de la part du conseil un ordre de sursis. Mais il est à remarquer que l'application de cette mesure sera rare, puisque le militaire peut difficilement être absent de son corps pour cause légitime au moment où il est poursuivi. Il faut donc supposer qu'il s'agit d'un homme en congé, poursuivi par application de l'art. 79, C. just. marit., ou d'un homme tombé subitement malade et soigné ailleurs que dans un hôpital militaire.

1078. — Le jugement est rendu dans la forme ordinaire et mis à l'ordre du jour ou affiché comme il est dit en l'article précédent; il est, en outre, affiché à la porte du lieu où siège le conseil de guerre ou le tribunal maritime et à la mairie du domicile du condamné. Le greffier et le maire dressent procès-verbal, chacun en ce qui le concerne. Ces formalités tiennent lieu de l'exécution par effigie (art. 228). — V. Circ. 11 mai 1834, sur les mesures à prendre pour assurer la mise sous séquestre des biens des contumax.

1079. — On sait que la prescription se calcule d'après la nature du fait mis à la charge du condamné. Par suite, il peut se faire qu'un contumax qui se représente et est admis à purger sa contumace parce que le délai de la prescription de vingt ans n'est pas encore écoulé, soit déchargé du crime et reconnu coupable seulement d'un délit; cette circonstance lui fait instantanément acquérir droit à la prescription si le délai correctionnel est expiré.

1080. — La représentation du condamné ou son arrestation dans les délais de la prescription du droit commun entraîne l'anéantissement du jugement et de la condamnation, comme pour les arrêts de cour d'assises, et il doit être procédé à son égard dans la forme ordinaire (C. instr. crim., art. 476).

1081. — Comme on le voit par l'art. 227, la procédure de contumace proprement dite ne commence qu'à partir de l'ordre de mise en jugement, de même que, devant les tribunaux ordinaires, elle débute à la suite de l'arrêt de mise en accusation et de l'émission infructueuse de l'ordonnance de prise de corps. Elle suppose donc l'instruction terminée et le renvoi prononcé; il en résulte qu'en cas de représentation ou d'arrestation du contumax, c'est à ce point précis que recommencera l'affaire. Ainsi, il a été jugé que la disposition de l'art. 476, C. instr. crim., doit être entendue devant les conseils de guerre en ce sens que tout est remis en question à partir de l'ordre de mise en jugement, l'information étant maintenue. Par suite, aucun acte d'instruction ne peut être fait par le rapporteur à peine de nullité, et le commissaire du gouvernement doit se borner à demander au général commandant la circonscription ou au préfet maritime, suivant les cas, un ordre de convocation du conseil. — Cons. rév. Paris, 7 janv. 1889, aff. Raimbeaux.

1082. — Dans le cas où le contumax est jugé contradictoirement, on doit lire à l'audience les dépositions écrites des témoins qui ne peuvent se présenter, les réponses écrites des autres accusés et plus généralement toutes les pièces qui paraîtront au président intéressantes pour le débat (art. 477). Cette formalité est substantielle et doit être observée à peine de nullité. — Cons. rév. Alger, 12 janv. 1882, [Leclerc et Coupois, n. 111] — V. supra, v° Contumace, n. 352 et s.

1083. — Le recours en révision contre les jugements par contumace n'est ouvert qu'au commissaire du gouvernement (art. 229).

1084. — Toutes les règles tracées aux art. 28, 29 et 31, C. pén., et à la loi du 31 mai 1854, concernant l'effet et le point de départ des incapacités légales, la dégradation civique et l'interdiction légale, sont également applicables aux condamnés de la marine. — V. supra, v° Contumace, n. 201 et s.

1085. — Pour la mise sous séquestre des biens du contumax et les secours à accorder à sa famille, V. supra, v° Contumace, n. 75 et s.

1086. — Lorsqu'il s'agit d'un fait qualifié délit par la loi si, l'accusé n'est pas présent, il est jugé par défaut (art. 231, § 1). Le jugement par défaut doit être précédé, non plus de l'ordonnance solennelle de la contumace, mais d'une citation à personne et au domicile, c'est-à-dire, au dernier domicile qu'avait le militaire avant son entrée au service. Cette citation doit précéder de trois jours francs au moins le jugement de l'affaire (C. instr. crim., art. 184).

1087. — Dans l'état actuel des choses, le jugement, rendu dans la forme ordinaire, est mis à l'ordre du jour pour les individus casernés ou embarqués, et, pour ceux qui ne sont ni casernés, ni embarqués, il est affiché à la porte de l'établissement maritime auquel ils appartiennent. Dans tous les cas, le jugement est, en outre, affiché à la porte du lieu où siègent le conseil de guerre, le conseil de justice ou le tribunal maritime, et signifié à l'accusé ou à son domicile.

1088. — Dans les cinq jours à partir de la signification, outre un jour par cinq myriamètres, l'accusé peut former opposition. Ce délai expiré sans qu'il ait été formé d'opposition, le jugement est réputé contradictoire (art. 231). Le délai de cinq jours n'est pas considéré comme un délai franc, mais le jour de la signification n'est pas compté.

1089. — En matière de délit, on rencontre une différence fondamentale, entre la procédure du droit commun et la procédure maritime : c'est la force de chose jugée accordée aux jugements correctionnels sur simple publication et après un délai des plus brefs. Il est évident que le législateur, raisonnant d'après le cas du marin ou du militaire, lequel, à moins d'être absent illégalement ou déserteur, ne peut pas ne pas être touché par les mandats décernés contre lui, s'est trouvé autorisé à considérer ces publications comme suffisantes, puisque le débiteur ne peut ignorer sa situation.

1090. — Mais en cela on a peut-être perdu de vue les nombreuses personnes qui, sans faire étroitement partie de l'armée de mer, peuvent être, à un moment donné, jugées par les juridictions de la marine. Ces personnes risquent d'être sacrifiées. On sait, en effet, qu'aux termes de l'art. 187, C. instr. crim., un jugement par défaut n'est pas réputé connu tant qu'il n'a pas été mis à exécution, et que, par suite, il est susceptible d'opposition jusqu'à cette exécution. Il est bon d'ajouter que cette réglementation n'a prévalu qu'avec la loi du 27 juin 1866 réformant le Code d'instruction criminelle (V. supra, v° Jugement et arrêt [mat. civ.], n. 1053 et s.). Il n'en est pas moins vrai qu'il y aurait lieu, dans une refonte, de modifier en ce sens l'art. 231.

Reconnaissance d'identité.

1091. — La reconnaissance de l'identité d'un individu condamné par un tribunal de la marine, évadé et repris, est faite de la manière suivante : 1° si la condamnation a été prononcée par un conseil de guerre, la reconnaissance est faite : soit par le conseil de guerre de l'arrondissement dans lequel se trouve le corps dont fait partie le condamné ou le bâtiment auquel il appartenait; soit par le conseil de guerre qui a prononcé la condamnation, ou, si le conseil a cessé ses fonctions, par celui de l'arrondissement sur le territoire duquel le condamné a été repris.

1092. — En principe, cette compétence tripartite n'est que la reproduction de celle que prévoit l'art. 82; toutefois, des trois tribunaux à saisir, les deux premiers marchent de pair, tandis que le troisième, celui de l'arrestation, n'est énoncé qu'à titre subsidiaire. Cette préférence s'explique par les plus grandes facilités que doit rencontrer le cours de la justice aussi bien devant le tribunal qui a prononcé la condamnation, qui, par conséquent, a connu de l'affaire et détient les pièces de l'instruction, que devant celui du corps ou bâtiment où se retrouveront les témoins du fait, et ceux dont l'attestation permettra d'établir l'identité. Si le tribunal du lieu d'arrestation n'est pas le même que l'un des deux précédents, il faudra y amener tout à la fois les pièces et les témoins, ce qui est une complication. D'où le caractère subsidiaire de ce choix auquel on ne doit recourir que si le conseil primitivement saisi a cessé ses fonctions, ce qui est toujours le cas des conseils de guerre de bord, juridiction éphémère par principe.

1093. — 2° Si la condamnation a été prononcée par un conseil de justice, la reconnaissance est faite, soit par le conseil de guerre de l'arrondissement dans lequel se trouve le corps dont fait partie le condamné ou le bâtiment auquel il appartient, soit par le conseil de guerre de l'arrondissement sur le territoire duquel le condamné a été repris. C'est toujours la même règle, avec cette différence que le conseil de justice, juridiction éphémère, disparaissant toujours après le jugement rendu, la triple alternative du 1° se trouve ramenée forcément à deux hypothèses.

1094. — 3° Si la condamnation a été prononcée par un conseil de guerre ou de justice qui a cessé ses fonctions et que le condamné soit arrêté en dehors du territoire maritime, le ministre de la Marine désignera le conseil de guerre qui devra prononcer sur l'incident. Il s'agit ici non seulement des juridictions de bord qui s'évanouissent après avoir statué, mais des conseils de guerre des corps expéditionnaires qui peuvent être supprimés, à la fin d'une opération militaire, par le ministre qui en avait ordonné la constitution temporaire, et même des conseils de guerre ou tribunaux maritimes permanents dont la suppression serait décidée.

1095. — Le territoire maritime dont il est ici question consiste dans le territoire continental de la France dont on ne sépare pas la Corse. On sait, en effet (V. *supra*, n. 28), que la France est divisée, au point de vue maritime, en cinq circonscriptions dites préfectures maritimes dont le ressort juridictionnel déterminé par un décret du 21 juin 1858 et rectifié par un autre décret du 23 janv. 1889, embrasse tous les départements français. Ce dernier acte tendait à faire coïncider le ressort des conseils de guerre et tribunaux maritimes avec les circonscriptions générales de réserve maritime; mais ces dernières ayant été de nouveau modifiées, la justice maritime n'a pu suivre la réserve de l'armée de mer dans des évolutions trop fréquentes pour être compatibles avec la fixité des compétences.

1096. — Quant au droit de désignation conféré au ministre de la Marine, il en existe divers exemples dans le Code qui attribue au ministre dans plusieurs cas un véritable pouvoir juridictionnel. On peut citer le cas de perte de bâtiment (art. 267, 268 et 269), celui de l'art. 234 relatif à la fin des opérations des corps expéditionnaires et divers autres se rattachant au fonctionnement des conseils de guerre coloniaux et prévus au règlement d'administration publique du 4 oct. 1889. — V. *supra*, n. 258-307, et *infra*, n. 1615, 1620.

1097. — 4° Si la condamnation a été prononcée par un tribunal maritime, la reconnaissance est faite soit par le tribunal maritime qui a prononcé la condamnation, soit par celui de l'arrondissement sur le territoire duquel le condamné a été repris. Ce territoire est déterminé par le décret du 23 janv. 1889, comme il a été dit *supra*, n. 1095. Il n'est plus ici question du corps ou bâtiment puisque le justiciable peut être un individu quelconque n'étant ni marin, ni militaire.

1098. — Le conseil de guerre ou le tribunal maritime statue sur la reconnaissance en audience publique, en présence de l'individu repris, après avoir entendu les témoins appelés tant par le commissaire du gouvernement que par l'individu repris; le tout à peine de nullité. Les deux sont des matières où l'audition de témoins et un débat oral sont indispensables (V. *supra*, n. 383). La nullité ainsi prononcée ne porte d'ailleurs que sur les formalités énoncées au paragraphe où elle est insérée et non sur le surplus de l'art. 232.

1099. — Le commissaire du gouvernement et l'individu repris ont la faculté de se pourvoir en révision contre le jugement qui statue sur la reconnaissance d'identité.

1100. — Le jugement de reconnaissance n'est pas un jugement incident. C'est un jugement séparé et préalable, contre lequel un recours en révision peut être formé, tant par le condamné que par le ministère public. Il doit donc être lu et signifié de suite à l'intéressé, avec avertissement du délai qui lui est imparti pour recourir.

1101. — Les dispositions des n. 1, 2 et 3 de l'art. 232 concernant la désignation de la juridiction du tribunal qui doit statuer sur la reconnaissance d'identité, sont applicables au jugement des condamnés par contumace qui se représentent ou qui sont arrêtés (art. 232). L'absence de renvoi au n. 4 peut paraî-

tre singulier, en ce qu'il semblerait refuser au tribunal maritime le droit de statuer sur le sort d'un contumax venant purger sa contumace. Telle ne peut être la portée de cette disposition qui doit être entendue en ce sens que ces juridictions mixtes sont laissées à ce point de vue sous l'empire du droit commun (C. inst. crim., art. 318), qui ne donne compétence qu'aux seuls juges dont émane la condamnation à purger.

1102. — Ajoutons que l'identité d'un condamné repris, peut n'être constatée que par une simple déclaration du conseil si elle n'est pas contestée. — Cons. rév. Paris, 30 juin 1881. [Leclerc et Coupois, n. 83]. — Cons. rév. Alger, 12 janv. 1882. [Leclerc et Coupois, n. 111].

CHAPITRE IV.

DES CRIMES, DES DÉLITS ET DES PEINES.

SECTION I.

Pénalités.

1103. — On sait que toute répression pénale est fondée sur deux idées primordiales : l'idée de justice et celle d'utilité; autrement dit, la loi pénale doit être à la fois préventive et répressive. C'est la balance entre ces deux principes qui sert à déterminer le chiffre de la peine. Or, en matière militaire, le côté utilitaire de la pénalité prend une telle gravité qu'il l'emporte considérablement sur l'idée de justice pure; en d'autres termes, le châtiment d'une faute militaire n'est pas gradué d'après la criminalité intrinsèque de l'acte, mais bien d'après la grandeur des intérêts en cause, à savoir ceux de la défense nationale elle-même.

1104. — L'appréciation pénale des crimes et délits purement militaires se fait donc d'après une tarification bien plus élevée que devant les tribunaux ordinaires; et même, certains faits de droit commun, lorsqu'ils sont perpétrés par des marins ou des militaires, empruntent une importance particulière à la qualité de leurs auteurs, tenus par profession à un respect plus profond de l'honneur et de l'autorité. Telles sont les causes qui ont conduit le législateur à édicter une pénalité spéciale à l'égard des marins et militaires, toujours plus sévèrement traités à ce point de vue que les individus de l'ordre civil.

1105. — Mais il va sans dire que le Code de justice maritime ne se suffit pas à lui-même à cet égard, et qu'il faut souvent recourir pour les principes généraux à notre législation générale ordinaire. Ainsi, notamment, les dispositions des art. 2, 3, 59, 60, 61, 62, 63, 64 et 65, C. pén., relatifs à la tentative de crime ou de délit, à la complicité et aux cas d'excuses sont applicables devant les tribunaux de la marine. — V. Circ. 2 mai 1868, et 21 juin 1869, redressant une fausse application des règles de la tentative de délit (enlèvement d'embarcation et vol militaire). — V. aussi sur l'imputation et la responsabilité pénale, *infra*, n. 1207 et s.

1106. — Ainsi l'art. 60, C. pén., exige que le complice, pour être légalement déclaré tel, ait eu connaissance du caractère délictueux ou criminel du fait auquel il a coopéré. Par suite, il y a nullité du verdict rendu sur une question qui ne faisait pas mention de cette connaissance. — Cons. rév. Paris, 9 juin 1887. Lavallette. — V. *supra*, v° *Complicité*.

1107. — L'application des règles du Code pénal n'a lieu, bien entendu, que sauf les dérogations prévues par le Code maritime. Au nombre de ces dérogations il faut signaler le cas de l'acheteur d'effets militaires dans lequel l'art. 329, C. just. marit., voit un délinquant spécial et non le complice du vendeur de ces effets, et le fait de favoriser la désertion qui, considéré comme un délit distinct et non comme une complicité de désertion, est puni d'une peine spéciale. Ces dérogations n'ont pour but que de permettre une disjonction de procédure et de renvoyer les inculpés chacun devant ses juges naturels. Sans ces réserves, les vendeurs d'effets et les déserteurs eussent été assez souvent entraînés devant les tribunaux ordinaires par leur complice de l'ordre civil.

1108. — Ajoutons enfin qu'outre les peines édictées par le Code de justice maritime, les tribunaux de la marine appliquent les peines portées par les lois pénales ordinaires à tous les crimes ou délits qui ne sont pas prévus par le Code de justice maritime (art. 364).

§ 1. Peines criminelles.

1109. — Les peines qui peuvent être appliquées par les tribunaux de la marine en matière de crime sont : la mort, les travaux forcés à perpétuité, la déportation, les travaux forcés à temps, la détention, la réclusion, le bannissement, la dégradation militaire (art. 237).

1110. — Cette énumération est identique à celle des art. 7 et 8, C. pén., sauf en ce qui touche la dégradation militaire qui occupe dans la loi maritime la place de la dégradation civique. Mais on ne serait pas fondé à en conclure qu'un conseil de guerre ne saurait appliquer la dégradation civique : c'est ce qui résulte notamment de l'art. 235-4°, relatif au remplacement de la dégradation militaire par la dégradation civique à l'égard des individus qui ne sont ni marins ni militaires.

1111. — Il est bon de rappeler que, devant les juridictions de la marine comme devant les cours d'assises, l'échelle des peines criminelles se divise en deux séries distinctes : les peines de droit commun comprennent la mort, les travaux forcés à perpétuité ou à temps et la réclusion ; et les peines politiques consistant dans la déportation, la détention, le bannissement et la dégradation militaire ou civique. Cette distinction est très-importante à retenir puisque, pour l'application des art. 56 à 58, C. pén. (aggravation de pénalité résultant de la récidive) et 463 du même Code (circonstances atténuantes), les juges doivent se référer exclusivement à la série de peines encourues suivant la nature du crime poursuivi.

1112. — Toutefois, devant les tribunaux de la marine, la détention joue un rôle spécial, celui de peine militaire : à ce titre, elle est appliquée pour des faits purement militaires (art. 296, violation de consigne ; art. 272, cri d'amener le pavillon ou de cesser le feu). C'est ce caractère spécial qui a permis au département de la marine, d'accord avec le Garde des sceaux, de proposer dans certains cas au Chef de l'État de commuer en détention la peine capitale prononcée pour voie de fait envers un supérieur sans préméditation, c'est-à-dire non accompagnée de dégradation militaire (V. infra, n. 1118). Ce mode de procéder a été consacré à l'égard des hommes de la réserve et de l'armée territoriale par l'art. 19, L. 18 nov. 1875, devenu l'art. 51, L. 15 juil. 1889, sur le recrutement de l'armée, et à l'égard des inscrits maritimes par l'art. 58, L. 24 déc. 1896.

1113. — Tout individu condamné à la peine de mort par un tribunal de la marine est fusillé, à l'exception des forçats et des gentais qui ont la tête tranchée (art. 239).

1114. — D'après la loi de 1858, ces deux dernières catégories sont justiciables des tribunaux maritimes permanents, à l'exclusion de toutes autres juridictions.

1115. — Mais, depuis la suppression des bagnes (V. supra, v° Bagne), les condamnés aux travaux forcés ont cessé d'être justiciables en France des tribunaux maritimes permanents ; ils sont soumis à la compétence des tribunaux maritimes spéciaux des colonies pénitentiaires, créés par le règlement d'administration publique du 4 oct. 1889. L'exception apportée par l'art. 239 à la règle qui précède n'est donc plus applicable en France qu'aux forçats, ou aux colonies, devant les tribunaux maritimes spéciaux institués pour le jugement des transportés.

1116. — Le Code de 1858 ne s'est pas expliqué sur les conditions d'exécution capitale ; il ne consacre toutefois aucune disposition analogue à celle que contiennent certaines législations étrangères, notamment la loi suisse, qui prévoit la mort par décapitation par derrière, cette dernière étant réservée au coupable infâme. La loi française se borne à accompagner la peine de mort de la dégradation militaire toutes les fois qu'elle est encourue pour crime de droit commun (art. 210) ou pour crime militaire de caractère infamant. La dégradation militaire n'est d'ailleurs pas effectivement exécutée lorsqu'elle est prononcée accessoirement à la mort (art. 243).

1117. — Il résulte de l'ensemble de ces dispositions précédentes que la peine de mort édictée par la loi maritime affecte, suivant la nature du crime qu'elle est appelée à réprimer, un caractère très-différent. On ne peut assurément soutenir que la peine de mort encourue pour voie de fait envers un supérieur soit de nature correctionnelle ; sa place dans l'échelle de la pénalité et les conséquences juridiques qu'elle entraîne à ce titre,

notamment les incapacités spéciales de la loi du 31 mai 1854, lui donnent bien nettement le caractère criminel.

1118. — Mais une jurisprudence qui, jusqu'à ces dernières années, ne s'est jamais démentie a posé comme règle qu'une sentence capitale non accompagnée de dégradation militaire, c'est-à-dire prononcée pour un fait militaire non infamant, ne pouvait être commuée qu'en une pénalité de l'ordre militaire, et que, spécialement, on ne pouvait, sans une violation des principes, être commuée en travaux forcés. C'est ce qui conduit le ministre de la Marine à proposer couramment au Président de la République la commutation des sentences de cette nature en quelques années de travaux publics ou même d'emprisonnement; on n'a recours à la détention qu'en raison de la nature militaire de cette pénalité, et l'application en est réservée aux cas qui méritent une sévérité particulière.

1119. — Nous n'insisterions même pas sur la justification d'une doctrine qui, jusqu'ici, était à l'état d'axiome si, depuis quelques années, le département de la guerre ne l'avait méconnue en plusieurs circonstances et n'avait soutenu que les droits du Chef de l'État en cette matière étaient illimités. Assurément, l'exercice du droit de grâce n'étant pas de nature contentieuse, ainsi que l'a reconnu le Conseil d'État dans un arrêt du 30 juin 1893, Guzel, [S. et P. 95.3.41, D. 94.3.61], un soldat condamné à mort pour une simple voie de fait envers un supérieur et dont la peine est transformée en travaux forcés, n'aurait aucun moyen légal de se pourvoir contre la décision gracieuse dont il aurait été l'objet, et d'obtenir d'être fusillé plutôt que d'être transporté.

1120. — Mais il existe cependant en ces matières une règle fondamentale dont l'observation s'impose même au Chef de l'État, c'est de ne pas aggraver par l'exercice du droit de grâce la situation d'un condamné. Or, nos lois font entre les diverses échelles de pénalité des différences profondes : l'échelle de droit commun et l'échelle politique ne se confondent jamais dans le Code pénal, ni pour l'application des peines de la récidive, ni pour celle des circonstances atténuantes ; il en est de même pour l'échelle militaire qui a son existence propre. Or, il est évident que, sous peine de porter le trouble dans la répression, l'exercice du droit de grâce ne doit pas faire passer un condamné d'une échelle dans l'autre. Par suite, de même qu'un condamné politique ne saurait voir sa peine de déportation, par exemple, commuée en travaux forcés et doit être frappé de détention ou de bannissement, de même un condamné militaire à la détention ne peut être frappé par voie de grâce de la réclusion, mais doit être soumis aux travaux publics ou à l'emprisonnement.

1121. — Dans ces conditions, la mort qui était, à l'origine, la peine suprême, commune aux trois échelles, ne peut et ne doit être commuée que conformément à la nature commune, politique ou militaire du fait qui l'a motivée. Tout autre mode de procéder risquerait d'aggraver le sort d'un condamné, en lui infligeant une flétrissure plus grave que celle que comporte son acte.

1122. — On peut voir une application des mêmes idées dans un avis du Conseil d'État du 23 juill. 1850, concernant la peine des fers et celle des travaux forcés. Les fers, aujourd'hui abolis, étaient une pénalité qui, bien qu'on eût à une certaine époque détenu ceux qui la subissaient dans des établissements de travaux forcés, n'en avait pas moins le caractère militaire. C'est pourquoi le Conseil d'État n'hésita à conclure que la peine de mort encourue pour voie de fait simple envers un supérieur ne pouvait être commuée en travaux forcés, mais devait l'être en celle des fers.

1123. — Telle a toujours été la doctrine du département de la justice qui, consulté par le ministre de la Marine en exécution du décret du 10 juil. 1852, s'est mainte fois opposé à toute proposition de commutation établie en violation de ces principes. Ce n'est même qu'en 1868 que le Garde des sceaux a adhéré pour la première fois à une proposition de commuer en détention la peine de mort encourue, pour voie de fait simple envers un supérieur, par un détenu incorrigible du pénitencier maritime de Brest. Cette adhésion ne fut donnée qu'avec les motifs suivants : « Les circonstances dans lesquelles cette double condamnation a été prononcée me fondent à penser, qu'il y a lieu, pour déjouer les honteux calculs de X... et Y..., de faire commuer la peine capitale prononcée contre eux en celle de quinze ans de détention pour le premier et en douze ans pour le second. Je ne vois aucun obstacle légal à l'application de cette peine au cas dont il s'agit, puisqu'elle rentre dans l'échelle des pénalités déterminée par le nouveau Code maritime même pour des crimes essentiellement militaires. »

1124. — En outre, depuis la promulgation de la loi du 18 nov. 1875, la Chancellerie a considéré très-justement que l'art. 19 de cette loi, réglant l'effet des circonstances atténuantes acquises aux réservistes en matière militaire, devait être considéré comme le critérium de toute commutation. Or, cet article, devenu l'art. 80, L. 15 juill. 1889, dispose précisément que la peine de mort doit être remplacée soit par les travaux forcés, soit par la détention, suivant qu'il s'agit d'un crime infamant ou d'un crime simplement infamant.

1125. — En ce qui touche spécialement le cérémonial d'exécution, le silence du Code avait été comblé par l'instruction ministérielle du 25 juin 1858, qui prescrivait dans son § 74 des règles très-précises. Mais un décret du 25 oct. 1874, rendu sur le rapport du ministre de la Guerre et appliqué le 16 décembre suivant à la marine, a réglementé à nouveau la matière. Le principal objet de cette décision a été de supprimer, à l'instant de l'exécution capitale, les manœuvres et commandements verbaux préparatoires, qui sont remplacés par des signes de l'épée. Le commandement de « feu » est seul donné à haute voix.

1126. — Un des juges du conseil qui a prononcé la condamnation doit toujours être présent à l'exécution : il est désigné par le président après la lecture du jugement. Quant au commissaire du gouvernement, il n'est pas tenu d'assister en personne, par la raison que le jugement est exécuté à sa diligence et non en sa présence (art. 181, C. just. marit.; § 75 de l'instr. du 25 juin 1858). Au contraire, le greffier doit être présent et dresse un procès-verbal dont un double est transmis au ministre (Décr. 25 oct. 1874).

1127. — Les peines des travaux forcés, de la déportation, de la détention, de la réclusion et du bannissement sont appliquées conformément aux dispositions du Code pénal ordinaire. Elles ont les effets déterminés par ce Code, et emportent, en outre, la dégradation militaire (C. just. marit., art. 241). — V. *infrà*, v^is *Peine, Régime pénitentiaire.*

1128. — La dégradation militaire est prononcée, comme sa similaire la dégradation civique, soit à titre principal, soit plus souvent à titre accessoire. Dans le premier cas, elle est toujours accompagnée d'un emprisonnement dont la durée, fixée par le jugement, n'excède pas cinq années (art. 243).

1129. — La dégradation militaire résulte de plein droit d'une condamnation à une peine afflictive ou infamante; le jugement n'a donc pas à la prononcer expressément (C. just. marit., art. 241). — Cass. 7 avr. 1865, Robbe, [S. 65.1.365, P. 65.912] — Cons. rév. Paris, 9 déc. 1881, [Leclerc et Coupois, n. 107] — Sic, Leclerc et Coupois, n. 9.

1130. — La dégradation militaire résultant de plein droit de la condamnation d'un militaire à une peine afflictive et infamante, se trouve ramenée à une simple mesure d'exécution rentrant dans les attributions de l'autorité militaire. En conséquence, le conseil de guerre ayant à juger pour désertion un homme déjà condamné aux travaux forcés par une cour d'assises, ne peut sans excès de pouvoir ajouter la dégradation militaire à l'emprisonnement qu'il prononce. — Cass. 11 déc. 1879, Mannier, [S. 80.1.436, P. 80.1080, D. 80.1.356] — Sic, Leclerc et Coupois, n. 23.

1131. — Le conseil de guerre maritime devant lequel un accusé condamné à la réclusion est renvoyé, à tort d'ailleurs, par le conseil de révision pour voir prononcer la dégradation militaire omise, ne peut, sans excès de pouvoir, statuer à nouveau sur la peine principale, qui est acquise, ni à plus forte raison en aggraver la nature. — Cass., 7 avr. 1865, précité.

1132. - La dégradation militaire, lorsqu'elle doit être effectivement subie, c'est-à-dire toutes les fois qu'elle n'accompagne pas la peine de mort, est exécutée devant l'équipage ou la troupe sous les armes, avec un cérémonial expressément décrit à l'art. 242, C. just. marit. Tout marin, tout militaire embarqué qui doit subir la dégradation militaire, soit comme peine principale, soit comme accessoire d'une peine autre que la mort, est conduit devant l'équipage assemblé ou la troupe sous les armes. Après la lecture du jugement, le commandant prononce ces mots à haute voix : « N*** N*** (nom et prénoms du condamné) vous êtes indigne de porter les armes; de par le Président de la République, nous vous dégradons ». Aussitôt après, tous les insignes militaires et les décorations dont le condamné est revêtu sont enlevés; et,

s'il est officier, son épée est brisée et jetée à terre devant lui.

1133. — La dégradation militaire entraîne : 1° la privation du grade et du droit d'en porter les insignes et l'uniforme; 2° l'incapacité absolue de servir dans les armées de terre et de mer, à quelque titre que ce soit, et les autres incapacités prononcées par les art. 28 et 34, C. pén. ordinaire; 3° la privation du droit de porter aucune décoration, et la déchéance de tout droit à pension et à récompense pour les services antérieurs (C. just. marit., art. 242).

1134. — On s'est demandé si cette série de déchéances était définitive dès que la condamnation était passée en force de chose jugée. Ceci revient à rechercher quel peut être l'effet légal d'une commutation de peine sur les incapacités accessoires.

1135. — Il ne saurait y avoir doute si la grâce ou la commutation de peine intervient après exécution du jugement, spécialement, après que le condamné a subi la dégradation militaire; la flétrissure ainsi apportée à l'homme ne peut plus être effacée que par la réhabilitation, et encore seulement pour l'avenir et sous réserve des faits immédiatement accomplis, tels que la perte du grade d'officier. Mais si, en raison du sursis ordonné par le préfet maritime ou le commandant en chef, le jugement, quoique définitif, n'a pas reçu son exécution, la commutation survenant avant cette exécution et faisant disparaître la peine à laquelle sont attachées les incapacités, ne peut-elle être considérée comme évanouie sans que ces incapacités aient laissé de traces? La solution affirmative a longtemps prévalu : un avis du Conseil d'Etat du 18 janv. 1823 l'a consacrée et la pratique de la chancellerie était constante sur ce point. — On peut citer dans le même sens un arrêt de cassation du 6 avr. 1832, Raynal, [S. 32.1.70, P. chr.] — et un arrêt du Cons. d'Et., 27 juin 1867, Chaspoul, [S. 68.2.237, P. adm. chr.] — Cette opinion se basait sur ce que ce ne sont ni le fait criminel, ni la condamnation qui entraînent la dégradation militaire, que c'est la peine principale qui emporte cette peine accessoire (art. 241); que, d'autre part, aux termes de l'art. 258 la peine criminelle ne court pas tant que la dégradation militaire n'a pas été exécutée; qu'il y a donc un lien indissoluble entre la peine infamante et la dégradation militaire; qu'il s'ensuit qu'en cas de sursis suivi de commutation de peine avant exécution, il n'est pas possible de dire que le condamné a encouru les effets accessoires d'une peine qu'il n'a jamais subie. Ces raisons ont conduit à infliger la peine accessoire de la destitution à un officier condamné aux travaux forcés, et dont le Chef de l'Etat voulait commuer la peine en emprisonnement. La perte du grade ne pouvait résulter pour lui d'une dégradation encourue mais non subie.

1136. — Cette doctrine paraît abandonnée aujourd'hui : d'une part, le Conseil d'Etat, statuant précisément sur le pourvoi de l'officier dont il s'agit, qui réclamait contre sa destitution, l'a rejeté par des considérants tirés de ce que toute l'infamie était irrévocable dès que la sentence avait acquis l'autorité de la chose jugée. — Cons. d'Et., 31 mars 1882, Guichard, [Leb. chr., p. 325] — D'autre part, la chancellerie, oubliant son ancienne jurisprudence, a statué dans le même sens à plusieurs reprises, notamment dans une lettre du 21 avr. 1893, où on lit : « Après examen, j'incline à penser, conformément à l'avis émis par le conseil de l'ordre de la Légion d'honneur, que la décision gracieuse, alors même qu'elle intervient avant toute exécution du jugement ou de l'arrêt, laisse subsister les déchéances et incapacités attachées par la loi à la peine principale : celles-ci sont encourues de plein droit dès que la condamnation est devenue irrévocable, et ne peuvent être effacées que par l'amnistie ou la réhabilitation. »

1137. — Nous n'entendons pas discuter ici une question de législation générale; mais, nous plaçant sur le seul terrain des lois militaires, nous persistons à penser que la jurisprudence initiale était la vraie. L'avis du conseil de l'ordre de la Légion d'honneur en date du 6 juill. 1891, auquel il est fait allusion dans la dépêche précitée du Garde des sceaux, se fonde, au rapport de M. Aucoc, sur la nouvelle jurisprudence du Conseil d'Etat (Arr. précité du 31 mars 1882) et explique principalement cet abandon de la doctrine de l'avis de 1823 par la modification de texte apportée en 1832 à l'art. 28, C. pén., aux termes duquel « la dégradation civique sera encourue du jour où la condamnation sera devenue irrévocable ». Telle paraît bien être la considération qui a guidé les auteurs de cette nouvelle interprétation. Mais ces motifs ne peuvent exister avec le texte du Code maritime qui, ainsi qu'on l'a vu plus haut, lie le point de départ de la peine principale à l'exécution de la dégradation militaire et les effets de celle-ci à son exécution matérielle. Les arguments présentés par l'avis du 18 janv. 1823 n'ont donc, à notre avis, rien perdu de leur valeur.

1138. — Les demandes en réhabilitation doivent être portées devant la cour d'appel dans le ressort de laquelle réside le condamné. C'est donc à tort qu'un conseil de guerre maritime permanent prononcerait la réhabilitation d'un individu antérieurement condamné par un autre conseil de guerre. — Cass., 19 déc. 1896, Maslard, [Gaz. des Trib., 26-27 déc. 1896] — Sur les effets de la réhabilitation, V. infrà, v° Réhabilitation.

§ 2. Peines correctionnelles.

1139. — Les peines en matière de délit sont : la destitution, les travaux publics, l'emprisonnement, la privation de commandement, l'inaptitude à l'avancement, la réduction de grade ou de classe, le cachot ou double boucle, l'amende (C. just. marit., art. 238).

1140. — La destitution est une peine spéciale aux officiers. Elle consiste dans la privation du grade ou du rang, et du droit d'en porter l'uniforme et les insignes distinctifs. L'officier destitué ne peut obtenir ni pension, ni récompense à raison de ses services antérieurs (art. 244).

1141. — La destitution est, comme la dégradation militaire, tantôt principale, tantôt accessoire. Elle diffère de cette dernière en ce sens qu'elle ne seulement elle est de nature correctionnelle, mais qu'elle n'entraîne aucune incapacité pour l'avenir. En d'autres termes, aucun obstacle légal, tiré de la destitution antérieure, ne peut empêcher un officier destitué de rentrer au service comme simple soldat et d'y regagner ultérieurement ses épaulettes.

1142. — La destitution est prononcée à titre principal pour des faits se rattachant à l'exercice du commandement, par exemple, dans les cas prévus aux art. 269, 273, 277, etc., C. just. marit. Elle est parfois accompagnée alors d'un emprisonnement (art. 290). Elle est, en outre, l'accessoire de toute condamnation prononcée contre un officier pour certains faits militaires, et, en outre, pour délits de vol (C. just. marit., art. 331, 332). — V. infrà, n. 1145 et s.

1143. — Lorsque la destitution est le complément obligatoire d'une peine, elle ne peut faire l'objet d'une délibération séparée de celle qui a eu lieu pour l'application de la peine de l'emprisonnement. — Cass., 13 déc. 1890, Lehman, [S. 91.1.236, P. 91.1.555, D. 91.1.400]

1144. — La destitution s'exécute par le fait matériel de la radiation des matricules ; par suite, c'est une pénalité dont l'exécution est instantanée et sur laquelle une réhabilitation ne peut avoir aucun effet. Cette solution a été consacrée par le Conseil d'Etat par arrêt du 8 août 1888, Louis, dit Louisy, [Leb. chr., p. 719] — Il est bon de faire remarquer que toute autre décision aurait conduit à réintégrer l'officier dans son rang et à lui conférer même en fait, dans l'espèce, un avancement à l'ancienneté à titre rétroactif. L'absurdité de la thèse la rendait insoutenable.

1145. — Il y a lieu de faire une distinction entre les effets de la destitution et ceux de la perte du grade édictée par l'art. 259, C. just. marit., à l'encontre de tout officier condamné pour quelque tribunal que ce soit en vertu des art. 401 à 408, C. pén. (vol. larcin, abus de confiance, détournement, escroquerie).

1146. — La destitution entraîne, entre autres effets, la perte du grade et celle du droit à pension ou récompense à raison des services antérieurs ; la perte du grade laisse, au contraire, à l'officier tous les bénéfices du passé, spécialement le droit à pension. — Cass., 11 mars 1881, précité.

1147. — Jugé que l'officier condamné par un conseil de guerre pour un délit de droit commun (escroquerie) ne peut être condamné à la destitution; qu'il ne peut encourir que la perte du grade. — Cass., 11 mars 1881, Burelly, [S. 82.1.333, P. 82.1.796, D. 82.1.144] — Sic, Leclerc et Coupois, n. 60.

1148. — D'ailleurs, la condamnation prononcée contre un officier, par quelque tribunal que ce soit, pour escroquerie ou pour l'un des délits prévus par les art. 401 à 408, C. pén., entraîne de plein droit, pour cet officier, la perte de son grade, sans qu'il soit besoin qu'une décision ultérieure statue sur ce point. — V. Cons. d'Et., 24 déc. 1863, S..., [S. 64.2.149, P. adm. chr., D. 64.3.17]

1149. — On remarquera que l'énumération de l'art. 259 dif-

fère légèrement de celle de l'art. 1-4°, L. 19 mai 1834, sur l'état des officiers laquelle omettait l'art. 408. L'art. 259, C. just. marit., doit donc être considéré comme complétant et rectifiant la loi de 1834 sur ce point. Pourtant le Conseil d'Etat, par avis du 19 juill. 1892, a émis la doctrine contraire dans une espèce qui lui était soumise par le ministre de la Marine. Toute l'argumentation de l'avis, reposant sur l'énumération limitée de la loi de 1834 ne tient pas compte de l'art. 259, C. just. marit., qui l'a complétée.

1150. — Les travaux publics, qui jouent dans la pénalité maritime un rôle prépondérant, sont de nature correctionnelle et militaire. En raison du caractère correctionnel, cette peine n'exclut pas le condamné des rangs de l'armée et, si elle peut motiver son envoi dans un corps disciplinaire, elle ne l'empêche pas de terminer son service militaire. Cependant , le législateur civil y a attaché la perte totale des droits électoraux (Décr. 2 févr. 1852, art. 15-12°).

1151. — L'exécution de la peine des travaux publics est d'ailleurs caractérisée par une cérémonie spéciale. Le condamné à la peine des travaux publics est conduit à l'inspection ou à la parade revêtu de l'habillement déterminé par les règlements. Il y entend devant des détachements des équipages ou devant les troupes, la lecture de son jugement (art. 245).

1152. — Le défilé à la parade, qui constitue une sorte de dégradation correctionnelle, joue un rôle fort important, puisque cette cérémonie sert de point de départ pour le cours de la peine (art. 258). Il importe donc, dès qu'un jugement emportant condamnation aux travaux publics est devenu définitif, de n'en pas différer sans nécessité la mise à exécution, puisque ce retard allongerait d'autant la durée de la peine.

1153. — Les travaux publics, dont la durée varie entre deux et dix ans, ne doivent pas être confondus avec les travaux forcés avec lesquels ils n'ont qu'une ressemblance de mots et d'utilisation. Ces condamnés qui, en aucun cas, ne peuvent être placés dans les mêmes ateliers que les condamnés aux travaux forcés. sont répartis, suivant leur provenance, entre six ateliers situés en Algérie, savoir : le premier à Cherchell, le second à Ténès, le troisième à Oran, le quatrième à Bougie, le cinquième à Mers-El Kébir et le sixième à Bône. Ces détenus sont dispersés sur des chantiers et employés à des travaux d'utilité publique exécutés par des entrepreneurs, qui allouent aux condamnés un salaire minimum d'un franc par jour de travail ; ils constituent une main-d'œuvre pénale peu dispendieuse et fort appréciée du génie militaire, comme des entrepreneurs de travaux publics. Ce sont ces hommes qui, presque à eux seuls, ont fait toutes les routes de l'Algérie.

1154. — Les ateliers sont commandés par des officiers du grade de capitaine, assistés du personnel habituel des établissements pénitentiaires militaires. Les marins et militaires de la marine y sont reçus au même titre que les condamnés de l'armée de terre. Le régime des ateliers, tout en comportant des travaux sérieux, laisse aux condamnés une liberté relative qui leur fait souvent préférer cette pénalité à celle de l'emprisonnement. Aussi a-t-on vu plusieurs fois, notamment à bord du pénitencier maritime l'Hercule et dans les prisons maritimes, qui ont, depuis 1873, remplacé le précédent, des détenus imaginer toutes sortes de combinaisons, même criminelles, pour se faire condamner aux travaux publics. La loi du 25 déc. 1880 qui a pour objet de déjouer ces calculs dans les matières criminelles soumises aux cours d'assises serait avantage étendue aux individus détenus dans les pénitenciers militaires.

1155. — Au point de vue pénal, le régime de travail en plein air et de demi-liberté semble exercer une bonne influence sur les détenus ; les santés s'y altèrent moins et les esprits s'y pervertissent moins qu'eu prison. Au surplus, la démonstration de l'excellence du système a été si complète que le ministère de l'intérieur a cherché à profiter d'une expérience aussi concluante, en affectant à des travaux extérieurs une partie des détenus des maisons centrales algériennes et des pénitenciers agricoles. Le ministère de la marine était lui-même entré dans cette voie, dès 1859, pour les détenus du pénitencier maritime de Brest, qui étaient employés aux travaux de force de l'arsenal; le système a été généralisé lors de la réorganisation des prisons maritimes (Décr. 7 avr. 1873).

1156. — Les marins et militaires condamnés aux travaux publics et écroués dans les ateliers d'Algérie sont maintenus sur les matricules de leur corps. Quelle en est la raison? lors de l'élaboration du Code de justice militaire, les rédacteurs du projet avaient oublié de créer une pénalité spéciale à l'encontre des détenus qui s'évadent des chantiers. L'état de liberté relative dont jouissent ces hommes leur permettant de s'échapper journellement sans violence ni bris de prison, c'est-à-dire, sans qu'on pût leur appliquer l'art. 245, C. pén., on dut songer à les poursuivre pour désertion. Ce dernier délit présupposant le maintien sur les matricules du corps, le ministre de la Guerre obtint de la Cour de cassation un arrêt en date du 3 juill. 1858, Bourgoing, [S, 58.1.837, P. 59.413, D. 58.5.239] — bien contestable en droit, mais qui, comblant une lacune, a formé jurisprudence.

1157. — Le Code maritime ne contient pas de dispositions ayant le caractère de contraventions; comme, d'autre part, les circonstances atténuantes n'y sont admises que dans certains cas spéciaux et avec des conséquences très-limitées; il s'ensuit que l'emprisonnement n'a, dans la loi maritime, que la durée de l'emprisonnement correctionnel, six jours au moins et cinq ans au plus. A l'inverse, la récidive ne produisant pas ses effets légaux en matière de délits maritimes, l'emprisonnement ne s'élève jamais au-dessus de cinq ans, à moins d'un recours au Code pénal ordinaire (C. just. marit., art. 364).

1158. — L'exécution de la peine d'emprisonnement prononcée par les juridictions maritimes est opérée de manières diverses suivant la qualité du condamné. En principe, l'art. 181, C. just. marit., en remettant au commissaire du gouvernement et au préfet maritime le soin d'assurer l'exécution des jugements, ne font aucune distinction.

1159. — Pourtant, le décret du 7 avr. 1873 organisant les prisons maritimes, a posé en principe que les militaires de la marine ne seraient maintenus que pour une année au plus dans ces établissements; si la condamnation excède cette durée, ils sont dirigés sur les pénitenciers militaires. D'autre part, les individus de l'ordre civil ou ceux dont le lien avec la marine s'est trouvé rompu par le fait ou comme conséquence de leur condamnation, ne sont pas maintenus au delà de deux mois dans les prisons maritimes; il en est de même des femmes en vertu d'une décision ministérielle du 22 oct. 1875, à l'exception cependant des prévenues (Déc. manuscr. 4 nov. 1880).

1160. — Dès l'année 1859, la marine, puisant dans l'art. 373, C. just. marit., le droit de faire réglementer par des décrets les lieux de détention spéciaux à ce département, a tenu à ce que les marins, condamnés par des conseils de guerre ou de justice, pour des faits de pure discipline, ne fussent plus confondus, comme par le passé, dans les maisons centrales et les prisons départementales, avec les criminels de droit commun, dont la fréquentation exerçait sur ces hommes non encore corrompus et destinés à rentrer au service, une influence démoralisatrice. C'est en vue de ce résultat que fut créé le pénitencier maritime (Décr. 5 déc. 1859-3 nov. 1860) remplacé quelques années plus tard par les prisons maritimes (Décr. 7 avr. 1873).

1161. — Le régime de ces établissements, qui ont été réduits de cinq à trois (Cherbourg, Brest et Toulon) par le décret du 1er déc. 1888, consiste dans le principe du travail extérieur en commun et dans l'application des détenus aux travaux de force de l'arsenal, par régie directe de l'État, et sans intervention d'aucun entrepreneur. Les prisons maritimes reçoivent les marins de l'État condamnés à l'emprisonnement par toutes les juridictions maritimes ou de droit commun, quelle que soit la durée de leur peine; les militaires de la marine n'y sont maintenus que lorsque leur peine n'excède pas six mois; au delà, ils sont dirigés sur les pénitenciers de la guerre; enfin, les individus n'appartenant plus à la marine, ou n'y devant plus appartenir comme conséquence de leur condamnation (officiers destitués, employés révoqués, marins exclus des rangs de l'armée en vertu de l'art. 4, L. 15 juill. 1889, sur le recrutement), sont en principe remis à l'autorité civile à qui est laissé le soin de leur faire subir leur peine. Toutefois, il n'y a là qu'un arrangement entre départements ministériels (Arr. 27 janv. 1859, rectifié le 6 mars 1860, concerté entre les ministres de la Justice, de la Guerre et de la Marine : B. O. M., p. 160) et il y est parfois dérogé en fait par le maintien de certains détenus dans les prisons maritimes, malgré la rupture de leurs liens au service de la marine.

1162. — La privation de commandement (art. 248), édictée à l'encontre de certains manquements professionnels, tels que la perte de bâtiments occasionnée par impéritie (C. just. marit., art. 267), n'a jamais été appliquée, en fait, par les conseils de guerre depuis la promulgation du Code maritime. Elle a une durée légale

de trois à cinq ans et s'imposerait, le cas échéant, non seulement au ministre qui ne pourrait confier aucun commandement à l'officier ainsi frappé, mais même à ce dernier qui ne pourrait exercer le commandement durant le cours de sa peine, fût-ce par intérim; l'autorité qui lui serait dévolue par les règlements passerait dans ce cas à l'officier qui l'exercerait à son défaut. Ce sont d'ailleurs là des suppositions; mais, il est à peine besoin d'ajouter que, si l'application pénale a été nulle jusqu'ici, l'application de fait, disciplinaire, se rencontre parfois et peut paralyser indirectement l'avancement d'un officier s'il est arrivé à un grade où toute nouvelle promotion présuppose nécessairement l'accomplissement d'un certain temps de commandement.

1163. — L'inaptitude à l'avancement est spéciale au personnel des équipages de la flotte : elle a pour conséquence, non pas seulement de faire temporairement obstacle à ce que le condamné soit élevé en grade ou en classe, mais encore de faire considérer comme inexistant le temps pour lequel il a été frappé de cette pénalité. Par suite, si un embarquement de deux années, exigé pour tel ou tel avancement, a été en fait accompli par un candidat puni dans cette même période de six mois d'inaptitude à l'avancement, son embarquement nel ui est compté que pour dix-huit mois et il est écarté comme ne réunissant pas les conditions réglementaires.

1164. — L'inaptitude à l'avancement est toujours accompagnée : 1° de la retenue du tiers de la solde intégrale pour les officiers-mariniers et quartiers-maîtres, du quart pour les matelots, ouvriers mécaniciens, novices ou apprentis-marins, pendant un temps qui est fixé par le jugement et qui ne peut excéder la durée de la peine principale, sans que, dans aucun cas, cette retenue puisse porter sur la portion de solde déléguée à la famille; 2° de la peine du cachot ou double boucle. Elle peut également être accompagnée d'une réduction de grade ou de classe dont l'effet survit à l'expiration de la peine principale.

1165. — La réduction de grade ou de classe consiste à faire descendre le coupable, suivant la volonté des juges, d'un ou plusieurs grades, ou d'une ou plusieurs classes, jusqu'à la position de novice ou d'apprenti-marin (Ces deux qualifications, hiérarchiquement équivalentes, sont données aux marins débutant au service, selon qu'ils proviennent de l'inscription maritime ou du recrutement). Lorsque la peine est inapplicable en raison de ce que le coupable n'est que novice ou apprenti-marin, ou est déjà réduit à cette position, la réduction de grade est remplacée par le cachot ou double boucle.

1166. — La peine du cachot ou double boucle est de cinq jours au moins et de trente jours au plus; elle emporte la suspension de la solde, sans préjudice de la portion de cette solde déléguée à la famille (C. just. marit., art. 250).

1167. — On la nomme *double boucle* parce que, beaucoup de bâtiments ne possédant pas de cachot ou n'ayant que des locaux inhabitables, les commandants font subir la peine à la barre de justice où l'homme est amarré par les deux pieds, tandis que, pour la prison ou *boucle simple*, le prisonnier n'est retenu que par un seul pied. Cette pénalité se confond en fait avec la punition disciplinaire des fers édictée par le décret sur le service à bord (Décr. 20 mai 1885).

1168. — L'amende n'est jamais prononcée par le Code maritime; toutefois, lorsque les tribunaux de la marine prononcent cette pénalité en vertu du Code pénal ordinaire, ils sont autorisés à en effectuer le remplacement par un emprisonnement de six jours à six mois à l'égard des marins, militaires et assimilés de l'armée de mer (C. just. marit., art. 251). On a pensé que l'amende serait le plus souvent irrecouvrable contre un marin dont la solde est insaisissable, mais il est bien entendu que les juges doivent, pour se conformer à l'esprit de la loi, proportionner la durée de l'emprisonnement à la valeur de l'amende.

1169. — D'autre part, l'art. 251 n'a trait qu'aux seules amendes correctionnelles et non pas à celles de simple police. Conséquemment, lorsqu'en vertu de l'art. 369, *in fine*, C. just. marit., une contravention de cette nature est exceptionnellement déférée à un conseil de guerre, les juges ne doivent pas recourir à l'art. 251, mais bien à l'art. 369 qui restreint l'emprisonnement à deux mois et permet de l'abaisser à vingt-quatre heures. C'est ce qu'a formellement établi une instruction ministérielle du 15 mars 1873 (B. O. M., p. 287), relative à la répression de l'ivresse publique et à l'application de la loi du 23 janv. 1873 devant les juridictions de la marine.

1170. — Le produit des confiscations et amendes prononcées en vertu du Code maritime est attribué à la caisse des invalides de la marine (art. 371). C'est là une application de la législation spéciale à la caisse des invalides qui, depuis son institution (Ord. de 1673; L. 13 mai 1791), a été investie du droit de recueillir toutes les sommes reprises à titre pénal sur les gens de mer. — V. suprà, v° *Caisse des invalides de la marine*, n. 46.

§ 3. *Des peines selon la qualité des inculpés.*

1171. — Les peines susénumérées présentent souvent, ainsi qu'on vient de le voir, un caractère purement maritime ou militaire; elles sont, en outre, édictées en répression de crimes ou de délits inconnus de la législation pénale ordinaire. Aucun doute ne saurait s'élever lorsqu'il s'agit de juger un marin; mais dans toute autre hypothèse, c'est-à-dire, lorsque l'inculpé est militaire de l'armée de mer ou de l'armée de terre, embarqué ou non embarqué, ou simple civil, le législateur de 1858 a dû poser des règles précises, édictées dans les art. 252 à 256, C. just. marit.

1172. — Aux termes de ces articles, les tribunaux de la marine, à quelque ordre de juridictions qu'ils appartiennent, appliquent, en principe, à leurs justiciables les peines portées par le Code maritime, sous les exceptions que nous allons passer en revue.

1173. — Les militaires des armées de terre et de mer non embarqués et justiciables des juridictions maritimes restent soumis à la pénalité qui leur est propre, celle du Code de justice militaire, la compétence et la procédure restant à leur égard régies par le Code maritime.

1174. — Les militaires des armées de terre et de mer embarqués sur un bâtiment de l'État sont passibles de la pénalité maritime pour les faits commis à bord, sauf en ce qui touche la désertion, la vente, le détournement, la mise en gage et le recel des effets militaires. Pour la répression de ces divers délits, les juges doivent recourir au Code de justice militaire.

1175. — L'art. 324 dit formellement que tous les militaires embarqués qui se rendent coupables de désertion restent soumis aux dispositions du Code de justice militaire pour l'armée de terre. Et cette disposition entraîne cette conséquence qu'un militaire désigné pour faire partie d'une expédition coloniale et qui manquerait sciemment le départ du bâtiment auquel il doit prendre passage, sans cependant avoir dépassé les délais de grâce, ne pourrait être poursuivi par application de l'art. 320 et ne serait passible que d'une punition disciplinaire.

1176. — Les individus justiciables des conseils de guerre dans les corps expéditionnaires sont également passibles du Code de justice maritime; on ne doit recourir à leur égard au Code maritime qu'à défaut de peines applicables de la Code de l'armée de terre qui, devant ces juridictions spéciales, sert de règle pour la procédure comme pour la pénalité.

1177. — Les autorités maritimes, militaires ou civiles, assurent, suivant les cas, l'effet de ces sentences en ce qui touche les condamnés et ressortissant leur ressortissant (Arr. 2 janv. 1859, rectifié le 6 mars 1860, et concerté entre les départements de la justice, de la guerre et de la marine).

1178. — Lorsque la complicité amène devant un tribunal quelconque, civil, militaire ou maritime, en exécution des art. 103 à 106, C. just. marit., des prévenus d'origine diverse (V. suprà, n. 1020 et s.), le tribunal saisi applique à chacun des coupables la pénalité qui lui est propre, savoir : 1° aux marins ou assimilés, les peines du Code maritime; 2° aux militaires des armées de terre ou de mer et à leurs assimilés, les peines du Code militaire; 3° aux individus de l'ordre civil, les peines prononcées par les lois ordinaires, à moins qu'il n'en soit autrement ordonné par une disposition expresse de la loi. C'est là une dérogation notable à la règle d'après laquelle les complices d'un crime ou d'un délit sont punis de la même peine que l'auteur principal. On trouve une application de cette dérogation dans l'art. 303, C. marit., qui prévoit et punit la voie de fait et l'outrage commis par un simple passager envers un officier de service, mais il en existe un certain nombre dans le Code maritime. — Molinier, *Etudes sur le nouveau Code de just. milit.*, n. 57, p. 144; Foucher, p. 611 et s.; Leclerc et Coupois, *op. cit.*, t. 1, p. 92, sur l'art. 196, *C. just. milit.*, n. 4 et s.

1179. — Jugé que les individus non militaires qui se sont rendus complices par recel d'un vol commis par un militaire au

préjudice d'un autre militaire ne sont point passibles de la même nature de peine que l'auteur de ce vol et ne peuvent être atteints que par les dispositions pénales du droit commun. — Cons. rév. Alger, 22 févr. 1883, [Leclerc et Coupois, n. 156] — V. aussi Cass., 19 janv. 1856, Vovart, [S. 56.1.459, P. 56.2.93, et la note, D. 56.1.125] — Besançon, 10 juin 1891, X..., [S. et P. 92.2.49]

— Les différences de texte qui existent entre les art. 248, C. milit., et 331, C. marit., permettent au contraire d'appliquer ce dernier article aux individus de l'ordre civil, coupables ou complices de vols commis dans les arsenaux au préjudice de l'État.

1180. — Si des individus n'appartenant ni à l'armée de terre, ni à l'armée de mer sont déclarés complices d'un crime ou d'un délit non prévus par les lois pénales ordinaires, ils sont condamnés aux peines portées par le Code maritime.

1181. — Ces diverses règles, principalement la dernière, peuvent avoir pour conséquence de faire tomber de simples civils sous le coup de pénalités maritimes qui seraient inexécutables à leur égard. En vue de cette hypothèse, l'art. 255 spécifie que les peines qui, en raison de leur nature spéciale et de la qualité du justiciable, ne sauraient être appliquées, sont remplacées ainsi qu'il suit : 1° la dégradation militaire prononcée comme peine principale par la dégradation civique; 2° la destitution et les travaux publics, par un emprisonnement d'un an à cinq ans; 3° l'inaptitude à l'avancement par un emprisonnement qui ne peut excéder six mois; 4° la réduction de grade ou de classe par un emprisonnement qui ne peut excéder trois mois.

1182. — A ce point de vue, l'art. 261 décide que les fonctionnaires, agents, employés militaires ou autres assimilés aux marins ou militaires de l'armée de mer, ainsi que les individus embarqués sur les bâtiments de l'État, sont, pour l'application des peines, considérés comme officiers, officiers-mariniers ou matelots, suivant le grade auquel leur rang correspond, ou suivant le rang auquel les place à bord leur ordre d'embarquement. Le premier classement est spécial à ceux qui ont été compris dans le décret d'assimilation du 21 juin 1858 et dans les décrets similaires postérieurs; le second classement correspond, pour les passagers sans assimilation militaire, à la table d'après laquelle ils sont embarqués (V. Circ. des 28 nov. 1892, et 21 déc. 1893, déterminant le rang d'embarquement des fonctionnaires et agents des diverses administrations publiques).

1183. — La question s'est posée, à propos de cet art. 255, de savoir comment il y avait lieu de procéder lorsqu'un tribunal avait prononcé, par erreur, une peine maritime contre un individu inapte à la subir, et que le jugement, faute de recours, était devenu définitif. Assurément, le ministre de la Marine pourrait, dans un cas semblable, demander au Garde des sceaux de faire introduire un pourvoi par le procureur général près la Cour de cassation, dans l'intérêt de la loi, en vertu de l'art. 441, C. instr. crim. (V. suprà, n. 1001 et s.); mais, en l'absence de tout pourvoi de cette nature, le ministre s'attribue le droit de statuer par voie administrative et de substituer la peine légale à celle prononcée à tort par le conseil de guerre.

1184. — C'est ainsi que le ministre de la Marine a tranché la difficulté résultant de la condamnation à cinq ans de travaux publics d'un agent de vivres qui, dans l'organisation de l'époque, était civil. Le ministre ordonna, par décision du 19 août 1865, de substituer de plein droit l'emprisonnement aux travaux publics en vertu de l'art. 255-2°, C. marit.; le condamné accepta cette décision et subit la peine ainsi substituée dans une maison centrale.

1185. — Il convient de faire remarquer que, dans l'espèce, le ministre, en remplaçant une peine par l'autre à durée égale, n'avait pas tenu compte de l'esprit de la loi qui veut que l'emprisonnement d'un à cinq ans soit, pour le civil, l'équivalent de deux à dix ans de travaux publics pour les marins. Pour tenir exactement compte de cette proportion, les cinq ans de travaux publics auraient dû être transformés en deux ans et demi d'emprisonnement. On a sans doute craint de donner ainsi à la décision un caractère d'arbitraire et on n'a pas modifié la durée, sauf à tenir compte au condamné de cette situation dans les réductions de peine dont il a été l'objet. Cela seul suffirait, au besoin, à démontrer le danger que présenterait une pratique que rien dans la loi n'autorise.

1186. — Toutefois, une mesure analogue est fréquemment prise par les ministres de la Marine et de la Guerre à l'encontre des hommes qui, dûment condamnés pendant leur présence au corps à une peine de travaux publics, encourent ensuite une condamnation les excluant des rangs de l'armée, à la réclusion par exemple. En effet, ils cessent de pouvoir être reçus dans les ateliers militaires de l'Algérie et sont alors écroués dans les maisons centrales; mais alors il n'y a pas à proprement parler substitution de peine; c'est plutôt un changement dans le mode d'exécution; on n'aperçoit dans ce cas aucun motif pour abréger la durée d'une pénalité légalement encourue.

1187. — Quoi qu'il en soit si, au lieu de porter sur le remplacement des travaux publics par l'emprisonnement, on se trouvait en présence d'une inaptitude à l'avancement ou d'une réduction de grade indûment prononcée, il serait évidemment malaisé d'y substituer, par voie administrative, un emprisonnement de quelque durée. Il faudrait tout au moins, chez le condamné, une tolérance peu probable, puisqu'on aggraverait ainsi notablement sa situation. Il paraîtrait convenable de laisser, dans ce cas, la sentence suivre son cours tel quel, c'est-à-dire sans utilité pratique plutôt que de tomber dans l'arbitraire.

1188. — Il est bon de rappeler, à ce propos, que c'est au ministère public et, s'il y a lieu, au ministre de la Marine, chef suprême de la justice maritime, qu'appartient le soin de régler tout ce qui a trait à l'exécution des jugements (rectification du point de départ des peines, cumul, absorption, etc.), tant que le condamné accepte la décision. En cas de réclamation de sa part, on doit retourner devant le tribunal qui a prononcé la sentence et à qui en revient l'interprétation.

1189. — Toutefois, la nature éphémère de certains tribunaux de la marine (conseils de guerre à bord et conseils de justice) fait obstacle à ce qu'ils soient consultés après coup. Une des difficultés ci-dessus prévues venant à naître, il a été établi que la contestation devait être renvoyée devant le seul tribunal qui ait plénitude de juridiction dans notre organisation judiciaire, à savoir, au tribunal civil de l'arrondissement où est détenu le contestant. Cette solution qui, à première vue, paraît bizarre, a été admise par analogie avec les prescriptions de l'art. 805, C. proc. civ. Elle a été consacrée, à la suite d'un brillant réquisitoire du procureur général Dupin, par un arrêt de cassation du 17 déc. 1850, Be on de Chassy, [S. 51.1.64, P. 51.2. 124, D. 50.1.343]; — elle a été appliquée dans la marine à un détenu de la prison de Saint-Lô, ex-agent de service condamné à l'emprisonnement, qui réclamait contre une décision ministérielle statuant sur le point de départ de sa peine (Dépêche du ministre au procureur de la République à Saint-Lô, en date du 26 mai 1883, manuscrite).

§ 4. Point de départ des peines.

1190. — Le point de départ des peines prononcées par les tribunaux de la marine est réglé par l'art. 258, C. marit., en tenant compte de l'exécution matérielle de certaines formalités. Ainsi, toutes les peines criminelles (travaux forcés, déportation, détention, réclusion, bannissement), étant accompagnées de la dégradation militaire, ne commencent à courir qu'après l'accomplissement de cette cérémonie. On a considéré que le marin ou le militaire ne pouvait être tenu pour forçat ou pour réclusionnaire, par exemple, tant qu'il n'avait pas été solennellement exclu des rangs de l'armée.

1191. — Une mesure analogue est prise à l'égard du condamné aux travaux publics, dont la peine n'a cours qu'à partir du moment où il a subi, devant l'équipage ou devant la troupe, la lecture du jugement qui le condamne.

1192. — Les autres peines comptent du jour où la condamnation est devenue irrévocable, c'est-à-dire du jour de l'expiration du délai de recours en révision, ou bien du jour où ce recours a été rejeté. Il est bon de rappeler ici que le pourvoi en cassation, lorsqu'il émane d'un condamné auquel la loi l'interdit, n'est pas suspensif d'exécution même capitale (V. supra, n. 990 et s.). Dans le cas contraire, les délais du pourvoi (art. 111) et la durée de l'instance devant la Cour suprême retardent d'autant le point de départ de la peine. — V. supra, n. 562 et s.

1193. — Si le condamné à l'emprisonnement, à l'inaptitude à l'avancement, ou au cachot ou double boucle, n'est pas détenu, la peine court du jour où il est écroué. L'inaptitude à l'avancement ne figure, d'ailleurs, ici comme peine datant de la privation de liberté que parce qu'elle est obliga-

toirement accompagnée (art. 248-2°) du cachot ou double boucle.

1194. — L'ancien texte de l'art. 258 ne contenait pas les dispositions ajoutées en 1863 à l'article similaire du Code pénal (art. 24) qui permettait au condamné écroué de faire courir sa peine d'emprisonnement de la date même de son jugement lorsqu'il l'avait accepté sans se pourvoir, ou lorsque la peine avait été, après annulation du jugement, réduite par le second tribunal saisi. Mais une instruction du ministre de la Marine (Circ. 8 nov. 1873) n'avait pas hésité à étendre aux sentences des conseils de guerre et de justice, la disposition bienveillante édictée par la loi du 13 mai 1863. Cette interprétation a été sanctionnée par la loi du 9 avr. 1895.

1195. — Cette loi, modificative de l'art. 258, C. just. marit., a disposé sur ce point en s'appropriant les termes de l'art. 24, C. pén. Elle a de plus appliqué à la marine la loi du 15 nov. 1892, qui permet désormais de faire compter dans la durée de la peine la détention préventive suivant les distinctions ci-après : quand il y a eu détention préventive suivie d'une condamnation aux travaux forcés, à la déportation, à la détention, à la réclusion, au bannissement, aux travaux publics ou à l'emprisonnement, cette détention préventive est intégralement déduite de la durée de la peine qu'a prononcée le jugement, à moins que les juges n'aient ordonné, par disposition spéciale et motivée, que cette imputation n'ait point lieu ou qu'elle n'ait lieu que pour partie. En ce qui concerne la détention préventive comprise entre la date du jugement et le moment où la condamnation commence à courir, elle est toujours imputée dans les deux cas suivants : 1° si le condamné n'a point exercé de recours contre le jugement; 2° si, ayant exercé un recours, sa peine a été réduite (art. 258 modifié). En outre, pour éviter les difficultés d'interprétation que la pratique avait déjà révélées et que les conditions particulières de la vie maritime, où souvent ne se rencontre pas de prison régulière, ne pouvaient que compliquer encore, la loi ajoute : « est réputé en état de détention préventive, tout individu privé de sa liberté sous inculpation d'un crime ou d'un délit. »

§ 5. Circonstances atténuantes. Récidive.

1196. — En principe, le Code maritime de 1858, comme son similaire militaire de 1857, interdit l'application des circonstances atténuantes, telles qu'elles résultent dans leur généralité de l'art. 463, C. pén. Le législateur n'a pas pensé qu'il pût abandonner aux juges militaires le soin d'arbitrer la peine dans d'aussi larges proportions qu'au magistrat de carrière. Il est vrai que, devant les cours d'assises, des citoyens momentanément investis du rôle de juge, ont le pouvoir de déclarer s'il existe ou non des circonstances atténuantes, mais tandis que la déclaration de culpabilité et celle des circonstances atténuantes émanent du jury, l'application de la peine appartient à la cour seule; dans ces conditions, l'extrême indulgence dans la pénalité présuppose le concours du jury et de la cour, ce qui constitue une garantie suffisante contre l'entraînement. Au contraire, devant un conseil de guerre comme devant un tribunal maritime, les mêmes individus jouent successivement le rôle de jurés, puis celui de juges, et, après avoir statué sur la culpabilité, sont appelés à déduire eux-mêmes les conséquences pénales de leur verdict; si ce double rôle n'offre aucun danger lorsqu'il est rempli par des magistrats rompus à la pratique des affaires criminelles, il peut en présenter chez des officiers plus facilement entraînés à l'indulgence par une éloquente parole.

1197. — D'ailleurs, la discipline militaire a des exigences spéciales et l'on comprend fort bien que, tout en laissant aux membres des conseils de guerre la même liberté d'appréciation qu'aux jurés sur le fait, le Code ait enfermé ces mêmes membres dans une réglementation plus étroite pour l'application de la peine.

1198. — Aussi, loin d'avoir le caractère général qu'elles ont dans la législation ordinaire, les circonstances atténuantes n'ont dans le Code maritime qu'un rôle exceptionnel et limité : exceptionnel, en ce sens, qu'elles ne peuvent être admises que dans des cas expressément prévus; limité, en ce sens, que la conséquence pénale de leur admission est tirée pour chaque délit par le législateur lui-même, et que l'abaissement de pénalité est toujours borné à un seul échelon, au lieu de s'étendre régulièrement à deux comme dans l'art. 463, C. pén.

1199. — Parmi les dispositions qui prévoient l'existence des circonstances atténuantes, nous citerons les art. 331, 335, 336, 337, 343, 344, 346, 349, 354, 356 et 358, C. just. marit. Et cette énumération doit être complétée par l'addition des art. 32, 79 et 80, L. 15 juill. 1889, sur le recrutement, qui prévoient des mesures spéciales en faveur des hommes de la réserve.

1200. — La règle admise en matière de circonstances atténuantes, comportait un adoucissement à l'égard des hommes de la réserve et de l'armée territoriale, et perdait toute raison d'être dans deux cas : lorsque le prévenu n'appartient pas à l'armée, ou lorsque le fait poursuivi, bien que commis par un marin ou un militaire, n'est punissable qu'en vertu du Code pénal ordinaire.

1201. — L'art. 19, L. 18 nov. 1875, devenu depuis l'art. 80, L. 15 juill. 1889, sur le recrutement, décide que les hommes de l'armée ou de l'armée de terre non traduits soit devant un tribunal de la marine, soit devant les tribunaux ordinaires pour des faits prévus par le Code commun, il peut leur être fait application de l'art. 463, C. pén. ordin. (C. just. marit., art. 256).

1203. — Jugé que le bénéfice des circonstances atténuantes que l'art. 198, C. just. milit. (C. just. marit., art. 256) autorise les conseils de guerre à appliquer aux individus non-militaires ou non assimilés aux militaires, peut, à plus forte raison, être appliqué à ces individus lorsque la condamnation pour délit militaire est prononcée par la juridiction ordinaire. — Cass., 10 avr. 1862, Sens, [S. 62.1.1086, P. 62.1031, D. 62.1.400] — Colmar, 20 mars 1860, Haltenberger, [S. 62.1.1086, ad notam]

1204. — Dans la troisième hypothèse, du moment où l'on remettait aux juridictions maritimes la connaissance des crimes et délits de droit commun, il fallait leur confier, pour ces faits, les pouvoirs mêmes dont sont investis les juges de droit commun. C'est pourquoi l'art. 364 permet aux conseils de guerre d'admettre des circonstances atténuantes, toutes les fois qu'ils recourent aux lois ordinaires et que ces lois autorisent elles-mêmes l'application de l'art. 463 (V. supra, v° Circonstances aggravantes et atténuantes, n. 38 et s.). Il n'est fait à ce principe qu'une seule exception, c'est celle que pose l'art. 323 pour le cas de concomitance d'un fait de droit commun avec la désertion. — V. infra, n. 1482.

1205. — D'après l'art. 80, L. 26 déc. 1896, sur l'inscription maritime, les crimes et délits commis par les inscrits maritimes dans les conditions prévues à l'art. 58, admettent l'application de circonstances atténuantes alors même que le Code maritime ne le prévoit pas, lorsqu'il s'agit d'hommes ayant moins de trois mois de présence sous les drapeaux. Mais en temps de guerre aucune circonstance atténuante n'est admise. C'est l'extension de la règle admise pour les hommes de la réserve et de l'armée territoriale.

1206. — L'aggravation de peine résultant de la récidive n'est pas applicable aux crimes et délits prévus par les Codes de justice militaire pour les armées de terre et de mer ; les art. 56, 57 et 58, C. pén., ne s'adressent qu'aux crimes et délits de droit commun. — Cass., 13 mai 1859, Lelouet, [S. 59.1.540, P. 59.1062, D. 59.1.517]; — 30 mars 1861, Picard, [S. 62.1.444, P. 62.234, D. 61.1.185]

§ 6. Imputabilité. Responsabilité.

1207. — Les dispositions du Code pénal ordinaire concernant l'imputabilité des crimes et délits sont applicables de plein droit devant les tribunaux de la marine ; et, bien que le Code de 1858 n'ait pas visé spécialement les art. 64, 327, 328 et 329, concernant la démence, la violence légale, la légitime défense de soi-même ou d'autrui, ces principes doivent cependant être observés.

1208. — Toutefois, il a fallu régler la situation des mineurs de seize ans, en vue de déterminer l'adoucissement que comportent les peines maritimes. C'est pourquoi l'art. 257, après avoir

rappelé que les art. 66, 67 et 69 concernant les individus âgés de moins de seize ans, doivent être observés devant les tribunaux de la marine, ajoute : « S'il est décidé que l'accusé a agi avec discernement, les peines de la dégradation militaire, de la destitution et des travaux publics sont remplacées par un emprisonnement d'un an à cinq ans dans une maison de correction ; les peines de l'inaptitude à l'avancement et de la réduction de grade ou de classe sont remplacées par celle du cachot ou double boucle. »

1209. — Rappelons que les art. 66, 67 et 69, C. pén., contiennent non seulement un adoucissement de peine pour les coupables, mais en outre la nécessité légale de poser, à l'égard de tout mineur de seize ans en cause, la question de savoir s'il a, oui ou non, agi avec discernement. La solution affirmative motive une pénalité mitigée, tandis que la négative entraîne l'absence de la culpabilité et, par suite, l'acquittement du prévenu. — V. supra, v° Discernement.

1210. — Toutefois, le renvoi des fins de la plainte après délit constaté pouvant avoir pour la moralité publique et pour l'avenir du mineur lui-même de graves inconvénients, la loi laisse aux juges le soin d'apprécier si la famille de l'enfant, qui offre de le reprendre, mérite assez de confiance pour qu'on lui laisse le soin de redresser une éducation mal commencée, ou s'il n'y a pas lieu de substituer à la famille absente, défaillante ou vicieuse, l'autorité civile représentée par un établissement d'éducation correctionnelle. Mais on ne doit pas perdre de vue que cette espèce d'internement n'est pas une peine ; c'est une mesure administrative prise dans l'intérêt de l'enfant ; c'est pour cela que les sentences de cette nature ne doivent pas figurer au bulletin n. 2 du casier judiciaire. D'ailleurs, aujourd'hui qu'aucun mousse n'est plus embarqué sur les bâtiments de l'Etat, cette question ne peut plus se poser que pour les jeunes élèves de l'école des mousses de Brest.

§ 7. Droit de vie ou de mort du commandant.

1211. — Dans les cas de crimes de lâcheté devant l'ennemi, de rébellion ou de sédition, ou de tous autres crimes commis dans un danger pressant, le commandant d'un bâtiment de l'Etat, sous sa responsabilité, peut punir ou faire punir, sans formalité, les coupables, suivant l'exigence des cas. Toutefois, le commandant est tenu de dresser procès-verbal de l'événement et de le justifier, devant un conseil d'enquête composé suivant les prescriptions de la loi du 19 mai 1834 et du règlement d'administration publique rendu en exécution de cette loi (Décr. 3 janv. 1884), de la nécessité où il s'est trouvé de faire usage de la faculté à lui donnée (art. 365).

1212. — Cette prescription, de l'ordre le plus grave, n'a pas de similaire dans le Code de justice militaire. Elle est reproduite de la législation antérieure et, en dernier lieu, de l'art. 34, Décr. 22 juill. 1806. Elle consacre le droit de vie et de mort dévolu au commandant, comme suprême conséquence de la responsabilité absolue qui pèse sur lui, aussi bien comme navigateur que comme chef militaire.

1213. — L'art. 365 ne doit pas être étendu en dehors de la situation qu'il prévoit, c'est-à-dire, de la vie de bord, laquelle peut seule justifier des pouvoirs extraordinaires, en raison de l'isolement qu'elle comporte et de la somme des dangers qu'elle résume. Un officier de marine commandant une opération effectuée à terre ne saurait donc s'en prévaloir légalement. C'est ce qui a été décidé, en 1864, à l'occasion d'un fait de cette nature qui s'est produit au Mexique au fort Saint-Jean-d'Ulloa, et qui a motivé une punition disciplinaire contre l'officier (Dép. manuscr. 9 août 1864).

§ 8. Droit de commutation des peines.

1214. — On sait que l'art. 224, relatif à la procédure devant les conseils de justice, accorde à l'autorité qui a saisi le conseil un droit de commutation dont la nature est assez mal définie, par la raison qu'on ne saurait le considérer comme une sorte de délégation du droit de grâce dévolu au Chef de l'Etat, sans pénétrer sur le terrain des lois constitutionnelles, ce qui conduirait fatalement à considérer l'art. 366 comme abrogé par la loi du 25 févr. 1875.

1215. — Tel n'est pas le caractère du droit de commutation dévolu au commandant en chef d'une escadre, d'une division navale ou même au commandant d'un bâtiment isolé. C'est plutôt une sorte de couronnement du pouvoir juridictionnel caractérisé d'une manière générale par le droit de sursis ou d'exécution, et, dans le domaine des conseils de justice, par le droit de commutation. Si l'on se rappelle que cette juridiction, à procédure sommaire, juge sans instruction préalable et cependant sans appel ni recours possible, on est porté à penser qu'il y a là une ressource suprême, empruntée à l'indulgence personnelle de celui qui a saisi les juges et assuré l'application rigoureuse de la loi.

1216. — L'art. 366 porte que « le droit de commutation attribué à l'autorité maritime par l'art. 224 est exercé dans les limites suivantes : 1° lorsque la peine prononcée est celle de l'emprisonnement pour une durée qui n'excède pas un an, en y substituant celle de l'inaptitude à l'avancement pendant un an ou six mois, sans que la durée de la retenue de solde ou celle du cachot ou double boucle puisse excéder le temps de l'emprisonnement prononcé ; 2° lorsque la peine prononcée est celle de l'inaptitude à l'avancement, en faisant remise de la retenue de solde ou en abrégeant la durée de cette peine accessoire et en agissant, pour la réduction de grade ou de classe, si elle accompagne la peine principale, comme il est dit au paragraphe suivant ; 3° lorsque la peine prononcée est celle de la réduction de grade ou de classe, en diminuant, jusqu'à concurrence de moitié, le nombre des grades ou classes enlevés par le jugement, et, dans le cas où le jugement n'a prononcé la réduction que d'un seul grade ou d'une seule classe, en remplaçant cette peine par cinq à vingt jours de cachot ou double boucle ; 4° lorsque la peine prononcée est celle du cachot ou double boucle, en réduisant cette peine jusqu'à concurrence de la moitié de sa durée. »

§ 9. Peines disciplinaires.

1217. — Sont laissés à la répression de l'autorité maritime et punis de peines disciplinaires, qui pour l'emprisonnement ne peuvent excéder deux mois, et pour le cachot ou double boucle, dix jours : 1° les contraventions de police commises par des marins ou militaires ou par des individus embarqués sur un bâtiment de l'État ; 2° les infractions aux règlements relatifs à la discipline. Toutefois, l'autorité maritime peut toujours, suivant la gravité des faits, déférer le jugement des contraventions de police aux tribunaux de la marine, qui appliquent la peine ci-dessus déterminée (art. 369).

1218. — Cet art. 369, similaire de l'art. 271, C. just. milit., a donné lieu à de nombreuses difficultés d'interprétation, tenant surtout à la confusion qui s'est établie entre le pouvoir disciplinaire issu de l'art. 369 et le pouvoir de simple police afférent à l'arsenal. — Quant à ce dernier, V. supra, n. 916 et s.

1219. — Le pouvoir disciplinaire, tel qu'il découle du Code maritime, est une sorte de délégation faite à l'autorité maritime du droit de punir, ladite délégation portant sur certaines peines limitées et ayant pour but de dispenser celui qui en fait usage de toute forme judiciaire, dans la répression de certaines infractions.

1220. — Les pénalités ainsi déléguées consistent dans l'emprisonnement jusqu'à deux mois et le cachot jusqu'à dix jours. Ces deux peines peines sont que celles dont il est question aux art. 246 et 250 ; elles doivent produire les mêmes effets et être subies de la même façon ; toutefois, elles n'ont plus de minimum, et leur maximum se trouve notablement abaissé.

1221. — Il n'est pas sans intérêt de noter à ce propos que les individus atteints par ce pouvoir disciplinaire ne sont pas des délinquants, mais simplement des contrevenants ; par suite, lorsqu'ils sont en prison, leur évasion ne les rend pas passibles des peines portées aux art. 237 à 248, C. pén., même en cas de violence ; ils ne sont punissables que par voie disciplinaire, à moins que leurs violences mêmes ne constituent à elles seules un crime ou un délit. — Cass., 28 juin 1895.

1222. — Quant aux infractions à réprimer par ce système, elles sont de deux catégories : 1° les contraventions de police, c'est-à-dire toutes les infractions inscrites dans les lois pénales ordinaires, et dont la répression n'excède pas 15 fr. d'amende et cinq jours de prison (1), spécialement celles que prévoient les art. 464 et s., C. pén. ; 2° les infractions aux règlements relatifs à la discipline, lesquels sont édictés par diverses autorités, savoir : par le Chef de l'État dans les décrets, par le minis-

tre dans des arrêtés, instructions et circulaires, et enfin par les représentants du commandement chacun dans l'étendue de sa juridiction.

1223. — Aux deux catégories de faits on applique l'une ou l'autre des peines disciplinaires, et presque uniquement en fait l'emprisonnement à l'exclusion du cachot peu usité, si ce n'est à bord, sous forme de double boucle. Il existe bien d'autres sortes de punitions, mais qui, étant du domaine réglementaire et non du domaine pénal, n'avaient pas à être mentionnées dans la loi. On peut citer dans cet ordre d'idées la consigne, le retranchement de vin, etc.

1224. — Il y a cependant entre les deux ordres d'infractions une différence qui consiste en ce que les contraventions de police, mais non les fautes de discipline (Cass., 10 juin 1859, Fontenay, S. 59.1.542, P. 59.1026, D. 59.5.254) peuvent, si l'autorité maritime le juge convenable, être déférées au tribunal de la marine compétent suivant les cas (conseil de guerre, à terre ou à bord, conseil de justice, tribunal maritime permanent). Cette répression solennelle d'une contravention de police est peu usitée ; il en a été fait plusieurs fois usage, à titre d'exemple, pour la répression de contraventions postales (usage de timbres-poste ayant déjà servi, envoi d'un objet d'or ou d'argent dans une lettre, etc.). En outre, une instruction du 15 mars 1873 (B. O. M., p. 287) a recommandé aux conseils de guerre de statuer sur les contraventions d'ivresse manifeste qui leur seraient déférées concomitamment avec un autre délit.

1225. — Nous ne saurions trop insister sur ce point, souvent perdu de vue par les juridictions maritimes, à savoir que le tribunal ainsi saisi de la contravention, ne peut appliquer que l'une des peines disciplinaires de l'art. 369 et non pas celle qui est édictée contre la contravention par la loi pénale. C'est donc en violation de la loi maritime que certains conseils de guerre ont cru pouvoir prononcer contre des marins 5 fr. d'amende pour ivresse ; cette première erreur en a d'ailleurs conduits à en commettre une seconde consistant à substituer l'emprisonnement à l'amende par application de l'art. 251, C. just. marit.; ils ont été ainsi conduits à transformer 5 fr. d'amende en six jours de prison au minimum, tandis que l'art. 369 leur permettait de n'en prononcer qu'un seul. L'art. 369 est formel ; il déclare que le tribunal de la marine, saisi d'une contravention doit « appliquer la peine déterminée par le présent article (369) », c'est-à-dire, directement l'emprisonnement ou le cachot. C'est ce qui a été expliqué avec soin dans l'instruction ministérielle du 15 mars 1873, déjà citée, pour l'application de la loi sur l'ivresse ; mais la théorie est vraie pour toutes les contraventions de police.

1226. — En ce qui touche l'exercice du pouvoir disciplinaire, un décret du 21 juin 1858 a délimité l'action des diverses autorités et l'applicabilité de chaque punition aux diverses situations. — V. infra, n. 1580 et s.

1227. — Si, dans le cas prévu par l'article précédent (contravention de police), il y a une partie plaignante, l'action en dommages-intérêts est portée devant la juridiction civile (art. 370). Cette disposition est conforme au principe posé aux art. 74 et 75, C. just. marit., en vertu desquels les tribunaux de la marine ne connaissent que de l'action publique, l'action civile étant réservée aux tribunaux civils (V. supra, n. 184 et s.). L'art. 370 se borne à appliquer ce principe aux contraventions de police ; il est à peine besoin d'ajouter que les infractions purement disciplinaires ne peuvent servir de base à aucune action civile.

§ 10. Régime pénitentiaire.

1228. — Le régime et la police des compagnies de discipline, des chiourmes, des établissements pénitentiaires et des lieux de détention maritime sont réglés par décrets (art. 373).

1229. — La compagnie de discipline de la marine instituée en 1818 pour les troupes, étendue aux équipages de la flotte le 11 oct. 1836, est actuellement régie par le décret du 25 déc. 1842 ; contrairement aux compagnies de discipline de la guerre pour lesquelles la dualité n'existe plus depuis la loi du 18 juill. 1890 ; elle est encore divisée en fusiliers et pionniers, les pionniers formant la catégorie inférieure.

1230. — Les chiourmes ont disparu par la suppression progressive des bagnes et la disparition du bagne-dépôt de Toulon, en 1873 (V. supra, v° Bagne). Le régime de la transportation ressortit désormais au ministère des colonies, sauf en ce qui concerne le fonctionnement des tribunaux maritimes spéciaux.

(1) Aux colonies la répression des contraventions de police peut s'élever jusqu'à quinze jours de prison et 100 fr. d'amende (L. 2 janv. 1877).

— V. *infrà*, n. 1652 et s. — V. également *infrà*, v° *Régime pénitentiaire*.

1231. — La marine, dégagée du soin de la transportation, n'entretient plus qu'une seule catégorie d'établissements pénitentiaires; ses condamnés aux travaux publics sont recueillis dans les ateliers d'Algérie, et le pénitencier maritime institué en 1859, sur le vaisseau l'*Hercule* à Brest, a été abandonné en 1873 et remplacé par les prisons maritimes. Celles-ci, instituées par le décret du 7 avr. 1873, modifié le 1er déc. 1888, comportent suivant les ports deux ou trois parties : à Cherbourg, à Brest et à Toulon, il existe une maison d'arrêt pour les hommes punis disciplinairement, une maison de justice pour les prévenus et une maison de correction pour les condamnés à l'emprisonnement. Les prisons de Lorient et de Rochefort n'ont pas de maisons de correction.

1232. — Le régime des condamnés qui subissent leur peine d'emprisonnement dans les prisons maritimes consiste dans le travail en régie dans les ports et arsenaux et l'emploi à des travaux de force exécutés directement pour le compte de la marine. Ce système, qui donne d'assez bons résultats, en ce sens que la santé des détenus est ainsi assurée, constitue précisément le progrès que l'on s'efforce d'introduire dans le régime pénitentiaire des établissements du ministère de l'intérieur. Il a en effet l'avantage de laisser entièrement à l'État le bénéfice de la main-d'œuvre pénale, au lieu d'en abandonner une part, quelquefois importante, à l'entrepreneur, et, de plus, on évite ainsi cette dépréciation de la main-d'œuvre qui exerce toujours une si fâcheuse influence sur le sort des ouvriers libres. Enfin, le travail de force auquel sont soumis les détenus (terrassements, démolition de vieilles coques, etc.) outre qu'il dispense les ouvriers des arsenaux de besognes pénibles, constitue un excellent dérivatif pour des condamnés accoutumés à la rude vie du marin et mal préparés à un internement complet. — V. aussi *suprà*, n. 1153 et s.

1233. — Le service d'ordre est assuré dans les prisons maritimes par un personnel de surveillance spécial, auquel le décret du 31 mars 1878 a conféré la qualité militaire, afin de leur permettre d'invoquer, sans qu'il soit nécessaire d'établir aucune violence à la charge des détenus, les dispositions du Code de justice maritime, qui protègent les supérieurs.

Section II.

Crimes et délits.

1234. — Nous devons étudier sous cette section les crimes et délits prévus par le Code de justice militaire. Nous suivrons dans cette étude, l'ordre de la loi; mais, au préalable, il est nécessaire de faire quelques remarques indispensables à l'interprétation des dispositions légales relativement aux catégories d'individus auxquelles elles sont applicables.

1235. — Sous les dénominations de *marins et militaires*, on a compris tous les justiciables des conseils de guerre permanents (V. *supra*, n. 89 et s.) : dans l'intention de la loi, la première de ces dénominations s'applique aux individus qui sont soumis aux règlements maritimes; la seconde, aux individus qui sont régis par les dispositions spéciales à l'armée de terre.

1236. — Lorsqu'un article du Code dit : *tout marin*, cet article s'applique au marin servant à terre aussi bien qu'au marin embarqué.

1237. — Par cette expression de *marins*, on a entendu désigner non seulement les officiers de marine, les aspirants et le personnel des équipages de la flotte, mais encore tous les assimilés judiciaires, à savoir : les officiers du corps du génie maritime et de celui des ingénieurs hydrographes; les officiers, agents et commis du commissariat, de l'inspection et du personnel administratif des directions de travaux dans les ports et des établissements de la marine situés hors des ports; le personnel du service des manutentions et de celui de la justice maritime; les agents de la comptabilité des matières; les officiers de santé; les examinateurs et professeurs de l'école navale et des écoles d'hydrographie; les trésoriers des invalides.

1238. — La dénomination de *militaire* s'applique : 1° aux corps de la gendarmerie maritime, de l'artillerie de marine, de l'infanterie de marine, la compagnie de discipline, etc.; 2° aux employés de l'artillerie, aux armuriers militaires, aux gardiens de batterie, etc.

1239. — Les dispositions du tit. 2, liv. 4, sont applicables aux militaires de la marine alors seulement qu'ils sont embarqués; d'un autre côté, les militaires de l'armée de terre sont soumis aux mêmes dispositions, quand ils deviennent justiciables de la marine par suite de leur inscription au rôle d'équipage d'un bâtiment de l'État : il s'ensuit que le tit. 2 a employé l'expression *tout militaire embarqué*, laquelle s'applique aux militaires de l'armée de terre comme à ceux de l'armée de mer.

1240. — Tous les individus exerçant à bord une fonction quelconque, qu'ils soient marins ou ne le soient pas, sont désignés dans le Code sous le titre d'*individus faisant partie de l'équipage d'un bâtiment de l'État*.

1241. — Par *individu embarqué sur un bâtiment de l'État*, on entend tout individu qui figure au rôle d'équipage, à quelque titre que ce soit, alors même qu'il y serait inscrit comme simple passager.

1242. — L'*individu au service de la marine* est celui qui reçoit une solde du département, qu'il soit ou ne soit pas marin ou militaire.

1243. — Enfin l'expression *tout individu*, qui est parfois employée, saisit le coupable, quelle que soit sa qualité.

§ 1. *Trahison, espionnage, embauchage.*

1244. — La trahison, le plus grand des crimes contre le devoir militaire, se présente sous deux formes distinctes visées par les art. 262 et 263, C. just. marit. : c'est d'abord le fait de porter les armes contre sa patrie; c'est ensuite celui de livrer à l'ennemi une unité militaire, telle qu'un bâtiment, ou des plans, des secrets intéressant la défense nationale, etc. En principe, ces articles ne sont applicables qu'en temps de guerre puisqu'il y est question de l'ennemi; c'est donc aux dispositions du Code pénal où à celles de la législation spéciale de l'espionnage qu'il importe de recourir en temps de paix pour la répression des faits de cette nature. Cependant la Cour de cassation a reconnu, à l'occasion de l'insurrection de la Commune de 1871, que, dans toutes les dispositions des Codes militaires et spécialement à propos de l'art. 205, C. just. milit. (263, C. just. marit.), il y avait lieu, même dans le silence des textes, d'assimiler aux actes commis envers l'ennemi ceux qui s'adresseraient aux rebelles armés.

1245. — L'art. 262 punit de mort tout marin français, tout militaire embarqué, tout individu faisant partie de l'équipage d'un bâtiment de l'État ou d'un navire convoyé, qui porte les armes contre la France ou tout prisonnier de guerre qui, ayant faussé sa parole, reprend les armes à la main. La première partie de cet article est d'ailleurs similaire de l'art. 75, C. pén., qui punit de mort tout Français portant les armes contre sa patrie; toutefois, il résulte de la jurisprudence établie sur la section 1, tit. 1, chap. 1, C. pén., que tous les faits qui y sont prévus sont qualifiés politiques et que, par conséquent, la peine de mort y est remplacée, en vertu de la constitution du 4 nov. 1848 et de la loi du 28 juin 1850, par la déportation dans une enceinte fortifiée, tandis que la peine capitale édictée par le Code maritime est et demeure applicable dans toute sa rigueur. — V. *supra*, v° *Attentats et complots contre la sûreté de l'État*, n. 25.

1246. — L'art. 263 punit également de mort : 1° tout individu au service de la marine ou embarqué sur un bâtiment de l'État ou sur un navire convoyé, qui livre à l'ennemi, soit un ou plusieurs bâtiments qu'il commande, soit les approvisionnements de l'armée navale, soit les plans des fortifications, arsenaux, places de guerre, ports ou rades, soit l'explication des signaux, soit le secret d'une opération, d'une expédition ou d'une négociation; qui entretient des intelligences avec l'ennemi dans le but de favoriser ses entreprises; qui participe à des complots dans le but de forcer le commandant d'un bâtiment à amener son pavillon; qui provoque à la fuite ou empêche le ralliement en présence de l'ennemi; 2° tout individu français ou au service de la France qui prête volontairement son concours pour piloter un bâtiment ennemi.

1247. — Si l'on fait abstraction du 2° de cet art. 263, spécial au cas du pilote volontaire, le surplus de l'article est similaire de l'art. 202, C. just. milit., mais avec cette différence importante que le Code militaire ne punit que la trahison commise par un militaire, tandis que le Code maritime s'applique à tout individu au service de la marine, fût-il de l'ordre civil, comme un ouvrier des arsenaux, par exemple, ou comme les membres des nombreux personnels civils de la marine (V. *su-*

prá, n. 1235 et s.). L'art. 263 s'applique également à toute personne embarquée sur un bâtiment de l'État, fût-ce à titre de simple passager, ou sur un navire convoyé, c'est-à-dire sur un navire de commerce requis pour le transport des troupes ou du matériel et naviguant sous l'escorte de bâtiments de guerre. Cette énumération est même encore incomplète, en ce sens que la pratique moderne a introduit l'usage des navires affrétés, lesquels peuvent n'être pas convoyés. Le texte devrait donc être complété sur ce point.

1248. — Il n'y a pas lieu de faire une mention spéciale de la flotte auxiliaire, par la raison qu'en temps de guerre, un paquebot réquisitionné devient un véritable croiseur de l'État et qu'en droit pénal, comme en droit international, il se trouve, ainsi que ceux qui le montent, assimilé en tous points à un bâtiment de l'État.

1249. — Est considéré comme espion et puni de mort : 1° tout individu au service de la marine qui procure à l'ennemi des documents ou renseignements susceptibles de nuire aux opérations maritimes ou de compromettre la sûreté des bâtiments de guerre ou de commerce, des arsenaux et établissements de la marine ; 2° tout individu au service de la marine qui sciemment recèle ou fait recéler les espions ou les ennemis envoyés à la découverte ; 3° tout individu qui s'introduit sur les bâtiments de guerre ou de convoi, dans un arsenal ou un établissement de la marine, pour s'y procurer des documents ou renseignements dans l'intérêt de l'ennemi ; 4° tout ennemi qui s'introduit déguisé, soit sur un des bâtiments ou dans un des lieux désignés au présent article, soit au milieu d'un convoi ou de plusieurs bâtiments armés ou désarmés (art. 264).

1250. — Cet article donne lieu à la même observation que les art. 262 et 263 concernant la trahison, en ce sens qu'il est comme eux spécial au temps de guerre. C'est donc au Code pénal ordinaire (art. 76 et s.) et à la loi du 18 avr. 1886 sur l'espionnage qu'il faut recourir pour réprimer les faits de cette nature commis en temps de paix.

1251. — C'est précisément cette lacune de la législation militaire qui a conduit récemment à soumettre au parlement une modification d'ensemble tendant à compléter les Codes militaire et maritime de manière à ce qu'ils puissent être applicables à la trahison commise en temps de paix ; le Code pénal serait lui-même remanié, de manière à enlever formellement le caractère politique à la trahison, en même temps qu'on distinguerait nettement ce crime de l'espionnage. Le premier serait ainsi le cas du français, le second celui de l'étranger, les pénalités demeurant proportionnées à ces deux situations. Signalons seulement, parmi les projets de réforme, celui du général Mercier, alors ministre de la Guerre, voté par la Chambre le 6 juill. 1895 et actuellement devant le Sénat. — V. d'ailleurs *suprá*, v° Espionnage.

1252. — L'art. 265 considère comme embaucheur et punit de mort quiconque est convaincu d'avoir provoqué des individus au service de la marine à passer à l'ennemi ou aux rebelles armés, de leur en avoir sciemment facilité les moyens, ou d'avoir fait des enrôlements pour une puissance en guerre avec la France.

1253. — Il est bon de rapprocher de ce texte les dispositions de l'art. 2-2°, L. 28 juill. 1894, qui, dirigée contre les anarchistes et aggravant la pénalité de l'art. 25, L. 29 juill. 1881, punit de trois mois à deux ans de prison et d'une amende de 100 à 2,000 fr. le fait d'avoir tenté de détourner des marins ou militaires de leurs devoirs, alors même que ces agissements n'auraient pas le caractère de propagande anarchiste ; dans le cas contraire, la relégation peut y être ajoutée. L'art. 265 reste seul en vigueur en temps de guerre ou d'insurrection.

1254. — Dans tous les cas de trahison et d'espionnage, la peine de mort est accompagnée de la dégradation militaire, lorsque le coupable est marin ou militaire (art. 266).

1255. — Les inscrits maritimes non présents au service sont soumis aux dispositions des art. 262 à 266 dans les conditions prévues par les art. 58 et 80, L. 26 déc. 1896, sur l'inscription maritime.

§ 2. *Crimes et délits contre le devoir maritime et le devoir militaire.*

1256. — Tout officier général ou chef de division, tout commandant coupable d'avoir perdu un bâtiment de l'État placé sous ses ordres ou d'avoir occasionné la perte ou la prise de ce bâtiment, est puni : 1° de la peine de mort, avec dégradation militaire, s'il a agi volontairement ; 2° de la destitution, si le fait a été le résultat de sa négligence ; 3° de la privation de commandement, si le fait a été le résultat de son impéritie (art. 267).

1257. — La question qui se pose sur cet article est de savoir à quelles personnes il est applicable. On sait, en effet, qu'aux termes des art. 129 et 138, C. just. marit. (V. *suprá*, n. 253), une mise en jugement est obligatoire en cas de perte ou de prise de bâtiment. Il importe donc de rechercher qui est passible de cette obligation.

1258. — Tout d'abord, la présence d'un pilote à bord n'exonère pas le commandant de sa responsabilité (Circ. 27 févr. 1860).

1259. — S'il y avait à bord du bâtiment pris ou perdu un officier général et un commandant, tous deux répondent aux qualifications de l'art. 267, et peuvent en conséquence être poursuivis ; si un acte de volonté criminelle, de négligence ou d'impéritie est relevé contre l'un d'eux, celui-là doit assurément en répondre ; mais là où aucun fait n'est relevé et où la poursuite n'a lieu que pour satisfaire à l'obligation légale, doivent-ils être tous deux traduits en conseil de guerre, ou l'un d'eux seulement doit-il être mis en jugement?

1260. — Pour résoudre cette question, il est nécessaire de se reporter aux raisons d'être du § 3 de l'art. 138, précité. Le législateur a voulu qu'il y eût toujours en ces matières un débat public et judiciaire ; mais il suffit évidemment d'un seul accusé pour que ce débat soit institué ; il est donc inutile d'englober dans la poursuite plusieurs inculpés, alors même que l'on serait déjà, par les premières constatations, édifié sur leur parfaite innocence. Conséquemment, en l'absence de toute imputation précise, le ministre à qui incombe l'initiative des poursuites, répondra suffisamment au vœu de la loi en inculpant l'un des deux responsables.

1261. — Il paraît difficile d'édicter une règle absolue quant au choix à faire entre l'officier général et le commandant, par la raison que l'art. 263, Décr. 20 mai 1885, sur le service à bord spécifie que l'officier général qui arbore son pavillon sur un bâtiment y exerce la plus haute autorité et est responsable de la route suivie et des ordres donnés. Toutefois, la responsabilité du commandant persiste quant aux manœuvres à exécuter pour la sûreté de son bâtiment. D'ailleurs, dans la plupart des cas, l'officier général présent à bord s'occupe spécialement du commandement plus étendu qu'il exerce sur un groupe de navires, et abandonne à son capitaine de pavillon la direction immédiate du bâtiment amiral. Par suite, on devra décider que si l'amiral présent à bord n'a pris effectivement en mains la direction du navire au moment du sinistre, circonstance qui doit être mentionnée sur le livre de bord, c'est sur le commandant que devra peser exclusivement l'obligation de justifier de sa conduite devant un conseil de guerre.

1262. — C'est d'ailleurs en ce sens, qu'a été résolue la difficulté à propos de la perte du *Magenta*, incendié en rade de Toulon le 31 oct. 1875, alors qu'il était sous le commandement du capitaine de vaisseau G... et qu'il portait le pavillon du commandant du vice-amiral R. Le commandant G... fut seul mis en jugement devant le conseil de guerre permanent de Toulon où le commandant en chef ne comparut que comme témoin. Et cependant ce dernier avait pris le commandement des opérations du sauvetage et avait tenu à quitter le dernier le bâtiment en feu, obligeant son capitaine de pavillon à passer avant lui.

1263. — Une deuxième difficulté a été soulevée pour le cas où plusieurs navires sont réunis sous le commandement d'un seul officier : le fait s'est produit notamment lors de la perte de la batterie flottante l'*Arrogante* en rade de Toulon ; la question a été résolue dans le sens du texte formel de la loi rapproché de la commission de l'officier, et bien que ce dernier, présent sur un autre bâtiment, n'ait pu exercer, au milieu de la bourrasque, aucune action sur le lieutenant de vaisseau placé à bord de l'*Arrogante*, c'est le commandant nominal qui a fait l'objet de l'information.

1264. — Toutefois, le ministre reconnut à la suite de ce sinistre l'inconvénient qu'il y avait à placer plusieurs bâtiments sous le commandement d'un seul officier et des mesures furent prises alors pour qu'il y eût toujours un commandant responsable, fût-ce temporairement, à bord de chaque bâtiment armé. Des difficultés de même nature pourraient cependant encore aujourd'hui naître de ce fait que plusieurs torpilleurs sont parfois groupés sous le commandement d'un seul officier.

1265. — Enfin, si l'on passe à l'extrémité inférieure de la hiérarchie, on se demande si un officier-marinier chargé de la conduite d'un petit bâtiment en est bien le commandant au sens de l'art. 267, C. just. marit. A l'appui de la négative, on fait valoir qu'un premier maître n'est jamais qualifié de commandant et que, suivant les anciennes traditions de la marine, un officier-marinier chargé de la conduite d'une goélette ou d'un cutter est investi d'une délégation d'un genre spécial et non pas d'un véritable commandement, lequel ne peut incomber qu'à un officier. Pourtant, la pratique a tranché la question dans le sens de l'affirmative et, depuis 1871 (affaire de la perte du *Max*, patron B...), plusieurs premiers-maîtres ont été mis en jugement en vertu de l'art. 267, C. just. marit.

1266. — Nous croyons qu'il y a là une erreur : la preuve que cette interprétation est contraire à l'esprit de la loi maritime, c'est que les peines inscrites à l'art. 267 sont, sauf la peine de mort, des peines applicables aux seuls officiers, et que cet article ne contient pas l'alternative inscrite à l'art. 269 qui édicte une peine subsidiaire pour le coupable non officier. En fait, si l'un des officiers mariniers mis en jugement avait été déclaré coupable de négligence, par exemple, on eût été bien empêché de lui infliger une peine, puisque la destitution, peine d'officier (C. just. marit., art. 244), était seule applicable au délit. Il serait donc préférable d'en revenir aux vrais principes et de ne pas traiter les officiers-mariniers comme des commandants de bâtiments de l'Etat.

1267. — Remarquons que les observations qui précèdent sont applicables à tous les articles de la section où il est question des commandements de bâtiments de l'Etat.

1268. — Tout commandant d'une portion quelconque des forces navales de la nation, coupable d'avoir amené son pavillon lorsqu'il était encore en état de le défendre, ou d'avoir abandonné son commandement dans une circonstance périlleuse, est puni de mort, avec dégradation militaire (art. 268).

1269. — Tout officier en second ou chef de quart, tout individu embarqué coupable d'avoir occasionné la perte ou la prise d'un bâtiment de l'Etat, est puni : 1° de la peine de mort, avec dégradation militaire, s'il a agi volontairement ; 2° de la destitution, ou, lorsqu'il n'est pas officier, de deux à cinq ans de travaux publics, si le fait a été le résultat de sa négligence (art. 269).

1270. — Est puni de mort, avec dégradation militaire, tout commandant d'un bâtiment de l'Etat qui sciemment et volontairement, en cas de perte de son bâtiment, ne l'abandonne pas le dernier (art. 270).

1271. — Est puni de mort, avec dégradation militaire, tout individu embarqué sur un bâtiment de l'Etat coupable d'avoir, sans l'ordre du commandant, amené le pavillon pendant le combat (art. 271).

1272. — Est puni de la détention tout individu embarqué sur un bâtiment de l'Etat qui, pendant le combat et sans ordre du commandant, a crié de se rendre, d'amener le pavillon ou de cesser le feu (art. 272).

1273. — Est puni de la destitution tout commandant d'une portion quelconque des forces navales de la nation : 1° qui, pouvant attaquer un ennemi égal en forces, secourir un bâtiment français ou allié poursuivi par l'ennemi ou engagé dans un combat, ou détruire un convoi ennemi, ne l'a pas fait, lorsqu'il n'en a pas été empêché par des instructions spéciales ou des motifs graves ; 2° qui, sans y avoir été obligé par des forces supérieures ou des raisons légitimes, a suspendu la poursuite, soit de vaisseaux de guerre ou de bâtiments marchands fuyant devant lui, soit d'un ennemi battu ; 3° qui a, sans motifs légitimes, refusé des secours à un ou plusieurs bâtiments amis ou ennemis implorant son assistance dans la détresse (art. 273).

1274. — Est puni de la privation de commandement tout commandant d'un bâtiment de l'Etat, qui, au moment de l'échouage, de l'incendie ou du naufrage, ne prend pas toutes les mesures propres à sauver le bâtiment de sa perte totale (art. 274).

1275. — Est puni de la privation de commandement tout commandant d'un bâtiment de l'Etat qui, par négligence ou impéritie, se laisse surprendre par l'ennemi, ou occasionne un incendie, un abordage, un échouage ou une avarie grave. Est puni d'un emprisonnement de deux mois à deux ans tout officier en

second ou chef de quart, tout individu embarqué sur un bâtiment de l'Etat, qui, par sa négligence, occasionne un des accidents mentionnés au précédent paragraphe (art. 275). Cet article n'est pas applicable au commandant en chef qui n'est pas responsable de la sûreté du bâtiment (Décr. 20 mai 1885, art. 265), et qui ne rentre dans aucune des énonciations de personnes qui y sont mentionnées.

1276. — Tout commandant coupable de n'avoir pas maintenu son bâtiment au poste de combat est puni de mort (art. 276).

1277. — Tout commandant d'une portion quelconque des forces navales de la nation, coupable de s'être séparé de son chef, tout officier en second ou chef de quart, tout individu embarqué sur un bâtiment de l'Etat, coupable d'avoir occasionné cette séparation, est puni, dans le cas où il a agi volontairement : 1° de la peine de mort, avec dégradation militaire, si le fait a eu lieu en présence de l'ennemi ; 2° de la dégradation militaire, ou, lorsqu'il n'est pas officier, de cinq à dix ans de travaux publics, si le fait a eu lieu en temps de guerre, hors de la présence de l'ennemi ; 3° de la destitution, ou, lorsque le coupable n'est pas officier, de deux à cinq ans de travaux publics, si le fait a eu lieu en temps de paix (art. 277).

1278. — Dans le cas où la séparation a été le résultat de sa négligence, le coupable est puni : 1° de la destitution, ou, lorsqu'il n'est pas officier, de deux à cinq ans de travaux publics, si le fait a eu lieu en temps de guerre ; 2° de la privation de commandement, ou, lorsqu'il n'est pas commandant, d'un emprisonnement de deux mois à deux ans, si le fait a eu lieu en temps de paix. Dans le cas où le commandant a occasionné la séparation par son impéritie, il est puni de la privation de commandement (art. 277).

1279. — En cas de séparation forcée, le commandant qui n'a pas fait tout ce qui dépendait de lui pour rallier son chef dans le plus bref délai, est puni, en temps de guerre, de deux à cinq ans d'emprisonnement, et, en temps de paix, de la privation de commandement (art. 278).

1280. — Tout officier chargé de la conduite d'un convoi, coupable de l'avoir abandonné volontairement, est puni, en temps de guerre, de mort avec dégradation militaire, et, en temps de paix, de la destitution. Si, par suite de sa négligence, l'officier chargé de la conduite du convoi s'est trouvé séparé de tout ou partie des bâtiments confiés à son escorte, il est puni, en temps de guerre, de la destitution, et, en temps de paix, de la privation de commandement. Si la séparation a été le résultat de l'impéritie, la peine est celle de la privation de commandement (art. 279).

1281. — Tout commandant d'une portion quelconque des forces navales de la nation qui, volontairement, n'a pas rempli la mission dont il était chargé, est puni de mort, si la mission a été donnée en temps de guerre ou si elle était relative à des opérations de guerre. Dans tous les autres cas, il est puni de la destitution. Lorsque la mission a été manquée par la négligence, le coupable est puni de la destitution, si la mission a été donnée en temps de guerre ou si elle était relative à des opérations de guerre. Dans tous les autres cas, la peine est celle de la privation de commandement ; lorsque la mission a été manquée par impéritie, le coupable est également puni de la privation de commandement (art. 280).

1282. — Tout officier embarqué sur un bâtiment de l'Etat, coupable de s'être écarté volontairement des ordres reçus, et d'avoir par là fait échouer la mission dont il était chargé, est puni d'un emprisonnement de deux mois à deux ans (art. 281).

1283. — Tout chef de quart coupable de s'être livré au sommeil pendant son quart est puni : 1° de six mois à deux ans d'emprisonnement, s'il était en présence de l'ennemi ou de rebelles armés ; 2° de deux mois à six mois d'emprisonnement, si le fait a eu lieu en temps de guerre hors de la présence de l'ennemi, ou à la mer en temps de paix (art. 282).

1284. — Tout marin placé en faction, soit à terre, soit à bord dans la mâture, aux bossoirs, à la sonde, aux mouilleurs, aux stoppeurs, soit dans les embarcations de ronde ou de veille, qui abandonne son poste ou ne remplit pas sa consigne est puni : 1° de la peine de mort, s'il était en présence de l'ennemi ou de rebelles armés ; 2° de deux à cinq ans de travaux publics, si, hors le cas prévu par le paragraphe précédent, l'abandon a eu lieu, soit sur un territoire en état de guerre ou de siège, soit à bord, en temps de guerre, ou dans un incendie, un échouage, un abordage, une épidémie, une manœuvre intéressant la sûreté du bâtiment; 3° de l'inaptitude à l'avancement, dans tous les autres cas (art. 283).

1285. — On ne doit pas perdre de vue que les diverses énumérations contenues dans l'art. 283 sont absolument limitatives, de telle sorte qu'un factionnaire placé à tout autre point que ceux dont l'indication est expressément faite ne serait pas passible des peines de l'art. 283, mais seulement de punitions disciplinaires. C'est ce qui a été reconnu par la circulaire ministérielle du 20 oct. 1859 (B. O. M., p. 343).

1286. — Tout marin trouvé endormi dans les conditions indiquées précédemment, est puni : de deux à cinq ans de travaux publics, dans le cas du n. 1 ci-dessus; de l'inaptitude à l'avancement, dans le cas du n. 2, de la réduction de grade ou de classe dans tous les autres cas (art. 283).

1287. — Tout marin, tout militaire embarqué, tout individu faisant partie de l'équipage d'un bâtiment de l'Etat, qui abandonne son quart ou son poste, est puni : 1° de la peine de mort, si l'abandon a eu lieu en présence de l'ennemi ou de rebelles armés; 2° de deux à cinq ans d'emprisonnement, si, hors le cas prévu par le paragraphe précédent, l'abandon a eu lieu, soit sur un territoire en état de guerre ou de siège, soit à bord, dans un incendie, un échouage, un abordage, une épidémie, une manœuvre intéressant la sûreté d'un bâtiment; 3° de la réduction de grade ou de classe dans tous les autres cas, ou de deux mois à six mois d'emprisonnement, si le coupable est officier. Si le coupable est chef de quart ou de poste, le maximum de la peine lui est toujours infligé. Une instruction du 17 août 1860 déclare que l'abandon du poste, même momentané, suffit à constituer le délit de l'art. 284. Il n'est pas nécessaire que cet abandon ait lieu sans esprit de retour (art. 284).

1288. — Tout marin ou militaire embarqué, tout individu faisant partie de l'équipage d'un bâtiment de l'Etat, qui abandonne sa corvée ou son embarcation, est puni : 1° d'un an à deux ans d'emprisonnement dans les cas prévus aux n. 1 et 2 de l'article précédent; 2° de la réduction de grade ou de classe dans tous les autres cas, ou de deux mois à six mois d'emprisonnement si le coupable est officier. Si le coupable est chef de corvée ou patron d'embarcation, le maximum de la peine lui est toujours infligé (art. 285).

1289. — Tout individu embarqué sur un bâtiment de l'Etat qui, au moment du naufrage, abandonne sans ordre le bâtiment ou s'éloigne de la plage sans autorisation, est puni, s'il est officier, de la destitution; s'il est marin, de deux à cinq ans de travaux publics; s'il n'est pas marin, de deux mois à deux ans d'emprisonnement (art. 286).

1290. — Tout individu porté au rôle d'équipage d'un bâtiment de l'Etat, coupable d'avoir embarqué ou permis d'embarquer sans ordre des marchandises, est puni de la réduction de grade ou de classe ; si le coupable est officier, la peine est de six mois à un an d'emprisonnement, et s'il est passager, d'un mois à trois mois d'emprisonnement. Dans tous les cas, les marchandises sont confisquées (art. 287).

1291. — Il convient de voir surtout dans cette prescription la sanction de l'interdiction de tout négoce aux états-majors et équipages des bâtiments de l'Etat. Sans cette règle, il y aurait lieu de craindre que certaines personnes n'essayassent d'embarquer à bord des pacotilles dont le trafic est incompatible avec le rôle des navires de guerre.

1292. — Est puni d'un emprisonnement de deux mois à deux ans tout individu porté au rôle d'équipage d'un bâtiment de l'Etat ou d'un navire convoyé, coupable de s'être servi, sans autorisation, d'une embarcation appartenant à un bâtiment de l'Etat ou à un navire convoyé au mouillage (art. 288).

1293. — On conçoit aisément tout l'intérêt qui s'attache, au point de vue maritime, à ce que nul ne puisse, sans ordre, disposer des embarcations du bord. Sans cette répression, relativement sévère, d'un fait bien simple, les matelots désireux de courir bordée, pourraient être tentés de s'échapper du navire à l'aide des canots, au risque de priver le bâtiment des moyens de communication indispensable avec la terre, et d'abandonner les embarcations, ainsi détournées de leur rôle régulier, à la discrétion du premier venu.

1294. — Tout individu employé dans les ateliers de la marine, qui y fabrique des ouvrages pour son compte ou pour le compte d'autrui, est puni d'un emprisonnement de deux mois à six mois, sans préjudice des peines portées contre le vol, s'il a employé

des matières appartenant à l'Etat. Les ouvrages fabriqués sont confisqués (art. 289).

1295. — Ce délit est spécial au personnel ouvrier des arsenaux et aux équipages des bâtiments centraux de la réserve qui sont en réalité des ateliers flottants (Décr. 13 juill. 1884). Cette incrimination tend à protéger l'outillage de l'Etat et le temps des ouvriers contre les applications irrégulières qui pourraient en être faites. L'art. 289 a bien soin d'ajouter que, si l'ouvrage était confectionné avec des matières appartenant à l'Etat, la peine serait celle du vol (C. just. marit., art. 331). Les dispositions des art. 289 et 331 sont, d'ailleurs, au nombre de celles qui peuvent être appliquées à toute personne, même non liée au service. — V. pour la compétence, C. just. marit., art. 88, et *suprà*, n. 842 et s.

1296. — Tout officier ou officier-marinier qui, hors le cas d'excuse légitime, ne se rend pas au tribunal de la marine où il est appelé à siéger, est puni d'un emprisonnement de deux mois à six mois. En cas de refus, si le coupable est officier, il peut être puni de la destitution (art. 290).

1297. — Les dispositions des art. 237, 238, 239, 240, 241, 242, 243, 247 et 248, C. pén. (évasion de détenus et recèlement de criminels), sont applicables aux individus appartenant au service de la marine qui laissent évader des ordres de guerre ou d'autres personnes arrêtées, détenues ou confiées à leur garde, qui favorisent ou procurent l'évasion de ces personnes, qui les recèlent ou les font recéler (art. 291). Ces prescriptions ne sont pas applicables aux individus détenus par voie disciplinaire (art. 369).

§ 3. *Révolte. Insubordination. Rébellion.*

1298. — Sont considérés comme en état de révolte et punis de mort : 1° les marins ou militaires de l'armée de mer sous les armes qui, réunis au nombre de quatre au moins et agissant de concert, refusent, à la première sommation, d'obéir aux ordres de leurs chefs; 2° les individus au service de la marine ou embarqués sur un bâtiment de l'Etat qui, réunis au nombre de quatre au moins, se livrent à des violences en faisant usage d'armes, et refusent, à la voix des chefs, de se disperser ou de rentrer dans l'ordre. Néanmoins, dans tous les cas prévus par le présent article, la peine de mort n'est infligée qu'aux instigateurs ou aux chefs de la révolte et au marin ou militaire le plus élevé en grade. Les autres coupables sont punis de cinq à dix ans de travaux publics ou, s'ils sont officiers, de la destitution avec emprisonnement de deux à cinq ans. Dans le cas prévu par le n. 2 du présent article, si les coupables se livrent à des violences, sans faire usage d'armes, ils sont punis de cinq à dix ans de travaux publics, ou, s'ils sont officiers, de la destitution avec emprisonnement de deux à cinq ans (art. 292).

1299. — L'un des éléments constitutifs du crime de révolte est le refus d'obéir à la première sommation des chefs. Tant que cette sorte de mise en demeure n'a pas eu lieu, si elle est suivie d'une soumission immédiate, il n'y a pas crime de révolte, mais bien acte d'indiscipline susceptible d'être réprimé seulement par une punition.

1300. — L'art. 292, C. just. marit., ne prévoit point, par une disposition spéciale, la tentative de révolte; cette tentative n'est donc punissable, aux termes de l'art. 3, C. pén., que lorsqu'elle constitue un crime, c'est-à-dire, à l'égard des instigateurs ou chefs de la révolte et du marin ou militaire le plus élevé en grade. Par suite, à l'égard de tous autres, la révolte est un délit puni de peines correctionnelles et dont la tentative échappe à la répression de l'art. 292, précité. — Cons. rév. Alger, 14 déc. 1882, Lemaitre, [Leclerc et Coupois, n. 147]

1301. — Tous individus embarqués sur un bâtiment de l'Etat coupable d'avoir formé un complot contre l'autorité du commandant ou contre la sûreté du bâtiment sont punis de la détention (art. 293).

1302. — Est puni de mort, avec dégradation militaire, tout commandant d'une portion quelconque des forces navales de la République, tout marin, tout militaire embarqué, tout individu faisant partie de l'équipage d'un bâtiment de l'Etat, qui refuse d'obéir à un ordre ou à un signal, lorsqu'il est commandé pour un service en présence de l'ennemi ou de rebelles armés. Si, hors le cas prévu par le paragraphe précédent, la désobéissance a eu lieu soit sur un territoire en état de guerre ou de siège, soit à bord dans un incendie, un abordage, un échouage ou une manœuvre intéressant la sûreté d'un bâtiment, la peine est de cinq à dix ans de travaux publics; si le coupable est officier, il est puni de la destitution avec emprisonnement de deux à cinq ans. Dans tous les autres cas, la peine est celle de l'emprisonnement d'un an à deux ans, ou, si le coupable est officier, celle de la destitution (art. 294).

1303. — Tout individu au service de la marine non désigné en l'article précédent, et employé dans un établissement maritime, qui refuse d'obéir lorsqu'il est commandé pour un service, soit en présence de l'ennemi ou de rebelles armés, soit dans un incendie ou un autre danger menaçant la sûreté de l'établissement dans lequel il est employé, est puni d'un emprisonnement de deux mois à deux ans (art. 295). C'est le même délit que précédemment, mais rendu applicable, avec une pénalité atténuée, au personnel des non-marins, ni militaires, des arsenaux et établissements de la marine. Il est à remarquer que le refus formel d'obéissance n'est considéré comme un délit de la part de cette catégorie de justiciables que dans des circonstances graves; en toute autre occasion, le refus d'obéir reste circonscrit dans le domaine purement disciplinaire.

1304. — Le refus d'obéissance ne doit donc pas être confondu avec la désobéissance. Cette dernière est une infraction à la discipline, tandis que le refus d'obéir est un délit. Pour qu'il y ait désobéissance, il suffit d'une méconnaissance ou d'un oubli des ordres donnés; pour qu'il y ait refus d'obéissance, il faut une sorte de mise en demeure préalable suivie d'un refus formel. L'usage s'est introduit de donner à la constatation de ce délit une certaine solennité : on prend deux témoins devant lesquels on réitère l'ordre donné; quelques officiers font même lire à l'inculpé l'art. 294, C. just. marit. Mais, du moment où le refus formel s'est produit devant témoins, aucune formalité spéciale n'est exigée par la loi. — V. Instr. min., 11 sept. 1871, redressant l'erreur d'un conseil de justice ayant condamné pour refus d'obéissance un marin qui s'était simplement échappé de l'endroit où il était détenu par mesure de discipline.

1305. — Jugé que le refus d'obéir à un ordre de service donné par un supérieur constitue en toute circonstance une infraction punie par l'art. 218, C. just. milit. (C. just. marit., art. 294),et, que par ordre de service, il faut entendre tous les ordres relatifs à l'accomplissement d'un devoir militaire quelconque; qu'ainsi, on doit considérer comme un ordre de service l'ordre donné par un supérieur sur la tenue du militaire, notamment l'ordre de prendre la tenue réglementaire des hommes punis pour se rendre aux salles de discipline; et que le militaire qui refuse d'obéir à cet ordre tombe sous le coup de l'art. 218. — Cass., 25 nov. 1886, Chéron,[S. 87.1.349, P. 87.1.823, D. 87.1. 137] — Sic, Leclerc et Coupois, n. 256.

1306. — Il s'agissait, en l'espèce, d'un ordre intéressant le service; la décision précédente doit en conséquence être approuvée. Mais il faut remarquer qu'on doit distinguer les refus d'obéissance à un ordre concernant le service proprement dit (gardes, corvées, prises d'armes, etc.), et les refus d'obéissance qui n'ont qu'un caractère de faute contre la discipline, les premiers seuls relevant du conseil de guerre. M. Lacoste (*Rev. algér. et tunis. de législat. et de jurispr.*, 1887, p. 29) cite, en ce sens, une circulaire ministérielle du 4 févr. 1862 (V. Champoudry, *Manuel des tribunaux des armées de terre et de mer*, p. 202), qui n'attribue pas une portée générale aux mots *ordre de service* de l'art. 218 (C. just. marit., art. 294).

1307. — Le conseil de révision de Paris a décidé, en ce sens, que les mots *ordre de service* devaient être interprétés d'une manière restrictive, et spécialement, que le militaire qui refusait de retourner ses poches pour faire voir ce qu'elles contenaient ne tombait pas sous le coup de l'art. 218 (C. just. marit., art. 294). — Cons. rév. Paris, 3 avr. 1886, [J. off., 14 avr., p. 1746, Leclerc et Coupois, n. 241]. — V. encore sur la question, Leclerc et Coupois, t. 1, p. 101.

1308. — Un marin ou militaire qui refuse de se soumettre à une punition disciplinaire doit y être contraint par la force; mais sa résistance ne peut constituer le refus d'obéissance parce que l'injonction n'est pas un ordre de service au sens de la loi (Circ. 17 sept. 1859). — Champoudry, p. 292.

1309. — Tout individu au service de la marine ou embarqué sur un bâtiment de l'Etat qui viole ou force une consigne est puni : 1° de la peine de la détention, si la consigne a été violée ou forcée en présence de l'ennemi ou de rebelles armés; 2° de deux ans à dix ans de travaux publics, ou, si le coupable est officier, de la destitution avec emprisonnement d'un an à cinq

ans, lorsque, hors le cas prévu par le paragraphe précédent, le fait a eu lieu, soit sur un territoire en état de guerre ou de siège, soit à bord, dans un incendie, un échouage, un abordage, une épidémie, une manœuvre intéressant la sûreté d'un bâtiment; 3° de l'inaptitude à l'avancement dans tous les autres cas, ou, si le coupable est officier, d'un emprisonnement de deux mois à trois ans (art. 296).

1310. — Le § 1 de l'art. 296, précité, a été rendu applicable, par la loi du 24 déc. 1896, aux inscrits maritimes dans les cas prévus par les art. 58 et 80 de ladite loi.

1311. — Est puni de mort tout individu au service de la marine ou embarqué sur un bâtiment de l'Etat, coupable de violence à main armée envers une sentinelle. Si les violences n'ont pas eu lieu à main armée et ont été commises par deux ou plusieurs personnes, la peine est de cinq à dix ans de travaux publics. Si, parmi les coupables, il se trouve un officier, il est puni de la destitution avec emprisonnement de deux à cinq ans. La peine est réduite à l'inaptitude à l'avancement, ou si le coupable est officier, à un emprisonnement d'un an à cinq ans, si les violences ont été commises par un individu seul et sans armes. Est puni de la réduction de grade ou de classe, ou, s'il est officier, d'un emprisonnement de six jours à un an, tout individu au service de la marine ou embarqué sur un bâtiment de l'Etat qui insulte une sentinelle par paroles, gestes ou menaces (art. 297).

1312. — Jugé que le planton chargé d'un service aux cuisines doit être considéré comme une sentinelle au sens de l'art. 220, C. just. milit. (C. just. marit., art. 297), bien qu'il n'ait pas d'arme à la main, parce qu'il occupe un poste et est chargé de l'exécution d'une consigne. — Cons. rév. Paris, 31 juill. 1884, Chevreuil, [Leclerc et Coupois, n. 199]

1313. — La loi du 24 déc. 1896 sur l'inscription maritime a rendu applicable aux inscrits maritimes la disposition de l'art. 297 dans les cas prévus aux art. 58 et 80 et, en outre, à la condition de ne l'appliquer aux hommes renvoyés dans leurs foyers depuis plus de six mois que s'ils étaient, au moment du fait incriminé, revêtus de l'uniforme réglementaire.

1314. — La voie de fait consiste dans toute atteinte portée à l'égard d'un supérieur, depuis l'assassinat jusqu'à la simple poussée; la législation maritime double donc la législation de droit commun et y substitue des incriminations particulières. Mais à ce propos, il convient de rappeler la jurisprudence qui a prévalu devant les tribunaux ordinaires en ce qui concerne les voies de fait envers les magistrats de l'ordre administratif et judiciaire (C. pén., art. 209); pour ceux-ci comme pour les supérieurs militaires, il existe une aggravation de criminalité résultant de ce que, dans la personne des victimes, les principes d'autorité ou de discipline sont indirectement atteints.

1315. — C'est en conformité de cette jurisprudence que le premier conseil de guerre maritime permanent de Brest a condamné, le 8 mars 1872, un marin détenu à bord du vaisseau l'*Hercule*, servant alors de pénitencier maritime, à la peine de mort par application de l'art. 300, C. just. marit., pour avoir craché à la figure du commandant de ce pénitencier. Ajoutons d'ailleurs que cette condamnation n'a pas été suivie d'exécution; le ministre de la Marine avait, en effet, écrit de sa main le rapport qui lui était présenté : « la voie de fait, si elle n'est pas accompagnée de blessures graves et d'intention de donner la mort, ne justifierait pas, à l'époque actuelle, l'exécution capitale ». Telle a été, du reste, la jurisprudence constante du département de la marine où, depuis la promulgation du Code maritime, la peine de mort encourue pour voie de fait, sans intention homicide, n'a jamais été exécutée. — V. Cass., 10 janv. 1832, Bourdon, [S. 52.1.73, P. 53.2.237, D. 52.1.124]

1316. — La voie de fait envers un supérieur avec préméditation ou guet-apens correspond, suivant la nature des blessures, à l'assassinat ou aux coups et blessures portés avec préméditation (C. pén., art. 297, 298 ct 310). Ce crime est puni de mort avec dégradation militaire lorsqu'il est perpétré par un marin, un militaire embarqué ou un individu faisant partie de l'équipage d'un bâtiment de l'Etat, sans qu'il y ait lieu de distinguer s'il a agi en service ou en dehors du service, à bord ou hors du bord (art. 298).

1317. — Si le fait a été commis en service ou à l'occasion du service par un individu au service de la marine, mais n'appartenant à aucune des trois catégories ci-dessus mentionnées, la peine est celle de la réclusion (art. 301-1°).

1318. — Est puni de mort tout marin, tout militaire embarqué, tout individu faisant partie de l'équipage d'un bâtiment de l'Etat, coupable envers son supérieur de voie de fait, sous les armes, par conséquent en service (art. 299).

1319. — Doivent être considérées comme ayant eu lieu en dehors du service les voies de fait dirigées contre un témoin supérieur pendant sa déposition devant le conseil de guerre. — Cons. rév. Paris, 14 juin 1884, [Leclerc et Coupois, n. 194]

1320. — La loi maritime, dans l'intention de renforcer la discipline sur les bâtiments de l'Etat, a voulu qu'à bord, le marin fût toujours considéré comme se trouvant en service.

1321. — Au contraire, hors du bord, la distinction s'impose et la peine de mort n'est encourue que si la voie de fait a eu lieu pendant le service ou à l'occasion du service. En dehors du service, la peine est celle de cinq à dix ans de travaux publics, ou, si le coupable est officier, celle de la destitution avec emprisonnement de deux à cinq ans (art. 300).

1322. — Il résulte de l'application des principes de l'art. 65, C. pén., que la provocation par coups et violences graves envers les personnes, telle qu'elle est prévue à l'art. 321, C. pén., ne peut être une excuse au crime de voie de fait envers un supérieur. Quoi qu'il en soit, des faits de cette nature sont parfois invoqués à l'appui des recours en grâce introduits par les juges eux-mêmes à la suite d'une sentence capitale.

1323. — Cette situation, jointe à la pratique journalière des recours en grâce formulés par les conseils de guerre à la suite d'un grand nombre de sentences capitales prononcées pour voies de fait envers un supérieur (V. suprà, n. 491 et s.), a même conduit de bons esprits à se demander s'il ne serait pas préférable d'introduire dans l'art. 300, C. just. marit., relatif à la voie de fait simple, une disposition additionnelle permettant aux juges, en temps de paix, d'abaisser la pénalité, par admission de circonstances atténuantes, et de substituer d'eux-mêmes à la peine de mort celle de la détention dans les cas graves ou à l'égard des récidivistes, ou celle des travaux publics dans les cas méritant l'indulgence. On ne ferait ainsi qu'obtenir directement et plus sûrement le résultat qui n'est atteint aujourd'hui qu'en recourant à la clémence du Chef de l'Etat. Or, le droit de grâce ne doit pas être employé comme un moyen régulier d'atténuer la sévérité excessive de la loi; c'est un instrument d'exception.

1324. — L'individu au service de la marine qui n'est ni marin, ni militaire embarqué, et qui ne fait pas partie de l'équipage d'un bâtiment de l'Etat, est passible d'un emprisonnement de deux mois à deux ans toutes les fois qu'il se rend coupable d'une voie de fait envers un supérieur sans préméditation ni guet-apens (art. 301). Il ne faut pas oublier que le militaire de l'armée de mer non embarqué tombe sur l'application de la peine sous le coup du liv. 4, C. just. milit.; et c'est pour ce motif qu'il n'est question dans l'art. 301 que du militaire embarqué.

1325. — Les éléments constitutifs des faits que nous venons de passer en revue avec les art. 298 et s., ainsi que les diverses circonstances qui peuvent modifier la gravité de l'incrimination, sont souverainement appréciés par le conseil de guerre. Sur ce point, les membres du conseil statuent comme de véritables jurés, ne relevant que de leur conscience pour la justification de leur verdict. Assurément, un conseil de guerre ne pourrait pas rendre une sentence constituant en droit la négation d'une situation dont la preuve résulterait légalement des documents versés au procès; mais ses membres demeurent juges de l'intention et peuvent conséquemment déclarer non coupable le marin ou militaire qui ne leur paraît pas avoir eu conscience de la présence d'un supérieur, comme, par exemple, celui qui frapperait un officier dans l'obscurité, croyant frapper un de ses camarades. Le verdict échapperait en ce cas à toute censure du conseil de révision.

1326. — Quant aux inscrits maritimes, la loi du 24 déc. 1896 sur l'inscription maritime leur déclare applicable, sous les conditions prévues aux art. 58 et 80, l'art. 300, C. just. marit., mais ajoute que, pour l'application du § 1 dudit article, le fait incriminé ne sera considéré comme ayant eu lieu à l'occasion du service que s'il est le résultat d'une vengeance contre un acte d'autorité légalement exercé et, quant au § 2, qu'il ne sera applicable que dans les cas où le supérieur et l'inférieur seraient l'un et l'autre revêtus de l'uniforme réglementaire.

1327. — Reste à examiner un point important : qu'entend-on par supérieur? Les Codes de justice maritime et militaire, en maintenant respectivement dans leurs art. 298 et s., 221 et s.,

l'expression de supérieur, telle qu'elle existait dans la loi de l'an V, se sont volontairement abstenus d'en donner une définition. L'intention du législateur a été de ne rien innover sur ce point et de laisser aux conseils de guerre saisis le soin de décider, selon les circonstances, si la personne outragée ou frappée devait être considérée comme le supérieur du coupable. Ce pouvoir d'appréciation n'a d'autre limite que les règlements d'administration militaire dont les juges sont tenus de ne point méconnaître, en principe, les prescriptions. — Cass., 28 avr. 1864, Bergeon, [S. 64.1.425, P. 64.1194, D. 64.1.401]

1328. — Toutefois, les travaux préparatoires des Codes de justice militaire et maritime contiennent sur ce point un renseignement précis, en ce sens qu'ils commentent l'expression de supérieur de la manière suivante : « Le supérieur est pour toute l'armée le militaire qui a un grade plus élevé » (Rapport au Corps législatif sur la loi du 9 juin 1857). « Il y a offense envers un supérieur toutes les fois qu'elle est commise envers quelqu'un qui a un grade plus élevé dans l'armée navale » (Rapport au Corps législatif sur la loi du 4 juin 1858). Deux conditions sont donc nécessaires chez la personne offensée : 1° être d'un grade ou d'un rang plus élevé que le coupable; 2° être militaire ou appartenir à l'armée navale.

1329. — D'après ces bases, la solution n'est pas douteuse toutes les fois que l'on se trouve en présence de deux marins ou de deux militaires dont l'un est revêtu d'un grade plus élevé; celui-là est incontestablement le supérieur de l'autre. Mais de nombreuses difficultés ont été soulevées dans la pratique, lorsqu'il s'est agi de représentants d'armes ou de corps différents, lorsque la supériorité tient seulement au rang ou aux fonctions, enfin lorsqu'il s'agit de certains personnels dont la situation est en partie militaire et en partie civile.

1330. — Il y a donc un premier point certain : qu'un officier appartienne à l'armée de terre ou à l'armée de mer, qu'il soit officier de marine, d'infanterie, de cavalerie ou d'artillerie, ses galons de grade lui donnent droit à la même protection contre l'agression d'un inférieur, quelle que soit la qualité de ce dernier.

1331. — La seconde question est plus délicate; elle a trait non seulement à la supériorité résultant de l'ancienneté dans le même corps, mais encore à la situation très-spéciale des assimilés. La supériorité résultant de l'ancienneté dans le grade ne peut tout d'abord avoir d'effet qu'entre officiers, parce qu'elle ne peut être déterminée et connue qu'entre eux et par le moyen du rang d'annuaire. Il n'y a pas d'ancienneté entre soldats, ni même entre sous-officiers; cependant la loi du 18 mars 1889 donne aux sous-officiers rengagés le pas sur tous autres sous-officiers; cette situation leur est assurée par le port d'une tenue et d'insignes spéciaux. Mais entre officiers, il faut supposer que les personnes en cause se connaissent réciproquement et nominativement, puisque cette sorte de supériorité n'est signalée par aucun signe extérieur, pas même pour les officiers dont le grade comporte deux classes. Il ne s'agit ici, bien entendu, que des officiers militaires et non des assimilés chez certains desquels on rencontre des classes qui correspondent aux grades différents, par exemple les ingénieurs de première et de deuxième classe des constructions navales.

1332. — Mais, entre deux officiers revêtus du même grade dont l'un, à la connaissance des deux, est plus ancien de grade que l'autre, il existe une véritable supériorité en rang, laquelle donne non seulement droit au commandement, mais au salut et à la protection inscrite aux art. 298 et s., C. just. marit.

1333. — La situation est loin d'être la même en ce qui concerne les assimilés. Ceux-ci sont de deux sortes dans la marine : ceux qui ont l'assimilation générale et ceux qui, tout en ayant été l'objet d'une assimilation judiciaire, sont demeurés civils à quelques autres points de vue.

1334. — Le premier groupe est nettement défini par les règlements; il comprend, suivant l'énumération de l'art. 13, C. just. marit. : le génie maritime, les ingénieurs hydrographes, le commissariat, l'inspection, les agents administratifs des directions de travaux, le service de santé et les agents de manutention. A cette énumération il convient d'ajouter les examinateurs et professeurs d'hydrographie et les professeurs de l'école navale, ces derniers à la condition que leur nomination soit antérieure au 25 juin 1887 (V. infrà, n. 1340), les officiers mécaniciens dont la création est postérieure au Code maritime (Décr. 24 sept. 1860; L. 4 août 1892). Chacune de ces personnes est en possession de l'état d'officier (L. 19 mai 1834) et occupe dans la hiérarchie maritime un rang correspondant à un grade de l'armée navale. Le Code maritime leur attribue même la qualification d'officiers, tandis que le Code militaire donne aux personnalités similaires de l'armée de terre (intendants, médecins, etc.) le titre de fonctionnaires. Mais cette différence de terminologie ne modifie pas les situations qui laissent les membres du génie maritime, du commissariat, de l'inspection et autres dans l'infériorité relative où les place leur qualité d'assimilés.

1335. — En effet, les principes de la matière veulent que le corps assimilant, c'est-à-dire, dans l'organisation maritime, le corps de la marine, ait le pas sur tous les autres corps ; de même, à grade égal, tout assimilant a le pas sur son assimilé, sans qu'il y ait lieu de faire entrer en ligne de compte le rang d'ancienneté. C'est la solution que consacre formellement le décret du 4 oct. 1891, sur le service dans les places de guerre et les villes ouvertes, dont l'art. 309 astreint l'assimilé à saluer toujours le premier l'officier de même grade appartenant aux corps combattants. Une autre application de ce principe a été faite dans les instructions ministérielles qui ont donné aux officiers de marine la présidence des commissions où siègent des assimilés de même grade (Arr. min. 26 sept. 1891 : B. O. M., p. 475). Conséquemment, dans l'application des art. 298 et s., C. just. marit., on doit se référer à ces règles et, pour prendre un exemple, un lieutenant de vaisseau, quelle que soit son peu d'ancienneté de grade, doit être considéré comme le supérieur du sous-ingénieur de première et de deuxième classe, du sous-commissaire, du médecin de première classe, etc. — V. Circ. 7 avr. 1894 sur les honneurs et préséances.

1336. — En revanche, dès qu'aucun représentant des corps assimilants n'est en cause, les assimilés prennent individuellement rang entre eux, à égalité de grade, d'après leur seule ancienneté, sans qu'il y ait lieu d'avoir égard au rang respectif des corps entre eux. Cette solution a été consacrée pour la marine par l'instruction ministérielle du 26 nov. 1891 (B. O. M., p. 811). L'infériorité ou la supériorité résultent donc ici d'une simple question de date de brevet, sous la seule réserve, en ce qui concerne l'application des art. 298 et s., que la position respective des parties en cause soit nettement connue.

1337. — Si maintenant on examine la situation des corps dont l'assimilation n'est que partielle, on peut se demander si l'une des conditions exigées par le rapporteur au Corps législatif ne fait pas défaut, parce que ces catégories de personnel ne font pas, à proprement parler, partie de l'armée navale. Leur énumération est la suivante dans l'instruction générale du 25 juin 1858 : examinateurs et professeurs d'hydrographie, professeurs de l'école navale, trésoriers des invalides, personnel des agents du commissariat, comptables des matières, commis des directions de travaux, aumôniers de la flotte.

1338. — Si l'on se reporte aux décrets d'organisation de ces diverses catégories de personnel, on voit que leur situation est des plus variées ; mais tous ont une double assimilation : l'une judiciaire, qui a pour conséquence de les rendre justiciables des conseils de guerre permanents pour tous crimes et délits (V. *suprà*, n. 28 et s.) ; l'autre afférente à leur pension de retraite qui est à forme militaire. Sauf ces deux points communs, ces personnels diffèrent entre eux de plusieurs manières : les uns, comme les aumôniers, par exemple, sont, en raison de leur embarquement fréquent, si proches des corps naviguants que l'on a pu hésiter sur le point de savoir s'ils avaient droit à l'état d'officier. C'est même en raison de leur caractère sacerdotal qu'on leur a finalement dénié, à eux seuls de tous les corps embarquants, l'assimilation générale. — V. *suprà*, v° *Aumônier*, n. 23 et s.

1339. — D'autres, comme les comptables des matières, sont déclarés formellement civils par leurs décrets d'organisation et conservent leur qualité d'électeurs et d'éligibles ; de ce nombre sont les agents et commis du commissariat, les commis des directions de travaux (les agents principaux, agents et sous-agents administratifs ont seuls l'état d'officiers), et les trésoriers des invalides de la marine.

1340. — Au nombre de ces titulaires d'une assimilation restreinte, figuraient au temps de la promulgation du Code un certain nombre de groupes qui doivent en être distraits ou qui ont disparu. En premier lieu, les examinateurs et professeurs d'hydrographie et les professeurs de l'école navale avaient été, par suite d'un oubli des traditions et des textes, rangés depuis 1875

parmi les assimilés civils ; mais à la suite d'une étude approfondie de la question, le ministre a reconnu que ces catégories de personnel tenaient l'état d'officiers des ordonnances des 29 févr. et 14 août 1836 qui leur avaient accordé la faveur d'être nommés par le roi, ce qui, dans le langage de l'époque, était la caractéristique de l'état d'officier (L. 19 mai 1834, art. 1 ; Circ. 15 juin 1892, pour les examinateurs et les professeurs d'hydrographie : B. O. M., p. 749 ; Décision présidentielle du 3 août 1892, pour les professeurs de l'école navale : B. O. M., p. 142). Toutefois, en ce qui touche ces derniers, il ne s'agit que des professeurs nommés avant le 25 juin 1887, date à laquelle un décret leur a donné une organisation civile. Ils sont désormais nommés par le ministre.

1341. — Toutefois, il est intéressant de noter que, faute d'avoir su placer sa défense sur un terrain juridique, le département de la marine a laissé rendre par le Conseil d'Etat, le 26 août 1865, [Leb. chr., p. 862], un arrêt par lequel cette haute juridiction a déclaré que l'examinateur de classement et de sortie de l'école navale n'avait pas droit au transport à prix réduit sur les voies ferrées, par les motifs qu'il n'est pas un marin et qu'il n'était justifié d'aucune disposition de loi ou de règlement l'assimilant aux marins. Il suffit de se reporter à la jurisprudence exposée à propos de l'art. 76, C. just. marit., pour reconnaître que la preuve demandée par le Conseil d'Etat aurait pu être faite par l'évocation du décret du 21 juin 1858 aux tableaux duquel est inscrit ledit examinateur. — V. *suprà*, n. 130.

1342. — En second lieu, les gardes d'artillerie, contrôleurs d'armes, armuriers, gardiens de batterie et autres employés militaires, jadis simples assimilés, ont été compris dans la loi des cadres de l'armée de terre du 13 mars 1875 et complètement militarisés. La même situation leur a, par suite, été faite depuis cette époque au département de la marine.

1343. — Enfin les commis et écrivains de marine ont disparu pour faire place d'abord aux commis aux écritures (Décr. 7 oct. 1863), puis au personnel des agents du commissariat (Décr. 29 juin 1878 et 9 janv. 1889) ; les infirmiers permanents, les musiciens, les agents des vivres et les surnuméraires embarqués ont été fusionnés dans le corps des équipages de la flotte ; les conducteurs des forges de la Chaussade ont été fusionnés en 1893 avec les conducteurs des travaux hydrauliques ; les agents de surveillance des chiourmes ont disparu avec les bagnes et ont été remplacés par le corps militaire des surveillants des établissements pénitentiaires des colonies.

1344. — Si maintenant on envisage auquel de ces corps assimilés s'appliquera la relation de supérieur à inférieur, on rencontre tout d'abord un argument de texte qui semble irréfutable, à savoir que, d'après la définition donnée par l'instruction du 25 juin 1858, n. 87, tous les assimilés judiciaires sont compris dans l'expression : « tout marin » ; or, c'est précisément celle qu'emploient les art. 298 et s. On serait donc fondé à soutenir que tous les individus atteints, en vertu de leur assimilation, par la compétence *ratione personæ* des conseils de guerre permanents, seraient, le cas échéant, passibles des peines portées aux art. 298 et s. Cet argument serait d'autant plus logique que c'est précisément sur le sens légal de l'expression « tout marin » que le département de la marine s'est fondé en 1883 pour obtenir du Conseil d'Etat le droit au transport à prix réduit sur les voies ferrées pour tous les assimilés justiciables des conseils de guerre (Cons. d'Et., 19 janv. 1883, Leb. chr., p. 80). Il est bon de noter cependant que l'art. 301, qui réprime les voies de fait envers un supérieur commises par tout individu au service de la marine ne laisserait pas l'autorité supérieure désarmée à l'égard des assimilés civils.

1345. — La question n'a jamais été soumise aux conseils de guerre maritimes et elle ne laisse pas que d'être très-délicate, parce que la qualité de civiles maintenue à ces catégories de personnel, l'absence de tout uniforme de petite tenue (Décr. 3 juin 1891), le caractère purement sédentaire et administratif de leurs attributions font qu'il est difficile de les considérer comme faisant partie intégrante de l'armée navale. Enfin, bien qu'ils soient passibles de la punition disciplinaire de l'emprisonnement par application des art. 6 et 8, Décr. 21 juin 1858, rendu en exécution de l'art. 369, C. just. marit., ils n'en sont pas moins, pour le surplus, soumis à un régime disciplinaire particulier (Décr. 9 janv. 1889, art. 19).

1346. — Une dernière considération ne doit pas être perdue de vue, c'est que l'idée de hiérarchie comporte toujours deux applications : l'une passive, l'autre active; l'une qui astreint, l'autre qui protège. Conséquemment, si l'on décidait que les agents, sous-agents et commis des corps secondaires doivent être considérés comme tenus, vis-à-vis des officiers aux mêmes marques extérieures de respect que les marins et militaires, ces derniers devraient alors avoir eux-mêmes, suivant leur assimilation, droit au même traitement de la part de leurs inférieurs de tous les corps. Il serait impossible de placer, comme actuellement, un agent du commissariat assimilé à un lieutenant de vaisseau sous les ordres d'un aide-commissaire qui n'a que deux galons.

1347. — En réalité, l'organisation maritime contient sur ce point de nombreuses contradictions que l'on ne rencontre pas dans celle de l'armée de terre où tout le personnel est franchement militaire à l'exception des ouvriers, lesquels sont franchement civils. La conception d'employés civils, électeurs, éligibles, et cependant justiciables des conseils de guerre, passibles d'une discipline partiellement militaire et ayant droit à une pension à forme militaire, ne peut manquer de donner naissance dans la pratique à de nombreuses difficultés qu'une logique rigoureuse est impuissante à résoudre. Au surplus, déjà la force des choses accentue chaque jour le caractère militaire de ces corps hybrides, et leurs représentants sont les premiers à insister pour leur militarisation complète, ne fût-ce que pour se prévaloir à leur tour des garanties inhérentes à la qualité de militaire dont ils ne connaissent guère que les sujétions. — V. supra, n. 343.

1348. — Reste une dernière question à examiner : celle de la supériorité de fonctions qui peut se présenter, à égalité de grade, mais seulement dans ce cas, à tous les échelons de la hiérarchie. Les applications extrêmes de cette situation vont depuis le fonctionnaire caporal (Cons. rév. Alger, 22 avr. 1886, Leclerc et Coupois, n. 242), ou le simple matelot investi de la qualité de patron d'une embarcation, jusqu'à l'officier général pourvu d'une lettre de commandement. Nul doute que la supériorité de fonctions ainsi entendue ne donne à celui qui en est revêtu l'autorité d'un véritable supérieur et la protection que ce titre comporte. — V. Circ. 14 mai 1859, sur la répression des actes d'insubordination commis envers des supérieurs en rang.

1349. — Toutefois, entre officiers de grades intermédiaires, il est contraire aux usages et aux principes de conférer à un inférieur en rang une supériorité quelconque de fonctions. C'est ainsi qu'un décret du 5 mars 1895 (B. O. M., p. 369), modificatif de l'art. 68, Décr. 20 mai 1883, sur le service à bord, a interdit aux commandants en chef de division navale de choisir pour commissaire ou pour médecin de division un sous-commissaire ou un médecin de première classe, et les a obligés à faire choix d'un commissaire-adjoint ou d'un médecin principal, afin d'éviter que ces officiers ne soient les égaux en grade et les inférieurs en ancienneté des officiers d'administration ou des médecins de bâtiments auxquels ils auraient à donner des ordres.

1350. — En ce qui touche le service à terre, un arrêté ministériel du 26 sept. 1891 a spécifié que, lorsque la présidence d'une commission incombait au titulaire de certaines fonctions, les assimilés plus élevés en rang ou plus anciens que le président peuvent se faire représenter dans la commission par l'officier qui vient après eux dans la hiérarchie.

1351. — Les mêmes considérations énoncées au paragraphe précédent, concernant la qualité de supérieur, sont applicables au délit d'outrage, que l'art. 302, C. just. marit., punit de cinq à dix ans de travaux publics si le fait a eu lieu à bord, ou hors du bord, mais en service ou à l'occasion du service. La peine, si le coupable est officier, est celle de la destitution avec emprisonnement d'un à cinq ans. Dans tous les autres cas, c'est-à-dire en dehors du service hors du bord, la peine est d'un an à cinq ans d'emprisonnement.

1352. — Il a été jugé qu'un militaire (ou marin) envoyé en congé en attendant son passage dans la réserve, continue de faire partie de l'armée active, et que s'il outrage son supérieur, même sans être revêtu d'uniforme, il tombe sous le coup de l'art. 224, § 2, C. just. milit. (C. just. marit., art. 302). — Cons. rév. Paris, 29 avr. 1886, Bourdon.

1353. — ... Qu'est justiciable, non des tribunaux correctionnels, mais des tribunaux militaires, le réserviste renvoyé dans ses foyers qui commet le délit d'outrage envers un officier de son régiment, alors que l'un et l'autre portaient l'uniforme. — Alger, 8 avr. 1880, Pauchet, [S. 81.2.12, P. 81.1.97]

1354. — ... Que les outrages commis, envers un de ses an-

ciens supérieurs, par un réserviste rentré dans ses foyers, non revêtu d'uniforme et n'agissant pas par vengeance contre un acte d'autorité légalement exercé, ne constituent pas un délit militaire; qu'en conséquence, la question posée aux membres du conseil de guerre doit être rédigée de manière à spécifier l'une des deux circonstances ci-dessus, faute desquelles le délinquant doit être renvoyé à la disposition du procureur de la République. — Cons. rév. Paris, 6 juill. 1883, Petite, [Leclerc et Coupois, n. 167]

1355. — ... Que le fait de la part de l'inférieur de saisir son supérieur à la gorge ne constitue pas un outrage par geste, mais une voie de fait. — Cons. rév. Paris, 10 sept. 1885, [Leclerc et Coupois, n. 224]

1356. — ... Que l'outrage proféré contre le drapeau français par un accusé, en réponse à la demande du président du conseil de guerre sur ce qu'il a à dire pour sa défense, peut, à raison des circonstances, être considéré comme atteignant le conseil lui-même, et constituer, par suite, le délit d'outrage au conseil de guerre où à l'un de ses membres, prévu et puni par les art. 224, C. just. milit. (C. just. marit., art. 302). — Cass., 4 janv. 1895, Henin et Beuchot, [S. et P. 96.1.254]

1357. — L'art. 302 prévoit les outrages commis par paroles, gestes ou menaces; l'appréciation de la nature outrageante de l'acte commis est une question de fait laissée au conseil de guerre. Ce texte est conforme à l'ancien texte de l'art. 222, C. pén. ordinaire, qui, avant la révision du 13 mai 1863, ne réprimait pas les outrages commis envers les magistrats à l'aide d'un écrit non rendu public. La jurisprudence des cours et tribunaux s'étant formellement refusée à punir, en vertu de l'art. 222 précité, l'outrage par écrit, une modification a été apportée par la loi du 13 mai 1863 au texte du Code pénal; mais aucun changement correspondant n'a été introduit dans les Codes militaire et maritime.

1358. — Conséquemment, les raisons juridiques qui avaient conduit, avant 1863, la Cour de cassation à exempter de peine les outrages par écrit n'ont rien perdu de leur valeur en ce qui touche l'art. 302, C. just. marit., et les faits de cette nature ne devraient, faute de texte, relever que du pouvoir disciplinaire. Jugé, en ce sens, que l'art. 224, C. just. milit. (C. just. marit., art. 302), concernant le délit d'outrages par paroles, gestes ou menaces envers un supérieur, n'est pas applicable aux outrages contenus dans une lettre anonyme non rendue publique. — Cons. rév. Paris, 22 juill. 1881, Berger, [Leclerc et Coupois, n. 88]

1359. — Cependant une instruction ministérielle du 19 janv. 1880 (B. O. M., p. 145) a exprimé la pensée contraire et a invité les autorités maritimes à poursuivre dans les cas de l'espèce. Quelques jugements des conseils de guerre maritimes ont sanctionné cette interprétation. La circulaire est d'ailleurs justifiée par des raisons assez spécieuses, mais qui ne semblent pas suffisantes pour combler une lacune évidente de la législation maritime.

1360. — L'art. 302 est rendu applicable par la loi du 24 déc. 1896 aux inscrits maritimes dans les conditions prévues aux art. 58 et 80 de ladite loi et, relativement aux deux paragraphes qui le composent, sous le bénéfice des observations faites, supra, n. 1326, à propos de l'application de l'art. 300, C. just. marit., aux inscrits maritimes.

1361. — En dehors des cas prévus par les art. 298 à 302, tout passager embarqué sur un bâtiment de l'État, coupable de voie de fait envers un officier de service, est puni de deux à cinq ans d'emprisonnement. L'outrage est puni de l'emprisonnement de deux mois à deux ans. Si le fait s'était passé à bord d'un navire de commerce affrété par l'État, la répression devrait être empruntée à l'art. 63, Décr.-loi 24 mars 1852, sur la discipline de la marine marchande. — V. infra, n. 1849.

1362. — Il est à remarquer que l'outrage envers un supérieur, commis par un individu au service de la marine, n'est pas réprimé par une disposition spéciale, corrélative de l'art. 301 ci-dessus concernant les voies de fait. La punition de ce délit commis, par exemple, dans un arsenal par un ouvrier de la marine devrait être empruntée au Code pénal ordinaire.

1363. — La rébellion n'est pas un délit spécial à la législation maritime; il est également réprimé par les art. 209 et s., C. pén. ordin. Cependant le Code de 1858 l'a prévu, afin d'y attacher une série de pénalités graduées d'après les circonstances concomitantes du fait. En principe, la rébellion simple commise par un marin, par un militaire embarqué, par un individu faisant partie de l'équipage d'un bâtiment de l'État, envers la force armée et les agents de l'autorité, est punie de la réduction de grade ou de classe si elle a eu lieu sans armes, de l'inaptitude à l'avancement si elle a eu lieu avec armes. Le Code de justice militaire (art. 225) prononce toujours l'emprisonnement dans le cas de l'espèce. Lorsque plus de deux et moins de huit personnes ont pris part à la rébellion, les coupables sont punis de deux à cinq ans de prison, s'ils ont agi sans armes, de la réclusion s'ils étaient armés. Dès que les rebelles sont au nombre de huit au moins ils sont considérés comme en état de révolte et punis des peines portées à l'art. 292-2°, C. just. marit. (V. supra, n. 1298 et s.). Dans toutes les hypothèses, le maximum de la peine est toujours infligé aux instigateurs ou chefs de rébellion et au marin ou militaire le plus élevé en grade (art. 304).

1364. — Jugé que l'art. 225, C. just. milit. (C. just. marit., art. 304), qui prévoit la rébellion des militaires peuvent se rendre coupables, n'a pas, en ce qui concerne la compétence attribuée aux conseils de guerre, fait de distinction entre les rébellions commises envers les agents de l'autorité militaire et celles commises envers les agents de l'autorité civile; que c'est donc en violation de cet article que la juridiction correctionnelle a établi cette distinction et s'est réservé la connaissance du délit de rébellion commis contre des agents de l'autorité civile par un militaire en congé. — Cass., 7 déc. 1860, Lusseau, [D. 61.1.96]

1365. — ... Que la rébellion envers des agents de la force publique, commise par un militaire en congé en réunion avec deux individus non-militaires, ne rentre dans aucune des prévisions du Code de justice militaire du 9 juin 1857, dont l'art. 225 (C. just. marit., art. 304) s'applique seulement à la rébellion imputable, soit (§ 1) à un ou deux militaires, soit (§§ 2 et 3) à plus de deux militaires; qu'en conséquence, la rébellion est soumise, dans ce cas, aux termes de l'art. 267 dudit Code de justice militaire, tant à l'égard du militaire qu'à l'égard des deux individus non-militaires, aux peines du droit commun édictées par les art. 210 et 211, C. pén., lesquelles peines peuvent être modérées en vertu de l'art. 463 du même Code pénal, relatif aux circonstances atténuantes. — Cass., 15 mai 1858, Leroux, [S. 58.1.568, P. 58.912, D. 58. 1.340]

1366. — Un arrêt de cassation du 27 déc. 1851, [Bull. crim., n. 544], que la législation de 1857 et 1858 n'a nullement contredit, décide que le militaire, en opposant de la résistance à son supérieur, qui veut s'assurer de son identité afin de constater un manquement à la discipline, se rend coupable de rébellion.

1367. — D'après la loi du 24 déc. 1896, l'art. 304 est applicable aux inscrits maritimes, mais seulement aux hommes revêtus de l'uniforme réglementaire et, en outre, dans les cas prévus par l'art. 104, C. just. marit.

§ 4. Abus d'autorité.

1368. — Est puni de mort tout commandant d'une portion quelconque des forces navales de la République qui, sans provocation, ordre ou autorisation, dirige ou fait diriger une attaque à main armée contre des bâtiments, des troupes ou des sujets quelconques d'une puissance alliée ou neutre. Est puni de la destitution tout commandant d'une portion quelconque des forces navales de la République qui, sans provocation, ordre ou autorisation, commet un acte d'hostilité quelconque, soit contre des bâtiments alliés ou neutres, soit sur un territoire allié ou neutre (art. 305).

1369. — Est puni de mort tout commandant d'une portion quelconque des forces navales de la République qui prolonge les hostilités après avoir reçu l'avis officiel de la paix, d'une trêve ou d'un armistice (art. 306). La différence entre cette disposition et la précédente est justifiée par ce fait que l'attaque à main armée est une opération de guerre, tandis que l'acte d'hostilité peut consister en un acte simple et isolé, comme l'envoi d'un projectile contre un navire. Le second fait est donc bien moins grave que le premier.

1370. — Est puni de mort tout marin, tout individu embarqué sur un bâtiment de l'État, qui prend un commandement sans ordre ou motif légitime, ou qui le retient contre l'ordre de ses chefs (art. 307). La loi a soin de dire « sans motif légitime » parce que la mort, la maladie, la disparition du commandant d'un bâtiment font passer de droit l'autorité supérieure aux mains de l'officier en second puis, subsidiairement et successivement,

de tous les officiers de marine faisant partie de l'état-major du bâtiment, suivant l'ordre décroissant des grades et de l'ancienneté. Enfin à défaut d'officier, le commandement serait dévolu aux aspirants et enfin aux officiers-mariniers, le tout dans l'ordre prévu au décret du 20 mai 1885, sur le service à bord.

1371. — Il n'est pas ici question des officiers assimilés (commissaires ou médecins), par la raison qu'aucun d'eux n'a qualité pour intervenir dans la conduite nautique d'un bâtiment. Il en est de même, en principe, des officiers de marine simples passagers à bord, puisqu'ils n'y remplissent aucune fonction; cependant, nous croyons qu'à défaut d'officiers du bord disponibles et pour les raisons déjà énoncées supra, n. 1265, un officier de marine passager serait saisi du commandement par le seul fait de sa présence à bord, et aurait le devoir de l'exercer de préférence à un simple officier-marinier, lequel, de par son grade, n'est pas qualifié pour commander un bâtiment de l'État.

1372. — Est puni d'un emprisonnement de deux mois à cinq ans tout marin, tout militaire embarqué qui frappe son inférieur, hors les cas de la légitime défense de soi-même ou d'autrui, du ralliement des fuyards, de manœuvres urgentes et de la nécessité d'arrêter, soit le pillage ou la dévastation, soit des désordres graves de nature à compromettre la sûreté du bâtiment (art. 308). Il ne s'agit pas ici du pouvoir de justice sommaire, véritable droit de vie et de mort dévolu au seul commandant du bâtiment par l'art. 365, C. just. marit. (V. supra, n. 1211 et s.); l'art. 308 ne prévoit que la voie de fait du supérieur envers l'inférieur, c'est-à-dire la réciproque des art. 298 et s.

1373. — Cette disposition a pour but de protéger l'inférieur contre les sévices que certains officiers-mariniers ou quartiers-maîtres, par exemple, pourraient être tentés d'exercer. Elle comporte cependant des excuses absolutoires qui tiennent à la vie maritime et qui n'ont pas de similaires dans le Code militaire. Il y a là une prohibition dirigée contre des pratiques qui tendent de plus en plus à disparaître. Il est juste de dire que la marine à voiles comportait, plus fréquemment que la marine à vapeur, certaines manœuvres au cours desquelles une hésitation ou une simple mollesse de la part des matelots risquaient de compromettre la sûreté du navire : c'est dans cette hypothèse que se pratiquait le plus souvent « la poussée » et qu'elle trouvait sa justification légale dans l'art. 308, C. just. marit. L'application en devient chaque jour plus rare, au grand avantage de la dignité du supérieur comme de l'inférieur. — V. Circ. min., 28 avr. 1859, sur l'application de l'art. 308, laquelle contient, d'ailleurs, dans son dernier paragraphe, une erreur quand elle indique que l'acquittement ferait obstacle à l'exercice du pouvoir disciplinaire. — V. supra, n. 313 et 314.

1374. — La loi du 24 déc. 1896 a rendu applicables les art. 305, 307 et 308, C. just. marit., aux inscrits maritimes dans les cas prévus par les art. 58 et 80 de la loi de 1896; l'art. 308 ne devant cependant être appliqué que si le supérieur et l'inférieur sont l'un et l'autre revêtus de l'uniforme réglementaire.

§ 5. Insoumission et désertion.

1° Insoumission.

1375. — Le Code de justice maritime ne contenait à l'origine aucune disposition répressive de l'insoumission et les juridictions maritimes n'avaient jamais à connaître de ce délit. En effet, l'insoumis est, par définition, l'homme qui, n'ayant jamais servi, est appelé au service et n'obtempère pas à son ordre de route. Or, sous l'empire de la législation de 1832, de 1868 et même de 1872, le département de la marine n'appelait directement au service que les inscrits maritimes, lesquels, en raison de leur caractère spécial, étaient déclarés non pas insoumis, mais déserteurs, lorsqu'ils étaient levés pour le service. — V. infrà, n. 1393, 1860 et s.

1376. — Les hommes que la marine demandait alors chaque année au contingent, tant pour les équipages de la flotte que pour les troupes d'infanterie et d'artillerie de marine, lui étaient fournis par les bureaux de recrutement, jusqu'à concurrence du nombre nécessaire, en commençant par les plus bas numéros. Il en résultait que la marine recevait un chiffre d'hommes, net de tout déchet résultant de réforme ou d'insoumission, et que le recrutement restait chargé du sort comme de la poursuite des jeunes soldats qui ne ralliaient pas au jour fixé.

1377. — Cependant, la loi du 27 juill. 1872, tout en laissant subsister ce système au point de vue du contingent, créa pour la première fois un cas d'insoumission applicable à la marine, celui de l'engagé volontaire qui ne rejoint pas son corps. Mais c'était là une hypothèse bien rare et presque invraisemblable à une époque où aucune prime en argent n'était attachée à la signature de l'acte d'engagement, et où, par conséquent, aucun désir autre que celui de se soumettre au service ne pouvait motiver un semblable détermination.

1378. — Tout autre devint la situation lorsque l'organisation des réserves et de l'armée territoriale eut conduit à instituer des périodes régulières d'exercices pour lesquelles les hommes devaient être convoqués. Il fut vite reconnu que, bien qu'ayant déjà servi dans l'armée active, les réservistes et territoriaux, rentrés depuis plusieurs années dans la vie civile, ne pouvaient être tenus pour des déserteurs, mais devaient être déclarés insoumis. Par suite, une addition spéciale aux Codes de justice militaire et maritime s'imposait; elle fut apportée au premier par la loi du 18 mai 1875, et au second par celle du 31 décembre suivant. Ces dispositions nouvelles ont pris place en tête de l'ancien art. 309, C. just. marit., sous six nouveaux paragraphes. Enfin l'art. 73, L. 24 déc. 1896, est venu faire rentrer l'inscrit maritime levé pour le service sous le même régime que les hommes du recrutement en édictant qu'ils pourraient désormais être déclarés insoumis et punis comme tels. Cette disposition nouvelle est donc l'abandon de la vieille tradition en vertu de laquelle l'inscrit maritime, même de première levée était, au cas où il ne se conformait pas à l'ordre, déserteur et non pas insoumis.

1379. — Sont considérés comme insoumis et punis d'un emprisonnement d'un mois à un an, les engagés volontaires et les hommes appelés par la loi qui, n'ayant pas déjà servi, ne sont pas rendus à leur destination, hors le cas de force majeure, dans le mois qui suit le jour fixé pour leur ordre de route (art. 309).

1380. — Cette disposition a malheureusement cessé d'avoir une portée purement platonique. En effet, depuis la création des primes aux engagés et rengagés, et surtout depuis la mise en vigueur de la loi du 30 juill. 1893, sur le recrutement de l'armée coloniale, on se trouve en présence d'engagements qui peuvent être signés dans le seul but de toucher la prime de 200 ou de 600 fr. allouée aussitôt après la signature du contrat. Il est même évident que les textes actuels, rédigés en 1875, c'est-à-dire à une époque où aucune question pécuniaire ne se mêlait à l'engagement, sont insuffisants; ils devraient comporter une circonstance aggravante et un accroissement de pénalité pour le cas où l'insoumis aurait encaissé une prime, de même qu'on aggrave la peine du marin qui déserte alors qu'il est débiteur envers l'Etat d'avances de solde ou d'effets d'habillement. — V. *infrà*, n. 1438.

1381. — Il ne faut pas perdre de vue, d'une part, que le délai d'un mois est porté à deux mois pour les hommes résidant en Algérie, en Tunisie ou en Europe, et à six mois pour les hommes demeurant hors d'Europe et d'Algérie. C'est l'art. 73, L. 15 juill. 1889, qui règle cette question et a placé pour la première fois, et très-justement la Tunisie sur le même pied que l'Algérie. D'autre part, en temps de guerre ou en cas de mobilisation par voie d'affiches et de publications sur la voie publique, les délais sont réduits à deux jours pour l'homme résidant en France ou en Corse, à un mois pour celui qui réside en Algérie ou en Europe, et à trois mois pour ceux qui demeurent dans tout autre pays. De plus, en temps de guerre, mais non pas en cas de mobilisation, la peine est de deux à cinq ans avec affichage du nom et envoi dans une compagnie de discipline.

1382. — Le surplus des dispositions du nouvel art. 309 a trait non plus à l'insoumission primaire du jeune soldat ou de l'engagé volontaire, mais bien au rappel des hommes de la disponibilité, de la réserve ou de l'armée territoriale. Toutefois, les prescriptions de l'art. 309, tel qu'il a été modifié par la loi du 31 déc. 1875, doivent elles-mêmes être complétées par celles de la loi du 15 juill. 1889, lesquelles ont eu pour but tout à la fois de donner un caractère légal au système de l'appel par voie d'affiche, qui n'avait été prévu par la loi du 19 mars 1875 que pour le cas de mobilisation, et de ramener au rang de simple punition disciplinaire le premier manquement aux convocations pour exercices qui, jusque-là, constituait un délit d'insoumission. Cette même loi de 1889, dans son art. 74, punit le recèlement d'insoumis.

1383. — De la combinaison des textes, il résulte qu'on dis-

tingue actuellement trois sortes d'appels qui entraînent chacune des répressions différentes savoir : 1° l'appel par voie d'affiches art. 75). L'appelé qui ne rallie pas au jour fixé est passible d'une punition disciplinaire et convoqué ultérieurement par appel individuel pour accomplir le service auquel il a manqué; 2° l'appel par ordre individuel, lequel n'est plus usité actuellement en fait que pour les hommes qui ont obtenu un sursis, au moment de l'accomplissement normal de l'une de leurs périodes de service, et pour ceux qui ont négligé de rallier au jour fixé lors d'une convocation par voie d'affiches : celui qui n'obtempère pas, dans le mois, à l'ordre ainsi donné est poursuivi comme insoumis et puni d'un mois à un an de prison (C. just. marit., art. 309, § 2; L. 15 juill. 1889, art. 73); 3° le temps de guerre ou la mobilisation par voie d'affiches et de publications sur la voie publique, ce dernier mode de publicité étant la caractéristique précise de l'espèce et la justification de la rigueur exceptionnelle de la répression : le délai de grâce est de deux jours et la peine de l'insoumission peut, dès qu'il y a déclaration de guerre, être de deux à cinq ans d'emprisonnement, sans préjudice des dispositions spéciales édictées à l'art. 75, L. 15 juill. 1889. Ces dispositions consistent dans l'affichage du nom des insoumis à la porte de la mairie de leur dernier domicile et dans l'envoi des délinquants aux compagnies de discipline à l'expiration de leur peine. Cette dernière mesure ne saurait être que de rare application à l'égard des réservistes et territoriaux, puisqu'elle suppose ou une peine très-abrégée, c'est-à-dire un condamné digne d'indulgence, ou dans le cas contraire, une prolongation peu vraisemblable de la durée de la guerre.

1384. — Pour les hommes résidant en Algérie en Tunisie, en Europe et ayant effectué en temps voulu les déclarations réglementaires, les délais sont portés à deux mois en cas d'appel pour exercices et d'un mois seulement en temps de guerre ou en cas de mobilisation par voie d'affiches et de publications sur la voie publique. Pour les hommes résidant hors d'Europe, les délais sont portés à six mois dans le premier cas et à trois mois dans le second Combinaison de l'art. 73, L. 15 juill. 1889, avec l'art. 312, C. just. marit.; art. 73, L. 24 déc. 1896, sur l'inscription maritime).

1385. — Pour que le délit d'insoumission soit établi, il faut que l'homme ait reçu un ordre d'appel et un ordre de route; toutes les fois qu'il s'agit de l'insoumission du jeune soldat ou de l'engagé, cette double formalité est facile à accomplir : il en est de même à l'égard du réserviste appelé par ordre individuel; mais la difficulté commence dès que l'on fait usage de l'appel par voie d'affiches. En temps de paix et en cas d'exercices, l'affiche peut tenir lieu d'ordre d'appel, mais l'ordre de route fait défaut. C'est ce qui, joint à la constatation des nombreux individus qui, sur le vu des affiches, ne rallaient pas bien qu'appelés, ou ralliaient sans être appelés, a conduit le législateur de 1889 à considérer le premier manquement aux périodes d'exercice comme une simple faute de discipline, à la suite de laquelle on inflige une punition au contrevenant et on le convoque individuellement, cette fois avec remise d'un ordre de route dont la méconnaissance le constitue en état d'insoumission.

1386. — La notification d'un ordre de route à un jeune soldat appelé et qui se trouve absent de son domicile sans que sa résidence soit connue, ne peut légalement être faite qu'au maire de la commune. Il n'est possible de faire utilement cette notification au père, à la mère ou au tuteur que si l'appelé n'est que momentanément éloigné de son domicile. — Cons. rév. Paris, 24 févr. 1882, [Leclerc et Coupois, n. 113]

1387. — De plus, un ordre de route ne peut être valablement notifié au domicile d'un jeune soldat et en son absence au maire s'il est établi qu'à cette date l'appelé était en état de détention. — Cons. rév. Paris, 26 févr. 1885, [Leclerc et Coupois, n. 213]

1388. — En cas de mobilisation, on a décidé, d'une part, que l'affiche de mobilisation tiendrait lieu d'ordre individuel d'appel et, d'autre part, qu'un ordre de route, inséré dans le livret dont l'homme est porteur, serait libellé à l'avance, de telle sorte que le réserviste appelé par l'affiche et invité par ce document à se conformer à l'ordre de route inscrit dans son livret, n'ait qu'à s'y reporter pour trouver l'indication du point exact où il doit se rendre dans les délais légaux. On a donc bien ainsi l'ordre d'appel et l'ordre de route, bases de l'insoumission et points de départ des délais susénoncés.

1388 bis. — L'ordre de levée de l'inscrit maritime embarqué sur un navire français, est notifié au capitaine ou à celui qui le représente en même temps qu'à l'intéressé. Le capitaine est alors obligé de débarquer l'homme dans les vingt-quatre heures sous peine d'une amende de 100 à 1,000 fr. S'il ne procède pas au débarquement l'inscrit est délié de son engagement envers lui. L'ordre est valablement notifié au capitaine à l'égard du marin absent ou déserteur (art. 74 et s., L. 24 déc. 1896).

2° Désertion.

1389. — I. *Notions générales.* — L'art. 1, L. 17 mai 1792, définit comme suit la désertion : « Tout militaire, de quelque grade qu'il soit, qui se sera absenté de son camp, de sa garnison, de son quartier, sans congé, ordre ou démission acceptée, comme il sera dit ci-après, sera réputé déserteur ». L'intérêt de ce texte dont la teneur a été, depuis lors, rééditée avec de légères variantes dans toutes les lois postérieures, consiste en ce que, pour la première fois, il a posé le principe que l'officier peut être déserteur comme le simple matelot ou le soldat, principe qui avait été jusque-là contesté par les intéressés. Cependant les Codes maritime et militaire ne déclarent l'officier déserteur qu'en temps de guerre ou s'il se rend à l'étranger.

1390. — La désertion suppose la rupture d'un lien qui rattache l'homme au service de l'État. Ce lien peut être de nature diverse : pour l'officier c'est le brevet, c'est-à-dire un titre qui atteste l'existence d'obligations respectives entre l'État et l'impétrant, ce dernier ayant la propriété de son grade avec les conséquences, avantages et protections qui y sont attachés par la loi du 19 mai 1834 sur l'état des officiers, mais étant tenu, en échange, de servir dans un emploi de son grade, à toute réquisition et sans pouvoir s'y refuser tant que sa démission n'a pas été acceptée par le ministre.

1391. — Les pouvoirs du ministre à cet égard sont sans limite, en ce sens que le Conseil d'État a déclaré que le refus d'acceptation d'une démission ne pouvait faire l'objet d'un débat contentieux. — Cons. d'Et., 20 févr. 1891, Dève, [Leb. chr., p. 135] — Circ. 8 mai 1891, [B. O. M., p. 731]. En fait, une pratique s'est établie aux termes de laquelle les démissions d'officier sont refusées en temps de guerre ou lorsqu'elles sont données en réponse à un ordre de départ ou d'embarquement et dans des conditions susceptibles de compromettre le service ; elles sont acceptées dans tous les autres cas, et il y aurait alors en équité un véritable abus de pouvoir à les refuser. Mais il n'y a aucun fondement juridique à l'idée, répandue chez certains officiers, que le ministre est tenu d'accepter une démission lorsqu'elle est réitérée après un intervalle de trois mois.

1392. — La seconde nature de lien au service consiste dans la commission, très-répandue dans l'armée de terre où elle est délivrée aux gendarmes et à un nombreux personnel de sous-officiers et d'employés militaires (Décr. 1er mai 1854, sur la gendarmerie ; L. 15 déc. 1875, sur les cadres de l'armée). Dans l'armée de mer, en dehors des gendarmes maritimes, la commission n'est guère appliquée qu'à certains agents militaires, comme les surveillants des prisons maritimes ; il est vrai qu'elle est amplement remplacée en ce qui touche les officiers-mariniers par le lien spécial de l'inscription maritime.

1393. — Le troisième lien, celui qui joue de beaucoup le rôle le plus important dans la marine, c'est l'inscription maritime, lien du marin de profession, qui, en sa qualité d'inscrit, est considéré comme étant, dans une certaine mesure, au service de l'État, alors qu'il ne navigue qu'au commerce ; à tel point que, s'il n'obéit pas à son ordre de levée, on le déclarait, avant la L. du 24 déc. 1896, non pas insoumis, mais déserteur, et que sa navigation au commerce lui vaut, après vingt-cinq ans, une pension dite demi-solde.

1394. — La quatrième forme de lien est, comme dans l'armée de terre, celle du recrutement ou de l'engagement volontaire, sous cette réserve que les jeunes soldats ont, en fait, disparu de l'organisation des équipages de la flotte depuis plusieurs années, et ont cessé légalement de pouvoir y être affectés depuis la loi du 30 juill. 1893, qui a supprimé le principe de l'affectation des mauvais numéros au département de la marine. Au contraire, les engagements volontaires sont fréquents, et c'est de cette source que proviennent, notamment, un bon nombre de mécaniciens de la flotte.

1395. — A cette énumération il convient d'ajouter un lien spécial et momentané, consistant dans l'affectation d'un individu de l'ordre civil à l'un des services d'un bâtiment de l'État. Ces personnes sont désignées sous la rubrique de « tout individu faisant partie de l'équipage d'un bâtiment de l'État », ce qui signifie remplissant à bord une fonction quelconque (V. *suprà*, n. 1324). On comptait autrefois dans ce nombre les agents inférieurs des vivres (commis aux vivres, coqs, magasiniers) qui actuellement font partie du corps des équipages de la flotte. Il ne reste donc guère, dans cette situation, que les domestiques civils du commandant et des officiers.

1396. — Le Code maritime ajoutait à son énumération les ouvriers des arsenaux, dits ouvriers des professions maritimes : charpentiers, calfats, perceurs et voiliers ; mais une loi du 4 juin 1864 a supprimé l'inscription des ouvriers des arsenaux, parce que cette mesure permettait à une masse d'hommes d'échapper au service militaire, alors que l'État n'y trouvait plus, en raison de la transformation des constructions navales, la main-d'œuvre du fer, qui dès lors tendait à devenir prépondérante.

1397. — Les musiciens font désormais partie des équipages de la flotte comme des régiments, et les commissionnés correspondent maintenant à une forme de lien au service consacrée dans la loi des cadres de l'armée du 15 déc. 1875, tandis que, dans la marine, un certain nombre d'employés militaires sont liés par des commissions analogues à celle de la gendarmerie.

1398. — Le conseil de guerre saisi, toujours compétent quand il s'agit de juger un homme présent en fait au service (V. *suprà*, n. 93 et s.), doit cependant vérifier les difficultés qui seraient soulevées par le prévenu touchant la validité du lien au service, lorsqu'il est poursuivi pour désertion.

1399. — Ainsi, la nullité d'un engagement volontaire contracté en violation de la loi, l'illégalité de l'incorporation résultant de ce que le prévenu est de nationalité étrangère, peuvent être alléguées par la défense, et le conseil doit surseoir et renvoyer devant qui de droit. — V. *suprà*, n. 97 et s.

1400. — ... A moins qu'il n'y ait aucun doute et que l'exception soulevée n'ait aucune vraisemblance. — V. *suprà*, n. 101.

1401. — La désertion est précédée d'une période d'attente et de repentir appelée délai de grâce, pendant laquelle l'inculpé dont la non-présence a été constatée est en état d'absence illégale et de simple faute disciplinaire, mais continue de figurer sur les contrôles du corps ou du bâtiment. Cette circonstance fait que la compétence du conseil de guerre persiste à son égard, pour tous les crimes et délits qu'il peut commettre jusqu'à ce qu'il ait été régulièrement déclaré déserteur (V. *suprà*, n. 163). Au contraire, à dater de la désertion, les juridictions de droit commun reprennent leur empire, puisque l'homme cesse d'être porté présent sur les matricules (C. just. marit., art. 77). — Cass. (règl. de juges), 11 sept. 1873, Daronnat. — V. *suprà*, n. 171.

1402. — Le délai de grâce varie suivant la position de l'homme et les conditions particulières du délit. Quelle qu'en soit la durée, il a pour point de départ l'expiration du jour où l'absence a été constatée. En d'autres termes, le délai court de minuit à minuit, sans avoir égard à l'heure où a eu lieu le premier appel infructueux. En revanche, si l'homme rentre le matin qui suit exactement le dernier jour du délai, fût-ce avant le premier appel, il n'en est pas moins déserteur.

1403. — Au surplus, les délais de grâce constituent à l'égard du délinquant une sorte de mise en demeure qui opère d'elle-même par l'effet de la loi, et qui a pour conséquence juridique d'inverser à l'égard du déserteur les conditions habituelles des poursuites du ministère public ; lorsqu'il s'agit d'un délit quelconque, c'est la partie publique qui a à faire la preuve, tandis qu'en matière de désertion, le rôle du commissaire du gouvernement et du rapporteur consiste seulement à rapprocher les faits et les dates, le prévenu ayant à sa charge le fardeau de la preuve de son innocence, par exemple les cas de force majeure (blessures, maladie, etc.) qui ont pu le tenir éloigné de son corps.

1404. — Notons qu'il n'est pas nécessaire pour éviter le délit que l'homme soit, en temps utile, de retour à son corps ou à son bâtiment ; il lui suffit, pour échapper à la peine de la désertion, sans être constitué prisonnier, ou tout au moins, d'avoir fait sa soumission à une autorité française quelconque (gendarme, commandant de place, consul, etc.) avant l'expiration du délai de grâce qui lui était imparti. Il suffit même qu'il ait été arrêté comme illégalement absent. Cependant nous croyons qu'un inculpé ne pourrait se prévaloir de ce que, dans le délai légal, il aurait été arrêté à raison d'un fait quelconque, puis relâché sans que son absence illégale eût été constatée ou avouée, pour soutenir qu'un nouveau délai doit lui être alloué à dater de son élargissement. Le délai ne peut cesser de courir que par une soumission volontaire ou une arrestation précédée ou suivie de la constatation de la situation militaire.

1405. — Il arrive parfois dans la vie maritime que des hommes viennent à disparaître dans des circonstances telles que leur mort soit considérée comme plus ou moins probable. Ces hypothèses, qui ont motivé l'une des principales modifications apportées au Code civil par la loi du 8 juin 1893. conduisent le plus souvent à une déclaration judiciaire du décès des disparus. Mais, lorsque les circonstances de la disparition sont mal connues, quelques commandants se croient obligés de formuler une déclaration de désertion. Il semble pourtant que, lorsque toutes les vraisemblances viennent à disparaître dans la mort et qu'aucun soupçon ne plane sur le disparu, un chef agit sagement en ne doublant pas le procès-verbal de disparition d'une plainte en désertion, qui peut jeter le trouble dans l'esprit des juges civils et, quelqu'invraisemblable qu'elle soit, entraver la régularisation de l'état civil du disparu.

1406. — Bien qu'aucun texte n'ait statué sur ce point, le temps pendant lequel l'homme a été en état de désertion ne compte pas dans les années de service exigées par la loi et ne peut être admis dans la liquidation d'une pension de retraite, pas plus que le temps pendant lequel le déserteur a subi sa peine d'emprisonnement ou de travaux publics (L. 15 juill. 1889, art. 41 ; L. 24 déc. 1896, art. 28). Mais l'insuffisance de dispositions précises sur cette matière a donné lieu à de nombreuses hésitations.

1407. — Lorsqu'il y a eu condamnation pour désertion, on arrête les services au jour de la déclaration de désertion, c'est-à-dire à l'expiration de l'absence illégale, pendant laquelle l'homme était toujours porté au matricules pour ne les faire courir à nouveau qu'à la date de l'élargissement du détenu.

1408. — Si, au contraire, après la soumission volontaire ou l'arrestation du déserteur, celui-ci est l'objet d'un refus d'informer, d'une ordonnance de non-lieu ou d'un acquittement, aucune déduction ne doit être effectuée et l'homme est réputé avoir servi pendant toute la durée de son absence illégale. Telle est, du moins, la doctrine préconisée par le département de la guerre, et qui a prévalu dans un avis du Conseil d'Etat (section des finances) en date du 17 févr. 1886. Aux termes de cet avis, la condamnation d'un marin ou d'un militaire pour désertion est la preuve que le service dû n'a pas été accompli, et, en l'absence de cette condamnation, la preuve n'est pas faite. La section a tiré principalement argument des art. 184, C. just. milit., et 236, C. just. marit., ainsi conçus : « à quelque époque que le déserteur soit arrêté, il est mis à la disposition du ministre de la Guerre pour compléter, s'il y a lieu, le temps de service qu'il doit encore à l'Etat ». Les mots « s'il y a lieu », équivaudraient à ceux de « s'il intervient une condamnation. »

1409. — Il ne nous est pas possible de considérer cette interprétation comme justifiée, bien que le ministre de la Marine ait dû l'accepter à regret dans un but d'uniformité, ainsi qu'il résulte de la circulaire du 17 juill. 1893 (B. O. M., p. 152). L'argument tiré de l'art. 236 n'est pas probant : l'ensemble de l'article a trait à la prescription de l'action et du délit de désertion y échappe en raison de son caractère successif; mais le texte ajoute qu'à quelque époque que le déserteur soit arrêté, c'est-à-dire alors même qu'il aurait dépassé l'âge de cinquante ans ou de quarante-sept ans, suivant qu'il est ou non inscrit maritime, alors qu'il aurait prescrit son délit, il est mis à la disposition du ministre pour compléter son temps de service. Les mots « s'il y a lieu » ajoutés à ce texte ne peuvent donc signifier « s'il y a eu condamnation », puisque précisément dans ce cas, il ne peut plus même y avoir de jugement; le « s'il y a lieu » veut dire simplement : si le déserteur n'a pas terminé son temps de service. L'hypothèse contraire est plus fréquente qu'on ne pourrait croire, soit que le déserteur ait quitté le corps à la veille de son congédiement, soit que la durée du service actif obligatoire ait été modifiée pendant son absence, ainsi que cela s'est vu depuis quelques années pour les hommes du recrutement, et ainsi que cela se voit fréquemment pour les inscrits maritimes. Le vrai sens de ce texte est que, si l'on peut prescrire le délit, on ne prescrit jamais le service militaire. La prétendue justification tirée de l'art. 236 est donc inacceptable.

1410. — A ne prendre que les textes, on peut affirmer qu'il n'existe rien sur la déduction du service des déserteurs, en de-

hors de l'art. 41, L. 15 juill. 1889, lequel n'a trait qu'au temps passé en détention en vertu d'un jugement, c'est-à-dire au temps pendant lequel le déserteur a subi la peine de son délit. Dès lors, c'est à tort que le Conseil d'Etat a cru pouvoir invoquer cette disposition à l'appui de sa thèse. Toutefois, les dispositions de la loi de recrutement veulent que les hommes de l'armée active ne passent dans la réserve que lorsqu'ils « ont accompli le temps de service prescrit ». Tout revient donc à savoir si l'homme qui a quitté le corps sans autorisation et en est demeuré éloigné pendant un certain temps, a accompli le service prescrit; assurément non. On objecte qu'il faut une preuve de ce non-accomplissement et on ne la trouve que dans un jugement. C'est là, selon nous, l'erreur : la matricule est une preuve administrative de l'absence, comme elle est une preuve du service fait, et on ne voit pas pourquoi cette preuve, jugée suffisante et opposée tous les jours aux marins et militaires ayant toujours régulièrement servi, quand il s'agit de régler la date de leur congédiement ou le montant de leur pension, serait insuffisante quand il s'agit d'un déserteur.

1411. — Quant à prétendre que l'acquittement ou l'ordonnance de non-lieu impliquent la négation du fait même de l'absence, il n'y faut point songer en présence de la jurisprudence qui a nettement séparé le domaine criminel du domaine disciplinaire, et qui, par exemple, permet de frapper légalement de la cassation pour indélicatesse un sous-officier acquitté du chef de vol. La criminalité de la désertion étant disparue, il ne reste pas moins le fait matériel de l'absence, et l'homme se trouve ainsi dans le même cas que l'individu omis sur les listes du tirage au sort, lequel n'est passible d'aucune peine, mais doit le service non accompli.

1412. — D'ailleurs, en poussant les choses à l'extrême, l'on serait conduit à compter pour la retraite le temps d'absence du déserteur acquitté ; une pension de retraite assurée serait alors la récompense du déserteur assez persistant dans son délit pour en atteindre la prescription. Le département de la Guerre a été, au surplus, obligé de renoncer à sa propre théorie en cas d'amnistie. Ainsi, les instructions du 23 mars 1880, réitérées en 1889, ont spécifié que les états de services du déserteur amnistié seraient complétés par l'addition des mots « interruption de service du....., au...... ». Et cependant, il n'y a pas condamnation.

1413. — Avant de quitter ces généralités, il convient de rappeler qu'après avoir déclaré les prescriptions du Code d'instruction criminelle relatives à la prescription, applicables devant les juridictions maritimes, l'art. 236 décide que la prescription ne commence à courir que du jour où le déserteur a atteint l'âge de cinquante ans, quand il appartient à l'inscription maritime, ou, dans le cas contraire, l'âge de quarante-sept ans, limite inscrite à la loi du 26 avr. 1855. La raison de cette exception est dans le caractère successif du délit de désertion qui est réitéré par le coupable chaque jour où il diffère sa soumission.

1414. — Mais il est à remarquer que l'exception apportée au Code d'instruction criminelle n'a trait qu'à la prescription du délit, c'est-à-dire de l'action publique ; celle de la peine reste fixée à cinq ans comme dans le droit commun. Conséquemment et suivant un usage déjà établi sous l'empire de la législation antérieure, il est préférable de n'exercer contre le déserteur aucune poursuite par contumace ou par défaut. Toute la procédure doit se borner à dresser la plainte et à y joindre le dossier prévu à l'art. 124, C. just. marit. S'il en était autrement, il suffirait au déserteur de laisser écouler cinq ans à dater de l'accomplissement des formalités de signification des jugements par défaut (art. 231) pour avoir prescrit sa peine et échapper à toutes les conséquences du délit.

1415. — Or, la pratique démontre que, si la majorité des déserteurs se soumet ou est reprise dans un espace de temps assez court, les autres demeurent le droit commun, c'est-à-dire pour ceux-là. D'où l'interdiction absolue d'entamer contre les déserteurs aucune poursuite par défaut, du moins jusqu'à ce qu'ils aient atteint l'âge de cinquante ou de quarante-sept ans. A cette date, un jugement par défaut aurait cette conséquence de substituer au temps exigé pour la prescription de l'action le temps exigé pour la prescription de la peine, c'est-à-dire de prolonger le délai de la prescription de deux années; mais la question n'a guère d'intérêt que théorique pour les hommes qui ont été appelés à bénéficier des dernières lois d'amnistie, puisque les dernières formules ont ordonné de rayer des contrôles de déserteurs tous les hommes âgés de quarante-cinq ans, sans même qu'ils aient à faire aucune soumission.

1416. — Il ne faut pas oublier non plus que, dès qu'un déserteur est sous la main de la justice, la prescription de l'action publique commence à courir en sa faveur et qu'il peut l'accomplir s'il n'est pas condamné dans les trois ans qui suivent son arrestation. C'est ce qu'a reconnu le ministre de la Marine dans une dépêche du 12 nov. 1891 (manuscrite), adressée au préfet de police.

1417. — Nous ne saurions d'ailleurs quitter cette matière de la désertion sans indiquer quels ont été les principes qui ont successivement prévalu en matière d'amnistie de déserteurs, seule forme d'amnistie appliquée sur le terrain du Code de justice maritime.

1418. — Les amnisties antérieures à la guerre de 1870, lesquelles avaient lieu par décret, avaient toujours été limitées aux déserteurs non encore jugés; le décret du 14 août 1869, rendu à l'occasion du centenaire de Napoléon Ier, peut être considéré comme le type du genre. Aux condamnés, on accordait des grâces et réductions de peines largement calculées, mais sans effacer leurs condamnations. L'amnistie n'était alors acquise qu'aux hommes qui en sollicitaient l'application par un acte dit de soumission et de repentir, et cette démarche devait être accomplie dans un délai déterminé, sauf aux retardataires à justifier devant le ministre des titres qu'ils pouvaient avoir à de plus longs délais. C'est cette dernière disposition qui permit au ministre de la Marine de faire connaître au ministre des Affaires étrangères et, par son organe, aux agents diplomatiques et consulaires, qu'il serait fait application de l'amnistie à tous les déserteurs qui se présenteraient pour reprendre du service à l'occasion de la guerre. — Circ. 9 sept. 1870 aux préfets maritimes (manuscrite).

1419. — Mais, en 1880, on s'est trouvé en face d'une conception différente de l'amnistie. D'une part, la constitution de 1875, différant en cela de celle de 1852, ne laissait plus au Chef de l'État le droit de statuer par décret; l'intervention du parlement était nécessaire. D'autre part, le rapporteur au Sénat, M. le vice-amiral Roussin, fut frappé de cette circonstance que la formule habituelle d'amnistie ne s'appliquait qu'aux déserteurs et insoumis non encore jugés, ce qui excluait tous les condamnés, même ceux qui avaient été frappés par les conseils de guerre après une présentation volontaire, ce qui semblait constituer pour ces derniers une véritable infériorité La commission ayant partagé cette manière de voir, l'amnistie fut étendue à tous les condamnés sans distinction, à la seule condition que leur condamnation n'eût été encourue que pour désertion ou insoumission.

1420. — La loi fut votée le 16 mars 1880; mais on n'en peut comprendre la portée que se reportant aux instructions du ministre de la Guerre du 23 mars 1880, appliquées à la marine le 6 avril suivant. Il résulte de ces actes que l'amnistie a été étendue aux individus en état de désertion, de prévention ou de détention pour désertion; qu'une série de mesures gracieuses sont intervenues pour faire la part de la désertion dans les pénalités uniques encourues pour désertion et autres délits concomitants; enfin que le bénéfice de l'amnistie peut être revendiqué par tous les individus antérieurement condamnés pour désertion, lesquels ont désormais droit à obtenir un relevé de leurs services avec la mention « interruption de service du..... au...... » à la place où figurait la trace de leur désertion et de la condamnation qui avait suivi.

1421. — Il a été jugé qu'un militaire, amnistié du délit de désertion en présence de rebelles armés par application de la loi du 11 juill. 1880, peut être valablement condamné pour désertion à l'intérieur alors qu'il a négligé de réclamer l'application de l'amnistie spécialement accordée aux déserteurs que la loi du 16 mars 1880. — Cons. rév. Paris, 30 juin 1881, [Leclerc et Coupois, n. 84] — Cette décision semble non seulement bien rigoureuse, mais encore très-contestable puisque c'est le fait déjà amnistié qui sert de base à l'incrimination. Telle n'était assurément pas l'intention du législateur de 1880. La question n'a d'ailleurs plus d'intérêt pratique.

1422. — La loi du 19 juill. 1889 est entrée dans la même voie que la loi du 16 mars 1880, mais avec une légère variante: le parlement ayant manifesté le désir de voir l'amnistie spécialement applicable aux condamnés de bonne conduite et dignes d'intérêt, avait limité les effets de l'amnistie « aux déserteurs et

insoumis qui, avant le 1er janv. 1890, auront été l'objet d'une décision gracieuse du Président de la République ». Mais un décret collectif, intervenu sur l'initiative personnelle du ministre de la Guerre, a déclaré graciés et amnistiés tous les déserteurs et insoumis. Cet acte signé le 2 août 1889 et interprété par une circulaire du 3 du même mois, est en contradiction formelle tant avec la loi qu'il prétend appliquer, qu'avec les principes reçus en matière de grâce. Il est de plus en opposition directe avec ce qu'avait voulu le parlement. Il consacre, en effet, d'une part, la grâce collective et en masse de tous les déserteurs et insoumis détenus ou non, alors que la loi voulait des grâces individuelles; il accorde ces grâces non seulement à des condamnés, mais à des prévenus et à des hommes en fuite, c'est-à-dire à des gens qui, n'ayant pas été frappés de peines, ne pourraient être graciés; enfin il comprend sous la même signature des dispositions réglementaires sur l'application de l'amnistie et un ensemble de mesures gracieuses, c'est-à-dire deux choses issues de pouvoirs de nature différente. Il est à souhaiter qu'à la prochaine amnistie on fasse choix de textes plus clairs et conçus de manière à prévenir les difficultés qui naissent encore journellement de l'amnistie de 1889.

1423. — II. *Désertion à l'intérieur.* — A. *Eléments constitutifs.* — Est considéré comme déserteur à l'intérieur, six jours après celui de l'absence constatée, tout officier-marinier, quartier-maître, matelot, ouvrier chauffeur, novice ou apprenti marin, tout individu non officier faisant partie de l'équipage d'un bâtiment de l'État, qui, sans autorisation, s'absente du bâtiment, du corps ou du détachement auquel il appartient. Néanmoins, celui qui n'a pas trois mois de service ne peut être considéré comme déserteur qu'après un mois d'absence (art. 309).

1424. — Le texte de 1858 disait : « qui n'a pas six mois de service ». Ce délai a été abaissé à trois mois par les lois des 18 mai et 31 déc. 1875 (1) en raison de la diminution de la durée du service militaire, dont le bénéfice n'appartient ni aux engagés ni aux marins réadmis (Circ. 11 mai 1894). Le même article ajoutait à la nomenclature des individus susceptibles de déserter les ouvriers inscrits, c'est-à-dire, les ouvriers des professions maritimes. Ainsi qu'on l'a vu *supra*, n. 1396, cette prescription est devenue sans objet par suite de l'abolition de l'inscription des ouvriers des arsenaux.

1425. — Sont condamnés comme déserteurs les individus ci-dessus désignés, voyageant isolément d'un point à un autre, ou dont le congé ou la permission est expirée, qui, dans les quinze jours qui suivent l'époque fixée pour leur retour ou leur arrivée au port, ne s'y sont pas présentés. Ici, l'homme étant absent du corps, on suppose que le lien de la discipline a pu se relâcher et on se montre plus patient avant de le déclarer déserteur.

1426. — Notons cette disposition si remarquable et si singulière au premier abord en vertu de laquelle l'inscrit maritime levé pour le service, fût-ce pour la première fois, et qui n'obtempérait pas à son ordre de levée était déclaré déserteur et non pas insoumis. Il y avait là une application de l'idée dominante de l'inscription maritime, telle qu'elle avait été conçue par Colbert dans l'ordonnance de 1681 : le marin qui navigue au commerce (pêche, long cours, etc.), et qui, en raison de l'exercice de cette profession, est inscrit maritime, n'est pas un citoyen vivant extérieurement à la discipline de la flotte; il est et doit se considérer toute sa vie comme étant à moitié au service de l'État. On retrouve les mêmes espèces dans la disposition aux termes de laquelle, après 300 mois de navigation libre, n'eût-il accompli, en raison d'une infirmité par exemple, aucun service dans les équipages de la flotte, l'État paie à l'inscrit une pension dite demi-solde. La marine militaire le considère comme un marin jouissant d'une sorte de congé indéterminé et, lorsqu'elle l'appelle au service et qu'il ne s'y rend pas, elle le déclarait déserteur au même titre et dans le même délai qu'un marin en congé. C'est également en vertu de cette conception particulière qu'on a pu dire que le matelot est « emprunté à l'État par la marine du commerce ». Mais les art. 73 et s., L. 24 déc. 1896, ont abandonné cette idée et spécifié que l'inscrit levé pour le service serait déclaré insoumis et puni comme tel, faute d'obtempérer à son ordre de levée. — V. *supra*, n. 1378.

_____

(1) Le mode de procéder suivi par la loi du 31 déc. 1875 pour modifier le Code de justice maritime mérite d'être l'objet des critiques justifiées, en ce sens qu'il n'apporte aucune précision dans le texte substitué : le texte actuellement en usage dans la marine n'est qu'une adaptation de la loi du 18 mai 1875 faite par la circulaire ministérielle du 14 févr. 1876.

1427. — Un arrêt de cassation du 24 févr. 1860, Mignard, [S. 60.1.386, P. 60.910], a admis que le bénéfice du délai d'un mois accordé par le § 1 de l'art. 309 au marin qui n'a pas trois mois de service, ne peut être refusé à ce même marin qui, placé dans la position de congé, de permission ou de première levée, ne saurait avoir droit à un délai moindre que s'il s'était échappé de son bâtiment.

1428. — Jugé que l'art. 231, C. just. milit. (309, C. just. marit.), en accordant au jeune soldat qui n'a pas trois mois de services un délai de grâce exceptionnel d'un mois avant de le déclarer déserteur, n'a pas distingué entre les différentes positions individuelles de présence ou d'absence que le soldat peut avoir pendant qu'il est en activité de service ; qu'en conséquence, le temps passé à l'hôpital ou en congé de convalescence, n'étant déduit des services ni au point de vue des obligations du recrutement, ni à celui des pensions, doit entrer en ligne de compte pour le calcul du délai de grâce. — Cons. rév. Paris, 5 juin 1883, [Leclerc et Coupois, n. 164]

1429. — ... Qu'un jeune soldat n'ayant pas trois mois de services ne peut, par le fait que, dans cet espace de temps, il a été envoyé en congé, perdre le bénéfice du délai de grâce exceptionnel d'un mois prévu à l'art. 231, C. just. milit., et être déclaré déserteur après quinze jours. — Cons. rév. Paris, 24 août 1883, [Leclerc et Coupois, n. 172]

1430. — ... Qu'un réserviste qui, au cours d'une période d'exercices, abandonne son corps et n'y rentre pas dans le délai de grâce quoique déclaré déserteur, alors même que, dans l'intervalle de ce délai, est survenue l'époque du congédiement. — Cons. rév. Paris, 12 mai 1887, Vauzon, [Leclerc et Coupois, n. 261]

1431. — ... Que le militaire qui s'est évadé du dépôt de discipline où il était retenu avant sa mise en jugement, à raison d'un délit par lui commis, et qui n'a point reparu au corps dans les délais de grâce, doit être réputé déserteur et puni comme tel. — Cass., 20 juin 1851, Bertrand, [S. 52.1.137, P. 52.2.260, D. 53.5.159]

1432. — Tout individu coupable de désertion, aux termes de l'art. 309, est puni de deux à cinq ans de prison, si la désertion a eu lieu en temps de paix, et de deux à cinq ans de travaux publics si la désertion a eu lieu, soit en temps de guerre, soit d'un territoire en état de guerre ou de siège (art. 310).

1433. — La peine de la désertion, l'une des plus fréquemment invoquées des Codes maritime et militaire, est aussi une de celles devant laquelle les conseils de guerre se montrent le plus hésitants, et qui motivent le plus d'acquittements. Souvent aussi les juges, après avoir infligé le minimum de la peine, font spontanément appel à la clémence du gouvernement pour obtenir que la pénalité soit abaissée par une mesure gracieuse en faveur d'un coupable particulièrement intéressant (V. supra, n. 491 et s.). Aussi certaines personnes se demandent-elles s'il n'y aurait pas lieu de permettre aux conseils de guerre d'abaisser à six mois le minimum de la peine dans certains cas déterminés, par exemple en faveur du condamné primaire, c'est-à-dire n'ayant jamais encouru de condamnation, et de plus ayant fait volontairement sa soumission. D'autres ont même parlé de circonstances atténuantes pures et simples ; mais c'est là une grave solution en matière de pénalité militaire ; mieux vaudrait abaisser franchement dans certaines hypothèses le minimum de la peine. — V. supra, n. 1106 et 1197.

1434. — En ce qui concerne la portée des expressions « en temps de guerre » et celles de « territoire en état de guerre ou de siège », elles ne comportent que peu d'explications : le temps de guerre a le plus souvent pour point de départ une déclaration de guerre régulièrement notifiée (V. à titre d'exemple une circulaire du 7 juin 1859, notifiant aux autorités maritimes la déclaration de guerre entre la France et l'Italie : B. O. M., p. 322). — V. supra, v° Belligérants, n. 24. — Le temps de guerre ne résulte pas à titre général d'une expédition coloniale ; c'est ce qui a été décidé notamment pour les campagnes de Cochinchine, du Tonkin et de Madagascar, considérées comme actes de représailles ou opérations de gendarmerie.

1435. — Mais un territoire donné peut se trouver en état de guerre sans qu'il y ait eu de guerre déclarée : l'état de guerre résulte alors des opérations militaires d'attaque et de défense, quels que soient ceux contre lesquels elles sont dirigées. L'intérêt de cette distinction consiste en ce que l'effet du « temps de guerre » réagit sur toute l'étendue du territoire de la République et sur tous les bâtiments de la flotte, quelqu'éloignés qu'ils puissent

être du théâtre de la lutte ; tandis que le territoire en état de guerre est nettement spécialisé à ce théâtre. C'est ce qui s'est produit au cours de la campagne du Tonkin où quelques hommes, ayant commis divers délits, se sont vu infliger la pénalité de l'état de guerre, tandis qu'au même moment, les conseils de guerre permanents de France appliquaient la pénalité inférieure. Tout autre eût été la situation en cas de guerre régulièrement déclarée.

1436. — Quant à l'état de siège, on sait qu'il résulte d'une déclaration formelle qui est faite par une loi ou, en cas d'ajournement ou de dissolution des Chambres, par le Président de la République, suivant les distinctions établies par les art. 2 et 3, L. 3 avr. 1878, et aux colonies par le gouverneur après avis du conseil de défense (LL. 9-11 août 1849 et 3 avr. 1878). Les limites des territoires placés en état de siège sont d'ailleurs strictement indiquées dans l'acte de proclamation.

1437. — Toutefois, l'application de ces règles fort sages a donné lieu, à une certaine époque, à une difficulté résultant de la prolongation indéfinie de l'état de siège dans les ports militaires après la guerre de 1870-71. Cette situation, qui avait, entre autres conséquences, celles de forcer les juges à prononcer au minimum deux ans de travaux publics contre des déserteurs à l'intérieur, motiva un grand nombre de recours en grâce de la part des conseils de guerre. Dans le but d'éviter cet inconvénient, une instruction ministérielle finit par inviter les préfets maritimes à ne pas relever, les juges à écarter par leur verdict, en la résolvant négativement, la question d'état de siège (Circ. 24 déc. 1873, manuscr.)

1438. — B. Circonstances aggravantes. — L'emprisonnement ou les travaux publics ne peuvent être moindre de trois ans, dans les circonstances suivantes : 1° si le coupable a emporté une arme, un objet d'équipement, ou s'il a déserté, s'est emparé d'une embarcation appartenant à l'Etat ; 2° s'il était redevable d'avances de solde envers l'Etat ; 3° s'il a déserté étant de service, sauf les cas prévus par les art. 283 et 284, C. just. marit., c'est-à-dire sauf le cas où l'abandon de son poste, de son quart, etc. mériterait, aux termes de ces articles, une pénalité plus lourde ; 4° s'il a pris du service à bord d'un navire de commerce français ; 5° s'il a déserté antérieurement (art. 310).

1439. — En ce qui concerne les avances de solde, il a été décidé (Circ. 19 mai 1860 : B. O. M., p. 411) que les avances d'effets d'habillement, destinées à être recouvrées sur la solde du marin, en constituaient une fraction et équivalaient, au point de vue des circonstances aggravantes de la désertion, à de véritables avances de solde. Il a été décidé, d'autre part, qu'un marin pouvait ne pas être considéré comme en débet envers l'Etat si les avances de solde ou d'effets reçus par lui étaient compensées par sa créance sur la caisse des gens de mer (Dép. 17 oct. 1887 au préf. marit. de Brest, manuscr.). Cette interprétation est conséquente avec la doctrine émise par la section des finances, etc , du Conseil d'Etat, au sujet de la confiscation des sommes dues au déserteur pour reliquat de solde. — V. infrà, n. 1480.

1440. — La question s'est posée de savoir comment devaient être établies à la charge du prévenu les cinq circonstances dont la loi fait résulter contre le déserteur une surélévation du minimum de la peine. Si l'on se reporte attentivement au texte de l'art. 310, on voit que le législateur a édicté là de véritables circonstances aggravantes et que, par suite, elles doivent, conformément à l'art. 162-2° faire chacune l'objet d'une question distincte. — V. supra, n. 436.

1441. — Comme conséquence, les juges ont le droit, pour ces questions comme pour toute autre, de répondre oui ou non ; dès lors, on ne saurait voir dans ces cinq circonstances aggravantes une série de faits matériels susceptibles d'être prouvés par un rapprochement de pièces de comptabilité ou autres ; même pour la désertion antérieure qui n'est pas du tout une récidive au sens légal de ce mot, les juges, éclairés par les constatations de l'instruction sur ce point comme sur tout autre, répondent selon leur conscience oui ou non, car il s'agit d'une question de culpabilité. C'est en ce sens que la difficulté a été tranchée par le ministre de la Marine (Circ. 3 déc. 1873 : B. O. M., p. 724). Il est bon cependant de noter que sur l'article similaire du Code de justice militaire, le ministre de la Guerre a, par circulaires des 24 nov. 1863 et 30 janv. 1864, indiqué l'interprétation contraire ; mais la doctrine du département de la marine est seule logique puisque, si les juges étaient liés par les pièces produites, on ne devrait pas plus consulter le conseil sur une désertion antérieure, par exemple, qu'on ne consulte les juges sur une récidive. — V. en ce sens, Cass., 13 mai 1859, [Bull. crim., n. 123]; — 10 janv. 1861,[Ibid., n. 8]; — 30 mars 1861, [Ibid., n. 68]

1442. — Lorsqu'un militaire est mis en jugement pour désertion, avec la circonstance aggravante d'avoir emporté des armes ou des effets qu'il n'a pu représenter, le président du Conseil doit, en cas d'acquittement sur le fait principal, poser une question subsidiaire en vue du délit prévu à l'art. 326-2°. — Cons. rév. Alger, 27 mai 1886, Roy, [Leclerc et Coupois, n. 245]

1443. — III. *Absence illégale de l'officier.* — Est puni de six mois à un an d'emprisonnement tout officier absent de son bâtiment, de son corps ou de son poste, sans autorisation, depuis plus de six jours, ou qui ne s'y présente pas quinze jours après l'expiration de son congé ou de sa permission, sans préjudice, s'il y a lieu, des dispositions de l'art. 1, L. 19 mai 1834. Tout officier qui abandonne son bâtiment en temps de guerre, son corps ou son poste sur un territoire en état de guerre ou de siège, est déclaré déserteur après les délais déterminés par le paragraphe précédent, et puni de la destitution, avec emprisonnement de deux ans à cinq ans (art. 311).

1444. — Ainsi qu'il a été dit ci-dessus, ce n'est qu'à partir de 1792 que la désertion des officiers a été formellement punie et réprimée. Jusqu'à cette date, la rigueur de leur lien au service n'était pas admise, et, dans l'ancien droit, ils étaient plutôt considérés comme servant à titre spontané. Conséquemment, en quittant leur corps sans autorisation, ils perdaient leur grade, mais, réputés pour ainsi dire démissionnaires, ils n'étaient passibles d'aucune pénalité. Au contraire, la loi du 17 mai 1792 a considéré l'officier comme lié au service et cette situation s'est encore précisée avec la loi du 19 mai 1834 qui, en donnant à l'officier la propriété de son grade, l'astreint à ne plus rompre sans l'assentiment du ministre un lien que, de son côté, le gouvernement est impuissant à briser sans l'observation de formes spéciales. Pourtant, la loi maritime, comme la loi militaire, ne déclare pas déserteur l'officier qui, en temps de paix, abandonne son corps sans quitter le territoire français. Elle qualifie son délit d'absence illégale et n'y attache qu'une peine atténuée, celle de six mois à un an de prison (V. cependant, *infrà*, n. 1468). Au contraire en temps de guerre, l'officier peut devenir déserteur et nous exposerons plus loin qu'il en est de même, en temps de paix, lorsqu'il quitte le sol français. — V. de Chenier, *Guide des tribunaux militaires.*

1445. — L'art. 311, § 1, après avoir statué sur l'absence illégale de l'officier ajoute : « sans préjudice de l'application, s'il y a lieu, des dispositions de l'art. 1, L. 19 mars 1834, sur l'état des officiers ». Les prescriptions ainsi rappelées édictent la destitution de l'officier absent de son corps depuis plus de trois mois. La conséquence de cette double pénalité est que les traditions du département de la marine consistent à attendre, avant de poursuivre un officier en état d'absence illégale, que le délai de trois mois se soit écoulé depuis son départ. La mise en jugement peut alors être ordonnée par défaut, suivant les formes prévues à l'art. 231, C. just. marit., et la destitution peut être prononcée. L'officier absent peut être rayé définitivement et sans appel des contrôles, après l'expiration du délai de cinq jours imparti pour l'opposition.

1446. — Il est bon de noter que ce qui a été dit ci-dessus (V. *suprà*, n. 1413 et s.) concernant la non-applicabilité de la prescription au délit de désertion, ne saurait s'étendre à l'absence illégale de l'officier, en raison du silence de l'art. 236 ; mais tout ce que nous avons dit à ce sujet convient aux cas où l'officier peut être déclaré déserteur.

1447. — Une difficulté est née de ces règles diverses en ce qui touche le remplacement de l'officier dans le cadre. S'il y a jugement par défaut et destitution, la radiation est effectuée et la vacance existe ; mais si l'officier est déserteur en temps de guerre ou à l'étranger, il n'y a ni poursuite ni condamnation. Cependant, cette dernière et la destitution qui l'accompagne étant des plus probables après un certain temps d'absence, l'usage s'est établi de considérer la vacance comme ouverte et de remplacer dans le cadre l'officier en état de désertion. Il en est de même lorsqu'un officier disparaît dans des conditions assez obscures pour qu'il soit impossible de faire déclarer son décès par les tribunaux dans les conditions prévues à l'art. 98, C. civ., modifié par la loi du 8 juin 1893. Pourtant, il est arrivé parfois [...]

que l'on a fait prononcer par défaut la destitution de l'officier disparu ; mais ce mode de procéder semble abandonné en raison de la flétrissure apparente qui peut en résulter pour la victime d'un simple accident.

1448. — En temps de guerre, les délais fixés par les art. 309 et 311 sont réduits des deux tiers (L. 18 mai-31 déc. 1875). Ils descendent donc à deux jours pour l'homme présent au corps et à cinq jours pour celui qui n'a pas rallié à l'issue d'un congé ou d'une permission.

1449. — IV. *Désertion à l'étranger.* — Est déclaré déserteur à l'étranger : 1° trois jours après celui de l'absence constatée, tout marin, tout individu faisant partie de l'équipage d'un bâtiment de l'État, tout inscrit maritime levé pour le service de l'État, qui franchit, sans autorisation, les limites du territoire français ou qui, hors de France, abandonne le bâtiment ou le corps auquel il appartient ; 2° tout individu désigné au précédent paragraphe, qui prend du service sur un navire étranger ou dans une troupe étrangère, ou qui est trouvé à bord d'un navire étranger sans une permission ou un motif légitime (art. 313).

1450. — Jugé que le délai de grâce exceptionnel d'un mois accordé par l'art. 231, C. just. milit. (art. 309), au militaire n'ayant pas trois mois de service, n'est pas applicable au cas où l'inculpé a franchi sans autorisation les limites du territoire français ; que l'art. 235, C. just. milit. (C. just. marit., art. 313) et le délai de grâce de trois jours qu'il prévoit sont applicables à tous les militaires sans distinction de temps de service. — Cons. rév. Paris, 3 août 1885, Blanchard, [Leclerc et Coupois, n. 222]

1451. — ... Que le traité de protectorat intervenu entre la France et la Tunisie n'ayant pas eu pour objet de faire perdre à cette dernière son autonomie, les militaires qui, appartenant à la division d'occupation, abandonnent leurs corps pendant plus de trois jours sont déserteurs à l'étranger. — Cons. rév. Alger, 23 avr. 1885, [Leclerc et Coupois, n. 215]

1452. — Une certaine prudence est nécessaire pour établir que la désertion a eu lieu à l'étranger. Le rapporteur doit chercher à se procurer des preuves et non pas se contenter du seul aveu de l'inculpé qui pourrait avoir intérêt à faire déclarer par la justice militaire qu'il était absent du territoire au moment précis où il commettait un crime quelconque.

1453. — Tout individu non officier, coupable de désertion à l'étranger aux termes de l'art. 313, est puni de deux à cinq ans de travaux publics si la désertion a eu lieu en temps de paix. Il est puni de cinq à dix ans de la même peine si la désertion a eu lieu, soit en temps de guerre, soit d'un territoire en état de guerre ou de siège. La peine ne peut être moindre de trois ans de travaux publics en temps de paix et de sept ans en temps de guerre, si la désertion a été accompagnée de l'une des circonstances suivantes : 1° si le coupable a emporté une arme, un objet d'équipement, ou si, pour déserter, il s'est emparé d'une embarcation appartenant à l'État ; 2° s'il était redevable d'avances de solde envers l'État ; 3° s'il a déserté étant de service, sauf les cas prévus par les art. 283 et 284, C. just. marit.; 4° s'il a pris du service sur un bâtiment étranger ; 5° s'il a déserté antérieurement (art. 314).

1454. — Nous ne pouvons que nous reporter aux observations qui précèdent en ce qui touche la portée des divers termes employés, la distinction du temps de guerre et de l'état de guerre ou de siège, la classification et la portée des circonstances aggravantes, enfin l'abrogation de la partie de ces textes qui concernait les ouvriers inscrits des arsenaux maritimes.

1455. — Tout officier coupable de désertion à l'étranger est puni de la destitution avec un emprisonnement d'un an à cinq ans, si la désertion a eu lieu en temps de paix et de la détention, entraînant la dégradation et la perte du grade, si la désertion a eu lieu soit en temps de guerre, soit d'un territoire en état de guerre ou de siège (art. 315).

1456. — La question se pose fréquemment dans la pratique de savoir comment peuvent être arrêtés les déserteurs. En France, les délinquants sont l'objet de signalements qui sont transmis à la gendarmerie, au préfet du département, au préfet de police, au ministre et à toute personne susceptible d'aider à l'arrestation du déserteur. A l'étranger, le premier soin d'un commandant doit être d'adresser le signalement au consul ou, à défaut, de demander directement aux autorités locales la remise du délinquant. Cette formalité doit même être accomplie à l'égard des hommes illégalement absents, sans attendre l'expiration des délais de grâce.

1457. — Jugé que la remise de deux déserteurs, faite par un pouvoir étranger sans condition ni réserve, constitue un acte d'autorité non sujet à contestation puisque tout gouvernement étranger a le droit d'expulser un réfugié qu'il considère comme un malfaiteur; que d'ailleurs, la défense, n'ayant pas soulevé la question préjudicielle au commencement des débats, n'est pas recevable à la discuter devant le conseil de révision. — Cons. rév. Alger, 30 déc. 1886, [Leclerc et Coupois, n. 260]

1458. — Une erreur assez communément répandue consiste à qualifier d'extradition la remise de l'homme qui est souvent faite par les consuls. C'est là une expression mauvaise et une source de confusion : l'extradition est un acte gouvernemental qui ne peut être accompli que par le pouvoir central d'un État ou, en son nom, par un gouverneur de colonie (V. *suprà*, v° *Extradition*). Tout autre est la remise du marin effectuée par un consul; cette remise peut découler de deux circonstances différentes : dans les pays du Levant et dans l'extrême Orient, nos consuls possèdent, en vertu de traités ou capitulations, un droit de police sur leurs nationaux ainsi soustraits, par une dérogation aux principes habituels du droit international, à la juridiction des pouvoirs locaux. Ils peuvent arrêter ou faire arrêter, même par réquisition à la police locale, les Français qui causent du trouble et les expulser du pays. On conçoit donc qu'ils puissent aisément, à l'aide de ces pouvoirs, se saisir du marin dont l'absence leur est signalée, et le livrer au commandant du bâtiment auquel il appartient ou même de tout autre susceptible de le remettre aux mains de la justice maritime. — V. *suprà*, v° *Agent diplomatique et consulaire*, n. 830 et s.

1459. — Dans les pays chrétiens, ces pouvoirs n'existent pas; mais ces nations ont été conduites à convenir dans des traités spéciaux, dits conventions consulaires, qu'elles se livreraient réciproquement dans leurs ports, par l'intermédiaire des consuls, les marins déserteurs. La plus grande variété existe quant à la teneur et à l'étendue de ces conventions : un grand nombre ne s'appliquent pas textuellement aux marins de l'État; on ne rencontre de dispositions expresses en ce sens que dans un petit nombre de conventions telles que celles passées, les 12 mai 1870 et 8 nov. 1872, entre la France et l'Italie. L'Angleterre s'est toujours refusée à aucune concession de ce genre; il est vrai que la patrie de l'*habeas corpus* ne pouvait qu'être hostile en principe à toutes les formes de l'extradition.

1460. — Par suite, en ces matières, le commandant d'un bâtiment de l'État doit toujours se tenir au courant des droits et pouvoirs spéciaux dont disposent les consuls français dans les parages où il navigue, afin d'y recourir sans hésitation le cas échéant. Ajoutons que, même là où aucune stipulation expresse n'est intervenue, beaucoup de pays livrent spontanément les déserteurs aux consuls, mesure dont les prévenus ne peuvent d'ailleurs aucunement contester le bien-fondé, puisqu'il s'agit là d'un acte de haute police, exercé souverainement par les pays intéressés.

1461. — Enfin, on ne doit pas oublier que dans tout pays placé sous le protectorat de la France, les agents de l'autorité française, en particulier les résidents, exercent vis-à-vis de leurs nationaux un droit de police analogue à ceux qu'ils exerceraient en France, en particulier par suite essence un abandon de juridiction par l'État protégé sur les sujets de l'État protecteur. C'est ce qui a été reconnu à plusieurs reprises pour l'Annam, le Tonkin et Madagascar (Dép. Marine à Colonies, le 25 janv. 1889 pour l'Indo-Chine. — Dép. Marine aux Affaires étrangères le 15 févr. 1890 pour Madagascar, manuscr.).

1462. — V. *Désertion à l'ennemi ou en présence de l'ennemi.* — Est puni de mort avec dégradation militaire tout officier, tout individu faisant partie de l'équipage d'un bâtiment de l'État ou d'un navire convoyé, tout marin inscrit levé pour le service de l'État, coupable de désertion à l'ennemi (art. 316). Est puni de la détention tout déserteur en présence de l'ennemi (art. 317).

1463. — Il y a entre ces deux dispositions et celles des articles précédents une différence profonde. Jusqu'ici nous avons différencié la désertion à l'intérieur ou à l'étranger, suivant que le délit se produisait en temps de paix ou en temps de guerre. Ici le danger devient plus imminent; aussi la pénalité s'aggrave. Si le déserteur passe à l'ennemi, c'est un traître, il est puni de mort; s'il abandonne le drapeau en présence de l'ennemi mais sans se joindre à lui, c'est un lâche et on le frappe de la détention.

1464. — Une décision du conseil de révision de Paris, du 26 oct. 1871, aff. Rossel, rendue à la suite de l'insurrection de la Commune, a admis que les art. 316 et 317 devaient être entendus en ce sens que, bien qu'ils ne reproduisent pas l'expression de rebelles armés employée dans divers autres articles du Code maritime (art. 282 et s.), comme similaire de l'ennemi, ils sont également applicables si le fait a été commis en présence de rebelles armés.

1465. — VI. *Désertion avec complot.* — Est réputée désertion avec complot toute désertion effectuée de concert par plus de deux marins ou militaires (art. 318).

1466. — Est puni de mort : 1° le coupable de désertion avec complot en présence de l'ennemi (aggravation de l'art. 317); 2° le chef du complot de désertion à l'étranger. Le chef du complot de désertion à l'intérieur est puni de cinq à dix ans de travaux publics, ou, s'il est officier, de la détention. Dans tous les autres cas le coupable de désertion avec complot est puni du maximum de la peine portée aux sections précédentes, suivant la nature et les circonstances du crime ou du délit (art. 319).

1467. — Le complot de désertion exige le concert de plus de deux personnes; mais la loi se place au jour du délit et non pas au jour du jugement. Dès lors, l'acquittement d'un des déserteurs ne décharge pas de plein droit les deux autres de la circonstance aggravante. C'est là une interprétation analogue à celle qui a prévalu en ce qui touche le complice, lequel peut être condamné légalement, bien que l'auteur principal soit inconnu, non poursuivi ou même acquitté. — V. *suprà*, v° *Complicité*, n. 136 et s.

1468. — De la disposition de l'art. 319 qui punit de la détention l'officier chef du complot de désertion à l'intérieur, il s'ensuit que l'officier qui, agissant isolément, ne peut être déclaré déserteur à l'intérieur, peut être poursuivi comme chef du complot de désertion à l'intérieur, quand il opère avec des non-officiers. — V. *suprà*, n. 1443 et s.

1469. — VII. *Absence au moment du départ du bâtiment.* — Tout individu, non-officier, faisant partie de l'équipage d'un bâtiment de l'État qui, en France ou à l'étranger, au moment du départ du bâtiment auquel il appartient, se trouve absent sans permission, est réputé, suivant les cas, déserteur à l'intérieur ou à l'étranger, et puni comme tel, encore qu'il le soit présenté à l'autorité avant l'expiration des délais portés aux art. 309 et 313 (art. 320).

1470. — Cette disposition, introduite pour la première fois en 1858 dans la législation maritime, a pour but de réprimer le calcul en vertu duquel quelques marins, désireux d'échapper à une campagne pénible, disparaissaient au moment du départ de leur bâtiment et s'empressaient de faire leur soumission dès qu'il avait pris la mer, assurés de n'encourir qu'une punition disciplinaire. Désormais, ils sont passibles des peines de la désertion, quelque courte qu'ait été leur absence.

1471. — Cependant, une instruction ministérielle, du 28 sept. 1858 (B. O. M., p. 879), a recommandé aux préfets maritimes de n'user qu'avec mesure des rigueurs de l'art. 320 et de rendre une ordonnance de non-lieu lorsque l'intention frauduleuse de l'absent ne peut être établie. Il est évident, en effet, que l'application de l'art. 320 ne doit pas conduire à des condamnations de hasard, et ce serait dépasser le but que de poursuivre comme déserteur, un matelot à qui une faute légère aurait subitement appareillé pour revenir au mouillage 48 heures après. Dans ce cas, il y aurait chez l'inculpé une surprise et non un calcul, une faute et non un délit.

1472. — L'art. 258, Décr. 5 juin 1894, concernant les équipages de la flotte, indique les mesures à prendre à l'égard des officiers-mariniers, quartiers-maîtres et matelots qui, ayant manqué le départ de leur bâtiment, n'ont pas été punis conformément à l'art. 320; une des dispositions recommandées à leur égard consiste soit à leur faire rejoindre leur bâtiment par les voies rapides, soit à les embarquer sur un navire se rendant dans les mêmes parages, le tout sans préjudice des punitions disciplinaires à leur infliger.

1473. — VIII. *Provocation à la désertion.* — Tout marin, tout militaire embarqué qui provoque ou favorise la désertion est puni de la peine encourue par le déserteur, selon les distinctions établies ci-dessus. Tout autre individu qui, sans être embaucheur pour l'ennemi ou pour les rebelles, provoque ou favorise la désertion est puni par le tribunal compétent d'un emprisonnement de deux mois à cinq ans (art. 321).

1474. — On voit par là que le marin ou le militaire qui provoque ou favorise la désertion en est purement et simplement complice et, à ce titre, il est puni des mêmes peines que l'auteur principal. Tout autre est la situation de l'individu de l'ordre civil; celui-là commet un délit spécial, dont la peine est distincte et très-étendue afin de répondre à toutes les situations. Mais il n'y a plus de complicité; sans cela, le civil entraînerait le militaire devant le tribunal correctionnel qui deviendrait ainsi, dans beaucoup de cas, le juge du délit si exclusivement militaire de la désertion. C'est pour cela que le Code a le soin de renvoyer le délinquant devant le tribunal compétent, ce qui revient à prononcer la disjonction des poursuites.

1475. — Mais l'art. 321 ne statue pas sur le délit de recèlement de déserteur lequel est encore punissable des peines portées par l'art. 4, L. 24 brum. an VI. — Montpellier, 16 nov. 1874, Gayraud, [S. 75.2.24, P. 75.200, D. 75.2.132] — *Sic*, Foucher, *Comment. sur le C. de just. milit.*, n. 1645; Cochet de Savigny et Perrève, *Dictionn. de la gendarmerie*, v° *Déserteurs*, § 8.

1476. — Il résulte du premier paragraphe de l'art. 321, que le marin ou assimilé qui provoque ou favorise une désertion ne peut être poursuivi et condamné s'il n'y a pas fait de désertion légalement punissable contre le déserteur; et il en est de même dans le cas prévu par le second paragraphe; s'il est vrai de dire que l'individu (n'appartenant pas à l'armée) qui provoque ou favorise une tentative de désertion commet un délit spécial, en ce sens qu'il n'est pas poursuivi comme complice et devant les mêmes tribunaux que le déserteur, encore faut-il admettre qu'il ne serait pas punissable si le fait principal de désertion n'était pas susceptible d'être réprimé; le second paragraphe n'a eu d'autre but, ainsi que cela résulte expressément de l'Exposé des motifs du Code de 1858, que d'atténuer en faveur de l'embaucheur civil les pénalités plus rigoureuses édictées par le premier paragraphe contre les marins assimilés. — Cass., 2 mai 1896, Dubry et autres, [*Gaz. des Trib.*, 8 mai 1896]

1477. — De là que, lorsqu'un soldat n'a pas été déclaré déserteur (absence illégale de moins de trois jours), les individus non-militaires qui ont favorisé ou provoqué cette absence n'ont pas commis le délit réprimé par l'art. 321 susvisé. — Même arrêt.

1478. — La loi du 24 déc. 1896 a rendu applicable aux inscrits maritimes l'art. 321, § 1, C. just. marit., dans les conditions prévues aux art. 58 et 80 de ladite loi.

1479. — IX. *Confiscation.* — Dans tous les cas de désertion, le jugement prononce la confiscation des sommes dues par l'Etat au déserteur et celles des parts de prises qui pouvaient revenir à ce déserteur (art. 322). Cette confiscation est considérée comme une suite légale et forcée du jugement; de telle sorte qu'elle n'en est pas moins encourue dans le cas où le prononcé en serait omis. Elle est d'ailleurs l'application pure et simple des actes organiques de la caisse des invalides (L. 13 mai 1791; Ord. 22 mai 1816), qui attribuent à cet établissement les reliquats de solde et parts de prise dues aux déserteurs. Ces sommes sont mêmes versées à la caisse dès que l'homme est déclaré déserteur, sauf à lui être restituées en cas d'acquittement ultérieur.

1480. — A cette occasion s'est posée la question de savoir si les sommes déposées au nom du déserteur dans la caisse des gens de mer devaient être considérées comme déjà payées, ou comme lui étant encore dues et par suite passibles de la confiscation. La raison de douter venait de ce que la caisse des gens de mer est une caisse de dépôt faisant partie d'un établissement public distinct de l'Etat, bien que rattaché au budget de l'Etat; conséquemment, on pouvait soutenir qu'il y avait eu novation sur la créance du marin, une fois versée en son nom à la caisse, y perdait le caractère de reliquat de solde pour prendre celui de dépôt. Le Conseil d'Etat (section des finances, etc.) ne l'a pas pensé ainsi et, sous la date du 30 mars 1874, a émis l'avis que ces sommes tombaient sous le coup de la confiscation édictée à l'art. 322 (Circ. 23 juin 1874). — V. *suprà*, n. 1430.

1481. — Une autre question a été soulevée à propos des diverses amnisties, celle de savoir s'il y avait lieu de rendre au déserteur amnistié le montant des sommes confisquées sur lui lors de sa condamnation, ou même confisquées préventivement avant cette condamnation. Sur le premier point, la négative ne pouvait être douteuse, puisque l'amnistie efface le délit, mais non les faits irrévocablement accomplis; or, la confusion des sommes confisquées avec les fonds de la caisse des invalides était un fait accompli contre lequel l'amnistie ne pouvait prévaloir. La situation était plus délicate au cas où le déserteur n'avait

jamais été condamné; cependant l'établissement des invalides se basant, non pas sur l'art. 322 qui eût été insuffisant, mais sur l'art. 4-6°, L. 13 mai 1791, s'est définitivement refusé à toute restitution de cette nature.

1482. — X. *Circonstances atténuantes.* — Si un individu, reconnu coupable de désertion, est condamné par le même jugement pour un fait entraînant une peine plus grave, cette peine ne peut être réduite par l'admission de circonstances atténuantes (art. 323). Cette disposition s'explique par le motif que l'application de l'art. 463, C. pén., pourrait arriver à faire descendre au-dessous du minimum de la peine de la désertion une pénalité dont la supériorité, au contraire, aurait commencé par entrer en ligne de compte dans l'application de la règle du non-cumul des peines. Soit, comme exemple, un matelot coupable de vol suivi de désertion; supposons ce vol passible de la réclusion; le marin déclaré simultanément coupable de vol qualifié et de désertion reste légalement sous le coup de la peine la plus forte, c'est-à-dire de la réclusion. En raison de l'art. 323, cette peine ne pourra être abaissée, tandis que, sans l'art. 323, elle pourrait, avec admission de circonstances atténuantes, descendre à un an de prison, ce qui donnerait avantage à l'auteur des deux faits cumulés. C'est là ce que la loi a voulu éviter. En revanche, l'art. 323 produit parfois des résultats bien sévères, en ce sens que, dans l'hypothèse ci-dessus, la peine de la réclusion sera fatalement encourue, quelles que soient le peu de valeur de l'objet soustrait ou les circonstances particulières du vol. Il est évident, ou surplus, que, dans ce cas, les juges auront la ressource d'écarter par leur verdict la circonstance aggravante dont la constatation entraînerait pour l'accusé une pénalité hors de proportion avec la criminalité du fait.

§ 6. Vente et achat, détournement, destruction, mise en gage et recel d'effets militaires.

1483. — Est puni d'un an à cinq ans d'emprisonnement tout marin qui vend des effets d'armement ou d'équipement, des munitions ou tout autre objet à lui confié pour le service. Est puni de la même peine tout marin qui sciemment achète ou recèle lesdits effets. La peine est de six mois à deux ans d'emprisonnement s'il s'agit d'effets composant le sac du marin (art. 323).

1484. — Il est bien entendu tout d'abord que cet article, comme les suivants, envisage la vente et l'achat effectués en dehors des cas prévus par la loi du 18 avr. 1886 sur l'espionnage. Il ne s'agit ici que des objets ne présentant pas le caractère de secret intéressant la défense nationale.

1485. — En second lieu, ces dispositions présentent avec celles du Code de justice militaire une différence qui tient à ce fait que le marin est propriétaire de son sac. C'est ce qui motive l'abaissement de la pénalité lorsqu'il s'agit d'effets entrant dans la composition du sac; il faut même tout l'intérêt supérieur du service, qui veut qu'à aucun moment le marin ne puisse être privé de ses vêtements d'uniforme, pour que ce dernier soit rendu passible de peines pour avoir, somme toute, vendu ce qui lui appartient, ce qu'il a payé de ses deniers. Telles sont les considérations qui motivent les prescriptions de l'art. 325.

1486. — Quant au marin qui achète ou recèle sciemment des effets, c'est un complice pur et simple; il est donc puni de la même peine que l'auteur principal. Il en est différemment du civil acheteur des mêmes effets (V. *infrà*, n. 1492). La loi ajoute le mot « sciemment » non seulement parce qu'il s'agit d'une complicité et que, suivant les principes du droit criminel, elle ne peut résulter que d'une intention coupable (V. *suprà*, v° *Complicité*, n. 240 et s.), mais encore parce que, dans certains cas, les règlements autorisent la vente d'effets entre les marins, notamment après le décès de l'un d'eux.

1487. — Est puni de six mois à deux ans d'emprisonnement tout marin : 1° qui dissipe ou détourne les armes, munitions et autres objets à lui remis pour le service; 2° qui, acquitté du fait de désertion, ne représente pas les armes ou objets appartenant à l'Etat qu'il aurait emportés ou détournés (art. 326). Cette dissipation d'ailleurs consiste dans la non-représentation pure et simple des objets qui ont été perdus par le marin ou qui lui ont été dérobés. Si, au contraire, il était prouvé que l'inculpé a fait de ses armes ou effets un usage volontairement frauduleux, il pourrait tomber sous le coup de l'art. 325 qui réprime la vente d'effets.

1488. — Il faut noter également que, lorsqu'il est question de vente d'effets, il s'agit exclusivement de ceux mêmes qui étaient à la disposition du vendeur; mais si les effets étaient ceux d'un autre, il y aurait lieu de faire application des prescriptions édictées contre le vol.

1489. — Est puni de six mois à un an d'emprisonnement tout marin qui met en gage tout ou partie de ses effets d'armement ou d'équipement, ou tout autre objet à lui confié pour le service. La peine est de deux mois à six mois d'emprisonnement s'il s'agit d'effets composant le sac du marin (art. 327).

1490. — Tout marin qui, volontairement, détruit, lacère ou jette à la mer des effets entrant dans la composition de son sac est puni d'un emprisonnement de deux mois à un an. Tout marin, tout individu embarqué sur un bâtiment de l'Etat qui, volontairement, detruit, lacère ou jette à la mer des effets entrant dans la composition du sac d'un marin est puni d'un emprisonnement d'un an à deux ans (art. 328). Cette dernière disposition, qui n'a pas de similaire dans le Code militaire, est applicable au militaire embarqué et même au simple passager, et cela, nonobstant les termes de l'art. 330 et le renvoi au Code militaire qui y est prononcé.

1491. — Tout individu qui achète, recèle ou reçoit en gage des armes, munitions, effets d'équipement, effets composant le sac du marin, ou tout autre objet militaire, dans des cas autres que ceux où les règlements autorisent leur mise en vente, est puni par le tribunal compétent de la même peine que l'auteur du délit (art. 329).

1492. — Il s'agit bien en fait d'une complicité, mais le législateur a pris soin d'éviter cette qualification afin d'arriver à la disjonction des poursuites. Autrement, le complice civil entraînant forcément, aux termes de l'art. 103, C. just. marit., le marin devant le tribunal correctionnel (V. suprà, n. 1020 et s.), le délit si fréquent et si spécial de vente d'effets eût échappé à l'action des conseils de guerre dans la plupart des cas, puisqu'une vente suppose forcément un achat corrélatif. Au contraire, par la disjonction, les délits deviennent distincts, indépendants et principaux tous deux : le marin vendeur d'effets peut être poursuivi seul, et surtout le brocanteur, chez lequel une perquisition fait découvrir des effets militaires, de provenance douteuse, peut être traduit devant la police correctionnelle, sans que le ministère public ait à faire la preuve de l'existence et de l'identité d'un vendeur, auteur principal.

1493. — Tous les militaires embarqués restent soumis aux dispositions du Code de justice militaire pour l'armée de terre, en ce qui concerne la vente, le détournement, la mise en gage et le recel des effets militaires (art. 330). Cette disposition s'explique par le fait signalé plus haut que le marin est propriétaire de son sac, dont il achète les effets par voie de retenue sur sa solde; tandis que le militaire, qui touche un prêt et non une solde, n'est qu'usager des effets dont il ne rembourse que très-incomplètement la valeur par le jeu de la masse d'entretien.

§ 7. Vol.

1494. — Le vol dont il est question aux art. 331 à 334, C. just. marit., constitue, par les objets et les personnes auxquels il s'applique, activement et passivement, ce que l'on appelle dans la pratique le vol militaire. Cependant, les principes généraux du Code pénal sont ici applicables et il est utile de les rappeler pour délimiter les éléments constitutifs du crime ou du délit; d'autant plus que, dès qu'une circonstance aggravante est relevée, c'est au Code pénal qu'il convient de recourir.

1495. — Le vol est « l'appréhension frauduleuse de la chose d'autrui dans une intention de lucre ». Lorsque l'un des éléments de cette définition fait défaut, il n'y a pas vol; mais l'absence du premier, c'est-à-dire du caractère frauduleux de la main-mise, peut transformer le délit en un abus de confiance; c'est le cas du comptable qui a reçu des sommes et qui les applique à son usage. Et c'est ici le lieu de rappeler la jurisprudence utilitaire en vertu de laquelle on punit comme voleur celui qui s'approprie une chose trouvée, lorsqu'il n'y ait pas à proprement parler de sa part une appréhension frauduleuse. — V. infrà, v° Vol.

1496. — Le Code pénal distingue nettement les divers délits de vol, larcin, filouterie, de l'abus de confiance, et du détournement; le Code de justice maritime n'entre dans aucune de ces distinctions. Tout y est qualifié vol du moment où un marin est l'auteur du délit et où le préjudice porte sur des marins ou sur l'Etat.—Cons. rév. Paris, 16 mars 1883, [Leclerc et Coupois, n. 158]

1497. — Le vol des armes, munitions et tous autres objets appartenant à l'Etat, celui de l'argent de la gamelle et de l'ordinaire, de la solde, des deniers ou effets quelconques appartenant, soit à des marins et militaires ou à des individus embarqués sur un bâtiment de l'Etat, soit à l'Etat où à la caisse des invalides de la marine, lorsqu'il a été commis par des individus qui en sont comptables, est puni des travaux forcés à temps. Si le coupable n'en est pas comptable, la peine est celle de la réclusion. S'il existe des circonstances atténuantes, la peine est celle de la réclusion ou d'un emprisonnement de trois à cinq ans s'il s'agit d'un comptable, et celle d'un emprisonnement d'un an à cinq ans dans tout autre cas. En cas de condamnation à l'emprisonnement, le coupable, s'il est officier, est, en outre, puni de la destitution (art. 331).

1498. — Le mot de munitions, employé par l'art. 331, est un terme générique, qui comprend, non seulement les munitions de guerre, mais encore les fourrages, grains et vivres de toute espèce, nécessaires à la subsistance de l'armée. — Cass., 5 déc. 1891, [Bull. crim., n. 243] — C'est que la Cour de cassation avait déjà décidé sous l'empire de l'art. 1, L. 15 juill. 1829. — Cass., 19 janv. 1856, Christophe, [S. 56.1.459, P. 56.2.93, D. 56.1.128]—Sic, Leclerc et Coupois, sur l'art. 248, C. just. milit., n. 11. — V. aussi Cass., 23 févr. 1849, Alcigne, [S. 49.1.455, P. 50.2.88, D. 49.1.184]

1499. — Jugé que le vol du pain destiné à la distribution à faire à la troupe, commis par un militaire, tombe sous l'application de l'art. 248, C. just. milit. (C. just. marit., art. 331). — Cass., 19 janv. 1856, précité; — 15 juill. 1858, Teissier, [S. 58.1.840, P. 59.336, D. 58.1.430]—Besançon, 10 juin 1891, X... (Sol. impl.), [S. et P. 92.2.49]

1500. — ... Qu'en conséquence, si, à raison de la complicité d'un non-militaire, le prévenu militaire est poursuivi devant les tribunaux de droit commun, il doit lui être fait application, non des art. 379 et s., C. pén., mais de l'art. 248, C. just. milit. (C. just. marit., art. 331). — Même arrêt.

1501. — La soustraction frauduleuse par un militaire d'une lettre adressée à un autre militaire est punie par l'art. 248, C. just. milit. (C. just. marit., art. 331), même lorsque la lettre ne contient pas de valeur. — Cons. rév. Paris, 27 nov. 1884, [Leclerc et Coupois, n. 209]

1502. — Il y a lieu de remarquer que, contrairement à la méthode suivie pour la rédaction de toutes les autres dispositions du Code maritime, l'art. 331 n'indique pas par qui le vol peut être commis. Or, l'intérêt de cette détermination est considérable, puisque la peine encourue est d'une rigueur énorme.

1503. — Le vol militaire est en effet déterminé, en apparence du moins, par son côté objectif; il doit avoir été commis au préjudice de l'Etat ou de la caisse des invalides de la marine, de marins ou militaires ou d'individus embarqués sur un bâtiment de l'Etat; et la situation de la victime du délit est ici la raison d'être de l'aggravation de la peine. En effet, la vie maritime, principalement la vie de bord, place les marins et les passagers dans des conditions de promiscuité qui ne leur permettent de prendre aucune précaution pour se protéger contre des larcins trop faciles. C'est pourquoi la loi intervient pour dresser entre les cohabitants du navire la menace d'une lourde peine. On peut voir ainsi quelque analogie entre la peine de la réclusion qui frappe le marin pour un vol simple et celle de même nature qui est encourue par un domestique à gages ou celui entre les mains de qui est fait un dépôt nécessaire (C. pén., art. 386). Dans les deux cas, la facilité du délit et la confiance obligatoire de la victime conduisent le législateur à se montrer plus sévère.

1504. — Mais, bien que l'art. 331 puisse faire supposer que toute personne peut tomber sous le coup des pénalités qu'il édicte, ce serait commettre une grave erreur que de supposer qu'un individu de l'ordre civil, étranger à la marine et non embarqué sur un bâtiment de l'Etat, pourrait être poursuivi en vertu de cet article, à raison du vol commis au préjudice d'un marin. On doit considérer comme sous-entendue dans l'art. 331 la qualité de justiciable des juridictions maritimes chez l'auteur du délit. On ne devra donc pas hésiter à appliquer l'art. 331 non seulement à un marin, mais à un passager coupable de vol commis à bord.

1505. — En vertu des mêmes principes et dans un autre ordre d'idées, on peut appliquer et on applique journellement cet article aux ouvriers des arsenaux traduits devant les tribunaux maritimes permanents pour soustraction frauduleuse d'objets de matériel appartenant à l'Etat, ainsi qu'aux recéleurs leurs complices, poursuivis devant les mêmes tribunaux en vertu de l'art. 88, C. just. marit., encore qu'ils ne soient ni marins ni militaires.

1506. — Mais un civil, justiciable du tribunal correctionnel, ne pourrait être condamné en vertu de l'art. 331 pour un vol commis dans un cabaret au préjudice d'un marin ou d'un militaire de la marine.

1507. — Jugé que l'individu de l'ordre civil poursuivi comme complice du vol prévu à l'art. 248, C. just. milit. (C. just. marit., art. 331), reste passible des dispositions du Code pénal. — Cons. rév. Alger, 22 févr. 1883, [Leclerc et Coupois, n. 136]

1508. — D'autre part, le vol au préjudice des particuliers ne peut être réprimé en vertu de l'art. 331 ; il y a lieu de recourir à l'art. 401, C. pén. Il en est de même si la victime du vol est un militaire de l'armée de terre non embarqué et si l'auteur du délit est un marin ; l'absence du contact obligatoire qui est la raison d'être des pénalités de l'art. 331 oblige à recourir au Code pénal. — Cass., 10 févr. 1870, Blanc, [S. 70.1.179, P. 70. 411, D. 71.1.177]

1509. — En revanche, les cantiniers et cantinières, en cours de campagne ou aux colonies, sont des militaires dans le sens de l'art. 248, C. just. milit., et, dans une expédition coloniale où des marins et des militaires sont affectés, devraient être considérés comme protégés par l'art. 331, C. just. marit., contre les vols commis par des marins (Instr. 11 sept. 1871 : B. O. M., p. 191).

1510. — Lorsque, dans une affaire de vol, l'accusé et la victime sont l'un et l'autre militaires, le fait incriminé est prévu et puni par l'art. milit. (331, C. just. marit.), et il ne dépend pas du président du conseil de guerre de faire dégénérer l'accusation en un vol simple par une abstraction de la qualité militaire des parties. Le jugement est nul pour le tout, alors même que l'accusé aurait été reconnu non-coupable sur le vol militaire, s'il a été condamné pour le même fait autrement qualifié. — Cons. rév. Paris, 5 mai 1882, [Leclrc et Cou,ois, n. 124] — V. aussi Cons. rév. Paris, 29 déc. 1882, [Leclerc et Coupois, n. 148] ; — 20 avr. 1883, [Ibid., n. 161]

1511. — On voit que quatre échelons sont prévus dans la pénalité : pour les comptables, les travaux forcés à temps ou, avec circonstances atténuantes, la prison de trois à cinq ans; pour les non-comptables la réclusion ou, en cas de circonstances atténuantes, la prison de un à cinq ans. La qualité de comptable est donc une véritable circonstance aggravante du vol militaire et doit être soumise à un vote spécial du conseil de guerre.

1512. — Est puni de la réclusion et, en cas de circonstances atténuantes, d'un emprisonnement d'un à cinq ans, tout marin, tout individu porté au rôle d'équipage d'un bâtiment de l'Etat qui commet un vol au préjudice de l'habitant chez lequel il est logé (art. 334).

1513. — Cette disposition, d'après la loi du 24 déc. 1896 et dans les cas prévus aux art. 58 et 80 de cette loi, est applicable aux inscrits maritimes à la condition que le délinquant soit logé militairement dans la maison où il a commis le vol.

1514. — « Les dispositions du Code pénal ordinaire sont applicables aux vols prévus par les paragraphes précédents de l'art. 331, toutes les fois qu'en raison des circonstances, les peines qui y sont portées sont plus fortes que les peines prescrites par le Code maritime ». Il s'agit ici des circonstances aggravantes énoncées aux art. 381 et s., C. pén., savoir : escalade, effraction, fausses clefs, nuit, maison habitée, édifice consacré au culte, concours de deux ou plusieurs personnes, port d'armes apparentes ou cachées, violences ou menaces de faire usage d'armes, vol commis sur un chemin public, domestique ou serviteur à gages.

1515. — L'art. 331 se termine par une disposition très-spéciale qui abaisse dans une forte proportion les peines prononcées par cet article lorsque la valeur de l'objet volé n'excède pas 40 fr. : mais il est indispensable qu'il n'y ait aucune des circonstances aggravantes prévues par le Code pénal ordinaire. « Lorsque la valeur de l'objet volé n'excède pas 40 fr., et qu'il n'y a aucune des circonstances aggravantes prévues par le Code pénal ordinaire, la peine est celle de l'emprisonnement de six mois à deux ans. »

1516. — Tout d'abord, il faut remarquer que la raison d'être de cette prescription, qui n'a pas de similaire dans le Code militaire, n'a pas été uniquement, comme on pourrait le penser, le

désir d'adoucir la pénalité à l'égard des marins. Ç'a à été presque uniquement pour faire rentrer les petits larcins de la vie de bord sous l'action des conseils de justice dont la compétence est limitée à deux ans de prison (V. suprà, n. 767). On a donc institué pour le marin un délit de vol, atténué par le peu de valeur de l'objet soustrait, et dont la plus forte peine permet de les déférer au conseil de justice du bord (V. art. 60-11°, Décr.-loi 24 mars 1852).

1517. — Mais cette atténuation s'applique à l'ensemble des prescriptions de l'art. 331, c'est-à-dire qu'il n'y a lieu de refuser le recours au § 7 de cet article que si l'on se trouve en présence d'une des circonstances aggravantes du Code pénal. Le recours à ce Code s'imposant alors, il ne peut plus être question de la valeur inférieure ou non à 40 fr. Dans toute autre circonstance, on doit appliquer, s'il y a lieu, la pénalité mitigée, et cela même si le délinquant était comptable de la somme détournée. — Cass., 20 juill. 1860, Pauly-Laborde, [S. 60.1.1021, P. 61.301, D. 60.1.360]

1518. — En revanche, la pénalité de six mois à deux ans de prison ne saurait être réduite elle-même par admission de circonstances atténuantes, à moins qu'il ne s'agisse d'un individu de l'ordre civil, comme un passager ou manouvrier des arsenaux (C. just. marit., art. 256). Comme conséquence, lorsque le même prévenu est poursuivi pour deux vols punissables, l'un en vertu de l'art. 331, § 7 (de six mois à deux ans), et l'autre en vertu de l'art. 401, C. pén. (d'un à cinq ans), cette dernière pénalité étant la plus élevée doit seule être appliquée, mais elle ne peut, par application de l'art. 463, C. pén., être abaissée au-dessous du minimum de six mois de l'art. 331.

1519. — La valeur de l'objet volé constituant un des éléments déterminants du verdict doit être soumise au vote des juges qui y statuent en fait, suivant leur conscience. Mais, l'instruction doit le plus souvent se livrer à une évaluation préalable. S'il s'agit de sommes d'argent ou même d'effets d'uniforme et d'objets d'armement, la valeur est facile à déterminer; dans le cas contraire, on procède à une estimation d'accord avec le prévenu ; en cas de dissentiment, le magistrat instructeur peut faire expertiser l'objet. Le mode de procéder est indiqué aux n. 107 et 108 de l'instruction du 25 juin 1858, qui dispose qu'en cas de doute, il y a lieu de saisir de préférence le conseil de guerre en raison de ce qu'il a plénitude de juridiction et peut appliquer au prévenu, suivant les constatations des débats, soit le § 7 de l'art. 331, soit toute autre disposition.

1520. — Tout vol commis à bord d'une prise non encore amarinée est puni d'un emprisonnement de deux mois à deux ans, ou, si le coupable est officier, de la destitution (art. 332). Le Code dit : « une prise non encore amarinée », parce que dès qu'une prise a été amarinée, elle devient, sous la seule condition résolutoire de sa validation ultérieure, la propriété de l'Etat et que, dès lors, c'est à l'art. 331 qu'il faudrait recourir pour punir l'auteur du vol.

1521. — La soustraction ou la destruction frauduleuse des papiers de bord d'un bâtiment saisi ou capturé est punie de deux à cinq ans de travaux publics, ou, si le coupable est officier, de la dégradation militaire (art. 333). Ce délit qui tend à rendre impossible la preuve de la nationalité d'un navire et le jugement de la prise, qui, par suite, expose le capitaine victime du vol à être traité comme pirate, présente une gravité particulière qui suffit à motiver la pénalité de l'art. 333.

1522. — Est puni de la réclusion tout marin, tout individu porté au rôle d'équipage d'un bâtiment de l'Etat qui dépouille un blessé. Le coupable est puni de mort si, pour dépouiller le blessé, il lui a fait de nouvelles blessures (art. 334). La loi du 24 déc. 1896 a rendu cette disposition applicable aux inscrits maritimes sous les conditions prévues aux art. 58 et 80 de la dite loi.

§ 8. Pillage, destruction, dévastation de bâtiments, d'édifices ou de matériel naval.

1523. — Est puni de mort, tout pillage ou dégât de denrées, marchandises ou effets, commis en bande, par des marins ou par des individus embarqués sur un bâtiment de l'Etat, soit avec armes ou à force ouverte, soit avec bris de portes et de clôtures extérieures, soit avec violence envers les personnes. Le pillage en bande est puni de la réclusion dans tous les autres cas. Néanmoins, si, dans les cas prévus par le premier paragraphe, il existe parmi les coupables un ou plusieurs instigateurs, un ou plusieurs marins pourvus de grades, la peine de mort n'est infligée qu'aux instigateurs et aux marins ou militaires les plus élevés en grade. Les autres coupables sont punis de la peine des travaux forcés à temps (art. 335).

1524. — S'il existe des circonstances atténuantes, la peine de mort est réduite à celle des travaux forcés à temps, la peine des travaux forcés à temps à celle de la réclusion, et la peine de la réclusion à celle d'un emprisonnement d'un an à cinq ans. En cas de condamnation à l'emprisonnement, l'officier coupable est, en outre, puni de la destitution (art. 335).

1525. — Le Code maritime, pas plus que le Code pénal d'ailleurs, ne définit ce qu'il faut entendre par bande. Tandis que, pour la rébellion, pour le complot, la loi a pris soin de dénombrer le chiffre minimum des délinquants, rien n'indique ici où commence la bande. Nous pensons que c'est là une question de fait, laissée à l'appréciation des juges et pour la solution de laquelle on ne saurait poser de règle fixe. Pourtant, les chiffres de 2, 4 et 8 personnes ayant été indiqués par le Code dans les art. 292 et 304 sans que leur groupement ait été qualifié de bande, l'intervention d'un plus grand nombre d'individus paraît nécessaire pour qu'il y ait lieu à l'application de l'art. 335.

1526. — Il faut remarquer que la présence, dans une bande, d'instigateurs ou de gradés a pour effet, non pas d'élever la peine à leur égard, mais de l'abaisser à l'égard de tous les autres. De telle sorte que si, par extraordinaire, il n'y avait parmi les pillards ni instigateurs ni gradés, la peine de mort serait encourue indistinctement par tous les coupables.

1527. — Est puni de mort tout individu qui, volontairement, incendie, par un moyen quelconque, ou détruit, par l'emploi de matières explosibles, des vaisseaux ou tous autres bâtiments ou embarcations de l'État, des édifices, ouvrages militaires, magasins, ateliers ou chantiers appartenant à la marine. S'il existe des circonstances atténuantes, la peine est celle des travaux forcés à temps (art. 336).

1528. — Est puni des travaux forcés à temps tout individu qui, volontairement, détruit, désempare ou dévaste, par d'autres moyens que l'incendie ou l'emploi de matières explosibles, des vaisseaux, bâtiments ou embarcations de l'État, des édifices, ouvrages militaires, magasins, ateliers ou chantiers appartenant à la marine. S'il existe des circonstances atténuantes, la peine est celle de la réclusion ou même de deux à cinq ans d'emprisonnement, et, en outre, de la destitution si le coupable est officier (art. 337).

1529. — Est puni de mort tout individu qui, dans un but coupable, détruit ou fait détruire, en présence de l'ennemi, des moyens de défense, tout ou partie d'un matériel de guerre, des approvisionnements en armes, vivres, munitions, matières, effets ou autres objets du matériel naval. La peine est celle de la détention si le crime n'a pas eu lieu en présence de l'ennemi (art. 338).

1530. — Le Code a soin de préciser qu'il faut avoir agi dans un but coupable pour tomber sous le coup de cette disposition. On sait, en effet, que les nécessités de la stratégie conduisent parfois un chef à faire détruire des approvisionnements pour éviter qu'ils ne tombent aux mains de l'ennemi. De même, un commandant de place qui l'évacue, a pour devoir de mettre hors d'usage ses canons et son matériel. Dans ces divers cas, il n'y a pas but coupable, par suite, pas de crime.

1531. — Est puni de six mois à cinq ans d'emprisonnement tout individu coupable d'avoir, par négligence, occasionné un incendie dans les rades, ports, arsenaux et établissements de la marine (art. 339).

1532. — Tout individu embarqué sur un bâtiment de l'État qui, en temps de guerre et sans autorisation, allume ou tient allumé un feu pendant la nuit, est puni d'un emprisonnement de six mois à deux ans. Si le feu a été allumé malgré une défense spéciale, ou si un feu, couvert par ordre, a été découvert, la peine est de trois à cinq ans de travaux publics, ou, si le coupable est officier, celle de la destitution (art. 340). Cet article est applicable à toute personne, fût-ce à un simple passager. Il ne suppose pas la négligence ou la simple désobéissance; mais il est bien entendu que si le feu avait été allumé ou découvert dans le but de signaler à l'ennemi la présence du bâtiment, on devrait faire application de l'art. 263, relatif à la trahison (entretien d'intelligences avec l'ennemi dans le but de favoriser ses entreprises).

1533. — Tout individu coupable d'avoir, sans autorisation, allumé ou tenu allumé un feu hors du lieu destiné à cet usage, soit dans les ports, arsenaux et établissements de la marine, soit à bord d'un bâtiment de servitude ou d'un bâtiment désarmé, est puni d'un emprisonnement de six mois à deux ans (art. 341). Cette disposition tend à prévenir les incendies. Elle sanctionne la violation de nombreuses consignes qui règlementent dans la marine, et notamment dans les arsenaux, l'entretien et l'extinction des feux.

1534. — Tout individu coupable d'avoir introduit à bord d'un bâtiment de l'État, sans autorisation, de la poudre, du soufre, de l'eau-de-vie ou toute autre matière inflammable ou spiritueuse, est puni d'un emprisonnement de deux mois à un an (art. 342). Cette prescription est applicable à toute personne, même à un simple passager civil ou militaire et a pour principal but de prévenir les incendies, mais aussi d'empêcher que des boissons alcooliques ne soient à la disposition de l'équipage. L'énumération de l'art. 342 est énonciative et s'appliquerait, à fortiori, à tous les explosifs modernes et même à tous les produits susceptibles de former une substance explosive par leur combinaison chimique.

1535. — Tout individu qui, à bord d'un bâtiment de l'État, volontairement détruit, jette à la mer ou, par un moyen quelconque, rend impropres à un service immédiat des armes, des câbles, manœuvres, voiles et agrès, des pièces de machines, des vivres, munitions de guerre ou autres objets d'armement, d'équipement et d'approvisionnement, est puni : 1° des travaux forcés à temps, si le fait a eu lieu, soit en temps de guerre, soit dans un incendie, un échouage, un abordage, une épidémie, une manœuvre intéressant la sûreté du bâtiment; 2° de cinq à dix ans de travaux publics, ou, si le coupable est officier, de la dégradation militaire, dans tous les autres cas. S'il existe des circonstances atténuantes, la peine est réduite, dans les cas du premier paragraphe, à celle de la réclusion, et dans les cas du deuxième paragraphe, à celle de deux à cinq ans de travaux publics, ou, si le coupable est officier, de la destitution (art. 343).

1536. — Cet article est le complément de l'art. 328 susvisé, qui punit la destruction, la lacération et le jet à la mer d'effets. Seulement, comme il s'agit d'armes, de pièces de machines et d'autres objets d'une valeur généralement plus élevée et d'une utilité plus grande que celle des effets, le minimum de la peine passe, même avec circonstances atténuantes, de l'emprisonnement aux travaux publics. Ces deux dispositions sont d'une application malheureusement assez fréquente; le jet à la mer est, en effet, pour les marins une forme préférée de manifestation de leur colère, comme l'est le bris du fusil chez le soldat.

1537. — Tout individu qui, dans les ports, arsenaux et établissements de la marine, se rend coupable de l'un des faits prévus par l'art. 343, tout marin non embarqué qui, volontairement, détruit ou brise des armes, des effets de casernement ou d'équipement, que ces objets lui aient été confiés pour le service, ou qu'ils soient à l'usage d'autres marins, est puni de deux ans à cinq ans de travaux publics; si le coupable est officier, la peine est celle de la destitution ou d'un emprisonnement de deux à cinq ans. S'il existe des circonstances atténuantes, la peine est réduite à un emprisonnement de deux mois à cinq ans (art. 344).

1538. — On s'est demandé comment pourrait être réprimé le fait d'un marin embarqué sur un bâtiment de l'État, mais descendu à terre avec une compagnie de débarquement et qui y brise son fusil. La raison de douter vient de ce que l'art. 343 n'est applicable que si le fait a été commis à bord, et que l'art. 344 vise le marin non embarqué. Dans cette situation, Haute-feuille n'hésite pas à conclure que ni l'un, ni l'autre de ces articles ne trouve ici sa place, et qu'il y a lieu de recourir à l'art. 326, en considérant le fait comme constituant la dissipation d'une arme. Tel n'est pas notre avis : les art. 343 et 344 envisagent les deux situations du marin à bord et du marin à terre; le premier est puni des travaux publics, le second de l'emprisonnement et, entre ces deux hypothèses, il n'y a pas de place pour une troisième alternative. La différence de pénalité s'explique par la gravité particulière que revêt toujours un délit lorsqu'il est commis à bord; mais, dès que le marin met le pied à terre, alors même qu'il figurerait encore au rôle d'un bâtiment de l'État, il nous paraît tomber sous le coup de l'art. 344 comme n'étant plus embarqué, au sens matériel du mot.

1539. — La destruction des carreaux, portes, fenêtres, etc., est un bris de clôture et non un bris de casernement; par suite, ces sortes de dégradations doivent être réprimées par application de l'art. 456, C. pén., quand il s'agit de bris volontaire de clôtures, ou de l'art. 257 du même Code si les dégradations ont été commises dans une autre partie du bâtiment (Circ. 10 nov. 1859). — Leclerc et Coupois, t. 2, p. 510. — V. suprà, v° Destruction de clôture.

1540. — Jugé que les carreaux de vitre d'une salle de discipline ne sont pas des effets de casernement; que l'action de les casser ne constitue donc pas le délit prévu à l'art. 254, C. just. milit. (344, C. just. marit.), mais seulement le bris de clôture de l'art. 256, C. pén. — Cons. rév. Alger, 22 sept. 1881, [Leclerc et Coupois, n. 82] — V. aussi Cons. rév. Paris, 17 juin 1881, [Leclerc et Coupois, n. 96]; — ... Qu'il en est de même du forcement et de l'enlèvement des barreaux d'une salle de discipline. — Cons. rév. Alger, 10 nov. 1881, [Leclerc et Coupois, n. 101]

1541. — La destruction ou la lacération d'armes ou d'effets est, avec le refus d'obéissance, le délit caractéristique de l'insubordination; toutefois, le Code a laissé aux juges une latitude considérable en cette matière, parce que les circonstances de l'affaire peuvent faire varier considérablement la gravité du délit. C'est ce qui explique cette étendue de peine qui va de deux mois de prison à cinq ans de travaux publics.

1542. — L'art. 344 joue un rôle très-important dans les arsenaux et établissements de la marine où il protège le matériel naval à l'encontre des atteintes qui pourraient y être portées par tous individus encore qu'ils ne soient ni marins ni militaires; l'article est donc applicable non seulement aux ouvriers de la marine, mais encore à ceux des entrepreneurs comme à toute personne qui pénètre dans un arsenal, et il doit être rapproché, ainsi que la plupart des articles de ce chapitre, de l'art. 88 qui fixe la compétence des tribunaux maritimes permanents.

1543. — Est puni d'un emprisonnement de deux mois à cinq ans tout individu au service de la marine qui, volontairement, détruit, lacère ou met hors de service des bois, métaux, toiles ou autres matières à lui confiées pour être travaillées (art. 345). L'article contient une lacune, en ce sens qu'il présuppose que le délit a porté sur des matières confiées à l'auteur du délit. Que si cette circonstance fait défaut, il n'y a plus délit à moins qu'on ne rencontre les éléments constitutifs du vol de l'art. 331.

1544. — Est puni de la réclusion tout individu qui, volontairement, détruit, brûle ou lacère des registres, minutes ou actes originaux de l'autorité maritime. S'il existe des circonstances atténuantes, la peine est celle d'un emprisonnement de deux à cinq ans, et, en outre, celle de la destitution si le coupable est officier (art. 346). Cet article est le similaire des art. 254 et 255, C. pén., auxquels on pourrait recourir si des pièces déposées dans des archives avaient été soustraites ou s'il ne s'agissait pas d'originaux; l'art. 346 ne prévoit, en effet, aucun de ces cas. — V. suprà, v° Destruction de titres.

1545. — Tout marin, tout individu porté au rôle d'équipage d'un bâtiment de l'État, coupable de meurtre sur l'habitant chez lequel il reçoit le logement, sur sa femme ou sur ses enfants, est puni de mort (art. 347). Cette disposition constitue une aggravation sur la pénalité du droit commun, non seulement parce que la circonstance aggravante de la préméditation n'est pas nécessaire pour motiver l'application de la peine de mort, mais parce que cette pénalité n'est pas réductible par l'application des circonstances atténuantes. Mais le fait que le coupable recevait le logement au titre militaire au moment du meurtre doit être mentionné dans le verdict. Pradier-Fodéré et Champoudry pensent même que cette circonstance est aggravante du meurtre et doit faire l'objet d'une question distincte. Tel n'est pas notre avis. Le fait prévu à l'art. 347, C. just. marit., n'est pas une circonstance aggravante du meurtre, c'est l'élément essentiel d'un crime militaire sui generis.

1546. — Dans les cas prévus au présent paragraphe (art. 335 à 348), la peine de mort est accompagnée de la dégradation militaire lorsque le coupable est marin ou militaire.

1547. — Les art. 335, 336, 337, 338, 344 et 346 sont applicables aux inscrits maritimes dans les cas prévus aux art. 58 et 80, L. 24 déc. 1896; il en est de même de l'art. 347 si le délinquant était logé militairement dans la maison où il a commis le meurtre.

§ 9. Faux en matière d'administration maritime.

1548. — Est puni des travaux forcés à temps tout administrateur, comptable ou autre individu au service de la marine, tout militaire embarqué qui, dans l'exercice de ses fonctions, porte sciemment sur les rôles, contrôles ou casernets, états de situation ou de revue, un nombre d'hommes ou de journées de présence au delà de l'effectif réel; qui exagère le montant des consommations ou commet tout autre faux dans ses comptes. S'il existe des circonstances atténuantes, la peine est la réclusion ou un emprisonnement de deux ans à cinq ans. En cas de condamnation, le coupable, s'il est officier, est, en outre, puni de la destitution (art. 349). — Cons. rév. Paris, 5 août 1886, [Leclerc et Coupois, n. 249]; — 12 mars 1885, [Leclerc et Coupois, n. 214]

1549. — Ces dispositions sont corrélatives de celles des art. 139 et s., C. pén. ordin. Il convient donc, pour la détermination des éléments constitutifs des crimes et délits prévus par les art. 349 à 353 de ne pas perdre de vue la jurisprudence qui a prévalu en matière de faux, notamment, la nécessité des trois conditions : altération de la vérité, intention de nuire et possibilité d'un préjudice. — V. suprà, v° Faux.

1550. — Par suite, on ne saurait voir un faux dans le fait d'un militaire qui, plaçant certaines pièces au milieu de celles que doit signer un officier, surprend ainsi sa signature. — Cass., 20 août 1837, Fescourt, [S. 58.1.81, P. 58.319, D. 57.1.411]

1551. — Un sous-officier reconnu coupable de faux en matière d'administration militaire, ne peut être condamné, accessoirement, à la peine de l'amende prévue à l'art. 164, C. pén., en même temps qu'aux travaux forcés prévus sur l'art. 257, C. just. milit. (C. just. marit., art. 349), et il y a lieu à annulation par voie de retranchement. — Cons. rév. Paris, 20 juill. 1883, [Leclerc et Coupois, n. 168]

1552. — Est puni d'un an à cinq ans d'emprisonnement tout administrateur, comptable ou autre individu au service de la marine, tout militaire embarqué, qui fait sciemment usage, dans son service, de faux poids ou de fausses mesures (art. 350). Le militaire non embarqué, bien qu'appartenant à l'armée de mer tombe sous le coup de l'art. 258, C. just. milit., qui contient des dispositions similaires.

1553. — Est puni de la réclusion tout administrateur, comptable ou autre individu au service de la marine, tout militaire embarqué, qui contrefait ou tente de contrefaire les sceaux, timbres ou marques destinés à être apposés, soit sur les actes ou pièces authentiques relatives au service maritime ou militaire, soit sur les effets ou objets quelconques appartenant à l'État, ou qui en fait sciemment usage (art. 351).

1554. — Il y a lieu de remarquer, à propos de cet article, que la loi a pris soin de prévoir expressément la tentative de contrefaçon et laisse de côté la tentative d'usage des marques contrefaites. Faut-il voir un oubli dans cette différence? Nous ne le pensons pas : l'art. 260, C. just. marit., qui renvoie aux art. 2 et 3, C. pén., rend par là même applicables en matière maritime les principes de la tentative ; or ici, l'usage des marques contrefaites, puni de la réclusion, est un crime ; la tentative en est donc punissable de plein droit, et la disposition spéciale prise à l'égard de la tentative de contrefaçon elle-même nous paraît devoir être considérée comme surérogatoire et sans portée.

1555. — Malgré les efforts des ministres de la Guerre et de la Marine, les parquets se sont toujours refusés à poursuivre les hommes qui se rendent coupables d'altérations sur leurs livrets, certificats et autres pièces. En effet, l'art. 351 prévoit un usage ou une contrefaçon de timbres ou sceaux militaires, mais non pas une falsification de pièces ; l'art. 349 est spécial aux altérations des pièces de comptabilité, enfin l'art. 153, C. pén., énumère, comme pièces dont la falsification est punie, les passeports, feuilles de route et certificats. Cette énumération, forcément limitative comme toute disposition de droit pénal, laisse donc de côté les livrets et pièces militaires qui peuvent, en l'état de la législation, être impunément grattés, surchargés et même fabriqués de toutes pièces. Le ministre de la Guerre, dans une instruction du 24 août 1861, a tenté de faire assimiler les permissions délivrées par les corps aux passeports et feuilles de route; mais cette extension ne peut être contestable. Un projet de loi spécial a été concerté entre les ministres compétents, en vue de combler cette lacune, mais ce projet n'est pas encore déposé.

1556. — Est puni de la dégradation militaire tout administrateur, comptable ou autre individu au service de la marine, tout militaire embarqué qui, s'étant procuré les vrais sceaux, timbres ou marques ayant l'une des destinations indiquées à l'article précédent, en fait ou tente d'en faire, soit une application frauduleuse, soit un usage préjudiciable aux droits ou aux intérêts de l'Etat ou des marins et militaires (art. 352).

1557. — On pourrait faire application de cette disposition aux cas nombreux dans lesquels il est fait un usage irrégulier des cachets des bâtiments, des dépôts des équipages de la flotte ou des détails du commissariat. Il arrive parfois, en effet, que, par suite d'une tolérance regrettable, des agents subalternes (fourrier, commis du commissariat, etc.) délivrent des permissions falsifiées, des certificats sans base légale et les frappent des timbres qu'on a la faiblesse de laisser à leur disposition. Or, le fait lui-même échappe toujours aux dispositions du Code maritime, et, dans la plupart des cas, à celles de l'art. 153, C. pén., parce que la jurisprudence se refuse à appliquer ce dernier article aux falsifications commises sur les livrets militaires et autres pièces, notamment en ce qui touche l'énonciation du refus ou de la concession du certificat de bonne conduite. Mais l'apposition du cachet ou timbre maritime suffit à constituer, lorsqu'elle est frauduleuse, le délit prévu à l'art. 352. Et cette pénalité pourrait être légalement infligée, le cas échéant, à un homme en congé puisqu'il reste passible de la pénalité maritime pour tous les faits prévus et punis au livre IV du Code de justice maritime (art. 79).

1558. — Est puni d'un emprisonnement de deux mois à deux ans, tout individu qui, dans un but coupable, efface ou fait disparaître les marques ou timbres appliqués sur les objets du matériel maritime. Si le coupable est comptable des objets démarqués, il est puni de deux ans à cinq ans de la même peine (art. 353).

1559. — Cet article est applicable à toute personne, même à un receleur; mais il peut être mis en œuvre, soit par un tribunal correctionnel, soit par le tribunal maritime permanent, suivant que le fait peut ou non être considéré comme rentrant dans la compétence prévue à l'art. 88, C. just. marit. C'est à l'accusation de prouver que l'inculpé agissait dans un but coupable, ce qui pourrait paraître difficile; mais les mots : « dans un but coupable » ont été ajoutés, comme à l'art. 338, parce que l'effacement des marques doit être opéré réglementairement sur les objets de matériel vendus après réforme. On peut donc en déduire que, hors de cette hypothèse aisée à établir, il y a présomption que le but était coupable.

§ 10. Corruption, prévarication et infidélité dans le service et dans l'administration maritime.

1560. — Est puni de la dégradation militaire, tout administrateur, comptable ou autre individu au service de la marine, tout militaire embarqué, coupable de l'un des crimes de corruption ou de contrainte prévus par les art. 177 et 179, C. pén. ordinaire. Dans le cas où la corruption, ou la contrainte aurait pour objet un fait criminel emportant une peine plus forte que la dégradation militaire, cette peine plus forte est appliquée au coupable. S'il existe des circonstances atténuantes, le coupable est puni de trois mois à deux ans d'emprisonnement. Toutefois, si la tentative de contrainte ou de corruption n'a eu aucun effet, la peine est de trois mois à six mois d'emprisonnement (art. 354).

1561. — Cet article n'est qu'une adaptation des art. 177 et 179, C. pén., qui punissent la corruption de fonctionnaires dans sa forme active et passive; une seule différence existe dans le dernier paragraphe de l'art. 354 qui supprime la peine de l'amende édictée cumulativement avec l'emprisonnement par l'art. 179, in fine, C. pén.

1562. — Jugé, que l'infraction prévue par l'art. 261, C. just. milit. (354, C. just. marit.), existe à l'égard du secrétaire d'un capitaine-major, qui se fait remettre des sommes d'argent par des soldats pour leur faire obtenir des congés qu'il est chargé, par ses fonctions, de préparer et d'envoyer à la signature du général. — Cass., 20 août 1857, Fescourt, [S. 58.1.81, P. 58.519, D. 57.1.411]

1563. — ... Du capitaine de recrutement qui reçoit des présents de la part des parents des conscrits. — Cass., 7 janv. 1808, Huart, [S. et P. chr.]

1564. — Est puni d'un an à quatre ans d'emprisonnement

tout officier de santé de la marine qui, dans l'exercice de ses fonctions et pour favoriser quelqu'un, certifie faussement ou dissimule l'existence de maladies ou d'infirmités. Il peut, en outre, être puni de la destitution. S'il a été mû par des dons ou promesses, il est puni de la dégradation militaire. Les corrupteurs sont, en ce cas, punis de la même peine (art. 355).

1565. — Rappelons tout d'abord que, s'il s'agit d'individus de l'ordre civil, la dégradation militaire est remplacée par la dégradation civique (art. 255, n. 779). De plus, il convient de rapprocher cette disposition de l'art. 71, L. 15 juill. 1889, sur le recrutement qui renferme des prescriptions spéciales et moins sévères que celles de l'art. 355 pour le cas de fraude se rattachant aux opérations des conseils de révision. — V. infra, v° Recrutement.

1566. — Est puni des travaux forcés à temps tout administrateur, comptable, ou autre individu au service de la marine, tout militaire embarqué, qui s'est rendu coupable des crimes ou délits prévus par les art. 169, 170, 174 et 175, C. pén. ordinaire. S'il existe des circonstances atténuantes, la peine est celle de la réclusion ou de deux à cinq ans d'emprisonnement et, dans ce dernier cas, de la destitution, si le coupable est officier (art. 356). Cet article de renvoi n'a guère d'intérêt qu'en ce qui concerne les art. 174 et 175, C. pén., qui punissent, le premier, ceux qui perçoivent indûment des taxes, redevances de salaires et autres dues à la caisse des invalides, et, le second, les administrateurs qui prennent un intérêt dans les affaires ou entreprises soumises à leur action. Quant aux art. 169 et 170, ils font double emploi, comme crime et comme peine, avec les dispositions de l'art. 331, C. just. marit.

1567. — Tout administrateur, comptable ou autre individu au service de la marine, tout militaire embarqué qui, hors les cas prévus par l'article précédent, trafique, à son profit, des fonds ou des deniers appartenant à l'Etat, à la caisse des invalides de la marine, à des marins ou militaires, est puni d'un emprisonnement d'un an à cinq ans (art. 357). Cet article a pour but d'empêcher les comptables de tirer un profit personnel des deniers dont ils sont dépositaires, soit en les plaçant à la caisse d'épargne, soit en les faisant servir à des opérations de banque ou autres, alors même qu'ils n'auraient aucunement l'intention de s'approprier les fonds eux-mêmes, ni de les dilapider.

1568. — Est puni de la réclusion tout administrateur, comptable ou autre individu au service de la marine, tout militaire embarqué, qui falsifie ou fait falsifier des substances, matières, denrées ou liquides confiés à sa garde ou placés sous sa surveillance, ou qui, sciemment, distribue ou fait distribuer lesdites substances, matières, denrées ou liquides falsifiés. La peine de la réclusion est également prononcée contre tout administrateur, comptable ou autre individu au service de la marine, contre tout militaire embarqué, qui, dans un but coupable, distribue ou fait distribuer des viandes provenant d'animaux atteints de maladies contagieuses, ou des matières, substances, denrées ou liquides corrompus ou gâtés. S'il existe des circonstances atténuantes, la peine de la réclusion est réduite à celle de l'emprisonnement d'un an à cinq ans, avec destitution si le coupable est officier (art. 338).

1569. — Il est inutile d'insister sur le caractère criminel de ces falsifications et distributions, qui peuvent tout à la fois compromettre le service et la santé des hommes. L'art. 433, C. pén. ordinaire, permet déjà de réprimer sévèrement les fraudes de cette nature commises par les fournisseurs; mais à l'égard des administrateurs et autres individus au service de la marine, une sévérité spéciale est justifiée. Nous rencontrons encore ici l'expression « dans un but coupable » parce que la distribution de denrées avariées peut être faite par erreur et que, même effectuée volontairement, elle peut être justifiée par une nécessité telle qu'une insuffisance de vivres à bord. — V. Cass., 23 nov. 1895.

§ 11. Usurpation d'uniformes, costumes, insignes, décorations et médailles.

1570. — Est puni d'un emprisonnement de deux mois à deux ans tout marin, tout militaire embarqué, tout individu faisant partie de l'équipage d'un bâtiment de l'Etat, qui porte publiquement des décorations, médailles, insignes, uniformes ou costumes français sans en avoir le droit. La même peine est prononcée contre tout marin, tout militaire embarqué, tout individu faisant partie de l'équipage d'un bâtiment, qui porte des décorations, médailles ou insignes étrangers sans y avoir été préalablement autorisé (art. 359).

1571. — Cet article est similaire de l'art. 259, C. pén., dont il abaisse pourtant la pénalité minima à deux mois de prison au lieu de six, le maximum demeurant le même. Il est vrai que le droit commun comporte la concession de circonstances atténuantes que le militaire ne peut obtenir. — V. *suprà*, v° *Décorations*, n. 29 et s.

1572. — L'autorisation mentionnée au dernier paragraphe de l'art. 359 est celle de la grande chancellerie de la Légion d'honneur, laquelle autorisation doit être sollicitée du gouvernement français, indépendamment de tout brevet de concession attribué par un gouvernement étranger (V. *suprà*, v° *Décorations*, n. 104 et s.). On sait d'ailleurs que les seules décorations françaises sont : la Légion d'honneur, la médaille militaire, les palmes universitaires et le mérite agricole. Tous les ordres afférents aux pays de protectorats (Cambodge, Annam, Nischam, Etoile noire, etc.), bien que délivrés en fait par des agents français où sous leur contrôle, n'en demeurent pas moins des ordres étrangers. Il est vrai qu'un décret du 23 mai 1896 a disposé que les ordres coloniaux seraient désormais concédés par décret du Président de la République ; mais cette prescription n'a pas pu, malgré la confusion qu'elle fait naître, enlever à ces ordres le caractère étranger qu'ils tiennent du souverain local dont ils émanent.

1573. — D'après la loi du 24 déc. 1896, l'art. 359 n'est applicable aux inscrits maritimes, dans les cas prévus par les art. 58 et 80, qu'en cas de port illégal soit d'uniforme militaire, soit d'insignes, décorations ou médailles sur un uniforme militaire.

§ 12. Crimes ou délits commis par les marins du commerce dans leurs rapports avec les bâtiments de l'Etat.

1574. — Tout pilote coupable d'avoir perdu volontairement un bâtiment de l'Etat ou un navire de commerce convoyé est puni de mort ; si c'est par négligence, d'un emprisonnement d'un an à cinq ans. S'il a échoué volontairement le bâtiment, il est puni des travaux forcés à temps ; si c'est par négligence, d'un emprisonnement de six mois à deux ans. S'il a abandonné le bâtiment après s'être chargé de le conduire, il est puni d'un emprisonnement de deux à cinq ans. Si l'abandon a lieu en présence de l'ennemi, le coupable est puni de mort ; s'il a lieu en présence d'un danger imminent, la peine est celle de la réclusion (art. 360). Ces dispositions sont corrélatives aux art. 267 et s., qui règlent la perte ou la prise des bâtiments de l'Etat ; seulement, sauf pour le premier cas, celui de la perte volontaire, la peine est adoucie à l'égard du pilote.

1575. — La loi ne précise pas de quel pilote il s'agit ; elle dit pilote en général, ce qu'il faut entendre non seulement du pilote lamaneur, breveté au titre français, mais de tout pilote de profession, même étranger. C'est pour ce motif que l'art. 360 parle d'abandon d'un bâtiment après s'être chargé de le conduire. Cette réserve n'aurait pas d'objet vis-à-vis d'un pilote français qui ne peut refuser son concours lorsqu'il en est requis par le commandant d'un bâtiment de l'Etat. Il s'agit donc aussi bien d'un pilote étranger dont l'acceptation est purement volontaire, mais qui, une fois lié par cette acceptation contractuelle, ne peut plus échapper à son rôle sans tomber sous le coup de l'art. 360.

1576. — La compétence du conseil de guerre de bord résulterait d'ailleurs dans ce cas du texte formel de l'art. 97, C. just. marit. Il n'est, bien entendu, pas question ici des pilotes de la flotte qui, en leur qualité d'officiers-mariniers, font partie de l'équipage des bâtiments, et tomberaient, le cas échéant, sous le coup, non pas de l'art. 360, mais des art. 267 et s.

1577. — Tout capitaine d'un navire de commerce convoyé, coupable d'avoir perdu volontairement le navire placé sous son commandement, est puni de mort. S'il a abandonné volontairement le convoi dont il faisait partie, il est puni d'un emprisonnement de deux mois à cinq ans. S'il a désobéi aux ordres ou aux signaux du commandant du convoi, il est puni d'un emprisonnement de deux mois à six ans (art. 361). Mais, si cette désobéissance résultait d'une entente avec l'ennemi, elle pourrait tomber sous le coup de l'art. 263 et entraîner la peine de mort.

1578. — Tout capitaine d'un navire de commerce français, qui refuse de porter assistance à un bâtiment de l'Etat dans la détresse, est puni d'un emprisonnement de six mois à deux ans (art. 362). Cette disposition, corrélative de celle de l'art. 273-3° qui oblige le commandant d'un bâtiment de l'Etat à porter lui même secours à tout navire en détresse, a pour base légale, non seulement des sentiments d'humanité, mais encore les liens de discipline qui subordonnent le capitaine au commandant du bâtiment de l'Etat (Décr.-loi 24 mars 1852, art. 6).

1579. — Tout individu qui, au moyen d'une embarcation, favorise l'évasion du bord, de marins ou autres individus embarqués sur un bâtiment de l'Etat, est puni par le tribunal compétent d'un emprisonnement de six jours à six mois (art. 363). La compétence du conseil de guerre de bord est établie en vertu de l'art. 98, C. just. marit., pourvu que les prévenus aient été arrêtés dans le périmètre de deux encâblures. Si l'arrestation a lieu en tout autre endroit, l'individu civil, coupable du délit prévu à l'art. 363, doit en répondre devant le tribunal correctionnel. Le tout sous réserve de l'application de l'art. 321 s'il s'agissait d'une complicité de désertion. — V. *suprà*, n. 1473 et s.

CHAPITRE V.

POUVOIR DISCIPLINAIRE.

1580. — Le décret du 21 juin 1858 contient deux séries de dispositions ayant pour objet, les premières de déterminer par qui et dans quelles limites les punitions sont infligées, les secondes à qui et dans quelles limites elles peuvent l'être. Malheureusement, il a effectué une confusion regrettable entre la police et la discipline, lesquelles procèdent d'idées et de sources bien différentes : la répression disciplinaire a pour base légale la délégation inscrite à l'art. 369, C. just. marit. (V. *suprà*, n. 1217 et s.), tandis que la police qui, dans les armées navales, ne se sépare pas de la discipline, prend dans les arsenaux une forme spéciale issue d'une législation ancienne non abrogée, à savoir de la loi des 20 sept.-12 oct. 1791. — V. *suprà*, n. 916 et s.

1581. — Si donc on veut éclairer d'un jour complet ce décret du 21 juin 1858 et le dégager des confusions auxquelles il a conduit dans la pratique, il est indispensable d'en séparer nettement les prescriptions en deux groupes et de faire, dans l'étude du régime disciplinaire de l'armée de mer, abstraction complète de tout ce qui concerne la police des ports, arsenaux et établissements de la marine dans le sens de l'art. 88, C. just. marit. (V. chap. 2, tit. 2). Il suffit d'ajouter que le texte de ce décret et les singularités qu'il renferme seraient inexplicables si l'on ne savait qu'il devait, à l'origine, constituer un livre V du Code de justice maritime, et que, mis de côté avant même le dépôt au Corps législatif, il n'a vu le jour sous forme de décret que faute de mieux.

1582. — Examiné à ce point de vue, on s'aperçoit bien vite que c'est à tort qu'il est fait allusion, dans l'art. 1 du décret, aux commissaires-rapporteurs près les tribunaux maritimes, lesquels ont un rôle prépondérant pour la police de l'arsenal, mais sont entièrement étrangers à la discipline du corps. On remarque surtout que l'avant-dernier paragraphe de l'art. 8, qui semble conférer au préfet maritime ou au directeur d'un établissement le pouvoir d'infliger huit jours de prison à tout individu n'appartenant pas au service de la marine, ne peut consacrer une mesure de discipline, puisque le lien disciplinaire fait défaut vis-à-vis de cette catégorie de personnes. Si donc, il est possible de frapper un citoyen dans ces conditions, c'est qu'il existe d'autres textes, ce qui est exact, et alors la disposition dont il s'agit n'est pas à sa place dans un décret rendu en exécution de l'art. 369.

1583. — La vérité c'est que, dans les meilleures intentions, le rédacteur du décret, désireux de rappeler, on pourrait presque dire de rajeunir une législation vieillie dans sa forme, quoique toujours utile à maintenir, s'est borné à glisser dans le nouveau texte une sorte de disposition de rappel dont la portée est d'ailleurs étudiée *suprà*, n. 1217 et s.

1584. — Ainsi dégagé de ces confusions qui ont laissé des traces depuis lors dans presque tous les actes où il est question de police ou de discipline, le décret du 21 juin 1858 devient très-clair ; c'est bien le commentaire complet de l'art. 369, qui délègue à l'autorité maritime la répression des fautes de simple discipline et celle des contraventions de police ; nous nous sommes déjà expliqués sur le dernier point (V. *suprà*, n. 1217 et s.); en ce qui concerne les fautes, il y a lieu de se référer aux actes organiques des corps. Toutefois le décret du 21 juin 1858 a posé des règles générales dont voici le résumé :

1585. — A terre, en France, la discipline appartient au chef maritime du lieu et s'exerce, sous son autorité, par les chefs de corps, de service ou de détail. L'expression de chefs de corps n'a besoin d'aucun commentaire; celle de chefs de service vise tous les directeurs institués dans l'organisation des ports par l'ordonnance du 14 juin 1844 et par les actes postérieurs (Décr. 10 nov. 1894, art. 3). Il faut donc y comprendre : le major général, le commissaire général, le directeur des constructions navales, le directeur du service de santé, le directeur des défenses sous-marines, le directeur de l'artillerie, le directeur des travaux hydrauliques.

1586. — L'expression de chefs de détail vise ici, comme à l'art. 113, C. just. marit., non seulement les chefs des détails administratifs du commissariat (commissaires aux revues, aux armements, aux travaux, aux fonds et prisons, aux subsistances, etc.), mais encore les officiers des diverses directions de travaux qui sont chargés de la conduite ou de la surveillance des chantiers et ateliers de nos ports. C'est ce qui résulte expressément du n. 37 de l'instruction du 25 juin 1858.

1587. — Aux colonies, la discipline des marins, militaires et assimilés appartient au gouverneur. Elle s'exerce, sous son autorité, par les chefs de corps, par les chefs de service ou de détail. Toutefois, la scission intervenue entre les deux administrations de la marine et des colonies a apporté dans le fonctionnement des rouages autrefois communs de complications nombreuses. L'autorité légale des gouverneurs est demeurée la même, mais ils ont été invités à déléguer en fait aux chefs de corps l'exercice du pouvoir disciplinaire, et ils n'ont gardé que les pouvoirs que la loi leur oblige à exercer personnellement, tels que ceux d'ordonner une information ou une mise en jugement devant les conseils de guerre, ou d'ordonner la comparution d'un officier devant un conseil d'enquête (C. just. marit., art. 208, 211 et 216; Décr. 3 janv. 1884, art. 6; 4 oct. 1889, art. 16).

1588. — Aux colonies, en dehors du commandant supérieur des troupes, il n'y a guère de chef de service militaire aux colonies que le chef du service administratif de la marine, lequel est, nonobstant son titre, un commissaire colonial, et le chef du service de santé, médecin des colonies. La situation mixte de ces fonctionnaires militaires qui dépendent, d'une manière générale, du ministère des colonies, mais qui restent soumis à celui de la marine pour la juridiction des conseils de guerre et pour celle des conseils d'enquête, du moins pour ceux d'entre eux qui ont conservé la qualité d'officiers donne naissance à des difficultés de chaque jour qui ne seront résolues que par l'organisation définitive de l'armée coloniale.

1589. — Une singularité est à noter au cas qui touche le corps de santé des colonies. Lorsqu'en 1890, les membres de ce corps ont été détachés du corps de santé de la marine, le ministre de la Marine a conservé par devers lui le droit de juridiction et de discipline, et, ne pouvant exercer directement ce dernier dont l'application eût exigé une intervention de chaque jour, il l'a délégué aux chefs du service de santé du nouveau corps qui l'exercent aujourd'hui avec les gouverneurs, à l'exclusion du ministre des Colonies (Décr. 7 janv. 1890).

1590. — A la mer, la discipline appartient au commandant en chef ou au commandant supérieur, ou au commandant du bâtiment. Ce dernier, lorsqu'il ne navigue pas isolément, l'exerce sous l'autorité du chef dont il relève.

1591. — Les peines disciplinaires à infliger aux officiers ou assimilés, qu'ils soient embarqués ou employés à terre, qu'ils fassent ou non partie des corps organisés de la marine, sont : 1° les arrêts simples, pendant un mois au plus; 2° les arrêts de rigueur, pendant le même temps; 3° la détention à l'amiral (1) ou dans un fort, pendant quinze jours au plus. L'officier aux arrêts est tenu de garder la chambre; toutefois, les arrêts simples n'exemptent d'aucun service. Au contraire, les arrêts de rigueur et la détention suspendent de toute fonction et entraînent, pour l'officier aux arrêts, l'obligation de remettre son arme et de payer la sentinelle placée à sa porte (art. 5 du décret).

1592. — Le décret du 21 juin 1858 exige que l'officier puni,

---

(1) On nomme ainsi un vieux bateau qui, dans chaque port militaire, porte le pavillon du préfet maritime, et est affecté à la prison des officiers et assimilés.

après avoir subi sa punition, se présente chez le supérieur qui l'a puni et lui fasse une visite à laquelle un officier, d'un grade plus élevé que l'officier puni, peut seul assister. Cette disposition n'a jamais été modifiée en ce qui concerne les officiers de marine et les assimilés. Il en est différemment à l'égard des officiers des troupes de la marine, pour lesquels cette formalité n'est plus obligatoire parce qu'elle a été abrogée pour l'armée de terre par le décret du 20 oct. 1892 qui est le service intérieur des troupes. L'art. 310 de cet acte dit, en effet, que la punition des arrêts cesse par la seule expiration du délai et sans autre formalité. On pourrait, toutefois, objecter à cette abrogation de fait, que le décret du 20 oct. 1892, promulgué sans l'avis préalable du Conseil d'Etat, ne pouvait légalement abroger le décret du 21 juin 1858 qui est un règlement d'administration publique; mais on peut répondre que les troupes de la marine étant, par leurs dispositions organiques, soumises sur simple décision ministérielle aux règlements de l'armée de terre, le ministre a pu régulièrement appliquer le décret de 1892 qui se trouve réagir, en fait, sur les prescriptions antérieures sans avoir eu à les abroger expressément.

1593. — Les peines disciplinaires à ceux qui, employés au service de la marine, ne sont ni officiers, ni assimilés et n'appartiennent pas aux corps organisés du département, sont, indépendamment des réductions et suppressions de solde ou de suppléments prévus par les règlements spéciaux : 1° le renvoi de l'établissement maritime pendant un mois au plus; 2° la prison pendant quinze jours au plus (art. 6 du décret).

1594. — Dans les corps organisés de la marine (dépôts des équipages de la flotte, artillerie, infanterie et gendarmerie de la marine, compagnies de discipline) et à bord des bâtiments de l'Etat, l'application de la peine est faite en conformité des règlements sur le service intérieur de ces corps et bâtiments. Les punitions concernant les officiers et assimilés sont déterminées par l'art. 5 du décret.

1595. — Dans tous les autres services de la marine, l'application est faite conformément aux art. 5 et 6 du décret.

1596. — Le commandant, à bord des bâtiments de l'Etat, peut prolonger jusqu'à dix jours au plus la durée de la peine du cachot ou double boucle et jusqu'à un mois au plus la durée de la peine de la prison ou boucle simple.

1597. — Lorsque les arrêts de rigueur et la détention à l'amiral ou dans un fort sont infligés, il en est rendu compte immédiatement, suivant les cas, au préfet maritime, au gouverneur ou au commandant en chef, qui peut diminuer, augmenter ou changer la punition.

1598. — Le préfet maritime, le gouverneur et le commandant en chef peuvent infliger : 1° aux officiers et assimilés la détention à l'amiral ou dans un fort pendant deux mois, à charge d'en rendre compte au ministre; 2° à tous autres individus au service de la marine la prison pendant deux mois, cette peine pouvant être remplacée par la boucle simple, pendant le même temps, en ce qui concerne les marins et individus embarqués des grades inférieurs à celui de maître.

1599. — Le préfet maritime, le gouverneur, le chef de service dans un port secondaire et le directeur d'un établissement hors des ports peuvent, à l'égard des individus qui ne tiennent pas leur nomination du ministre, prononcer le renvoi définitif du service.

CHAPITRE VI.

JURIDICTIONS MARITIMES AUX COLONIES.

1600. — Bien que le marin ou le soldat qui pénètre sur un sol colonial continue à y être régi par sa loi propre (V. A. Wilhelm, *Théorie de la promulgation et de l'exécution des lois aux colonies : Annales des sciences politiques*, 1893), le législateur de 1858 a dû compléter son œuvre par une série d'actes appropriés, tant pour préciser le droit, que pour atteindre sûrement les individus de l'ordre civil que l'on ne pouvait rechercher jusque sur le sol colonial sans se soumettre aux exigences de la loi coloniale.

1601. — C'est dans cet ordre d'idées que, pour obtempérer aux prescriptions du sénatus-consulte du 3 mai 1854, réglant la constitution des colonies, un sénatus-consulte du 4 juin 1858 déclara exécutoire le Code de justice maritime (loi de même date) dans ces colonies de la Martinique, de la Guadeloupe et de la

Réunion, les seules de nos possessions d'outre-mer qui ne fussent soumises purement et simplement au régime des décrets. Encore est-il à noter que l'intervention d'un sénatus-consulte (aujourd'hui d'une loi) n'avait de raison d'être que pour la partie criminelle du Code ; les dispositions correctionnelles, d'organisation judiciaire ou de procédure demeuraient dans le domaine d'un règlement d'administration publique. C'est pour cela qu'il a été légalement possible de refondre par un acte de cette nature (Décr. 4 oct. 1889) le décret du 21 juin 1858 portant organisation des conseils de guerre et des conseils de révision permanents dans les colonies.

1602. — Quant aux colonies autres que la Martinique, la Guadeloupe et la Réunion, un simple décret suffit à leur égard, et c'est par un acte de cette nature qu'il avait été procédé, le 21 mars 1868, en Cochinchine, lors de l'extension à cette colonie des Codes de justice militaire et maritime, le 31 mars 1874, lors de l'institution des tribunaux maritimes permanents de Saïgon, dont les dispositions ont été incorporées dans le nouveau règlement d'administration publique du 4 oct. 1889.

1603. — Les modifications apportées avec le temps au stationnement des troupes et à la formation du domaine colonial de la France, ont conduit à remanier, en 1889, le décret du 21 juin 1858 et à en réviser les dispositions ; les grandes lignes ont été cependant maintenues, parce qu'elles répondent très-exactement à celles du Code maritime, dont elles constituent pour ainsi dire le prolongement.

SECTION I.

Conseils de guerre et de révision permanents dans les colonies.

1604. — Dès l'apparition du Code maritime et par décret du 21 juin 1858, il a été organisé dans les colonies françaises des conseils de guerre et de révision permanents analogues à ceux de la métropole et jouant vis-à-vis des garnisons coloniales et des bâtiments de guerre en station aux colonies, le même rôle que les conseils de guerre des arrondissements vis-à-vis des marins et militaires se trouvant dans la métropole.

§ 1. *Organisation.*

1605. — La justice militaire maritime dans les colonies françaises est rendue : par des conseils de guerre permanents, par des conseils de révision permanents. La composition de ces conseils, les conditions requises pour en faire partie, la nomination du président et des juges, et leur remplacement sont fixés d'après les mêmes règles que pour les conseils de guerre et de révision permanents de la métropole, les art. 2 à 33, C. just. marit., étant, en principe, applicables aux juridictions maritimes des colonies. Certaines dérogations, nécessitées par la situation spéciale des colonies sont cependant apportées à l'organisation des conseils de guerre et de révision. Nous n'étudierons ici que ces dérogations, renvoyant pour le surplus, *supra*, n. 28 et s. (Décr. 4 oct. 1889, art. 1 et 2).

1606. — Les attributions conférées en France aux préfets maritimes et au ministre de la Marine, concernant l'organisation des conseils de guerre et de révision permanents, sont dévolues aux gouverneurs des colonies où sont établis ces conseils (art. 3).

1607. — Cet article consacre la partie la plus importante des pouvoirs militaires des gouverneurs, au sujet desquels de nombreuses controverses ont été soulevées depuis quelques années. Il convient de noter que le texte précité, dont la teneur précise ne saurait laisser place à aucun doute, a été ainsi libellé avec l'assentiment du Conseil d'État.

1608. — Sans entrer ici dans l'examen complet d'un débat qui touche à l'ordre politique, il suffira de signaler que l'autorité supérieure des gouverneurs sur tous les services civils et militaires, consacrée depuis 1825 par toutes les ordonnances organiques, n'avait jamais été contestée tant que les gouverneurs étaient presque exclusivement choisis parmi des officiers généraux, supérieurs ou assimilés. Mais, dès que l'administration des colonies eût commencé à remplacer les titulaires militaires par des gouverneurs civils, on se demanda si cette nouvelle qualité n'était pas incompatible avec l'exercice de pouvoirs militaires que certains prétendaient attacher exclusivement au grade.

1609. — L'examen des textes ayant révélé que cette théorie

ne pouvait se soutenir en raison de la précision des termes de la loi et des décrets (C. just. marit., art. 208, 211 et 216 ; Décr. 21 juin 1858, art. 3 ; Décr. 3 janv. 1884, art. 6 ; Décr. 4 oct. 1889, art. 3 et 16), le département de la marine fit une tentative pour modifier les textes. Un décret du 21 janv. 1888, qui transportait au commandant supérieur des troupes le pouvoir juridictionnel dut être rétracté comme inconstitutionnel, en ce sens qu'il modifiait un règlement d'administration publique ; le Conseil d'État fut alors saisi d'un projet analogue ; mais ce projet, en présence des résistances soulevées, dut être retiré.

1610. — Enfin en 1889, lors de l'élaboration du règlement d'administration publique actuellement en vigueur, la question fut agitée de nouveau et le Conseil d'État maintint expressément la rédaction de 1858, c'est-à-dire les pouvoirs antérieurs des gouverneurs en matière de justice militaire.

1611. — On remarquera que le texte dont il s'agit étant corrélatif à celui du 21 juin 1858 concernant la police et la discipline, la mise des gouverneurs militaires au lieu et place des préfets maritimes en ce qui touche le fonctionnement des conseils de guerre coloniaux entraîne, par voie de conséquence, la dévolution à ces hauts fonctionnaires des pouvoirs disciplinaires qui découlent pour les préfets maritimes de l'art. 369, C. just. marit.

1612. — Sans doute, depuis un certain nombre d'années, il est intervenu, en vertu d'instructions ministérielles entre les ministères de la marine et des colonies, une sorte de *modus vivendi*, par suite duquel les gouverneurs ont été invités à déléguer aux commandants des troupes placés sous leurs ordres le pouvoir disciplinaire direct qu'ils tenaient des textes ; mais ce pouvoir n'en demeure pas moins entier dans leurs mains et, le cas échéant, l'usage direct qu'ils en feraient ne saurait être critiqué au point de vue légal. Quant au pouvoir juridictionnel, il ne saurait comporter aucune délégation et doit être exercé sans intermédiaire entre les commissaires du gouvernement près les conseils de guerre et les gouverneurs eux-mêmes.

1613. — Les attributions dont parle l'art. 3, Décr. 4 oct. 1889, consistent dans l'organisation des conseils de guerre et de révision, c'est-à-dire, dans la nomination et le remplacement des présidents, juges, commissaires du gouvernement, rapporteurs et greffiers près ces juridictions. L'art. 16 du même acte contient la même dévolution en ce qui touche la procédure (ordres d'informer, de mise en jugement, d'exécution ou de sursis).

1614. — Les dérogations aux règles reçues dans les arrondissements maritimes ont trait à trois points : le siège et le ressort des conseils ; leur composition qui, naguère identique à celle des conseils métropolitains, est, depuis 1889, réduite à cinq membres ; enfin les facilités spéciales données pour le cas où il y aurait insuffisance d'officiers.

1615. — Des conseils de guerre permanents sont établis dans les colonies de la Martinique, de la Guadeloupe, de la Réunion, de la Guyane française, du Sénégal, du Gabon, de l'Océanie, de la Nouvelle-Calédonie, de l'Indo-Chine et de Diégo-Suarez (1). Le nombre et le ressort de ces conseils de guerre sont fixés comme il suit :

SIÈGE.	NOMBRE.	RESSORT.
Martinique............	1	Martinique.
Guadeloupe...........	1	Guadeloupe et dépendances.
Ile de la Réunion.......	1	Ile de la Réunion.
Guyane française.......	1	Guyane française.
Sénégal..............	2	Sénégal et dépendances.
Gabon...............	1	Gabon et dépendances.
Tahiti...............	1	Établissements français de l'Océanie.
Nouvelle-Calédonie.....	1	Nouvelle-Calédonie et dépendances.
Cochinchine..........	2	Indo-Chine.
Diégo-Suarez.........	1	Territoire de Diégo-Suarez. Sainte-Marie de Madagascar. Nossi-Bé. Mayotte et dépendances.

Pour les colonies de Saint-Pierre et Miquelon, de l'Inde et d'Obock, la juridiction appartient au conseil de guerre permanent d'un des arrondissements maritimes en France, désigné

(1) Un décret en préparation va supprimer le conseil de Diégo-Suarez et instituer à Tananarive deux conseils de guerre et un conseil de révision permanents.

par le ministre de la Marine (art. 4). Un décret du 21 oct. 1892 a institué au Soudan français deux conseils de guerre et un conseil de révision permanent.

1616. — On remarquera que, dans cette énumération, il n'est question ni du Tonkin, ni du Cambodge, ni du Dahomey, ni de Madagascar. Le projet du gouvernement contenait à cet égard des spécifications ; mais le Conseil d'État les a repoussées parce qu'il ne se reconnaissait aucune investiture pour légiférer sur des pays de protectorat, dont Madagascar faisait alors partie (V. *suprà*, n. 1615, note 1). Dans ces régions, les militaires demeurent donc placés sous le régime de l'art. 33, C. just. marit. et de l'art. 33, C. just. milit., c'est-à-dire soumis à la juridiction des conseils de guerre aux armées. Cependant la circulaire du 19 oct. 1889, portant envoi du décret du 4 du même mois, prescrit de déférer aux conseils de guerre de Cochinchine les militaires prévenus de crimes ou délits commis au Cambodge.

1617. — Les conseils de guerre permanents des colonies sont composés de cinq membres, conformément au tableau ci-après, suivant le grade de l'accusé, jusqu'à celui de capitaine de frégate ou assimilé inclusivement (art. 5).

GRADE DE L'ACCUSÉ.	GRADE DU PRÉSIDENT.	GRADES DES JUGES.
Officier-marinier ou sous-officier............. Quartier-maître, caporal ou brigadier............. Matelot, ouvrier mécanicien ou soldat.......... Apprenti marin ou novice, mousse..............	Capitaine de vaisseau ou de frégate, colonel ou lieutenant-colonel.............	1 capitaine de frégate ou 1 chef de bataillon, chef d'escadron ou major. 1 lieutenant de vaisseau ou capitaine. 1 enseigne de vaisseau ou lieutenant ou sous-lieutenant. 1 officier-marinier ou sous-officier.
Aspirant de 1re classe et assimilé............. Aspirant de 2e classe..... Volontaire............. Sous-lieutenant et assimilé.	Capitaine de vaisseau ou de frégate, colonel ou lieutenant-colonel.............	1 capitaine de frégate ou chef de bataillon, chef d'escadron ou major. 1 lieutenant de vaisseau ou capitaine. 1 enseigne de vaisseau ou lieutenant. 1 enseigne de vaisseau ou sous-lieutenant.
Enseigne de vaisseau .... Lieutenant ou assimilé	Capitaine de vaisseau ou de frégate, colonel ou lieutenant-colonel.............	1 capitaine de frégate ou chef de bataillon, chef d'escadron ou major. 1 lieutenant de vaisseau ou capitaine. 2 enseignes de vaisseau ou lieutenants.
Lieutenant de vaisseau .... Capitaine ou assimilé	Capitaine de vaisseau ou colonel.........	1 capitaine de frégate ou lieutenant-colonel. 1 capitaine de frégate ou 1 chef de bataillon , chef d'escadron ou major. 2 lieutenants de vaisseau ou capitaines.
Chef de bataillon .... Chef d'escadron .... Major ou assimilé........	Contre-amiral ou général de brigade....	1 capitaine de vaisseau ou colonel. 1 capitaine de frégate ou lieutenant-colonel. 2 capitaines de frégate ou chefs de bataillon, chefs d'escadron ou majors.
Capitaine de frégate, lieutenant-colonel ou assimilé.	Contre-amiral ou général de brigade....	2 capitaines de vaisseau ou colonels. 2 capitaines de frégate ou lieutenants-colonels.

1618. — La réduction à cinq du nombre des membres des conseils de guerre des colonies, justifiée par ce fait qu'elle était en vigueur pour les conseils de guerre aux armées, lesquels fonctionnaient depuis plusieurs années en pays d'outre-mer, notamment au Tonkin, était de plus rendue nécessaire par la diminution progressive de certaines garnisons coloniales, qui ne présentaient plus des effectifs suffisants d'officiers pour fournir la composition réglementaire.

1619. — Toutefois, le dernier paragraphe de l'art. 5 limite l'action des conseils de guerre des colonies au-dessous du grade de colonel ; tout officier titulaire de ce grade ou d'un grade supérieur et tout assimilé de même rang, doivent être renvoyés et jugés en France. Cette disposition, qu'expliquent les faibles effec-

tifs d'officiers stationnant aux colonies, diffère de celle du Code de justice militaire, d'après lequel les colonels ne peuvent être jugés par les conseils à cinq juges, mais demeurent justiciables des conseils de guerre aux armées composés de sept membres. Cette faculté de retour à la composition normale n'existe pas dans les colonies. Le renvoi en France est obligatoire.

1620. — Les membres des conseils de guerre, ainsi que les greffiers, sont pris, suivant les distinctions prévues aux art. 6 et 7, C. just. marit., dans le personnel de la marine ou de l'armée de terre présent dans la colonie où les conseils sont établis. S'il ne se trouve pas sur les lieux un nombre suffisant d'officiers du grade requis, le gouverneur peut demander, à bord des bâtiments de l'État, le nombre d'officiers nécessaire. Si, nonobstant les dispositions du paragraphe précédent, il y a dans la colonie insuffisance d'officiers du grade requis, il y est suppléé en descendant dans la hiérarchie, même jusqu'au grade inférieur à celui de l'accusé, si cela est nécessaire, mais sans que plus de deux juges puissent être pris dans cette catégorie. En cas d'impossibilité absolue pour le gouverneur de composer le conseil de guerre destiné à juger un officier, l'officier inculpé est renvoyé en France pour y être traduit devant un conseil de guerre permanent d'arrondissement maritime désigné par le ministre (art. 6).

1621. — En ce qui touche les facilités données pour la composition subsidiaire des conseils de guerre pour le cas d'insuffisance des officiers du grade requis, il y a lieu de se reporter aux observations consignées *suprà*, n. 673. Ce serait méconnaître le sens et la portée du texte que d'abaisser indéfiniment le grade des juges.

1622. — Et cependant, les réductions successivement apportées aux effectifs des garnisons dans certaines colonies, principalement aux Antilles, ont pour conséquence de rendre strictement possible la composition des conseils de guerre ; c'est donc aux facilités subsidiaires qu'il faut recourir dès qu'un ou deux officiers se trouvent indisponibles par service, congé ou maladie. Quoi qu'il en soit, un gouverneur, momentanément empêché de donner cours à la justice militaire, devrait, à notre avis, renvoyer l'inculpé en France et rendre compte au ministre de la Marine, plutôt que de diminuer outre mesure, par un usage excessif des textes, les garanties que la loi maritime a accordées au justiciable.

1623. — Il est établi sept conseils de révision permanents pour toutes les colonies françaises. Ces conseils siègent à la Martinique, à la Guadeloupe, à la Réunion, à la Guyane française, au Sénégal, à la Nouvelle-Calédonie et en Cochinchine. Ils prennent le nom de la colonie où ils sont établis. La juridiction de ces conseils de révision est fixée comme il suit :

SIÈGE.	RESSORT.
Martinique...	Martinique.
Guadeloupe...	Guadeloupe et dépendances. Île de la Réunion.
Île de la Réunion...	Sainte-Marie de Madagascar. Mayotte et dépendances. Nossi-Bé. Diégo-Suarez et dépendances (1).
Guyane...	Guyane française.
Sénégal...	Sénégal et dépendances. Gabon et dépendances.
Nouvelle-Calédonie...	Établissements français de l'Océanie. Nouvelle-Calédonie et dépendances.
Cochinchine...	Cochinchine.

(art. 7). Un décret du 23 juill. 1894 défère au conseil de révision permanent du Sénégal l'examen des recours formés contre les jugements des conseils de guerre du corps expéditionnaire de l'Oubanghi. Un décret du 15 janv. 1895 a procédé de même pour les conseils de guerre de la colonne expéditionnaire de Kong.

1624. — Le conseil de révision est composé de trois juges, savoir : l'officier général ou supérieur le plus élevé en grade ou le plus ancien de grade, président ; deux officiers supérieurs, et, à défaut, les deux plus anciens lieutenants de vaisseau ou capitaines, juges. Les fonctions de commissaire du gouvernement peuvent être remplies par un lieutenant de vaisseau, un capitaine ou un sous-commissaire. Le § 3, art. 5 du décret de

_____

(1) V. *suprà*, n. 1615, note 1.

1889, peut être appliqué à la composition du conseil de révision. Dans tous les cas, le président du conseil de révision doit être d'un grade au moins égal à celui du président du conseil de guerre qui a jugé l'accusé (art. 8).

1625. — Le conseil de révision composé de trois juges était, aux colonies comme à bord, une sorte de constitution subsidiaire; mais, l'exception étant devenue la règle, le décret de 1889 l'a généralisée aux colonies, de même que la loi du 9 avr. 1895 l'a rendue obligatoire à bord.

1626. — Les membres des conseils de révision sont pris, suivant les distinctions prévues aux art. 28 et 29, C. just. marit., dans le personnel de la marine ou de l'armée de terre présent dans la colonie où ces conseils sont établis (art. 9).

1627. — Lorsqu'une colonie ou une portion du territoire de cette colonie est déclarée en état de siège (L. 9 août 1849, art. 4; L. 3 avr. 1878, art. 6), il y est fait application des dispositions portées aux art. 43 à 50, C. just. milit., sauf les modifications suivantes : 1° les officiers de marine et les officiers-mariniers concourent, d'après les règles établies aux art. 3, 10 et 27, C. just. milit., pour l'armée de mer, à la formation des conseils de guerre et des conseils de révision qui sont établis dans les places de guerre en état de siège; 2° les officiers du commissariat et du corps de l'inspection de la marine, ceux du moins qui ont conservé l'état d'officier, peuvent être appelés à y exercer les fonctions de commissaires-rapporteurs et de substituts, conformément aux art. 7 et 27, C. just. milit., pour l'armée de mer. Les sièges des conseils de guerre et des conseils de révision peuvent être transférés, par arrêté du gouverneur, dans les portions de territoire déclarées en état de siège (art. 10). — V. infrà, v° Justice militaire.

§ 2. Compétence.

1628. — Les règles de compétence établies par les art. 74 à 87 et 103 à 112, C. just. marit., sont observées dans les conseils de guerre et les conseils de révision permanents des colonies, sauf certaines modifications que nous allons étudier. — V. au surplus, suprà, n. 84 et s., 578 et s.

1629. — Sont justiciables des conseils de guerre des colonies, mais seulement pour les crimes et délits prévus par le tit. 2 du Code de justice militaire pour l'armée de terre, les militaires de l'armée de terre en résidence aux colonies : 1° lorsque, sans être employés, ils reçoivent un traitement et restent à la disposition du gouvernement; 2° lorsqu'ils sont en congé ou en permission (art. 12).

1630. — Le décret du 21 juin 1858 ajoutait à ces énumérations les transportés de toutes catégories subissant leur peine dans les colonies. Ce groupe de justiciables a été rendu par le second décret du 4 oct. 1889 au tribunal maritime spécial, son juge traditionnel. — V. infrà, n. 1652 et s.

1631. — La substitution des conseils de guerre des colonies à ceux de l'armée de terre pour la répression des crimes et délits militaires s'explique par la nécessité de ne pas renvoyer en France, sans motif suffisant, les inculpés que des intérêts de diverse nature peuvent appeler et retenir dans la colonie.

1632. — On a soulevé la question de savoir si l'action du conseil de guerre d'une colonie pouvait s'étendre en dehors des limites géographiques de cette colonie. Il a été reconnu, d'accord entre les ministres de la Justice, de la Guerre et de la Marine, que le ressort des conseils de guerre d'une colonie à dépendances, était susceptible de s'étendre aux territoires avoisinants, compris dans l'hinterland de la colonie, lesquels ne pouvaient être laissés en dehors de leur ressort, du moment où des officiers français accompagnés de quelques hommes y exécutaient une exploration. Une application de cette théorie a été faite par le conseil de guerre du Sénégal, en octobre 1893, aff. de S...

1633. — Les conseils de guerre dans le ressort desquels se trouvent les territoires déclarés en état de siège et les places de guerre assiégées ou investies connaissent de tous crimes et délits commis par les justiciables des conseils de guerre aux armées, conformément aux art. 63 et 64, C. just. milit., pour l'armée de terre, sans préjudice de l'application de la loi du 9 août 1849 sur l'état de siège (art. 13).

1634. — L'état de siège est un fait préexistant à la déclaration qui le constate, et la juridiction substituée à la juridiction ordinaire régit, d'une manière indivisible, tous les faits se rattachant aux circonstances qui ont motivé la déclaration d'état de siège. — Cass., 25 août 1871, Affaires de l'insurrection de la

Martinique, [Bull. crim., n. 99] — V. suprà, v° État de siège.

1635. — L'art. 14 du décret de 1889 dispose : « Sont maintenus en vigueur les décrets des 20 août 1879 et 24 août 1888 relatifs à la compétence spéciale des conseils de guerre au Gabon et à Diégo-Suarez ». Ces décrets ont eu pour objet de placer les indigènes de ces colonies sous une sorte d'état de siège politique, en vertu duquel tous crimes et délits contre la sûreté de la colonie peuvent être déférés aux conseils de guerre lorsqu'ils sont commis par des indigènes.

§ 3. Procédure.

1636. — Sauf quelques modifications résultant de l'état même des choses et dont la principale est la substitution du gouverneur au préfet maritime (V. suprà, n. 1606 et s.), les dispositions du Code de justice maritime concernant la procédure devant les conseils de guerre et les conseils de révision s'appliquent aux colonies. Il en est ainsi des art. 113 à 181, 183 à 196, 201, 227 à 236, C. just. marit. (Décr. 4 oct. 1889, art. 15). — V. au surplus, suprà, n. 194 et s., 613 et s.

1637. — Aux termes de l'art. 16 du décret du 4 oct. 1889, les attributions conférées en France aux préfets maritimes et au ministre de la Marine, concernant la procédure devant les conseils de guerre et les conseils de révision permanents, sont dévolues aux gouverneurs des colonies où sont établis ces conseils, sauf dans les cas prévus aux art. 267, 268 et 269, C. just. milit., pour l'armée de mer. Ainsi qu'il a été établi suprà, n. 1606, les gouverneurs des colonies sont investis du pouvoir juridictionnel sans avoir la faculté de déléguer ce pouvoir à qui que ce soit tant qu'ils sont présents. Les mêmes droits passent, le cas échéant, au gouverneur intérimaire. L'art. 16 du décret réserve cependant les art. 267 à 269, C. just. marit., lesquels ont trait à la perte de bâtiment qui ne peut être jugée que devant les conseils de guerre permanents de la métropole.

1638. — Les dispositions relatives à l'état de siège, portées aux art. 153, 156 et 158, C. just. milit., pour l'armée de terre, sont applicables aux colonies. Le commandant de l'état de siège a toutes les attributions dévolues par l'article précédent au gouverneur de la colonie (art. 17).

1639. — Jugé, avant la loi du 9 avr. 1895, que l'institution aux colonies des conseils de guerre à cinq membres entraînait de droit l'abolition de la majorité de cinq voix contre trois qui présupposait sept votants; par suite trois voix suffisaient pour la déclaration de culpabilité comme pour l'application de la peine. — Cass., 4 mai 1893, Bondu, [S. et P. 94.1.473, D. 94.1.111] — Le nouveau texte des art. 152 et 164, C. just. marit., consacre expressément cette solution.

1640. — Dans le cas où un conseil de révision annule un jugement qui lui est déféré pour un autre motif que l'incompétence, l'affaire est renvoyée devant le conseil de guerre de la colonie ou de la place de guerre en état de siège qui n'en a pas connu et, à défaut, devant celui d'une colonie voisine ou même devant un conseil de guerre d'arrondissement maritime en France (art. 18).

1641. — Dans les cas prévus aux numéros 1 et 2, art. 232, C. just. milit., pour l'armée de mer, la reconnaissance de l'identité d'un condamné évadé et repris, ou d'un condamné pour contumace peut être faite par le conseil de guerre de la colonie dans laquelle se trouve le corps ou le bâtiment auquel appartenait ce condamné, ou sur le territoire de laquelle il a été repris ou s'est représenté (art. 19, § 1).

1642. — Lorsqu'après l'annulation d'un jugement, un second jugement, rendu contre le même accusé est annulé, pour les mêmes motifs que le premier, l'affaire peut être renvoyée devant le conseil de guerre d'une colonie voisine (art. 19, § 2).

1643. — Dans tous les cas prévus par l'art. 234, C. just. marit., c'est-à-dire soit lorsque les conseils de guerre des corps expéditionnaires cessent leurs fonctions soit lorsqu'un bâtiment de l'État entre en désarmement, les affaires dont l'information est commencée peuvent être portées devant les conseils de guerre des colonies; elles y sont portées de droit lorsque les colonies ou une portion de leur territoire sont en état de siège (art. 19, § 3).

1644. — Le décret du 4 oct. 1889 abroge celui du 21 juin 1858. Son art. 24 ajoute : Les dispositions pénales du Code de justice militaire pour l'armée de mer sont exécutoires dans les colonies autres que la Martinique, la Guadeloupe et la Réunion (art. 24). Sont abrogés le décret du 21 juin 1858 et généralement toutes les dispositions contraires à celles du présent décret (art. 25). L'abrogation totale du décret du 21 juin 1858 par le décret du 4 oct. 1889 obligeait à reproduire les dispositions de l'art. 24 qui sert de base à l'application de la pénalité militaire aux habitants du sol colonial.

Section II.
Tribunaux maritimes permanents des colonies.

1645. — Il y a à Saïgon deux tribunaux maritimes et un tribunal de révision permanents. Sont applicables à ces tribunaux, sauf les dérogations mentionnées aux articles suivants, les dispositions des art. 34 à 56, 88 à 93, 103 à 112, 197 à 203, 227 à 236, C. just. marit., relatives à l'organisation et à la compétence des tribunaux maritimes et des tribunaux de révision permanents de la métropole, ainsi qu'à la procédure suivie devant ces juridictions (Décr. 4 oct. 1889, art. 20).

1646. — Comme on le voit par cet article, c'est à Saïgon seulement qu'ont été établis des tribunaux maritimes permanents sur le modèle de ceux de la métropole (il n'est pas ici question des tribunaux maritimes spéciaux pour le jugement des transportés, dont il sera parlé *infrà*, n. 1652 et s.).

1647. — Il n'existe d'ailleurs d'arsenal que dans deux de nos colonies : en Cochinchine et à Tahiti, et celui de Papeete n'a pas été jusqu'ici trouvé assez important pour motiver l'institution d'un tribunal maritime. A Saïgon, au contraire, les installations d'approvisionnements de toute nature ont paru, dès 1874, de nature à justifier cette création. On doit cependant reconnaître que le tribunal maritime de Saïgon a plutôt servi comme base de la juridiction de simple police qui en est la corrélation. — V. *suprà*, n. 916 et s.

1648. — Les attributions conférées, en France, au ministre de la Marine et aux préfets maritimes, concernant l'organisation et la procédure en ce qui touche les tribunaux maritimes et le tribunal de révision permanent, sont dévolues au gouverneur général de l'Indo-Chine (art. 21).

1649. — On suit les mêmes règles que pour les conseils de guerre et de révision aux colonies pour le recrutement des juges (Décr. 4 oct. 1889, art. 6 et 9), la composition du tribunal de révision (art. 8), les attributions des préfets maritimes et du ministre de la Marine déférées au gouverneur général de l'Indo-Chine (art. 16), le renvoi après annulation par le tribunal de révision pour un motif autre que l'incompétence (art. 18), le tribunal compétent pour procéder à la reconnaissance d'identité d'un condamné évadé et repris (art. 19). — V. *suprà*, n. 1605 et s.

1650. — Le commissaire-rapporteur près le premier tribunal maritime permanent de Cochinchine est investi des attributions dévolues aux commissaires-rapporteurs près les tribunaux maritimes permanents de la métropole, en ce qui concerne la police spéciale des ports, arsenaux et établissements de la marine (art. 23).

1651. — On ne doit pas oublier que, sur le territoire de la Cochinchine, le décret a la force d'une véritable loi. Il s'ensuit que les dispositions du Code maritime et la jurisprudence dérivée de la loi des 20 sept.-12 oct. 1791 ont pu être valablement introduisées sur le sol colonial par le décret du 31 mars 1874, dont le règlement d'administration publique du 4 oct. 1889 n'est que la textuelle reproduction.

Section III.
Tribunaux maritimes spéciaux pour le jugement des transportés.

1652. — Les anciennes ordonnances qui régissaient les bagnes consacraient d'une part la compétence des tribunaux maritimes à l'égard des forçats et d'autre part une série de pénalités exceptionnelles pour la répression des crimes et délits commis par ces condamnés. Lorsque la loi du 30 mai 1854 vint transformer le mode d'exécution de la peine des travaux forcés, le législateur remit au pouvoir réglementaire le soin d'organiser sur les lieux de transportation la juridiction des tribunaux maritimes spéciaux, disposant que, jusqu'à cette création, les condamnés aux travaux forcés, coupables de crimes ou délits, seraient déférés aux conseils de guerre de la colonie. Une autre

disposition de la loi maintenait provisoirement la législation répressive exceptionnelle des forçats.

1653. — Malheureusement pour l'œuvre de 1854, le règlement d'administration publique qui devait organiser le tribunal maritime spécial, ne fut pas promulgué et, lors de l'apparition du Code de justice maritime, on se borna à consolider par l'art. 12, Déc. 21 juin 1858, la compétence des conseils de guerre à l'égard des forçats qui, dans la pensée des rédacteurs de la loi de 1854, ne devaient être soumis à cette juridiction qu'à titre purement transitoire et temporaire, et encore avec l'addition de deux officiers du commissariat de la marine pour réserver le caractère mixte de la juridiction (L. 30 mai 1854, art. 10).

1654. — Ce ne fut que longtemps après que l'on s'aperçut de l'erreur commise et que, sur les instances du département de la marine, désireux de délivrer ses conseils de guerre d'un rôle pour lequel ils n'étaient pas faits, on élabora enfin le règlement d'administration publique du 4 oct. 1889, lequel a organisé après trente-cinq ans d'attente, le tribunal maritime spécial prévu par l'art. 10, L. 30 mai 1854.

1655. — Là n'est d'ailleurs pas la seule faute commise en cette matière : le Code de justice maritime, dans son art. 372, avait, après la loi de 1854, pris soin de réserver le fonctionnement des anciennes ordonnances concernant les crimes et délits commis par les forçats; mais les travaux préparatoires du Code indiquaient nettement que ces actes aux dispositions surannées n'étaient maintenus que provisoirement, et qu'ils appelaient une prochaine refonte.

1656. — Reculant devant cette œuvre, pourtant bien peu complexe auprès de la codification des lois militaires et maritimes qui venait d'être menée à bien, l'administration coloniale de l'époque crut bien faire en effaçant par voie d'interprétation les anciennes ordonnances dont les cruelles dispositions étaient devenues inapplicables, et en assimilant les transportés de toutes catégories, les condamnés aux travaux forcés comme les transportés politiques, au régime des lois militaires.

1657. — Une fois entrée dans cette voie d'erreur, la transportation n'a pas tardé à aboutir à des résultats déplorables, par la raison que la pénalité du Code maritime, survenant contre des hommes déjà condamnés à perpétuité, ou du moins à de longues peines, manquait d'efficacité et leur apparaissait comme illusoire.

1658. — Tant que la bastonnade et la peine de mort furent appliquées sur les lieux de transportation, la première comme peine disciplinaire, la seconde sur un simple ordre d'exécution du gouverneur décerné en vertu de l'art. 181, C. just. marit., une certaine discipline put encore être maintenue dans les établissements pénitentiaires. Mais, lorsqu'en 1880 la bastonnade eût été définitivement supprimée, en même temps que M. Grévy, alors président de la République, s'opposait à ce qu'aucune exécution capitale eût lieu sans son assentiment personnel qu'il refusa d'ailleurs presque toujours, la criminalité prit subitement, dans ce milieu spécial, un développement alarmant.

1659. — C'est alors qu'on vit, en face des conseils de guerre impuissants, des condamnés se targuer de leurs crimes et revendiquer l'application de peines qui, s'accumulant sur leurs têtes à concurrence de plusieurs centaines d'années, ne pouvaient produire aucun effet répressif à leur égard.

1660. — L'administration de la marine, voulant mettre un terme au rôle fâcheux que jouaient ses conseils de guerre, avait, dès 1880, signalé avec persistance les erreurs commises et élaboré un projet de décret organisant un système de répression spéciale à l'encontre des transportés. C'est ce projet qui, longtemps repoussé, puis adopté sous la pression de l'opinion publique enfin émue de cette situation, est devenu le décret du 5 oct. 1889, Code pénal actuel des condamnés aux travaux forcés. Il a pris fin, grâce à la certitude d'une répression efficace et appropriée, l'état d'indiscipline qui régnait sur les pénitenciers coloniaux.

1661. — La légalité du décret du 5 oct. 1889 a été contestée; quelques-uns ont voulu y voir une modification inconstitutionnelle de la loi du 30 mai 1854, loi métropolitaine. C'est là une erreur : les colonies pénitentiaires de Guyane et de Nouvelle-Calédonie sont encore l'une et l'autre, en vertu de l'art. 18, Sén.-cons. 3 mai 1854, soumises au régime des décrets; il s'ensuit que le décret est pour ces territoires un acte législatif. Aussi est-ce par décret que sont apportés tous changements à la législation pénale. Or, une fois débarqués sur le sol de la colonie, les transportés y deviennent des colons ; ils ne sauraient donc y avoir droit à des garanties supérieures à celles qui sont octroyées aux colons libres.

1662. — C'est d'ailleurs en ce sens que s'est prononcée la Cour de cassation qui, saisie d'un pourvoi dans l'intérêt de la loi portant sur le décret du 4 oct. 1889, a décidé, en des termes qui sont applicables au décret du 5 du même mois, que la légalité de ce décret est certaine, ledit décret ayant été pris pour assurer l'exécution de l'art. 10, L. 30 mai 1854, sur la transportation, et en vertu de l'art. 18, Sén.-cons. 3 mai 1854, aux termes duquel « les colonies autres que la Martinique, la Guadeloupe et la Réunion, sont régies par décrets du chef du pouvoir exécutif ». — Cass., 21 juin 1895, Condéry, [*Bull. crim.*, n. 179]; — 5 sept. 1895, Mamert et Girier, [S. et P. 96.1.208]

§ 1. Organisation.

1663. — Des tribunaux maritimes spéciaux sont établis dans les colonies pénitentiaires en vue d'assurer le jugement des crimes et délits commis par les condamnés aux travaux forcés (Décr. 4 oct. 1889).

1664. — Le tribunal maritime spécial est composé de : un officier supérieur du corps de la marine ou des troupes de la marine ou, à défaut, du commissariat de la marine, président, et de quatre juges, savoir : un magistrat de première instance; un officier du grade de capitaine ou de lieutenant; un fonctionnaire de l'administration pénitentiaire ayant au moins le rang de sous-chef de bureau; un sous-officier. Un fonctionnaire de l'administration pénitentiaire ayant au moins le rang de sous-chef de bureau est nommé commissaire-rapporteur; en cette qualité, il est chargé de l'instruction et remplit près le tribunal les fonctions du ministère public; un commis de l'administration pénitentiaire ou un surveillant militaire occupe l'emploi de greffier; le siège et le ressort des tribunaux maritimes spéciaux sont désignés par arrêté du gouverneur de la colonie.

1665. — On voit que, par continuation de ce qui se passait dans les ports de guerre au temps des bagnes et de ce qui se passe encore par la justice des arsenaux, les tribunaux maritimes spéciaux sont des juridictions mixtes formées par la réunion des éléments militaire, judiciaire et administratif. L'administration y est représentée par des fonctionnaires de l'administration pénitentiaire, substituée désormais à l'ancienne chiourme des bagnes.

1666. — S'il ne se trouve pas sur les lieux un nombre suffisant d'officiers ou de fonctionnaires du grade requis, la présidence des tribunaux maritimes spéciaux peut être confiée à un officier du grade de capitaine appartenant au corps de la marine ou aux troupes de la marine ou, à défaut, au commissariat de la marine. L'officier du grade de capitaine ou de lieutenant, juge, peut être remplacé par un sous-lieutenant (art. 4, § 1).

1667. — Il est à remarquer que la présidence du tribunal maritime spécial peut, à défaut d'officiers du corps de la marine ou des troupes de la marine, être confiée à un officier du commissariat de la marine. Tout d'abord, les deux cadres du commissariat de la marine, métropolitain et colonial, ont été complètement séparés par décret du 5 oct. 1889; c'est donc commissariat colonial qu'il faut lire aujourd'hui à la place de commissariat de la marine.

1668. — De plus, le fait de l'attribution, même à titre subsidiaire, de la présidence d'une juridiction maritime à un assimilé constitue une dérogation à la règle d'après laquelle le commandement seul est admis à la présidence des tribunaux fonctionnant en vertu du Code de justice maritime. La critique prend encore plus de force si l'on considère que les commissaires coloniaux qui ne proviennent pas de l'ancien corps, c'est-à-dire qui n'ont pas reçu l'investiture du ministre de la Marine, ne peuvent pas être considérés comme légalement investis de l'état d'officier lequel ne peut être concédé en dehors de l'armée de terre ou de l'armée de mer (Avis du comité du contentieux de la marine en date du 2 févr. 1897).

1669. — Une observation de même nature pourrait être formulée à l'encontre des fonctionnaires de l'administration pénitentiaire : mais leur introduction était cependant logique, puisqu'ils succèdent aux anciens commissaires des chiourmes, dont ils tiennent exactement la place dans le nouveau tribunal maritime spécial.

1670. — Dans les colonies pénitentiaires autres que la

Guyane ou la Nouvelle-Calédonie, les tribunaux maritimes spéciaux, s'ils ne peuvent être constitués conformément à l'art. 3, sont composés de trois juges, savoir : un officier du grade de capitaine ou, à défaut, un sous-commissaire de la marine, président; un magistrat ou fonctionnaire chargé de rendre la justice en premier ressort; un officier ou assimilé au grade de lieutenant ou de sous-lieutenant. Un fonctionnaire de l'administration pénitentiaire remplit les fonctions de commissaire-rapporteur. Un commis de l'administration pénitentiaire ou un surveillant militaire occupe l'emploi de greffier (art. 4, § 2 et s.).

1671. — Les membres du tribunal maritime spécial sont nommés et remplacés par décision du gouverneur. Si les circonstances l'exigent, il peut être adjoint au commissaire-rapporteur un ou plusieurs substituts pris dans les rangs de l'administration pénitentiaire; il peut également être affecté au greffe un ou plusieurs commis-greffiers (art. 5).

§ 2. Compétence.

1672. — La compétence des tribunaux maritimes spéciaux embrasse tout d'abord, *ratione personæ*, tous les condamnés aux travaux forcés subissant leur peine dans les colonies françaises, ou accusés d'évasion ou de tentative d'évasion dans les termes de l'art. 7, L. 30 mai 1854. Il en est de même des libérés, mais seulement lorsqu'ils se rendent coupables du crime d'évasion prévu par l'art. 8, L. 30 mai 1854. Pour tous autres crimes ou délits les libérés sont justiciables des tribunaux de droit commun.

1673. — Lorsque la poursuite d'un crime ou d'un délit comprend des individus non justiciables des tribunaux maritimes spéciaux et des individus justiciables de ces tribunaux, tous les prévenus, indistinctement, sont traduits devant les tribunaux ordinaires, sauf les exceptions ci-après : tous les accusés sont traduits devant les tribunaux maritimes spéciaux s'il s'agit d'évasion ou de tentative d'évasion, de transportés ou de libérés, et de complicité de ce crime (Cass., 21 juin 1895, Condéry, *Bull. crim.*, n. 179); tous les accusés comparaissent devant le conseil de guerre si les coauteurs ou complices sont marins, militaires ou assimilés.

1674. — En d'autres termes, le transporté entraîne ses complices civils devant le tribunal spécial, s'il s'agit d'évasion; il les suit devant leur juridiction propre pour tout autre fait criminel ou délictueux. Mais, devant quelque juridiction que soit traduit le transporté, il reste passible des peines qui lui sont spécialement applicables.

§ 3. Procédure.

1675. — La procédure applicable devant le tribunal maritime spécial est celle qui est prescrite par les art. 197 et s., C. just. marit., devant les tribunaux maritimes (V. *suprà*, n. 882 et s.). Toutefois, les attributions dévolues au préfet maritime sont exercées par le gouverneur (art. 6, § 1).

1676. — Les fonctions d'officiers de police judiciaire sont attribuées aux fonctionnaires et agents de tous grades de l'administration pénitentiaire (directeur de l'administration pénitentiaire, inspecteurs de la transportation, commandants de pénitenciers et personnel de surveillance) (art. 6, § 2 et 3).

1677. — Les jugements rendus par les tribunaux maritimes spéciaux peuvent être attaqués par la voie du recours en révision. Ce recours est porté devant le conseil de révision permanent dans le ressort duquel se trouve la colonie, et institué conformément aux prescriptions des art. 183 et s., C. just. marit. (art. 7, § 1 et 2). — V. *suprà*, n. 613 et s.

1678. — Aucun pourvoi en cassation ne peut être formé contre les sentences rendues à l'égard des condamnés aux travaux forcés, si ce n'est dans l'intérêt de la loi, conformément aux art. 441 et 442, C. instr. crim. (art. 7, § 2). Aussi a-t-il été jugé par application de cette disposition qu'est irrecevable, si ce n'est dans l'intérêt de la loi, le pourvoi en cassation formé contre un jugement du tribunal permanent de révision de la Guyane française qui a rejeté le recours d'un condamné aux travaux forcés contre la condamnation à mort prononcée contre lui par le tribunal maritime spécial de la colonie, à raison de faits commis dans la colonie pendant qu'il y subissait sa peine. — Cass., 5 sept. 1895, Mamert et Girier, [S. et P. 96.1.208]

1679. — Les jugements des tribunaux maritimes spéciaux et des conseils de révision concernant tous autres individus que les condamnés aux travaux forcés peuvent être attaqués devant la Cour de cassation, mais pour cause d'incompétence seulement. Dans ce cas, le pourvoi en cassation ne peut être formé avant qu'il ait été statué sur le recours en révision ou avant l'expiration du délai fixé pour l'exercice de ce recours (art. 7, § 3 et 4). — V. sur ces points, *suprà*, n. 943 et s.

1680. — En cas d'annulation d'un jugement du tribunal maritime spécial pour tout autre motif que l'incompétence, l'affaire est renvoyée, sur l'ordre du gouverneur, devant un tribunal maritime spécial de la colonie qui n'en a pas connu, ou, à défaut, devant le même tribunal composé d'autres juges ou même devant celui d'une autre colonie (art. 8).

§ 4. *Pénalités.*

1681. — Ainsi qu'il a été énoncé au n. 1655 et s., l'application de la pénalité militaire aux transportés en cours de peine avait eu pour conséquence de rendre toute répression criminelle illusoire dans les pénitenciers coloniaux. Il suffit de réfléchir pour comprendre que des peines, rigoureuses pour un individu jouissant de sa liberté, cessent d'avoir aucune efficacité à l'égard de celui pour qui cette liberté est déjà perdue à perpétuité. Il fallait donc organiser un système qui fût non seulement répressif par lui-même, mais surtout immédiatement applicable par interruption de la peine principale en cours de durée.

1682. — Tel a été l'objet du décret du 5 oct. 1889 qui, après avoir posé en principe que les transportés sont soumis aux dispositions pénales en vigueur dans la colonie où ils expient leur peine, s'empresse de remplacer, pour cette catégorie exceptionnelle de justiciables, toute peine autre que la mort par la réclusion cellulaire et par l'emprisonnement.

1683. — Ces prescriptions, qui semblent, par une inversion singulière de l'échelle pénale, présenter comme plus lourde que les travaux forcés un simple emprisonnement, ne s'expliqueraient pas si l'on ne remarquait que le transporté, bien que subissant une pénalité intrinsèquement grave, n'en jouit pas moins d'une certaine liberté d'allure et de circulation qui est de l'essence même des travaux auxquels il est affecté. Or, la seule chose que redoute le transporté, c'est précisément d'être privé de cette liberté relative et soumis à une incarcération rendue particulièrement pénible par le climat.

1684. — Toutefois, cette incarcération même était susceptible de plus ou de moins, et pouvait ainsi se prêter jusqu'à un certain point aux modalités du fait. On a été ainsi conduit à créer deux échelons : la réclusion cellulaire et l'emprisonnement ; la première remplace les peines afflictives et infamantes, la seconde les peines infamantes et les peines correctionnelles.

1685. — Il faut remarquer à ce propos que le sol colonial va, une fois de plus, servir de terrain d'expérience pour une réforme que les criminalistes appelaient depuis longtemps de leurs vœux, à savoir : la cellule employée comme instrument d'aggravation des travaux forcés contre les plus grands criminels.

1686. — Toutefois, à côté de cette échelle spéciale, on a maintenu les prescriptions de l'art. 7, L. 30 mai 1854, concernant l'évasion du transporté, lequel encourt de ce chef soit un prolongement de peine s'il est condamné à temps, soit la double chaîne s'il est condamné à vie. Le décret du 4 oct. 1889 n'a pu ni entendu déroger sur ce point à la loi du 30 mai 1854, loi métropolitaine dont les effets saisissent le condamné à dater de son embarquement, c'est-à-dire hors du sol colonial (Dép. min. 26 juin 1891, manuscr.).

1687. — Quelques explications sont nécessaires au sujet de l'évasion et de la double chaîne. L'évasion du transporté constitue un crime, puisqu'il est puni d'une peine criminelle ; elle est caractérisée par le seul fait de la constatation de l'absence, sans qu'aucune circonstance de violence ou de bris de prison y entre comme éléments constitutifs, et sans qu'aucun délai de grâce soit laissé au condamné pour se repentir et rentrer spontanément. L'évasion est consommée dès que l'absence est constatée.

1688. — La double chaîne est, depuis la suppression de la bastonnade, la seule peine corporelle qui survive de l'ancien régime des bagnes. Elle consiste, après bien des adoucissements successifs, dans le port d'une chaîne du poids de sept kilos qui, attachée à l'un des pieds du forçat par un anneau, monte et s'accroche à la taille, fait le tour des reins et redescend le long de l'autre jambe jusqu'au pied. La double chaîne est prononcée pour deux ans au moins et cinq ans au plus. Diverses

décisions des juridictions coloniales avaient reconnu, qu'au point de vue de l'application du principe du non-cumul des peines, la double chaîne devait être tenue pour supérieure aux travaux forcés à perpétuité. Cette doctrine est désormais sans portée puisque les travaux forcés ne sont plus applicables aux transportés en cours de peine.

1689. — Aux termes de l'art. 1, Décr. 5 oct. 1889, les dispositions des lois pénales en vigueur dans chaque colonie pénitentiaire sont applicables aux condamnés aux travaux forcés qui subissent leur peine sous les réserves spécifiées aux articles suivants :

1690. — Les peines applicables aux condamnés aux travaux forcés sont : la mort ; la réclusion cellulaire pendant six mois au moins et cinq ans au plus ; l'emprisonnement pour six mois au moins et cinq ans au plus (art. 2).

1691. — Les condamnés à la réclusion cellulaire sont détenus séparément de jour et de nuit et privés de toute communication avec l'extérieur. Ils sont astreints au travail (art. 3).

1692. — Les condamnés à l'emprisonnement sont détenus dans un établissement fermé et astreints au travail en commun sous l'obligation du silence. Ils sont isolés la nuit (art. 4).

1693. — Les condamnés à la réclusion cellulaire et à l'emprisonnement peuvent obtenir la faveur de la libération conditionnelle dans les conditions déterminées par la loi du 14 août 1885. Dans ce cas ils sont réintégrés sur les chantiers et ateliers de la transportation. Les uns et les autres restent soumis à la même juridiction et aux mêmes pénalités que les condamnés aux travaux forcés (art. 5).

1694. — Est puni de mort tout condamné aux travaux forcés en cours de peine ou subissant la réclusion cellulaire ou l'emprisonnement, qui se rend coupable de voies de fait sur la personne d'un fonctionnaire, employé, agent, ou surveillant de l'administration pénitentiaire. Toutefois, si les circonstances paraissent atténuantes, les juges peuvent appliquer la réclusion cellulaire pour une durée de deux ans au moins et de cinq ans au plus (art. 6).

1695. — C'est l'idée de la voie de fait envers un supérieur, qui est empruntée au Code maritime pour protéger la personne des surveillants et des fonctionnaires. Toutefois, pour éviter le recours à la clémence du Chef de l'État qui serait appelé à accorder des commutations dans les cas de simples violences, on a permis l'application des circonstances atténuantes. C'est précisément la mesure que nous préconisons *suprà*, sur l'art. 300, C. just. marit.

1696. — Voici le commentaire que donne de l'art. 6 l'instruction ministérielle du 19 oct. 1889 : « L'esprit de cet article tend à protéger aussi complètement que possible le personnel que les nécessités mêmes de l'organisation mettent en contact direct avec les transportés ; mais j'ai tenu à faire introduire un paragraphe spécial, en vertu duquel les juges auront la faculté d'apprécier la nature des voies de fait commises et de discerner dans leur sentence ce les qui, par leur gravité intrinsèque ou par les circonstances au milieu desquelles elles auront été perpétrées, pourraient motiver l'application de la peine capitale, ou celles qui, tout en constituant une atteinte à la discipline, seraient suffisamment punies par une privation de liberté. En d'autres termes, de même que les rédacteurs du décret se sont appliqués à n'édicter que des pénalités susceptibles de réagir effectivement contre les tendances mauvaises du coupable, de même ils ont voulu que la peine capitale ne fût en quelque sorte prononcée que si elle doit être suivie d'exécution, afin que, par suite, les sentences des tribunaux maritimes spéciaux reprissent sur l'esprit des justiciables l'influence comminatoire qui doit leur être propre. Il appartiendra donc aux juges d'accorder des circonstances atténuantes toutes les fois que le crime ne leur paraîtra pas mériter la mort. »

1697. — Cette prescription est encore corroborée par la restitution aux gouverneurs du droit d'ordonner l'exécution des sentences capitales, qu'ils tenaient de l'art. 181, C. just. marit., et qui leur avait été retiré par une décision présidentielle du 1er avr. 1880. L'instruction précitée du 19 oct. 1889 s'exprime ainsi sur ce point : « A cette occasion, j'ai l'honneur de vous faire connaître que, sur le rapport spécial que je lui ai présenté, M. le Président de la République a bien voulu, sous la date du 4 oct. 1889, m'autoriser à rapporter, en ce qui concerne les condamnés aux travaux forcés en cours de peine, la circulaire du 1er avr. 1880, vous enjoignant de surseoir désormais, sans distinction, à l'exécution de toute sentence capitale. En conséquence, vous devrez vous considérer désormais comme remis, à l'égard de cette catégorie de justiciables, en possession des pouvoirs inscrits dans les actes organiques et dans la décision impériale du 28 oct. 1868. Par suite, toutes les fois qu'un transporté de la première catégorie aura été condamné à la peine de mort et que la sentence sera passée en force de chose jugée, vous aurez à saisir dans le plus bref délai le conseil privé de l'affaire, et vous surseoirez obligatoirement à l'exécution de la peine lorsque deux voix au moins se seront prononcées en ce sens. Dans le cas contraire, vous pourrez, sous votre responsabilité et si vous le jugez convenable, laisser un libre cours à la justice, à charge de me rendre compte, sous le présent timbre, des motifs de votre détermination. »

1698. — Est puni de la réclusion cellulaire pour une durée de six mois à deux ans, tout condamné aux travaux forcés à perpétuité qui, après sommation, se refuse au travail. La même peine est appliquée au condamné à temps subissant déjà l'emprisonnement et qui se rend coupable du même fait. La peine est de six mois à deux ans d'emprisonnement pour le condamné à temps en cours de peine (art. 7).

1699. — Un décret disciplinaire du 4 sept. 1891 a institué pour les transportés, dans le but d'obtenir d'eux un travail effectif, un régime spécial consistant en ce que le condamné n'a droit en principe qu'au pain et à l'eau. Pour acquérir une ration normale, il doit accomplir sa tâche sauf effort supérieur lui donne droit à des vivres supplémentaires. La ration du dimanche est gagnée si la tâche a été remplie quatre jours sur six. Malgré ces dispositions, très-efficaces par elles-mêmes et dont la mise en vigueur a changé la face des chantiers coloniaux, le refus formel de tout travail a été considéré comme un fait passible de la réclusion cellulaire ou de l'emprisonnement suivant les cas.

1700. — Lorsque les condamnés aux travaux forcés auront commis des faits passibles, aux termes des lois pénales ordinaires, des peines autres que la mort, celles-ci seront remplacées ainsi qu'il suit, savoir : Les peines afflictives et infamantes par la réclusion cellulaire de six mois à cinq ans; le bannissement, la dégradation civique, en tant que peine principale, et les peines correctionnelles par l'emprisonnement de six mois à cinq ans; les peines accessoires ne seront pas prononcées, à l'exception de la confiscation spéciale dans les cas où elle est édictée et des amendes encourues en vertu d'une loi fiscale (art. 8).

1701. — Tout condamné aux travaux forcés qui est frappé de la réclusion cellulaire ou de l'emprisonnement subit cette peine dès que la sentence qui la prononce est devenue définitive. Pour le condamné à temps il y a interruption du cours de la peine des travaux forcés (art. 9). C'est l'application du principe posé *suprà*, n. 165. La peine pour être efficace doit être immédiatement subie; il y avait donc nécessité de mettre un terme à la jurisprudence en vertu de laquelle, les peines se subissant par ordre de gravité, aucune sentence ne pouvait modifier la situation d'un condamné à perpétuité.

1702. — En cas de conviction de plusieurs crimes et délits et pour l'application de l'art. 165, C. just. marit., les peines prennent rang dans l'ordre déterminé à l'art. 2, Décr. 5 oct. 1889 (art. 10).

1703. — Tout condamné qui, subissant un emprisonnement, se rendra coupable d'une nouvelle infraction ayant le caractère de crime ou de délit, encourra, pour ce fait, la réclusion cellulaire de six mois à deux ans (art. 11).

1704. — Les contraventions de simple police commises par les condamnés aux travaux forcés seront réprimées par voie disciplinaire, conformément à l'art. 369, C. just. milit., pour l'armée de mer (art. 12).

1705. — Les condamnations prononcées en vertu du présent acte contre des condamnés aux travaux forcés sont exécutées dans les établissements de l'administration pénitentiaire (art. 13).

TITRE II.

MARINE DU COMMERCE.

1706. — L'ordonnance du mois d'août 1681 sur la marine avait institué pour les navires de commerce un régime pénal et disciplinaire très-complet, qui rappelait par plus d'un point celui des bâtiments de guerre : c'est ainsi que l'ordonnance réglait l'action des juges d'amirauté, dont la compétence s'étendait à tous crimes et délits commis sur la mer, ses ports, hâvres et rivages. Cette juridiction spéciale atteignait immédiatement et par conséquent d'une manière efficace, les gens de mer employés dans la marine marchande.

1707. — La même ordonnance avait, en outre, investi les capitaines de navires d'un droit de juridiction disciplinaire sur les hommes de leur équipage. Mais l'Assemblée constituante ayant, le 13 août 1791, supprimé les juges d'amirauté et attribué compétence aux tribunaux ordinaires, la marine marchande se vit privée de juridictions spéciales et obligée d'attendre de longs mois la répression des faits commis à bord. D'autre part, les capitaines des navires de commerce avaient à peu près cessé d'user du droit de correction disciplinaire de l'ordonnance de 1681, parce que les punitions corporelles de la cale, de la bouline et autres, abrogées pour la marine de l'Etat, paraissaient trop rigoureuses ou inexécutables sur les navires ayant un faible équipage. Enfin à terre aucun droit n'existait à l'encontre des marins depuis qu'un arrêt de cassation du 13 déc. 1828, Offret, [P. chr.], avait limité aux fautes concernant le service de l'Etat, les pouvoirs disciplinaires des commissaires de l'inscription maritime.

1708. — C'est dans ces conditions particulièrement compromettantes pour la discipline des équipages et la sécurité de la navigation maritime qu'intervint le décret-loi disciplinaire et pénal pour la marine marchande du 24 mars 1852, actuellement encore en vigueur tel qu'il a été promulgué (V. le rapport qui précède le décret-loi).

1709. — Le décret-loi règle à la fois, comme son titre l'indique, la répression des crimes, des délits et des simples fautes. Il est divisé en trois titres qui traitent : le premier de la juridiction, le second de la procédure, le troisième de la pénalité.

1710. — Le décret-loi de 1852 a, d'ailleurs, pour compléments, deux lois importantes, la loi du 10 avr. 1825 sur la sûreté de la navigation et la loi du 10 mars 1891 sur les moyens de prévenir les abordages en mer. Chacun de ces actes doit faire l'objet d'une étude distincte. Quant au décret-loi, il appelle depuis longtemps une réforme dont les bases sont consignées dans un projet de loi déposé par M. Félix Faure, durant son passage au ministère de la marine, et qui consacre, entre autres mesures, la suppression de la peine de l'embarquement correctionnel ainsi que la création d'un tribunal d'appel auquel peut être déféré tout jugement prononçant la perte ou la suspension du brevet de capitaine au long cours.

CHAPITRE I.

JUSTICE MARITIME COMMERCIALE.

1711. — Après avoir présenté les définitions qui rappellent celles du Code pénal pour les crimes, délits et contraventions, les dispositions préliminaires du décret-loi posent en principe, que les fautes de discipline et les délits maritimes sont réprimés conformément aux prescriptions que renferme le décret, c'est-à-dire par les commissaires de l'inscription maritime, par les capitaines et par les tribunaux maritimes commerciaux suivant les cas, tandis que les crimes sont déférés aux tribunaux ordinaires.

1712. — L'art. 3 ajoute : les dispositions du présent décret sont applicables à tous les navires et bateaux français, appartenant à des particuliers ou à des administrations publiques, qui se livrent à la navigation ou à la pêche dans les limites de l'inscription maritime. Toutefois, sont exceptées les embarcations des douanes à manœuvres basses. Restent soumis aux mêmes dispositions les équipages des navires et bateaux qui ne sortent que momentanément des limites de l'inscription maritime. Sont, en conséquence, soumises aux règles d'ordre, de service, de discipline et de police établies pour les navires et bateaux marchands, et passibles des peines déterminées par le présent décret, pour les fautes de discipline, les délits et crimes y énoncés, toutes les personnes embarquées, employées ou reçues à bord de ces navires et bateaux, à quelque titre que ce soit, à partir du jour de leur inscription au rôle d'équipage ou de leur embarquement en cours de voyage, jusques et y compris le jour de leur débarquement administratif.

1713. — Il doit être entendu que, devant les tribunaux maritimes commerciaux comme devant toute autre juridiction, la compétence se fixe au jour du délit; il suffit donc que l'infraction ait été commise avant le débarquement administratif pour que le tribunal d'exception soit compétent, alors même que la dénonciation et le commencement des poursuites seraient postérieurs au désarmement. C'est ce qu'a consacré une dépêche ministérielle du 20 sept. 1854.

1714. — L'expression « navires appartenant à des administrations publiques » a fait naître des doutes qui ont été levés par une dépêche ministérielle du 27 juill. 1852. On s'était demandé notamment si ces expressions n'avaient pas trait aux paquebots-poste de la Manche et de la Méditerranée qui alors constituaient une entreprise d'Etat. Il a été répondu négativement parce que les ordonnances des 23 févr. 1839 et 10 juin 1847 soumettaient les équipages de ces mêmes navires à mêmes règles que les équipages des bâtiments de l'Etat. L'expression en cause signifie donc principalement les embarcations des douanes à manœuvres hautes et les embarcations employées par l'administration des ponts et chaussées ». On pourrait y ajouter celles qu'emploie l'administration des postes et télégraphes pour le service de ses câbles sous-marins. Les équipages de ces embarcations sont donc soumis au décret-loi.

1715. — Les personnes mentionnées dans l'art. 3 du décret continuent d'être placées sous le régime qu'il prescrit en cas de perte du navire par naufrage, chance de guerre ou toute autre cause, jusqu'à ce qu'elles aient pu être remises à une autorité française. Toutefois, cette disposition n'est pas applicable aux passagers autres que les marins naufragés, déserteurs ou délaissés, qui, sur l'ordre d'une autorité française, auront été embarqués pour être rapatriés, à moins que ces passagers ne demandent à suivre la fortune de l'équipage (art. 4).

Section I.
Pouvoir disciplinaire.

1716. — Le droit de connaître des fautes de discipline et de prononcer les peines qu'elles comportent est attribué sans appel ni recours en révision ou cassation : 1° aux commissaires de l'inscription maritime; 2° aux commandants des bâtiments de l'Etat; 3° aux consuls de France; 4° aux capitaines de navires du commerce commandant sur les rades étrangères; 5° aux capitaines de navires (art. 5).

1717. — Les marins inculpés de fautes de discipline doivent être admis à présenter leur justification avant d'être punis. — Circ., 7 avr. 1862, [B. O. M., p. 353]; — 4 août 1883, [B. O. M., p. 148]

1718. — Ce droit s'exerce de la manière suivante : lorsque le navire se trouve dans un port ou sur une rade de France, ou dans un port d'une colonie française, le droit de discipline appartient au commissaire de l'inscription maritime à qui la plainte est adressée par le capitaine avant le débarquement de l'Etat présent sur les lieux, ou, en l'absence de celui-ci, au commissaire de l'inscription maritime. Le capitaine du navire adresse sa plainte à l'un ou à l'autre, suivant le cas. Les gouverneurs des colonies françaises déterminent, par un arrêté, les limites entre la rade et le port. Cet arrêté est soumis à l'approbation du ministre de la Marine. Dans les ports et rades des pays étrangers, le droit de discipline appartient au commandant du bâtiment de l'Etat, ou, à son défaut, au consul de France. Le capitaine adresse sa plainte à l'un ou à l'autre, suivant le cas. En l'absence de bâtiments de l'Etat et à défaut de consul, le droit de discipline appartient au plus âgé des capitaines de navire. Les capitaines au long cours ont toujours, à cet égard, la priorité sur les maîtres au cabotage. En mer et dans les lieux où il ne se trouve aucune des autorités mentionnées ci-dessus, le capitaine du navire prononce et fait appliquer les peines de discipline, sauf à en rendre compte dans le premier port où il aborde, soit au commissaire de l'inscription maritime, soit au commandant du bâtiment de l'Etat, soit au consul (art. 6).

1719. — Dans tous les cas, et en quelque lieu que se trouve le navire, le capitaine, maître ou patron, peut infliger les peines de discipline prévues par l'art. 53 du décret de 1852, sans en référer préalablement à l'une des autorités énoncées en l'art. 5,

mais à charge par lui de leur en rendre compte dans le plus bref délai possible (art. 7).

1720. — Le pouvoir disciplinaire confié aux capitaines, maîtres ou patrons n'entraîne pas le pouvoir juridictionnel, c'est-à-dire le droit de convoquer un tribunal maritime commercial. Ce droit n'appartient qu'aux commandants des bâtiments de l'Etat, aux consuls et aux commissaires de l'inscription maritime suivant les cas (Dép. min. 3 mai 1853 et 8 nov. 1854, manuscr.).

1721. — En cas de conflit sur la compétence en matière de discipline, il est statué dans les ports et rades de France par le préfet maritime de l'arrondissement, et dans les ports et rades d'une colonie française par le gouverneur. L'autorité saisie du conflit renvoie l'affaire devant le fonctionnaire qui doit en connaître (art. 8).

Section II.
Tribunaux maritimes commerciaux.

1722. — Il est institué des tribunaux maritimes commerciaux. Ces tribunaux connaissent des délits maritimes prévus dans le présent décret (art. 9).

1723. — Le refus opposé par un capitaine à l'ordre donné par un capitaine de port constitue non un délit maritime rentrant dans la compétence du tribunal maritime commercial, mais une infraction à la police des ports du ressort du conseil de préfecture et que l'officier de port seul est habile à constater (Dép. 17 mai 1852, manuscr.).

1724. — Lorsque le navire se trouve dans un port ou sur une rade de France, ou dans un port d'une colonie française, la connaissance des délits appartient au tribunal maritime commercial présidé par le commissaire de l'inscription maritime du lieu. Sur les rades des colonies françaises, la connaissance des délits appartient au tribunal maritime commercial présidé par le commandant du bâtiment de guerre présent sur les lieux, et, en son absence, au tribunal présidé par le commissaire de l'inscription maritime. Dans les ports et sur les rades des pays étrangers, la connaissance des délits appartient au tribunal maritime commercial présidé par le commandant du bâtiment de l'Etat présent sur les lieux, et, en son absence, au tribunal présidé par le consul. En cas de conflit sur la compétence, il doit être statué comme il est dit à l'art. 8 (art. 10). — V. supra, n. 1721.

1725. — Jugé que les navires de commerce étrangers, quand ils stationnent dans un port français, sont soumis à la juridiction territoriale pour la répression des crimes et délits de droit commun qui se commettent à leurs bords, alors surtout que ces faits sont de nature à compromettre la tranquillité publique et que l'intervention de l'autorité locale est réclamée. — Cass., 25 févr. 1839, [Bull. crim., n. 65]

1726. — Un arrêt de cassation du 5 nov. 1852 a jugé que la disposition contenue dans le premier paragraphe de l'art. 10 n'est pas absolue. La compétence peut également appartenir au tribunal du port d'armement ou du lieu d'arrestation.

1727. — La connaissance des délits communs non prévus par le décret de 1852 appartient au tribunal correctionnel de l'arrondissement où se trouve le navire, ou du premier port français où il aborde (art. 11).

1728. — Sur un bâtiment de l'Etat, le tribunal maritime commercial est composé de cinq membres, savoir :

Le commandant du bâtiment, président;

Juges :	L'officier de vaisseau le plus élevé en grade après le second, ou à défaut le second lui-même ;	
	Le plus âgé des capitaines ;	des navires du commerce présents sur les lieux.
	Le plus âgé des officiers,	
	Et le plus âgé des maîtres d'équipage,	

Le tribunal ne se réunit qu'avec l'autorisation du commandant de la rade (art. 12).

1729. — S'il n'y a pas sur les lieux d'autre navire du commerce que celui à bord duquel se trouve l'inculpé, le tribunal est composé de la manière suivante, savoir :

Le commandant du bâtiment de l'Etat, président;

Juges :	Les deux plus anciens officiers de vaisseau après le commandant;
	Le plus ancien second maître;
	Un officier ou un matelot du navire où le délit a été commis (art. 13).

1730. — Dans un port de France ou d'une colonie française, le tribunal maritime commercial est composé de cinq membres, savoir :

Le commissaire de l'inscription maritime, président ;

Juges :
> Un juge du tribunal de commerce, ou, à défaut, le juge de paix ;
> Le capitaine, le lieutenant ou le maître du port ;
> Le plus âgé des capitaines au long cours valides présents sur les lieux ;
> Le plus âgé des maîtres d'équipage des navires du commerce, ou, à défaut, le plus âgé des marins valides présents sur les lieux, et ayant rempli ces fonctions.

Le juge du tribunal de commerce doit être désigné par le président de ce tribunal. Dans les colonies où le capitaine de port est supérieur en grade au commissaire de l'inscription maritime, ou plus ancien que lui dans le même grade, ce capitaine doit être remplacé par l'agent qui le suit immédiatement dans l'ordre du service. Le capitaine au long cours et le maître d'équipage sont désignés par le commissaire de l'inscription maritime. Le tribunal ne se réunit qu'avec l'autorisation du chef du service maritime présent sur les lieux (art. 14).

1731. — Le terme « chef du service maritime », employé dans le pénultième paragraphe de l'art. 14, s'applique : 1° au chef du service de la marine dans les chefs-lieux de sous-arrondissements, tels que Dunkerque, le Havre, etc., qui sont en même temps sièges de quartier ; 2° aux commissaires de l'inscription maritime dans les quartiers obliques ; 3° aux gouverneurs dans les colonies françaises (Instr. 27 mars 1852, n. 9).

1732. — L'art. 14 veut que les capitaines et maîtres d'équipages appelés à siéger comme juges soient choisis dans le personnel valide ; il est presque superflu de faire remarquer qu'on comprend exclusivement sous cette dénomination les inscrits qui ne sont pas quinquagénaires ; en conséquence, les demi-soldiers pour ancienneté de service, et les hors de service, à cause de leur âge, ne pourront faire partie des tribunaux maritimes commerciaux, dont cette mesure contribuera à assurer la bonne composition (Instr. 27 mars 1852, n. 8).

1733. — Une dépêche du 8 juin 1852 (manuscrite) permet de faire entrer dans la composition du tribunal le plus âgé des patrons de pêche présents sur les lieux, à défaut de marins ayant rempli les fonctions de maître d'équipage.

1734. — Le fait qu'un marin, ayant exercé les fonctions de maître d'équipage, a proposé pour l'emploi d'aspirant-pilote, ne fait pas obstacle à ce qu'il siège au tribunal maritime commercial (Dép. 30 avr. 1852 : B. O. M., p. 534).

1735. — Les mots « présents sur les lieux » s'appliquent soit aux capitaines au long cours (et non aux maîtres au cabotage), soit aux marins ayant rempli les fonctions de maîtres d'équipage, qui se trouvent dans la circonscription du quartier (Dép. 30 avr. 1852 : B. O. M., p. 534).

1736. — Rien ne s'oppose à ce que l'officier du commissariat chargé par intérim de la direction du quartier exerce, quel que soit son grade, la présidence du tribunal, dont la composition ne doit d'ailleurs subir, pour ce motif, aucune modification (Dép. 13 mai 1853, manuscr.).

1737. — Un armateur, juge au tribunal de commerce, ne peut siéger à ce titre dans le tribunal maritime commercial pour juger un marin embarqué sur le navire de cet armateur. Dans le silence sur ce point des art. 18 et 21 du décret-loi, il y a lieu de se référer aux principes généraux du droit. Or l'art. 378, § 7, C. proc. civ., donne comme sujet à récusation le maître pour son ouvrier à gages, ce qui est bien la situation de l'armateur vis-à-vis du matelot qu'il emploie (Instr. 30 nov. 1855 : B. O. M., p. 873).

1738. — Dans un port étranger et en l'absence d'un bâtiment de guerre français, le tribunal maritime commercial est composé de cinq membres, savoir :

Le consul de France président ;

Juges :
> Le plus âgé des capitaines au long cours présents sur les lieux ;
> Le plus âgé des officiers des navires du commerce présents sur les lieux ;
> Un négociant français désigné par le consul ;
> Le plus âgé des maîtres d'équipage des navires du commerce présents sur les lieux (art. 15).

1739. — Le tribunal maritime commercial constitué dans un port étranger ne peut être présidé que par le consul de France ;

la présidence d'un vice-consul ou d'un agent consulaire entraîne la nullité des décisions rendues par le tribunal ainsi constitué. — Cass., 27 nov. 1869, Richard, [S. 70.1.226, P. 70.550, D. 70.1.317] — Sic, Hautefeuille, Décr. du 24 mars 1852 expliqué, p. 65 ; Gadrat, id., p. 21.

1740. — On ne peut suppléer par des négociants français les officiers de la marine commerciale qui, aux termes de l'art. 15, doivent siéger au tribunal maritime commercial formé dans les consulats (Dép. 3 mai 1853, manuscr.).

1741. — Un capitaine au long cours non pourvu de commandement peut être appelé à faire partie du tribunal maritime commercial, pourvu qu'il soit valide, c'est-à-dire âgé de moins de cinquante ans et présent sur les lieux, c'est-à-dire, présent dans la circonscription du consulat (Dép. 11 juin 1852, manuscr.).

1742. — Le président du tribunal maritime commercial doit être âgé de vingt-cinq ans, et les autres membres de vingt et un ans au moins (art. 19).

1743. — Les fonctions de greffier sont remplies, sur un bâtiment de l'Etat, par l'officier d'administration ; dans un port de France ou d'une colonie française, par le commis, ou, à défaut, par l'écrivain de marine la plus ancien ; dans un port étranger, par le chancelier, ou, à défaut, par un employé du consulat (art. 17).

1744. — Un décret du 19 nov. 1866, considérant qu'un assez grand nombre de bâtiments de l'Etat n'ont pas d'officiers d'administration, a décidé que les fonctions de greffier du tribunal maritime commercial pourraient être remplies par un officier du bâtiment désigné par le commandant. Ce décret tendant à modifier un acte législatif est sans valeur et inconstitutionnel ; l'usage de cette faculté ne manquerait pas d'entraîner la nullité des jugements s'il existait une voie de recours pour les condamnés. — V. infrà, n. 1778.

1745. — Lorsqu'un quartier d'inscription maritime ne possède pas le commis du commissariat nécessaire pour remplir les fonctions de greffier près le tribunal maritime commercial, c'est au quartier le plus voisin que sera emprunté l'employé dont il s'agit. — Circ., 30 juill. 1883, [B. O. M., p. 144]

1746. — Le président désigne le membre du tribunal qui doit remplir les fonctions de rapporteur (art. 16).

1747. — Le juge rapporteur du tribunal maritime commercial peut être nommé avant que la constitution du tribunal soit complète. — Circ., 1er oct. 1888, [B. O. M., p. 406]

1748. — Ne peuvent faire partie du tribunal maritime commercial : 1° le capitaine qui a porté la plainte ; 2° toute autre personne embarquée sur le navire, si elle est offensée, lésée ou partie plaignante (art. 18).

1749. — Les parents ou alliés, jusqu'au degré d'oncle et de neveu inclusivement, ne peuvent être membres du même tribunal maritime commercial. D'autre part, au même degré, la parenté de l'un des membres du tribunal avec le prévenu ou l'un des prévenus est une cause de récusation (art. 20 et 21).

1750. — Lorsque le délinquant fait défaut ou lorsqu'il y a impossibilité de constituer sur place un tribunal, l'autorité saisie doit dresser copie de la plainte et de l'instruction sommaire qui doit accompagner. Ces documents sont déposés au quartier d'inscription où elles se retrouvent le jour où il est possible de donner cours à la poursuite. — Circ., 22 avr. 1864, [B. O. M., p. 306] — V. infrà, n. 1768.

1751. — Les tribunaux ordinaires connaissent des crimes maritimes prévus par le décret du 24 mars 1852 (art. 22).

1752. — Dans les cas prévus par le décret de 1852, l'action publique et l'action civile se prescrivent après cinq années révolues, à compter du jour où le délit a été commis. La prescription pour les crimes reste soumise aux règles du droit commun (art. 100).

CHAPITRE II.

PROCÉDURE.

Section I.

Matières disciplinaires.

1753. — Le capitaine tient un livre spécial, dit livre de punitions, sur lequel toute faute de discipline doit être mentionnée

par lui ou par l'officier de quart. L'autorité qui a statué inscrit
sa décision en marge. Le capitaine annote de la même manière,
sur le livre de punitions, toutes les peines de discipline infligées
pendant le cours du voyage. Le livre de punitions doit être coté
et paraphé par le commissaire de l'inscription maritime du port
d'armement du navire. Il est remis au commissaire de l'inscription
maritime du port où le navire est désarmé administrativement.
Le livre de punitions est présenté au visa du commissaire de
l'inscription maritime ou du consul, suivant le cas, lorsqu'une
faute de discipline a été commise dans l'intervalle compris entre
le dernier départ et l'arrivée ou la relâche (art. 23).

Section II.

Matières correctionnelles.

1754. — Aussitôt qu'un délit a été commis à bord, le rapport en est fait au capitaine par le second ou l'officier de quart.
Si le délit a été commis hors du bord, le second en fait le rapport au capitaine. Si le délit a été commis en présence du capitaine et en l'absence du second et de l'officier de quart, ou s'il
parvient à la connaissance du capitaine sans qu'il lui ait été
signalé par un rapport de l'un de ces deux officiers, il constate
lui-même ce délit. Les circonstances du délit sont toujours mentionnées sur le livre de punitions (art. 24).

1755. — Le capitaine, assisté, s'il y a lieu, de l'officier qui
a fait le rapport et qui remplit les fonctions de greffier, procède
ensuite à une instruction sommaire, reçoit la déposition des témoins à charge et à décharge, et dresse procès-verbal du tout.
Le procès-verbal est signé des témoins, du capitaine et de l'officier faisant fonctions de greffier. Mention de ce procès-verbal
est faite sur le livre de punitions (art. 25).

1756. — Les art. 24 et 25 obligent les capitaines à constater
les délits commis à leur bord et à en réunir les preuves, en un
mot, à jouer à leur bord le rôle d'officiers de police judiciaire,
afin d'éviter que toutes traces et tous témoins de l'infraction ne
viennent à disparaître. L'inobservation de ces prescriptions
expose les capitaines à la peine de 25 à 300 fr. d'amende édictée à l'art. 48 du décret-loi à l'encontre de ceux qui ne se con-
forment pas aux règles tracées dans les chap. 1 et 2, tit. 2 (art.
23 à 47). — Circ., 24 juill. 1854, [B. O. M., p. 153]

1757. — Si les faits se sont passés dans un port ou sur une
rade de France, ou dans un port d'une colonie française, le capitaine adresse sa plainte et les pièces du procès au commissaire
de l'inscription maritime, dans les trois jours qui suivent celui
où le délit a été constaté; s'ils se sont passés sur la rade d'une
colonie française, dans le même délai au commandant du bâtiment de l'Etat présent sur les lieux, ou, en l'absence
de celui-ci, au commissaire de l'inscription maritime; s'ils se
sont passés à l'étranger, il l'adresse au commandant du bâtiment de l'Etat présent sur les lieux, ou, à défaut, au consul de
France. Si le délit a été commis soit en mer, soit dans une localité étrangère où il n'y ait ni bâtiment de l'Etat, ni consul de
France, le capitaine remet sa plainte, dans le premier port où il
aborde, soit au commissaire de l'inscription maritime, soit au
commandant du bâtiment de l'Etat, soit au consul, suivant qu'il
y a lieu, en se conformant aux dispositions du présent article.
Lorsque les faits rentrent dans la catégorie des délits communs
non prévus par le présent décret, et sont, en conséquence, réservés aux tribunaux ordinaires, le commissaire de l'inscription
maritime ou le commandant du bâtiment de l'Etat qui a reçu la
plainte la transmet au procureur de la République du lieu (art.26).

1758. — L'art. 26, Décr. 24 mars 1852, en ordonnant au
capitaine de remettre dans le premier port où il aborde, soit au
commissaire de l'inscription maritime, soit au commandant du
bâtiment de l'Etat, soit au consul, suivant qu'il y a lieu; sa
plainte pour un crime ou délit commis en mer, n'a pas créé au
profit du premier port de relâche une compétence exclusive;
le port d'immatriculation du bateau, celui de la résidence du
délinquant et celui du désarmement du navire, restent également compétents dans les termes du droit criminel ordinaire.

1759. — Par suite, si, par une cause quelconque, le tribunal du premier port de relâche n'a pas été saisi, la plainte peut,
au retour du navire, être soumise au tribunal du port du débarquement, alors surtout que ce port est en même temps celui de
l'immatriculation du navire et le lieu de la résidence du prévenu.
— Cass., 1er déc. 1864, Leroy, [S. 65.1.389, P. 65.995]

1760. — A l'occasion de la mise au jour d'une déclaration
signée entre la France et l'Angleterre le 23 juin 1854 (Décr. 4
juill. 1854), une instruction du 28 juill. 1854 (B. O. M., p. 190),
concernant la remise des déserteurs est venue rappeler aux capitaines de navires de commerce qu'ils ont le devoir étroit de
signaler d'urgence aux consuls l'absence des marins, attendu
que tout délit doit être porté dans les trois jours à la connaissance des consuls et que, de plus, la remise des déserteurs ne
peut avoir lieu que pendant le séjour du navire qu'ils ont abandonné. L'instruction ajoute que la négligence des capitaines les
exposerait aux peines de l'art. 48 du décret-loi.

1761. — Lorsque le prévenu d'un des délits énoncés dans
le présent décret sera le capitaine du navire, les poursuites auront lieu, soit sur la plainte des officiers et marins de l'équipage
ou des passagers, soit d'office. Dans le premier cas, la plainte
sera portée dans les délais prescrits par l'art. 26 au commissaire
de l'inscription maritime, au commandant du bâtiment de l'Etat
ou au consul, suivant les circonstances prévues par cet article
(art. 27).

1762. — L'autorité saisie de la plainte nomme le tribunal
maritime commercial qui doit en connaître, désigne le rapporteur, qu'elle charge de prendre immédiatement les informations
nécessaires, et convoque le tribunal dès que l'affaire est suffisamment instruite (art. 28).

1763. — Les séances des tribunaux maritimes commerciaux
sont publiques. Leur police appartient au président (art. 29, § 1).
A terre, le tribunal s'assemble, soit au bureau de l'inscription
maritime, soit au bureau de la chancellerie, suivant qu'il y a
lieu. A bord, le tribunal se réunit dans le local affecté aux
séances du conseil de guerre (art. 29, §§ 2 et 3).

1764. — A l'ouverture de la séance, le président fait déposer
sur le bureau un exemplaire du décret du 24 mars 1852. Il dit
ensuite à haute voix aux membres du tribunal, qui sont comme
lui debout et découverts : « nous jurons devant Dieu de remplir
nos fonctions au tribunal maritime commercial avec imparia-
lité ». Chaque membre répond : « Je le jure ». Mention de cette
formalité est faite au procès-verbal (art. 30).

1765. — Le président fait donner lecture par le rapporteur
de la plainte et des différentes pièces de la procédure, tant à
charge qu'à décharge. L'accusé est ensuite introduit devant le
tribunal; il y comparaît libre, et assisté, s'il le désire, d'un défenseur à son choix (art. 31).

1766. — Le choix d'un défenseur est libre pour l'inculpé,
mais s'il s'abstient d'en choisir un, il ne lui en est pas désigné
d'office. Il n'existe pas dans le décret-loi de règle sur ce point
comme dans le Code de justice maritime. D'autre part, bien
que les art. 31 et 32 ne le disent pas expressément, si le prévenu use de la faculté de prendre un défenseur, celui-ci doit
recevoir en temps utile communication des pièces de l'instruction (Dép. 1er févr. 1853, incidem.).

1767. — Jugé à cet égard qu'un jugement du tribunal commercial maritime n'est pas nul, bien que l'accusé contre lequel
il a été rendu n'ait pas été assisté d'un défenseur, s'il n'est pas
constaté que cet accusé ait demandé à l'être. — Cass., 7 avr.
1865, Guiovenetti, [S. 65.1.307, P. 65.915, D. 65.1.193]

1768. — Le décret-loi ne contient aucune règle pour permettre le jugement par défaut des prévenus devant le tribunal
maritime commercial; d'autre part, aucune référence au Code
d'instruction criminelle n'y étant inscrite, il en faut conclure
que cette juridiction ne peut statuer qu'en présence du prévenu.
C'est ce qu'a précisé la circulaire du 29 nov. 1853 (B. O. M.,
p. 853) qui déclare qu'un jugement par défaut serait entaché
d'excès de pouvoir. Il n'existe également aucun moyen légal
pour contraindre un prévenu récalcitrant à se présenter. Ce sont
là des lacunes graves.

1769. — Le président fait connaître à l'accusé, après constatation de son identité, le délit pour lequel il est traduit devant
le tribunal. Il l'avertit, ainsi que son défenseur, qu'il lui est
permis de dire tout ce qu'il jugera utile à sa défense, sans s'é-
carter toutefois des bornes de la décence et de la modération,
ou du respect dû au principe d'autorité (art. 32).

1770. — Le président est investi d'un pouvoir discrétionnaire pour la direction des débats et la découverte de la vérité.
L'accusé peut faire appeler toutes les personnes qu'il désire
faire entendre. Toutefois, le retard d'un témoin ne peut arrêter
les débats (art. 33).

1771. — Le président interroge l'accusé et reçoit les dépositions des témoins. Ne peuvent être reçues les dépositions des ascendants et descendants, des frères ou sœurs ou des alliés au même degré, du conjoint de l'accusé ou de l'un des accusés du même fait (art. 34, §§ 1 et 2).

1772. — Une circulaire du 19 nov. 1852 (manuscr.) recommande de faire renouveler par les témoins leur déposition devant le tribunal. Cependant rien ne s'oppose à ce que le président fasse donner lecture de la déposition d'un témoin non comparant, surtout si le prévenu n'insiste pas pour son audition.

1773. — Chacun des membres du tribunal est autorisé à poser des questions à l'accusé comme aux témoins, après en avoir fait la demande au président (art. 34, § 3).

1774. — L'accusé présente sa défense soit par lui-même, soit par l'organe de son défenseur (art. 34, § 4).

1775. — L'art. 34 contenait une disposition finale aux termes de laquelle le président, après avoir demandé à l'accusé s'il n'a rien à ajouter dans l'intérêt de sa défense, résumait les faits sans exprimer son opinion personnelle.

1776. — Un décret du 2 oct. 1881 a modifié l'art. 34 du décret-loi en vue de supprimer la formalité du résumé du président, afin de mettre la procédure des tribunaux maritimes commerciaux en harmonie avec la loi du 19 juin 1881, modifiant l'art. 336, C. instr. crim. (V. *suprà*, v° *Cour d'assises*, n. 2728 et s.). L'instruction qui précède ce décret s'efforce de justifier la légalité en alléguant que la modification ne touche pas aux bases constitutives de la juridiction, et que d'ailleurs, deux simples décrets du 21 sept. 1864 et 19 déc. 1866 ont été jugés suffisants pour changer la composition des tribunaux.

1777. — Cette thèse ne nous paraît pas fondée : tout d'abord, le décret du 21 sept. 1864 se borne à donner aux mécaniciens rang d'officier ou de maître d'équipage en ajoutant que cette assimilation, qui rentrait bien dans les attributions du pouvoir réglementaire, a pour conséquence de leur assurer la situation faite aux officiers et aux maîtres d'équipage par le décret-loi de 1852. Cette constatation n'est pas une modification, mais plutôt une application de la loi.

1778. — Il en est différemment du décret de 1866 qui change les catégories parmi lesquelles peut être pris le greffier du tribunal. Assurément la jurisprudence a maintes fois reconnu qu'un décret-loi pouvait être modifié par simple décret quand il a statué sur des matières réglementaires ; mais la composition d'un tribunal est bien du domaine de la loi ; elle ne pouvait donc être modifiée que par une loi. Dès lors, la raison tirée de ce précédent est peu convaincante, et ne suffit pas à justifier une nouvelle atteinte portée à la loi. — V. *suprà*, n. 1744.

1779. — Après la clôture des débats, le président fait retirer l'accusé ainsi que l'auditoire pour délibérer. Les membres du tribunal opinent dans l'ordre inverse des classifications mentionnées aux art. 12 à 15, pour l'organisation du tribunal. Le président émet son opinion le dernier (art. 35).

1780. — Toutes les questions de culpabilité posées par le président sont résolues à la majorité des voix. Si l'accusé est déclaré coupable, le tribunal délibère sur l'application de la peine (art. 36).

1781. — L'obligation de poser, quant à un prévenu ou accusé âgé de moins de seize ans, la question de savoir s'il a agi avec discernement, existe pour toutes les juridictions, à moins de dérogation spéciale par un texte de loi. Les tribunaux commerciaux maritimes y sont donc soumis, le décret du 24 mars 1852 qui les a institués ne contenant point une telle dérogation. — Cass., 7 avr. 1863, Guiovenetti, [S. 63.1.307, P. 63.915, D. 63.1.193]

1782. — ... Et il suffit, pour qu'ils soient tenus de poser la question dont il s'agit, que l'allégation de l'accusé d'être âgé de moins de seize ans soit confirmée tant par l'extrait des registres matricules produits au procès que par les constatations du jugement lui-même. — Même arrêt.

1783. — En l'absence de dispositions spéciales sur le mode de position des questions, dans le décret du 24 mars 1852, les tribunaux commerciaux maritimes doivent, à cet égard, se conformer aux prescriptions du droit commun, et particulièrement à celles de l'art. 162, C. just. marit. Ainsi, un tribunal commercial maritime ne peut statuer par une seule question à l'égard de deux accusés, tant sur le fait principal du vol que sur la circonstance aggravante de la valeur de l'objet volé ; il doit poser une question séparée pour chaque accusé sur le fait principal qui est imputé à chacun d'eux, et une question distincte

sur la circonstance aggravante. — Même arrêt. — V. *suprà*, n. 464 et s.

1784. — Une dépêche du 19 nov. 1852 (manuscr.), sans interdire formellement aux tribunaux maritimes commerciaux les jugements de plus ample informé, a fait remarquer que ces décisions ne doivent être prises qu'en cas de nécessité absolue parce qu'elles s'accordent mal avec la rapidité que l'on a désiré introduire dans la procédure de ces juridictions.

1785. — Le tribunal, si le fait lui paraît rentrer dans la catégorie des fautes de discipline, peut prononcer seulement une des peines prévues par l'art. 52 du décret de 1852 (art. 37). Le fait peut, à l'audience, revêtir le caractère d'une simple faute de discipline une infraction qui, à l'instruction, il était apparu comme un délit. Dans ce cas, par une disposition exceptionnelle, le tribunal peut prononcer l'une des peines prévues à l'art. 52. Ce serait donc une erreur de sa part de se déclarer incompétent (Dép. 10 août 1852, manuscr.). Sans être tenu de statuer, il peut le faire ; s'il ne le juge pas à propos, il doit acquitter de la prévention et laisser l'inculpé aux mains du pouvoir disciplinaire, mais ne peut se déclarer incompétent.

1786. — Si le tribunal reconnaît que le fait est de la compétence des tribunaux ordinaires, il déclare et motive son incompétence. Dans ce cas, on applique les dispositions du chapitre 3 du présent titre. La déclaration du tribunal est jointe au dossier de l'affaire (art. 38).

1787. — Le jugement est rédigé par le greffier en trois expéditions, dont une, servant de minute, est signée par le président et par les membres du tribunal. Il mentionne l'observation des dispositions prescrites par les art. 12 à 21, et par les art. 30, 31, 32 et 36 du décret de 1852. Il indique, s'il y a lieu, les quartier et numéro de l'inscription de l'accusé (art. 39).

1788. — Une instruction du 10 mai 1853 (B. O. M., p. 356) fait remarquer que les jugements des tribunaux maritimes commerciaux doivent être motivés en droit par l'énoncé des textes applicables et en fait par des considérants de nature à justifier la sentence et à faire ressortir les éléments constitutifs du délit.

1789. — Une instruction du 13 oct. 1862 (B. O. M., p. 348) a fait connaître que les condamnations prononcées par les tribunaux maritimes commerciaux figuraient désormais au casier judiciaire, et a prescrit des mesures en vue de la rédaction et de l'envoi des bulletins n. 1.

1790. — Le président écrit au bas du jugement : « Soit exécuté selon la forme et teneur », et il prend les mesures nécessaires pour en assurer l'exécution (art. 40).

1791. — Une circulaire du 14 déc. 1852, relative à la forme des jugements, déclare que l'art. 40 ayant édicté une formule spéciale pour terminer le jugement il n'y a lieu d'insérer la formule exécutoire. C'est là une singulière décision que rien ne justifie. Il suffira pour s'en convaincre de remarquer que l'autorité qui a convoqué un conseil de guerre à bord inscrit au bas du jugement le « soit exécuté suivant sa forme et teneur » ; cela n'empêche pas lesdits jugements de comporter la formule : « En conséquence, le Président de la République française mande et ordonne, etc. », laquelle n'est qu'une allusion au principe constitutionnel en vertu duquel tout emploi de la force publique ou de l'autorité se fait au nom et par délégation du chef du pouvoir exécutif.

1792. — Lorsque le jugement est rendu en France et emporte la peine d'emprisonnement, le coupable est remis sans délai, par le président du tribunal, avec une expédition du jugement, à la disposition du procureur de la République du lieu, qui fait exécuter la sentence. La peine d'emprisonnement prononcée hors de France est toujours subie dans la métropole, lorsque la durée de cette peine excède trois mois. Dans ce cas, le coupable est renvoyé le plus promptement possible et remis, à son arrivée dans un port français, au procureur de la République du lieu, par l'autorité maritime locale. Lorsque la peine d'emprisonnement prononcée hors de France n'excède pas trois mois, le coupable peut la subir, soit en France, soit dans la colonie française, soit dans le pays étranger où le jugement a été rendu (art. 41).

1793. — Diverses difficultés se sont élevées sur la question de savoir quel est le point de départ des peines d'emprisonnement prononcées par les tribunaux maritimes commerciaux. La première pensée avait été de procéder comme cela a lieu pour les bâtiments de l'État, c'est-à-dire, de considérer le condamné comme subissant immédiatement sa peine. Mais, d'une part, beaucoup de navires de commerce n'ont pas de local pouvant tenir lieu de prison, et la mise aux fers s'effectue le plus souvent dans des conditions telles qu'un homme ne saurait y être maintenu pendant longtemps.

1794. — C'est pourquoi le décret-loi a posé en principe que la peine se subit en France dès qu'elle excède trois mois; sinon, soit en France, soit aux colonies, soit à l'étranger, mais jamais à bord, pas même à bord du bâtiment de l'Etat sur lequel s'était réuni le tribunal. Cette règle a été rappelée par la circulaire du 14 janv. 1853 (B. O. M., p. 411). Mais ce mode de procéder a pour conséquence de retarder souvent, pendant de longs mois, l'exécution de la peine, au préjudice des intérêts du condamné et au mépris du principe en vertu duquel les peines pour être exemplaires, doivent être promptement subies.

1795. — La question n'a pas reçu de solution; elle s'est même trouvée compliquée par la promulgation de la loi du 15 nov. 1892, qui a autorisé l'imputation de la détention préventive sur la durée de la peine (V. *suprà*, v° *Détention préventive*). Une circulaire ministérielle a décidé que la nouvelle loi devait être considérée comme applicable de plein droit aux condamnés des tribunaux maritimes commerciaux. Sans rechercher si cette interprétation, contre laquelle les intéressés ne réclameront assurément pas, est bien justifiée, il convient de faire remarquer que le même ministre de la Marine a eu recours à la loi pour étendre la même règle aux juridictions militaires de la flotte. Mais en même temps, la loi du 9 avr. 1895, modifiant l'art. 258, C. just. marit., a réglé par un texte spécial la difficulté résultant de ce que les inculpés marins sont souvent détenus préventivement à bord sans qu'un mandat de justice soit préalablement intervenu. — V. *suprà*, n. 1195.

1796. — Il s'ensuit que à défaut d'un texte similaire pour les tribunaux maritimes commerciaux, si l'on devait faire l'application littérale de la jurisprudence de la Cour de cassation en vertu de laquelle on ne doit imputer sur la détention préventive que l'emprisonnement subi en vertu d'un mandat d'arrêt ou de dépôt, les effets de la circulaire bienveillante de 1890 se trouveraient annihilés. Heureusement, cette question n'a qu'une importance secondaire pour les marins du commerce en raison de la faible durée de prévention qu'ils ont généralement à subir.

1797. — Une circulaire du 15 déc. 1854 (manuscr.) a fait remarquer que l'expression « renvoyé », employée à dessein dans l'art. 41 prouve qu'il ne s'agit que des marins partis de France; il serait en effet peu rationnel d'envoyer en France pour y subir leur peine des marins originaires d'une colonie ou domiciliés dans le ressort d'un consulat.

1798. — La circulaire du 12 avr. 1853 (B. O. M., p. 302) reconnaît aux commissaires de l'inscription maritime le droit de faire mettre un inculpé en détention préventive, mais enjoint de ne pas prolonger cette situation au delà de huit jours sans en référer à l'autorité supérieure.

1799. — En revanche, le ministère public n'a pas à intervenir pour assurer l'effet des punitions prononcées par les commissaires de l'inscription maritime. L'autorité maritime doit assurer seule la responsabilité de l'exécution de ses décisions disciplinaires. En fait, la gendarmerie maritime est chargée de ce soin et, grâce à une entente spéciale, les marins punis sont admis dans les prisons locales à des conditions déterminées.

1800. — Le ministère public, à qui incombe le soin d'assurer l'effet des jugements prononçant la peine de l'emprisonnement, a la faculté de s'assurer de la régularité des pièces qui lui sont soumises dans ce but, et même de signaler à l'autorité maritime les violations de la loi qui paraîtraient avoir été commises. Mais, en présence d'une sentence passée en force de chose jugée et sans recours possible, les chefs de parquets ne sauraient se livrer à une sorte de contrôle extra-légal; leur rôle doit se borner à appeler sur l'erreur qu'ils croient avoir été commise l'attention du ministre de la Marine qui peut seul porter remède à la situation soit par une demande de pourvoi dans l'intérêt de la loi (C. instr. crim., art. 441), soit par une proposition de grâce. C'est en ce sens que nous paraît devoir être entendue une circulaire du 14 févr. 1854 (B. O. M., p. 201).

1801. — Les peines prononcées hors de France contre les capitaines de navires ne sont subies par eux qu'à leur retour dans la métropole. Les jugements portant ces pénalités doivent être inscrits, à cet effet, sur le livre de punitions, par le président du tribunal maritime commercial qui aura rendu la sen-

tence. Mention en sera faite, en outre, sur le rôle d'équipage du navire (art. 42).

1802. — Le paiement des amendes prononcées en vertu du décret de 1852 est poursuivi, dans les formes ordinaires, par le receveur des domaines du lieu où désarme le navire à bord duquel le coupable est embarqué ou du lieu d'inscription du délinquant. Cette poursuite est faite à la requête de l'autorité maritime locale. Si le coupable est débarqué en cours de voyage, le paiement des amendes est poursuivi par le receveur des domaines du lieu où le débarquement s'opère. Si le débarquement s'effectue à l'étranger, le consul est chargé de poursuivre le paiement des amendes. Les poursuites peuvent aussi avoir lieu, dans tous les cas, par voie administrative, à la diligence des commissaires de l'inscription maritime ou des consuls (art. 43). L'art. 43 remettait au receveur des domaines, le recouvrement des amendes et le paiement des taxes à témoins. Ces attributions sont passées aux percepteurs pour toutes les juridictions, en vertu de la loi de finances du 29 déc. 1873 (art. 25).

1803. — Bien que l'art. 43 ne parle pas de frais de justice, et que l'instruction du 27 mars 1852, portant envoi du décret-loi semble admettre que le fonctionnement des tribunaux maritimes commerciaux n'en doive entraîner aucuns, il a été reconnu bien vite (Circ. 27 août 1852 : B. O. M., p. 218), que la citation des témoins pouvait donner lieu à l'allocation, soit d'indemnités de route et de séjour lorsqu'il s'agit de personnes au service de la marine, soit des taxes réglementaires (Décr. 18 juin 1811, 7 avr. 1813 et 22 juin 1895) si les témoins sont de l'ordre civil. La circulaire précitée indique les règles à suivre et est accompagnée du texte d'une dépêche du ministre de la Marine à son collègue des Finances pour préciser les conditions de recouvrement d'amendes et de saisies au profit de la caisse des invalides.

1804. — Les indemnités de route ou de séjour à payer aux témoins sont à la charge du budget de la marine en cas d'acquittement, mais en cas de condamnation, elles doivent être mises à la charge du condamné par le jugement. Si les juges omettent d'y statuer, cette condamnation ne peut se suppléer d'office. — Circ., 15 janv. 1864, [B. O. M., p. 26]

1805. — Une expédition du jugement est adressée au ministre de la Marine (art. 44).

1806. — Les jugements des tribunaux maritimes commerciaux ne sont sujets à aucun recours en révision ni en cassation. Toutefois, le ministre de la Marine peut, dans les cas prévus par l'art. 441, C. instr. crim., transmettre au ministre de la Justice, pour être déférés à la Cour de cassation, dans l'intérêt de la loi, les jugements des tribunaux maritimes commerciaux qui seraient susceptibles d'être annulés pour violation des art. 12 à 20, 29, 30, 31 et 35, Décr. 24 mars 1852 (art. 45).

1807. — Jugé à cet égard que le garde des sceaux, ministre de la Justice, a le droit de dénoncer d'office à la Cour de cassation, par l'intermédiaire du procureur général en cette cour, les jugements des tribunaux maritimes commerciaux qui lui paraissent contraires à la loi : l'art. 45, Décr. 24 mars 1852. en conférant au ministre de la Marine la faculté de transmettre au ministre de la Justice les jugements de ces tribunaux qui contiendraient certaines violations de la loi, pour être déférés à la Cour de cassation, ne porte aucune atteinte au droit général et absolu que le garde des sceaux tient de l'art. 441, C. instr. crim. — Cass., 10 janv. 1857, Knoblauch, [S. 57.1.493, P. 58. 47, D. 57.1.80]; — 6 juill. 1877, Langelier, [S. 77.1.435, P. 77. 1127, D. 77.1.405]

1808. — La procédure devant les tribunaux maritimes commerciaux ne donne lieu à la perception d'aucun frais ni d'aucune taxe quelconque (art. 46).

1809. — La procédure devant les tribunaux maritimes commerciaux ne donnant lieu à la perception d'aucune taxe, ces tribunaux ne peuvent condamner un prévenu à une partie des frais du procès. — Cass., 27 nov. 1869, Richard, [S. 70.1.226, P. 70.550, D. 70.1.317]

1810. — De ce que tous les actes de procédure effectués en exécution du décret-loi de 1852, ne donnent lieu à la perception d'aucune taxe, il suit qu'ils sont exemptés du timbre et enregistrés gratis (Dép. 17 déc. 1852, manuscr.).

1811. — Le greffier mentionne au bas du jugement si la sentence a ou non reçu son exécution. Le capitaine fait transcrire le jugement sur le livre de punitions, auquel il reste annexé pour être remis au commissaire de l'inscription maritime du port de désarmement. La transcription ainsi faite est certifiée par le greffier (art. 47).

1812. — L'art. 48 du décret de 1852 contient une sanction des dispositions qu'édicte le décret. Il est ainsi conçu : « Le capitaine, maître ou patron qui aura négligé de se conformer aux prescriptions des chap. 1 et 2 du tit. 2, sera puni d'une amende de 25 à 300 fr. »

Section III.

Matières criminelles.

1813. — Aussitôt qu'un crime a été commis à bord d'un navire, le capitaine, maître ou patron se conforme, pour constater les faits et pour procéder à l'instruction, aux art. 24 et 25 du décret de 1852. Il saisit, en outre, les pièces de conviction et fait arrêter le prévenu (art. 49).

1814. — Immédiatement après son arrivée dans un port ou sur une rade de France ou d'une colonie française, le capitaine, maître ou patron remet le prévenu et les pièces du procès au commissaire de l'inscription maritime du lieu. Ce fonctionnaire complète au besoin l'instruction, transmet les pièces dans les vingt-quatre heures au procureur de la République de l'arrondissement, et pourvoit au transport du prévenu devant l'autorité judiciaire (art. 50).

1815. — Si le navire aborde dans un port étranger, le capitaine, maître ou patron remplit envers le consul français les dispositions prescrites par le premier paragraphe de l'art. 50. Le consul complète, au besoin, l'instruction dans le plus bref délai possible, et, s'il le juge nécessaire, fait débarquer le prévenu pour l'envoyer au port d'armement avec les pièces du procès. A défaut du consul, le capitaine, maître ou patron agit de la même manière à l'égard du commandant du bâtiment de l'État présent sur les lieux. Celui-ci procède comme l'eût fait le consul (art. 51).

CHAPITRE III.

PÉNALITÉS.

Section I.

Peines.

1816. — I. *Peines disciplinaires.* — Les peines applicables aux fautes de discipline sont :

Pour les hommes de l'équipage :

1° La consigne à bord pendant huit jours au plus; 2° le retranchement de la ration de boisson fermentée pour trois jours au plus; 3° la vigie sur les barres de perroquet, dans la hune, sur une vergue ou au bossoir pendant une demi-heure au moins et quatre heures au plus; 4° la retenue de un à trente jours de solde, si l'équipage est engagé au mois, ou de 2 à 50 fr., s'il est engagé à la part; 5° la prison pendant huit jours au plus; 6° l'amarrage à un bas mât sur le pont, dans l'entrepont ou dans la cale, pendant un jour au moins et trois jours au plus, à raison de une heure au moins et de quatre heures au plus par jour; 7° la boucle aux pieds pendant cinq jours au plus; 8° le cachot pendant cinq jours au plus. La boucle et le cachot peuvent être accompagnés du retranchement de la ration de boisson fermentée ou même de la mise au pain et à l'eau (art. 52).

1817. — S'il s'agit d'un homme dangereux ou en prévention de crime, la peine de la boucle ou du cachot peut être prolongée aussi longtemps que la nécessité l'exige; mais, dans ce cas, il n'y a lieu qu'au retranchement de boisson fermentée (art. 52).

Pour les officiers :

1818. — 1° La retenue de dix à quarante jours de solde, s'ils sont engagés au mois, ou de 20 à 150 fr., s'ils sont engagés à la part; 2° les arrêts simples pendant quinze jours au plus avec continuation de service; 3° les arrêts forcés dans la chambre pendant dix jours au plus; 4° la suspension temporaire des fonctions, avec exclusion de la table du capitaine et suppression

de solde; 5° la déchéance de l'emploi d'officier, avec obligation de faire le service de matelot à la paye de ce grade jusqu'à l'époque du débarquement (art. 52).

Pour les passagers de chambre :

1819. — 1° L'exclusion de la table du capitaine; 2° les arrêts dans la chambre (art. 52).

Pour les passagers d'entrepont :

1820. — La privation de monter sur le pont pendant plus de deux heures chaque jour. Ces peines ne peuvent être appliquées pendant plus de huit jours consécutifs (art. 52).

1821. — Les peines disciplinaires prévues par l'art. 52 du décret-loi du 24 mars 1852 ne peuvent se prononcer cumulativement. L'art. 58 dispose, en effet, textuellement que les fautes de discipline qu'il énumère sont punies de l'une des peines spécifiées à l'art. 52, au choix des autorités désignées à l'art. 5. — Circ., 3 oct. 1883, [B. O. M., p. 397]

1822. — Les peines que peut infliger le capitaine, maître ou patron, aux termes de l'art. 7 du décret de 1852, sont : 1° la consigne pendant huit jours; 2° le retranchement de boisson fermentée pour trois repas; 3° la vigie pour une heure ou la boucle pour un jour (art. 53).

1823. — L'abus de pouvoir commis par un capitaine, maître ou patron dans l'exercice des pouvoirs disciplinaires qui lui sont dévolus peut entraîner contre lui l'application de la peine inscrite à l'art. 79 (Instr. 27 mars 1852, n. 5). — V. *infrà*, n. 1875.

1824. — Les officiers et les passagers de chambre ou d'entrepont qui, condamnés à une peine disciplinaire, refusent de s'y soumettre, peuvent être mis aux arrêts forcés pendant dix jours au plus. Ces peines peuvent être prolongées autant que la nécessité l'exige, s'il s'agit d'un homme dangereux ou en prévention de crime (art. 54).

1825. — II. *Peines correctionnelles.* — Les peines correctionnelles applicables aux délits sont : 1° l'amende de 16 à 300 fr.; 2° la boucle pendant vingt jours au plus, avec ou sans retenue d'une partie de la solde qui ne pourra en excéder la moitié; 3° l'embarquement sur un bâtiment de l'État, à moitié solde de leur grade pour les officiers-mariniers, ou à deux tiers de solde pour les quartiers-maîtres et les matelots. La durée de cet embarquement correctionnel ne compte ni pour l'avancement ni pour les examens de capitaine du commerce; 4° la perte ou la suspension de la faculté de commander; 5° l'emprisonnement pendant six jours au moins et cinq ans au plus (art. 55).

1826. — Les peines correctionnelles ainsi énumérées ne comportent pour ainsi dire entre elles aucune gradation proprement dite; rapprochées de l'art. 60 qui énumère les délits maritimes, elle permet aux juges de proportionner équitablement le châtiment à la faute. Cette liberté de répression, qui n'est limitée que pour certains faits plus graves, a pour but de répondre à la variété des situations, un même délit différant de gravité suivant qu'il est commis sur une petite barque de pêche ou devant l'équipage d'un grand navire.

1827. — L'une des peines ainsi édictées, celle de l'embarquement correctionnel, motive quelques réflexions. Tout le monde s'accorde depuis longtemps pour la juger détestable et on se demande comment on a pu la laisser si longtemps subsister. En effet, au point de vue des délinquants, l'embarquement correctionnel n'exerce guère d'effet comminatoire, par la raison que le séjour sur un navire de l'État n'a rien d'effrayant pour eux et que la privation de solde pèse bien plus sur la famille que sur le coupable. Au point de vue du service, on risque d'envoyer ainsi à bord des bâtiments de l'État des hommes tarés, quelquefois hors d'âge, infirmes ou réclusionnaires libérés, c'est-à-dire exclus de l'armée. Au point de vue général, on fait de l'embarquement sur les bâtiments de la flotte une peine, alors qu'on s'efforce d'autre part de le présenter comme un honneur.

1828. — Les instructions ministérielles se sont efforcées de réagir maintes fois contre cette situation, d'abord en recommandant aux tribunaux de ne recourir à l'embarquement correctionnel que vis-à-vis des hommes auxquels il est utilement applicable, puis en en limitant la durée à trois années (Circ. 5 août 1854 : B. O. M., p. 227). En même temps, on essayait d'échapper aux conséquences de cette peine : c'est ainsi qu'une circulaire du 20 mars 1874 enjoignait de diriger tous les marins de cette provenance sur la division des équipages de la flotte à Rochefort afin d'éviter, grâce au petit nombre de bâtiments armés dans ce port, de les embarquer sur la flotte.

1829. — Plus tard, on essaya de constituer avec ces hommes un groupement spécial en les stationnant à bord d'un bâtiment de la division navale de Cochinchine ou au Sénégal. Enfin, les autorités maritimes proposèrent à maintes reprises de les concentrer à la compagnie disciplinaire d'inscrits, actuellement à l'île d'Oléron. Les premières tentatives furent abandonnées par une circulaire du 28 févr. 1880; quant au dernier expédient, il est illégal, car ces hommes sont condamnés à être embarqués et non pas à servir à terre; la peine est mauvaise et doit être modifiée; mais jusqu'à son abrogation elle doit être légalement subie. Tout au plus peut-on soutenir que le matelot à 2/3 de solde qui, embarqué, se conduit mal à bord, peut être envoyé à la compagnie de discipline, son indignité ne pouvant le mettre à l'abri des mesures coercitives applicables aux marins.

1830. — Mais, comme on le voit, ce ne sont là que des expédients, puisque c'est la loi elle-même qui doit être changée. Cette réforme si utile est d'ailleurs comprise dans le projet de remaniement du décret-loi de 1852, projet déposé en 1894, après avoir été élaboré par une commission présidée par M. Félix Faure. Le vote de ce projet mettra un terme à une situation évidemment fâcheuse, qui incorpore dans les équipages des hommes d'une moralité souvent détestable. On en a même vu qui, ayant sollicité leur réadmission et repoussés en raison de leurs mauvais antécédents, reviennent par ce moyen au service malgré l'autorité maritime, et peuvent ainsi acquérir, par vingt-cinq ans de mauvais services, des droits à une pension de retraite.

1831. — Il est à remarquer que l'embarquement à solde réduite étant une peine ne peut être remis que par voie de grâce. Ce serait donc à tort qu'un commandant de bâtiment de l'Etat essaierait de rendre à un matelot ainsi condamné sa solde intégrale. Cette restitution serait possible si la réduction émanait du pouvoir disciplinaire, elle ne l'est pas du moment où il s'agit d'un jugement. Par suite, si l'homme se conduit bien à bord et paraît méritant, il doit être l'objet d'une proposition de grâce. — Circ., 20 oct. 1854, [B. O. M., p. 644]

1832. — Le marin condamné à l'embarquement correctionnel rentre au service de l'Etat avec le grade qu'il y occupait avant la collation de son brevet, et reçoit les deux tiers de la solde afférente à ce grade. Toutefois il doit être assimilé à un condamné à l'emprisonnement au point de vue du port des décorations et médailles, c'est-à-dire, que ce port lui est interdit pendant la durée de sa peine (Dépêche du grand chancelier de la Légion d'honneur au ministre de la Marine, 13 nov. 1891).

1833. — III. *Peines criminelles.* — Les peines en matière criminelle sont les mêmes que celles qui sont énoncées dans les lois ordinaires, sauf les cas prévus par le décret de 1852 (art. 56).

1834. — Sont compris sous la dénomination d'officiers : le capitaine, maître ou patron; le second; le lieutenant. Le subrécargue et le chirurgien sont assimilés aux officiers pour l'application des peines seulement (art. 57).

1835. — Le décret-loi ne distingue pas entre les navires armés au long cours ou au cabotage au point de vue du rang d'officier. Par suite, le second d'un navire caboteur qui frappe son capitaine, le mousse et le novice du navire doit être condamné par application des art. 62 et 72 du décret-loi qui punissent l'officier coupable d'outrages envers son capitaine et de voies de fait envers ses subordonnés. — Instr., 15 mai 1860, [B. O. M., p. 392]

Section II.

Fautes de discipline.

1836. — Le décret de 1852 énumère une certaine catégorie d'actes qu'il réprime et qui constituent des fautes contre la discipline. Ce sont : 1° la désobéissance simple; 2° la négligence à prendre son poste, ou à s'acquitter d'un travail relatif au service du bord; 3° le manque au quart, ou le défaut de vigilance pendant le quart; 4° l'ivresse sans désordre; 5° les querelles ou disputes sans voies de fait, entre les hommes de l'équipage ou les passagers; 6° l'absence du bord sans permission, quand elle n'excède pas trois jours; 7° le séjour illégal à terre, moins de trois jours après l'expiration d'un congé; 8° le manque de respect aux supérieurs; 9° le fait d'avoir allumé une première

fois des feux sans permission, ou d'avoir circulé dans des lieux où cela est interdit à bord, avec des feux, une pipe ou un cigare allumés; 10° le fait de s'être endormi une première fois, étant à la barre, en vigie ou au bossoir; 11° enfin, et généralement, tous les faits de négligence ou de paresse qui ne constituent qu'une faute légère ou un simple manquement à l'ordre ou au service du navire, ou aux obligations stipulées dans l'acte d'engagement (art. 58).

1837. — Ces fautes sont punies par le décret de 1852 de l'une des peines spécifiées à l'art. 52, au choix des autorités désignées par l'art. 5 de ce décret (art. 58). — V. *suprà*, n. 1816.

1838. — Il faut également considérer comme fautes de discipline les infractions au décret du 9 janv. 1852 sur l'exercice de la pêche côtière et des règlements sur cette pêche, qu'en raison de leur peu de gravité les commissaires de l'inscription maritime ne croiront pas devoir déférer aux poursuites du ministère public. Ces officiers d'administration peuvent prononcer dans ce cas, contre les délinquants, un emprisonnement ou une interdiction de pêche d'un à cinq jours (art. 58).

1839. — Les marins qui, pendant la durée de la peine de la prison, de la boucle ou du cachot, prononcée en matière de discipline, sont remplacés dans le service à bord du navire auquel ils appartiennent, supportent, au moyen d'une retenue sur leurs gages, les frais de ce remplacement (art. 59).

Section III.

Délits maritimes.

1840. — Les délits maritimes sont : 1° les fautes de discipline réitérées; 2° la désobéissance, accompagnée d'un refus formel d'obéir; 3° la désobéissance avec injures ou menaces; 4° les rixes ou voies de fait entre les hommes de l'équipage, lorsqu'elles ne donnent pas lieu à une incapacité de travail de plus de trente jours; 5° l'ivresse avec désordre; 6° l'emploi, sans autorisation, d'une embarcation du navire; 7° la dégradation d'objets à l'usage du bord; 8° l'altération des vivres ou marchandises par le mélange de substances non malfaisantes; 9° le détournement ou le gaspillage des vivres ou des liquides à l'usage du bord; 10° l'embarquement clandestin d'armes à feu, d'armes blanches, de poudres à tirer, de matières inflammables ou de liqueurs spiritueuses. Ces objets seront saisis par le capitaine et, suivant qu'il y aura lieu, d'après leur nature comme d'après les circonstances, détruits ou séquestrés dans sa chambre, pour être, dans ce dernier cas, confisqués au profit de la caisse des invalides de la marine à l'expiration du voyage. 11° le vol commis par un officier marinier, un matelot, un novice ou un mousse, quand la valeur de l'objet n'excède pas 10 fr., et qu'il n'y a pas eu effraction; 12° la désertion; 13° les voies de fait contre un supérieur, lorsqu'elles ne donnent pas lieu à une maladie ou à une incapacité de travail de plus de trente jours; 14° la rébellion envers le capitaine ou l'officier commandant le quart lorsqu'elle a lieu en réunion d'un nombre quelconque de personnes, sans excéder le tiers des hommes de l'équipage, y compris les officiers. Ces délits sont punis des peines énoncées dans l'art. 55, au choix du juge, excepté dans les cas prévus par les articles suivants (art. 60).

1841. — Par application de cet article il a été jugé que les tribunaux maritimes commerciaux sont compétents pour connaître de tout vol d'une valeur moindre de 10 fr. commis par des matelots à bord d'un navire naviguant dans les limites de l'inscription maritime, alors même que ces matelots ne sont pas inscrits au rôle d'équipage. — Cass., 20 mai 1858, Lacroix, [S. 58.1.639, P. 59.58, D. 58.1.293]

1842. — ... Mais, qu'ils sont incompétents pour connaître des infractions qualifiées crimes, telles que le vol commis à bord d'un objet dont la valeur excède 10 fr. — Cass., 10 janv. 1857, Knoblauch, [S. 57.1.493, P. 58.47, D. 57.1.80]; — 7 avr. 1865, Guiovenetti, [S. 65.1.367, P. 65.913, D. 65.1.193]

1843. — Que le novice inscrit au rôle d'équipage d'un navire armé pour la pêche et la sécherie de la morue doit être considéré comme embarqué, bien que momentanément à terre, et, lorsqu'il se rend coupable, dans de pareilles circonstances, de vol de vivres à l'usage du bord, vol n'excédant pas 10 fr., est passible des peines de l'art. 60, §§ 9 et 11, Décr. 24 mars 1852, et justiciable du tribunal maritime. — Cass., 16 déc. 1858, [*Bull. crim.*, n. 304]

1844. — ... Que lorsqu'il résulte de deux décisions contradictoires émanées de l'autorité judiciaire que la valeur d'un vol commis à bord d'un navire marchand par deux marins embarqués est indéterminée, et que même il n'est pas constant qu'elle excède 10 fr., il y a lieu de renvoyer les prévenus devant le tribunal maritime commercial seul compétent pour statuer sur la prévention. — Cass., 26 mars 1857, [*Bull. crim.*, n. 121]

1845. — Le marin coupable de désertion dans un port étranger, doit être condamné cumulativement à un mois de prison et à un embarquement d'un à deux ans sur un bâtiment de l'Etat. Doit être annulé le jugement d'un tribunal maritime qui n'applique qu'une de ces deux peines. — Cass., 6 juill. 1877, Langelier, [S. 77.1.435, P. 77.1127, D. 77.1.405]

1846. — Tout marin coupable d'outrages par paroles, gestes ou menaces envers son capitaine ou un officier du bord, sera puni d'un emprisonnement de six jours à un an, auquel il pourra être joint une amende de 16 à 100 fr. (art. 61).

1847. — Les outrages ou offenses commises par les capitaines, maîtres ou patrons envers les autorités maritimes ou consulaires ne peuvent être réprimés que par voie disciplinaire, mais doivent être déférés au tribunal maritime commercial. Si le délit n'est pas suffisamment caractérisé et s'il y a eu inconvenance ou délit non maritime, on doit recourir soit aux tribunaux ordinaires, soit au pouvoir disciplinaire supérieur du ministre de la Marine. Il y a lieu de remarquer, en outre, que le droit de discipline accordé par l'art. 87 aux agents de la marine n'a trait qu'à la police du navire et est inapplicable aux capitaines, maîtres ou patrons.— Instr., 22 sept. 1880, [B. O. M., p. 503]

1848. — Tout officier coupable du même délit envers son supérieur sera puni d'un emprisonnement d'un mois à deux ans, et d'une amende de 50 à 300 fr. (art. 62).

1849. — Toute personne coupable de voies de fait envers le capitaine ou un officier du bord sera punie d'un emprisonnement de trois mois à trois ans. Une amende de 25 à 500 fr. sera en outre prononcée. Si les voies de fait ont déterminé une maladie ou une incapacité de travail de plus de trente jours, les coupables seront punis conformément à l'art. 309, C. pén. (art. 63).

1850. — Tout marin qui aura formellement refusé d'obéir aux ordres du capitaine ou d'un officier du bord pour assurer la manœuvre sera puni de six jours à six mois de prison. Une amende de 16 à 100 fr. pourra être jointe à cette peine. Toute personne qui aura formellement refusé d'obéir aux ordres donnés pour le salut du navire ou de la cargaison, ou pour le maintien de l'ordre, sera punie d'un emprisonnement de trois mois à cinq ans. Une amende de 100 à 300 fr. pourra, en outre, être prononcée (art. 64).

1851. — Les gens de mer qui, dans un port de France, s'absentent sans permission pendant trois fois vingt-quatre heures de leur navire ou du poste où ils ont été placés, ou laissent partir le navire sans se rendre à bord après avoir contracté un engagement, sont réputés déserteurs et punis de six jours de prison. Cette peine sera de quinze jours à deux mois pour les novices et les mousses. Les officiers-mariniers et les matelots sont, en outre, levés pour le service de l'Etat et embarqués pour une campagne extraordinaire de six mois à un an, comme il est dit à l'art. 55 du décret de 1852. — V. *suprà*, n. 1825.

1852. — Toutefois, le capitaine, maître ou patron du navire sur lequel le déserteur était embarqué pourra obtenir sa réintégration à bord, en cas d'arrestation opérée avant le départ du navire; mais alors ses gages seront réduits de moitié à partir du jour de la désertion jusqu'à l'expiration de l'engagement (art. 65).

1853. — La peine de la désertion est forcément celle de l'embarquement correctionnel, sauf pour les mousses et novices et pour les individus non inscrits quoique employés à bord, tels que cuisiniers, marins étrangers, médecins, etc. Les premiers sont punis de quinze jours à deux mois de prison, les autres d'une des peines prévues à l'art. 55 (V. *infrà*, n. 1855). — Circ., 5 août 1854, [B. O. M., p. 230]

1854. — La peine de l'embarquement correctionnel ne peut assurément s'appliquer aux cuisiniers, domestiques et autres individus qui, tout en étant employés à bord, sont étrangers à la conduite du navire et aux professions maritimes. Mais une dépêche du 26 nov. 1852 déclare que « les art. 3, § 3, 60, n. 12 et 53, combinés entre eux et avec l'art. 69, fournissent les moyens d'atteindre sûrement la désertion des individus dont il s'agit ». Cette phrase signifie que ces individus, soumis aux règles du

décret-loi aux termes de l'art. 3, § 3, sont susceptibles de commettre la désertion prévue au n. 12 de l'art. 60 et passibles des peines correctionnelles édictées à l'art. 55. Par suite, en combinant ces textes avec l'art. 69 qui prononce la perte de la moitié de la solde acquise au jour du délit, on arrive à punir ces déserteurs de prison et de perte de solde.

1855. — Une circulaire du 5 août 1854 (B. O. M., p. 230) reproduit cette doctrine en faisant observer que les tribunaux maritimes commerciaux doivent procéder ainsi, pour le même motif, à l'égard des marins étrangers embarqués à bord des navires de commerce français.

1856. — Sont également réputés déserteurs, punis d'un mois de prison et condamnés à faire une campagne d'un à deux ans sur un bâtiment de l'Etat, comme il est dit à l'art. 55 (V. *suprà*, n. 1855), les officiers-mariniers et matelots qui, sur une rade étrangère ou dans un port étranger, s'absentent sans permission, pendant deux fois vingt-quatre heures, de leur navire ou du poste auquel ils ont été placés. Les novices et les mousses seront condamnés à un emprisonnement d'un à trois mois. Si le déserteur est arrêté et remis au capitaine, il achève le voyage à demi-gages; mais il n'en est pas moins passible des peines portées ci-dessus (art. 66).

1857. — L'art. 66 qui punit la désertion à l'étranger ne saurait être appliqué à un marin inscrit dans une colonie et naviguant sur un bateau immatriculé dans cette colonie. Malgré les termes de la loi, il convient d'envisager le délit n'a pas dans ce cas plus d'importance que ne l'aurait en France l'abandon d'une barque de pêche par un des matelots. — Circ., 5 nov. 1852, [B. O. M., p. 407]

1858. — Tout inscrit maritime trouvé sur un navire appartenant à une puissance étrangère, s'il ne peut présenter une permission en règle d'une autorité française, ou prouver que son embarquement est résulté d'un cas de force majeure, est puni conformément aux dispositions de l'art. 66. Les gens de mer coupables de désertion dans les colonies françaises, sont punis des mêmes peines (art. 67).

1859. — La question s'est posée de savoir si le marin embarqué sur un navire étranger sans permission ou motif légitime peut être arrêté à terre. Une circulaire du 28 sept. 1882 (B. O. M., p. 575) a décidé l'affirmative en ajoutant que les mots « trouvé à bord » ne devaient pas s'entendre dans le sens littéral, mais que cependant il était nécessaire que le marin n'eût pas rompu tout lien avec le navire étranger.

1860. — L'application de l'art. 67 a donné lieu à diverses difficultés, qui ont été résolues par une instruction ministérielle du 24 juin 1885 (B. O. M., p. 1290). Aux termes de cette instruction, les inscrits provisoires ne peuvent être poursuivis en vertu de l'art. 67, non plus que les inscrits qui sont affranchis de leurs obligations militaires. Pour justifier cette interprétation restrictive, la circulaire tire argument de ce que l'art. 67 est plutôt relatif à la police du recrutement qu'à celle de la navigation et qu'elle a surtout pour but d'assurer la disponibilité permanente de l'inscrit maritime pour le service de la flotte.

1861. — Il est évident que les actes, décrets ou circulaires (Décr. 22 oct. 1863; Circ. 22 déc. 1863; Règl. 7 nov. 1866, etc.) qui ont, non pas modifié la loi de brumaire an IV, ils n'avaient pas ce pouvoir, mais invité les agents de la marine à apporter de nombreux tempéraments dans l'application de la loi du 3 brumaire an IV sur l'inscription maritime, avaient tous pour point de départ l'inégalité de charges qui existait alors entre les inscrits maritimes et les hommes du recrutement. Mais ces charges, par un retour des événements se sont nivelées à la suite des réorganisations de 1872 et de 1889 qui ont successivement porté à quarante puis à quarante-cinq ans la durée du service militaire. La loi du 24 déc. 1896 est même revenue aux cinquante ans de loi de brumaire.

1862. — De ces changements de situation est résultée une certaine indécision dans les obligations légales imposées aux intéressés. Des instructions successives, après avoir permis (Circ. 2 déc. 1863 et Règl. 7 nov. 1866) au marin de résider ou de naviguer à l'étranger, à charge seulement d'*avertir* le commissaire de son quartier, ont rétabli (Circ. 11 juin 1878) la nécessité de l'*autorisation* du commissaire, en exemptant toutefois de cette obligation les inscrits quinquagénaires ou hors de service.

1863. — En continuant ainsi l'art. 67 du décret-loi, le département de la Marine a abandonné une partie de ses droits et surtout de ses traditions : ces dernières faisaient de l'inscrit maritime, c'est-à-dire du navigateur de profession, un individu qui, même servant au commerce, était considéré comme se trouvant à moitié au service de l'Etat. C'est pour ce motif que l'on déclarait *déserteur* et non pas *insoumis* l'inscrit levé même pour la première fois (art. 309-2°, C. just. marit.; V. *suprà*, n. 1426). C'est également à ce titre que l'inscrit reçoit une pension dite demi-solde après trois cents mois de navigation, n'eût-il jamais, en raison d'une infirmité, mis le pied sur un navire de l'Etat.

1864. — Toutefois, il saurait être d'autant moins question de revenir sur ces concessions, aujourd'hui acquises à la pratique, que les vieilles théories de l'ordonnance de 1681 ont reçu bien d'autres atteintes et subiront vraisemblablement d'autres chocs lors des prochaines réorganisations. Les autorités maritimes, couvertes dans leur responsabilité par la circulaire du 24 juin 1885, doivent donc s'en tenir, dans l'application de l'art. 67, aux seuls inscrits maritimes susceptibles d'être appelés ou rappelés au service de l'Etat.

1865. — Sont aussi réputés déserteurs, punis de deux à six mois de prison, et tenus de faire une campagne de trois ans sur un bâtiment de l'Etat, comme il est dit à l'art. 55, les officiers-mariniers et matelots de la marine marchande trouvés à bord d'un navire de commerce naviguant sous pavillon d'une puissance en guerre avec la France. Dans ce cas, les novices et les mousses seront condamnés à six mois de prison (art. 68).

1866. — Tout déserteur perd le droit à la solde par lui acquise sur le bâtiment auquel il appartenait au jour du délit. La moitié de cette solde retourne à l'armement; l'autre moitié est versée à la caisse des invalides de la marine. Si le déserteur est redevable envers l'armement à l'époque de sa désertion, il est pourvu à l'acquittement de cette dette par voie de retenues sur sa solde au service de l'Etat (art. 69).

1867. — Les gens de mer complices de la désertion sont punis de mêmes peines que le déserteur. Les autres personnes également complices sont punies d'une amende de 16 à 500 fr. et d'un emprisonnement de dix jours à trois mois (art. 70).

1868. — L'art. 70 est applicable même à un capitaine qui favoriserait la désertion de l'équipage d'un autre navire (Dép. 16 nov. 1854, manuscr.).

1869. — Les gens de mer qui, à l'insu du capitaine, maître ou patron, embarquent ou débarquent des objets dont la saisie constitue l'armement en frais et dommages, sont punis d'un mois à un an de prison, indépendamment de l'amende par eux encourue à raison de la saisie et sans préjudice de l'indemnité due à l'armement pour les frais que la saisie a pu lui occasionner (art. 71).

1870. — Tout officier qui, hors le cas de nécessité absolue, maltraite ou frappe un marin ou un passager, est puni d'un emprisonnement de six jours à trois mois. La peine pourra être doublée s'il s'agit d'un novice ou d'un mousse. Si les voies de fait ont occasionné une maladie ou une incapacité de travail de plus de trente jours, le coupable sera puni conformément à l'art. 309, C. pén. (art. 72).

1871. — Tout officier qui s'enivre habituellement ou pendant qu'il est de quart, est puni de quinze jours à un mois de prison et d'une amende de 50 à 300 fr. (art. 73).

1872. — Un maître au cabotage qui remplit sur un navire les fonctions de second capitaine est un officier, et dès lors, le délit d'ivresse habituelle dont il se rend coupable tombe sous l'application des peines de l'art. 73, Décr. 24 mars 1852, et non sous l'application des peines des art. 55 et 60 du même décret qui prévoient le cas d'ivresse avec désordre. — Cass., 27 nov. 1869, Richard, [S. 70.1.226, P. 70.530, D. 70.1.317]

1873. — L'ivresse du capitaine est punie par l'art. 78 du décret de 1852 et la récidive peut entraîner l'interdiction définitive du droit de commander. Mais cette récidive est spéciale et ne doit pas être envisagée suivant les règles du droit commun. Le minimum d'un an et un jour de prison exigé par l'art. 58, C. pén. ordinaire, pour qu'il y ait récidive légale n'est pas applicable. Toute condamnation prononcée par application de l'art. 78 peut servir de base à l'aggravation de pénalité, si le même délit vient à être commis de nouveau. — Instr., 17 sept. 1863, [B. O. M., p. 89] — V. *suprà*, v° *Baraterie*, n. 72 et s.

1874. — Pour la destruction, la dégradation ou la vente par le capitaine d'un objet utile à la navigation (art. 74), l'altération de vivres, mais sans mélange de substances malfaisantes (art. 75), le retranchement de ration hors le cas de force majeure (art.

76), la contrebande (art. 77), V. *suprà*, v° *Baraterie*, n. 38 et s.

1875. — L'abus de pouvoir et les voies de fait de la part du capitaine ou tolérés par lui, l'abandon de navire hors le cas de force majeure, l'usurpation du commandement, les infractions relatives à la tenue du livre de bord, à la visite du navire et à la présence du capitaine à son bord, l'inaccomplissement des formalités requises du capitaine en rade, les infractions commises par le capitaine d'un navire marchand à la police d'une rade étrangère, le refus d'obéissance et outrages aux représentants de l'autorité maritime, l'inaccomplissement des formalités prescrites aux tit. 1 et 2 du décret de 1852 sont prévus par les art. 79 à 86 du décret de 1852. — V. *suprà*, v° *Baraterie*, n. 56 et s.

1876. — L'art. 87 du décret de 1852 conserve au ministre de la Marine le droit, en vertu de son pouvoir disciplinaire, de prononcer à l'égard d'un capitaine de navire la suspension ou l'interdiction du commandement en dehors des cas prévus par le décret, mais après une enquête contradictoire dans laquelle le capitaine est entendu. — V. *suprà*, v° *Baraterie*, n. 107 et 108.

1877. — La décision du ministre de la Marine qui suspend un capitaine de son commandement, pour avoir par son imprudence et son impéritie causé l'échouement d'un navire, ne constitue qu'une mesure disciplinaire qui n'emporte pas chose jugée quant à l'action civile engagée ultérieurement sur le point de savoir s'il y a eu baraterie de patron ou simplement faute de la part de ce capitaine. — Cass., 21 déc. 1869, Assur. marit. d'Agde, [S. 70.1.100, P. 70.246]

1878. — Le capitaine d'un navire du commerce n'est pas recevable à se pourvoir devant le Conseil d'Etat contre une décision ministérielle lui faisant application d'une mesure de discipline à l'occasion de l'échouement de son navire, alors que cette mesure a été prise par le ministre dans les formes et dans les limites de son pouvoir disciplinaire. — Cons. d'Et., 5 août 1868, Roussan, [S. 69.2.277, P. adm. chr., D. 69.3.73]

1879. — Quand une enquête a eu lieu, dans ce cas, sur les causes du sinistre, il ne résulte aucune nullité de ce qu'il n'a pas été procédé à une contre-enquête réclamée par le capitaine intéressé. — Même arrêt.

1880. — Toutes les sommes provenant des amendes et des réductions de solde ou de rations prononcées aux termes du présent décret sont versées dans la caisse des invalides de la marine. Le prix de la ration retranchée est déterminé par le commissaire de l'inscription maritime du port de désarmement (art. 88).

Section IV.

Crimes maritimes.

1881. — La loi du 10 avr. 1825 consacrait à certains cas de baraterie de patron des dispositions qui n'étaient plus en harmonie avec les mœurs par la sévérité des punitions qu'elle édictait. Aussi le décret du 24 mars 1852 a-t-il abrogé les art. 11 à 15 de cette loi et les crimes qui y étaient prévus se trouvent maintenant punis par les dispositions des art. 89 à 94 de ce décret. Il en est ainsi de la perte volontaire du navire, du détournement du navire, de la fausse route, du jet à la mer ou de la destruction sans nécessité de tout ou partie du chargement, des vivres ou des effets du bord, de l'emprunt sans nécessité sur le corps du navire ou de la vente frauduleuse du navire, du vol à bord du navire, et de l'altération de vivres par le mélange de substances nuisibles. — V. *suprà*, v° *Baraterie*, n. 19 et s.

1882. — Tout acte de rébellion commis par plus du tiers de l'équipage est puni de la réclusion. Si les rebelles étaient armés, la peine des travaux forcés à temps sera prononcée. Les rebelles sont réputés armés s'il se trouve parmi eux un ou plusieurs hommes porteurs d'une arme ostensible. Les couteaux de poche entre les mains des rebelles sont réputés armes par le fait seul du port ostensible (art. 95).

1883. — Tout complot ou attentat contre la sûreté, la liberté ou l'autorité du capitaine, maître ou patron, est puni de la réclusion. La peine des travaux forcés à temps sera prononcée contre tout officier impliqué dans le complot ou l'attentat. On entend par complot la résolution d'agir concertée et arrêtée entre deux personnes au moins embarquées à bord d'un navire (art. 96).

Section V.

Pouvoirs du capitaine.

1884. — Le capitaine, maître ou patron, a sur les gens de l'équipage et sur les passagers l'autorité que comportent la sûreté du navire, le soin des marchandises et le succès de l'expédition (art. 97).

1885. — Le capitaine, maître ou patron, est autorisé à employer la force pour mettre l'auteur d'un crime hors d'état de nuire, mais il n'a pas juridiction sur le criminel, et il doit procéder à son égard suivant les prescriptions des art. 49, 50 et 51 du décret de 1852. Les marins de l'équipage sont tenus de prêter main-forte au capitaine pour assurer l'arrestation de tout prévenu, sous peine d'un mois à un an de prison, indépendamment d'une retenue de solde d'un à trois mois (art. 98).

1886. — En cas de mutinerie ou de révolte, la résistance du capitaine et des personnes qui lui restent fidèles est considérée comme un acte de légitime défense (art. 99).

CHAPITRE IV.

ABORDAGES ET COLLISIONS EN MER.

1887. — Les grandes catastrophes maritimes, dans lesquelles de nombreuses victimes ont péri, ont toujours vivement ému l'opinion publique, qui s'est préoccupée de la nécessité de prévenir ces tragiques événements. Il existe bien, en effet, une réglementation spéciale sur la route à la mer; mais aucune sanction pénale n'avait été édictée ni contre le capitaine qui négligeait ou violait ces prescriptions, ni même contre celui qui, après avoir abordé un navire et l'avoir mis en péril, s'enfuyait sans porter secours afin d'échapper aux responsabilités pécuniaires de sa faute.

1888. — En 1874, à la suite de la perte du paquebot transatlantique « la ville du Havre », le parlement se saisit de la question et M. Farcy, député de la Seine, déposa un projet de loi, bientôt suivi d'un contre-projet du gouvernement élaboré en Conseil d'Etat. Mais il n'y fut donné aucune suite. Quelques années après, le ministre de la Marine, sans avoir égard aux études précédentes, rédigea et déposa au Sénat un nouveau projet qui, jugé impraticable, fut purement et simplement repoussé. Enfin, un quatrième projet est devenu la loi du 10 mars 1891 sur les accidents et collisions en mer. Cette loi a pour objet de sanctionner les prescriptions, internationalement acceptées, du règlement sur la route à la mer (1er sept. 1884 et 21 févr. 1897) et de punir tout manquement à l'obligation d'assistance d'un navire en danger. — V. suprà, v° Abordage, n. 25 et s.

Section I.

Délits et peines.

1889. — Les art. 1, 2 et 3 ont trait aux signaux à faire en temps de brume, aux feux à allumer la nuit, et aux règles sur la route à la mer (Décr. 21 févr. 1897, exécutoire à dater du 1er juill. 1897)(1). L'inobservation de ces prescriptions est punie d'amende et d'emprisonnement calculés suivant le plus ou moins de gravité des conséquences de l'infraction.

1890. — Il est inutile d'entrer dans le détail des règles posées concernant les feux et signaux, mais le décret de 1897 comporte certaines observations, parce qu'il apporte divers changements au décret antérieur du 1er sept. 1884. Dans ce dernier, les règles relatives à la manière de gouverner étaient édictées en vue du cas où les navires se voyaient; on en tirait cette conséquence que, si les navires ne se voyaient pas, par exemple en temps de brume, les prescriptions des art. 14 et s. du décret de 1884 perdaient leur caractère strictement obligatoire. Cette déduction était justifiée par ce fait qu'en temps de brume un capitaine n'a pour se diriger d'autres indications que les signaux phoniques (cornet, cloche, sifflet, sirène); or, il a été maintes fois constaté que les ondes sonores subissent parfois dans l'épais-

(1) L'entente internationale n'ayant pu se faire jusqu'à ce jour sur la question des feux des bateaux de pêche, l'art. 9 est réservé et ces navires demeurent, quant à présent, sous le régime de l'art. 10, Régl. 1er sept. 1884.

seur du brouillard des répercussions qui en modifient complètement la direction pour l'oreille de l'observateur. Celui-ci doit donc manœuvrer au mieux de ce qu'il croit être la vérité. Le règlement de 1897 a modifié cette situation; il parle de navires qui s'approchent, ce qui est applicable dans toutes les hypothèses.

1891. — C'est alors surtout qu'il convient de s'inspirer des art. 27 et 29 du règlement de 1897 qui posent en principe qu'il faut toujours tenir compte en ces matières des circonstances particulières pouvant faire naître un danger imminent, et que nulle faute, nulle négligence commises à bord d'un navire ne peuvent exonérer le capitaine d'un autre navire de toute responsabilité dans les conséquences d'un abordage.

1892. — Les art. 4 et 5 obligent, sous peine d'amende et d'emprisonnement, le capitaine d'un navire abordeur à employer tous les moyens dont il dispose pour sauver l'autre bâtiment, son équipage et ses passagers du danger causé par l'abordage, et à ne s'éloigner du lieu du sinistre qu'après avoir prêté toute son assistance. Il doit également, sous des peines analogues, faire connaître au capitaine de l'autre bâtiment le nom de son propre navire et ses ports d'attache et de destination.

1893. — Tout capitaine, maître ou patron, coupable d'avoir perdu par négligence ou impéritie le navire qu'il était chargé de conduire, est puni du retrait temporaire ou définitif de la faculté de commander (art. 6).

1894. — Cet article est le complément du décret-loi du 24 mars 1852, qui, dans son art. 89, n'avait prévu que la perte volontaire : avant la loi de 1891, la perte de bâtiment par négligence ou impéritie ne relevait que du pouvoir disciplinaire du ministre de la Marine qui statuait, sur l'avis préalable de la commission des naufrages. Depuis la loi de 1891, le tribunal maritime commercial spécial est saisi de l'affaire. Toutefois, l'art. 87 du décret-loi laisse toujours intact le pouvoir disciplinaire du ministre pour le cas où le délit ne serait pas suffisamment caractérisé.

1895. — Les art. 7 et 8 concernent les moyens matériels de sauvetage, les feux et instruments divers dont les navires doivent être pourvus et prononcent, en cas d'infraction, diverses amendes contre les capitaines et les armateurs négligents. L'art. 463, C. pén., est applicable aux cas prévus par la présente loi (art. 9).

1896. — Un avis du Comité du contentieux de la marine en date du 30 mai 1893 a décidé que la loi du 10 mars 1891 est applicable dans la partie maritime des fleuves et rivières, et qu'elle est devenue exécutoire aux colonies sans promulgation spéciale, dès qu'elle y a été connue.

Section II.

Juridictions et procédure.

1897. — L'art. 10 attribue en principe aux tribunaux maritimes commerciaux la connaissance des délits prévus par la loi de 1891. Toutefois, il est apporté deux dérogations principales à ce principe : en premier lieu, la composition du tribunal est modifiée et il y est ajouté un commissaire-rapporteur. En second lieu, les commandants, officiers et marins des bâtiments de l'Etat sont laissés à la juridiction des conseils de guerre, sans cependant qu'en cas d'abordage entre un bâtiment de l'Etat et un navire de commerce, les inculpés appartenant à ce dernier puissent être traduits devant les conseils de guerre (art. 22).

1898. — Cette dernière disposition est une des erreurs de la loi du 10 mars 1891 qui, en consacrant cette dualité de juridiction pour les conséquences d'un même fait, donne parfois naissance à des décisions contradictoires qu'il est difficile de concilier avec l'autorité de la chose jugée. Le projet accepté par le Conseil d'Etat et auquel il a été fait allusion plus haut, assurait l'unité de juridiction en ce sens que, saisissant de toutes ces infractions spéciales non pas les tribunaux maritimes commerciaux, mais les tribunaux maritimes permanents, il n'y avait aucun inconvénient à faire comparaître devant ces juridictions mixtes les officiers de la marine de l'Etat comme ceux de la marine de commerce.

1899. — Ce choix présentait, en outre, l'énorme avantage de mettre en œuvre une institution déjà reconnue par le droit international à propos de la répression de la piraterie (L. 10 avr. 1825), et de faciliter ainsi les accords ultérieurs que l'on doit tendre à établir entre les nations maritimes, pour assurer la répression rigoureuse de cette autre piraterie qui consiste à couler un navire par esprit de lucre et insouciance de la vie humaine, et à l'abandonner ensuite sans secours, avec l'espoir que l'anéantissement de son équipage mettra l'abordeur à l'abri de toute réclamation ultérieure.

1900. — Le recours aux tribunaux maritimes permanents aurait assurément exigé une légère modification à la composition de ces juridictions en vue de l'admission de capitaines au long cours ; mais ces changements eussent été à coup sûr moins profonds que ceux qu'apporte l'art. 11, L. 10 mars 1891, à la composition du tribunal maritime commercial séant à terre.

1901. — Dans l'état actuel, le tribunal est composé comme suit :

Un capitaine de vaisseau ou de frégate, président.

Un juge du tribunal de commerce,

Un lieutenant de vaisseau,   } Juges.

Deux capitaines au long cours,

Un officier de marine en activité ou en retraite occupe le poste de commissaire-rapporteur, un officier ou un employé du commissariat de la marine remplit les fonctions de greffier. Il y a nullité si le jugement ne mentionne pas que le commissaire-rapporteur a été entendu dans ses réquisitions. — Cons. rév. marine, 5 nov. 1895.

1902. — Cependant, lorsque le commandement du navire de commerce appartenait à un officier du corps de la marine, les deux commissaire-rapporteur et au long cours sont remplacés par deux officiers de marine du même grade que l'inculpé.

1903. — D'un autre côté, le tribunal maritime commercial reste composé comme il est dit au décret-loi du 24 mars 1852, lorsqu'il ne s'agit que des infractions aux règlements sur les feux et signaux visés à l'art. 1 de la loi de 1891.

1904. — Quant à la procédure, elle consiste dans l'application des règles posées au décret-loi de 1852, sauf les modifications suivantes : toutes les fois qu'il ne s'agit que des infractions de l'art. 1, les commandants de bâtiments de l'Etat et les commissaires de l'inscription maritime qui ont reçu la plainte doivent faire une enquête et transmettre le dossier au ministre de la Marine qui seul est investi du droit d'ordonner l'envoi de l'inculpé devant le tribunal spécial.

1905. — Si le ministre estime qu'il y a charges suffisantes, il transmet le dossier de l'enquête au commissaire-rapporteur qu'il a désigné ; celui-ci procède à l'instruction et en remet les pièces au président du tribunal qui fixe le jour et l'heure de la réunion après en avoir prévenu le préfet maritime ou le chef du service de la marine (art. 15 et 16).

1906. — Les jugements sont rendus à la majorité des voix. La question de l'application de l'art. 463, C. pén. (circonstances atténuantes) est toujours posée, ce qui constitue une dérogation à toutes les règles reçues en cette matière, tant devant les cours d'assises que devant les conseils de guerre et tribunaux maritimes (art. 17). Conformément à la jurisprudence consacrée par la Cour de cassation pour les tribunaux maritimes commerciaux ordinaires, il y a lieu de se conformer aux principes du droit commun en évitant les questions complexes et alternatives. — Cons. rév. marine, 6 nov. 1895.

1907. — Les jugements des tribunaux d'abordage peuvent être attaqués devant le tribunal de révision permanent de la marine, séant à Brest, lequel statue dans les délais, formes et conditions fixés au Code de justice maritime (L. 4 juin 1858).

1908. — D'après l'art. 173, C. just. marit., applicable aux recours formés contre les jugements rendus en vertu de la loi du 10 mars 1891 en matière d'abordages, le recours en révision est reçu par le greffier du tribunal qui a rendu le jugement ou par le directeur de l'établissement de détention. Si donc le condamné n'est pas détenu, c'est au greffier du tribunal maritime commercial seul qu'il appartient de recevoir le recours ; ce soin ne peut, à peine de nullité, être laissé par le greffier au président du tribunal. — Cons. rév. marine, 21 août 1894. — Instr., 13 sept. 1894. [B. O. M., p. 336]

1909. — La peine d'emprisonnement est exécutée par les soins du procureur de la République, sur le vu d'une expédition du jugement. L'amende est recouvrée, comme frais de justice, par les agents du ministre des Finances. La peine de la suspension ou du retrait de la faculté de commander est mise à exécution par les soins de l'autorité maritime (art. 20).

1910. — Les tribunaux saisis en vertu de la loi du 10 mars 1891 ne connaissent pas de l'action civile résultant des faits qu'ils sont appelés à réprimer (art. 21).

APPENDICE.

PIRATERIE ET BARATERIE.

1. — A la suite d'une entente internationale survenue sous la Restauration, des dispositions législatives ont été promulguées chez les différentes nations maritimes pour assurer la répression de la piraterie. C'est ainsi qu'a été portée en France la loi du 10 avr. 1825 sur la sûreté de la navigation et du commerce maritime.

Section I.

Piraterie.

2. — La piraterie ou déprédation maritime se présente sous quatre formes différentes : 1° navigation sans papier ou avec de faux papiers, ou avec commissions délivrées par deux ou plusieurs Etats différents ; 2° actes de violence commis contre des navires français ou alliés, acte d'hostilités sous un faux pavillon ; 3° commandement par un français d'un corsaire armé par une puissance étrangère, ou en cas d'autorisation, actes d'hostilité contre des navires français ; 4° capture d'un bâtiment par fraude ou violence envers le capitaine ou livraison du bâtiment à des pirates ou à l'ennemi.

3. — Les crimes prévus au paragraphe précédent sont punis suivant les cas de la mort, des travaux forcés à perpétuité, des travaux forcés à temps ou de la réclusion. Ils sont d'une application heureusement fort rare aujourd'hui où, sauf dans les

mers de Chine, la piraterie peut être considérée comme à peu près disparue. Cependant, on rencontre encore parfois la forme de piraterie spécifiée au n. 4 (art. 4-1° de la loi de 1825) et c'est sur ce crime spécial, consistant dans le fait de s'être emparé d'un navire par fraude ou violence envers le capitaine, que s'est fondée la jurisprudence moderne.

4. — L'art. 8 de la loi est ainsi conçu : Dans le cas prévu par le paragraphe 1 de l'art. 4, la peine sera celle de mort contre les chefs et contre les officiers, et celle des travaux forcés à perpétuité, contre les autres hommes de l'équipage. Et si le fait a été précédé, accompagné ou suivi d'homicide ou de blessures, la peine de mort sera indistinctement prononcée contre tous les hommes de l'équipage.

5. — La première question qui se pose à propos de cet article est celle de savoir si la peine de mort qui y est édictée peut être abaissée par la concession des circonstances atténuantes, ou s'il y a lieu de la considérer comme une peine fixe. Si l'on se plaçait au jour de la promulgation de la loi du 1825 la fixité de la peine ne saurait faire aucun doute ; mais la généralisation des circonstances atténuantes en vertu de la loi du 28 avr. 1832 pourrait être considérée d'autant mieux comme autorisant l'application de l'art. 463, C. pén., envers les pirates que la jurisprudence tient cet article pour applicable en toutes matières de grand criminel, que la disposition répressive soit empruntée au

Code pénal, ou à toute autre loi, antérieure ou postérieure à la réforme de 1832.

6. — Mais cette doctrine, appliquée spécialement au cas de baraterie par deux arrêts des 6 nov. 1862 et 6 nov. 1863, ne nous paraît pas pouvoir être étendue au crime de piraterie par la raison que les arrêts précités, aussi bien que l'art. 463 ne parlent que du jury et ne sont par suite applicables que devant la cour d'assises. Or, les individus accusés de piraterie sont justiciables des tribunaux maritimes permanents, lesquels sont liés sur la question des circonstances atténuantes par l'art. 364, C. just. marit. ; ils ne peuvent donc faire application de l'art. 463, C. pén., à leurs justiciables que « dans les cas où les lois autorisent l'admission des circonstances atténuantes ». La loi de 1825 n'ayant rien autorisé sur ce point, la peine de la piraterie reste fixe. Tel est bien le sens dans lequel s'est fixée la jurisprudence des tribunaux maritimes qui n'ont jamais accordé de circonstances atténuantes en ces matières.

7. — Une seule objection peut être opposée à cette interprétation, c'est que la présence de certains complices peut entraîner les accusés devant la cour d'assises et qu'alors le jury pourrait puiser dans la teneur même de l'art. 463 le droit de déclarer des circonstances atténuantes en faveur du pirate. Ce dernier encourrait donc une peine différente suivant que la présence ou l'absence de complice les conduirait devant la cour d'assises ou devant le tribunal maritime. Cela est vrai, mais qui ne sait que la présence de complices civils produit bien souvent le même résultat pour les marins et les militaires qui, comparaissant devant les tribunaux de droit commun, y rencontrent souvent en fait une tarification pénale bien moins sévère que celle que le conseil de guerre leur eût appliquée ?

8. — L'art. 12, prononçant les travaux forcés à perpétuité contre le capitaine, maître ou patron qui, par fraude, détourne à son profit le navire dont la conduite lui est confiée, a été modifié par l'art. 90 du décret-loi disciplinaire et pénal du 24 mars 1852, qui édicte seulement pour ce fait les travaux forcés à temps.

9. — L'art. 4-1° déclarant pirates ceux qui, par fraude ou violence envers le capitaine, s'emparent d'un navire a donné lieu à de sérieuses difficultés, mais qui tiennent bien plus à des questions de fait qu'à des questions de droit. En effet, pour chaque espèce, le doute naissait sur le point de savoir si l'on se trouvait en face d'un simple meurtre ou d'un vol, ou si ce crime n'était que le moyen employé pour s'emparer du navire, ce qui constitue la piraterie. C'est sur ce point spécial qu'a porté la contestation judiciaire soulevée dans l'affaire célèbre du *Fœderis-Arca*. — Cass., 26 avr., 10 août et 27 sept. 1866. — Les termes du premier de ces arrêts ont ainsi posé les bases de la doctrine.

10. — « Sur le moyen unique tiré d'une prétendue violation des règles de la compétence, soit en ce que les faits reprochés aux demandeurs constitueraient, non un crime de piraterie, justiciable des tribunaux maritimes, mais une série de crimes rentrant dans les attributions des cours d'assises, soit en ce que, et alors même qu'on admettrait l'existence de la piraterie, ce crime a été suivi de l'assassinat du mousse Dupré, crime connexe, prévu par le Code pénal, et devant, par application des principes de la connexité, entraîner avec lui le fait de piraterie devant la juridiction ordinaire ; attendu qu'aux termes de l'art. 4 de la loi précitée, tous individus faisant partie de l'équipage d'un navire ou bâtiment de mer français, qui, par fraude ou violence envers le capitaine ou commandant, s'emparent dudit bâtiment, sont poursuivis et jugés comme pirates ; attendu qu'aux termes de l'art. 17 de la même loi, les prévenus de piraterie doivent être jugés par le tribunal maritime ; attendu que l'arrêt attaqué constate : 1° que les demandeurs en cassation, qui faisaient partie de l'équipage du navire français le *Fœderis-Arca*, se sont, par des actes de violence et par l'assassinat du capitaine et du lieutenant, rendus maîtres dudit navire ; 2° qu'une fois maîtres du navire, ils ont pillé la cargaison, ainsi que les effets mobiliers appartenant au capitaine et au lieutenant ; 3° qu'après plusieurs jours d'hésitation, ils ne se sont décidés à couler le navire, que, dans l'impuissance où ils étaient de le diriger, et dans la crainte que leur crime ne fût découvert ; attendu qu'en présence des faits ainsi constatés, il n'est pas possible d'isoler l'un de l'autre les divers actes reprochés aux prévenus, et de considérer chacun d'eux comme constituant un crime distinct, ressortissant à la juridiction ordinaire des cours d'assises ; qu'on ne doit y voir, au contraire, qu'un tout indivisible, composé d'une

série d'actes soit préparatoires, soit complémentaires de la piraterie, et concourant, par leur ensemble, à constituer ce crime spécial, dont la connaissance appartient à la juridiction spéciale des tribunaux maritimes ; attendu que les mêmes considérations s'appliquent à l'homicide du mousse Dupré, commis après la destruction du navire ; qu'en effet, l'arrêt attaqué constate que la mort de Dupré a été résolue par les demandeurs, à bord du *Fœderis-Arca*, aussitôt après le meurtre du capitaine et du lieutenant, et que cet homicide n'a eu lieu que pour faire disparaître un témoin, dont les révélations pouvaient amener la découverte du crime de piraterie ; attendu que, dans cet état des faits, le meurtre de Dupré ne saurait être réputé crime connexe, de nature à entraîner avec lui le crime de piraterie devant la cour d'assises, et ne doit être considéré que comme circonstance aggravante de ce crime spécial, avec lequel il se confond, aux termes mêmes de l'art. 8 de la loi susvisée, qui punit d'une peine plus grave l'acte de piraterie, quand cet acte a été suivi d'un homicide. D'où il suit qu'en se déclarant dessaisie et en renvoyant les prévenus devant qui de droit, la cour impériale de Caen, loin de violer les règles de la compétence ou les principes de la connexité, n'en a fait qu'une juste application ; attendu, d'ailleurs, que l'arrêt attaqué est régulier en la forme : la cour rejette le pourvoi. »

11. — L'erreur commise et qu'a relevée la cour consistait à soutenir qu'il n'y avait piraterie que si les matelots s'emparaient du bâtiment pour le transformer en corsaire ; il suffit qu'ils aient voulu s'en emparer pour en disposer d'une manière quelconque pour qu'il y ait le crime de piraterie par assimilation, défini à l'art. 4-1° de la loi de 1825.

12. — L'affaire du « *H. L.* » a donné lieu également à diverses solutions judiciaires dont trois arrêts de cassation. Dans le premier, la cour, tout en reconnaissant implicitement que le tribunal maritime de Saïgon aurait pu être saisi de l'affaire, a renvoyé les accusés devant le premier tribunal maritime permanent de Brest parce que le gouverneur de la Cochinchine avait épuisé sa juridiction par une ordonnance de dessaisissement. — Cass., 5 juin 1875, Règl. de juges.

13. — Le second arrêt a corroboré la doctrine de l'arrêt du « *Fœderis-Arca* » suscité : il en résulte qu'il n'est pas nécessaire, pour que les faits poursuivi réunisse les éléments constitutifs du crime de piraterie, que les violences accomplies envers le capitaine du navire aient été le résultat d'un concert préalablement formé entre les hommes de l'équipage pour préparer la prise de possession violente du bâtiment. Il n'est pas non plus nécessaire que le navire dont l'équipage s'est emparé par fraude ou violence ait été vendu en totalité, ou perdu, ou détruit ; il suffit que ceux qui s'en sont rendus maîtres aient pu en disposer suivant les circonstances. — Cass., 10 déc. 1875.

14. — Le troisième arrêt reprenant l'affaire après que les matelots du « *H. L.* » eurent été acquittés du chef de piraterie, a annulé la sentence du conseil de révision qui, s'arrogeant une sorte de pouvoir juridictionnel, avait renvoyé de nouveau les accusés devant le tribunal maritime sous inculpation de meurtre en raison de l'indivisibilité des faits. La cassation a eu lieu sans renvoi. — Cass., 5 févr. 1876.

15. — Voici la liste complète des cas de piraterie relevés depuis la mise en vigueur du Code maritime, et qui tous ont trait à l'incrimination de l'art. 4-1° de la loi de 1825 :

1° Affaire du « *Fœderis-Arca* » tribunal maritime de Brest, 1866, quatre marins condamnés à mort et exécutés ;

2° Affaire « *H. L.* » tribunal maritime de Brest, 1875, onze accusés acquittés du fait de piraterie et renvoyés en cour d'assises pour meurtre ;

3° Affaire du « *Lennie* » navire anglais, l'équipage anglais a été remis entre les mains de la police britannique, 1875 ;

4° Affaire de l'*Hortensia* » tribunal maritime de Brest, ordonnance de non-lieu, 1884 ;

5° Affaire de la « *Niuroahiti* » tribunal maritime de Brest, deux marins condamnés à mort puis commués.

16. — Les complices des crimes de piraterie sont punis, suivant les cas, des mêmes peines que les auteurs principaux ou que les hommes de l'équipage. Toutefois, au point de vue de la compétence, les complices par aide et assistance ont un sort spécial en ce sens qu'ils sont traduits devant le tribunal maritime, tandis que tous autres vont devant les tribunaux ordinaires et même y entraînent les auteurs principaux jugés en même temps qu'eux.

17. — Le produit de la vente des navires et bâtiments de mer capturés pour cause de piraterie sera réparti conformément aux lois et règlements sur les prises maritimes (Arrêté du 2 prair. an XI, L. 13 mai 1791, sur la caisse des invalides de la marine). Lorsque la prise aura été faite par des navires de commerce, ces navires et leurs équipages seront, quant à l'attribution et à la répartition du produit, assimilés à des bâtiments pourvus de lettres de marque et à leurs équipages (L. 10 avr. 1825, art. 10).

18. — Lorsque des bâtiments de mer auront été capturés pour cause de piraterie, la mise en jugement des prévenus sera suspendue jusqu'à ce qu'il ait été statué sur la validité de la prise. Cette suspension n'empêchera ni les poursuites, ni l'instruction de la procédure criminelle (art. 16).

19. — La compétence en matière de piraterie appartient exclusivement aux tribunaux maritimes permanents. Cette prescription de la loi de 1825 (art. 17), a été confirmée par l'art. 90, C. just. marit. Le tribunal compétent est déterminé par le lieu d'arrestation et de rapatriement des accusés, s'il y a eu capture de navire ou arrestation de personnes. Dans tous les autres cas, les parages où le crime a été commis fixent la compétence, savoir : le tribunal maritime de Toulon, pour le détroit de Gibraltar, les mers de la Méditerranée et du Levant et celui de Brest pour tous les autres points.

20. — Toutefois, lorsqu'un tribunal maritime a été régulièrement saisi du jugement de l'un des prévenus, tous les autres lui sont déférés, quelles que soient les circonstances et l'époque de l'arrestation.

21. — Sont également poursuivis devant les tribunaux maritimes permanents les complices par aide et assistance; mais tous autres complices sont traduits devant les tribunaux ordinaires et, en cas de poursuites simultanées, y entraînent les auteurs principaux. De plus, la piraterie caractérisée seulement par le fait de naviguer sans papiers de bord ou avec de faux papiers, est laissée à la compétence des tribunaux ordinaires, ainsi que tous les faits de baraterie.

SECTION II.

Baraterie.

22. — La baraterie est un crime consistant dans la destruction ou le détournement total ou partiel de la propriété maritime par ceux qui sont chargés de la protéger. Toutefois les prescriptions de la loi de 1825 ont été remplacées sur ce point par celles du décret-loi du 24 mars 1852, savoir : l'art. 11 par l'art. 89 du décret-loi, l'art. 12 par l'art. 90, les art. 13 et 14 par les art. 91 et 92 et l'art. 15 par les art. 93 et 94.

JUSTICE MILITAIRE

LÉGISLATION.

C. just. milit. pour l'armée de terre, 9 juin 1857.

Décr. 18 juill. 1857 (qui fixe le nombre, le siège et le ressort des deuxièmes conseils de guerre et des conseils de révision en exécution des art. 2 et 26, C. just. milit.); — Décr. 18 juill. 1857 (indiquant, selon le grade, le rang ou l'emploi de l'accusé, la composition des tribunaux militaires pour le jugement des divers individus qui, dans l'armée de terre, sont assimilés aux militaires); — L. 16 mai 1872 (relative à la composition des conseils de guerre); — L. 26 juill. 1873 (qui complète l'art. 10, C. just. milit.); — Décr. 25 oct. 1874 (concernant les exécutions militaires); — L. 18 mai 1875 (portant modification du Code de justice militaire); — L. 21 avr. 1892 (modifiant l'art. 3, C. just. milit. pour l'armée de terre).

BIBLIOGRAPHIE.

Béquet, Répertoire du droit administratif (en cours de publication), vº Armée, n. 237 et s. — Block, Dictionnaire de l'administration française, 1891, gr. in-8º, vº Justice militaire.

Alla, Le praticien des tribunaux militaires, 1853, 2 vol. in-8º. — Alla et Daniel, Manuel pratique des tribunaux militaires, 1876, 1 vol. in-8º. — Ambrosini, Petit dictionnaire de jurisprudence criminelle militaire, 1 vol. in-12. — Bernard, De la conduite des débats devant les conseils de guerre, 1859, in-8º,

Bosch (A.), Droit pénal et discipline militaire ou Codes militaires annotés, 1837, in-8º. — Champoudry, Manuel des tribunaux des armées de terre et de mer, 1879, 2º édit., 1 vol. in-8º; — Formulaire des questions à soumettre aux juges des conseils de guerre, 1891, in-8º; — La procédure militaire en campagne, 1893, 1 vol. in-8º. — Champoudry et Daniel, Manuel de l'officier de police judiciaire militaire, 1896, 4º édit., in-8º. — De Chénier,

Manuel des conseils de guerre, 1831, in-8º; — Guide des tribunaux militaires, 1838, 2 vol. in-8º. — Chesnel (de), Dictionnaire encyclopédique des armées de terre et de mer, 1882, 2 vol. in-8º. — Coupois, Memento à l'usage des présidents et juges des conseils de guerre, 1883, in-8º. — Duez (Ch.), Code pénal militaire, 1847, in-18. — Dulme, Etude sur l'organisation et la compétence de la justice militaire de l'armée de terre, 1895, in-8º. — Foucher, Commentaire sur le Code de justice militaire pour l'armée de terre, 1858, 1 vol. gr. in-8º. — Gaudiche, Manuel des conseils de guerre, 1887, 2 vol. in-8º. — Gérard, Corps de droit pénal militaire, 1847, in-8º; — Code de justice et de discipline militaires, 1852, in-18. — Laloë, Observations sur la compétence des conseils de guerre de l'armée de terre, 1894, 1 vol. in-8º. — Leclerc de Fourolles et Coupois, Le Code de justice militaire pour l'armée de terre, 1892, 2º édit., 2 vol. gr. in-8º. — Legraverend, Traité de la procédure criminelle devant les tribunaux militaires et maritimes de toute espèce, 1808, in-8º. — Peloux, Manuel à l'usage des présidents des conseils de guerre, 1876, 1 vol. in-8º. — Perrier, Le guide des juges militaires, 1813, in-8º. — Pradier-Fodéré et Le Faure, Commentaire sur le Code de justice militaire avec un supplément, 1873-76, 2 vol. gr. in-8º. — Taillefer, La justice militaire dans l'armée de terre, 1895, 1 vol. gr. in-8º. — Tripier et Champoudry, Code de justice militaire pour l'armée de terre, 1879, 1 vol. in-8º. — Vexiau, Commentaire abrégé sur le Code de justice militaire pour l'armée de terre, 1881, 1 vol. in-12. — X..., Code de justice militaire pour l'armée de terre augmenté de la nomenclature des crimes et délits militaires et des peines y attachées (publié par le ministère de la guerre), 1873, in-18. — X..., Code-manuel de justice militaire pour l'armée de terre, 1892, in-12. — X..., Conférences de droit pénal et d'instruction criminelle militaires, 1867, 2 vol. in-8º.

De la défense devant les tribunaux militaires : J. Le Droit, 10 mai 1836. — De la juridiction des armées d'occupation en matière de délits commis par des étrangers contre les militaires :

J. du dr. int. priv., année 1882, p. 511 et s. — *Etude sur quelques difficultés que peut présenter l'application de l'art. 231, C. just. milit.* (Marx) : Rev. crit., année 1879, p. 586. — *Communication à l'Institut sur le projet de Code militaire et de procédure pénale pour les troupes de la confédération suisse* (Lucas) : Rev. crit., année 1882, p. 443. — *Jurisprudence des conseils de guerre et des conseils de révision* (A. Desjardins), Rev. crit., année 1886, p. 1 et s.

Index alphabétique.

DIVISION.

TITRE I.

NOTIONS GÉNÉRALES.

1. — Nous avons déjà exposé *suprà*, v° *Justice maritime*, les origines de la loi pénale militaire et la liaison intime qui existe

entre la formation de cette partie de notre législation et le développement des armées permanentes. Nous croyons superflu d'y revenir; il nous suffira de rappeler que la loi sur les conseils militaires, du 21 brum. an V, constitue la première codification régulière applicable à l'armée de terre et que ses dispositions peuvent encore éclairer aujourd'hui certains textes du Code de justice militaire.

2. — La loi du 9 juin 1857 a, sans aucun doute, réalisé sur la législation antérieure un grand progrès, ne fût-ce que par le groupement et la précision des textes ; mais, avant d'en étudier le détail, il est permis de se demander si, dans son ensemble, l'œuvre de 1857 répond encore aux nécessités de l'heure présente, et si elle n'appellerait pas une révision. On ne doit pas perdre de vue que les conditions de la guerre ont singulièrement changé depuis quarante ans, et que ce qui a pu être un progrès pour l'époque, ce que l'on pouvait alors considérer comme répondant aux nécessités de fait, peut être bien insuffisant en face des armées modernes. C'est ainsi qu'on est amené à se demander, et tel est l'avis d'un grand nombre d'officiers, si le Code militaire, parfois bien sévère pour la vie de garnison, n'est pas totalement insuffisant pour celle des camps. Sous ce rapport, l'expérience de la guerre de 1870-71 est singulièrement instructive. Il suffira de rappeler combien fut déplorable la discipline d'une notable partie des troupes auxiliaires enfermées dans Paris pendant le siège, et de rapprocher ces faits des résultats obtenus en province avec les cours martiales organisées par le décret du gouvernement de la Défense nationale du 2 oct. 1870. Depuis lors, on s'est efforcé de porter un remède aux lacunes qu'on ne pouvait plus nier; mais la loi du 18 mai 1875, modifiant le Code de justice militaire, n'a été qu'un vain palliatif, qui laisse subsister la plupart des défauts du système. — V. *Bulletin de la Réunion des officiers*, année 1885-1886. — Sans doute, on pourrait encore recourir, en cas de besoin, au moyen employé en 1870, en parant par voie de décret aux nécessités les plus pressantes; mais ce procédé a le très-grand inconvénient de faire fonctionner au dernier moment un rouage auquel les chefs militaires ni leurs subordonnés ne sont préparés. On doit désirer la refonte du Code de 1857 à deux points de vue : pour le temps de paix, imitant ce qu'on a déjà fait à l'égard des réservistes, il conviendrait d'abaisser le minimum de certaines pénalités, soit directement, soit par l'introduction des circonstances atténuantes, non pas à titre général, mais dans la répression de certains délits. On éviterait ainsi nombre d'acquittements et de recours en grâce, uniquement causés par le caractère excessif des peines. Pour le cas de mobilisation générale, il faut organiser sur des bases rationnelles le fonctionnement des cours martiales qui seraient faciles à constituer, rapides de procédé, ainsi que la pénalité du temps de guerre, dont la rigueur pourrait être proportionnée aux dangers que l'on doit conjurer. Si par là, on enlève certaines garanties aux accusés, on évite, par des exemples nécessaires, les hécatombes de la défaite.

TITRE II.

JURIDICTIONS MILITAIRES.

3. — Les juridictions militaires se composent de conseils de guerre et de conseils de révision permanents, de conseils de guerre et de conseils de révision aux armées. Ces dernières disposent, en outre, de tribunaux spéciaux, à compétence limitée et à procédure sommaire, appelés prévôtés (C. just. milit., art. 1°).

4. — Comme leur nom l'indique, les juridictions militaires constituent des tribunaux spéciaux à l'armée et qui, s'ils sont, pour les militaires, le tribunal de droit commun, l'application du principe du jugement par les pairs, n'en forment pas moins pour les citoyens non-militaires une juridiction d'exception.

CHAPITRE I.

CONSEILS DE GUERRE PERMANENTS DANS LES CIRCONSCRIPTIONS TERRITORIALES.

5. — Les conseils de guerre permanents, institués dans chacune des circonscriptions territoriales formées, à l'intérieur, sous le titre de *Région de corps d'armée* ou de *Commandement* *supérieur*, et en Algérie, sous le titre de *division militaire*, constituent pour le militaire en activité de service le juge normal. Le conseil de guerre permanent a plénitude de juridiction, et c'est à lui que doit être renvoyée la connaissance des faits au sujet desquels une information serait commencée devant les conseils de guerre aux armées lorsque ces derniers viennent à disparaître (C. just. milit., art. 67-4°, 182).

SECTION I.

Organisation des conseils de guerre permanents.

6. — Les militaires ont le privilège d'être jugés par leurs pairs. L'intervention de ceux-ci qui, en vertu de la loi du 29 oct. 1790, s'était manifestée sous la forme du jury, s'est acheminée dès 1793 (loi du deuxième jour complémentaire an III sur les conseils militaires) vers sa forme moderne qu'elle a reçue définitivement de la loi du 13 brum. an V. On voit, en effet, dans l'art. 2 de cette loi, le conseil de guerre composé comme aujourd'hui de deux officiers supérieurs, de quatre officiers subalternes et d'un sous-officier, les uns et les autres assistés d'un rapporteur et d'un commissaire du pouvoir exécutif, véritable organe du ministère public.

7. — Il y a un conseil de guerre permanent au chef-lieu de chacune des circonscriptions militaires territoriales formées, à l'intérieur, sous le titre de région de corps d'armée, et, en Algérie, sous le titre de division militaire. Si les besoins du service l'exigent, d'autres conseils de guerre permanents peuvent être établis dans la circonscription par un décret du Chef de l'État, qui fixe le siège de chacun de ces conseils et en détermine le ressort (art. 2 ainsi modifié le 18 mai 1875) (1). — V. 5 janv. 1875 sur l'organisation des commandements supérieurs de Paris et de Lyon.

8. — Aucun moyen de nullité ne peut résulter contre le jugement d'un conseil de guerre de ce que, malgré la disposition de l'art. 2, C. just. milit., qui n'autorise la création que de deux conseils de guerre permanents par division militaire territoriale, ce jugement émanerait d'un troisième conseil établi par décret du gouvernement de la Défense nationale (2). — Cass., 12 oct. 1871, Ferré et autres, [S. 71.1.252, P. 71.762, D. 71.1.178]

9. — Le conseil de guerre permanent est composé d'un colonel ou lieutenant-colonel, président, et de six juges, savoir : un chef de bataillon, ou chef d'escadron ou major, deux capitaines, un lieutenant, un sous-lieutenant, ou à défaut un deuxième lieutenant (L. 24 avr. 1892), un sous-officier (art. 3).

10. — Il y a près de chaque conseil de guerre : 1° un commissaire du gouvernement qui peut être assisté d'un ou de plusieurs substituts et qui est l'organe du ministère public; 2° un rapporteur assisté d'un ou de plusieurs substituts qui remplit les fonctions de juge d'instruction; 3° un greffier, assisté d'un ou de plusieurs commis-greffiers (art. 4 et 5).

11. — Les présidents et les juges sont pris parmi les officiers et sous-officiers en activité dans la circonscription ; ils peuvent être remplacés tous les six mois, et même dans un délai moindre, s'ils cessent d'être employés dans la circonscription (art. 6).

12. — Les commissaires du gouvernement et les rapporteurs sont pris parmi les officiers supérieurs, les capitaines, les sous-intendants militaires ou adjoints soit en activité, soit en retraite. Les substituts sont pris parmi les officiers en activité dans la

circonscription. Exceptionnellement et lorsque les besoins du service l'exigent, il peut être dérogé à cette règle en vertu d'une décision du ministre de la Guerre (art. 7 ainsi modifié, L. 18 mai 1875).

13. — Bien que la loi n'ait pas fixé de proportion, l'usage, consacré par une instruction du 3 août 1854, antérieure au Code militaire, s'est établi de ne confier aux officiers en retraite ou en réforme que la moitié des emplois de commissaires du gouvernement et de greffiers.

14. — L'instruction du 22 juin 1875 portant notification de la loi du 18 mai 1875, modifiant le Code de justice militaire, et s'inspirant de l'instruction générale du 25 juin 1858 (marine) dispose que « des officiers appartenant à chacune des divisions actives, seront constamment et successivement attachés aux parquets des conseils de guerre permanents comme substituts des commissaires du gouvernement et des rapporteurs, afin de pouvoir étudier la loi militaire et acquérir les connaissances nécessaires pour remplir convenablement, en campagne, les fonctions qui seront alors réunies de commissaire du gouvernement et de rapporteur. »

15. — Le président et les juges des conseils de guerre sont nommés par le général commandant la circonscription. La nomination est faite par le ministre de la Guerre, s'il s'agit du juge d'un colonel, d'un officier général ou d'un maréchal de France (art. 8).

16. — Les commissaires du gouvernement et les rapporteurs sont nommés par le ministre de la Guerre. Lorsqu'ils sont choisis parmi les officiers en activité, ils sont nommés sur une liste de présentation dressée par le général commandant la circonscription où siège le conseil de guerre. Les substituts sont nommés par le général commandant la circonscription (art. 9).

17. — Un règlement d'administration publique a déterminé les conditions et les formes de la nomination des greffiers et commis-greffiers. Aux termes des décrets du 6 sept. 1875 et du 8 févr. 1879, les greffiers sont des officiers d'administration ; ils sont nommés par le chef de l'État. Les adjudants commis-greffiers sont nommés par le ministre de la Guerre. Ils doivent remplir certaines conditions et passer un examen d'aptitude.

18. — Le tableau J n. 1, annexé à la loi du 13 mars 1875 sur les cadres de l'armée, affecte, à titre permanent, à chaque conseil de guerre un commissaire du gouvernement, un rapporteur, un officier d'administration, greffier, un adjudant sous-officier, commis-greffier, un sergent, huissier appariteur.

19. — La composition des conseils de guerre, déterminée par l'art. 3 du Code, est maintenue ou modifiée suivant le grade de l'accusé, conformément au tableau ci-après :

GRADE DE L'ACCUSÉ.	GRADE DU PRÉSIDENT.	GRADE DES JUGES.
Sous-officier, caporal ou brigadier, soldat.	Colonel ou lieutenant-colonel.	1 chef de bataillon, ou chef d'escadron, ou major. 2 capitaines. 1 lieutenant. 1 sous-lieutenant.
Sous-lieutenant.	Colonel ou lieutenant-colonel.	1 chef de bataillon, ou chef d'escadron, ou major. 2 capitaines. 1 lieutenant. 2 sous-lieutenants.
Lieutenant.	Colonel ou lieutenant-colonel.	1 chef de bataillon, ou chef d'escadron, ou major. 3 capitaines. 2 lieutenants.
Capitaine.	Colonel.	1 lieutenant-colonel. 3 chefs de bataillon, ou chefs d'escadron, ou majors. 2 capitaines.
Chef de bataillon, chef d'escadron, major.	Général de brigade.	2 colonels. 2 lieutenants-colonels. 2 chefs de bataillon, ou chefs d'escadron, ou majors.
Lieutenant-colonel.	Général de brigade.	4 colonels. 2 lieutenants-colonels.
Colonel.	Général de division.	4 généraux de brigade. 2 colonels.
Général de brigade.	Maréchal de France.	4 généraux de division. 2 généraux de brigade.
Général de division.	Maréchal de France.	4 maréchaux de France. 2 généraux de division.
Maréchal de France.	Maréchal de France.	3 maréchaux de France ou amiraux. 3 généraux de division.

---

(1) Dans les divers articles du Code de justice militaire, autres que ceux modifiés par la loi du 18 mai 1875, le mot *division* doit être remplacé par le mot *circonscription*, dans tous les cas où il signifie division militaire territoriale (L. 18 mai 1875, art. 2). — V. décrets des 18 juill. 1857, fixant le nombre, le siège et le ressort des deuxièmes conseils de guerre et des conseils de révision, en exécution des art. 2 et 26, C. just. milit.; 19 janv. 1850, fixant à Blidah le siège du deuxième conseil de guerre de la division d'Alger; 12 janv. 1875, supprimant le conseil de guerre d'Oran; 6 avr. 1875, créant un conseil de guerre à Amiens; 10 juin 1875, créant un conseil de guerre à Orléans; 8 juill. 1875, créant un conseil au Mans; 10 juill. 1875, transférant de Bône à Constantine le deuxième conseil de guerre de la division de Constantine; 18 déc. 1876, supprimant le conseil de guerre de Bastia et établissant un deuxième conseil de guerre à Besançon; 18 mai 1880, supprimant les conseils de révision de Lyon et de Constantine, et supprimant les deuxièmes conseils de guerre à Paris, Lyon, Lille, Caen, Besançon et Toulon (le troisième conseil de guerre séant à Paris prend le numéro 2); 9 oct. 1883, supprimant le deuxième conseil de guerre séant à Brest; 7 mars 1885, supprimant les deux conseils de guerre séant à Perpignan et à Bayonne; 10 nov. 1887, supprimant le deuxième conseil de guerre de la division de Constantine; 7 mai 1892, supprimant le deuxième conseil de guerre de la division d'Alger à Blidah.

(2) V. L. 7 août 1871, ayant autorisé certaines dérogations à divers articles du Code de justice militaire en vue de l'instruction et du jugement des affaires se rattachant à l'insurrection de Paris. Cette loi n'a plus qu'un intérêt historique et que la valeur d'un précédent.

En cas d'insuffisance, dans la circonscription d'officiers ayant le grade exigé pour la composition du conseil de guerre, le général commandant la circonscription appelle à siéger au conseil de guerre des officiers d'un grade égal à celui de l'accusé ou d'un grade immédiatement inférieur (art. 10).

20. — Lorsqu'une affaire paraîtra de nature à entraîner de longs débats, le ministre de la Guerre ou le général commandant la division, suivant le cas, pourra, avant l'ouverture des débats, désigner dans chaque catégorie ou grade, devant composer le conseil de guerre, un ou deux juges supplémentaires. Ces juges seront pris, d'après l'ordre d'ancienneté, à la suite des juges appelés à siéger en conseil de guerre. Ils assisteront aux débats, dans les mêmes conditions que les autres juges; mais ils ne prendront part aux délibérations dans la chambre du conseil que dans le cas où ils auraient remplacé un juge empêché, ainsi qu'il est dit ci-après. Si par une cause régulièrement constatée, un juge était empêché de siéger, il serait remplacé par le juge supplémentaire ou le plus ancien des deux juges supplémentaires de son grade ou de sa catégorie. Cette disposition est applicable aux conseils de guerre créés en conformité du Code de justice militaire, ainsi que des lois du 7 août 1871 et du 16 mai 1872 (addition, L. 26 juill. 1873).

21. — Bien que la loi du 26 avr. 1802, qui a permis de comprendre un deuxième lieutenant, à défaut de sous-lieutenant, dans la composition normale des conseils de guerre n'ait textuellement modifié que l'art. 3, C. just. milit., il y a lieu de considérer que cette modification s'étend de plein droit aux fixations du tableau ci-dessus indiqué (lequel le ou les sous-lieutenants prévus dans la colonne intitulée « grade des juges » peuvent désormais être remplacés, le cas échéant, par les lieutenants.

22. — On ne doit pas perdre de vue que la faculté ouverte pour le cas d'insuffisance d'officiers s'applique exclusivement aux officiers subalternes; car, pour les officiers généraux et supérieurs, l'art. 21 remet au ministre seul le soin d'y pourvoir.

23. — Lorsque, postérieurement à son délit, un militaire est promu à un grade qui entraîne la modification de la composition du conseil de guerre, c'est d'après le grade actuel que doit être calculée la formation du conseil, puisque l'esprit de la loi veut qu'un militaire ne soit pas jugé par ses inférieurs (Cir. min. 26 mai 1864). — Leclerc et Coupois, t. 2, p. 517.

24. — Pour juger un général de division ou un maréchal de France, les maréchaux et les généraux de division sont appelés suivant l'ordre de l'ancienneté à siéger dans le conseil de guerre, à moins d'empêchement admis par le ministre de la Guerre. Le président du conseil est choisi parmi les maréchaux désignés en vertu du paragraphe précédent, ou, à défaut d'un maréchal, parmi les juges désignés dans les conditions que détermine l'art. 12 (art. 11, ainsi modifié, L. 16 mai 1872).

25. — A défaut d'un nombre suffisant de maréchaux, sont appelés à faire partie du conseil de guerre, d'après leur rang d'ancienneté et dans l'ordre suivant : 1° des amiraux; 2° des officiers généraux ayant commandé en chef devant l'ennemi. Ces officiers généraux seront nommés par le ministre de la Guerre, qui restera juge des cas d'empêchement. Les fonctions de commissaire du gouvernement peuvent être remplies par un général de division et celles de rapporteur sont exercées par un officier général (art. 12, ainsi modifié, L. 16 mai 1872).

26. — On sait que cette modification a été apportée au Code militaire en vue de permettre le jugement de l'ex-maréchal Bazaine. Faute de cette modification, l'affaire n'aurait pu être jugée par la raison que le nombre des maréchaux commençait déjà à diminuer, et que la plupart des survivants étaient atteints par une des causes d'incompatibilité prévues par la loi, spécialement par celle de l'art. 36 comme ayant servi sous les ordres de l'accusé. C'est la seule exception qui ait été apportée au principe qui veut que l'organe du ministère public soit toujours d'un grade ou d'un rang supérieur à celui de l'accusé.

27. — Pour juger un membre du corps de l'intendance militaire, un médecin, un pharmacien, un officier d'administration, un vétérinaire, ou tout autre individu assimilé aux militaires, le conseil de guerre est composé suivant le grade auquel le rang de l'accusé correspond (L. 18 mai 1875, art. 13, ainsi modifié).

28. — Les assimilations judiciaires ont été déterminées par le décret du 18 juill. 1857 et le tableau y annexé. Elles ont été modifiées, en ce qui concerne les vétérinaires, par le décret du 18 juill. 1875 et complétées par le décret du 4 sept. 1883, déterminant la composition des conseils de guerre pour juger un

membre du corps du contrôle de l'administration de l'armée.

29. — S'il y a plusieurs accusés de différents grades ou rangs, la composition du conseil de guerre est déterminée par le grade ou le rang le plus élevé (art. 14).

30. — Lorsqu'à raison du grade ou du rang de l'accusé, un ou plusieurs membres du conseil de guerre sont remplacés, les autres membres, les rapporteurs et les greffiers, continuent de droit leurs fonctions, sauf le cas prévu par l'art. 12 ci-dessus (art. 15).

31. — Les fonctions de commissaire du gouvernement sont remplies par un officier d'un grade ou d'un rang au moins égal à celui de l'accusé, sauf le cas où il s'agit du jugement d'un maréchal de France (art. 16, § 1).

32. — Lorsqu'un commissaire du gouvernement est spécialement nommé pour le jugement d'une affaire, il est assisté du commissaire ordinaire près le conseil de guerre, ou de l'un de ses substituts (art. 16, § 2).

33. — Les conseils de guerre appelés à juger des prisonniers de guerre sont composés, comme pour le jugement des militaires français, d'après les assimilations de grade (art. 17).

34. — Lorsque, dans les cas prévus par les lois, il y a lieu de traduire devant un conseil de guerre, soit comme auteur principal, soit comme complice, un individu qui n'est ni militaire, ni assimilé aux militaires, le conseil reste composé suivant le cas, comme il est dit aux art. 3 et 33 pour les sous-officiers, caporaux et soldats, à moins que le grade ou le rang d'un coaccusé militaire n'exige une autre composition (L. 18 mai 1875, art. 18, ainsi modifié). La modification ainsi apportée à l'art. 18 est la conséquence de la réduction à cinq du nombre des membres des conseils de guerre aux armées, devant lesquels les individus étrangers à l'armée sont plus souvent appelés à comparaître que devant les conseils de guerre permanents.

35. — Le général commandant chaque circonscription territoriale dresse, sur la présentation des chefs de corps, un tableau par grade et par ancienneté des officiers et sous-officiers de la circonscription qui peuvent être appelés à siéger comme juges dans le conseil de guerre. Ce tableau est rectifié au fur et à mesure des mutations. Une expédition en est déposée au greffe du conseil de guerre. Les officiers et sous-officiers sont appelés successivement et dans l'ordre de leur inscription, à siéger dans le conseil de guerre, à moins d'empêchement admis par une décision du général commandant la circonscription (art. 19).

36. — L'empêchement dont il s'agit au dernier paragraphe de l'art. 19, doit être de nature permanente; car, s'il s'agissait d'un empêchement accidentel, on devrait recourir à l'application de l'art. 20, c'est-à-dire pourvoir provisoirement au remplacement.

37. — Au cas d'empêchement accidentel du président ou d'un juge, du commissaire du gouvernement, du rapporteur ou de leurs substituts, du greffier et du commis-greffier, le général commandant la circonscription pourvoit provisoirement à leur remplacement dans les mêmes conditions que le préfet maritime pour les conseils de guerre maritimes (art. 20). — V. *suprà*, v° *Justice maritime*, n. 66 et s.

38. — Il y a présomption que le juge remplacé est dûment empêché, aussi bien que l'officier dont le tour a été passé sur la liste. Cependant, cette présomption légale ne dispense pas l'autorité supérieure de respecter strictement l'ordre du tableau, qui ne doit être modifié que pour des motifs de service ou pour cause de santé.

39. — On ne doit pas perdre de vue que la période de six mois, inscrite à l'art. 6 comme minimum de durée des fonctions de judicature, constitue dans l'esprit de la loi, au profit des membres des conseils de guerre, une sorte d'inamovibilité temporaire qui garantit les accusés contre des désignations spéciales. Il ne peut donc être dérogé à ce principe qu'en cas d'empêchement constaté, ou lorsque le grade de l'accusé oblige à apporter à la composition du conseil de guerre un remaniement ayant pour objet d'augmenter les garanties auxquelles a droit l'accusé, qu'il importe de soustraire au jugement de ses inférieurs.

40. — S'il ne se trouve pas dans la circonscription des officiers généraux ou supérieurs en nombre suffisant pour compléter le conseil de guerre, le ministre de la Guerre y pourvoit en appelant, par rang d'ancienneté, des officiers généraux ou supérieurs employés dans les circonscriptions territoriales les plus voisines (art. 21).

41. — Nul ne peut faire partie d'un conseil de guerre, à un titre quelconque, s'il n'est Français ou naturalisé Français et âgé de vingt-cinq ans accomplis (art. 22). — V. *suprà*, v° *Justice maritime*, n. 73.

42. — C'est la limite d'âge de vingt-cinq ans inscrite à l'art. 22 qui a motivé la loi du 26 avr. 1892 autorisant à remplacer le sous-lieutenant par un deuxième lieutenant. En effet, depuis que les sous-lieutenants sont promus lieutenants exactement à deux ans de grade (L. 26 mars 1891), le nombre des sous-lieutenants âgés de plus de vingt-cinq ans a considérablement diminué. Il existe également beaucoup de sous-officiers ne remplissant pas cette condition; l'autorité supérieure doit donc apporter sur ce point une attention particulière, parce que la méconnaissance de l'art. 21 entraînerait la nullité des jugements ainsi rendus. La même règle est applicable aux commis-greffiers pour les actes d'instruction auxquels ils concourent.

43. — Les parents et alliés, jusqu'au degré d'oncle et de neveu inclusivement, ne peuvent être membres du même conseil de guerre, ni remplir près ce conseil les fonctions de commissaire du gouvernement, de rapporteur ou de greffier (art. 23). — V. *suprà*, v° *Justice maritime*, n. 74.

44. — Nul ne peut siéger comme président ou juge, ni remplir les fonctions de rapporteur dans une affaire soumise au conseil de guerre : 1° s'il est parent ou allié de l'accusé jusqu'au degré de cousin issu de germain inclusivement; 2° s'il a porté la plainte, donné l'ordre d'informer ou déposé comme témoin; 3° si, dans les cinq ans qui ont précédé la mise en jugement, il a été engagé comme plaignant, partie civile ou prévenu, dans un procès criminel contre l'accusé; 4° s'il a précédemment connu de l'affaire comme administrateur ou comme membre d'un tribunal militaire (art. 24). — V. *suprà*, v° *Justice maritime*, n. 75.

45. — On ne doit considérer comme porteur de la plainte que celui qui l'a signée et le supérieur qui, en la transmettant, l'apprécie. Par suite, les chefs de corps et officiers supérieurs, par l'intermédiaire obligatoire desquels la plainte remonte jusqu'au général en chef, doivent la transmettre sans exprimer aucun avis, afin d'échapper à la cause d'exclusion inscrite à l'art. 24-2°.

46. — L'art. 25 astreignait les commissaires du gouvernement et les rapporteurs à un serment ainsi conçu : « Je jure obéissance à la constitution et fidélité à l'empereur ». Le décret du 5 sept. 1870 ayant aboli le serment politique et la formule ci-dessus n'ayant aucun caractère professionnel, l'art. 25 est devenu sans objet.

Section II.

Compétence des conseils de guerre permanents.

§ 1. *Action publique.*

1° *Compétence* ratione personæ.

47. — Le législateur de 1857, tranchant une question qui avait été diversement résolue dans le droit intermédiaire et très-vivement controversée sous la Restauration comme sous la monarchie de Juillet, a fait des conseils de guerre les juges de droit commun des militaires, quelle que soit la nature du crime ou du délit pour lequel ils seraient poursuivis. Les conseils de guerre sont donc appelés à réprimer non seulement les faits militaires pour lesquels ils ont une compétence toute spéciale, mais même des faits prévus par le Code pénal ordinaire. — V. *suprà*, v° *Justice maritime*, n. 84 et s.

48. — Il est fait exception à la généralité de la compétence des conseils de guerre militaires pour l'application de certaines lois particulières : chasse, pêche, douanes, contributions indirectes, octrois, forêts et grande voirie (art. 273).

49. — Sous cette réserve, le motif de cette compétence généralisée est double : d'une part, certains faits de droit commun empruntent un caractère particulier de gravité lorsqu'ils sont commis par des membres de l'armée chez qui le culte de l'honneur doit être plus spécialement entretenu : ils doivent à ce titre être réprimés par des juges précisément inspirés de cette pensée dominante. D'autre part, il y a un intérêt supérieur pour la discipline à ce que les hommes se sentent entièrement dans la main de leurs chefs, et qu'aucune autorité, même judiciaire, étrangère à la hiérarchie militaire, n'intervienne dans la répression de leurs fautes. — V. Tripier, *Rapport au Corps législatif*, n. 605 et s.

50. — La première question à résoudre consiste donc à

rechercher si l'on se trouve en présence d'un militaire ou d'un civil. On peut dire qu'est militaire celui qui est rattaché à l'un des corps ou services de l'armée par un lien qu'il ne lui est pas loisible de rompre par sa seule volonté. Toutefois, l'application du service militaire obligatoire et la division de l'armée, en activité, réserve et armée territoriale, ont eu pour conséquence de créer des modalités de service toutes spéciales, que nous allons étudier.

51. — Aux termes de l'art. 55, C. just. milit., tout individu appartenant à l'armée en vertu soit de la loi du recrutement, soit d'un brevet ou d'une commission, est justiciable des conseils de guerre permanents dans les circonscriptions territoriales en état de paix, selon les distinctions établies dans les articles suivants.

52. — Deux conditions sont nécessaires pour être justiciable des tribunaux militaires : il faut être lié au service et figurer sur les contrôles. Ajoutons que l'irrégularité du lien au service n'infirme en rien la compétence du conseil de guerre. — V. à ce sujet *suprà*, v° *Justice maritime*, n. 90 et s.

53. — Il faut faire une exception à ce principe pour le délit de désertion qui ne peut être poursuivi que si l'incorporation a eu lieu en vertu d'un titre régulier. Dans ce cas donc, et c'est le seul où le conseil de guerre doive surseoir à statuer, si le prévenu soulève avec quelque apparence de raison l'exception préjudicielle d'extranéité, le conseil de guerre doit laisser aux tribunaux civils la connaissance de cette question d'état. — V. *suprà*, v° *Justice maritime*, n. 97 et s.

54. — C'est au jour du délit que la compétence des tribunaux militaires se détermine; par suite, un conseil de guerre ne peut connaître d'une infraction commise par un individu avant son incorporation, et, d'autre part, il est compétent pour juger un crime ou un délit commis par un individu rendu à la vie civile si le fait criminel ou délictueux a eu lieu à une époque où l'inculpé était militaire. — V. *suprà*, v° *Justice maritime*, n. 103 et s.

55. — Le lien au service est le titre en vertu duquel on sert dans l'armée. Il est donc important d'examiner quels peuvent être ces titres. A cet égard on peut faire partie de l'armée, soit : 1° en vertu de la loi du recrutement, tels sont les appelés ou jeunes soldats, engagés volontaires et rengagés; 2° en vertu d'un brevet : officiers de tous grades et assimilés de tous rangs, ayant l'état d'officiers en conformité de la loi du 19 mai 1834; 3° en vertu d'une commission : militaires de la gendarmerie non pourvus d'un grade d'officier, militaires relevant de divers corps ou services et maintenus dans les rangs de l'armée en qualité de commissionnés, en vertu de l'art. 35, L. 13 mars 1875, sur les cadres.

56. — L'Exposé des motifs comprenait dans la catégorie des commissionnés les gardes du génie et de l'artillerie et les officiers d'administration. Ces employés militaires ont aujourd'hui rang d'officier et sont par conséquent liés au service en vertu d'un brevet. — Pour les commissionnés en général, V. *suprà*, v° *Justice maritime*, n. 110 et s.

57. — L'art. 56, C. just. milit., donne l'énumération des individus que l'on doit considérer comme liés au service et comme justiciables du conseil de guerre pour tous crimes ou délits. Ce sont : 1° les officiers de tous grades, les sous-officiers, caporaux et brigadiers, les soldats, les musiciens et les enfants de troupe; les membres du corps de l'intendance militaire; les médecins, les pharmaciens, les vétérinaires militaires et les officiers d'administration; les individus assimilés aux militaires par le corps d'ordonnances ou décrets d'organisation, pendant qu'ils sont en activité de service ou portés présents sur les contrôles de l'armée ou détachés pour un service spécial.

58. — Sont considérés comme assimilés tous ceux qui ont été compris au décret du 18 juill. 1857, rendu en exécution de l'art. 13, C. just. milit., et aux décrets d'assimilation judiciaire qui ont été ou pourraient être rendus sur la proposition du ministre de la Guerre (Décr. 18 juill. 1875, vétérinaires; 4 sept. 1883, contrôle). Telle est du moins la jurisprudence qui a prévalu et que l'on trouvera complètement exposée avec l'art. 77, C. just. marit. — V. *suprà*, v° *Justice maritime*, n. 120 et s.

59. — Les officiers de la gendarmerie, les sous-officiers et les gendarmes, ne sont pas justiciables des conseils de guerre pour les crimes et délits commis dans l'exercice de leurs fonctions relatives à la police judiciaire et à la constatation des contraventions en matière administrative (art. 59).

60. — La situation des militaires de la gendarmerie est double. En tant qu'ils font partie d'un corps organisé et en armes, ils sont, comme tous militaires en activité de service, justiciables des conseils de guerre et de révision permanents. En tant qu'ils coopèrent à la police judiciaire, ils deviennent les auxiliaires directs de la justice civile et, dès lors, sont soumis à sa juridiction pour tous les faits qui se rattachent à l'exercice de cette partie de leurs fonctions. Telle est la raison d'être de la double compétence que consacre l'art. 59. — V. à cet égard et spécialement sur le point de savoir si l'art. 59 s'applique aux contraventions de police, *suprà*, v° *Justice maritime*, n. 121 et s.

61. — 2° Les officiers de tous grades et les sous-officiers, caporaux et soldats inscrits sur les contrôles de l'hôtel des invalides.

62. — 3° Les élèves des écoles militaires. A cet égard, il est important de distinguer entre les écoles militaires et les écoles soumises au régime militaire. Pour les premières (école spéciale militaire de Saint-Cyr, école militaire d'infanterie de Saint-Maixent, école militaire d'artillerie et du génie de Versailles, école d'administration de Vincennes, école d'application de l'artillerie et du génie de Fontainebleau, école d'application de cavalerie de Saumur, école du Val-de-Grâce), les élèves de ces écoles appartiennent déjà à l'armée à titre d'officiers ou de sous-officiers ou ont déjà contracté un engagement militaire.

63. — Mais quelle est la situation des élèves des écoles polytechnique, forestière, centrale, vétérinaire, de médecine de Lyon, qui contractent un engagement de trois ou quatre ans au moment où ils entrent à l'école? Certaines de ces écoles sont soumises au régime militaire comme l'école polytechnique et l'école préparatoire de médecine de Lyon. Par suite, il y a lieu d'astreindre les élèves à la compétence des juridictions militaires comme les élèves des écoles militaires. Quant aux autres qui sont plutôt des écoles civiles, il faudrait considérer les élèves qui ont, aux termes de la loi du 15 juill. 1889, dû signer un engagement militaire comme des engagés volontaires qui n'ont pas encore rejoint leur corps.

64. — La seconde condition exigée pour être justiciable des conseils de guerre pour tous crimes ou délits est la présence au corps (V. *suprà*, v° *Justice maritime*, n. 137 et s.). Les individus appartenant à l'armée et légalement absents de leur corps ne sont justiciables des tribunaux militaires que pour les délits militaires prévus par le tit. 2 du liv. 4. Aux termes de l'art. 37, C. just. milit., sont justiciables des conseils de guerre des circonscriptions territoriales en état de paix, mais seulement pour les crimes et les délits prévus par le tit. 2 du liv. 4, les militaires de tous grades, les membres de l'intendance militaire et tous individus assimilés aux militaires : 1° lorsque, sans être employés, ils reçoivent un traitement et restent à la disposition du gouvernement; 2° lorsqu'ils sont en congé ou en permission.

65. — Ainsi, il faut établir la distinction suivante : les militaires ou assimilés qui sont en activité de service et portés présents sur les matricules ou contrôles, sont justiciables pour tous crimes et délits. Ceux qui sont en congé ou permission régulière ne sont atteints par les conseils de guerre que lorsqu'ils commettent un des crimes ou délits spéciaux prévus par le tit. 2 du liv. 4, C. just. milit. — V. *suprà*, v° *Justice maritime*, n. 138 et s.

66. — Sur la question de savoir si l'on doit considérer comme en congé ou en permission, au point de vue de la compétence des conseils de guerre, les officiers en non-activité, en retraite, en mission, et les officiers de réserve, V. *suprà*, v° *Justice maritime*, n. 143 et s.

67. — Les jeunes soldats, les engagés volontaires et les rengagés ne sont, depuis l'instant où ils ont reçu leur ordre de route jusqu'à celui de leur réunion en détachement ou à leur arrivée au corps, justiciables des mêmes conseils de guerre que pour les faits d'insoumission, sauf les cas prévus par les n. 2 et 4, art. 56 (art. 58).

68. — L'art. 56, n. 4, considérait encore comme justiciables des conseils de guerre : les jeunes soldats laissés dans leurs foyers, et les militaires envoyés en congés illimités, lorsqu'ils étaient réunis pour les revues ou exercices prévus par l'art. 30, L. 24 mars 1832. Les modifications des lois de recrutement ont apporté des changements à cette partie de l'art. 56. Les dispositions concernant les jeunes soldats de la deuxième portion du contingent et les hommes dont la situation était prévue au n. 4,

art. 56, ont été remplacées par les art. 52 à 57, L. 15 juill. 1889.

69. — Ces articles posent à l'encontre des hommes de la réserve et de l'armée territoriale les règles suivantes : ils sont justiciables des tribunaux militaires pour tous crimes et délits : 1° en cas de mobilisation, à partir du jour de leur appel à l'activité jusqu'à celui où ils sont renvoyés dans leurs foyers ; 2° hors le cas de mobilisation, lorsqu'ils sont convoqués pour des manœuvres, exercices ou revues, depuis l'instant de leur réunion en détachement pour rejoindre, ou de leur arrivée à destination, s'ils rejoignent isolément, jusqu'au jour où ils sont renvoyés dans leurs foyers ; 3° lorsqu'ils sont placés dans les hôpitaux militaires ou dans les salles des hôpitaux civils affectées aux militaires et lorsqu'ils voyagent comme militaires sous la conduite de la force publique, qu'ils se trouvent détenus dans les établissements, prisons et pénitenciers militaires ou qu'ils subissent dans un corps de troupe une peine disciplinaire.

70. — Hors de ces cas, les hommes de la réserve et de l'armée territoriale demeurent, pendant six mois, à dater de leur renvoi dans leurs foyers, justiciables des conseils de guerre pour crimes et délits militaires ; en d'autres termes, ils sont considérés à ce point de vue comme des militaires en congé. Passé le terme de six mois, les tribunaux militaires n'ont d'action sur eux que si, au moment de la perpétration du fait, ils étaient revêtus d'effets d'uniforme.

71. — Dans ces divers cas, les réservistes et territoriaux ont droit à des atténuations de peines. — V. *suprà*, v° *Justice maritime*, n. 1199 et s.

72. — Il faut encore considérer comme présents au corps les militaires, les jeunes soldats, les remplaçants, les engagés volontaires et les individus assimilés aux militaires, placés dans les hôpitaux civils et militaires, ou voyageant sous la conduite de la force publique, ou détenus dans les établissements, prisons et pénitenciers militaires ; il est intéressant de faire remarquer au sujet de cette énumération que les remplaçants ont disparu depuis la loi du 27 juill. 1872. — V. *suprà*, v° *Justice maritime*, n. 157 et s.

73. — Les prisonniers de guerre sont aussi justiciables des conseils de guerre (art. 56). — V. *suprà*, v° *Justice maritime*, n. 162.

74. — Quant aux individus absents illégalement de leur corps, ils sont réputés présents tant que durent les délais de grâce, c'est-à-dire jusqu'à ce qu'ils soient déclarés déserteurs. Au contraire, à partir du jour où cette déclaration est légalement effectuée, ils deviennent justiciables des tribunaux de droit commun sauf pour les crimes et délits militaires. — V. *suprà*, v° *Justice maritime*, n. 163 et s.

75. — Aux termes de l'art. 108, C. just. marit., les marins et militaires de la marine détachés, soit en corps, soit isolément, comme auxiliaires de l'armée de terre, sont justiciables des tribunaux militaires.

2° *Compétence* ratione loci.

76. — Quel est maintenant parmi les divers conseils de guerre celui qui devra connaître du crime ou du délit? L'art. 61 répond à cette question en fixant la compétence *ratione loci*. Le prévenu est traduit, soit devant le conseil de guerre dans le ressort duquel le crime ou délit a été commis, soit devant celui dans le ressort duquel il a été arrêté, soit devant celui de la garnison de son corps ou de son détachement. Toutefois, par dérogation à cette triple faculté de compétence, le jeune soldat insoumis est toujours déféré au conseil de guerre de la région de corps d'armée dans laquelle il est arrêté (L. 15 juill. 1889, art. 73).

3° *Prescription.*

77. — Les dispositions du chap. 5, tit. 7, liv. 2, C. instr. crim., relatives à la prescription, sont applicables à l'action publique résultant d'un crime ou délit de la compétence des juridictions militaires, ainsi qu'aux peines résultant des jugements rendus par ces tribunaux. Toutefois, la prescription contre l'action publique résultant de l'insoumission ou de la désertion ne commence à courir que du jour où l'insoumis ou le déserteur a atteint l'âge de quarante-sept ans. A quelque époque que l'insoumis ou le déserteur soit arrêté, il est mis à la disposition du ministre de la Guerre pour compléter, s'il y a lieu, le temps de service qu'il doit encore à l'Etat.

§ 2. Action civile.

78. — La juridiction militaire n'a d'intérêt qu'en tant qu'elle s'applique aux personnes; elle doit demeurer étrangère aux biens (Tripier, *Exposé des motifs*, n. 134). Il est inutile d'insister sur les raisons qui ont conduit les rédacteurs du Code à enlever expressément aux juges d'épée l'examen des réparations pécuniaires que pourraient comporter les délits qu'ils répriment. Ce ne sont pas des jurisconsultes et, tandis que le sentiment profond qu'ils doivent avoir de l'honneur les rend bons appréciateurs en matière pénale, le jugement de l'action civile ne saurait qu'être périlleux pour eux.

79. — Le Code a cependant fait une exception à cette règle pour les prévôtés auxquelles on abandonne le droit de statuer sur la réparation des dommages n'excédant pas 150 fr. Cette dérogation s'explique par ce double fait que, là où fonctionnent ces juridictions, il n'y a plus guère de juges en état de statuer sur les intérêts trop minimes pour supporter une longue attente; et que la lésion résulte presque toujours de menus faits de pillage ou de désordre dont l'appréciation est des plus simples. Telles sont les règles que consacrent les articles suivants.

80. — Les tribunaux militaires ne statuent que sur l'action publique, sauf les cas prévus par l'art. 75, C. just. milit. Ils peuvent néanmoins ordonner, au profit des propriétaires, la restitution des objets saisis ou des pièces de conviction, lorsqu'il n'y a pas lieu d'en prononcer la confiscation (art. 53).

81. — Pourtant, par dérogation à l'art. 53, C. just. milit., les conseils de guerre statuant en territoire militaire d'Algérie, connaissent des réparations civiles réclamées par l'administration des douanes en vertu des lois spéciales et des art. 11 et 12, Décr. 11 août 1853. — Cons. rév. Alger, 21 août 1884, [Leclerc et Coupois, n. 201]

82. — Sauf cette dérogation, l'action civile ne peut être poursuivie que devant les tribunaux civils; l'exercice en est suspendu tant qu'il n'a pas été prononcé définitivement sur l'action publique intentée avant ou pendant la poursuite de l'action civile (art. 53).

83. — Ce dernier article est l'application pure et simple de la maxime : « le criminel tient le civil en état » (V. *suprà*, v° *Action civile*, n. 571 et s.). Les dispositions inscrites dans les art. 53 et 54, C. just. milit., étaient déjà consacrées par la jurisprudence antérieure.

Section III.
Procédure devant les conseils de guerre permanents.

84. — La procédure devant les conseils de guerre permanents est identique à celle que le Code de justice maritime a organisée devant les conseils de guerre maritimes permanents. Les art. 83 à 151, C. just. milit., sont semblables, autant que le comporte la différence des armées de terre et de mer, aux art. 113 à 181, C. just. marit. Par suite, nous nous contenterons de rappeler les principes et de signaler les différences entre les deux Codes, en renvoyant pour le détail *suprà*, v° *Justice maritime*, n. 194 et s.

§ 1. Plainte et enquête préliminaire.

85. — La police judiciaire militaire est exercée, sous l'autorité du général commandant la circonscription : 1° par les adjudants de place; 2° par les officiers, sous-officiers et commandants de brigade de gendarmerie; 3° par les chefs de poste; 4° par les gardes de l'artillerie et du génie; 5° par les rapporteurs près les conseils de guerre, en cas de flagrant délit (art. 84).

86. — Les commandants et majors de place, les chefs de corps, de dépôt et de détachement, les chefs de service d'artillerie et du génie, les membres de l'intendance militaire, peuvent faire personnellement, ou requérir les officiers de police judiciaire, chacun en ce qui le concerne, de faire tous les actes nécessaires à l'effet de constater les crimes et les délits, et de livrer les auteurs aux tribunaux chargés de les punir (art. 85). Les chefs de corps peuvent déléguer les pouvoirs qui leur sont donnés par le paragraphe précédent, à l'un des officiers sous leurs ordres (Addition. L. 18 mai 1875).

87. — Les attributions des officiers de police judiciaire militaire sont les mêmes que celles des officiers de police judiciaire maritime : ils reçoivent les dénonciations et les plaintes, s'entourent des renseignements nécessaires pour éclairer la justice militaire, pratiquent les saisies nécessaires à la manifestation de la vérité, procèdent à l'arrestation des coupables au cas de flagrant délit, adressent des réquisitions aux autorités civiles et maritimes pour faire des constatations dans les établissements dépendant de ces autorités, et procèdent aux perquisitions et visites domiciliaires en observant les prescriptions édictées par la loi comme garantie de la liberté des citoyens. — V. à cet égard *suprà*, v° *Justice maritime*, n. 195 et s.

88. — La loi du 17 juill. 1856 dispense de la formalité de l'affirmation les procès-verbaux dressés par les brigadiers de gendarmerie et par les gendarmes. — V. *infrà*, v° *Procès-verbal*.

89. — Quelques dispositions spéciales ont été édictées au cas de désertion et d'insoumission. Dans le cas d'insoumission, la plainte est dressée par le commandant du dépôt de recrutement du département auquel appartient l'insoumis. La plainte énonce l'époque à laquelle l'insoumis aurait dû rejoindre. Sont annexés à la plainte : 1° la copie de la notification faite à domicile de la lettre de mise en activité; 2° la copie des pièces énonçant que l'insoumis n'est pas arrivé à la destination qui lui avait été assignée; 3° l'exposé des circonstances qui ont accompagné l'insoumission. S'il s'agit d'un engagé volontaire ou d'un remplaçant qui n'a pas rejoint le corps, une expédition de l'acte de l'engagement ou du remplacement est annexée à la plainte (art. 94). Il y a lieu de faire remarquer que les dispositions de la loi concernant les remplaçants sont abrogées, le remplacement militaire n'existant plus depuis la loi de 1872.

90. — « D'après la nouvelle loi sur le recrutement, écrit Champoudry dans son *Manuel*, en parlant de la loi du 27 juill. 1872, les pièces à produire au cas d'insoumis pour demander les poursuites sont : 1° l'ordre d'appel sous les drapeaux, ou, pour l'engagé volontaire, copie de l'acte d'engagement; 2° le procès-verbal de la gendarmerie, ou original de notification de l'ordre de route, détaché de ce dernier, constatant que la signification a été faite au domicile légal; 3° le procès-verbal de la gendarmerie constatant les recherches infructueuses qui ont dû être faites; 4° le signalement n. 1; 5° la plainte en insoumission adressée au général commandant la subdivision avant l'arrestation de l'insoumis; 6° le procès-verbal d'arrestation ou de présentation volontaire; 7° la plainte en insoumission adressée au général commandant la région de corps d'armée après arrestation ou présentation du coupable. »

91. — La loi du 15 juill. 1889 n'a ajouté sur ce point aucune exigence nouvelle à celle de 1872; toutefois, une instruction du ministre de la Guerre, du 28 déc. 1893, art. 59, a réglé le mode à suivre pour la notification des ordres de route décernés contre des jeunes soldats absents de leur domicile lorsque personne ne veut recevoir l'avis en leur lieu et place; il y est dit que l'ordre de route doit être notifié directement à la personne, ou, en cas d'absence, au maire du domicile.

92. — Dans le cas de désertion, la plainte est dressée par le chef du corps ou du détachement auquel le déserteur appartient. Sont annexés à cet acte : 1° un extrait du registre matricule du corps; 2° un état indicatif des armes et des objets qui auraient été emportés par l'inculpé; 3° l'exposé des circonstances qui ont accompagné la désertion (art. 95).

93. — Le cas de désertion est le seul dans lequel le chef de corps soit obligé de dresser et de signer la plainte, c'est-à-dire de se placer dans un des cas d'exclusion prévus à l'art. 24, C. just. milit. Dans toute autre hypothèse, il doit la transmettre sans exprimer d'avis. — V. *suprà*, n. 45, et v° *Justice maritime*, n. 210.

94. — Les actes et procès-verbaux dressés par les officiers de police judiciaire militaire sont transmis sans délai, avec les pièces et documents, au général commandant la circonscription. Les actes et procès-verbaux émanés des officiers de police ordinaire sont transmis directement au procureur de la République qui les adresse, sans délai, au général commandant la circonscription (art. 97).

95. — Une note ministérielle du 7 févr. 1879, détermine par quelle voie sont acheminées les plaintes dressées par les chefs de corps et détachements stationnés dans le ressort des gouvernements militaires de Paris et de Lyon. Ces plaintes doivent être transmises dans le plus bref délai au commandant du corps d'armée sous la juridiction duquel se trouve placé l'inculpé, par la voie hiérarchique (général de brigade, général de division), lorsque ces diverses autorités se trouvent sur le territoire de la région et, dans le cas contraire, par l'intermédiaire du général investi du commandement territorial sur les lieux mêmes où les faits se sont passés, sauf à rendre compte à qui de droit de la plainte dont le militaire a été l'objet.

96. — Le général commandant la circonscription qui remplace ici le préfet maritime est ainsi mis en possession du dossier. S'il s'agit d'un individu justiciable des tribunaux ordinaires, il transmet le dossier au procureur de la République près le tribunal du chef-lieu de la circonscription militaire; et, si l'inculpé est arrêté, il le met à la disposition de ce magistrat et en informe le ministre de la Guerre (art. 98).

97. — S'il s'agit d'un individu justiciable des tribunaux militaires, il statue, après examen du dossier, par un refus d'informer ou par un ordre d'informer. A ce sujet, l'art. 99, C. just. milit., dispose : « La poursuite des crimes et délits ne peut avoir lieu, à peine de nullité, que sur un ordre d'informer donné par le général commandant la circonscription, soit d'office, soit d'après les rapports, actes ou procès-verbaux dressés conformément aux articles précédents. L'ordre d'informer est donné par le ministre de la Guerre, si l'inculpé est colonel, officier général ou maréchal de France (art. 99) ». — V. sur l'ordre ou le refus d'informer et sur la question de savoir si l'on doit appliquer le dernier paragraphe de l'art. 99 aux assimilés, *suprà*, v° *Justice maritime*, n. 244 et s., 252.

§ 2. Information.

98. — L'ordre d'informer est adressé au commissaire du gouvernement qui doit connaître de l'affaire avec les pièces et documents à l'appui. Celui-ci le transmet au rapporteur avec toutes les pièces (art. 100). Nous entrons ici dans la seconde phase de la procédure militaire, l'information. Ici encore, les fonctions du rapporteur, qui sont celles de juge d'instruction, sont identiques à celles du rapporteur devant les conseils de guerre maritimes : il doit interroger le prévenu, faire dresser, par le greffier, procès-verbal de l'interrogatoire qu'il signe avec le greffier et le prévenu, après qu'il en a été donné lecture, entendre les témoins, décerner des commissions rogatoires, s'il y a lieu, etc. — V. *suprà*, v° *Justice maritime*, n. 260 et s.

99. — A défaut par les témoins de comparaître sur la citation du rapporteur, ceux-ci peuvent être condamnés à l'amende, à moins qu'ils ne fournissent des excuses légitimes. S'ils résident hors du lieu où se fait l'information, le rapporteur peut délivrer des commissions rogatoires aux rapporteurs, juges d'instruction ou juge de paix du lieu de leur résidence. Le rapporteur peut d'ailleurs se dispenser d'entendre ceux des témoins qui ont déjà été entendus par un officier de police judiciaire avant l'ordre d'informer. — V. *suprà*, v° *Justice maritime*, n. 266 et s.

100. — Toutes les significations sont faites par la gendarmerie (art. 183).

101. — De plus, les actes sont dressés sur papier libre et non soumis au timbre ni à l'enregistrement, ce qui a permis de réduire les frais d'acte à la somme fixe et forfaitaire de 12 fr., à laquelle ne s'ajoutent que les frais réellement faits pour expertises, témoignages, etc. Des imprimés, dûment établis, tendent à faciliter le rôle des officiers chargés de fonctions judiciaires, en leur indiquant pour chaque acte les formalités substantielles à remplir.

102. — Le rapporteur peut faire tous les actes de l'instruction et, une fois qu'il est saisi par l'ordre d'informer, il peut seul les passer, et, par exemple, seul ordonner une expertise (V. *suprà*, v° *Justice maritime*, n. 276 et s.). Ainsi un directeur du service de santé n'a pas qualité pour commettre un médecin militaire à l'effet de dresser un rapport médico-légal. Cette commission, toute hiérarchique, est judiciairement inopérante, et, par suite, impuissante à donner au rapport dont s'agit l'existence légale que la loi lui refuse. — Cons. rév. Paris, 3 févr. 1890, aff. Uny.

103. — Il y a lieu de faire remarquer dès ce moment que le Code militaire présuppose toujours l'arrestation du prévenu et ne prévoit en aucun cas sa mise en liberté provisoire avec ou sans caution. Cependant si cette liberté n'est jamais de droit, sa concession ne peut être interdite s'il plaît au magistrat instructeur et à l'autorité supérieure de l'accorder principalement à un justiciable de l'ordre civil exceptionnellement traduit devant un conseil de guerre (V. *infrà*, n. 378, une application régulière de cette mesure).

104. — La liberté provisoire doit être accordée lorsque le militaire n'est inculpé que d'une contravention, et spécialement d'i-

vresse publique. Dans ce dernier cas, la mise en liberté doit être effectuée dès que l'homme a recouvré sa raison (Circ. 22 mai 1878).

105. — Si le prévenu n'est pas arrêté, le rapporteur peut décerner contre lui un mandat de comparution ou d'amener, qu'il peut, après l'interrogatoire qu'il lui fait subir, convertir en mandat de dépôt. — V. sur les différents mandats que peut décerner le rapporteur et sur la mise au secret, *suprà*, v° *Justice maritime*, n. 280 et s.

106. — Le prévenu peut même être cité par voie de cédule, c'est-à-dire en qualité de témoin, s'il est en liberté. C'est même ainsi qu'il y a lieu de procéder à l'égard des complices contre lesquels aucune charge directe n'a encore été recueillie. Le rapporteur évite de cette façon tout scandale inutile. — Sur la façon de procéder à l'égard des complices justiciables du conseil de guerre, V. *suprà*, v° *Justice maritime*, n. 284 et 285.

107. — L'instruction terminée, le rapporteur transmet les pièces, avec son rapport et son avis, au commissaire du gouvernement, lequel les adresse immédiatement, avec ses conclusions, au général commandant la circonscription, qui prononce sur la mise en jugement. Lorsque c'est le ministre de la Guerre qui a donné l'ordre d'informer, les pièces lui sont adressées par le général commandant la circonscription, et il statue directement sur la mise en jugement (art. 108).

108. — Ici, comme nous l'avons vu pour la marine, le rapporteur et le commissaire du gouvernement n'émettent qu'un avis; le général commandant la circonscription prononce souverainement, et il ne répond de sa décision que devant le ministre de la Guerre, son supérieur hiérarchique. Il clôt donc l'instruction par une ordonnance de non-lieu ou par un ordre de mise en jugement. — V. à ce sujet *suprà*, v° *Justice maritime*, n. 288 et s.

109. — L'ordre de mise en jugement ou, suivant le cas, l'ordonnance de non-lieu est adressé au commissaire du gouvernement avec toutes les pièces de la procédure (V. *suprà*, v° *Justice maritime*, n. 288 et s.). S'il y a mise en jugement, le commissaire du gouvernement, trois jours avant la réunion du conseil de guerre, notifie cet ordre à l'accusé, en lui faisant connaître le crime ou le délit pour lequel il est mis en jugement, le texte de la loi applicable, et les noms des témoins qu'il se propose de faire citer. Il l'avertit, en outre, à peine de nullité, que, s'il ne fait pas choix d'un défenseur, il lui en sera nommé un d'office par le président (art. 109 ainsi modifié, L. 18 mai 1875). — V. *suprà*, v° *Justice maritime*, n. 316 et s.

110. — Dans une note du 19 oct. 1875, le ministre de la Guerre rappelle que, lorsque le défenseur choisi par l'accusé ne se présente pas, il suffit que le président lui en donne un d'office à l'audience, sans qu'il y ait lieu de remplir de nouveau la formalité de l'art. 109; autrement, par une collusion entre l'accusé et son défenseur, l'action de la justice pourrait être indéfiniment retardée. — Leclerc et Coupois, t. 2, p. 568. — V., au sujet des défenseurs devant les conseils de guerre, de leur communication avec l'accusé et du droit pour eux de prendre copie des pièces, *suprà*, v° *Justice maritime*, n. 323 et s.

111. — Le général commandant la circonscription, en adressant l'ordre de mise en jugement, ordonne de convoquer le conseil de guerre et fixe le jour et l'heure de sa réunion. Il en donne avis au président et au commissaire du gouvernement, qui fait les convocations nécessaires (art. 111).

§ 3. Jugement.

112. — Le conseil de guerre se réunit au jour et à l'heure fixés par l'ordre de convocation. Pour la publicité des audiences ou le huis-clos, l'interdiction du compte-rendu des débats, on applique absolument les mêmes règles que devant les conseils de guerre maritimes permanents. — V. à ce sujet *suprà*, v° *Justice maritime*, n. 331 et s.

113. — Le président a la police de l'audience. A cet effet, il peut faire expulser ceux qui troubleraient l'ordre, ou même les faire arrêter et détenir pendant quinze jours au plus. — V. *suprà*, v° *Justice maritime*, n. 335 et s.

114. — Si le trouble revêt une certaine gravité et a pour but de mettre obstacle au cours de la justice, ce n'est plus le président, c'est le conseil de guerre qui est compétent et il doit prononcer une condamnation immédiate. Il en est de même si les assistants ou les témoins commettent à l'égard des membres du conseil des voies de fait, outrages ou menaces, et ici le con-

seil est compétent que le perturbateur soit ou non militaire. —
V. *suprà*, v° *Justice maritime*, n. 338 et s.

115. — Mais à l'égard de tout autre délit ou crime commis
à l'audience le conseil de guerre juge immédiatement le coupable s'il est justiciable des tribunaux militaires : au cas contraire, il est renvoyé devant l'autorité compétente. — V. *suprà*,
v° *Justice maritime*, n. 345 et s.

116. — L'accusé assisté de son défenseur comparaît libre, et
le premier acte du président est de constater son identité. Si
l'accusé refuse de comparaître, le président le fait sommer d'o-
béir à la justice ; en cas de refus, le président peut le faire
amener de force ou décider qu'il sera passé outre aux débats.
Mais après chaque audience, le greffier lui donne lecture du
procès-verbal des débats. — V. *suprà*, v° *Justice maritime*, n.
350 et s.

117. — Si l'accusé, présent à l'audience, se livre à des ma-
nifestations propres à causer du tumulte, le président peut le
faire expulser, et le conseil peut même, pour ce seul fait, le condamner à un emprisonnement de deux ans au maximum. Si l'accusé se rend coupable de voies de fait, outrages ou menaces envers les membres du conseil, il est condamné séance tenante :
s'il est militaire ou assimilé, aux peines du Code de justice militaire, s'il est civil aux peines du Code pénal. — V. *suprà*, v°
Justice maritime, n. 357 et s.

118. — Dans tous les cas où il est prononcé une condamnation pour scandale à l'audience contre un assistant ou l'accusé, le greffier donne lecture du jugement au condamné à
l'audience et l'avertit qu'il a un délai de vingt-quatre heures
pour former un recours en révision. — V. *suprà*, v° *Justice maritime*, n. 361 et s.

119. — L'accusé doit faire valoir avant l'audition des témoins
ses moyens d'incompétence. Les jugements sur les exceptions
et les incidents sont rendus sur-le-champ à la majorité des voix,
et au cas de rejet de ces exceptions, le conseil passe au jugement sur le fond. — V. *suprà*, v° *Justice maritime*, n. 369 et s.

120. — Le président est investi d'un pouvoir discrétionnaire
pour la direction des débats. Il procède à l'interrogatoire de
l'accusé et à l'audition des témoins en suivant à cet égard les
règles édictées par le Code d'instruction criminelle. — V. *suprà*,
v° *Justice maritime*, n. 373 et s. — Pour les cas où l'assistance
d'un interprète est nécessaire, V. *suprà*, *eod. verb.*, n. 379 et s.
— Pour le cas de faux témoignage, V. *suprà*, *eod. verb.*, n. 404
et s.

121. — Les débats doivent être continués sans interruption.
Il y a lieu de remarquer la différence indiquée entre les pouvoirs
du président et ceux du conseil : pour les intervalles nécessaires
au repos des juges, des témoins et des accusés, l'autorité du
président est suffisante ; s'il s'agit de requérir ou d'attendre un
témoignage, de parer aux suites de l'arrestation d'un faux témoin, le conseil doit intervenir pour prononcer la suspension
des débats. — V. *suprà*, v° *Justice maritime*, n. 407.

122. — Il doit être dressé un procès-verbal des débats. Il a
été jugé que les procès-verbaux afférents à chaque séance
doivent être signés du président et du greffier, à peine de nullité. — Cons. rév. Paris, mai 1881, [Leclerc et Coupois, n. 2776]
— ... Que le procès-verbal des débats doit, à peine de nullité,
énoncer la profession de l'accusé avant son entrée au service.
— Cons. rév. Alger, 7 juill. 1881, [Leclerc et Coupois, n. 86]

122 bis. — Après l'interrogatoire de l'accusé et l'audition des
témoins, le commissaire du gouvernement développe ses réquisitions. Le défenseur présente la défense de l'accusé, l'organe
du ministère public peut répliquer, mais la défense doit avoir la
parole le dernier. C'est à ce moment que les débats sont clos et
que le président fait retirer l'accusé. — V. *suprà*, v° *Justice maritime*, n. 410 et s.

123. — Les juges se retirent dans la chambre du conseil ;
ils délibèrent hors la présence du commissaire du gouvernement
et du greffier, et peuvent former leur conviction d'après les pièces
écrites du procès. Le président recueille les votes en commençant par le juge le moins élevé en grade, et il vote lui-même le
dernier. — V. sur toutes ces questions *suprà*, v° *Justice maritime*, n. 417 et s.

124. — Le président pose au conseil une question principale
sur la culpabilité, et, s'il y a lieu, une question sur les circonstances aggravantes et une question sur les excuses. Il doit aussi,
si l'accusé est âgé de moins de seize ans, poser une question
sur le discernement. Ces questions ne peuvent être résolues con-

tre l'accusé qu'à la majorité de cinq voix contre deux, mais en
sa faveur, la simple majorité suffit (art. 132 et 133). — V. *suprà*, v° *Justice maritime*, n. 424 et s. — Il ne faut pas confondre
les excuses avec les circonstances exclusives de toute culpabilité, telle que la démence. Si les excuses légales doivent faire
l'objet d'une question spéciale, il en est tout autrement des autres circonstances qui sont nécessairement comprises dans la
question relative à la culpabilité. — Cons. rév. Paris, 15 févr.
1897, Laroche, [J. *Le Droit*, 8-9 mars 1897] — V. *suprà*, v°
Cour d'assises, n. 3135 et s. — Rappelons, au surplus, qu'une
question d'excuse n'est obligatoirement posée au conseil que si
l'accusé le demande. — Même décision.

125. — Pour être correctement rédigé le verdict doit comprendre, dans des questions successives et distinctes, le fait
principal caractérisé par ses éléments constitutifs et précisé par
des indications de lieu et de date. Si cette dernière constatation
n'a pu être faite d'une manière précise au cours de l'information,
la question doit impliquer l'affirmation que le délai de la prescription légale n'est pas écoulé. D'autres demandes spécifient
ensuite chacune des circonstances aggravantes, les excuses ou
le discernement. Ces diverses questions doivent être posées pour
chaque fait et pour chaque accusé, de telle manière qu'aucun
des éléments de criminalité compris dans l'ordre de mise en jugement n'échappe à l'appréciation des juges.

126. — Le président doit éviter avec le plus grand soin de
réunir plusieurs questions en une seule, ce qui les entacherait
du vice de complexité. S'il veut poser au conseil une question
subsidiaire comme résultant des débats, il doit en avertir, à peine
de nullité, l'accusation et la défense avant la clôture des débats.
— V. *suprà*, v° *Justice maritime*, n. 436 et s., 455 et s., 461 et s.

127. — Si l'accusé est déclaré coupable, le conseil de guerre
délibère sur l'application de la peine. La peine est prononcée à
la majorité de cinq voix contre deux. Si aucune peine ne réunit
cette majorité, l'avis le plus favorable sur l'application de la
peine est adopté (art. 134).

128. — Des difficultés se sont élevées sur la décision du
conseil au cas où la majorité n'est pas de cinq voix contre deux.
Nous rappellerons à ce sujet que des instructions du ministre
de la Marine, pour prévenir le résultat singulier consistant à
mettre la majorité à la merci d'une faible minorité, sans violer
les art. 134, C. just. milit. et 164, C. just. marit., recomman-
dent de procéder à plusieurs tours de scrutin, afin que les partisans de l'opinion la plus rigoureuse aient le loisir de se rallier à
l'opinion moyenne, contre les tenants de l'extrême indulgence ;
il s'ensuit qu'il se forme ainsi une majorité effective ou du moins
cinq voix suivant le vœu de la loi. On ne saurait trop recommander aux conseils de guerre ce procédé, d'ailleurs imité de
celui que prescrit. le Code de procédure devant les tribunaux
civils. — V. *suprà*, v° *Justice maritime*, n. 482. — V. aussi *suprà*, v° *Jugement et arrêt* (mat. civ. et comm.), n. 1070 et s.

129. — D'autre part, sous la date du 5 août 1876, le ministre de la Guerre a recommandé les mots « à la réunion de... »,
comme préférables à ceux de « à la majorité de ... » pour caractériser la situation dans laquelle la peine est prononcée par
quatre voix contre trois, ces dernières ayant voté une peine
plus forte. C'est donc la consécration du vote implicite que les
partisans d'une peine plus forte émettent, au cas de vote tripartite, en faveur de l'opinion moyenne contre celle des plus indul-
gents. — Leclerc et Coupois, t. 2, p. 582.

130. — Dans le cas où la loi autorise l'admission de circonstances atténuantes, si le conseil de guerre reconnaît qu'il en
existe en faveur de l'accusé, il le déclare à la majorité absolue
des voix (art. 134). — V. *suprà*, v° *Justice maritime*, n. 485 et s.

131. — En cas de conviction de plusieurs crimes ou délits,
la peine la plus forte est seule prononcée (art. 135). — V. pour
la question du cumul ou de la confusion des peines, *suprà*, v°
Justice maritime, n. 494 et s.

132. — Le jugement est prononcé par le président en séance
publique. Il aboutit à une condamnation si l'accusé est reconnu
coupable, à un acquittement dans le cas contraire, et à une absolution si le fait commis par l'accusé ne donne lieu à l'application
d'aucune peine (art. 136 et 137). — V. sur les divers effets
suprà, v° *Justice maritime*, n. 509 et s.

133. — Une circulaire du 11 mars 1858 a posé en principe
que l'action disciplinaire est indépendante de l'action judiciaire
et que, par suite, un militaire, acquitté d'une prévention, peut
être puni disciplinairement pour le même fait. — Leclerc et

Coupois, t. 2, p. 507. — V. dans le même sens *suprà*, v° *Justice maritime*, n. 513 et 514.

134. — Une tradition bien antérieure au Code militaire de 1857 autorise les membres des conseils de guerre à signer en faveur des condamnés un recours en grâce dans lequel ils font valoir certaines considérations de fait dont la précision de la loi militaire ne leur a pas permis de tenir compte. Ils agissent alors plutôt comme jurés que comme juges. Une circulaire ministérielle du 8 sept. 1842 s'exprime ainsi à cette occasion : « Si les membres d'un tribunal militaire peuvent invoquer la clémence du Chef de l'État en faveur d'un condamné, ce n'est point un droit qu'ils ont comme juges, mais une faculté dont ils peuvent user comme officiers ayant une connaissance exacte des faits et pouvant apprécier s'il doit être tenu compte des motifs ou des considérations qu'ils n'auraient pu, en qualité de magistrats, faire entrer dans le jugement de la cause ; mais ce recours ne doit rien avoir d'officiel ». — Leclerc et Coupois, t. 2, p. 470.

135. — Le décret du 10 juill. 1852 règle le mode de présentation des rapports proposant des grâces, commutations ou réductions de peines en faveur des condamnés militaires. Les rapports sont directement soumis à la signature du Chef de l'État par le ministre de la Guerre; mais ils doivent faire mention de l'avis du ministre de la Justice préalablement consulté sur la mesure proposée. — Pour les effets de la commutation survenant avant la mise à exécution de la sentence, V. *suprà*, v° *Justice maritime*, n. 1134 et s.

136. — L'entérinement des lettres de grâce a fait l'objet d'un décret du 14 juin 1813 qui règle les formalités à remplir. Cet acte est considéré comme toujours en vigueur par le département de la guerre. Le ministre de la Marine a donné aux conseils de guerre maritimes des instructions différentes, basées sur cette idée qu'il n'y a plus à proprement parler de lettres de grâce. D'ailleurs dans les deux systèmes, le condamné qui a obtenu une commutation de peine n'est jamais amené devant le conseil, contrairement à ce qui se pratique devant les tribunaux du droit commun.

137. — Le Code a énuméré les diverses mentions que doit contenir le jugement (art. 140). — Sur ces différentes mentions et notamment sur l'insertion du texte de la loi pénale appliquée, V. *suprà*, v° *Justice maritime*, n. 515 et s.

138. — Le jugement qui prononce une peine contre l'accusé le condamne aux frais envers l'État. Il ordonne en outre, s'il y a lieu, la confiscation ou la restitution des objets saisis (art. 139). — V. à cet égard, *suprà*, v° *Justice maritime*, n. 526 et s., et pour la solidarité, *suprà*, *eod. verb.*, n. 529 et 530.

139. — Un décret du 12 août 1896, ayant pour objet d'approprier aux juridictions militaires la réforme des criminels consacrée par le décret des 21 nov. 1893 et 22 juin 1895, modifiant le décret du 18 juin 1811, change sur des bases nouvelles les indemnités pouvant être allouées aux experts, témoins, etc.

140. — Une instruction du 27 août 1878 règle le mode de recouvrement de l'amende et des frais de justice mis à la charge des condamnés militaires; elle est complétée par une circulaire du 31 mars 1879. Ces actes ont peut-être dépassé la mesure du concours que le département de la guerre devait au Trésor pour le recouvrement des frais de justice militaire, car ils ont posé en principe que lesdits frais seraient imputés sur la masse générale du corps auquel appartient le condamné, ce qui a pour effet de mettre à la charge du corps les risques d'insolvabilité du débiteur. Le ministre de la Marine s'est refusé à s'engager dans cette voie et se borne à prélever la dette sur l'avoir personnel du condamné ou sur les produits de son travail en détention.

141. — Si le condamné est membre de la Légion d'honneur, décoré de la médaille militaire ou titulaire d'une médaille commémorative, sa condamnation a pour effet de lui faire perdre ces distinctions dès qu'elle comporte une peine criminelle; dans le cas contraire, le dossier est communiqué au grand chancelier de la Légion d'honneur en vue de l'action disciplinaire du conseil de l'ordre (art. 138). — V. *infrà*, v° *Légion d'honneur*, n. 222 et s.

142. — Le commissaire du gouvernement notifie le jugement à l'accusé dans une forme solennelle, et il en est dressé procès-verbal (art. 141). — V. *suprà*, v° *Justice maritime*, n. 538.

143. — Lorsqu'il résulte des débats que l'accusé peut être poursuivi pour d'autres crimes ou délits que ceux qui ont fait l'objet de l'accusation, le conseil de guerre renvoie le condamné au général qui a donné l'ordre de mise en jugement pour être procédé, s'il y a lieu, à l'instruction (art. 142). — V. à ce sujet *suprà*, v° *Justice maritime*, n. 540 et s.

§ 4. *Exécution du jugement.*

144. — Lorsque le pourvoi en cassation est interdit, le jugement est exécutoire dans les vingt-quatre heures après l'expiration du délai de recours en révision ou après la réception du jugement qui a rejeté le recours. Lorsque la voie du pourvoi en cassation est ouverte, la condamnation est exécutée dans les vingt-quatre heures après l'expiration du délai du pourvoi ou après la réception de l'arrêt de rejet (art. 145, 146, 148). — V. *suprà*, v° *Justice maritime*, n. 543 et s.

145. — Le commissaire du gouvernement requiert l'exécution du jugement et rend compte au général commandant la circonscription du jugement de rejet du conseil de révision, de l'arrêt de rejet de la Cour de cassation ou du jugement du conseil de guerre (art. 149).

146. — Les jugements des conseils de guerre sont exécutés sur les ordres du général commandant la circonscription et à la diligence du commissaire du gouvernement, en présence du greffier, dont procès-verbal. La minute de ce procès-verbal est annexée à la minute du jugement, en marge de laquelle il est fait mention de l'exécution. Dans les trois jours de l'exécution, le commissaire du gouvernement est tenu d'adresser une expédition du jugement au chef du corps dont faisait partie le condamné. Si le condamné est membre de la Légion d'honneur, décoré de la médaille militaire ou d'un ordre étranger, il est également adressé une expédition au grand chancelier. Toute expédition du jugement de condamnation fait mention de l'exécution (art. 151).

147. — Les dernières dispositions de l'art. 151 ont un caractère plutôt administratif que législatif. Ils tendent à assurer la régularité de la matricule des corps et la stricte exécution des décrets disciplinaires relatifs à la Légion d'honneur, à la médaille militaire et aux médailles commémoratives (Décr. 16 mars et 19 nov. 1852, et 13 avr. 1874).

148. — Le général commandant la circonscription peut suspendre l'exécution du jugement, à la charge d'en informer sur-le-champ le ministre de la Guerre (art. 150).

149. — Le droit de sursis est, comme le droit d'ordonner l'exécution de la sentence, inhérent à la magistrature spéciale dont est investi le commandant de la circonscription. Le sursis est obligatoire en temps de paix pour tous les conseils de guerre de France et d'Algérie lorsqu'il y a sentence capitale. Le Chef de l'État doit être mis à même d'exercer son droit de grâce par la communication du dossier complet de la procédure. Mais il est bien entendu que, dans toute autre matière, le fait de l'envoi d'un recours en grâce ne saurait faire obstacle aux pouvoirs du commandement qui reste maître de surseoir ou de passer outre. — V. *suprà*, v° *Justice maritime*, n. 552 et s.

§ 5. *Voies de recours.*

1° *Recours en révision.*

150. — Le condamné a, pour recourir en révision, un délai de vingt-quatre heures qui court à partir de l'expiration du jour où le jugement a été lu. Le recours est reçu par le greffier ou le directeur de la prison. Le condamné peut, d'ailleurs, jusqu'à la décision du conseil de révision, se désister de son recours (art. 143). — V. *suprà*, v° *Justice maritime*, n. 556 et s.

151. — Le commissaire du gouvernement peut former un recours en révision au greffe dans le même délai, mais dans certaines conditions seulement. — V. *suprà*, v° *Justice maritime*, n. 560 et 561.

2° *Pourvoi en cassation.*

152. — Le pourvoi en cassation, interdit aux militaires et assimilés et aux individus justiciables des conseils de guerre, n'est permis qu'aux individus ne rentrant dans aucune de ces catégories et pour cause d'incompétence seulement (V. *infrà*, n. 271 et s.). Le délai est de trois jours à dater de la notification de la décision du conseil de révision, et, s'il n'y a pas eu de recours devant ce conseil, à dater de l'expiration du délai fixé pour l'exercice de ce recours. Ce délai n'est pas un délai franc contrairement à ce qui a lieu devant les tribunaux criminels de droit commun. — V. pour les délais du pourvoi, *suprà*, v° *Cassation* (mat. crim.), n. 533 et s., et v° *Justice maritime*, n. 563 et s.

CHAPITRE II.

CONSEIL DE RÉVISION.

Section I.

Organisation des conseils de révision.

153. — Le Code de justice militaire dans son art. 26 créait des conseils de révision permanents dont le nombre, le siège et le ressort devaient être déterminés par décret du Chef de l'État, et un décret du 18 juill. 1857 fixait à 8 le nombre des conseils de révision permanents siégeant à Paris, Metz, Lyon, Toulouse, Rennes, Alger, Oran et Constantine. Mais ces conseils de révision furent successivement supprimés, et actuellement il n'existe plus que deux conseils de révision permanents siégeant l'un à Paris pour toute la France, l'autre à Alger pour l'Algérie et la Tunisie.

154. — Les conseils de révision sont composés d'un président, général de brigade, et de quatre juges, savoir : deux colonels ou lieutenants-colonels; deux chefs de bataillon, ou chefs d'escadron, ou majors. Il y a près chaque conseil de révision un commissaire du gouvernement. Les fonctions de commissaire du gouvernement sont remplies par un officier supérieur ou un sous-intendant militaire. Il peut être nommé un substitut du commissaire du gouvernement et un commis-greffier, si les besoins du service l'exigent (art. 27).

155. — Le tableau J, n. 2, annexé à la loi du 13 mars 1875 sur les cadres affecte, à titre permanent, à chaque conseil de révision un commissaire du gouvernement, un officier d'administration greffier et un adjudant sous-officier commis-greffier.

156. — Le président et les juges du conseil de révision sont pris parmi les officiers en activité dans la circonscription où siège le conseil, et nommés par le général commandant la circonscription. Il peuvent être remplacés tous les six mois, et même dans un délai moindre, s'ils cessent d'être employés dans la division. Un tableau est dressé pour les juges, conformément à l'art. 19, C. just. milit. Les art. 20 et 21 sont également applicables aux conseils de révision (art. 28).

157. — Les commissaires du gouvernement sont pris parmi les officiers supérieurs ou parmi les sous-intendants militaires, en activité de service ou en retraite : ils sont nommés par le ministre de la Guerre. Les substituts sont pris parmi les officiers ou parmi les membres de l'intendance militaire en activité de service; ils sont nommés par le général commandant la circonscription. Les conditions et les formes de la nomination des greffiers et commis-greffiers sont déterminées par le règlement d'administration publique prévu par l'art. 9, C. just. milit. (art. 29). — V. *suprà*, n. 11 et s.

158. — Lorsque le conseil de guerre dont le jugement est attaqué a été présidé par un général de division ou par un maréchal de France, le conseil de révision est également présidé par un général de division ou par un maréchal de France; ou, à défaut d'un maréchal, par un officier général désigné suivant les conditions déterminées par l'art. 12. Le général de brigade siège alors comme juge, et le chef de bataillon, ou le chef d'escadron, ou le major le moins ancien de grade, à égalité d'ancienneté, le moins âgé, ne prend point part au jugement de l'affaire (art. 30).

159. — Nul ne peut faire partie d'un conseil de révision s'il n'est Français ou naturalisé Français et âgé de trente ans accomplis. Les art. 23 et 24, C. just. milit., sont applicables aux membres des conseils de révision (art. 31). — V. à cet égard *suprà*, n. 43 et 44.

160. — L'art. 32 imposait aux commissaires du gouvernement près le conseil de révision pris en dehors de l'activité le même serment qu'à leurs collègues des conseils de guerre. Cette formalité a disparu en vertu du décret du 5 sept. 1870, abolissant le serment politique.

Section II.

Compétence des conseils de révision.

161. — Les jugements rendus par les conseils de guerre peuvent être attaqués par recours devant les conseils de révision (art. 71). Le droit de suspension du recours en révision inscrit à la loi du 18 mai 1875, n'est pas applicable aux conseils de guerre des circonscriptions territoriales, à moins que la localité où ils siègent ne soit une place de guerre assiégée ou investie.

162. — Les conseils de révision de Paris et d'Alger prononcent respectivement sur les recours formés contre les jugements des conseils de guerre établis dans leurs ressorts (art. 72). Mais les conseils de révision ne connaissent pas du fond des affaires (art. 73) : chargés d'assurer le maintien de la loi, ils ont un rôle analogue pour les tribunaux militaires à celui de la Cour de cassation pour les tribunaux ordinaires. — V. *suprà*, v° *Justice maritime*, n. 580 et s.

163. — Les jugements des conseils de révision sont en dernier ressort : par exception, le ministre seul peut se pourvoir contre ces décisions devant la Cour de cassation dans l'intérêt de la loi. — V. *infrà*, n. 292 et s.

164. — Les conseils de révision ne peuvent annuler les jugements que dans les cas suivants : 1° lorsque le conseil de guerre n'a pas été composé conformément aux dispositions du présent Code; 2° lorsque les règles de la compétence ont été violées; 3° lorsque la peine prononcée par la loi n'a pas été appliquée aux faits déclarés constants par le conseil de guerre, ou lorsqu'une peine a été prononcée en dehors des cas prévus par la loi; 4° lorsqu'il y a eu violation ou omission des formes prescrites à peine de nullité; 5° lorsque le conseil de guerre a omis de statuer sur une demande de l'accusé ou sur une réquisition du commissaire du gouvernement tendant à user d'une faculté ou d'un droit accordé par la loi (art. 74). — Sur ces questions, V. *suprà*, v° *Justice maritime*, n. 582 et s.

165. — Les articles édictant des nullités sont les suivants : art. 99, 109, § 2, 103, § 3, 120, 128 (à cause des art. 317, 322 et 332, C. instr. crim., qui y sont visés), 140, § 4 et 180, § 3. — Pour les conséquences à l'égard du condamné de son recours en révision, V. *suprà*, v° *Justice maritime*, n. 596 et s.

166. — Quant au commissaire du gouvernement, il peut aussi se pourvoir en révision contre les jugements du conseil de guerre, mais les conditions de son recours diffèrent selon les cas. S'il y a acquittement de l'accusé, le recours du ministère public ne peut s'exercer que dans l'intérêt de la loi, et sans que l'annulation puisse avoir aucun effet à l'encontre de l'acquitté (art. 409, C. instr. crim., auquel renvoie l'art. 444, C. just. milit.). — V. *suprà*, v° *Justice maritime*, n. 600 et s.

167. — Pour que le ministère public puisse exercer son recours au cas d'absolution, il faut que cette absolution ait été prononcée sur le fondement de la non-existence d'une loi pénale qui pourtant aurait existé. Mais la nouvelle sentence est opposable à l'accusé absous (art. 410, § 2, C. instr. crim., auquel renvoie l'art. 444, C. just. milit.). — V. *suprà*, v° *Justice maritime*, n. 607.

168. — Enfin, le commissaire du gouvernement ne peut se pourvoir en révision, s'il y a eu condamnation, que pour fausse application de la peine : tout autre moyen serait irrecevable (art. 410, § 1, C. instr. crim.). — Pour les délais et les formes du recours en révision, V. *suprà*, v° *Justice maritime*, n. 556 et s.

Section III.

Procédure devant les conseils de révision.

169. — Après la déclaration du recours, le commissaire du gouvernement près le conseil de guerre adresse sans retard au commissaire du gouvernement près le conseil de révision une expédition du jugement et de l'acte de recours, avec toutes les pièces de la procédure. Celui-ci envoie les pièces au greffe du conseil où elles restent pendant vingt-quatre heures à la disposition du défenseur de l'accusé, pour lui permettre de produire des requêtes ou mémoires en défense. À l'expiration de ce délai, le président envoie les pièces à l'un des juges du conseil désigné comme rapporteur. Le conseil de révision doit prononcer son jugement dans un délai de trois jours à dater du dépôt des pièces (art. 159-162). — V. *suprà*, v° *Justice maritime*, n. 613 et s.

170. — On suit les mêmes règles que devant le conseil de guerre pour la réunion du conseil, la publicité des séances et le droit de police du président, avec cette seule différence qu'au cas de crime ou délit commis à l'audience, le conseil de révision ne statuant jamais en fait, ne prononce pas de condamnation mais renvoie l'inculpé devant l'autorité compétente (art. 172). — V. *suprà*, n. 113 et s.

171. — Si le condamné soulève quelque exception fondée sur l'incapacité de l'un des membres du conseil pour extranéité ou défaut d'âge ou sur quelque cause de récusation, l'exception doit être proposée avant l'ouverture des débats et elle est jugée par le conseil de révision par un jugement motivé et sans recours (art. 163).

172. — A l'audience, le rapporteur expose les moyens de recours; il présente ses observations sans toutefois faire connaître son opinion. Après le rapport, le défenseur du condamné est entendu; il ne peut plaider sur le fond de l'affaire. Le commissaire du gouvernement discute les moyens présentés dans la requête ou à l'audience, ainsi que ceux qu'il croit devoir proposer d'office, et il donne ses conclusions sur lesquelles le défenseur est admis à présenter des observations (art. 164).

173. — Le commissaire du gouvernement peut proposer d'office des moyens de recours, mais le conseil de révision ne peut être saisi que dans les limites du recours du condamné ou du commissaire du gouvernement près le conseil de guerre. Si donc, le commissaire du gouvernement près le conseil de révision relève dans le jugement quelque moyen de recours qui n'ait pas été proposé, il doit le soumettre au ministre de la Guerre qui saisit la Cour de cassation pour violation de la loi. — V. *suprà*, v° *Justice maritime*, n. 630.

174. — On s'est demandé si, au cas où le condamné ne choisit pas de défenseur, il en doit être nommé un d'office par le président. La pratique est contraire en vertu d'une circulaire du ministre de la Guerre en date du 21 nov. 1857. Mais quoique la loi n'ait pas sanctionné de la nullité l'absence de cette nomination, il nous paraît préférable de faire droit à la requête de l'accusé s'il manifeste le désir d'avoir un défenseur. — V. *suprà*, v° *Justice maritime*, n. 616.

175. — Les juges se retirent dans la chambre du conseil; si les localités le permettent pas, ils font retirer l'auditoire; ils délibèrent hors de la présence du commissaire du gouvernement et du greffier. Ils statuent sans désemparer et à la majorité des voix, sur chacun des moyens proposés. Le président recueille les voix, en commençant par le grade inférieur. Toutefois, le rapporteur opine toujours le premier (art. 165).

176. — Le jugement est motivé. Il est prononcé par le président en audience publique. En cas d'annulation, il contient le texte de la loi violée ou faussement appliquée. La minute est signée par le président et le greffier (art. 165, *in fine*).

177. — Si le recours est rejeté, le commissaire du gouvernement près le conseil de révision transmet à son collègue près le conseil de guerre, le jugement de révision et les pièces, et informe du rejet le général commandant la circonscription (art. 166). Si, au contraire, le recours ayant été accueilli, le jugement est annulé, une expédition du jugement d'annulation est transmise au commissaire du gouvernement près le conseil de guerre par le commissaire du gouvernement près le conseil de révision pour être transcrite sur les registres du conseil de guerre (art. 168). Le commissaire du gouvernement près le conseil de révision transmet les pièces avec une expédition du jugement d'annulation au commissaire du gouvernement près le conseil de renvoi ou au procureur de la République près le tribunal du lieu où siège le conseil de révision si l'annulation est motivée sur l'incompétence de la juridiction militaire (art. 169). — V. sur ces questions *suprà*, v° *Justice maritime*, n. 633 et s.

178. — De ce que le conseil de révision juge en droit et non en fait, il résulte qu'il ne prononce jamais la réformation des jugements qu'il annule et qu'il doit toujours renvoyer le condamné devant un conseil de guerre qui statuera de nouveau. Il peut cependant annuler le jugement, sans renvoi, si les faits incriminés ne constituent ni crime ni délit, ou s'il y a prescription ou amnistie (Lettre min. Guerre, 17 avr. 1872).

179. — Si le conseil de révision annule le jugement pour incompétence, il prononce le renvoi devant la juridiction compétente sans désigner cette juridiction et, s'il l'annule pour

tout autre motif, il renvoie l'affaire devant le conseil de guerre de la circonscription qui n'en a pas connu, ou, à défaut d'un conseil de guerre dans la circonscription, devant celui d'une des circonscriptions voisines (art. 167). — V. *suprà*, v° *Justice maritime*, n. 638.

180. — Si l'annulation a été prononcée pour inobservation des formes, la procédure est recommencée, à partir du premier acte nul. Il est procédé à de nouveaux débats. Néanmoins, si l'annulation n'est prononcée que pour fausse application de la peine aux faits dont l'accusé a été déclaré coupable, la déclaration de la culpabilité est maintenue, et l'affaire n'est renvoyée devant le nouveau conseil de guerre que pour l'application de la peine (art. 170). — V. *suprà*, v° *Justice maritime*, n. 645 et 646.

181. — Si le jugement du conseil de renvoi est annulé, l'affaire doit être renvoyée devant un conseil de guerre qui n'en ait point connu (art. 171). Si ce second jugement est annulé pour les mêmes motifs que le premier, l'affaire est renvoyée devant un conseil de guerre d'une des circonscriptions voisines. Ce conseil, qui peut se prononcer en toute liberté sur la question de fait, doit se conformer à la décision du conseil de révision sur le point de droit. Toutefois, s'il s'agit de l'application de la peine, il doit adopter l'interprétation la plus favorable à l'accusé. Le troisième jugement ne peut plus être attaqué par les mêmes moyens, si ce n'est par la voie de cassation dans l'intérêt de la loi, aux termes des art. 441 et 442, C. instr. crim. (art. 181). — V. *suprà*, v° *Justice maritime*, n. 654 et s.

CHAPITRE III.

JURIDICTIONS AUX ARMÉES ET DANS LES COMMUNES, LES DÉPARTEMENTS ET LES PLACES DE GUERRE EN ÉTAT DE SIÈGE.

182. — Les conseils de guerre et de révision permanents ayant la plénitude de juridiction, l'organisation des juridictions militaires aux armées et dans les lieux ou places de guerre en état de siège ne répond qu'à un état de fait toujours passager, et les attributions de ces juridictions cessent avec les circonstances qui leur ont donné naissance.

183. — Lorsque des armées, corps d'armée, divisions actives ou détachements de troupes sont appelés à opérer soit sur le territoire, soit au dehors, les conseils permanents de guerre et de révision qui se trouvent déjà organisés dans les circonscriptions territoriales connaissent de toutes les affaires de la compétence des conseils de guerre et de révision aux armées, tant que ces conseils d'armée n'ont pas été créés (art. 42, ainsi modifié, L. 18 mai 1875).

184. — Lorsque les conseils de guerre ou de révision aux armées, dans les circonscriptions territoriales en état de guerre, dans les communes, départements et places de guerre en état de siège, cessent leurs fonctions, les affaires dont l'information est commencée sont portées devant les conseils de guerre des circonscriptions territoriales désignées par le ministre de la Guerre (art. 182).

Section I.

Conseils de guerre aux armées et dans les communes, les départements et les places de guerre en état de siège.

§ 1. *Organisation*.

####### 1° *Conseils de guerre aux armées*.

185. — Lorsqu'un corps d'armée est appelé, ou que plusieurs corps d'armée réunis en armée sont appelés à opérer soit sur le territoire, soit au dehors, un ou deux conseils de guerre sont établis, sur l'ordre du ministre de la Guerre, dans chaque division active, ainsi qu'au quartier général de l'armée, et, s'il y a lieu, au quartier général de chaque corps d'armée. — Si une division active ou un détachement de troupes de la force d'un bataillon au moins sont appelés à opérer isolément, un ou deux conseils de guerre peuvent également être formés dans la division et dans le détachement. — Ces conseils de guerre sont composés de cinq juges seulement, conformément au tableau ci-après, suivant le grade de l'accusé, jusqu'à celui de lieutenant-colonel inclusivement.

GRADE DE L'ACCUSÉ.	GRADE DU PRÉSIDENT.	GRADES DES JUGES.
Sous-officier, caporal ou brigadier, soldat...	Colonel ou lieutenant-colonel...	1 chef de bataillon, chef d'escadron ou major. 1 capitaine. 1 lieutenant ou sous-lieutenant. 1 sous-officier.
Sous-lieutenant......	Colonel ou lieutenant-colonel...........	1 chef de bataillon, chef d'escadron ou major. 1 capitaine. 1 lieutenant. 1 sous-lieutenant.
Lieutenant..........	Colonel ou lieutenant-colonel...........	1 chef de bataillon, chef d'escadron ou major. 1 capitaine. 2 lieutenants.
Capitaine.	Colonel............	1 lieutenant-colonel. 1 chef de bataillon, chef d'escadron ou major. 1 capitaine.
Chef de bataillon, chef d'escadron, major .	Général de brigade...	1 colonel. 1 lieutenant-colonel. 2 chefs de bataillon, chefs d'escadron ou majors.
Lieutenant-colonel....	Général de brigade...	2 colonels. 2 lieutenants-colonels.

Il y a près de chaque conseil de guerre un commissaire du gouvernement rapporteur, remplissant à la fois les fonctions de magistrat instructeur et celles du ministère public, et un greffier. — Il peut être nommé un ou plusieurs substituts du commissaire du gouvernement rapporteur et un ou plusieurs commis-greffiers (art. 33).

186. — On applique pour la composition des conseils de guerre aux armées les dispositions du Code de justice militaire pour l'organisation des conseils de guerre permanents : lorsque l'accusé est un général de division ou un maréchal de France (art. 11 et 12) ou un assimilé (art. 13), lorsqu'il y a plusieurs accusés de différents grades ou rangs (art. 14), lorsque l'accusé est un prisonnier de guerre (art. 17) ou un individu qui, exceptionnellement justiciable des conseils de guerre, n'est ni militaire ni assimilé (art. 18). On applique également les mêmes règles quant au grade que doit avoir le commissaire-rapporteur par rapport à celui de l'accusé (art. 16). — V. *suprà*, n. 24 et s.

187. — Il n'est rien changé à la composition des conseils déterminés par l'art. 10, concernant les conseils de guerre permanents, pour les autres grades, à partir de celui de colonel (art. 33, *in fine*, ainsi remplacé, L. 18 mai 1875). — V. *suprà*, n. 19.

188. — On sait que l'ancien texte du Code militaire contenait une lacune que la guerre de 1870 a révélée, et par suite de laquelle on n'avait pas prévu la création des conseils de guerre aux armées, sur le territoire où fonctionnaient déjà les conseils permanents. En d'autres termes, le législateur de 1857 n'avait pas prévu l'invasion et ses conséquences. Avec le changement introduit dans les art. 33 et s., par la loi du 18 mai 1875, les circonscriptions territoriales et les divisions actives ont leurs tribunaux distincts à partir du moment où ont été organisés les conseils de guerre aux armées. C'est ce que consacre expressément l'art. 42.

189. — Il est bon de noter que les conseils de guerre aux armées ne peuvent être créés que sur l'ordre du ministre de la Guerre et, ajoutons aussi, sur l'ordre du ministre de la Marine lorsqu'il s'agit d'une expédition coloniale ou d'une opération quelconque relevant de ce département ministériel. Les règles prévues à ce chapitre et au chapitre suivant sont en effet applicables dans ce cas en vertu de l'art. 33, C. just. marit.

190. — Nous reproduirons à propos du tableau de l'art. 33, l'observation présentée à l'occasion de l'art. 10, à savoir que, bien que la loi du 26 avr. 1892 n'ait pas textuellement fait porter sur les tableaux la modification qu'elle introduisait à l'art. 3, un deuxième sous-lieutenant pourrait légalement être appelé au lieu d'un sous-lieutenant. — Cette correction a été textuellement apportée par la loi du 9 avr. 1895 au Code de justice maritime.

191. — Le cumul des fonctions de rapporteur et de commissaire du gouvernement, déjà introduit dans le Code de justice maritime, a pour objet de hâter la marche de la procédure; il est sans inconvénient puisque le magistrat instructeur n'a pas,

comme dans le droit commun, le pouvoir juridictionnel, le commandement seul ayant le droit de statuer sur la mise en jugement.

192. — Nous avons indiqué sommairement *suprà*, n. 2, combien la loi du 18 mai 1875 nous paraissait insuffisante; mais cette observation n'a pas trait à la composition même des conseils de guerre aux armées. Si, suivant le vœu des hommes compétents, on établissait les cours martiales, elles pourraient être composées comme il est dit au présent chapitre; c'est surtout dans la procédure et plus encore dans la pénalité qu'éclate l'insuffisance du Code militaire en temps de guerre ou de mobilisation.

193. — Les membres des conseils de guerre, ainsi que les commissaires du gouvernement, rapporteurs, les substituts, les greffiers et commis-greffiers sont pris parmi les officiers et les sous officiers employés dans l'armée, le corps d'armée, la division ou le détachement près desquels ces conseils sont établis (art. 34, ainsi modifié, L. 18 mai 1875).

194. — Les membres des conseils de guerre sont nommés et remplacés, savoir : dans la division, par le général commandant la division; au quartier général de l'armée, par le général en chef; au quartier général du corps d'armée, par le général commandant le corps d'armée; dans le détachement de troupes, par le commandant de ce détachement. S'il ne se trouve pas, soit dans la division, soit dans l'armée, soit dans le corps d'armée, soit dans le détachement où se forment les conseils de guerre, un nombre suffisant d'officiers du grade requis pour leur composition, il y est suppléé en descendant dans la hiérarchie, même jusqu'au grade inférieur à celui de l'accusé, si cela est nécessaire, mais sans que plus de deux juges puissent être pris dans cette catégorie. Si, nonobstant la disposition du paragraphe précédent, il y a dans les divisions, corps d'armée et détachements, insuffisance de militaires du grade requis pour composer les conseils de guerre qui y sont attachés, il y est pourvu par le général en chef au moyen d'officiers pris dans l'armée. En cas d'impossibilité absolue, pour le général en chef, de composer le conseil de guerre du quartier général, il y est pourvu par le ministre de la Guerre, qui compose ce conseil conformément aux dispositions de l'art. 21 du présent Code, ou renvoie l'officier inculpé devant l'un des conseils de guerre permanents des circonscriptions territoriales voisines (art. 35, ainsi modifié, L. 18 mai 1875).

195. — Les facilités ouvertes par l'art. 35 doivent être entendues non pas à la lettre, mais suivant l'esprit de la loi. Ainsi, bien que le Code parle des grades inférieurs sans les désigner nous pensons qu'il convient d'interpréter ces mots comme s'il y avait « du grade immédiatement inférieur ». En d'autres termes, étant donné que, pour juger un capitaine, il faut normalement un colonel, un lieutenant-colonel, un commandant et deux capitaines, il semble que le minimum de grade des juges devrait être : un lieutenant-colonel, un commandant, un capitaine et deux lieutenants, chaque échelon ne pouvant être abaissé qu'une fois. — V. *suprà*, vº *Justice maritime*, n. 673.

196. — La dernière disposition de l'art. 35 consacre le caractère de plénitude de juridiction du conseil de guerre permanent. — V. *suprà*, n. 5.

197. — Si un maréchal de France ou un général de division ayant commandé une armée ou un corps d'armée est mis en jugement à raison d'un fait commis pendant la durée de son commandement, aucun des généraux ayant été sous ses ordres dans l'armée ou le corps d'armée ne peut faire partie du conseil de guerre (art. 36).

198. — Les dispositions du Code de justice militaire concernant les conseils de guerre permanents et relatives au remplacement des membres du conseil (art. 15), aux conditions d'âge et de nationalité requises pour faire partie d'un conseil de guerre (art. 22), aux causes de récusation ou d'exclusion (art. 23 et 24) sont applicables aux conseils de guerre aux armées (art. 37). — V. *suprà*, n. 30, 41 et s.

2º *Conseils de guerre dans les communes et les départements en état de siège et dans les places de guerre assiégées ou investies.*

199. — Lorsqu'une ou plusieurs communes, un ou plusieurs départements ont été déclarés en état de siège, les conseils de guerre permanents des circonscriptions territoriales dont font partie ces communes ou ces départements, indépendamment de leurs attributions ordinaires, statuent sur les crimes et délits dont la connaissance leur est déférée par le présent Code et par les lois sur l'état de siège. Le lieu de réunion de ces conseils peut être transféré, par décret, dans l'une de ces communes ou dans l'un de ces départements (art. 43). — V. *suprà*, v° *État de siège*.

200. — Il est établi deux conseils de guerre dans toute place de guerre assiégée ou investie. La formation de ces conseils est mise à l'ordre du jour de la place. Leurs fonctions cessent dès que l'état de siège est levé, sauf en ce qui concerne le jugement des crimes et délits dont la poursuite leur a été déférée (art. 44, ainsi modifié, L. 18 mai 1875).

201. — La loi du 18 mai 1875 a fait, pour la première fois, une distinction entre l'état de siège et l'investissement : le premier a besoin d'être proclamé par un acte du pouvoir législatif ou du gouvernement suivant les distinctions contenues dans la loi du 3 avr. 1878, et s'applique à un territoire ; le second, restreint à l'enceinte de la place, résulte du fait même qu'elle est assiégée ou investie, et cette circonstance autorise le commandant de la place à proclamer l'état de siège par un acte de sa seule autorité (L. 9 août 1849, art. 5; L. 3 avr. 1878).

202. — Les membres des conseils de guerre établis dans les places de guerre en vertu de l'article précédent sont nommés et remplacés par le gouverneur ou le commandant supérieur de la place, qui, à défaut de militaire en activité, peut les prendre parmi les officiers et les sous-officiers en non-activité, en congé ou en retraite. Dans ce cas, ils prêtent, entre les mains du commandant supérieur, le serment prescrit par l'art. 25 du présent Code. S'il ne se trouve pas dans la place un nombre suffisant d'officiers des grades exigés pour la formation des conseils, il y est suppléé par des officiers et sous-officiers des grades inférieurs les plus rapprochés (art. 45, ainsi complété, L. 18 mai 1875; Décr. 5 sept. 1870, portant abolition du serment politique). — V. *suprà*, n. 195.

203. — Les conseils de guerre établis dans les places de guerre en vertu de l'art. 44 sont composés comme les conseils de guerre aux armées. Les art. 11, 12, 13, 14, 15, 16, 17, 18, 22, 23, 24, 33 et 34, C. just. milit., leur sont applicables (art. 46, ainsi modifié, L. 18 mai 1875). — V. *suprà*, n. 24 et s.

§ 2. Compétence.

1° Conseils de guerre aux armées.

204. — Les conseils de guerre aux armées constituent tout à la fois un instrument de discipline et de protection : discipline à l'encontre de tous ceux qui appartiennent à l'armée, ou même qui la suivent en campagne pour assurer certains services accessoires ; protection contre toute personne qui menacerait la sûreté du corps d'armée et de ses opérations en se livrant à des agissements de nature à favoriser l'action de l'ennemi.

205. — Pour répondre à ce double but, les conseils de guerre aux armées saisissent non seulement les militaires de toutes armes et de tous grades, comme les conseils de guerre permanents, mais, en outre, ceux qui marchent à la suite de l'armée en vertu de permissions, et tous individus, qu'ils soient étrangers ou nationaux, auteurs ou complices de certains crimes ou délits.

206. — Sont justiciables des conseils de guerre aux armées, pour tous crimes ou délits : 1° les justiciables des conseils de guerre dans les circonscriptions territoriales en état de paix ; 2° les individus employés, à quelque titre que ce soit, dans les états-majors et dans les administrations et services qui dépendent de l'armée ; 3° les vivandiers et vivandières, cantiniers et cantinières, les blanchisseuses, les marchands, les domestiques et autres individus à la suite de l'armée en vertu de permissions (art. 62).

207. — En dehors de cette compétence générale, les conseils de guerre aux armées ont une compétence spéciale, selon que l'armée se trouve sur le territoire national ou sur le territoire ennemi. Ainsi, aux termes de l'art. 63, sont justiciables des conseils de guerre, si l'armée est sur le territoire ennemi, tous individus prévenus, soit comme auteurs, soit comme complices, d'un des crimes ou délits prévus par le titre 2 du livre 4 du présent Code (art. 204 à 266).

208. — L'art. 63, C. just. milit., qui déclare justiciables des conseils de guerre tous individus prévenus, soit comme auteurs, soit comme complices, des crimes ou délits prévus par le tit. 2, liv. 4 de ce Code, au cas où l'armée est sur le territoire ennemi, a entendu désigner par ces derniers mots le territoire étranger

occupé par les troupes françaises, même à la suite de la guerre, pour la protection des intérêts publics qui commandent cette occupation. — Cass., 19 janv. 1865, Graziani-Luca, [S. 65.1.53, P. 65.186, D. 65.1.500]; — 23 juin 1865, Mariani, [S. 65.1.428, P. 65.1089, D. 65.1.501]; — 14 déc. 1865, Tribuzio, [S. 66.1.84, P. 66.185, D. 66.1.46]; — 28 déc. 1865, Giovani, [S. 66.1.84, P. 66.185, D. 66.1.46]

209. — Et cet article s'applique, par la généralité de ses termes, aux crimes et délits commis par tout individu non-militaire, quelle que soit sa nationalité, encore bien que le Code de justice militaire ne les ait prévus tant que commis par des militaires. — Cass., 19 janv. 1865, précité.

210. — Peu importe que le conseil de guerre auquel ont été déférés des crimes ou délits de cette nature ait appliqué au prévenu les peines édictées par le Code pénal ordinaire. — Cass., 19 janv. 1865, précité ; — 23 juin 1865, précité.

211. — Et les crimes ou délits pour lesquels cet article attribue compétence aux conseils de guerre comprennent les crimes ou délits portant atteinte à la sûreté de l'armée, tels, par exemple, que le crime d'association de malfaiteurs et celui d'attaque contre les troupes françaises en réunion de plus de huit bandits armés. — Cass., 14 déc. 1865, précité ; — 28 déc. 1865, précité.

212. — Cette compétence s'étend d'ailleurs aux crimes ou délits se reliant d'une manière intime aux premiers, comme les vols commis envers des habitants par les individus faisant partie de l'association de malfaiteurs. — Mêmes arrêts.

213. — Jugé encore que les conseils de guerre de l'armée d'occupation à Rome étaient compétents pour juger tout individu prévenu de rébellion à main armée et d'association de malfaiteurs, crimes essentiellement attentatoires à la sûreté de l'armée, de séquestration de personnes, menaces de mort, ou détention d'armes et de munitions, crimes ou délits connexes aux premiers. — Cass., 11 janv. 1866, [*Bull. crim.*, n. 12]; — 31 mars 1866, Fracassa, [D. 66.5.84]

214. — ... Qu'était justiciable des conseils de guerre de l'armée française d'occupation à Rome le sujet étranger non-militaire coupable d'un crime de tentative d'assassinat sur la personne d'un soldat sous les drapeaux français. — Cass., 13 sept. 1866, Rocchi, [D. 67.5.278]; — 25 nov. 1869, [*Bull. crim.*, n. 239]

215. — ... Que les crimes commis par les habitants d'un pays étranger occupé par les troupes françaises (le Mexique) et portant atteinte à la vie de ceux qui composent l'armée d'occupation, sont, en l'absence de tout autre tribunal de répression régulièrement organisé, de la compétence des conseils de guerre français, alors même que l'accusé ne serait ni militaire, ni assimilé aux militaires, et qu'il s'agirait d'un crime (celui d'empoisonnement) non prévu par le Code de justice militaire. — Cass., 24 août 1865, Gonzalès, [S. 65.1.466, P. 65.1208, D. 65.1.501]

216. — D'autre part, aux termes de l'art. 64, sont également justiciables des conseils de guerre, lorsque l'armée se trouve sur le territoire français, en présence de l'ennemi, pour les crimes et délits commis dans l'arrondissement de cette armée : 1° les étrangers prévenus des crimes et délits prévus par l'article précédent ; 2° tous individus prévenus, comme auteurs ou complices, des crimes prévus par les art. 204, 205, 206, 207, 208, 249, 250, 251, 252, 253 et 254, C. just. milit.

217. — La compétence des différents conseils de guerre institués aux armées varie suivant le grade de l'accusé. Ainsi, les militaires, jusqu'au grade de capitaine inclusivement, et les assimilés de rangs correspondants, sont traduits devant le conseil de guerre de la division ou du détachement dont ils font partie (art. 65).

218. — C'est, au contraire, le conseil de guerre du quartier général de leur corps d'armée qui est compétent pour juger : 1° les militaires attachés au quartier général, jusqu'au grade de colonel inclusivement, et les assimilés de rangs correspondants attachés à ce quartier général ; 2° les chefs de bataillon, les chefs d'escadron et les majors, les lieutenants-colonels et les colonels, et les assimilés de rangs correspondants attachés aux divisions composant le corps d'armée (art. 66).

219. — Enfin, sont traduits devant le conseil de guerre du quartier général de l'armée : 1° les militaires et les assimilés désignés dans l'article précédent, lorsqu'il n'a pas été établi de conseil de guerre au quartier général de leur corps d'armée ; 2° les militaires et les individus attachés au quartier général de l'armée ; 3° les militaires et les individus assimilés aux militaires qui ne font partie d'aucune des divisions ou d'aucun des corps d'armée; 4° les officiers généraux et les individus de rangs correspondants employés dans l'armée. Toutefois, le général en chef peut, s'il le juge nécessaire, les mettre à la disposition du ministre de la Guerre, et, dans ce cas, ils sont traduits devant le conseil de guerre d'une des circonscriptions territoriales les plus rapprochées (art. 67).

220. — Tout individu justiciable des conseils de guerre aux armées, qui n'est ni militaire, ni assimilé aux militaires, est traduit devant l'un des conseils de guerre de l'armée les plus voisins du lieu dans lequel le crime ou le délit a été commis, ou du lieu dans lequel le prévenu a été arrêté (art. 68).

221. — Les règles de compétence établies pour les conseils de guerre aux armées sont observées dans les circonscriptions territoriales déclarées en état de guerre (art. 69; LL. 9 août 1849, 3 avr. 1878, sur l'état de siège; L écr. 4 oct. 1891, sur le service dans les places de guerre et les villes de garnison).

222. — Les individus même non-militaires ni assimilés aux militaires sont, à raison des crimes de trahison et d'espionnage commis sur un territoire déclaré en état de guerre, justiciables soit des conseils de guerre aux armées, soit des conseils de guerre de la circonscription territoriale ayant même compétence. Les condamnés sont, en pareil cas, non-recevables à se pourvoir en cassation, pour quelque cause que ce soit. — Cass., 11 oct. 1872, [*Bull. crim.*, n. 254]

2° Conseils de guerre dans les communes et les départements en état de siège et dans les places de guerre assiégées ou investies.

223. — Les conseils de guerre, dans le ressort desquels se trouvent les communes et les départements déclarés en état de siège et les places de guerre assiégées ou investies, connaissent de tous les crimes et délits commis par les justiciables des conseils de guerre aux armées, conformément aux art. 63 et 64, C. just. milit., sans préjudice de l'application de la loi du 9 août 1849 sur l'état de siège (art. 70, ainsi modifié, L. 18 mai 1875).

224. — L'état de siège d'une place de guerre ou d'un port militaire est déclaré par une loi ou par un décret, dans les circonstances prévues et sous les conditions édictées par la loi du 3 avr. 1878. Dans les places de guerre et ports militaires, la déclaration de l'état de siège peut être faite par le commandant militaire, conformément à la loi du 10 juill. 1791 et au décret du 24 déc. 1811, dans certains cas particuliers : 1° investissement de la place ou d'un poste par des troupes ennemies qui interceptent les communications du dehors en dedans et du dedans en dehors ; 2° attaque de vive force ou par surprise; 3° sédition intérieure, de nature à compromettre la sécurité de la place; 4° enfin, lorsque des rassemblements armés se sont formés dans un rayon de dix kilomètres sans autorisation. Le ministre de la Guerre est immédiatement informé (Décr. 4 oct. 1891, art. 189). — V. à cet égard *suprà*, v° *État de siège*.

225. — Le vice-amiral, commandant en chef, préfet maritime, investi des fonctions de commandant supérieur de l'état de siège, a les mêmes droits qu'un commandant de place forte pour la proclamation de l'état de siège (Même décret, art. 243).

226. — L'état de siège étant un fait préexistant à la déclaration qui le constate, la juridiction militaire substituée à la juridiction ordinaire, à raison et par suite de ces circonstances, régit d'une manière indivisible tous les faits qui s'y rattachent. La rébellion, étant au nombre des délits contre la paix publique, peut, lorsqu'elle a été commise dans un lieu soumis à l'état de siège, être déférée aux tribunaux militaires, quelle que soit la qualité des auteurs principaux et des complices. — Cass., 30 avr. 1875, Brisson, [S. 76.1.288] — Cependant, la juridiction militaire ne peut, même sous prétexte de connexité avec le crime d'infraction de ban (par le banni), connaître d'un délit de vagabondage imputé à l'individu par elle condamné à la déportation et au bannissement; cette connaissance appartient à la juridiction ordinaire. — Cass., 18 juill. 1874, Bayten, [S. 75.1.94, P. 75.188]

§ 3. *Procédure.*

227. — Tout en ayant un peu simplifié et abrégé les formes, la loi du 18 mai 1875 exige encore un délai minimum de vingt-quatre heures entre la citation à l'accusé et la réunion du conseil, circonstance qui empêche de faire suivre un fait quelconque

de la répression immédiate qui pourrait être parfois nécessaire. Cette facilité existait avec le décret du 2 oct. 1870 sur les cours martiales.

228. — La principale simplification de la procédure consiste en ce que l'information écrite est supprimée et remplacée par une instruction orale. De plus, les témoins peuvent être entendus sans citation préalable et sur simple désignation faite au début de l'audience.

229. — La procédure établie pour les conseils de guerre dans les circonscriptions territoriales en état de paix est suivie dans les conseils de guerre aux armées, dans les circonscriptions territoriales en état de guerre, dans les communes, les départements et les places de guerre en état de siège, sauf certaines modifications que nous allons étudier (art. 152).

230. — Lorsqu'un officier de police judiciaire militaire, dans les cas prévus par les art. 89 et 91, C. just. milit., doit pénétrer dans un établissement civil ou dans une habitation particulière, et qu'il ne se trouve sur les lieux aucune autorité civile chargée de l'assister, il peut passer outre, et mention en est faite dans le procès-verbal (art. 153).

231. — L'ordre d'informer est donné : par le général en chef à l'égard des inculpés justiciables du conseil de guerre du quartier général de l'armée; par le général commandant le corps d'armée à l'égard des inculpés justiciables du conseil de guerre du corps d'armée; par le général commandant la division à l'égard des inculpés justiciables du conseil de guerre de la division ; par le commandant du détachement de troupes à l'égard des inculpés justiciables du conseil de guerre formé dans le détachement; par le gouverneur ou commandant supérieur dans les places de guerre en état de siège (art. 154).

232. — L'ordre de mise en jugement et de convocation du conseil de guerre est donné par l'officier qui a ordonné l'information (art. 155).

233. — Aux armées, dans les circonscriptions territoriales en état de guerre, et dans les places de guerre assiégées ou investies, l'accusé peut être traduit directement, et sans instruction préalable, devant le conseil de guerre.

234. — La procédure est réglée comme il suit, à partir de l'ordre de mise en jugement, qu'il y ait eu ou non instruction préalable : la citation est faite à l'accusé vingt-quatre heures au moins avant la réunion du conseil; elle contient notification de l'ordre de convocation; elle indique, conformément à l'art. 109, le crime ou le délit pour lequel il est mis en jugement, le texte de la loi applicable et les noms des témoins que le commissaire-rapporteur se propose de faire entendre.

235. — Le commissaire-rapporteur désigne un défenseur d'office avant la citation. L'accusé peut en présenter un de son choix jusqu'à l'ouverture des débats; la citation doit notifier à l'accusé le nom du défenseur désigné et l'avertir qu'il peut en choisir un autre.

236. — Le défenseur peut prendre connaissance de l'affaire et de tous les documents et renseignements recueillis ; à partir du moment où la citation a été donnée, il peut communiquer avec l'accusé.

237. — Le conseil de guerre se réunit au jour indiqué et procède au jugement de l'accusé dans les formes prescrites par les art. 113 et s., C. just. milit. L'accusé a le droit, sans formalités ni citation préalable, de faire entendre à sa décharge tout témoin présent à l'audience et qu'il aura désigné au commissaire du gouvernement rapporteur, avant l'ouverture des débats.

238. — Les questions posées à l'art. 132 sont résolues, et la peine est prononcée, à la majorité de cinq voix contre deux, ou de trois voix contre deux, selon que le conseil de guerre est composé de sept juges ou seulement de cinq.

239. — Le condamné peut se pourvoir en révision dans le délai et suivant les formes prévues aux art. 143, 159 et s. du présent Code, à moins que le droit de former ce recours n'ait été suspendu par application de l'art. 71 (art. 156, ainsi modifié, L. 18 mai 1875).

240. — Le général en chef a, dans l'étendue de son commandement, toutes les attributions dévolues au ministre de la Guerre dans les circonscriptions territoriales, par les art. 99, 106, 108 et 150, C. just. milit., sauf les cas prévus par art. 209 et 210. Les mêmes pouvoirs sont accordés au gouverneur et au commandant supérieur dans les places de guerre en état de siège (art. 157).

241. — Les conseils de guerre aux armées, dans les circonscriptions territoriales en état de guerre, dans les communes, les départements et les places de guerre en état de siège, statuent, séance tenante, sur tous les crimes et délits commis à l'audience, alors même que le coupable ne serait pas leur justiciable (art. 158).

Section II.

Conseils de révision.

§ 1. Organisation.

1° Conseils de révision aux armées.

242. — Les conseils de révision sont établis par le chef militaire, comme conséquence de l'ordre donné par le ministre de la Guerre d'établir un ou plusieurs conseils de guerre aux armées. Aussi, aux termes de l'art. 38, il est établi un conseil de révision au quartier général de l'armée. Le général en chef de l'armée ou le général commandant un corps d'armée peut, en outre, selon les besoins du service, établir un conseil de révision pour une ou plusieurs divisions, pour un ou plusieurs détachements.

243. — La formation des conseils de révision devient inutile lorsque le gouvernement, usant de la faculté inscrite à l'art. 71, C. just. milit., suspend, par un décret rendu en conseil des ministres, l'exercice du recours en révision contre les jugements des conseils de guerre aux armées. Il en est de même lorsque cette décision est prise par le commandant supérieur d'une place assiégée ou investie.

244. — La composition des conseils de révision aux armées est la même que celle des conseils de révision permanents (art. 27), et elle subit les mêmes modifications que ceux-ci pour le grade du président, selon le grade du président du conseil de guerre dont le jugement est attaqué (art. 30).

245. — Les membres des conseils de révision sont pris parmi les officiers employés dans les armées, corps d'armée, divisions ou détachements près desquels ces conseils sont établis. Ils sont nommés et remplacés par les commandants de ces armées, corps d'armée, divisions ou détachements (art. 39).

246. — Le recrutement des commissaires du gouvernement, de leurs substituts, des greffiers et commis-greffiers s'opère de la même façon que pour les conseils de révision permanents (art. 29 auquel renvoie l'art. 40). — V. supra, n. 157.

247. — On applique aux membres des conseils de révision aux armées les art. 31 (conditions d'âge et de nationalité), et les art. 23 et 24 (causes d'exclusion et de récusation) (art. 40). — V. supra, n. 157.

248. — S'il ne se trouve pas, soit au quartier général, soit dans l'armée, soit dans le corps d'armée, soit dans la division, soit dans le détachement où se forme le conseil de révision, un nombre suffisant d'officiers du grade requis, le conseil est composé de trois juges, lesquels peuvent être pris, savoir : le président, parmi les colonels ou les lieutenants-colonels; les deux juges, parmi les chefs de bataillon, les chefs d'escadron ou les majors. Les fonctions de commissaire du gouvernement peuvent être remplies par un capitaine ou un adjoint de l'intendance militaire. Dans tous les cas, le président du conseil de révision doit être d'un grade au moins égal à celui de l'accusé (art. 41).

249. — Foucher exprime l'avis qu'avant de recourir à cette formation simplifiée, l'autorité à laquelle appartient la nomination des membres du conseil doit préalablement constater, par une décision spéciale, l'impossibilité de former le conseil à cinq juges.

250. — Cette opinion était justifiée sous l'empire du Code de 1857; mais nous croyons qu'elle l'est moins avec les modifications introduites par la loi du 18 mai 1875. Dans l'esprit des simplifications que cette loi a voulu réaliser, il semble que le conseil de révision à trois juges doive devenir le rouage normal. C'est d'ailleurs ce qu'a pensé, depuis, le législateur qui, en étendant aux conseils de guerre à bord la diminution à cinq du nombre de leurs juges, a rendu définitive la réduction, jusque-là facultative, de cinq à trois, des membres du conseil de révision à bord (L. 9 avr. 1895). — V. supra, v° Justice maritime, n. 744.

2° Conseils de révision dans les communes et les départements en état de siège et dans les places de guerre assiégées ou investies.

251. — Lorsqu'une ou plusieurs communes, un ou plusieurs départements ont été déclarés en état de siège, chaque conseil de révision permanent connaît des recours formés contre tous les jugements des conseils de guerre placés dans sa circonscription. Le siège du conseil de révision peut être transféré, par décret, dans l'une de ces communes ou dans l'un de ces départements (art. 47).

252. — Il est établi un conseil de révision dans toute place de guerre assiégée ou investie. Les membres de ce conseil sont nommés et remplacés par le gouverneur ou le commandant supérieur de la place. Ils sont pris dans les catégories indiquées dans l'art. 45, C. just. milit. En cas d'insuffisance, le conseil est réduit à trois juges, conformément à l'art. 41 (art. 48, ainsi modifié, L. 18 mai 1875).

253. — La composition des conseils de révision siégeant dans les places de guerre est la même que celle des conseils de révision permanents (art. 27 et 30). Les conditions d'âge et de nationalité requises des juges sont les mêmes (art. 31).

254. — S'il existe déjà, dans la place de guerre assiégée ou investie, des conseils de guerre ou de révision, l'organisation en est modifiée et complétée, s'il y a lieu, conformément aux dispositions des deux chapitres précédents (art. 50, ainsi modifié, L. 18 mai 1875).

§ 2. Compétence.

255. — Les jugements rendus par les conseils de guerre aux armées et par les conseils de guerre dans les places de guerre ou dans les communes et départements en état de siège, peuvent être attaqués par recours devant les conseils de révision. Ces conseils de révision ont la même compétence que les conseils de révision permanents (art. 71). — V. supra, n. 161 et s.

256. — La faculté, pour les condamnés, de former un recours en révision contre les jugements des conseils de guerre établis conformément au § 3, art. 33, peut être temporairement suspendue aux armées par un décret du Chef de l'Etat, rendu en conseil des ministres. Le commandant supérieur d'une place assiégée ou investie a toujours le droit d'ordonner cette suspension.

257. — Dans tous les cas, lorsque cette mesure est prise, elle est portée à la connaissance des troupes par la voie de l'ordre, et, au besoin, à la connaissance de la population par voie d'affiches. Elle n'a d'effet qu'à l'égard des condamnés jugés pour des crimes ou délits commis après cette publication, et les condamnations, soit à la peine de mort, soit à toute autre peine infamante, ne sont exécutées que sur un ordre signé de l'officier qui a ordonné la mise en jugement (art. 71 augmenté, L. 18 mai 1875).

258. — La suspension du recours en révision a été prononcée, sur la proposition du ministre de la Guerre, par décret du 9 sept. 1885 pour l'expédition du Tonkin, et par décret du 12 févr. 1895 pour celle de Madagascar. Le département de la Marine n'a pas cru devoir user de cette faculté pour les expéditions dont il a eu la direction : Tonkin 1884, Madagascar 1885, et Dahomey 1892. Un décret du 16 janv. 1897 a cependant suspendu le recours en révision contre les jugements des conseils de guerre maritimes dans la partie de l'île de Madagascar déclarée en état de siège.

§ 3. Procédure.

259. — La procédure devant les conseils de révision aux armées ou devant les conseils de révision siégeant dans les places de guerre assiégées ou investies est la même que celle en usage devant les conseils de révision permanents. — V. supra, n. 169 et s.

CHAPITRE IV.

PRÉVÔTÉS.

260. — Les prévôtés constituent un tribunal militaire à procédure très-sommaire et à compétence limitée, n'ayant pas de siège proprement dit, mais statuant sur le lieu même où elles trouvent un coupable. C'est pourquoi V. Foucher, les appelle une juridiction *de pied levé*.

261. — Leur direction est confiée aux officiers de gendarmerie et leur rôle consiste plus particulièrement à faire la police sur les derrières de l'armée : ramasser les traînards dans les marches ; contenir les irréguliers et les pillards qui suivent l'armée ; ramener à l'ennemi ceux qui tenteraient de fuir ; enfin, surveiller les individus quelconques réquisitionnés pour le service de l'armée, telle est la multiple et très-utile mission qui incombe au grand prévôt et pour l'accomplissement de laquelle le Code militaire l'investit du pouvoir de juger certaines infractions.

262. — Lorsqu'une armée est sur le territoire étranger, les grands prévôts et les prévôts, indépendamment des attributions de police qui leur sont déférées par les règlements militaires, exercent une juridiction dont les limites et les règles sont déterminées par le Code militaire (art. 51).

263. — Le grand prévôt exerce sa juridiction, soit par lui-même, soit par les prévôts, sur tout le territoire occupé par l'armée et sur les flancs et les derrières de l'armée. Chaque prévôt exerce sa juridiction dans la division ou le détachement auquel il appartient, ainsi que sur les flancs et les derrières de cette division ou de ce détachement. Le grand prévôt, ainsi que les prévôts, jugent seuls, assistés d'un greffier, qu'ils choisissent parmi les sous-officiers et brigadiers de gendarmerie (art. 52).

264. — Les prévôtés ont juridiction : 1° sur les vivandiers, vivandières, cantiniers, cantinières, blanchisseuses, marchands, domestiques et toutes personnes à la suite de l'armée en vertu de permission ; 2° sur les vagabonds et gens sans aveu ; 3° sur les prisonniers de guerre qui ne sont pas officiers (art. 75, § 1).

265. — Elles connaissent, à l'égard des individus ci-dessus désignés dans l'étendue de leur ressort : 1° des infractions prévues par l'art. 271, C. just. milit. ; 2° de toute infraction dont la peine ne peut excéder six mois d'emprisonnement et 200 fr. d'amende, ou l'une de ces peines ; 3° des demandes en dommages-intérêts qui n'excèdent pas 150 fr., lorsqu'elles se rattachent à une infraction de leur compétence (art. 75, § 2).

266. — Les décisions des prévôtés ne sont susceptibles d'aucun recours (art. 75, *in fine*).

267. — Les prévôtés sont saisies par le renvoi que leur fait l'autorité militaire ou par la plainte de la partie lésée. Dans le cas de flagrant délit, ou même en cas d'urgence, elles peuvent procéder d'office (art. 173).

268. — Il s'agit ici d'un simple renvoi et non d'un ordre d'informer ou de mise en jugement ; par suite, ce renvoi peut émaner de toute autorité militaire, par exemple, d'un chef de corps ; il peut même faire défaut, puisque l'art. 173 prévoit l'action sur plainte de la partie lésée ou même d'office. C'est même sous ces deux dernières formes que se rencontre le plus souvent l'action des prévôtés.

269. — Les prévenus sont amenés devant la prévôté, qui juge publiquement. La partie plaignante expose sa demande. Les témoins prêtent serment. Les prévenus présentent leur défense. Le jugement est motivé ; il est signé par le prévôt et par le greffier ; il est exécutoire sur minute (art. 174).

270. — Il n'y a pas de procédure par défaut, puisque le prévenu doit être amené. D'ailleurs, la procédure consiste en une instruction orale faite publiquement à une seule séance tenante. Le juge est unique ; il est assisté d'un greffier, et statue n'importe où il se trouve, fût-ce en plein champ. La compétence spéciale des prévôtés explique la latitude qui leur est laissée et l'absence de toute entrave dans la manière dont elles peuvent rendre leur justice sommaire.

CHAPITRE V.

POUVOIRS DE LA COUR DE CASSATION.

§ 1. *Qui peut se pourvoir en cassation.*

271. — Ainsi qu'on l'a vu plus haut, les conseils de révision jouent, en matière militaire, le rôle de Cour de cassation ; aussi, le recours devant cette haute juridiction est-il interdit à tous ceux qui sont normalement justiciables des conseils de guerre. La législation n'a pas varié sur ce point depuis que la loi du

18 vend. an VI créa les conseils de révision. C'est aussi ce qui résulte de la loi du 27 pluv. an VIII sur l'organisation des tribunaux ordinaires, dont l'art. 77 est ainsi conçu : « Il n'y a point d'ouverture en cassation contre les jugements des tribunaux militaires de terre et de mer, si ce n'est pareillement pour cause d'incompétence ou d'excès de pouvoir proposée par un citoyen non-militaire, ni assimilé aux militaires par les lois, à raison de ses fonctions. »

272. — Toutefois, les nécessités du service ont conduit à étendre le même régime non seulement aux militaires et assimilés, mais aux justiciables des conseils de guerre aux armées, et même à tous individus enfermés dans une place de guerre en état de siège. La loi du 18 mai 1875 est même allée plus loin en interdisant tout pourvoi en temps de guerre, lorsque le recours en révision a été suspendu par application de l'art. 71.

273. — « Aux armées, un pourvoi devant la Cour de cassation ne saurait jamais être admis, car il est nécessaire de frapper les esprits par des punitions rapides et exemplaires. S'il en était autrement, les militaires condamnés se feraient un jeu de ces pourvois, qui, devenant bientôt la règle commune, paralyseraient toute répression. Et qu'on le remarque bien, l'esprit de l'art. 80 est que ce pourvoi ne puisse exister, ni en droit, ni en fait, et que, s'il venait à se formuler, il soit passé outre sans en tenir compte. Tel est le texte précis de l'art. 145 du livre de la procédure qui sert de commentaire à celui-ci et qui prescrit l'exécution dans les vingt-quatre heures, si le recours en révision est rejeté » (Exposé des motifs). — Tripier, n. 181.

274. — D'un autre côté, ceux-là mêmes qui sont légalement recevables à se pourvoir en cassation ne peuvent, devant la Cour suprême, invoquer qu'un seul moyen : l'incompétence. Ni l'excès de pouvoir, ni la violation de la loi, ni la fausse application de la peine ne sont valablement allégués. En somme, la loi militaire pose en principe que les juridictions qu'elle institue se suffisent à elles-mêmes ; leurs sentences sont irrévocables, à moins qu'un individu n'ayant pas été, par situation, leur justiciable, ne prouve qu'elles ont incompétemment statué à leur égard.

275. — Aux termes de l'art. 80 : « ne peuvent, en aucun cas, se pourvoir en cassation contre les jugements des conseils de guerre et des conseils de révision : 1° les militaires, les assimilés aux militaires et tous autres individus désignés dans les art. 53, 56 et 57 ci-dessus ; 2° les individus soumis, à raison de leur position, aux lois et règlements militaires ; 3° les justiciables des conseils de guerre dans les cas prévus par les art. 62, 63 et 64 ci-dessus ; 4° tous individus enfermés dans une place de guerre en état de siège. »

276. — Pour ce qui concerne l'interprétation du n. 1 de l'art. 80, qui refuse le pourvoi en cassation aux militaires et assimilés nous ne pouvons que renvoyer aux développements que nous avons donnés pour l'explication de l'art. 110, disposition correspondante du Code de justice maritime. — V. *suprà*, v° *Justice maritime*, n. 947 et s.

277. — Jugé à cet égard que, le renvoi fait par l'art. 80 aux art. 53 à 57 comprenant les engagés volontaires entrés au service depuis leur arrivée au corps, l'engagé volontaire condamné pour désertion par un conseil de guerre est non-recevable à se pourvoir en cassation, alors surtout qu'il n'a, devant la juridiction militaire, ni contesté sa qualité de militaire, ni soulevé l'exception de nullité de son engagement. — Cass., 14 mars 1873, [*Bull. crim.*, n. 68]

278. — Au contraire, les engagés volontaires qui, n'étant pas encore réunis en détachement ou n'ayant pas rejoint leur corps, sont poursuivis pour insoumission ne sont pas compris dans l'énumération des art. 55 à 57 (ils sont visés par l'art. 58). Jugé à cet égard que l'art. 80 ne s'applique pas aux engagés volontaires relativement aux décisions de la juridiction militaire rendue contre eux sur des poursuites pour insoumission : ces décisions peuvent être de la part de ceux-ci l'objet d'un pourvoi en cassation pour incompétence, par application de l'art. 81 du Code précité. — Cass., 21 juin 1860, Rosé, [S. 60.1.922, P. 61. 300, D. 60.1.418]

279. — Jugé encore que le militaire mis en congé renouvelable, n'ayant pas cessé d'appartenir à l'armée, est non-recevable à se pourvoir en cassation contre le jugement d'un conseil de guerre, quoique ce conseil ne soit compétent à son égard que par suite de l'état de siège. — Cass., 26 janv. 1872, [*Bull. crim.*, n. 24]

280. — Quant au n. 2 de l'art. 80, qui parle des « individus soumis, à raison de leur position, aux lois et règlements militaires » il résulte de l'Exposé des motifs que cette disposition avait en vue les transportés et déportés de Cayenne et d'Algérie que la législation de l'époque assujettissait à la compétence des conseils de guerre. Les transportés sont aujourd'hui soumis à la juridiction des tribunaux maritimes spéciaux (Décr. 4 oct. 1889) et les condamnés politiques n'existent plus en Algérie. Quant aux déportés ils seraient éventuellement sous le coup des conseils de guerre des colonies (L. 25 mars 1873, art. 2). — V. *suprà*, vᵒ *Justice maritime*, n. 959.

281. — On pourrait se demander si le 2ᵒ de l'art. 80 ne visait pas les indigènes des territoires militaires de l'Algérie ; mais un arrêt de cassation du 5 avr. 1860, Abdallah, [S. 60.1.825, P. 61.465, D. 60.1.247], décidant que ces condamnés ne pouvaient se pourvoir en cassation, a spécifié que cette interdiction résultait pour eux, non de l'art. 80, C. just. milit., mais bien de l'art. 42, Ord. 26 sept. 1842, sur l'administration de la justice en Algérie. — Cass., 19 juin 1879, [*Bull. crim.*, n. 122] ; — 26 juin 1879, [*Ibid.*, n. 129] ; — 27 nov. 1879, [*Ibid.*, n. 210] — V. aussi *suprà*, vᵒ *Algérie*, n. 1550. — Cette interprétation tend à rendre sans objet le paragraphe dont il s'agit.

282. — Le n. 3 de l'art. 80 vise certains individus justiciables des conseils de guerre aux armées, soit à raison de leur emploi ou de leur qualité, soit à raison de ce que l'armée est sur le territoire ennemi, ou sur le territoire français en présence de l'ennemi. — V. à ce sujet *suprà*, n. 205 et s.

283. — Enfin au sujet de l'application du n. 4 de l'art. 80, il a été jugé que la ville de Paris, bien que fortifiée, n'ayant pas été déclarée place de guerre, les individus de l'ordre civil qui y étaient renfermés en 1870 ont pu légalement, malgré l'état de siège, se pourvoir en cassation. — Cass., 2 sept. 1870, Cahen et consorts, [S. 71.1.249, P. 71.765, D. 71.1.76]

284. — Les accusés ou condamnés qui ne sont pas compris dans les désignations de l'art. 80 peuvent attaquer les jugements des conseils de guerre et des conseils de révision devant la Cour de cassation, mais pour cause d'incompétence seulement (art. 81, § 1). — V. à ce sujet *suprà*, vᵒ *Justice maritime*, n. 973 et s.

285. — Le ministère public ne pouvant invoquer l'art. 81, il faut lui refuser le droit de se pourvoir en cassation, même pour incompétence. — V. *suprà*, vᵒ *Justice maritime*, n. 980.

§ 2. *Procédure.*

286. — Le pourvoi en cassation est reçu par le greffier ou par le directeur de l'établissement où est détenu le condamné (art. 147, *in fine*).

287. — L'exécution a lieu, alors même que le condamné aurait formé un pourvoi en cassation, pourvu que co-condamné appartienne aux catégories d'individus auxquels le pourvoi en cassation est interdit. Cependant la Cour de cassation étant seule juge de la recevabilité du pourvoi, ce pourvoi doit toujours être transmis, lorsqu'il est formé, au greffe de la cour. — V. *suprà*, vᵒ *Justice maritime*, n. 991 et s.

288. — Le pourvoi en cassation ne peut être formé avant qu'il ait été statué sur le recours en révision ou avant l'expiration du délai fixé pour l'exercice de ce recours (art. 81, *in fine*). Le second paragraphe de l'art. 81 a motivé un certain nombre de rejets de pourvois par la Cour de cassation. Il y a nullité formelle du pourvoi formé avant que le condamné n'ait fait statuer par le conseil de révision ou avant que l'expiration du délai de vingt-quatre heures ne l'ait mis dans l'impossibilité légale de former son recours. — V. *suprà*, vᵒ *Justice maritime*, n. 995 et s.

289. — Les pourvois en cassation contre les jugements des conseils de guerre sont absolument interdits en temps de guerre, pour tous les condamnés sans exception, lorsque le recours en révision a été suspendu comme il est dit au § 2 de l'art. 71 (addition, L. 18 mai 1875).

290. — Cette dernière disposition n'a guère ajouté au texte antérieur. Nous ne pensons pas en effet qu'elle puisse signifier que le pourvoi en cassation serait interdit aux individus de l'ordre civil traduits devant un conseil de guerre permanent. Elle ne peut s'appliquer évidemment qu'aux jugements à l'occasion desquels le recours en révision a été interdit, c'est-à-dire, aux conseils de guerre aux armées. Or, les n. 3 et 4 de l'art. 80 privaient déjà presque tous les condamnés de cette catégorie

du droit de pourvoi en cassation, qui ne pouvait être exercé utilement que dans des cas exceptionnels. Nous croyons que le législateur a surtout eu pour but, en ajoutant ce § 3 à l'art. 81, de délivrer de tout scrupule l'autorité supérieure, qui pourra passer outre à l'exécution, sans même avoir à rechercher si le condamné rentre ou ne rentre pas dans telle ou telle catégorie. — V. *suprà*, vᵒ *Justice maritime*, n. 990 et s.

291. — Quant à la procédure devant la Cour de cassation, les délais du pourvoi, la consignation de l'amende, le jugement du pourvoi, les effets de la cassation, V. *suprà*, vⁱˢ *Cassation* (mat. crim.), et *Justice maritime*, n. 552 et s., 990 et s.

§ 3. *Pourvoi dans l'intérêt de la loi.*

292. — L'art. 82 déclare applicables devant les juridictions militaires les art. 441 et 442, C. instr. crim., relatifs au pourvoi du procureur général dans l'intérêt de la loi, soit d'office du Garde des sceaux, soit de son initiative personnelle. — V. *suprà*, vᵒ *Justice maritime*, n. 1001 et s.

293. — Les ministres de la Guerre ont dû, comme leurs collègues de la Marine, recourir fréquemment à l'autorité du Garde des sceaux pour obtenir qu'il fût introduit des pourvois dans l'intérêt de la loi, en conformité de l'art. 441, C. instr. crim. Cette procédure était nécessaire pour asseoir sur des bases suffisantes la jurisprudence militaire, puisque les intéressés n'avaient pas les moyens légaux de saisir la Cour suprême des difficultés nées de cette législation spéciale.

294. — Quant à l'art. 442, concernant le pourvoi formé d'office par le procureur général près la Cour de cassation, il est sans application pratique en matière militaire. — V. *suprà*, vᵒ *Justice maritime*, n. 1013.

§ 4. *Révision, suspicion légitime, règlement de juges.*

295. — Les art. 443 à 447, C. instr. crim., auxquels renvoie l'art. 88, concernant la révision des procès criminels, ont été successivement remaniés par les lois des 29 juin 1867 et 8 juin 1895. — V. *infrà*, vᵒ *Révision*.

296. — L'art. 542, C. instr. crim., applicable aux juridictions militaires, a trait au renvoi pour cause de suspicion légitime. Nous en avons cité un exemple, *suprà*, vᵒ *Justice maritime*, n. 1016, survenu à l'occasion d'une poursuite devant un tribunal maritime. Toutefois, en ne visant que le § 1 de l'art. 542, le Code de 1858 exclut formellement les parties du droit de requérir ledit renvoi, qui ne peut ainsi, devant les conseils de guerre, résulter que de l'initiative de l'autorité supérieure. — V. *infrà*, vᵒ *Suspicion légitime*.

297. — Enfin, l'art. 527, C. instr. crim., a trait aux règlements de juges qui se présentent parfois, notamment lorsque des soldats en état d'absence illégale commettent des crimes ou des délits à l'occasion desquels la compétence tient à des faits qui peuvent échapper à certains tribunaux. — V. *infrà*, vᵒ *Règlement de juges*.

CHAPITRE VI.

CONFLITS DE COMPÉTENCE. COMPLICITÉ.

298. — Lorsque la poursuite d'un crime, d'un délit ou d'une contravention, comprend des individus non justiciables des tribunaux militaires et des militaires ou autres individus justiciables de ces tribunaux, porte l'art. 76, tous les prévenus indistinctement sont traduits devant les tribunaux ordinaires, sauf les cas exceptés par l'article suivant ou par toute autre disposition expresse de la loi. — V. pour l'application de ce principe, *suprà*, vᵒ *Justice maritime*, n. 1020 et s.

299. — Pour les crimes et délits de droit commun, si l'on peut considérer les faits incriminés comme des délits distincts, il y a lieu à la disjonction des procédures et l'on poursuit séparément le militaire devant les tribunaux militaires, le non-militaire devant les tribunaux ordinaires. — V. *suprà*, vᵒ *Justice maritime*, n. 1025 et s.

300. — Si la disjonction de procédure est impossible à raison de ce que l'on ne peut considérer les inculpés comme auteurs de délits distincts, le non-militaire apparaissant le complice du militaire, les deux prévenus doivent être renvoyés devant la juridiction de droit commun par application de l'art. 76, C. just. milit.

301. — Mais l'application de l'art. 76 n'a pas lieu, si la disjonction de procédure s'est produite, parce que l'un des inculpés a été jugé séparément ou a bénéficié d'une ordonnance de non-lieu. Aussi, la Cour de cassation a-t-elle fréquemment décidé que le militaire doit être renvoyé devant la juridiction militaire, si une ordonnance de non-lieu a été rendu en faveur du non-militaire ou si celui-ci a été condamné ou acquitté par un jugement définitif. De même, si les tribunaux militaires ont, quoique à tort, jugé les prévenus militaires, les tribunaux ordinaires doivent statuer séparément à l'égard des non-militaires. Bien plus, les tribunaux de droit commun ne pourraient, sans violer la chose jugée, en considérant la décision de l'autorité militaire comme émanant d'une juridiction incompétente, statuer à l'égard des prévenus militaires en même temps qu'à l'égard des prévenus civils. — V. *suprà*, v° *Justice maritime*, n. 1006, 1036 et s.

302. — Quant aux délits militaires, il y a lieu, d'après le Code, de faire une distinction : dans certains cas, les non-militaires sont, à raison des circonstances, traduits devant les juridictions militaires; ainsi en est-il dans les corps expéditionnaires. Dans d'autres cas, le complice est considéré comme auteur d'un délit distinct justiciable des tribunaux correctionnels : c'est ce que décident l'art. 242, qui a considéré la complicité de désertion comme un délit spécial, celui de provocation à la désertion, et l'art. 247 qui a considéré la complicité de vente d'effets comme constituant le délit d'achat d'effets militaires.

303. — L'art. 77 admet la compétence exclusive des tribunaux militaires à l'égard des prévenus : 1° lorsqu'ils sont tous militaires ou assimilés aux militaires, alors même qu'un ou plusieurs d'entre eux ne seraient pas justiciables de ces tribunaux, en raison de leur position au moment du crime ou du délit; 2° s'il s'agit de crimes ou délits commis par des justiciables des conseils de guerre et par des étrangers; 3° s'il s'agit de crimes ou délits commis aux armées en pays étranger; 4° s'il s'agit de crimes ou de délits commis à l'armée sur le territoire français, en présence de l'ennemi. — V. pour les militaires en permission ou en congé, *suprà*, v° *Justice maritime*, n. 138 et s.

304. — Lorsqu'un crime ou un délit a été commis de complicité par des individus justiciables des tribunaux de l'armée de terre, et par des individus justiciables des tribunaux de la marine, la connaissance en est attribuée aux juridictions maritimes, si le fait a été commis sur les vaisseaux et autres navires de l'État ou dans l'enceinte des ports militaires, arsenaux ou autres établissements maritimes (art. 78).

305. — Les conseils de guerre et de justice siégeant à bord des bâtiments de l'État et les tribunaux maritimes peuvent être chargés de la protection et de la police des arsenaux, exercent les uns et les autres une compétence *ratione loci* qui saisit toute personne, qu'elle appartienne à la marine ou à l'armée ou qu'elle soit de l'ordre civil. C'est à cette situation spéciale que se réfère l'art. 78. — V. *suprà*, v° *Justice maritime*, n. 684 et s., 767 et s., 842 et s.

306. — Si le crime ou le délit a été commis en tous autres lieux que ceux qui sont indiqués dans l'article précédent, les tribunaux de l'armée de terre sont seuls compétents. Il en est de même, si les vaisseaux, ports, arsenaux ou autres établissements maritimes où le fait a été commis se trouvent dans une circonscription en état de siège (art. 79).

307. — Cette dernière disposition de l'art. 79 se référait à l'état de choses qui existait en 1858. Mais, depuis 1870 et surtout depuis 1875, les préfets maritimes ont été investis par divers actes du commandement supérieur de l'état de siège dans l'étendue de leurs circonscriptions. C'est donc à ces officiers généraux, auxquels l'art. 243, Décr. 4 oct. 1891, sur le service dans les places de guerre, confie le commandement supérieur de l'état de siège dans l'étendue de leur circonscription, qu'appartiendrait, le cas échéant, le pouvoir juridictionnel avec toutes ses conséquences, et ce sont les conseils de guerre maritimes permanents qui fonctionneraient comme juridictions d'état de siège. C'est ce qui s'est produit pendant la guerre de 1870-71 en vertu du décret des 13-17 août 1870. — V. Déc. min. 20 avr. 1875; Décr. 17 févr. 1894, sur la défense des côtes; Décr. 4 oct. 1891, sur le service des places de guerre (art. 243).

308. — Les militaires ou assimilés appartenant à l'armée de terre sont justiciables des tribunaux maritimes lorsqu'ils sont détachés au service de la marine. — V. *suprà*, v° *Justice maritime*, n. 1057.

309. — Lorsqu'un justiciable des conseils de guerre est poursuivi en même temps pour un crime ou un délit de la compétence des conseils de guerre, et pour un autre crime ou délit de la compétence des tribunaux ordinaires, il est traduit d'abord devant le tribunal auquel appartient la connaissance du fait emportant la peine la plus grave, et renvoyé ensuite, s'il y a lieu, pour l'autre fait, devant le tribunal compétent. En cas de double condamnation, la peine la plus forte est seule subie. Si les deux crimes ou délits emportent la même peine, le prévenu est d'abord jugé pour le fait de la compétence des tribunaux militaires (art. 60). — V. sur la question de savoir s'il y a nullité lorsque l'ordre dans lequel la juridiction ordinaire et la juridiction militaire devaient être saisies n'a pas été observé, *suprà*, v° *Justice maritime*, n. 1064.

310. — Nous avons vu *suprà*, n. 48, qu'aux termes de l'art. 273, C. just. milit., « ne sont pas soumises à la juridiction des conseils de guerre les infractions commises par des militaires aux lois sur la chasse, la pêche, les douanes, les contributions indirectes, les octrois, les forêts et la grande voirie » (V. *suprà*, v° *Justice maritime*, n. 1067). Ici, les juridictions militaires sont dessaisies, qu'il s'agisse de délits ou de contraventions. On ne doit pas oublier non plus qu'en vertu de textes locaux, les conseils de guerre, statuant en territoire militaire d'Algérie, peuvent être saisis, à l'encontre des indigènes, de la répression des contraventions et délits de douanes; ils ont alors à statuer sur les réparations civiles. — V. *suprà*, v° *Algérie*, n. 1532 et s.

311. — Par exception, et bien que ces poursuites exigent une plainte de la partie lésée ou d'une administration publique, les tribunaux militaires restent compétents en matière de contrefaçon, adultère, postes, petite voirie, etc. — V. *suprà*, v° *Justice maritime*, n. 1069.

CHAPITRE VII.

CONTUMACE ET DÉFAUT.

§ 1. *Procédure.*

312. — La procédure de la contumace et celle du défaut ont été empruntées au Code d'instruction criminelle, sauf adaptation aux juridictions militaires. Toutefois, depuis la loi du 27 juin 1866, un condamné est toujours recevable, en matière correctionnelle, à former opposition, tant que la condamnation n'a pas commencé à être exécutée contre lui, tandis que, devant les conseils de guerre, la sentence peut devenir définitive par la simple notification suivie de l'expiration d'un très-court délai de cinq jours. — V. *suprà*, v° *Justice maritime*, n. 1089 et 1090.

313. — Au cas de crime, si l'accusé n'a pu être saisi ou s'il s'est évadé, le président du conseil de guerre rend une ordonnance indiquant le crime pour lequel l'accusé est poursuivi, et portant qu'il sera tenu de se présenter dans un délai de dix jours. Cette ordonnance est mise à l'ordre du jour (art. 175). — V. *suprà*, v° *Justice maritime*, n. 1072 et s.

314. — Après l'expiration du délai de dix jours à partir de la mise à l'ordre du jour de l'ordonnance du président, il est procédé sur l'ordre du général commandant la circonscription au jugement par contumace (art. 176, § 1). — V. *suprà*, v° *Justice maritime*, n. 1075.

315. — Nul défenseur ne peut se présenter pour l'accusé contumax. Les rapports et procès-verbaux, la déposition des témoins et les autres pièces de l'instruction sont lus en entier à l'audience. Le jugement est rendu dans la forme ordinaire, mis à l'ordre du jour, et affiché à la porte du lieu où siège le conseil de guerre et à la mairie du domicile du condamné. Le greffier et le maire dressent procès-verbal, chacun en ce qui le concerne. Ces formalités tiennent lieu de l'exécution du jugement par effigie (art. 176). — V. *suprà*, v° *Justice maritime*, n. 1076 et s.

316. — La représentation du condamné dans les délais a pour effet d'entraîner l'anéantissement du jugement et de la condamnation à partir de l'ordre de mise en jugement. Le contumax est alors jugé contradictoirement, et l'on doit lire à l'audience toutes les pièces intéressant l'affaire, notamment les réponses écrites des autres accusés et les dépositions des témoins qui ne peuvent se présenter. — V., sur tous ces points, *suprà*, v° *Justice maritime*, n. 1080 et s.

317. — Le recours en révision contre les jugements par contumace n'est ouvert qu'au commissaire du gouvernement (art. 177).

318. — En vertu d'un décret du 14 oct. 1811, il a été établi qu'on ne poursuivait pas les déserteurs par contumace. Cette règle est demeurée en vigueur sous le Code de 1857, bien qu'aucun texte formel n'ait été libellé sur ce point; l'autorité militaire reste maîtresse de poursuivre ou de ne pas poursuivre; mais, suivant une tradition constante et des instructions formelles, elle doit s'abstenir.

319. — En effet, si l'on rapproche les dispositions des art. 175 et s. et 189, C. just. milit., on voit que ce dernier texte enlève spécialement aux déserteurs le bénéfice de la prescription de l'action publique. La poursuite par contumace a un double but : fixer des témoignages et des preuves susceptibles de disparaître; allonger la prescription en substituant celle de la peine à celle de l'action publique. Or, pour le déserteur, la preuve est consignée dans des documents écrits et dans le dossier dressé en exécution de l'art. 95, C. just. milit.; quant à la prescription, elle ne court pas. La condamnation par contumace ou par défaut n'atteindrait donc pas son but; bien plus, elle permettrait au déserteur de prescrire non plus son délit, mais sa peine. On irait donc ainsi contre le vœu de l'art. 184. — V. *supra*, v° *Justice maritime*, n. 1414.

320. — Lorsqu'il s'agit d'un fait qualifié délit par la loi, si l'accusé n'est pas présent, il est jugé par défaut. Le jugement, rendu dans la forme ordinaire, est mis à l'ordre du jour de la place, affiché à la porte du lieu où siège le conseil de guerre, et signifié à l'accusé ou à son domicile. Dans les cinq jours, à partir de la signification, outre un jour par cinq myriamètres, l'accusé peut former opposition. Ce délai expiré sans qu'il ait été formé d'opposition, le jugement est réputé contradictoire (art. 179).

321. — Quant à l'effet et au point de départ des incapacités légales, la dégradation civique et l'interdiction légale, à la mise sous séquestre des biens du contumax, V. *supra*, v° *Contumace*, n. 201 et s., et *Justice maritime*, n. 1084.

§ 2. *Reconnaissance d'identité.*

322. — La reconnaissance de l'identité d'un individu condamné par un conseil de guerre, évadé et repris, est faite par le conseil de guerre de la circonscription où se trouve le corps dont fait partie le condamné. Si le condamné n'appartient à aucun corps, la reconnaissance est faite par le conseil de guerre qui a prononcé la condamnation, et, si le conseil a cessé ses fonctions, par le conseil de guerre de la circonscription sur le territoire de laquelle le condamné a été repris (art. 180, §§ 1 et 2).

323. — Le conseil statue sur la reconnaissance en audience publique, en présence de l'individu repris, après avoir entendu les témoins appelés, tant par le commissaire du gouvernement que par l'individu repris; le tout à peine de nullité (art. 180, § 3).

324. — Le commissaire du gouvernement et l'individu repris ont la faculté de se pourvoir en révision contre le jugement qui statue sur la reconnaissance de l'identité (art. 180, § 4).

325. — Les dispositions des §§ 1 et 2, art. 180, sont applicables au jugement des condamnés par contumace qui se représentent ou qui sont arrêtés (art. 180, *in fine*). Si l'identité du contumax repris n'était pas contestée, une simple déclaration du conseil de guerre suffirait pour la constater. — V. *supra*, v° *Justice maritime*, n. 1102.

TITRE III.

DES CRIMES, DES DÉLITS ET DES PEINES.

CHAPITRE I.

PÉNALITÉS.

326. — Nous avons *supra* (v° *Justice maritime*, n. 1103 et s.), exposé les principes généraux sur lesquels est basée la pé-nalité militaire; nous n'avons pas à y revenir. On pourra d'ailleurs utilement, pour tous les articles de ce titre, se reporter aux explications données à propos des articles similaires du Code de justice maritime.

327. — Les peines qui peuvent être appliquées par les tribunaux militaires en matière de crime sont : la mort, les travaux forcés à perpétuité, la déportation, les travaux forcés à temps, la détention, la réclusion, le bannissement, la dégradation militaire (C. just. milit., art. 185). — Pour la dégradation civique, V. art. 197-1°, C. just. milit., analogue à l'art. 255-1°, C. just. marit. — V. *supra*, v° *Justice maritime*, n. 1110.

328. — Sur ces différentes peines et leur mode d'exécution (C. just. milit., art. 187-191), V. *supra*, v° *Justice maritime*, n. 1109 et s.

329. — Les peines en matière de délit sont : la destitution, les travaux publics, l'emprisonnement, l'amende.

330. — Sur ces différentes peines et leur mode d'exécution (C. just. milit., art. 192-195), V. *supra*, v° *Justice maritime*, n. 1139 et s. — Sur la perte du grade et l'art. 201, C. just. milit., V. *supra*, v° *Justice maritime*, n. 1145 et s.

331. — Les tribunaux militaires appliquent les peines portées par les lois pénales ordinaires à tous les crimes ou délits non prévus par le Code de justice militaire et, dans ce cas, s'il existe des circonstances atténuantes, il est fait application aux militaires de l'art. 463, C. pén.

332. — Les peines prononcées contre les militaires sont exécutées conformément aux dispositions du Code de justice militaire et à la diligence de l'autorité militaire (art. 196). Ce texte consacre le principe de l'existence des établissements pénitentiaires spéciaux du département de la Guerre, et la substitution de l'autorité militaire au ministère public pour l'exécution des sentences. L'art. 274 laisse d'ailleurs à des décrets le soin de la réglementation des lieux de détention militaire.

333. — Aux termes de l'art. 196, C. just. milit., lorsqu'un militaire est poursuivi devant les tribunaux de droit commun, à raison d'une infraction commise avec le concours de non-militaires (C. just. milit., art. 76-79), « le tribunal compétent applique aux militaires et aux individus assimilés aux militaires les peines prononcées par les lois militaires, aux individus appartenant à l'armée de mer les peines prononcées par les lois maritimes, et à tous autres individus les peines prononcées par les lois ordinaires, à moins qu'il n'en soit autrement ordonné par une disposition expresse de loi ». Il s'ensuit que, si l'infraction a, au regard du prévenu militaire, les caractères du vol militaire prévu et puni par l'art. 248, C. just. milit., elle n'a d'autre caractère, au regard du prévenu non-militaire, que celui d'un vol simple, prévu et puni par les art. 379 et 401, C. pén. D'où la conséquence que, suivant les distinctions faites par l'art. 248, C. just. milit., la peine à appliquer au prévenu militaire pourra être, soit les travaux forcés, soit la réclusion, et que l'admission des circonstances atténuantes ne pourra pas la faire descendre au-dessous d'un an de prison, tandis que la peine à appliquer au prévenu non-militaire ne pourra dépasser cinq ans de prison, et pourra, par l'admission de circonstances atténuantes, être réduite au-dessous de six jours et même être transformée en une simple amende (C. pén., art. 401, 463). — V. analog. C. just. marit., art. 253, et *supra*, v° *Justice maritime*, n. 1178 et s.

334. — Dans les cas de complicité visés par l'art. 196, si les individus non-militaires et non assimilés aux militaires sont déclarés coupables d'un crime ou d'un délit non prévu par les lois pénales ordinaires, ils sont condamnés aux peines portées par le Code de justice militaire contre ce crime ou ce délit. Toutefois, les peines militaires sont remplacées, à leur égard, ainsi qu'il suit : 1° la dégradation militaire prononcée comme peine principale, par la dégradation civique; 2° la destitution et les travaux publics, par un emprisonnement de un à cinq ans (art. 197). — V. analog. C. just. marit., art. 255, et *supra*, v° *Justice maritime*, n. 1183.

335. — Les circonstances qui peuvent faire qu'un civil est passible des peines portées par le Code militaire, dérivent non seulement de l'application de la théorie de la complicité, mais résultent de certains délits spéciaux qui ne sont pas réputés que la transformation de l'idée de complicité, tels que l'achat d'effets ou la complicité de désertion (art. 242 et 244).

336. — Les fonctionnaires, agents, employés militaires et autres assimilés aux militaires sont, pour l'application des peines, considérés comme officiers, sous-officiers ou soldats, suivant le grade auquel leur rang correspond (art. 203). — V. *suprà*, v° *Justice maritime*, n. 1182.

337. — L'art. 200, C. just. milit., règle le point de départ des différentes peines, et cela d'une façon identique au Code de justice maritime. — V. *suprà*, v° *Justice maritime*, n. 1190 et s.

338. — Les modifications apportées au Code de justice maritime par la loi du 9 avr. 1895, rendue en vue de l'imputation de la détention préventive sur la peine prononcée (V. *suprà*, v° *Justice maritime*, n. 1195) n'ont pas encore été étendues au Code de justice militaire pour l'armée de terre. Un projet de loi en ce sens a été déposé par le gouvernement et sera sans doute voté dans des termes identiques à ceux de la loi précitée.

339. — Sur l'admission des circonstances atténuantes (art. 80, 198, 267, L. 13 juill. 1889) et sur la récidive, V. *suprà*, v° *Justice maritime*, n. 1196 et s.

340. — L'art. 199, C. just. milit., contient les mêmes dispositions que l'art. 257, C. just. marit., sur la pénalité applicable aux mineurs de seize ans (V. *suprà*, v° *Justice maritime*, n. 1208). L'art. 199, d'ailleurs, n'a guère d'application qu'à l'égard des enfants de troupe. Remarquons, enfin, qu'en cas d'acquittement pour non discernement, le conseil de guerre doit tenir compte des règlements spéciaux sur la matière avant de prononcer la remise de l'enfant à sa famille.

341. — Le droit de vie et de mort inscrit dans l'art. 305, C. just. marit., n'existe pas dans le Code de justice militaire (V. *suprà*, v° *Justice maritime*, n. 1211 et s.). Assurément, nul n'ignore que, dans certaines circonstances mémorables, des officiers de l'armée de terre ont pris sur eux de prévenir par une exécution sommaire, une déroute à son début, ou d'arrêter une révolte naissante. Mais, entre ces faits plus ou moins inavoués et le droit de vie ou de mort, il y a toute la distance qui sépare un acte de défense individuelle de l'exercice d'une juridiction régulière.

342. — Sont laissées à la répression de l'autorité militaire, et punies d'un emprisonnement dont la durée ne peut excéder deux mois : 1° les contraventions de police commises par les militaires; 2° les infractions aux règlements relatifs à la discipline. Toutefois, l'autorité militaire peut toujours, suivant la gravité des faits, déférer le jugement des contraventions de police au conseil de guerre, qui applique la peine déterminée par le présent article (art. 271). La circulaire ministérielle du 6 mai 1873, notifiant la loi du 23 janvier précédent, s'oppose à ce qu'on inflige au militaire coupable d'une première contravention d'ivresse une peine supérieure à un mois de prison. Le jugement prononçant deux mois de prison doit être annulé. — Cons. rév. Paris, 13 août 1880, [Leclerc et Coupois, n. 25] — Cette doctrine nous paraît des plus contestables, par la raison que l'art. 271, C. just. milit., laisse aux juges la latitude d'infliger, en répression de toute contravention, l'emprisonnement jusqu'à deux mois. La circulaire ministérielle dont les dispositions sont assurément fort sages, n'a donc que la valeur d'un conseil dont la méconnaissance peut motiver des observations du ministre, mais non l'annulation du jugement.

CHAPITRE II.

CRIMES ET DÉLITS.

Section I.

Trahison. Espionnage. Embauchage.

343. — Est puni de mort, avec dégradation militaire, tout militaire français, ou au service de la France, qui porte les armes contre la France. Est puni de mort, tout prisonnier de guerre qui, ayant faussé sa parole, est repris les armes à la main (art. 204). — V. anal. art. 262, C. just. marit., *suprà*, v° *Justice maritime*, n. 1245.

344. — Est puni de mort, avec dégradation militaire, tout militaire : 1° qui livre à l'ennemi, ou dans l'intérêt de l'ennemi, soit la troupe qu'il commande, soit la place qui lui est confiée, soit les approvisionnements de l'armée, soit les plans des places de guerre ou des arsenaux maritimes, des ports ou rades, soit le mot d'ordre ou le secret d'une opération, d'une expédition ou d'une négociation; 2° qui entretient des intelligences avec l'ennemi, dans le but de favoriser ses entreprises; 3° qui participe

à des complots dans le but de forcer le commandant d'une place assiégée à se rendre ou à capituler; 4° qui provoque à la fuite ou empêche le ralliement en présence de l'ennemi (art. 205).

345. — Est considéré comme espion, et puni de mort, avec dégradation militaire : 1° tout militaire qui s'introduit dans une place de guerre, dans un poste ou établissement militaire, dans les travaux, camps, bivouacs ou cantonnements d'une armée, pour s'y procurer des documents ou renseignements dans l'intérêt de l'ennemi; 2° tout militaire qui procure à l'ennemi des documents ou renseignements susceptibles de nuire aux opérations de l'armée ou de compromettre la sûreté des places, postes ou autres établissements militaires; 3° tout militaire qui, sciemment, recèle ou fait receler les espions ou les ennemis envoyés à la découverte (art. 206).

346. — Est puni de mort tout ennemi qui s'introduit déguisé dans un des lieux ci-dessus désignés (art. 207).

347. — On ne peut considérer comme espion l'aéronaute qui franchit les lignes ennemies en ballon, fût-il porteur de dépêches. — V. Wilhelm, *Situation juridique des aéronautes en temps de guerre : J. dr. intern. priv.*, 1891, p. 440 et s.

348. — Sur les trahisons, l'espionnage et les projets de réforme, V. *suprà*, v^{is} *Justice maritime*, n. 1246 et s., et *Espionnage*.

349. — Est considéré comme embaucheur et puni de mort tout individu convaincu d'avoir provoqué des militaires à passer à l'ennemi ou aux rebelles armés, de leur en avoir sciemment facilité les moyens, ou d'avoir fait des enrôlements pour une puissance en guerre avec la France. Si le coupable est militaire, il est en outre puni de la dégradation militaire (art. 208). — Aux armées, dans les divisions territoriales en état de guerre, dans les communes, les départements et les places de guerre en état de siège, tout justiciable des tribunaux militaires, coupable ou complice d'un des crimes précités, est puni des peines mentionnées ci-dessus (art. 269).

Section II.

Crimes et délits contre le devoir militaire.

350. — Est puni de mort, avec dégradation militaire, tout gouverneur ou commandant qui, mis en jugement après avis d'un conseil d'enquête, est reconnu coupable d'avoir capitulé avec l'ennemi et rendu la place qui lui était confiée, sans avoir épuisé tous les moyens de défense dont il disposait, et sans avoir fait tout ce que prescrivaient le devoir et l'honneur (art. 209).

351. — Nous avons exposé *suprà*, v° *Justice maritime*, n. 234, la différence qui existe entre la législation militaire et la législation maritime. Cette dernière oblige à traduire en conseil de guerre tout commandant qui perd son bâtiment, tandis que le Code de 1857 conserve la nécessité de l'envoi préalable devant un conseil d'enquête du commandant de place qui a capitulé. L'art. 209 est la sanction des prescriptions des dispositions contenues dans le décret du 4 oct. 1891, sur le service dans les places de guerre et les villes de garnison.

352. — Tout commandant d'une troupe armée, qui capitule en rase campagne, est puni : 1° de la peine de mort, avec dégradation militaire, si la capitulation a eu pour résultat de faire poser les armes à sa troupe, ou si, avant de traiter verbalement ou par écrit, il n'a pas fait tout ce que lui prescrivaient le devoir et l'honneur; 2° de la destitution, dans tous les autres cas (art. 210).

353. — La loi militaire admet comme pouvant être légitime la capitulation d'une place forte qui s'est défendue par tous moyens; elle peut être vaincue notamment par la famine. Mais en rase campagne, toute capitulation doit être punie; il est inutile d'insister sur la profonde différence des situations. Suivie de reddition des armes, la capitulation est un crime que rien ne saurait excuser; si le commandant en chef a obtenu de se retirer avec les honneurs de la guerre et après une défense aussi complète que possible, sa faute peut être atténuée, mais il encourt quand même la destitution.

354. — Tout militaire qui, étant en faction ou en vedette, abandonne son poste sans avoir rempli sa consigne, est puni : 1° de la peine de mort, s'il était en présence de l'ennemi ou de rebelles armés; 2° de deux à cinq ans de travaux publics, si, hors le cas prévu par le paragraphe précédent, il était sur un territoire en état de guerre ou en état de siège; 3° d'un emprisonnement de deux mois à un an, dans tous les autres cas (art. 211).

355. — Tout militaire qui, étant en faction ou en vedette, est trouvé endormi, est puni : 1° de deux à cinq ans de travaux publics, s'il était en présence de l'ennemi ou de rebelles armés; 2° de six mois à un an d'emprisonnement, si, hors le cas prévu par le paragraphe précédent, il était sur un territoire en état de guerre ou en état de siège; 3° de deux mois à six mois d'emprisonnement, dans tous les autres cas (art. 212).

356. — Tout militaire qui abandonne son poste est puni : 1° de la peine de mort, si l'abandon a eu lieu en présence de l'ennemi ou de rebelles armés; 2° de deux à cinq ans d'emprisonnement, si, hors le cas prévu par le paragraphe précédent, l'abandon a eu lieu sur un territoire en état de guerre ou en état de siège; 3° de deux mois à six mois d'emprisonnement, dans tous les autres cas. Si le coupable est chef de poste, le maximum de la peine lui est toujours infligé (art. 213).

357. — Il n'est pas nécessaire, pour caractériser l'abandon du poste, que le militaire s'en soit absenté sans esprit de retour. Il suffit qu'il s'en soit momentanément éloigné à un moment où sa présence était exigée. Toute absence non justifiée et non autorisée de son poste constitue pour le militaire le délit d'abandon de poste, peu importe que l'inculpé soit rentré peu de temps après (Circ. 1er janv. 1864).

358. — L'art. 213, C. just. milit., qui punit l'abandon de poste est applicable au cavalier qui s'absente étant de garde d'écurie, parce que ce service, prévu par le règlement sur le service intérieur des corps de cavalerie, est bien un service commandé. Par suite, le jugement qui prononce l'absolution dans ce cas doit être annulé. — Cons. rév. Paris, 22 août 1879, Leprêtre, (Leclerc et Coupois, n. 21]

359. — La peine de la dégradation militaire n'est pas attachée au crime d'abandon de poste en présence de l'ennemi, puni de peine de mort par l'art. 213, C. just. milit. — Cass., 2 févr. 1871, Chenet, [S. 71.1.169, P. 71.463, D. 71.1.421] — Sic, Foucher, Comment. du C. de just. milit., n. 1222 et s.

360. — En temps de guerre, aux armées, ainsi que dans les communes, les départements et les places de guerre en état de siège, tout militaire qui ne se rend pas à son poste en cas d'alerte, ou lorsque la générale bat battue, est puni de six mois à deux ans d'emprisonnement; s'il est officier, la peine est celle de la destitution (art. 214).

361. — Tout militaire qui, hors le cas d'excuse légitime, ne se rend pas au conseil de guerre où il est appelé à siéger, est puni d'un emprisonnement de deux mois à six mois. En cas de refus, si le coupable est officier, il peut être puni de la destitution (art. 215).

362. — Les dispositions des art. 237, 238, 239, 240, 241, 242, 243, 247 et 248, C. pén. ordinaire (évasion de détenus et recèlement de criminels) sont applicables aux militaires qui laissent évader des prisonniers de guerre ou d'autres individus arrêtés, détenus ou confiés à leur garde, ou qui favorisent ou procurent l'évasion de ces individus, ou les recèlent ou les font recéler (art. 216). Les militaires sont souvent, précisément parce qu'ils représentent la force armée, l'occasion de concourir à la garde des prisonniers. L'art. 216 a pour but de les placer sous le coup des dispositions du Code pénal qui ne visaient textuellement que les gardiens et surveillants. Tout militaire commis à la garde des détenus est donc passible de ces mêmes dispositions, suivant les distinctions inscrites au Code pénal. — V. suprà, v° Évasion de détenus.

363. — Il ne faut pas perdre de vue, d'autre part, que le militaire qui s'évade devient, par le fait seul de l'expiration des délais, un déserteur; mais, si l'évasion a été accompagnée de bris de prison, elle doit faire l'objet d'une peine spéciale et cumulable. Par exemple, un soldat écroué pour un refus d'obéissance et qui, s'évadant avec violence ou bris de prison, n'est arrêté que plus de six jours après la constatation de son absence, devra être déclaré coupable par le conseil de guerre d'un triple délit: le conseil prononcera cumulativement la peine prévue à l'art. 245, C. pén., et celle de la désertion, cette dernière absorbant celle du refus d'obéissance (art. 218, § 3 et 231, C. just. milit.).

Section III.

Révolte. Insubordination. Rébellion.

364. — Sont considérés comme en état de révolte, et punis de mort : 1° les militaires sous les armes qui, réunis au nombre de quatre au moins et agissant de concert, refusent à la première sommation d'obéir aux ordres de leurs chefs; 2° les militaires qui, au nombre de quatre au moins, prennent les armes sans autorisation et agissent contre les ordres de leurs chefs; 3° les militaires qui, réunis au nombre de huit au moins, se livrent à des violences en faisant usage de leurs armes, et refusent, à la voix de leurs supérieurs, de se disperser ou de rentrer dans l'ordre. Néanmoins, dans tous les cas prévus par le présent article, la peine de mort n'est infligée qu'aux instigateurs ou chefs de la révolte, et au militaire le plus élevé en grade. Les autres coupables sont punis de cinq ans à dix ans de travaux publics, ou, s'ils sont officiers, de la destitution avec emprisonnement de deux à cinq ans. Dans le cas prévu par le n. 3 du présent article, si les coupables se livrent à des violences, sans faire usage de leurs armes, ils sont punis de cinq ans à dix ans de travaux publics, ou, s'ils sont officiers, de la destitution avec emprisonnement de deux à cinq ans (art. 217). — Sur la tentative de révolte, V. suprà, v° Justice maritime, n. 1300.

365. — Est puni de mort, avec dégradation militaire, tout militaire qui refuse d'obéir lorsqu'il est commandé pour marcher contre l'ennemi, ou pour tout autre service ordonné par son chef en présence de l'ennemi ou de rebelles armés. Si, hors le cas prévu par le paragraphe précédent, la désobéissance a eu lieu sur un territoire en état de guerre ou de siège, la peine est de cinq ans à dix ans de travaux publics, ou, si le coupable est officier, de la destitution, avec emprisonnement de cinq à dix ans. Dans tous les autres cas, la peine est celle de l'emprisonnement d'un an à deux ans, ou, si le coupable est officier, celle de la destitution (art. 218).

366. — Tout militaire qui viole ou force une consigne est puni : 1° de la peine de la détention, si la consigne a été violée ou forcée en présence de l'ennemi ou de rebelles armés; 2° de deux ans à dix ans de travaux publics, ou, si le coupable est officier, de la destitution, avec emprisonnement de un à cinq ans, quand, hors le cas prévu par le paragraphe précédent, le fait a eu lieu sur un territoire en état de guerre ou de siège; 3° d'un emprisonnement de deux mois à trois ans, dans tous les autres cas (art. 219).

367. — Est puni de mort, tout militaire coupable de violence à main armée envers une sentinelle ou vedette. Si les violences n'ont pas eu lieu à main armée et ont été commises par un militaire assisté d'une ou plusieurs personnes, la peine est de cinq ans à dix ans de travaux publics. Si, parmi les coupables, il se trouve un officier, il est puni de la destitution, avec emprisonnement de deux ans à cinq ans. La peine est réduite à un emprisonnement d'un an à cinq ans, si les violences ont été commises par un militaire seul et sans armes. Est puni de six jours à un an d'emprisonnement tout militaire qui insulte une sentinelle par paroles, gestes ou menaces (art. 220).

368. — Est punie de mort, avec dégradation militaire, toute voie de fait commise avec préméditation ou guet-apens par un militaire envers son supérieur (art. 221). Est punie de mort, toute voie de fait commise sous les armes par un militaire envers son supérieur (art. 222). Les voies de fait exercées, pendant le service ou à l'occasion du service, par un militaire envers son supérieur, sont punies de mort. Si les voies de fait n'ont pas eu lieu pendant le service ou à l'occasion du service, le coupable est puni de la destitution, avec emprisonnement de deux ans à cinq ans, s'il est officier, et de cinq ans à dix ans de travaux publics, s'il est sous-officier, caporal, brigadier ou soldat (art. 223).

369. — Une circulaire du 21 déc. 1868 expose que les délits d'insubordination commis contre des supérieurs doivent être considérés comme perpétrés en service, dès que le supérieur ou l'inférieur sont en service; qu'il n'est pas nécessaire que les deux se trouvent dans cette position. Le ministre ajoute : « Dans l'impossibilité d'établir une nomenclature qui, malgré tout le soin qu'on y apporterait, serait assurément incomplète et, par cela même, défectueuse, le législateur a dû rester dans les généralités...; si la loi a laissé à cet égard aux membres du conseil de guerre une certaine latitude dans leur appréciation, c'est parce qu'ils sont seuls à même de décider de ces questions qui varient à l'infini et qui ne sauraient être définies d'une manière précise. »

370. — Nous avons donné suprà (v° Justice maritime, n. 1314 et s.), les explications que comporte la matière des voies de fait envers un supérieur. Les textes des Codes militaire et maritime sont sur ce point similaires, sous la seule exception qui résulte de ce que les actes d'insubordination commis à bord sont toujours réputés en service. — V. *suprà*, v° *Justice maritime*, n. 1320.

371. — En ce qui touche le sens du mot *supérieur*, il est bien entendu que, suivant la remarque du rapporteur au Corps législatif, la loi s'est abstenue d'en donner une définition précise (V. *suprà*, v° *Justice maritime*, n. 1327 et s.). La supériorité, au sens des art. 224 et s., peut résulter, non seulement du grade, mais de l'ancienneté du rang, c'est-à-dire de l'assimilation. Elle découle encore de la fonction, en ce sens que tout militaire, investi temporairement d'une fonction supérieure à son grade, a droit à toute la protection que comporte cette fonction (V. *suprà*, v° *Justice maritime* n. 1348). Ainsi l'ordonnance du 16 mars 1838 plaçant les brigadiers et caporaux sous les ordres des brigadiers-fourriers et caporaux-fourriers, ceux-ci sont les supérieurs des premiers au sens des art. 221 et s., C. just. milit. (Circ. 13 déc. 1865).

372. — Tout militaire qui, pendant le service ou à l'occasion du service, outrage son supérieur par paroles, gestes ou menaces, est puni de la destitution, avec emprisonnement d'un an à cinq ans, si ce militaire est officier, et de cinq ans à dix ans de travaux publics, s'il est sous-officier, caporal, brigadier ou soldat. Si les outrages n'ont pas eu lieu pendant le service ou à l'occasion du service la peine est de un an à cinq ans d'emprisonnement (art. 224). — V. *suprà*, v° *Justice maritime*, n. 1318 et s.

373. — Une circulaire du 28 déc. 1861 déclare que le délit d'outrages envers un supérieur présuppose la présence de ce dernier et que, dans tout autre cas, il n'y a pas délit.

374. — Tout militaire coupable de rébellion envers la force armée et les agents de l'autorité est puni de deux mois à six mois d'emprisonnement, et de six mois à deux ans de la même peine, si la rébellion a eu lieu avec armes. Si la rébellion a été commise par plus de deux militaires, sans armes, les coupables sont punis de deux ans à cinq ans d'emprisonnement, et de la réclusion si la rébellion a eu lieu avec armes. Toute rébellion commise par des militaires armés, au nombre de huit au moins, est punie conformément aux §§ 3 et 5, art. 217, du présent Code. Le maximum de la peine est toujours infligé aux instigateurs ou chefs de rébellion, et au militaire le plus élevé en grade (art. 225).

375. — La loi maritime a pu, grâce à l'organisation spéciale des équipages de la flotte, recourir, pour la répression de ce délit, à une pénalité spéciale, la réduction de grade ou de classe, qui constitue tout à la fois un retard dans l'avancement ultérieur de l'homme et une peine pécuniaire immédiate (V. *suprà*, v° *Justice maritime*, n. 1363). Le législateur de 1857, se trouvant en face d'un militaire qui touche un prêt et non une solde, a dû édicter la seule pénalité possible, à savoir : l'emprisonnement.

Section IV.

Abus d'autorité.

376. — Les art. 226 à 229, C. just. milit., sur les abus d'autorité, sont analogues aux art. 305 à 308, C. just. marit. — V. *supra*, v° *Justice maritime*, n. 1368 et s.

Section V.

Insoumission et désertion.

377. — Quant aux règles de l'insoumission (art. 230, C. just. milit., modifié par la loi du 18 mai 1875) nous renvoyons à ce qui a été dit *supra*, v° *Justice maritime*, n. 1375 et s.

378. — Mentionnons une circulaire du 13 oct. 1879 qui a autorisé les commandants de circonscription à laisser en liberté provisoire, toutes les fois que cette faveur ne présenterait pas d'inconvénient, les insoumis qui se rendent volontairement, jusqu'à ce qu'il ait été statué sur leur sort par le conseil de guerre. La même mesure peut être accordée, mais seulement à titre exceptionnel, aux insoumis qui auraient été arrêtés.

379. — Nous ne faisons ici que relever les textes concernant la désertion, renvoyant pour la plupart des explications qu'ils comportent à ce qui a été dit, *supra*, v° *Justice maritime*, n. 1389 et s.

380. — Est considéré comme déserteur à l'intérieur : 1° six jours après celui de l'absence constatée, tout sous-officier, caporal, brigadier ou soldat qui s'absente de son corps ou détachement sans autorisation : néanmoins, si le soldat n'a pas six mois

de service, il ne peut être considéré comme déserteur qu'après un mois d'absence; 2° tout sous-officier, caporal, brigadier ou soldat voyageant isolément d'un corps à un autre, ou dont le congé ou la permission est expirée, et qui, dans les quinze jours qui suivent celui qui a été fixé pour son retour ou son arrivée au corps, ne s'y est pas présenté (art. 231).

381. — Un criminel extradé ne peut être jugé que sur le fait qui a motivé son extradition. Par suite, un déserteur dont la remise a été accordée pour un vol qualifié ne peut être jugé et condamné pour désertion. Si donc il y a acquittement du chef de vol, l'inculpé doit être reconduit à la frontière et replacé en état de liberté. — Circ. 29 juill. 1862, [Leclerc et Coupois, t. 2, p. 515] — V. *supra*, v° *Extradition*.

382. — Lorsqu'un déserteur, extradé pour un autre délit, demande à purger sa désertion, sa demande, visée par le commissaire du gouvernement, doit être transmise au ministre de la Guerre, et toute procédure doit être suspendue jusqu'à ce qu'il ait été statué sur l'affaire. — Note du 1er avr. 1878, [[Leclerc et Coupois, t. 2, p. 586]

383. — Lorsqu'un déserteur, condamné par contumace pour un autre fait, demande à être livré sans attendre les formalités d'extradition, il est réputé avoir volontairement répudié la protection étrangère et s'être soumis aux lois de son pays. Il peut donc être jugé pour désertion. — Circ., 13 oct. 1877, [Leclerc et Coupois, t. 2, p. 583]

384. — Un réserviste retenu au corps après les vingt-huit jours de service, en raison des punitions qu'il a encourues, ne peut être déclaré déserteur s'il s'échappe de la prison du corps. — Note du 14 oct. 1878, [Leclerc et Coupois, t. 2, p. 594] — Cette interprétation est justifiée par ce fait que le service n'est pas prolongé; c'est l'exécution de la punition qui a été retardée.

385. — Il en serait tout autrement dans le cas où un homme serait retenu au corps après le congédiement de sa classe en vertu de l'art. 47, L. 15 juill. 1889. Dans ce dernier cas, en effet, les punitions ont été subies et c'est le service qui est prolongé; le lien subsiste donc avec toute sa force.

386. — Tout sous-officier, caporal, brigadier ou soldat, coupable de désertion à l'intérieur en temps de paix, est puni de deux à cinq ans d'emprisonnement, et de deux à cinq ans de travaux publics, si la désertion a eu lieu en temps de guerre, ou d'un territoire en état de guerre ou de siège. La peine ne peut être moindre de trois ans d'emprisonnement ou de travaux publics, suivant les cas, dans les circonstances suivantes : 1° si le coupable a emporté une de ses armes, un objet d'équipement d'habillement, ou s'il a emmené son cheval; 2° s'il a déserté étant de service, sauf les cas prévus par les art. 211 et 213 du présent Code; 3° s'il a déserté antérieurement (art. 232).

387. — Est puni de six mois à un an d'emprisonnement tout officier absent de son corps ou de son poste sans autorisation depuis plus de six jours, ou qui ne s'y présente pas quinze jours après l'expiration de son congé ou de sa permission, sans préjudice de l'application, s'il y a lieu, des dispositions de l'art. 1, L. 19 mai 1834, sur l'état des officiers. Tout officier qui abandonne son corps ou son poste sur un territoire en état de guerre ou de siège est déclaré déserteur après les délais déterminés par le paragraphe précédent, puni de la destitution avec emprisonnement de deux à cinq ans (art. 233).

388. — Une circulaire du 24 nov. 1857 a déclaré que les officiers absents illégalement de leur corps devaient être jugés par défaut, mais qu'il convient de n'exercer ces poursuites qu'après un délai de trois mois, afin de pouvoir prononcer contre eux la destitution édictée par la loi du 19 mai 1834, en même temps que la peine prévue à l'art. 233, C. just. milit. Ce mode de procéder est d'autant plus justifié que l'absence illégale de l'officier est un délit susceptible de prescription, comme tout autre, après trois ans écoulés. Il y a donc intérêt à allonger ce délai par une condamnation qui recule l'échéance de la prescription. — Leclerc et Coupois, t. 2, p. 490.

389. — Une instruction ministérielle du 16 mars 1874 (Leclerc et Coupois, t. 2, p. 549) recommande, lorsqu'un officier est inculpé simultanément d'absence illégale et d'un autre délit, de suivre deux procédures distinctes en commençant les poursuites par l'affaire d'absence illégale. Celle-ci étant jugée par défaut devient ainsi définitive, dans les délais légaux, sans attendre les conséquences du second jugement. Ces recommandations se basent sans doute sur la différence qui existe entre le défaut devant les conseils de guerre qui est couvert par le simple délai de cinq jours, tandis que devant un tribunal correctionnel, l'art. 187, § 3, C. instr. crim., modifié par la loi du 27 juin 1866, permet au condamné de former opposition tant qu'il n'y a pas un acte d'exécution de la sentence. L'instruction ministérielle présuppose un délit commis pendant l'absence illégale, c'est-à-dire, pour lequel l'officier serait justiciable des tribunaux ordinaires; sinon, la disjonction n'aurait pas d'intérêt. Au contraire, si le second fait est un crime, la disjonction est utile, alors même que le conseil de guerre serait seul compétent, puisque, en cas de jugement unique, la condamnation par contumace, absorbant les deux faits en une seule sentence, ne serait définitive qu'après vingt années. Il reste à savoir si ce mode de procéder est bien régulier et s'il appartient au commandant en chef de priver ainsi l'accusé du bénéfice de l'art. 133, C. just. milit., concernant le non-cumul des peines.

390. — En temps de guerre, les délais fixés par les art. 231 et 233 précédents sont réduits des deux tiers (art. 234, modifié par la loi du 18 mai 1875).

391. — Est déclaré déserteur à l'étranger en temps de paix trois jours, et en temps de guerre un jour, après celui de l'absence constatée, tout militaire qui franchit sans autorisation les limites du territoire français, ou qui, hors de France, abandonne le corps auquel il appartient (art. 235).

392. — Tout sous-officier, caporal, brigadier ou soldat, coupable de désertion à l'étranger, est puni de deux à cinq ans de travaux publics, si la désertion a eu lieu en temps de paix. Il est puni de cinq ans à dix ans de la même peine, si la désertion a eu lieu en temps de guerre, ou d'un territoire en état de guerre ou de siège. La peine ne peut être moindre de trois ans de travaux publics dans le cas prévu par le § 1, et de sept ans dans le cas du § 2, dans les circonstances suivantes : 1° si le coupable a emporté une de ses armes, un objet d'habillement ou d'équipement, ou s'il a emmené son cheval ; 2° s'il a déserté étant de service, sauf les cas prévus par les art. 211 et 213 ; 3° s'il a déserté antérieurement (art. 236).

393. — Tout officier coupable de désertion à l'étranger est puni de la destitution, avec emprisonnement d'un an à cinq ans, si la désertion a eu lieu en temps de paix, et de la détention, si la désertion a eu lieu en temps de guerre, ou d'un territoire en état de guerre ou de siège (art. 237).

394. — Est puni de mort, avec dégradation militaire, tout militaire coupable de désertion à l'ennemi (art. 238).

395. — Est puni de la détention tout déserteur en présence de l'ennemi (art. 239).

396. — Est réputée désertion avec complot toute désertion effectuée de concert par plus de deux militaires (art. 240).

397. — Est puni de mort : 1° le coupable de désertion avec complot en présence de l'ennemi ; 2° le chef du complot de désertion à l'étranger. Le chef du complot de désertion à l'intérieur est puni de cinq à dix ans de travaux publics, s'il est sous-officier, caporal, brigadier ou soldat, et de la détention, s'il est officier. Dans tous les autres cas, le coupable de désertion avec complot est puni du maximum de la peine portée par les dispositions des sections précédentes, suivant la nature et les circonstances du crime ou du délit (art. 241).

398. — Tout militaire qui provoque ou favorise la désertion est puni de la peine encourue par le déserteur, selon les distinctions établies au présent chapitre. Tout individu non-militaire ou non assimilé aux militaires qui, sans être embaucheur pour l'ennemi ou pour les rebelles, provoque ou favorise la désertion, est puni par le tribunal compétent d'un emprisonnement de deux mois à cinq ans (art. 242).

399. — Si un militaire reconnu coupable de désertion est condamné par le même jugement pour un fait entraînant une peine plus grave, cette peine ne peut être réduite par l'admission de circonstances atténuantes (art. 243).

Section VI.

Vente et achat, détournement, mise en gage, recel des effets militaires.

400. — Est puni d'un an à cinq ans d'emprisonnement tout militaire qui vend son cheval, ses effets d'armement, d'équipement ou d'habillement, des munitions, ou tout autre objet à lui confié pour le service. Est puni de la même peine tout militaire qui, sciemment, achète ou recèle lesdits effets. La peine est de six mois à un an d'emprisonnement, s'il s'agit d'effets de petit équipement (art. 244).

401. — Une instruction du 13 sept. 1875 indique les conditions suivant lesquelles le pantalon ayant effectué la durée de service réglementaire, selon qu'il s'agit des troupes d'infanterie ou de la cavalerie, peut être considéré comme cessant d'être un effet d'habillement pour passer dans le petit équipement. — Leclerc et Coupois, t. 2, p. 567.

402. — Est puni de six mois à deux ans d'emprisonnement tout militaire : 1° qui dissipe ou détourne les armes, munitions, effets et autres objets à lui remis pour le service ; 2° qui, acquitté du fait de désertion, ne représente pas le cheval qu'il aurait emmené, ou les armes ou effets qu'il aurait emportés (art. 245).

403. — L'art. 245, C. just. milit., qui punit la dissipation ou le détournement, par un militaire, des effets à lui remis pour son service, comprend même les effets de petit équipement. — Cass., 15 juill. 1858, Toussaint, [S. 58.1.838, P. 59.640, D. 58.5.239]

404. — Le militaire qui rentre à la caserne dépourvu d'une partie de ses effets et qui prétend les avoir perdus ou ne pas savoir ce qu'ils sont devenus doit être poursuivi pour dissipation d'effets. Néanmoins l'application de l'art. 245 ne doit pas être requise si le militaire paraît avoir été victime d'un vol. — Circ., 1er janv. 1864, [Leclerc et Coupois, t. 2, p. 317]

405. — Est puni de six mois à un an d'emprisonnement tout militaire qui met en gage tout ou partie de ses effets d'armement, de grand équipement, d'habillement, ou tout autre objet à lui confié pour le service. La peine est de deux mois à six mois d'emprisonnement, s'il s'agit d'effets de petit équipement (art. 246).

406. — Tout individu qui achète, recèle ou reçoit en gage des armes, munitions, effets d'habillement, de grand ou petit équipement, ou tout autre objet militaire, dans des cas autres que ceux où les règlements autorisent leur mise en vente, est puni par le tribunal compétent de la même peine que l'auteur du délit (art. 247).

Section VII.

Vol.

407. — Le vol des armes et des munitions appartenant à l'Etat, celui de l'argent de l'ordinaire, de la solde, des deniers ou effets quelconques appartenant à des militaires ou à l'Etat, commis par des militaires qui en sont comptables, est puni des travaux forcés à temps. Si le coupable n'en est pas comptable, la peine est celle de la réclusion. S'il existe des circonstances atténuantes, la peine est celle de la réclusion ou d'un emprisonnement de trois ans à cinq ans, dans le cas du § 1, et celle d'un emprisonnement d'un an à cinq ans, dans le cas du § 2. En cas de condamnation à l'emprisonnement, l'officier coupable est, en outre, puni de la destitution. Est puni de la peine de la réclusion, et, en cas de circonstances atténuantes, d'un emprisonnement d'un an à cinq ans, tout militaire qui commet un vol au préjudice de l'habitant chez lequel il est logé. Les dispositions du Code pénal ordinaire sont applicables aux vols prévus par les paragraphes précédents, toutes les fois qu'en raison des circonstances les peines qui y sont portées sont plus fortes que les peines prescrites par le Code militaire (art. 248).

407 bis. — Est nul le jugement qui prononce une peine inférieure à un an de prison pour vol au préjudice d'un militaire. — Cons. rév. Alger, 23 mars 1882, [Leclerc et Coupois, n. 116] ; — 24 avr. 1884, [Ibid., n. 187] — Est également nul le jugement du conseil de guerre qui ne prononce qu'une peine d'emprisonnement seulement au militaire déclaré complice d'un vol commis à l'aide de violences ayant laissé des traces de blessures ou des contusions, contrairement aux dispositions des art. 382 et 463, § 3, C. pén. — Cons. rév. Alger, 4 févr. 1897, [J. off., 10 mars 1897]

408. — Les dispositions de l'art. 248 sont analogues à celles de l'art. 331, C. just. marit. (V. suprà, v° Justice maritime, n. 1497), sauf deux différences : l'art. 248 présuppose que le vol a été commis par un militaire, tandis que l'art. 331 parle d'individus, et conséquemment, le Code maritime est applicable à l'encontre de toute personne même de l'ordre civil, spécialement aux ouvriers des arsenaux maritimes. La seconde différence tient à l'absence d'un texte similaire au § 7, art. 331, qui abaisse la peine lorsque la valeur de l'objet volé est inférieure à 40 fr. — V. suprà, v° Justice maritime, n. 1515 et s.

409. — Est puni de la réclusion tout militaire qui dépouille un blessé. Le coupable est puni de mort si, pour dépouiller le blessé, il lui a fait de nouvelles blessures (art. 249).

Section VIII.
Pillage, destruction, dévastations d'édifices.

410. — Est puni de mort, avec dégradation militaire, tout pillage ou dégât de denrées, marchandises ou effets, commis par des militaires en bande, soit avec armes ou à force ouverte, soit avec bris de portes et clôtures extérieures, soit avec violence envers les personnes. Le pillage en bande est puni de la réclusion, dans tous les autres cas. Néanmoins, si, dans les cas prévus par le § 1, il existe parmi les coupables un ou plusieurs instigateurs, un ou plusieurs militaires pourvus de grades, la peine de mort n'est infligée qu'aux instigateurs et aux militaires les plus élevés en grade. Les autres coupables sont punis de la peine des travaux forcés à temps. S'il existe des circonstances atténuantes, la peine de mort est réduite à celle des travaux forcés à temps, la peine des travaux forcés à temps à celle de la réclusion, et la peine de la réclusion à celle d'un emprisonnement d'un an à cinq ans. En cas de condamnation à l'emprisonnement, l'officier coupable est, en outre, puni de la destitution (art. 250).

411. — Est puni de mort, avec dégradation militaire, tout militaire qui, volontairement, incendie, par un moyen quelconque, ou détruit, par l'explosion d'une mine, des édifices, bâtiments, ouvrages militaires, magasins, chantiers, vaisseaux, navires ou bateaux à l'usage de l'armée. S'il existe des circonstances atténuantes, la peine est celle des travaux forcés à temps (art. 251).

412. — Est puni des travaux forcés à temps tout militaire qui, volontairement, détruit ou dévaste, par d'autres moyens que l'incendie ou l'explosion d'une mine, des édifices, bâtiments, ouvrages militaires, magasins, chantiers, vaisseaux, navires ou bateaux à l'usage de l'armée. S'il existe des circonstances atténuantes, la peine est celle de la réclusion, ou même de deux à cinq ans d'emprisonnement, et, en outre, de la destitution, si le coupable est officier (art. 252).

413. — Est puni de mort, avec dégradation militaire, tout militaire qui, dans un but coupable, détruit ou fait détruire, en présence de l'ennemi, des moyens de défense, tout ou partie d'un matériel de guerre, des approvisionnements en armes, vivres, munitions, effets de campement, d'équipement ou d'habillement. La peine est celle de la détention, si le crime n'a pas eu lieu en présence de l'ennemi (art. 253). — V. *suprà*, v° *Justice maritime*, n. 1523 et s.

414. — Est puni de deux à cinq ans de travaux publics tout militaire qui, volontairement, détruit ou brise des armes, des effets de campement, de casernement, d'équipement ou d'habillement appartenant à l'État, soit que ces objets lui eussent été confiés pour le service, soit qu'ils fussent à l'usage d'autres militaires, ou qui estropie ou tue un cheval, ou une bête de trait ou de somme employée au service de l'armée. Si le coupable est officier, la peine est celle de la destitution ou d'un emprisonnement de deux à cinq ans. S'il existe des circonstances atténuantes, la peine est réduite à un emprisonnement de deux mois à cinq ans (art. 254). — V. *suprà*, v° *Justice maritime*, n. 1535.

415. — S'il s'agissait non de blessures mais de mauvais traitements envers un cheval ou une bête de somme, il y aurait lieu de faire application de la loi du 2 juill. 1850, dite : loi Grammont. — V. *suprà*, v° *Animaux*, n. 193 et s.

416. — Une circulaire ministérielle du 7 oct. 1864 décide que les effets de couchage loués à l'État par la compagnie des lits militaires doivent être considérés, au point de vue de l'application de l'art. 254, comme appartenant à l'État. Cette interprétation est justifiée, puisque l'État est responsable vis-à-vis de la société de toutes les dégradations survenues aux fournitures de couchage. — V. *infrà*, v° *Logement et couchage des troupes*.

417. — Est puni de la réclusion tout militaire qui, volontairement, détruit, brûle ou lacère des registres, minutes ou actes originaux de l'autorité militaire. S'il existe des circonstances atténuantes, la peine est celle d'un emprisonnement de deux à cinq ans, et, en outre, de la destitution, si le coupable est officier (art. 255).

418. — Dans les cas prévus par les art. 251, 252, 253, 254 et 255, C. just. milit., les complices, même non-militaires, sont punis de la même peine que les auteurs du crime ou du délit, sauf l'application, s'il y a lieu, de l'art. 197 qui a trait au remplacement de certaines peines qui seraient inapplicables aux individus de l'ordre civil (dégradation militaire, travaux publics, etc.). — Art. 268.

419. — Tout militaire coupable de meurtre sur l'habitant chez lequel il reçoit le logement, sur sa femme ou sur ses enfants, est puni de mort (art. 256). — V. *suprà*, v° *Justice maritime*, n. 1543 et s.

Section IX.
Faux en matière d'administration militaire.

420. — Est puni de travaux forcés à temps tout militaire, tout administrateur ou comptable militaire qui porte sciemment sur les rôles, les états de situation ou de revue, un nombre d'hommes, de chevaux, ou de journées de présence au delà de l'effectif réel, qui exagère le montant des consommations, ou commet tout autre faux dans ses comptes. S'il existe des circonstances atténuantes, la peine est la réclusion ou un emprisonnement de deux à cinq ans. En cas de condamnation, l'officier coupable est, en outre, puni de la destitution (art. 257). — V. *suprà*, v° *Justice maritime*, n. 1548 et s.

421. — Est puni d'un an à cinq ans d'emprisonnement tout militaire, tout administrateur ou comptable militaire qui fait sciemment usage, dans son service, de faux poids ou de fausses mesures (art. 258). — V. *suprà*, v° *Justice maritime*, n. 1552.

422. — Est puni de la réclusion tout militaire, tout administrateur ou comptable militaire qui contrefait ou tente de contrefaire les sceaux, timbres ou marques militaires destinés à être apposés, soit sur les actes ou pièces authentiques relatifs au service militaire, soit sur des effets ou objets quelconques appartenant à l'armée, ou qui en fait sciemment usage (art. 259). — V. *suprà*, v° *Justice maritime*, n. 1553 et s.

423. — Est puni de la dégradation militaire tout militaire, tout administrateur ou comptable militaire qui, s'étant procuré les vrais sceaux, timbres ou marques ayant l'une des destinations indiquées à l'article précédent, en fait ou tente d'en faire une application frauduleuse ou un usage préjudiciable aux droits ou aux intérêts de l'État ou des militaires (art. 260).

Section X.
Corruption. Prévarication et infidélité dans le service et dans l'administration militaire.

424. — Est puni de la dégradation militaire tout militaire, tout administrateur ou comptable militaire coupable de l'un des crimes de corruption ou de contrainte prévus par les art. 177 et 179 du Code pénal ordinaire. Dans le cas où la corruption ou la contrainte aurait pour objet un fait criminel emportant une peine plus forte que la dégradation militaire, cette peine plus forte est appliquée au coupable. S'il existe des circonstances atténuantes, le coupable est puni de trois mois à deux ans d'emprisonnement. Toutefois, si la tentative de contrainte ou de corruption n'a eu aucun effet, la peine est de trois à six mois d'emprisonnement (art. 261). — V. *suprà*, v° *Justice maritime*, n. 1560 et s.

425. — Est puni d'un à quatre ans d'emprisonnement tout médecin militaire qui, dans l'exercice de ses fonctions, et pour favoriser quelqu'un, certifie faussement ou dissimule l'existence de maladies ou infirmités. Il peut, en outre, être puni de la destitution. S'il a été mû par des dons ou promesses, il est puni de la dégradation militaire. Les corrupteurs sont, en ce cas, punis de la même peine (art. 262). — V. *suprà*, v° *Justice maritime*, n. 1564 et s.

426. — Est puni des travaux forcés à temps tout militaire, tout administrateur ou comptable militaire qui s'est rendu coupable des crimes ou délits prévus par les art. 169, 170, 174 et 175 du Code pénal ordinaire, relatifs à des soustractions commises par les dépositaires publics. S'il existe des circonstances atténuantes, la peine est celle de la réclusion ou de deux ans à cinq ans d'emprisonnement, et, dans ce dernier cas, de la destitution, si le coupable est officier (art. 263).

427. — Tout militaire, tout administrateur ou comptable militaire qui, hors les cas prévus par l'article précédent, trafique, à son profit, des fonds ou des deniers appartenant à l'État ou à des militaires, est puni d'un emprisonnement de un an à cinq ans (art. 264).

428. — Est puni de la réclusion tout militaire, tout administrateur ou comptable militaire qui falsifie ou fait falsifier des substances, matières, denrées ou liquides confiés à sa garde ou placés sous sa surveillance, ou qui, sciemment, distribue ou fait distribuer lesdites substances, matières, denrées ou liquides falsifiés. La peine de la réclusion est également prononcée contre tout militaire, tout administrateur ou comptable militaire qui, dans un but coupable, distribue ou fait distribuer des viandes provenant d'animaux atteints de maladies contagieuses, ou des matières, substances, denrées ou liquides corrompus ou gâtés. S'il existe des circonstances atténuantes, la peine de la réclusion est réduite à celle de l'emprisonnement d'un an à cinq ans, avec destitution, si le coupable est officier (art. 265). — V. *suprà*, v° *Justice maritime*, n. 1568 et 1569.

Section XI.

Usurpation d'uniformes, costumes, insignes, décorations
et médailles.

429. — Est puni d'un emprisonnement de deux mois à deux ans tout militaire qui porte publiquement des décorations, médailles, insignes, uniformes ou costumes français sans en avoir le droit. La même peine est prononcée contre tout militaire qui porte des décorations, médailles ou insignes étrangers, sans y avoir été préalablement autorisé (art. 266). — V. *suprà*, v° *Justice maritime*, n. 1570 et s.

TITRE IV.

LÉGISLATION COMPARÉE.

§ 1. *Autriche-Hongrie.*

430. — Les affaires les moins graves ne comportant pas une privation de liberté supérieure à six mois, et dans lesquelles sont impliqués des sous-officiers ou soldats, sont portées devant des juridictions inférieures composées de huit juges, dont un auditeur.

431. — Les autres affaires sont soumises aux conseils de guerre également composés de huit juges, y compris un auditeur.

432. — Au-dessus de ces juridictions siègent le tribunal militaire supérieur, tribunal d'appel, et la Cour suprême militaire fonctionnant comme Cour de cassation.

433. — Les tribunaux militaires supérieurs au nombre de deux, l'un siégeant à Vienne pour l'Autriche, l'autre à Budapest pour la Hongrie, se composent de huit membres, tous colonels, présidés par un général, et dirigés, quant à leur fonctionnement, par un auditeur général, fonctionnaire militaire.

434. — La cour supérieure militaire se compose d'un général président et de six juges.

435. — L'exercice de l'action publique appartient au général, pour les soldats, sous-officiers et officiers jusqu'au grade de colonel, à la Cour suprême militaire pour les officiers d'un grade supérieur.

436. — Un auditeur, assisté de deux officiers, procède à l'instruction, à la suite de laquelle le général statue et ordonne, s'il y a lieu, le renvoi de l'affaire devant le conseil de guerre.

437. — L'auditeur donne lecture des pièces de l'accusation en présence de l'accusé qui se défend lui-même. Puis il expose l'affaire à ses collègues, et vote le dernier. Le président dispose de deux suffrages. Le jugement est rendu à la majorité. En cas de dissentiment sur la peine à appliquer, la peine intermédiaire, entre la plus douce et la plus sévère, est infligée.

438. — Le condamné a trente jours pour former appel devant le tribunal militaire supérieur. Il en est de même du général qui peut faire appel *à minima*.

§ 2. *Belgique.*

439. — Le Code de justice militaire date de 1814, mais a été modifié par des lois postérieures. Le système belge se caractérise par la possibilité de l'appel, au moins pour certaines classes de justiciables, et par la présence d'un fonctionnaire militaire permanent qui, par la multiplicité de ses fonctions, joue un rôle prépondérant dans l'administration de la justice. — Taillefer, p. 335 et s.

440. — Les tribunaux militaires ordinaires sont : 1° les conseils de guerre; 2° la cour militaire.

441. — Les conseils de guerre sont composés de sept membres nommés pour chaque affaire. A chaque conseil est attaché un auditeur militaire gradué en droit qui remplit les fonctions de juge d'instruction, de ministère public et de greffier. Les conseils de guerre jugent en première instance tous les militaires, jusqu'au grade de capitaine inclusivement, pour toutes les infractions militaires ou de droit commun, sauf en matière d'impôt.

442. — Le jugement rendu, l'accusé a un délai de trois jours pour émettre appel devant la cour militaire; l'auditeur général a un délai de trente jours.

443. — La cour militaire est composée de cinq membres. Elle fonctionne comme tribunal d'appel des jugements des conseils de guerre et juge directement tous les officiers au-dessus du grade de capitaine et ceux ayant eu le commandement de places rendues à l'ennemi. On peut exercer le recours en cassation pour vice de forme.

§ 3. *Grande-Bretagne.*

444. — La justice militaire a été organisée, en Angleterre, par une loi votée en 1879, confirmée à nouveau chaque année par le Parlement. Les garanties offertes par la justice anglaise sont bien inférieures à celles que l'on trouve en France. La procédure est très-rapide; l'instruction préalable n'existe pas; l'accusé n'est pas en général assisté d'un défenseur. — Taillefer, p. 342 et s.

445. — Les tribunaux militaires connaissent : 1° des infractions commises par les militaires à leurs devoirs professionnels et aux règles générales de bonne conduite; 2° des infractions qui, non commises par des militaires, se rattachent au service; 3° des infractions de droit commun commises par des militaires dans un établissement militaire ou contre des militaires.

446. — En cas de complicité de la part d'individus non-justiciables des tribunaux militaires, si l'infraction n'a pas le caractère nettement militaire, le militaire et son complice sont jugés par les tribunaux ordinaires; dans le cas contraire, le militaire seul est jugé par le tribunal militaire, le complice est traduit devant la juridiction de droit commun.

447. — Les tribunaux militaires sont exclusivement composés d'officiers choisis, autant que possible, en dehors du corps de l'accusé et, en général, d'un grade supérieur au sien. Le président et les juges sont nommés pour chaque affaire par le chef militaire chargé d'ordonner la réunion du tribunal.

448. — Les tribunaux ordinaires sont : 1° le conseil de guerre du régiment; 2° celui du district; 3° le conseil de guerre général.

449. — Le conseil de guerre du régiment est composé de trois officiers. Il juge les sous-officiers et soldats en matière disciplinaire ou pour les affaires de minime importance. Il ne peut infliger une peine supérieure à quarante-deux jours de prison.

450. — Le conseil de district composé de cinq officiers juge également les sous-officiers et soldats, mais pour des infractions plus graves et ne peut infliger plus de deux ans de prison avec ou sans *hard labour*.

451. — Le conseil de guerre général composé de neuf membres juge les officiers en tout état de cause et les sous-officiers et soldats coupables d'infractions punies de la peine des travaux forcés ou de la peine de mort.

452. — La procédure est la même devant les trois espèces de conseils. Les fonctions du ministère public sont remplies par l'adjudant du régiment. Le jugement définitif n'est pas motivé et n'énonce que la peine. Le jugement doit être confirmé par la reine ou une autre autorité, selon les cas. L'autorité revêtue du pouvoir de confirmer le jugement a le droit d'adoucir la peine, de la commuer, et de la remettre lorsqu'elle a été en partie subie.

§ 4. *Grèce.*

453. — Le Code militaire du 31 mai 1861 reproduit l'organisation française, sauf quelques différences de détail.

§ 5. Italie.

454. — L'organisation de la justice militaire est réglementée par la loi du 28 nov. 1869, laquelle a reçu depuis diverses modifications. — Taillefer, p. 337.

455. — Sont justiciables des tribunaux militaires les militaires de tout grade en activité de service ainsi que les officiers en non activité ou en congé pour les infractions prévues au Code pénal militaire, et parmi elles figurent certaines infractions de droit commun lorsqu'elles sont commises au préjudice d'autres militaires ou dans un établissement militaire.

456. — En cas de complicité entre des militaires ou assimilés et des personnes non-justiciables des tribunaux militaires, les accusés sont jugés par les tribunaux ordinaires. De même, si les militaires sont poursuivis pour des infractions militaires et des infractions de droit commun connexes, le jugement appartient en principe aux tribunaux ordinaires.

457. — Les tribunaux se divisent en tribunaux militaires territoriaux, tribunaux militaires près des troupes réunies, tribunal suprême de guerre et de marine.

458. — 1° Les tribunaux militaires territoriaux sont en temps de paix les tribunaux ordinaires. Ils sont permanents et se composent de six membres, tous officiers. A chaque tribunal est attaché un capitaine qui remplit les fonctions de juge d'instruction ainsi qu'un *avocat fiscal* militaire avec un ou plusieurs substituts, et enfin un greffier et des commis-greffiers. L'avocat fiscal remplit les fonctions de ministère public.

459. — Les juges militaires ont, comme en France, le double caractère de jurés et de juges ; ils statuent sur la culpabilité et ensuite, s'il y a lieu, sur la peine. L'avocat fiscal et l'accusé ont vingt-quatre heures pour recourir en nullité devant le tribunal suprême de guerre et de marine.

460. — 2° Les tribunaux militaires près des troupes réunies sont établis par décret dès qu'il y a des rassemblements importants de troupes en dehors des endroits où fonctionnent des tribunaux territoriaux permanents. Ils sont organisés suivant les mêmes principes que ces tribunaux.

461. — 3° Le tribunal suprême militaire siège à Rome. Il se compose de neuf membres et ne peut valablement délibérer qu'avec sept membres au moins. Un avocat général militaire, aidé de substituts, remplit les fonctions de ministère public. Il a en outre la surveillance de tous les officiers du ministère public et veille à la bonne administration de la justice dans tous les tribunaux militaires du royaume.

462. — Le tribunal n'examine les affaires qu'au point de vue du droit. Il peut annuler le jugement d'un tribunal militaire et, dans ce cas, renvoie l'affaire devant un autre tribunal pour le jugement du fond. Les arrêts sont définitifs ; ils peuvent cependant, dans l'intérêt de la loi, être déférés à la Cour de cassation sur requête du ministère de la guerre.

§ 6. Pays-Bas.

463. — L'organisation de la justice militaire dans les Pays-Bas est régie par la même loi de 1814 que la Belgique. Les différences qui séparent la législation dans ces deux pays sont dues à la combinaison de la loi de 1814 avec la constitution belge de 1831. — V. *suprà*, n. 439 et s.

464. — L'audience des conseils de guerre n'est pas publique, il n'y a pas de plaidoiries, et en général l'accusé n'assiste pas aux débats, mais seulement à la lecture des interrogatoires et dépositions des témoins.

465. — La haute cour militaire, dont l'organisation a été modifiée en 1858, étend sa juridiction sur tous les militaires de l'armée de terre et de mer. Un auditeur général portant le titre d'avocat fiscal lui est attaché. Elle fonctionne comme Cour de cassation, cour d'appel et tribunal d'unique instance.

§ 7. Prusse.

466. — En temps de paix, tous les militaires appartenant à l'armée ou attachés à l'armée comme fonctionnaires, ainsi que les élèves des écoles militaires, sont justiciables des tribunaux militaires pour toutes les infractions ayant ou non un caractère militaire, à l'exception des contraventions aux lois de finances, de police ou de chasse, punies d'une simple amende et de confiscation. — V. Taillefer, n. 254 et s.

467. — Les militaires de la réserve et de la landwehr, tant qu'ils sont dans leurs foyers, ne sont justiciables des tribunaux militaires que pour les infractions ayant un caractère militaire.

468. — Il existe, en Allemagne, deux sortes de tribunaux militaires : les tribunaux inférieurs, chargés de juger les infractions commises par les sous-officiers, soldats et employés subalternes de l'armée, et punies de six semaines de prison au maximum ; les tribunaux supérieurs, chargés de juger les officiers, pour toutes les infractions, et celles commises par les sous-officiers, soldats et employés subalternes lorsque la peine encourue est supérieure à six semaines d'emprisonnement.

469. — Les tribunaux militaires se divisent en outre en tribunaux de régiment, de garnison, de division, de corps d'armée. Les tribunaux de régiment n'exercent que la juridiction inférieure ; les autres sont investis de la double compétence, inférieure ou supérieure ; leur composition seule change suivant le cas.

470. — Pour l'exercice de la juridiction inférieure le tribunal se compose de neuf membres : un capitaine, président, deux premiers lieutenants, deux seconds lieutenants, deux sous-officiers et deux soldats, s'il s'agit d'un soldat, quatre sous-officiers, s'il s'agit d'un sous-officier.

471. — Le tribunal appelé à statuer comme juridiction supérieure se compose de onze membres, si l'accusé est soldat ou sous-officier, de neuf membres, s'il est officier.

472. — Le commandant du régiment, de la garnison, de la division ou du corps d'armée, suivant que le tribunal compétent appartient à l'une ou à l'autre de ces subdivisions militaires, exerce l'action publique, sauf lorsqu'il s'agit de poursuivre un général, un commandant de garnison ou un aide de camp de l'Empereur, auquel cas un ordre de l'Empereur est nécessaire pour décider des poursuites.

473. — L'instruction est faite par un tribunal composé d'un auditeur et de un ou deux officiers assesseurs ; s'il y a des complices civils, elle est confiée à un tribunal mixte composé d'officiers et de magistrats. L'instruction terminée, le même qui a pouvoir pour exercer la poursuite décide s'il y a lieu ou non, étant données les preuves recueillies, de saisir la juridiction répressive. Au cas d'affirmative, chaque inculpé est renvoyé devant ses juges naturels et jugé séparément.

474. — Les séances ne sont pas publiques. L'accusé se défend lui-même. Toutefois, si l'inculpation emporte une privation de liberté d'une durée supérieure à dix ans, il peut se faire défendre par un militaire ; il doit lui être désigné un défenseur, si elle emporte la peine de mort.

475. — Après la clôture des débats, l'auditeur expose l'affaire et conclut. Il recueille les votes, en proclame le résultat et rédige le jugement qu'il signe avec le président et les juges.

476. — Le jugement ne peut être exécuté qu'après la ratification du commandant de la division ou du corps d'armée, du ministre de la Guerre ou de l'Empereur, suivant les cas. Cette autorité peut abaisser la peine sans pouvoir l'augmenter. L'auditeur général peut aussi proposer à l'Empereur d'annuler la décision et de renvoyer l'affaire à un autre tribunal si la loi n'a pas été observée.

477. — Le renvoi devant le tribunal supérieur est de droit si la peine de mort est prononcée. Le renvoi devant la Cour suprême est de droit si la peine prononcée par le conseil de guerre a été aggravée par le tribunal supérieur ou si l'accusé, absous par le conseil de guerre, a été condamné par le tribunal supérieur, sur appel *à minimâ*.

478. — Le condamné n'a d'autre voie de recours qu'une demande en restitution, s'il peut invoquer des preuves nouvelles à l'appui de son innocence ou une demande en nullité fondée sur la violation de la loi. Dans l'un et l'autre cas, le commandant investi du droit de poursuites réunit les pièces et en saisit l'auditeur général qui, s'il y a lieu, envoie le jugement à l'Empereur pour être cassé.

§ 8. Russie.

479. — V. Code de 1859, réédité en 1869 : une partie de ce Code, notamment la loi pénale militaire et la procédure, a été modifiée par une loi du 24 nov. 1879, remaniée elle-même en 1883. D'une façon générale, on doit dire que l'organisation de la justice militaire en Russie donne toutes garanties aux individus qui en sont justiciables ; mais elle est compliquée et coûteuse. — V. Taillefer, p. 329 et s.

480. — Tous les militaires sont justiciables des tribunaux militaires pour toutes les infractions, même celles de droit commun, à l'exception des contraventions fiscales et forestières, et de presse. Encore les contraventions de presse sont-elles soumises aux tribunaux militaires lorsqu'elles ont rapport au devoir militaire; dans les autres cas, elles sont soumises aux juges civils auxquels est adjoint un juge militaire.

481. — Les militaires appartenant à la réserve ne sont justiciables des tribunaux militaires que pour infractions à un devoir militaire.

482. — En cas de complicité d'un militaire et d'un civil, les tribunaux militaires sont seuls compétents si l'infraction est d'ordre militaire, sauf à appliquer au civil les pénalités de la loi civile; au cas d'infraction de droit commun, le tribunal ordinaire est compétent, mais les pénalités sont appliquées au militaire d'après la loi spéciale et exécutées par l'autorité militaire.

483. — Il existe des conseils de guerre de régiments; des conseils de circonscriptions; la Cour suprême militaire.

484. — I. *Conseil de guerre de régiment.* — C'est une juridiction permanente, composée d'un officier supérieur président, nommé pour un an, et de deux officiers subalternes, nommés pour dix mois, et alternativement remplacés tous les trois mois, par voie de roulement. Ils sont désignés au choix du chef de la division par le chef du régiment.

485. — Ce conseil est compétent pour juger les sous-officiers et soldats passibles de peines correctionnelles n'entraînant pas une privation de liberté d'une durée supérieure à quatre mois, ni une amende supérieure à 150 roubles. Il prononce sur les dommages-intérêts demandés par les parties lésées.

486. — Le conseil est convoqué par le chef du régiment. Chaque affaire doit, si possible, être terminée en une séance. Le prévenu n'a pas de défenseur. Le jugement, rendu à la majorité simple des voix, est sans appel mais doit être confirmé par le chef de régiment, qui peut adoucir la peine ou renvoyer l'affaire devant le conseil de guerre de circonscription s'il trouve la répression insuffisante.

487. — II. Les *conseils de guerre de circonscription* sont composés de neuf membres dont trois, gradués en droit, sont membres permanents, les six autres, officiers, n'étant que temporaires.

488. — A chaque conseil sont attachés des juges d'instruction au nombre de sept ou huit; ce sont des officiers gradués en droit. Le gouvernement est représenté par un procureur militaire et des adjoints.

489. — Dans les endroits éloignés il peut être formé des conseils temporaires composés d'un membre permanent, d'un adjoint du procureur et de six officiers désignés sur place. Ces conseils sont à la fois tribunaux d'appel des jugements des conseils de guerre de régiment, et tribunaux de première instance dans le cas où les premiers sont incompétents.

490. — La procédure est orale et l'audience publique. Le huis-clos peut être prononcé, mais le prévenu a alors le droit d'exiger l'assistance de trois personnes de sa famille ou de sa connaissance.

491. — III. La *Cour suprême militaire*, dont le siège est à Saint-Pétersbourg, a deux succursales pour la Caucasie et la Sibérie. Elle se compose de sept membres et peut délibérer à trois membres seulement.

492. — Elle joue le rôle d'une Cour de cassation, les motifs de cassation étant la violation de la loi, un vice de forme, la violation des règles de compétence. Toutefois la cour, bien qu'elle ne connaisse pas des faits, peut accessoirement modifier la peine. Enfin la cour peut rendre des arrêts interprétatifs pour fixer des points obscurs.

493. — A côté des juridictions que nous venons d'énumérer il existe des tribunaux d'honneur qui examinent les faits qui, sans tomber sous le coup de la loi, sont incompatibles avec l'honneur militaire. Les peines sont la réprimande ou le renvoi du corps des officiers. La décision n'est sujette à aucun recours, sauf pour vice de forme.

§ 9. *Suisse.*

494. — L'organisation de la justice militaire résulte de la loi du 28 juin 1889. Elle se rapproche beaucoup de celle du droit commun, présente des garanties sérieuses pour les accusés, mais paraît compliquée. — Taillefer, p. 360 et s.

495. — Les tribunaux militaires sont : 1° le tribunal de division, tribunal compétent pour toutes les affaires à l'exception de celles qui relèvent du tribunal extraordinaire; 2° le tribunal de cassation qui prononce sur les recours en cassation dirigés contre les jugements des tribunaux de division; 3° le tribunal extraordinaire qui juge diverses catégories d'officiers supérieurs; 4° le tribunal disciplinaire qui, dans certains cas, peut prononcer contre un officier le renvoi de l'armée.

496. — A la tête de la justice militaire est placé un auditeur en chef qui dirige et surveille la marche de la justice ainsi que l'accusateur public devant le tribunal extraordinaire, et remplit les fonctions de ministère public devant le tribunal de cassation.

497. — Le jugement rendu, s'il y a condamnation, les personnes lésées peuvent se constituer parties civiles et le tribunal prononce sur leur demande. Il n'y a pas de recours contre le jugement rendu sur les prétentions de la partie civile.

www.ingramcontent.com/pod-product-compliance
Lightning Source LLC
Chambersburg PA
CBHW071837200326
41519CB00016B/4146